中国当代作家评传丛书

姚雪垠评传

评传

下

吴永平 著

河南文艺出版社
·郑州·

卷首语

我常对朋友说：倘若我得享高龄，临终前我在病床上决不会回想我已经为党和祖国人民写成了什么作品使我可以欣然自慰，而是遗憾我还有写作计划来不及付诸实践。

——姚雪垠：《〈李自成〉第一卷修订本·前言》(1976)

目　　录

第十一章

我欲归去

1949—

第一节　《刚摸着工人生活的边》

1949 年 5 月 12 日,中国人民解放军发动"浦东作战",打响了解放上海的第一枪。解放军第三野战军以钳形攻势向月浦和高桥地区推进,这两地是黄浦江通向大海的咽喉,敌人把它们作为重点防守,上海地区的守敌共有八个军,其中六个军就放在这两个地区。5 月 23 日夜,三野一部猛攻高桥镇,敌守军被击溃,高桥宣布解放。[①]

高桥镇解放的第二天(5 月 25 日),中共"苏中一地委联络部"辖下"上海中心组"创办的小报《群众报》问世,主持者为"中心组"宣传部的中共党员石小平和张洛,经他们商定,为扩大影响,报纸出版单位署为"第三野战军江南前线政治部"。非党成员姚雪垠在该报担任主笔并负责组稿工作,他为这一期报纸撰写的社论题目是《祝上海解放》;5 月 26 日,《群众报》出版第 2 期,出版单位改署为"解放报社",两期报纸出版后均送上海军管会新闻局备案;5 月 27 日,上海全境解放。《群众报》拟出版第 3 期,姚雪垠为该期撰写的社论标题为《用生产迎接胜利》[②],其主旨为宣传中共新民主主义时期的经济政策,文中有如下一段:

> 为适应今日中国的现实需要,毛泽东先生曾拟出正确的新民主主义的经济政策,这政策他归为十六个字,即:"发展生产,繁荣经济,公私兼顾,劳资两利。"当战争还没有完全过去的地方,革命就号召人民用一切力量来支持解放战争,使它尽快的获得胜利。当战争已经在一个地方获得了完全胜利,新政已经建立后,革命便号召人民用一切力量来加紧生产,生产不仅是对于军事的支持,并且是胜利的保证,尤其是建设新社会的必要条件。

文中引述的"政策",出自 1948 年 1 月 18 日毛泽东为中共中央起草的决定草案《关于目前党的政策中的几个重要问题》的第三条[③],姚雪垠对该"政策"的诠释和发挥都是正确的。

然而,《群众报》第 3 期却未能获准出版,上海军管会新闻局对该报所曾署的出版单位("第三野战军江南前线政治部")提出疑问,该报的主笔姚雪垠也因此

---

① 参看姜华栋:《我与共和国 60 年——回忆解放上海的高桥之战》。
② 该文文稿被收入姚雪垠档案,得以保存至今。
③ 参看毛泽东《目前形势和我们的任务》一文的题解。

受到组织的审查。

冒用名义事说大不大，说小不小，但这"错误"的根源在"中心组"的核心成员，而不在外围的非党成员。于是，姚雪垠向组织申诉道：

> 决定地下报纸名称时，石小平和张洛们主张定为《群众报》，并用"第三野战军江南前线政治部"名义出版。我虽然心中认为不妥，但以身非党内同志，也只好服从。大约出了一期，他们才觉得用"第三野战军江南前线政治部"名义不妥，改为"解放报社出版"。出过两期以后，石小平告我同李东丝说，用《解放报》这个名字，已经向上级备案了。

> （我在《群众报》中所做的）一切工作都没有超过原来被"批准"的宣传工作计划的范围，一切工作都是秉承"组织"的指示作的。①

幸运的是，当时"苏中一地委联络部"的机构还未撤销，"上海中心组"主要负责人张松和、石小平和张洛也都在当地军政机关任职，由他们出面做证，姚雪垠与《群众报》的关系很快就弄清楚了。

上海市军管会正待为姚雪垠安排工作，却又听到有人反映说"姚雪垠有历史问题"。由于事务繁忙，他们无暇抽出人力物力来搞外调，于是，只得又把姚雪垠的事情"挂"了起来。

姚雪垠能有什么"历史问题"呢？还不是那个被"胡风派"强加的"国民党文化特务"的帽子。如前所述，1947年胡风指使阿垅在《时代日报》上发表文章，诬指出版"雪垠创作集"的怀正文化社为国民党特务机关，影射姚雪垠为"文化特务"。由于胡风和阿垅都是比较接近中共的文化人，《时代日报》是中共在国统区的喉舌，这个流言颇迷惑了一些人。

如今，"胡风派"的构陷竟成了姚雪垠走向新生活的拦路虎！

姚雪垠忍无可忍！他把所谓"历史问题"写成报告交到上海警备司令部军法处，要求全面调查；他两次求见时任华东军事管制委员会文教委员会副主任暨上海市委宣传部副部长的夏衍，请求他帮忙把自己"身上背的（政治）包袱"卸下来。夏衍热心地承诺："我一定替你弄清楚，你不要急。"一个月后，夏衍高兴地告诉他："（你的）问题已经弄清楚了。"

有了夏衍的倾力相助，姚雪垠的工作问题终于得到了解决。不久，他收到了上海私立大夏大学文学院中国文学系兼任教授的聘书，同时也收到了上海总工会

---

① 转引自姚雪垠的档案材料。

筹委会派遣其下厂搞工会工作的一份通知。若干年后,曾有人询及姚老,当年为何在大夏受聘为"兼任"而不是"专任"教授呢? 姚老回答说:"因为我还要下厂深入生活,想写小说。"①

当时,摆在上海市政府面前的头等大事是贯彻"发展生产,繁荣经济,公私兼顾,劳资两利"的经济政策,上海总工会筹委会决定从各单位选派骨干人员和积极分子,成立多个工作组,派往各基层单位帮助筹建工会。上总筹委会也许是看中了姚雪垠的作家身份,于是欣然接纳了他。这便是姚雪垠此时身兼二职(兼任大学教授和工会干部)的由来。

此时,已是 1949 年 7 月下旬。

然而,姚雪垠没有想到,由于"《群众报》事件"的牵扯,由于"历史问题"的纠缠,他竟与一个重大的历史机缘擦肩而过。

当年 7 月 2 日至 7 月 19 日,举世瞩目的中华全国文学艺术工作者代表大会在北平隆重召开,来自解放区的革命文艺工作者和在国统区坚持战斗的进步作家胜利会师。此时,新中国尚未宣告成立,中央率先召开全国文艺工作者的盛会,显示了即将登上历史舞台的新政权对文艺工作的高度重视。参加这次盛会的代表原定 753 人,后增至 824 人。不同风格流派的、在党与不在党的、新文艺界与旧文艺界的代表济济一堂。可以说,除了跑到台湾及羁留海外未归者,国内几乎所有稍有名气的作家都被邀请参加了会议。当然也有例外,人们发现,著名作家沈从文、资深美学家朱光潜、著名抗战小说家姚雪垠、上海流行小说女作家张爱玲和畅销书作家无名氏等,都未能出席这次盛会。

姚雪垠的落选是最出乎人们意料的。他是人所共知的左翼作家,抗战时期崛起的最有才华的青年小说家,他的许多小说作品得到过郭沫若、茅盾等文坛大腕的好评,其代表作《"差半车麦秸"》《红灯笼故事》等被译为多种外国文字,蜚声世界反法西斯文坛,为中国抗战文学赢得了声誉。即便是在 1945 年"胡风派"整肃抗战文坛时,石怀池等虽对姚雪垠小说作品中的"绯色"描写不无微词,但仍承认他的《"差半车麦秸"》和《牛全德与红萝卜》是抗战文艺的"里程碑";即便是在1948 年香港"大众文艺丛刊"同人清算国统区文坛时,他仍被中共批评家胡绳等视为可以改造的"小资产阶级"作家的典型代表之一。

①　杨建业采访姚雪垠(1986 年 10 月 29 日至 1988 年 3 月 21 日)的记录整理稿《我的文学之路——杨建业十六次采访记》,将收进《姚雪垠全集》。下略为杨建业录音整理稿。不另详注。

姚雪垠未被邀请参加文代会,这是历史的误会!

6月21日,华东局统战部在逸园设午宴欢送出席第一次文代会的上海代表团成员,统战部副部长周而复在会上说道:"文代会是今年春天开始筹备的。由于当时军事、政治等条件,代表的产生未能普遍征求在国民党统治区文艺工作者各方面的意见。上海解放不久,匆促组成上海代表团,遗漏的一定不少。肯定有许多应该邀请出席而未邀请的。今年秋天还可以组织作家访问团到北平参观访问。"

显然,姚雪垠就属于那些被"遗漏"了的,"应该邀请出席而未邀请的"作家中的一个。

不过,姚雪垠当年似乎没有意识到缺席这个盛会意味着什么,当然也不会料想到若干年以后还会有人拿这件事大做文章。此时,他仍以"小说化"的态度面对生活中的挫折,把眼下的无奈化解为新的机遇。

7月25日,他接到了上海市总工会文教部的通知,让他在下厂前先参加一个职工干部学习班(也称工会干部学习班),地点设在虹口中州路102号上海商学院,会期八天。

他的整个身心都在为即将走进"工人的生活"而欣欣鼓舞,他甚至不无得意地向朋友们夸口道:"为着改造自己和丰富生活,最好一年工厂,一年农村,一年矿山……这是我计划中的未来生活的三部曲。"①他是个很能排解痛苦的人,有些时候,他表现得就是这样天真。

据相关档案记载,这是上海市总工会筹委会举办的第一期(届)工会干部培训班,"主要任务是动员我们没有力量或力量很少的工厂中的积极分子,集中学习,给干部初步教育和政策教育,为总结初期工会工作经验,告诉他们一套组织工会的办法,以培养一批职工运动的初级干部,有计划的组织组建各厂职工会,初步的消灭工运工作中的空白"②。

上海市委、市政府对该期培训班的工作非常重视,陈毅、刘长胜等都亲自来给首批学员上课。笔者有幸,查到了当年的学习日程表③:

①　姚雪垠:《刚摸着工人生活的边》(署名冬白),《河南文艺》第1卷第4期(1950年8月20日)。

②　研究组集体:《工会干部训练班第一期学习总结》(1949年8月12日),上海档案馆藏。

③　研究组集体:《工会干部训练班第一期学习总结》(1949年8月12日),上海档案馆藏。

日期	上午	下午	晚上
7 月 29 日	开学典礼,刘主任讲老实态度	小队讨论	7 月 28 日认识晚会
7 月 30 日	饶政委"政策报告"	小队讨论	小队讨论
7 月 31 日	小队讨论	小队讨论	研究组的产业座谈会
8 月 1 日	陈市长"时事报告"	小队讨论	警备部八一纪念晚会
8 月 2 日	小队讨论	全班问题解答	警备文工团文娱晚会
8 月 3 日	刘主任"工会报告"	小队讨论	放映电影
8 月 4 日	小队讨论	小队讨论	学习心得检讨会
8 月 5 日	学习模范选举	全班总结	毕业晚会

如此正规的集体政治学习,在姚雪垠近四十年的人生经历中还是第一次。

一年后,他在《刚摸着工人生活的边》一文中记述了当时的情景,写道:"在下厂之前,我先去上海总工会所办的工人干部学习班参加学习,以便多了解当前的工运政策,并试着摆脱文化人的生活习气。这是总工会文教部和组织部的决定……(笔者有删节,下同)工人干部学习班的学习期间,连开学和结业典礼在内,只有八天……上总的文教部部长纪康同志兼班主任。"

在该文中,他回忆了当时听首长报告时的情景,写道:"听报告,每次总在四、五个钟头以上。平常写文章起码也坐个椅子,现在瘦人坐在硬棒棒的木头椅子上,一坐这样久,坐得我屁股困疼。……最初,我常常觉得那些道理并没有什么'新鲜',使我感觉着十分厌倦。但我随即就想到全班四、五百人中像我这样的文化人不过一个或两个,人家报告的对象是群众,而群众还有不识字的工人呢! 于是我又发现了我自己在不知不觉中离开了群众路线,思想逃向到知识分子的旧阵地。暗暗把自己一批判,我的情绪就安定了。同时也就慢慢听出'甜头'。"

在该文中,他还忆及当时参加"小队讨论"时的情景,写道:"在学习期间,我一切听小队长和小队附领导,讨论时我尽可能少发言,静心倾听,只在大家争论得不可开交时我才说话。我知道自己没有工人的实际生活,虽然平常写过些书,对于有些原则性的、偏于理论的问题,比较了解得多一点,但往往是教条的、抽象的,因之便时时警惕,防止这一点。只恐怕说错一个字会发生不好影响。每次小组会开会记录,我都自报奋勇来整理,我小心认真把它整理得井井有条,尽我的能力做到减少错误。小组中本来就充满阶级友爱，两次小组会开过之后，我便初步获得了工人们的亲近，他们不再把我看成外人或客人。因为我们小组的同志疑惑我是总工会派的指导员，我才向他们解释说我是一个做教育工作的，因发觉自己不够，所以来同工人一道学习，将来还要到工厂工作。后来别的中队和小队的同志中也有人同我熟了，常找我解决问题，或让我看他们的讨论总结。大家知道我学习后要下厂工作，许多人都热情的表示欢迎。"

在这八天里，他领悟到了许多新东西。譬如，新政权的思想教育规范——"群众性的集体学习"——它的程序一般是，"大会报告"，接着"小组讨论"，继而"中队总结"；它的教育方式是春风化雨式的，让受教育的群众"不断接触到一些清明的理性，也就不断点燃了自己在学习上的旺盛热情"；它的教育功用是潜移默化式的，让受教育的群众"随时随地的批判自己并鼓励自己"，几次过后，"就习惯了自然了"。通过这八天的集体学习，他的最大收获是打掉了知识分子的架子，打掉了文化人的优越感，学会了谦恭克制，学会了自我批判，学会了从俗浮沉，学会了与时俯仰。

培训班结束后，姚雪垠被派到上总驻"周家桥申新一厂工作组"，筹建工会组织，协办工人夜校。

申新纺织厂是民族资本家荣宗敬、荣德生于 1915 年创办的，当时是上海最大的工厂之一，有三千多工人。

姚雪垠在"申新一厂工作组"里待了八个月，工作紧张而忙碌，他的心中充满了新鲜感：

> 从学习班出来后没有几天，我就到申新纺织第一厂去教夜校并帮助工作组做工会工作。因为工作的需要，每天十分之八的时间放在工会工作上，十分之二放在夜校上，生活得十分忙碌。那时工作组也调解劳资纠纷，所以我也有机会参加调解劳资纠纷，替工人争取他们的正常利益。在工作上我恪守四个原则：立场要坚定，态度要和蔼，没有证据的闲话不听也不说，没有调查研究的问题不下结论。在工作组同志们的努力帮助下，申新一厂工会通过临时筹备和筹备阶段，正式成立了；大批工人干部，知识分子，相继的涌现了。而我自己，由于实践工作的锻炼，自己感觉到对于工人阶级的立场认识与把握是比前更近一步。①

---

① 姚雪垠：《刚摸着工人生活的边》。

1949 年 7 月,在上海工厂,姚雪垠(前排右)帮助组建工会时与同事合影

　　1997 年,旅居加拿大的荣正一先生在写给陈青生的一封长信中忆及解放初期在申新一厂与姚雪垠的交往,提供了许多弥足珍贵的历史信息。当年,荣正一任申新一厂临筹会(上总驻厂工作组)副主任,与下厂体验生活的作家姚雪垠有着比较密切的工作联系和私人关系。他回忆道:

　　1949 年 5 月下旬上海解放,6 月,我参加申新纺织第一厂(位于沪西,长风公园与之隔一条苏州河)的工会筹备工作,被选为临筹会副主任,但主任余某是国民党区分部委员,黄色工会常务理事;虽然解放了,他却有一帮党羽,一股凌驾群众之上的恶势力。因不易对付,我等请求上海总工会帮助。总工会与申一所在长宁区研究后,以上总名义派来工作组,发动群众一番的结果是挤垮了反动势力(1951 年镇反时基本上逮走了),成立了以我为主的正式的工筹会。而工作组里面的一名知识分子,即姚氏。

　　姚的作家名声原在大后方,原在大后方的文学青年之中。正好我是这样

的青年,读过他战时的全部小说,在心目中是与张天翼、黄碧野甚至沙汀、艾芜平列的。而上海青年则极少他的读者,申新一厂的四千来名工人几乎没人看过他的作品,更不必说知其名。他是军管会文艺处(处长黄源)介绍给上总(与黄没关系),请方便其下工厂体验生活而参加了该工作组的。

1949 年 9 月 1 日,以我为"核心"(胆大包天)的申一工筹会正式成立。一周后,工作组撤出。

工作组撤退。我们征得长宁区委同意,请老姚留下,主要办两件事。一是办个文学讲习班,给爱好文学的工人讲点文学知识,这种对象很少,我把工会干部也拉上。他讲了两课,请许杰先生讲了一课。后来不了了之,主要是对象问题。另一件事是请他支持我办厂校。初期的教员只有他和我,加上两名职员同志,但从无到有,办起来了。(19)50 年春,他彻底离开申一,去大夏任教,我请他为厂校聘几位大学生来任教,他请来了三位女同学,都教得挺认真的。[①]

说起来有趣,曾被路翎等讥为"原来就和工农敌对,怎么会走到工农里面去"的姚雪垠就这样走进了工人里面。他幸运地成了新政权建立后第一批亲身参与大型民营企业新民主主义改造的知识分子。他不仅把这次"走近人民"的机缘当成"自我改造"的良机,也看成了是拓展创作道路的绝佳机会。在他这一代作家中,具有相同或相似经历的人几乎没有。

他虽然每天忙于"工会工作",出于作家的本能,也曾对眼前的民族工业重镇的历史和现实产生过浓厚的研究兴趣,甚至萌发过强烈的创作冲动:

我对于现代工业上的知识原先一点也没有,进了工厂就像孔夫子进了太庙,样样事都得领教。一个有将近 6 万锭子和三百多台布机的工厂,单把它的各部门的相互关系,组织情形,生产过程弄清楚,在我就很不容易,然而这又非了解不可。这个工厂是一九一四年,第一次世界大战爆发不久创办的,所以它的历史正是中国轻工业历史的一个缩影。是不是应该把这个历史弄清楚呢? 我想是应该的。这个工厂位置在沪西周家桥的工厂区域,它的周围有许多大小不同,种类不一的工厂,有拥挤而肮脏的工人居住区,有依靠工人生活的各种商店。这是环境,我也要去加以研究,四十几年(笔者按:应为三

---

①　引自陈青生:《荣正一先生谈与姚雪垠先生的交往》,该文收录了荣正一遗札全文,载"博客中国——陈青生的专栏"。又,陈青生整理的荣正一遗札《我与姚雪垠》(有删节),曾载 2021 年《掌故》第 8 辑。附带提一句,因时隔半个世纪,荣先生遗札中颇有一些失记和误记,笔者不作辨正。

十几年）来这个工厂的劳资关系怎样？曾有些什么样的具体斗争？解放后劳资关系的具体情形又怎样？职工间的关系以前是什么情形？解放后又是什么情形？几年来工人生活的具体情形怎样？如今各种成份的工人，进步的和落后的，怎样的构成一种复杂的矛盾统一，随着革命的领导前进？上述种种问题，我都放在相互联系和发展变化中去观察研究。但八个月的时候太少，我只能获得极不具体极不深入的一点认识。①

然而，由于条件限制，姚雪垠当年未能将此时此地对"申新一厂"历史与现实的关注，升华为雄奇瑰丽的艺术构思。但他此时萌发的关于现代工业题材小说的若干构想，却给未来的小说创作开拓了新的题材领域。数年后（1952 年至 1955 年），他曾秘密地潜心创作以另一个民族工业重镇新乡通丰面粉厂为题材的长篇小说《白杨树》②，不仅试图为中国近代史上最早的工人阶级群体塑像，还试图把中国现代史上最早的民族资产阶级孙氏实业"通孚丰财团"的一些头面人物搬上艺术舞台。也许可以说，作家此时关于"申新一厂"的遐思，是他后来起意创作《白杨树》的最初契机。

由于事务繁忙，姚雪垠无暇从事长篇小说创作，但他仍然用最为擅长的短篇小说和话剧剧本形式，为处在新旧时代交替期间的工人生活留下了两幅剪影：

> 短篇小说《因为我也是工人》，载 1949 年 12 月《小说月刊》第 3 卷第 3 期
> 独幕剧《一封信》，上海劳动出版社 1950 年 6 月出版

短篇小说《因为我也是工人》作于 1949 年 10 月，取材于解放前夕"申新一厂"地下党组织发动的以"援助贫病工友"为号召的一次工潮，塑造了老工人华全根、因贫病濒于死亡边缘的女工燕秀英及工运积极分子周阿妹等一批全新的艺术形象③；独幕剧《一封信》作于 1949 年冬，当时作家帮助厂工会组织了一个话剧团，起初排了几个现成的剧本，但觉得不太满意。后来他索性自己动手，取材于"申新一厂"的工人生活，创作了该剧本，并亲自任导演，演出大体成功。

抗战时期姚雪垠因擅长表现中原农村生活而得名，此时的两篇作品所表现的

---

① 姚雪垠：《刚摸着工人生活的边》。

② 所谓"秘密"，指的是不为当时的文艺领导所知且不为当时的文艺路线所容的私人写作。详见后述。

③ 荣正一在同信中曾谈及姚雪垠的这篇小说，写道：1949 年在我们厂的工作组时期，他写过解放初的第一个短篇，《因为我也是工人》，发表于廿四开本的《小说》期刊，忘了是靳以还是谁编的了。这篇小说是根据一位纺织女工的真实事迹，经他访问有关人以后写的，构思时也和我议论过。但写成后让我提意见，我却只说"总归不大像工人"。他因为难以改"像"，就送去发了。

却是江南大都会的工人生活,其中一篇还大量使用了上海方言。对于作家姚雪垠来说,这是他力图融入上海人文环境、实现创作转型的最初的尝试。当年,作家的朋友吴组缃先生读过《因为我也是工人》后,曾来信对作家艺术能力的新突破表示赞赏①。

1950 年 2 月末,上海杨树浦电厂遭到蒋军飞机袭击,各工厂的工会活动也因此暂时停顿。3 月初,大夏大学文学院一位讲授"中国革命史"的先生离职,校方急欲寻找一位顶替者,在征求姚雪垠的意见后,通过上总把他要了回去。

就这样,姚雪垠长达八个月的工厂生活结束了。

第二节　无法克服的语言障碍

姚雪垠在国内高教界不是新人。

他自 1945 年春涉足高教界,断断续续,至 1950 年秋,已辗转几所大学,开设过七门课程——

1945 年春,他受聘国立东北大学(地处川北三台县)文学院中国文学系副教授,讲授"中国现代文学"和"小说原理"两门课程。

1946 年春,他曾应邀去齐鲁大学和金陵女子文理学院(地处成都华西坝)授课,开设"小说原理"课程。

1949 年秋,他受聘为上海大夏大学文学院"兼任教授",开设"中国现代文艺思潮"和"西洋现代文艺思潮"两门课程;1950 年春,又增开了"中国革命史"这门新课。

1950 年秋,姚雪垠被大夏大学续聘为"专任教授",开设了"中国现代文艺思潮""文艺习作""鲁迅研究"三门课程。

他在大夏大学深孚众望,官运亨通——

1950 年 10 月,他被大夏大学聘请为"本大学文学院代理院长",担任着"校、院、系"三级制中的"院"级领导干部;1951 年 2 月,又被大夏大学聘为"本大学副教务长",经华东军政委员会教育部批复,并转呈中央人民政府教育部备案,成为

---

① 　吴组缃 1951 年 3 月 18 日写给姚雪垠的信:"解放后我读到你一篇《小说月刊》上发表的描写工人生活作品,你的笔力还是相当充实的,手法已经非常圆通老到。"参看拙著《吴组缃致姚雪垠书信三札考》。

"校、院、系"三级制中的"校"级领导干部。

他在上海高教界的发展前景似乎一片光明。

然而,他始终没有忘记自己是一位作家,始终没有放弃心中的文学梦。

在"申新一厂"生活的八个月里,他曾经设想过如何以长篇小说形式表现这个工厂的历史和现实,但遭遇到了空前的困难,无法克服的语言障碍如大山般横亘在面前。1950 年,他在《刚摸着工人生活的边》一文中不无遗憾地谈道:

> (要表现这个工厂的历史和未来,)最重要的是研究人,研究集体人物生活和性格。倘若在河南,我对于研究人物也许会多有些把握,但我要透澈的把握上海的工人性格就真不容易。申新一厂中的工人籍贯,大体说来可分为三个区域:上海本地,无锡和镇江一带,浙江武康一带。其他有苏北人和安徽人,但为数不多。上海话不会说一句,仅能听懂百分之八十,而无锡话和武康话更不用提。至于我的北方话只有少数工人干部懂,大部分女工文化水准低,平素又没机会接触北方人,就高低听不懂我的话。语言的隔阂是一堵墙,许多细微的感情都被他隔断了。还有,江南的风俗人情我一概陌生,工人们的家庭生活,性格的根源,都不易了解深刻。为征服上述障碍,我只能找两三个对象多接近,作重点突破。这就需要除工作关系外与他们建立友谊关系,常常的关心他们的私生活,做到无话不谈的地步。这方面我曾有一点收获,但可惜也太少了。

他在这里所说的"一点收获",指的就是创作于"申新一厂"的两篇"试水"作品:短篇小说《因为我也是工人》和独幕剧《一封信》。这两篇作品都是作家对时代生活迅速和及时的反映,也堪称是上海地区最早出现的表现新时代产业工人生活的作品。然而,作家对它们并不是特别满意,在回忆录中也只是一笔带过,其原因就在于它们尚不具备作家所追求的艺术风格,也缺乏鲜明的语言特征。

不妨对这两篇作品作一点艺术分析——

短篇小说《因为我也是工人》,取材于解放前夕"申新一厂"工人群众的一段斗争经历。当时,解放军已兵临上海城下,国民党特务与被国民党所控制的黄色工会加强对工人群众的压迫,他们密切监视与打击工人中的任何有组织的活动。小说描写了细纱车间的一个老工人华全根,看到工友燕秀英贫病交加,生活濒临绝境,便自发地向报纸投稿,组织了一场捐助困难工友的活动。不料这场很单纯的活动起来后,声势和影响越来越大,原本有些松懈的工人群众团结起来了,还唤起了上海各厂工人的声援与呼应,严重地震撼了惶惶不安的国民党政权。华全根并不是共产党员,而只是个受到过党的思想影响的纯朴的工人,他发起这场斗争,最初只是出于朴素的阶级感情。国民党特务却以为幕后必有"组织"活动,他们对华全根进行百般的威胁利诱,企图从他身上找到突破口。华全根虽然心中也有矛盾和斗争,但他并未退缩,在斗争中逐渐地坚强起来,更加深信无产阶级的力量,更加向往共产党。最后,他被国民党特务逮捕,严刑逼供。作品中有这样一段描写:

> 特务头子得意的点点头,放下了那三张折迭的,被编辑用红笔涂写过的文章,又望着犯人问:"燕秀英既不是你的亲戚,又不是你的朋友,如果没有政治背景,你为什么要替她投稿呼吁?"
>
> "因为我也是工人!"他为着要让对方听得明白,忽然用生硬的普通话回答一句,非常的简单有力。
>
> 特务头子好象很吃惊,眉头一耸,一时找不出什么话说。

请注意引文中"生硬的普通话"的提法,这充分表露了姚雪垠当年创作时面临的语言窘境。姚雪垠深知,如果要真切地用上海工人的口语来表现,至少人物对话中的"我"应该写作"阿拉",这样才能贴切而不生硬。他并非不明白,然而,他却不愿那么写,也许是自身的语言惯性,也许是因为他对口语及方言的文学运用另有看法,于是他便在"生硬的普通话"和"流利的下江话"之间踌躇起来。

其实,在这篇小说中,他一直在努力地运用当地工人的口语来表现他们的生活,有不少对话,颇具上海特色。请看捐助活动中的一段工人对话:

> "为啥道理要阿拉捐钞票出来?"华全根装做不明白的望着她们说,一种温暖的微笑挂在他的眼角和嘴角。
>
> "侬假痴假呆?"周阿妹大声嚷叫,带着那种永远粗野而天真的神态,"阿拉细纱间有个女工燕秀英,从前人家都叫她大块头,现在瘦得来像个猢狲,侬那能不认得?"
>
> "阿是住在顾家弄迭格大块头?"
>
> "就是伊!伊生病啦,报上都登出来啦。发消息帮伊捐铜钿,厂外的工人还要同情伊,我侬厂里哪好不管呢?"

作家为什么突然要舍弃"伊""侬""侬"和"阿拉"等"下江"方言,在篇尾兀然插入"生硬的普通话"呢?他也知道,上海工人并不是这样说话的,但为了突出作品主旨,不得不着意地让主人公"为了要让对方听得明白"而改腔换调,姚雪垠的这种写法与其说是站在主人公的地位,不如说是出于对自己语言能力的担忧。

在独幕剧《一封信》中,他也遭遇了类似的语言窘境。

这个剧本的情节更加简单,取材于工人夜校的生活,主题是宣传扫盲的重要性。作品通过描写一个普通的工人家庭祖孙三代人,表现了解放后工人群众的思想变化,具有一定的现实意义。这个工人家庭的成员共有五人:祖母、母亲、儿子华阿根、女儿华福妹和华小妹。上海解放前夕,华阿根因参加罢工,被国民党追捕,被迫逃离上海,久无音讯。上海解放后,工人生活发生了很大的变化,两个女儿都积极地参加厂里的各项活动,如腰鼓队和夜校等,但遭到思想落后的祖母的反对,祖孙关系一度很紧张。突然有一天,收到一封来自四川的解放军的信,但家中无人识字,邻居左右也都是"睁眼瞎子",竟不知信中说些什么。正巧夜校的杨先生来动员工人参加夜校扫盲班,读信后才知道,这正是全家人等待已久的儿子华阿根的"平安家书"。华阿根在信中告诉家人,他从上海出逃后,参加了解放军,如今一切均好。全家人闻讯后欣喜若狂,都说认识字真好。通过这件事,祖母终于同意让两个孙女进夜校扫盲。

姚雪垠的这部作品已经深入到了上海普通工人的家庭,"登堂入室",祖孙三代人,不同的经历、个性、思想和语言,给作家的艺术表现以充分的空间。姚雪垠是个风格细腻的作家,尤擅长表现各种人物个性语言间的微妙的差别,而家庭生活的氛围,更是他展现艺术才华的最佳场所。请看祖孙间的一段对话:

祖母　夜校你还要读下去吗?

福妹　嗯。

祖母　(站起来向床边走去)认识字也是做工吃饭,不认识字也是做工吃饭。(回头,挖苦的)你识了几个字,是不是比别人多拿几个工钱?

小妹进来,将盆子放在地上。

小妹　(代福妹回答)现在工人是主人,不识字怎么好做主人?

祖母　不许你插嘴了!(向福妹)福妹,你今年已经二十岁,也不小啦,女孩子除掉到厂里去做工赚钱,回家来也应该帮大人做针线,做饭,洗衣服,料理家务。女孩子识字不识字有什么要紧?

小妹　女子一向受压迫,要解放就得识字!

祖母　(扬手预备打小妹,但小妹闪开了)一家人把你惯得又调皮,又捣蛋,谁压迫你了?

小妹　我是说全国的女子都受男人压迫。

祖母　全国的女子干你屁事?你想要男人压迫还没有哩!

简单的几句对话，不同性格的人物便跃然纸上，老祖母的专横武断，福妹的绵中带刚，小妹的激烈直率，均可闻其声而想见其人。然而，这是在描写上海工人的家庭生活吗？如果作家不特别指明，这故事发生的地点完全可以放到河南或其他地方。我们不禁要问，作家在《因为我也是工人》的创作中曾尝试采用了上海方言，为什么在稍后的这个剧本创作中却完全撇开了"伊""侬"和"阿拉"呢？作家这样做，是不是又有什么新的考虑呢？

其实，这就是姚雪垠当年所处的语言窘境，采用当地方言吧，处处感到别扭；而采用"生硬的普通话"吧，则毫无地域文化特色。这两部作品应该说都是有生活的，却并不成功。姚雪垠的文学创作之路迎头撞上了一堵高墙。

姚雪垠深知，他虽然写过不少小说作品，但最为成功的作品大多得益于家乡语言和家乡生活，家乡是他的创作之源，也是他的成功之本。他曾在一篇文章中深有感触地写道：

> 多年在外边奔跑或短时定居，对我的文学事业的帮助都极小。在外边，我是漂浮在社会之上，永远不像故乡对我的熟悉和亲切。在外边，我看见一百样现象会忘掉九十样；在故乡，我会闻一而知十。所以单从个人的成败来说，我也要紧抓住我的故乡。如果对故乡了解深刻，我可能会有大的成就，留下来不朽的事业；否则，我的希望就微乎其微。①

作家老舍也有过类似的体会，他曾说故乡是一条清溪，伸手便能摸出一条鱼来。作家一旦认识到了他的优势所在，也就明白了如何克服自己的劣势，这便是风格成熟的标志。

姚雪垠不能不认真作出抉择，如果还要继续走文学创作的道路，还想在文学创作上有所作为的话，也许只能回到河南家乡去。但，能不能回去，回去后怎么样，他还不能痛下决心。

他还想再尝试一下——

1951年春，学校组织教师去浙东"参观"土改，姚雪垠奉派参加。他先后随团去过宁波、余姚、慈溪等地。他目睹了新政权成立之初，广大农村所发生的天翻地覆的革命，频频产生创作冲动，却难以落笔。他觉得他与生活之间横亘着一道无形的无法逾越的障碍。他在回忆录中写道：

> 这一趟浙东之行，我最大的苦恼是听不懂当地话。不管是在各地群众斗

---

① 姚雪垠：《三年写作计划》，载1946年7月5日、12日《河南民报》。

争会上,或是在向我们介绍情况的座谈会上,我都得靠别人翻译。别人只能翻译群众发言的简略大意,而不能也不暇译出每个发言者运用当地语言的生动特色、神髓和激情。对于当地的风土人情,历史背景,种种生活情况,我更不能够充分了解。[①]

他是一位有着丰富创作经验的作家,对文学语言的美学认识已经自成体系。他深知,语言绝不止于表达思想,在它的深层结构中还蕴藏着性格、习俗、文化和地方色彩等诸多因素,而语言只是洞察这一切的窗户。他深知:"环境如果不带有地方色彩,环境就无从构成,那只是抽象的哲学概念。地方色彩和典型性的逻辑关系,就是特殊与一般的逻辑关系。"[②]

在 20 世纪 30 年代的作家中,他曾被誉为"最肯花工夫研究大众语言"并擅长使用大众语言进行创作的作家之一;他的成名作《"差半车麦秸"》和《牛全德与红萝卜》之所以脍炙人口,与他所使用的中原地区人民的口头语言有着很大的关系。然而,到了杏花春雨的江南,他却感到自己陷入了一片无法拔足的语言泥沼之中,语言的隔阂竟成了他深入当地人民生活的最大障碍,这是他做梦也想不到的。失去了语言的优势,他无从深入地了解当地人民的历史与现实生活,无法深刻地表现人民的精神状态,无法塑造出鲜活的人物形象,无所施其技。

语言不通,交流的门户关闭了,所隔断的岂止是思想的碰撞,更隔断了感情的沟通。对于文学创作而言,这是足以致命的。

第三节　投石问路

1950 年初,大夏大学校园里便有传闻,政府计划要将几家私立大学合并。不久,又传来更明确的消息,华东高教部准备将圣约翰大学、大夏大学等私立院校合并为华东师范大学。姚雪垠获知该信息后,心旌摇动。是继续留在高校执教,还是走专业作家的道路?是留在人文环境比较优越的上海,还是返回被人讥为文化沙漠的河南?他踌躇再三,难以决定。

他一生中多次面临这样的选择:1934 年前后,他曾面临是从事历史研究还是

---

① 姚雪垠:《学习追求五十年》。
② 姚雪垠:《三年写作计划》。

文学创作的两难选择，最终屈从于生活的压力，选择了文学创作；1938年前后，他曾面临从政或从文的选择，最终出于对党内斗争的畏惧，选择了从文，而在政治上留下永远的遗憾①。文学，是他永远的梦，也是他永远的痛；文学，是他的不解的缘分，是他一生的荣辱所系。

尽管他非常清醒地认识到，如果还想攀上文学事业的高峰，如果还想创作出震古烁今的小说作品，就必须重新扎根于中原大地；故乡的人民，故乡的风物，故乡的语言，这是他得以超群绝伦的优势所在。

但是对他来说，此时离沪返豫，仍是一个非常艰难的选择。离沪，意味着要舍弃眼前高校里的熟悉的一切——尊崇的地位、优厚的待遇和从容的生活。返豫，则意味着要进入一个完全陌生的人文圈子，过去的文学成就不能再提，面临的将是新的文学潮流和新的文学主题。何去何从，他辗转反侧，难以成眠。

晚年，他把这次的选择称为其漫漫文学道路上的第二个"关口"：

> 第一次是一九二九年春天我由故乡出来，像"迷途的羔羊"似的到了开封，在大街上徘徊时遇到一位同乡（同县）青年，他劝我准备功课到暑假投考河南大学预科……（笔者删节）

> 第二次关键性的决定是一九五一年秋天回河南，使我终于在下半生能够为祖国人民的文学事业做出了微末贡献。（《学习追求五十年》）

跨过了第一个"关口"，他才得以跨进河南大学的校门，接触到一个全新的世界，继而走上文学创作的道路；跨过了第二个"关口"，他才可能复归文学创作阵营，继而接受一番铭心刻骨的磨难，铸就其下半辈子的辉煌。

然而，眼下姚雪垠想要脱离高教界而转入文学界，却不是一件容易做到的事情。

实话实说，新中国成立初期，他在文学界的声誉不高，远远比不上其在高教界的名望。如前所述，抗战胜利之后，"胡风派"曾发动对他的猛烈攻击，指他为"色情作家"，使他一度陷入非常难堪的境地；1948年，胡绳在"大众文艺丛刊"撰文，虽然有为老朋友缓颊之意，但仍否定了他的大部分小说作品。流风所及，不管是在上海，还是在河南，文坛中人对他不无鄙夷之心。

姚雪垠晚年曾不无凄楚地谈及当年的处境：

> 从40年代中期开始，我成了"左翼"阵线上某些人"批判"与诬蔑的对

---

① 参看笔者论文《姚雪垠出党始末》。

象，由于所谓"三人成虎"的道理，形成了一股社会舆论，不少人认为我已经被打倒了，甚至我的老朋友中也有人于三年暌隔之后，乍然我去访他，他不是亲热地让我进去，而是一只脚踏在门槛上，仰着脸，摆着右手说："你完了，你完了，你已经完了！"①

在当年的政治气候下，许多人确实都以为小说家姚雪垠"已经完了"，认为他以往的作品除了《"差半车麦秸"》之外便一无可取之处，认为他的文学生涯已经走到了尽头。

在这种情势下，姚雪垠想要回到故乡河南，想要复归文学创作道路，就得付出额外的努力。他得投石问路，先看看自己能不能被当地的当政人物和文艺界头面人物所接纳，其次他还得看看自己能不能创作出为当下文坛所接受的作品。我们把姚雪垠的前一种尝试称为试"人品"，把他的后一种尝试称为试"文品"。

先说试"人品"——

1950 年暑假，姚雪垠回河南探亲。利用这个机会，他来到省会开封，遍访朋友。

他先去看望了当时河南省政府主席吴芝圃，婉转地表达了想调回河南工作的愿望。吴芝圃是他的老熟人，20 世纪 30 年代初二人曾同在开封和杞县从事过地下工作。他还去探望了省文联（筹）的负责人李蕤和苏金伞。他们都是他的老朋友，30 年代初他们都在开封主持过新文学刊物，在同一条战线上拓荒。

当时，河南省级文艺组织叫作文联筹备委员会（下简称"文联筹"），刚创建一年，暂借开封三圣庙街省总工会的一间小屋作为办公地点。河南省委宣传部副部长岳明兼任"文联筹"主任，李蕤任常务副主任。

河南新文学传统不甚厚实，当时，在全国有影响的作家不多。"文联筹"建立之初，最缺少的便是人手。他们经过多方努力，从乡下找回搁笔已久的老作家徐玉诺等，从其他单位调来成名作家青勃、栾星和塞风等，从农民文学爱好者中发现了吉学沛等，从外省调配来了文学青年何南丁、王大海、郑克西和庞家骧（后改名庞嘉季）等。但这还不够，不能适应发展的形势对文艺的要求。

李蕤和苏金伞听闻姚雪垠想调回河南从事专业文学创作，都在口头上表示欢迎；但对这位"绯闻"缠身的具有全国影响的作家，心里也不是没有顾虑。他们多

---

① 姚雪垠《我的前半生》，收入《姚雪垠书系》第 16 卷，中国青年出版社 2000 年 10 月第 1 版。下不另注。

次与姚雪垠约谈,一方面是为了摸清对方的思想状况,另一方面是给对方介绍当时的文艺政策;他们还邀请姚雪垠为本地刊物写稿,期望能读出他的政治态度。

他们介绍道:年前,华中文联筹委会刚召开了中南区第一次文艺工作会议,中南局宣传部部长赵毅敏、四野政治部宣传部副部长陈荒煤、中南局宣传部副部长熊复等都有重要讲话,在这次大会上正式确定了"普及第一,生根开花"的文艺指导方针。他们还谈到,中南区党委要求文艺工作者首先树立"为目前中南人民的解放斗争老老实实服务"思想,并要求他们"迅速掌握中南区人民自己熟悉的文艺形式"。

姚雪垠向他们询及"普及第一,生根开花"的具体内容,李蕤给他看了不久前中南局宣传部副部长刘祖春发表的《生根开花论》①。在这篇重要的文章中,刘祖春全面阐释了这个指导方针的具体内容:

> (生根开花)是深入到当地群众中去,深入到当地群众喜爱的各种旧有人民文艺中去,调查、研究、摄取、改造、提高,并且把它们和当前的群众斗争立即结合起来,服务于他们的斗争利益,那末在一定时间之后,经过大家的努力,优秀的有全国意义甚至有世界意义的作品,就可以产生出来。人民的祖国的文化(包括文学艺术)今天正是一个发轫和形成的过程,每个文学艺术工作者都走上述的道路,生根开花的道路,各地人民的文艺都因此得到了发扬和光大,形成蔚然大观,新中国的民族文学艺术就会获得灿烂的成果,在十年二十年之后,人民的祖国的文学艺术就会放出异彩,就会在世界文艺领域中占有一个很重要的位置。

他们还介绍道:1950年是中南区的土改年,也是文艺工作者实践"生根开花"的下乡年。中南局宣传部副部长熊复指示中南区各省文联贯穿全年的中心任务是参加土改并完成反映土改的创作。为了强调这一中心工作的重要性,熊副部长提出了"关上门下乡土改"和"家里只留看庙和尚"的口号。年初,李蕤和苏金伞各率一队,到许昌专区参加土改,此时刚从土改前线回来。

他们还介绍:河南"文联筹"有两个刊物:一个是《河南文艺》,面向知识程度比较高的读者,属于提高类的刊物;另一个是《翻身文艺》,面向文化程度低下的农民群众,是普及类的刊物。他们还笑着向姚雪垠约稿。

姚雪垠听完朋友们的介绍,心里有了一点底。他是在20世纪30年代革命文

---

① 载《长江文艺》1950年1月号。

学运动的浪潮中走上创作道路的,对于"文艺为政治服务"及"旧形式的利用"等话题并不感到陌生。他深知,文艺虽有为政治救急的功能,但救急的文艺出不了大师。他深信,文坛潮汐,思潮更替,但最终还是得看谁能"拿出货色来"①。他暗地里想着,嘴角上不由得挂起了笑容。

很快,姚雪垠就向《河南文艺》交出了两篇稿件:一篇题为《刚摸着工人生活的边》,一篇题为《论所谓"纯文艺"》②,前一篇谈的是自己年前奉上海市总工会派遣参与"申新一厂"工会组建工作期间的体会和认识,后一篇谈的是自己对党的文艺政策的理解和诠释。耐人寻味的是,两篇文章的署名用的都是笔名冬白。为什么不署本名而要署笔名呢?显然是有意为之。直言之,他的这两篇文章不是写给普通读者的,而是写给河南"文联筹"的头头脑脑们看的。

《刚摸着工人生活的边》,可以说是写给河南"文联筹"领导的思想汇报。姚雪垠在文章中详细地叙述了解放初接受上海总工会的派遣到"申新一厂"工作的全过程,总结了自己思想改造的阶段性成果,表达了愿意继续接受改造的决心。他还写道:

> 多年来我离开革命实践,没有把自己放在人民革命的洪流中去生活和锻炼,因而那仅余的一点知识分子的反抗情绪就不能不既空浮脆弱,又带着个人主义的浪漫色彩。以前沾沾自喜的那点"成就",一梦醒来,尽成包袱。几年中我也常检讨自己,有时懊悔得不能成寐。无奈小资产阶级的根性很深,刺疼一下、两下,并不能治好多年的麻痹病症。只有革命的大浪滚滚来,一阵阵打在眼前,才使我不能不咬咬牙放下包袱。

这是一番令人惊悚的表述!姚雪垠为什么突然否定了自己在旧民主主义时期的全部"成就"?他怎么会变得如此谦卑?

如前所述,1945年"胡风派"大张旗鼓地"清算"异己作家时,虽然毫无根据地指斥他的作品中有"色情"描写,但尚不敢否定他的全部作品;1948年胡绳撰文批评他的小说作品时,虽然对其"小资产阶级"的美学"趣味"多有指责,但仍对《长夜》等作品有所肯定;而他两年前还对自己的作品充满自信,曾昂然地对记者表白道:

> 今天我们的作家固然很需要自我改造,而批评家们一样的需要改造,因

---

① 革命文学论争中,梁实秋向"左联"提出的要求。
② 原载《河南文艺》第1卷第4期(1950)。

为大家都是出身于小资产阶级的知识分子。一部分批评家们所表现的主观主义，宗派主义，唯我独尊的英雄主义，就说明了不管他们的姿态是多么"前进"，而小有产者的劣根性并不比我们为少。我们的创作态度有时离开了人民立场，而某些批评家，他们打着人民的旗帜，却脚踏在小资产阶级个人主义的立场上，更甚于我们。所以大家都得改造。谁不痛改前非，真诚的向人民学习，谁将来就不能存在。关于对我的批评，不管是出于善意或恶意的，只要我能见到，我必定仔细的读一读。搔到痒处的，可以使我知道如何改正，提起警觉；搔不到痒处的，一笑置之。①

如今，在没有任何政治压力的情况下，他竟然完全否定了"旧我"，这实在让人觉得有些突兀。他的自我评价是如何发生大逆转的呢？也许是在接受上海总工会派遣参加工人干部学习班期间。如前所述，他在学习班上，打掉了知识分子的架子，打掉了文化人的优越感，学会了谦恭克制，学会了自我批判，学会了从俗浮沉，学会了与时俯仰②。然而，此番"谦恭克制"的表白，却给他日后惹上了麻烦。其后两年，河南"文联筹"的某领导把他看成是犯过严重错误的旧式作家，动辄笑他想"打翻身仗"；当地的某些青年作家更把他视为旧时代的渣滓，对他心怀轻视。这些，都不能说与这篇文章毫无关联。

《论所谓"纯文艺"》也很重要，可视为姚雪垠给河南"文联筹"领导具结的一个"投名状"。文中"从十九世纪末叶以来"一直缕述到眼前，引述了马克思和恩格斯的《共产党宣言》、列宁的《论党的组织与党的文学》和毛泽东的《在延安文艺座谈会上的讲话》中的名言警句，从苏联作家高尔基、西蒙诺夫谈到美国作家辛克莱，从胡适、梁实秋谈到徐志摩，从"新月派"谈到"第三种人"，并作出结论说：

我们既然认清了只有阶级的文艺而没有所谓"纯文艺"，我们就不要害怕和政治靠拢，受党的领导为政治服务。古代本来有"载道"和"言志"的两种主张，那时的作家是要文艺载封建的道，言封建的志。今天我们是人民的文艺工作者，应该使我们的作品载人民大众的道，言人民大众的志。只有这样，我们的文艺工作才是有意义的，才能够写出来为大众所需要，所"喜见乐闻"的作品。提高阶级的觉悟，提高政治的倾向性、战斗性、思想性，这便是我们今天的首要任务。要成为一个人民的文艺工作者，成为一个现实主义者，

---

① 陈新：《姚雪垠答问》，载 1948 年 9 月 11 日上海《新民报》晚刊。

② 据荣正一回忆，1949 年 9 月姚雪垠在赠书《长夜》扉页上题词："过去的作品对我都是包袱，但愿今后写出像样的来。"

成为革命的一个螺丝钉,首先要弄清"纯文艺"的错误观点!

这同样是一番令人惊悚的表述! 姚雪垠怎么突然把"文艺与政治"的关系看得如此简单了? 他怎会变得如此驯顺了?

如前所述,自20世纪30年代走上文坛始,姚雪垠便是一位有着独立见解的"新现实主义"作家,他虽然信奉"文艺为政治服务"的宗旨,重视文艺的"组织性和教育性",但他并不把二者的关系看得那么直接和单一。1938年创作《"差半车麦秸"》期间,他曾表示:"(文艺虽然)应该配合着政治为革命服务……(但)我们不应机械的使文学为每个政治现象服役。"[1]1947年创作《长夜》时,他的文艺观更发生了嬗变,他不再追求对于时事政治的及时呼应和激情演绎,而是注目于历史生活的如实摹写,因而他把《长夜》的主题限定为"忠实地反映二十年代河南农村生活的重要侧面和生活在那样历史条件下的人物的精神面貌"[2],而不是其他。1948年前后,他的文艺观念已接近于巴尔扎克式的古典现实主义传统,而与其所曾服膺的革命文学精神有所疏离。

如今,在没有任何政治压力的情况下,他竟然重弹"载道"文学的老调,把"文艺"贬抑为"政治"的附庸,这也实在让人觉得有些突兀。他的文艺观是如何发生逆转的呢? 不得而知。他此时表述的"政治—文艺"观念是否出自真心呢? 亦不得而知。然而,就是这番表白,也给他日后带来了麻烦。其后两年,河南"文联筹"的领导总是责备他不愿配合地方党组织的中心工作撰写通俗演唱材料,不肯"雪里送炭";某些青年作家更把他当作时代的落伍者,嘲笑他"固步自封"——这些,都不能说与这篇文章毫无关联。

姚雪垠在这两篇文章中所作的政治表态,是否存在着"违心"的成分呢? 或许有,或许没有。退一万步讲,即使是权宜之举,也是不得已的。他想要返回热土河南,想要复归文艺战线,就得获得当地文艺领导的认可和接纳,除此之外别无他途。

事实证明,姚雪垠此时的谦卑获得了当地文艺领导们的好感和认可。一年后,当他正式写信要求调回河南时,河南"文联筹"负责人便迅速据实地向上级汇报,"当时河南的第一书记是张玺同志,主席是吴芝圃同志,听了我们的汇报表示同意他回来"[3]。但对方始料未及的是,姚雪垠返豫后并不能始终表现得那么谦卑,也无意兑现当初甘当"螺丝钉"的承诺,这便是其后他与"文联筹"领导不断发

---

①　姚雪垠:《论现阶段的文学主题》(1938)。
②　姚雪垠:《为重印〈长夜〉致读者的一封信》(1995)。该文有两个版本,大不相同——吴按。
③　李蕤:《对姚雪垠同志〈学习追求五十年〉中的一章的声明》,《新文学史料》1984年第4期。

生摩擦的源头。当然，这是后话了。

再说试"文品"——

也是在 1950 年的暑期期间，姚雪垠抽空"到豫西乡下访问了将近一个月"，搜集了一些创作材料。返回上海途中，在南京稍事停留，创作了中篇小说《突围记》，稿成后交给了南京文联的机关刊物《文艺》月刊。

南京《文艺》月刊是一家颇有特色、颇有影响的刊物。据研究者介绍：

> 1950 年 1 月由南京文联创刊的《文艺》月刊前后办刊时间仅一年零八个月。作为党的机关文艺刊物而被停刊，可谓当时文艺界一件不大不小的"事件"。其间缘由，与这份刊物的"华东风格"有关。由"华东文人"主编的《文艺》月刊在文艺观念上大力张举"列宁的文艺原则"而暗中疏离《讲话》，在创作实践上与"庸俗的资产阶级人道主义思想"纠葛不清而违反革命文艺的叙事"成规"，在批评实践上推重艺术分析。这三重因素皆使《文艺》成为建国初年文学"延安化"/"一体化"过程中的另类"构想"。①

该刊第 1 卷（1950 年上半年）刊发了好几篇取材于革命军队生活的短篇小说，如第 1 卷第 1 期王啸平的《马少清和他的连长》，第 1 卷第 2 期王啸平的《恩情》，第 1 卷第 3 期石言的《柳堡的故事》和第 1 卷第 4 期荆典五的《二杆子》。这几篇作品或描写革命队伍中官兵关系的矛盾，或描写大义与亲情的冲突，或描写"军纪"与"爱情"的碰撞，都与后来批判者指出的"庸俗的资产阶级人道主义思想"有关；然而，在后世的评论家看来，这几篇作品却"标志着革命军事文学达到了一个新的高度，也标志着军事文学题材的扩大，突破了当时的'禁区'"②。

姚雪垠的《突围记》，"破天荒"地选择了革命军队生活作为创作题材，如果有人说他是读过《文艺》月刊后见猎心喜，笔者不会认为没有道理。

这篇小说取材于解放战争后期发生在豫西的一个真实的历史事件——"马跑（刨）泉事变"。小说开头便写道：

> 在豫西的解放战争中，也正像别处的情形一样，产生过无数的英雄故事。这些故事，在下一代人们听起来也许会当做神话，但在我们这一代却全是真人真事，一些儿不需要虚构和夸张。我现在要谈的是吕平同志的突围故事，

---

① 张均：《"列宁的文艺原则"是否可以"坚持"？——南京〈文艺〉月刊的创刊与停刊》，《现代中文学刊》2014 年第 6 期。

② 陈辽语，转引自邢虹：《小说〈柳堡的故事〉：突破当时"禁区"的经典之作》，载 2011 年 12 月《南京日报》。

它不过是这时代无数的英雄故事中的一个罢了……

一九四七年陈赓部队从豫西过河南下时,吕平随着李一民县长到渑池,担任第一区区委书记,帮助李县长来建立地方政权。我们的主力部队在渑池一带没有多停留,像一条龙似的向南滚去。胡宗南的匪部很快的又从陕州那方面压迫过来,打算把渑池这个被冲破的口子重新封锁。经过了几次血战,县政府不得不向东北大山中逐步撤退,最后困守在那个叫做马刨(跑)泉的高山头上。过了一星期,到一九四八年旧历正月十二日(即公历 2 月 21 日)天明时候,敌人两个正规团,加上自卫队、土匪游击队、庙道会,从四面八方向山头猛攻,就发生了有名的马刨(跑)泉事变,成为渑池人民解放运动中一个不能忘记的血腥日子。

河南地方志工作者对这个"血腥日子"作过详密的调查,他们除了记载当地民主政权所遭受的惨重伤亡之外,还记载了一个悲壮的英雄故事:

1948 年 2 月 21 日,当国民党军队及地主武装围剿马跑泉时,我方 4 名民兵于弹尽粮绝之时,毅然跳崖,用一腔热血,写下了"狼牙山五壮士"般的英雄史诗……在这 4 名壮士当中,胡振国是唯一的幸存者。跳崖之后,他掉在一处伸出的岩层上被树枝挂住。半崖上,胡振国将身上的背包拆开,把被里被面及身上穿的棉衣棉裤的面、里及罩衣罩裤衬衣衬裤全部撕成布条搓成绳子,与捆扎被包的绳子接在一起,绑在树上沿绳而下,披着一片棉絮,胜利逃回根据地。

姚雪垠在创作该小说时,将上面这个英雄故事作了一些改动:小说主人公吕平的原型,即脱胎于"四壮士"中的唯一幸存者胡振国,作家把他的身份由"民兵"改成了"渑池第一区区委书记";也许是为了避免情节与"狼牙山五壮士"雷同,小说并未将"跳崖"的壮举作为描写的重点,而是让吕平在最后的时刻,从山谷间的裂隙中寻觅到了一条生路;作家把表现的重点放在吕平下山后"披着一片棉絮,胜利逃回根据地"的经历上,小说描写吕平在深山中躲藏了七天七夜,其间担惊受怕,饥寒交迫,苦不堪言;小说描写了国民党土顽的凶残和狡诈,及对山民的严密控制;小说还描写了贫苦山民对革命军人的爱莫能助……

小说中关于贫苦山民的描写相当动人。当吕平在山中躲藏了五天后,饥渴难耐的他来到一户山民的家中求助——

吕平在火边坐下去,向中年的女人问:

"你的男人哩?"

"昨儿给庙道会抓去啦。"女人很忧愁的说。

"为啥抓去的?"

"为啥?不为啥。他们想讹人,说娃爹跟你们八路通气儿。"

"这村里有没有庙道会?"

"没有。他们住在马刨泉,常常下来问百姓要粮要东西,打听你们的消息。"

"夜里也来吗?"

"前两天夜里来过。"女人停一停,忽然害怕的催促说:"老乡,你烤烤火快走吧!万一叫他们知道了,连俺们一家大小都不能活了。"

"唉,我饿得心慌,能给我找点东西吃吃不能?"

"咱是穷人家,有啥吃的?"女人作难的说,轻轻的叹了口气。"啊,锅里还剩下一碗稀饭,给你热热?"

"不用热,吃凉的没有关系。"

女人从一只小羊的身上跨过去,把锅里剩的稀饭盛到黑碗里。她整得很干净,铁勺子刮着锅底喳喳的响了几声。这是黑豆糁和红薯叶在一起煮的稀饭,但黑豆糁下得那么少,吕平用筷子挑起来红薯叶以后,碗里边只见清汤水。

这是朴素到了极致的现实主义描写!

吕平在山中躲藏了七天后,饥肠辘辘的他又来到这家农户求食——

她忽然用恳求的眼光望着他,吞吞吐吐的说:

"老乡,我害怕。咱这儿离路边近,单门独户,不是个藏身地方,你饿,锅里还有半碗汤,我盛你喝了走吧?"

吕平苦笑着把头点点,衰弱的说:"唉,大嫂,你们对我的好处我不会忘记。我们的人很快会过来的,一定会把反动派彻底打败……"

"妈哟,谁知道你们啥时候才能打胜!"女主人走到锅台边,把剩在锅里的半碗稀汤盛出来递给吕平。

这是真实到了极致的现实主义描写!

这篇小说采用的是作家熟悉的中原语言,描写的是作家熟悉的中原民众,表现的是作家熟悉的农村生活;作家采用的是与创作《长夜》时相同的古典现实主义的创作方法,重在历史场面的真实记录,不随意拔高笔下的人物;他把捏得十分顺手,生活场景具体而细腻,人物行为传神而生动,叙述语言和人物对话都不避方言俗语;他似乎又找回了创作《"差半车麦秸"》时的感觉。

《突围记》所表现出来的思想倾向与南京市文联的机关刊物《文艺》月刊上的几篇佳作别无二致,因而被顺利采用,载于第2卷第6期(1950年12月);同年年底,这篇小说被河南文联看中,出版了单行本,编为"河南文艺丛书"之一。

姚雪垠的"文品",似乎也得到了当年文坛的认可。

然而,谁也没有想到,颇负盛名的《文艺》月刊在刊载了《突围记》后不久竟发生了不同寻常的变化。自第3卷第1期(1951年1月)开始,刊物版面竟然减半,由六十六页变成三十三页;也开始强调"赶任务",声称要"尽量做到与当时当地的具体政治任务相结合";也开始注重"政治第一"的批评标准,刊出了数篇批评《柳堡的故事》的文章,称其"思想性是不强的"。继而,第4卷第2期(1951年8月)竟突然宣布"停刊"。

说来也是有趣,直到1952年年中,河南省文联的领导们才姗姗来迟地意识到南京《文艺》月刊"停刊"的严重性,也才发现了《突围记》的"问题"。于是,当时河南的一位青年作家执笔写下了一篇批判《突围记》的不足千字的短文。该文认为从区委书记吕平身上"嗅不出一个共产党员的气息",并认为"书中的人民群众对共产党、解放军是不信任的""这样写不仅歪曲了现实,也歪曲了真实",给了正在"被侮辱和被损害"深渊里挣扎的老作家姚雪垠又一记闷棍。当然,这是后话了。

第四节　破釜沉舟

1951年开年,便给姚雪垠带来了一个惊喜。

1月11日,胡绳执笔的题为《纪念太平天国革命百周年》的社论在《人民日报》发表,社论高度颂扬了太平天国抗击内外敌人的光辉业绩,认为"太平天国是旧式的农民战争——没有先进阶级领导下的农民战争所发展到的最高峰"①。

姚雪垠读过朋友胡绳的文章后,对其文中关于"旧式的农民战争"及"最高峰"的提法有所感悟,恍然有拨云见日的感觉。如前所述,他是个有历史癖的文学家,历史学科的风风雨雨无不为其所关注。他很早就注目于"旧式的农民战争",

---

①　转引自夏春涛:《50年来的太平天国研究》,《近代史研究》1999年第5期。

对黄巢、李闯王、白狼等搅动过中原历史的狠人都曾产生过兴趣，也曾关注过关于太平天国的学术论争，只是由于主客观条件的限制，他对该种历史运动的研究还不够充分，认识也还不是那么明晰。

1944 年 12 月，他在《读史随笔》中曾谈到"崇祯五年"和"崇祯十四年"发生在四川的以"打衙蠹"为特征的农民暴动。他认为"打衙蠹起初是由知识分子领导的一种民变，有鲜明的政治目的和号召，但这种民变还不能算是革命，革命的目的在夺取政权"，还认为"历史上一切农民暴动，都带着强烈的报复主义，只求逞一时之快，缺少政治远见"。附带提一句，1947 年他在《长夜》中所再现的"我的这些朋友们"，也都是这类低层次的"绿林好汉"。他曾慨叹曰："当他们活着的时候，中国的农民还没有发现他们应走的革命道路，至少在北方农村中还没有出现像摩西那样（的）人物。因此，我的这些朋友们虽然不顾一切地要做叛逆者，却只能走那条在两千年中被尸首堆满的，被鲜血浸红的，为大家熟悉的古旧道路。这条路只能带向毁灭。"①

同年同月，他在另一篇文章《历史的悲哀》中谈到了太平天国。当时他从报纸上读到一则报道，非常生气，于是提笔斥责道："黎教授对记者说：'围攻南京，是曾国藩的杰作。'南京是当时继续了十四年的民族革命运动的最后根据地，被围攻，被捣毁，是中国历史上一大悲剧，为什么算是'杰作'？请问黎教授是用什么观点来研究历史？是站在什么立场说话？"文中的"黎教授"，指的是历史学家黎东方（1907—1998）②。1944 年 12 月初，他"在江苏旅渝同乡会讲太平天国"，第一讲便是"围攻南京"。他对记者发表的讲话，载于 12 月 4 日的《新民晚报》。姚雪垠对黎教授的立场和论调极为不满，斥责他"毫无'史识'，尤无'史德'"，并表达了自己的"太平天国"观——"继续了十四年的民族革命运动"——这种观点在今天虽有争议，但仍能聊备一格。

孙中山生前以"洪秀全第二"自居，姚雪垠是知道的；毛泽东主席 1949 年在《论人民民主专政》中指出洪秀全等人"代表了在中国共产党出世之前向西方寻找真理的一派人物"，他也是知道的；新生的人民政权自来便认为是太平天国革命事业的后继者，他也是知道的。

---

① 姚雪垠：《长夜·后记》(1947)。
② 黎东方教授当年在重庆曾公开演讲"三国史"和"太平天国史"。报载："化繁为简，深入浅出，绘声绘色，发前人所未发，听众闻所未闻，场场座无虚席，一时传为佳话。"后世誉为"现代讲史第一人"。

太平天国百年盛典是件大事,新生的人民政权组织了各地的大游行。姚雪垠也走在上海大夏大学的队伍之中,在海潮般的欢呼声中,前贤所追求的新世纪仿佛出现在眼前,他不由得热泪盈眶,感受到了强烈的创作冲动。多年之后,他在回忆录中写道:

> 一九五一年全国隆重地举行了太平天国革命一百周年纪念,上海也举行了盛大游行。我参加了大学教师的游行队伍,深为激动,随即萌发了写太平天国历史题材长篇小说的念头。由于我平日读书的范围较宽,对中国历史比较有兴趣,所以我想写太平天国历史题材的长篇小说的念头一旦触发,便不是一个迅即消逝的闪念,也不是空洞的瞎想,而是有自己已经具备的粗疏的历史知识为基础。写作的念头动了之后,跟着就积极地收集资料,丰富我的历史知识,加深我的历史认识,同时形成了一部长篇小说的初步轮廓。

如果说,1947年创作的《长夜》,表现的是农民战争的"低级形式";那么,此时动念的这部关于太平天国的长篇,表现的就将是农民战争的"高级形式"了!

紧接着,姚雪垠在回忆录中还写了如下一段文字:

> 从以上的追述看,我在五十年代初期,心中同时在酝酿两部历史小说,而不仅仅是一部《李自成》。甚至可以说,关于反映太平天国历史的小说轮廓比反映明末历史的小说轮廓更为清晰。

当年作家心中酝酿的是宽泛意义上的"反映明末历史的小说",还是明确意义上的"《李自成》"? 这里必须说清楚,否则很容易对作家以后的创作道路产生误读。

据笔者所知:1941年蛰居大别山期间,姚雪垠曾兼任"安徽省抗战史料征辑委员会总干事",接触过一些明末史料,产生过撰写历史题材小说的想法,但未动笔,也未留下任何可资考稽的文字线索;1943年寄寓重庆张家花园期间,他曾与朋友谈起"明末李闯王、张献忠这两位贫农起事并实行报复手段的故事",并表达了"希望写下几百万字的《崇祯皇帝》,用上好的纸张印刷,精装烫金"的热切愿望[1],但未涉及具体的艺术构思;1944年移居重庆北碚期间,他曾在多篇文章中表现出对"明末的历史大悲剧"[2]的兴趣,甚至还曾谈到明末清初"连李自成和张献忠的旧部都在开始转变,要参加伟大的民族斗争"云云,但并未展开叙述;1948年

---

[1] 引文出自《梅林的抗战文坛日记》,《新文学史料》2018年第3期。
[2] 姚雪垠第一次提到"明末的历史大悲剧"是在《历史的悲哀》中,时在1944年。

居留上海高桥地区期间，他曾为创造"明末历史大悲剧"的长篇小说作过认真准备，将相关的明史资料进行了梳理，整理出两部读史笔记《明代的特务政治》和《崇祯皇帝传》，在后一部读史笔记中他曾概略地谈道："在明朝，农民叛乱和少数民族的解放战争，将近三个世纪中此起彼落，接续不断，终而形成崇祯年间的狂风暴雨，将大半个中国都卷入内战之中，同时朝廷解体，连皇帝所信任的太监也一个个背叛了他。"文中的"他"指的是崇祯皇帝，"他"也是作家构想了近十年的这部历史小说的中心人物。

简单而直白地说，"五十年代初期"姚雪垠在上海期间，心中确实有两部历史小说在酝酿着，一部是以晚明崇祯皇帝为中心的历史小说，一部是以太平天国为中心的历史小说；但这两部小说都不是作家的"急务"，还未被列入作家短期要完成的目标；甚至可以这样说，如果作家后来未被打入政治深渊，未被剥夺了表现现实生活的权利，这两部历史小说或许永远都没有搬上纸面的机会。

此外，还须知道，姚雪垠是个头脑非常"活络"的作家。20世纪50年代初期，他的心中除了这两部历史题材小说之外，还有好几部酝酿了多年的现实题材的作品，如"农村三部曲"，如"烟草姊妹篇"……如果让作家在现实题材与历史题材中择一的话，他必定会选择前者，不管怎么说，他毕竟是一位更加关注现实的作家。

1951年春季开学以后，关于院系合并的传闻已不再是传闻。在高层的统一安排下，华东高教部开始着手将圣约翰大学、大夏大学等私立院校合并为华东师范大学的前期工作。

姚雪垠当时兼任着大夏大学的副教务长和代理文学院院长。是去是留，他不能不作出决定了！晚年，他在回忆录中谈到当年的考量：

> 一九五一年的春天是决定我后半生走什么道路的关键的半年。当时华东高教部正在积极筹备上海几所私立大学如圣约翰大学、大夏大学、沪江大学、光华大学、震旦大学等校合并，成立华东师范大学。当时我在大夏任教，还兼任副教务长和代理文学院长。继续留下来，在即将成立的华东师大教书，或是离开教书岗位，重理写小说的旧业，是必须决定的时候了。假若等到华东师大成立，人事制度确定，教书的车辙驾在我的身上，再想离开就困难了。

> 这一年我四十一岁。根据我自己从前的看法，一个人三十岁和四十岁是两个关键年纪。在治学问和从事文学写作的道路上，一个人如果在三十岁的年纪还没有打定基础，没有获得一定成就，可能一生的发展不大。但是还有

机会。中外历史上也有不少人是在中年以后做出重大贡献，这叫做"大器晚成"。①

这是他第二次感受到"年龄危机"。

如前所述，1939 年他在年近三十岁时曾经历过一次"年龄危机"，那时他刚以短篇小说《"差半车麦秸"》名满天下，随后创作思路突然产生滞碍，他唯恐再也写不出超过前作的作品，无比焦虑，感到时不我与的深切的痛苦。他在回忆录中曾绘声绘色地描述过当年事：

> 由于我在青年时候立下了狂妄的志愿，明白说，也就是希望自己在学术上或文学创作上做出突出的贡献，所以我快到三十岁时，我的心情非常痛苦，有时在半夜忽然醒来，身上冒汗，有时在屋中或在路上忍不住小声地吟诵屈原的两句诗："老冉冉其将至兮，恐修名之不立！"②

这是胸有锦绣的先贤如屈原曾感受过的"年龄危机"，这也是胸怀大志的后人如姚雪垠才能体味得到的灵魂折磨！

当年，姚雪垠由于意外地收到了中共长江局的邀请，参与第五战区文工会，顺利地化解了"年龄危机"，并得以突破了创作瓶颈；当下，他则无所依凭，只能独自反复地权衡利弊，谨慎地决定下半生的道路。

他是这样审视自我的③：

> 我考虑，如果留在大学教课，也有兴趣，但是教好课程之外研究学术，决不会有很大成就。我的基础很差，已经到了四十岁，再去搞好基础，拾遗补缺已经晚了。我知道许多有独到成就的学者，其学识之渊博，功力之深厚，我实在望尘莫及。我已经四十岁了，今生要做一个真正的学者已经晚了。但如果回头从事创作，我具有许多方面的优势条件，可能做出超过一般人的成绩。

学术，我所欲也；创作，亦我所欲也。二者不可得兼，舍学术而取创作者也。姚雪垠想明白了，嘴角上不禁泛起笑容。这里还须强调，促使他决意走上文学创作这条荆棘之路的还有另外一个重要的因素，这就是几年前他在承受"胡风派"的轻侮时所发过的誓言：

> 我是从窒息的环境中，从刀剑的威胁下，倔强的生活过来的，今后我还要倔强的生活下去。生活是战斗，我的武器就是笔。除非我真正死掉，我相信

---

① 姚雪垠：《学习追求五十年》。
② 姚雪垠：《学习追求五十年》。
③ 姚雪垠：《"农村三部曲"——梦断开封》，收入《姚雪垠书系》2000 年版。

没有人能使我缴械。为了我对这时代应负的责任，而不是为要使前边所指的两种人感到失望，我今后更要仔细的，大量的，没有休止的创作下去。①

创作，创作，没有休止的创作！一定要在文学事业上做出举世瞩目的成绩！只有这样，才能不让爱我的人和我爱的人失望；只有这样，才能不让憎我的人和我憎的人得意。想到此，他的心似乎落定了。

姚雪垠是一位有准备的作家。他虽然有时貌似狂妄，大言炎炎，目无余子，背地里却不知要比别人多下了多少功夫，多洒了多少汗水，多吃了多少苦头。

如前所述，此时此刻，他的心中不仅酝酿着两部历史小说，还有着酝酿了好几年的现实题材作品，如"农村三部曲"，如"烟草姊妹篇"……尤其是"农村三部曲"，明里暗里他不知道念叨过多少回了。当年，因环境不允许而被搁置了；如今，应该可以着笔了。

数十年后，当姚雪垠回忆起当年辞职返乡前的考量，他仍把"农村三部曲"算作最具决定性的因素之一。他写道：

> 当时我的创作计划，是完成我的"农村三部曲"。第一部定名为《黄昏》，写清朝末年和民国初年农村迅速崩溃的过程。第二部是《长夜》，写农民没有土地，没有生计，不当兵就拉杆子。这部作品写的是一支杆子的活动情况。第三部定名《黎明》，写北伐军进入河南，新旧军阀在河南的角逐，农村各种力量的大动荡、大分化，而一些知识分子怎样开始传播革命火种。《长夜》带有自传性质，较容易写，所以最先动笔。那时《长夜》还没有被人认识，但我是有信心的，而且计划写的另外两部小说《黄昏》和《黎明》，信心更大。②

《长夜》创作于战争年代，从构思到完成，断断续续花了三年时间。姚雪垠想，如今是太平年代，如果集中时间和精力，再用三年时间，大概可以完成《黄昏》和《黎明》吧。一旦"农村三部曲"告竣，那当是史无前例、反映中原近百年历史的史诗类作品，当是现代文学史上震古烁今的鸿篇巨制吧。

对创作前景充满着憧憬的姚雪垠，大约于1951年2月，下定了返回河南的决心。

他给各地的好友去信，告知即将辞职返乡的消息。目前我们能读到的只有3月13日他写给河南老友卢镕轩的信和同月18日北京老友吴组缃写给他的复信。

---

① 《雪垠创作集第一种·差半车麦秸》的《跋》，怀正文化社1947年出版。
② 姚雪垠:《"农村三部曲"——梦断开封》。

大夏大学文学院欢送参军参干同学合影（前排左 4 为姚雪垠）

他在致卢镕轩的信中写道："弟于去年任文学院长，寒假以来又任教务长，事忙，且与写作事业相违。打算作到暑假，再作请求，以冀埋首乡间，与农民一起生活，从事写作工作。"

吴组缃在复信中鼓励道："我极力主张你用最坚决的意志，最周到的办法，摆脱教书岗位，去实现写作计划。这事拖不得，拖上三二年，就拔脚不出了。严格的说，在大学教文学，实在不易有什么收获。……希望你现在就布置离大夏的事。并且给我们好消息。"

说来也挺有意思，年初姚雪垠虽已决心辞职返乡，但他仍不动声色地参与学校的一切活动，丝毫没有表现出任何异状；大夏大学校方对姚雪垠的打算一无所知，他们仍一如往常地重用他，尽力地提拔他：

2 月 17 日，大夏大学校方"为本校吴泽教授辞卸教务长兼职另聘邵家麟教授继任并聘姚雪垠教授兼任副教务长由"，致函华东军政委员会教育部请求备案。

3 月 10 日，华东军政委员会教育部"为私立大夏大学请以邵家麟为教务长姚雪垠为副教务长事转呈鉴核备案由"事，致函中央人民政府教育部。

3 月 22 日，姚雪垠以学校"副教务长"身份在"第 15 次教务会议"上作《关于教学计划的报告》。

4 月 2 日，大夏大学校方呈报华东军政委员会教育部，告之"此次本市郊区开始土改，本校工会响应上教工会发动部分教授参加土改工作的号召，现有志愿参加土改者计邵家麟、姚雪垠正副教务长及王绍唐、刘焕文、许公鉴、夏炎、李贤瑗、宋成志、史守谟等教授共九人，即于日内出发"。

4月2日，华东军政委员会教育部致函大夏大学，告之"所请邵家麟为教务长姚雪垠为副教务长事准予备案特知照由"，已获得中央人民政府教育部"准予备案"之批复。

……

姚雪垠不负大夏大学，大夏大学也不负姚雪垠。

5月初，姚雪垠正式写信给河南省政府和省"文联筹"，提出调回河南从事专业创作的申请，很快得到批准①。他接着便向大夏校方提出辞职的请求，校方极力挽留，但他执意调离，校方只得答应了。

姚雪垠辞职返乡是经过严格的组织审批手续的。笔者从上海档案馆找到了原始报告和批文，录如下——

大夏大学代电　　民字第731号

1951 年 7 月 19 日

事由：本校副教务长姚雪垠辞职报请鉴核备查由。

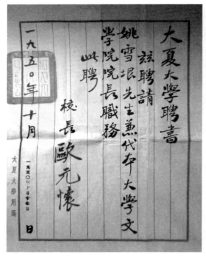

大夏大学的聘书

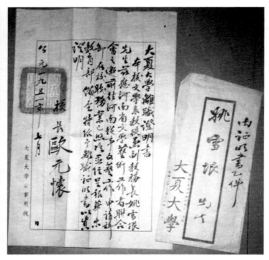

大夏大学为姚雪垠辞职返乡开的证明

---

① 姚雪垠在《"农村三部曲"——梦断开封》中写道："（河南省文联）两位负责同志都是我的旧日朋友，他们写信请我回去，相当热情。"

华东军政委员会教育部钧鉴，本校文学系教授兼副教务长姚雪垠先生近因河南省文艺工作者联合会邀约前往河南从事文艺工作，坚请辞卸在校所任职务，本校已予同意。敬以报请鉴核备查。私立大夏大学午皓

华东军政委员会教育部

主办单位：行政科　　文别：批复　　受文单位：大夏大学

事由：为你校副教务长姚雪垠辞职准予备案由。

一，一九五一年七月十九日民字第 731 号代电悉。二，你校文学系教授兼副教务长姚雪垠坚请辞职，准予备案。　　　部长吴

1951 年 7 月，姚雪垠告别了大夏大学那幢有着古罗马式圆形廊柱的青灰色文史楼，在文学院师生们的热烈欢送声中，决然地踏上了返乡之程。三个月后，在这所私立大学的原址上，以大夏大学、光华大学为基础，同时调进复旦大学和同济大学等院校的部分系科，创建了华东师范大学。

姚雪垠在回忆录中重温了"最后告别了正式教书的生活"的那个历史瞬间：

我将这一次离开教书岗位，重当专业作家，看做是"背水一战"，也比做"破釜沉舟"。我在放暑假前两个月就提出来下半年要离开学校，去搞创作。领导学校的党组织和有关系的同志们自然不肯同意，竭力苦留。我已经下了决心，任何婉劝和苦留都不能使我动摇，到了暑假，仿佛记得是八月一日，我离开学校了。虽然我从此离开了教书岗位，感情上对教书还是有留恋的。我临走的前一二日，差不多是全校教职员在院中为我饯别，临离校时文学院的师生们敲锣打鼓地为我送行。

这一幕永远铭记在他的记忆中。

第十二章

梦断开封

1951——

第一节　未敢"翻身"已碰头

1951 年 8 月初,姚雪垠"怀着美丽的创作幻想"[1],毅然舍弃上海大夏大学的崇高职位和丰厚报酬,破釜沉舟,返回河南,当了河南省文联的专业作家,决心为实现自己的文学理想而进行最后一搏。

所谓"美丽的创作幻想",指的是如下两个创作计划:

> (我的第一个打算)我回河南之前,原来打算利用我对河南风土人情的比较熟悉,对群众语言比较熟悉,以及我对中国现代史的知识较多,以河南农村作背景,以一家四代人的生活和命运为线索,写一部反映河南农村从民国初年到解放初,几十年间变化的大部头长篇小说。那时候,肖洛霍夫的《静静的顿河》在中国享有很高的声誉。我很想写出我自己的《静静的顿河》……
>
> 我的第二个打算是完成抗战期间计划写的"农村三部曲",即《黄昏》、《长夜》、《黎明》。《长夜》已经在解放前出版过二千册,打算修改一次,扩大它的内容,再花两年的时间将《黄昏》和《黎明》写出。[2]

第一个写作计划——"我自己的《静静的顿河》"——只见于这篇回忆录,未见于其他回忆文章。笔者以为,这大概是曾闪现于作家心中的无数个创作动念中的一个,暂且存而不论。

第二个写作计划——"农村三部曲"——曾见于多篇回忆文章,作家耄耋之年仍常念叨这部未竟之作,可见它在其心中的分量。

毋庸置疑,姚雪垠辞职返乡的动机就是这么简单:

> 为着完成梦想要完成的"农村三部曲",我决心离开教学岗位,给河南朋友回信同意返回开封,到河南省文联做一名创作员。在秋季开学之前,为着完成"农村三部曲"的宿愿,高高兴兴地回开封了。[3]

然而,许多人当年却并不这样看,他们认为姚雪垠是在上海栽了跟头,待不下去,被赶回来的。不仅领导执这种"成见",群众也执这种"成见",姚雪垠"梦断开封"之根由大半应归咎于此。历史就是如此吊诡,直到 20 世纪 80 年代,仍有不少

---

[1]　姚雪垠:《我的前半生》。
[2]　姚雪垠:《学习追求五十年》。
[3]　姚雪垠:《"农村三部曲"——梦断开封》。

1951 年回到开封时的姚雪垠

人还对姚雪垠抱有这种"成见"哩。

姚雪垠抵达开封时，当地文联负责人无一人来站迎接，这与上海"敲锣打鼓"的欢送场面形成了强烈的对照。

据某些知情人说，河南文联当年故意冷淡姚雪垠，不是个人的行为——

河南省文联原负责人李蕤在回忆文章中写道："（姚雪垠）回来的时候，作协上海分会的党组织写信给我们，介绍他在上海的情况，并向我们河南省文联提出建议，希望他认真深入生活，进行改造锻炼。姚雪垠同志回来后，我们虽然从政治上到生活上没有任何歧视，和对待从上海归来的师陀、白危升作家没有两样，但确实也尊重了上海作协的建议，没有举行盛大的欢迎活动。"①

原中南作协青年作家姜弘在一篇文章中谈道："当时具体处理这件事的是章靳以，他在写给河南省委的信里提出了四点意见：一、姚回去不要开欢迎会，二、不要给予特殊待遇，三、不要让他到处作报告，四、让他到生活中、群众中去好好改造思想。"②

---

① 李蕤：《对姚雪垠同志〈学习追求五十年〉中的一章的声明》。

② 姜弘：《也谈胡风"清算"姚雪垠的旧案》。

　　将二人的话语略作比较,可知前者所述较为切实,后者所述纯属编造。原因无他,前者所述之"认真深入生活,进行改造锻炼"云云,是当年干部调动时的套话,司空见惯;而后者所述之"四点意见",尤其是"不要让他到处作报告"云云,则与史实相违,颇具荒诞色彩。况且,章靳以当年并非党员,也并非作协上海分会的负责人,他不可能代表该会的党组织来处理此事。

　　姚雪垠当年并不在意初抵开封时所遭受的冷遇,他还有许多急迫的事情要办。他先去省文联报到,却未见到老朋友李蕤等人,一打听,说是奉省委指示,全部下乡参加土改去了;于是,他只得想法子租赁了开封自由路的一处民居,从家乡邓县接来妻子和子女,把一家六口安顿了下来。附带说一句,自抗战爆发以后,姚雪垠常年在外打拼,与家人聚少离多,此次得以阖家团聚,亦算是一件喜事。

　　此时,他更在意的是他的"农村三部曲",他渴望关起门来,马上进入创作状态。一方面是出自文学事业的考虑,另一方面是出自经济收入的考虑。事业的考虑前文已述,经济的考虑且待下述。

　　如前所述,姚雪垠是一位有准备的作家。他有时貌似冲动,实际上却是个非常谨慎的人。此番辞职返乡,他是带着创作计划回来的,为了探究其可行性,去年暑假期间曾专程来开封作过一番调研,结果大致满意;除此之外,他也对辞职返乡后经济收入的断崖式下滑有着心理准备,年前曾致函河南询问当地干部的薪酬情况,行前还让大夏大学有关部门开具了其工资待遇的证明材料。他毕竟要对一家六口的生计负责!

　　他当年在经济收入方面所做的具体盘算是:

　　　　我从上海回到河南,带回档案,工资是底薪每月500多元。①

　　　　河南同志写信告诉我,回河南没有工资,每月给我五百斤小米。我说没关系,我回去不是为的工资。我想,我教书还存了些钱,每月贴补一点,过两三年拿出作品,生活的困难就会解决。②

　　他的打算很简单:苦干两三年,拿出作品,一切都会好起来!

　　这是新中国成立前作家们的思维方式——他们是自由职业者,靠稿费生活,只要能写出好作品,就能拿到高稿费,牛奶会有的,面包也是会有的。

　　但是,新中国成立后作家们的生存方式变了,思维方式也变了——他们都被

---

① 　杨建业录音整理稿。
② 　姚雪垠:《致湖北省委宣传部领导同志的信》(1978 年 11 月 12 日)。

纳入了组织之中，靠工资或级别生活；他们的使命是配合"党的中心工作"来创作，被称为"赶任务"，别的想法都是多余的。

其时，姚雪垠还没有意识到上述变化，他仍想关起门来写作，写自己想写的东西。河南省文联能给他这样的创作条件吗？他的眼前闪过空无一人的省文联，觉得有点拿不准了。

不久，老朋友李蕤从许昌土改前线归来，姚雪垠迫不及待地赶去和他见面。

当时，河南省文联主任由省委宣传部副部长岳明兼任，他是来自延安的干部，政策水平高，但并不管文联的具体工作；文联的实际负责人是常务副主任李蕤①，以及副主任苏金伞②。李蕤和苏金伞都是 20 世纪 30 年代走上文坛的作家，都是党外人士。中原解放前夕他们不避艰险，毅然投奔解放区，得到了人民政权的信任，成了党组织在文艺战线上可以依靠的中坚力量。

姚雪垠非常希望能得到老朋友李蕤的支持，但对方似乎另有想法。

李蕤虽然与姚雪垠结识近二十年，但并未有过共事的经历，对他的了解也只是停留在纸面上、言谈中和文件里。

一言以蔽之，在李蕤等河南文联领导的眼中，姚雪垠是一位曾与革命组织有过很深的渊源，曾在国内外文坛上有过重大影响，创作过优秀的抗战文学作品的老作家；同时也是一位写过"色情小说"，参与过政治"投机"，历史问题相当复杂的老作家。所幸的是，在这些老朋友看来，姚雪垠对过去的创作道路已经有所认识，并有愿意接受"改造"的表示，应该能够被新政权利用、限制、改造，也许还能够对省文联的工作有所帮助。

在这样的认识基础和思想基础的指导下，河南省文联起初对姚雪垠的安排还是有一定的政策水准的——

不久，他被指派为省文联创作部主任，副主任为李根红③；

---

① 李蕤，原名赵悔深，河南杞县人。20 世纪 30 年代初走上文坛，以散文创作见长。新中国成立前，曾主编过河南一些较有影响的报纸杂志。1948 年携全家老小投奔解放区。新中国成立后，参加了中原文联的筹备工作，并出席了全国第一次文代会，会后即受命组建河南省文联。著有《李蕤文集》四卷。

② 苏金伞，河南睢州（今睢县）人。原名苏鹤田。1926 年毕业于河南省体育专科学校。曾编辑或主编过河南《春潮》《沙漠文艺》和《中国时报》副刊。1948 年来到解放区。新中国成立后，历任河南省文联、中国作协河南分会副主席。著有诗集《地层下》《窗外》《鹁鸪鸟》等。

③ 姚雪垠担任创作部主任事见塞风《信念的力量》。李根红，笔名塞风，河南灵宝人。1945 年开始发表作品，著有诗集《天外，还有天》《北方的歌》等。

又不久,他被指派为陕州专区土改复查工作队第一组组长①;

……

姚雪垠和阔别一年的老朋友李蕤有过多次长谈。

从交谈中他真切而痛苦地感受到:河南的文艺形势较之一年前——变了!

李蕤告诉他,河南省文联原有的提高性的刊物《河南文艺》停刊了,现在大家的创作精力全放在普及性的刊物《翻身文艺》上。

姚雪垠感到非常纳闷,去年暑假来河南考察时,河南省文联尚有两种文艺刊物,一种是普及性的《翻身文艺》(1950 年 1 月创刊),一种是提高性的《河南文艺》(1950 年 3 月创刊)。前者面向广大的翻身农民,后者则面向具有一定文化基础的干部和知识分子。他还记得李蕤当时曾不无得色地夸口道,在普及的基础上提高,在提高指导下的普及,这是符合毛主席的文艺路线的! 他还应邀在《河南文艺》上发表过两篇稿件呢。

他不禁问道:这样的刊物为什么会停刊呢?

李蕤面有难色,久久不语。

这里是有隐情的——年前李蕤刚在《河南文艺》的问题上栽了一个跟头!

1950 年 2 月 10 日,中南局召开第一次文艺工作会议,正式确定全区现阶段文艺的指导方针为"普及第一,生根开花"。会期中,李蕤写下《我们的宣誓》(载《长江文艺》1950 年 2 月),表示无保留地拥护党组织的决定。然而,数十年新文学陶冶所形成的惯性仍然顽强地不知不觉地表现了出来。他拥护普及工作,却无意排斥提高;他倡导民间形式,却无意放弃新文艺形式。在他的主持下,河南省文联采用了"两条腿走路"的方针,先后创办了两种刊物:《翻身文艺》,是纯粹的普及性综合刊物,多以民间形式的创作为主,读者对象是文化水平较低的农民群众;《河南文艺》,是提高性的文艺刊物,多以新文艺形式为主,读者对象是干部和知识分子。当时,他和许多老作家一样还不懂得所谓"普及第一"其实就是"普及唯一",只能在"普及"的"民间形式"的基础上"生根开花",任何离开"普及"而侈谈"提高"的企图都是不能容忍的。

1950 年 8 月,中南局召开第二次文艺工作会议,检查"普及生根"方针的执行情况。宣传部部长熊复再次强调要集中力量贯彻"群众化,通俗化,地方化"的文艺方针,他肯定了《翻身文艺》,批评了《河南文艺》。接着,河南召开文化工作会

---

① 参看姚雪垠当年的《土改复查日记》,未刊。将收入《姚雪垠全集》。

议，省委宣传部副部长岳明提出"环绕河南的中心工作，开展群众性的文艺创作运动"的工作方针，"并决定在人力小，事业费少的情况下，《河南文艺》移到《河南日报》上出刊，集中力量搞好《翻身文艺》"①。在这次整顿中，《河南文艺》的主持人李蕤受到了批评。附带提一句，以后的历次政治运动中都有人拿《河南文艺》的问题发难，攻击他为"右倾机会主义者"。

　　《河南文艺》创刊于1950年3月，为十六开大本。刊载的稿件大都为小说、诗歌、散文、批评等新文学形式。同年11月终刊，仅发行六期。共刊载小说十六篇，诗歌二十一篇，各类理论文章二十余篇。同年12月3日，改版在《河南日报》开设周刊，以刊载"说唱"材料为主。自此，河南文艺工作者丧失了最后一块新文学阵地。

　　李蕤没有沉默多久，很快就兴致勃勃地谈起了《翻身文艺》。

　　这也是有原因的——他刚刚由于《翻身文艺》的成功而扬眉吐气！

　　《翻身文艺》（半月刊）创刊于1950年1月，比《河南文艺》要早两个月。刊物为六十四开小本。刊登的稿件皆紧密配合地方党组织的"中心工作"，有关政策解说、方针诠释、国际国内形势介绍、农业知识、科技普及类的稿件应有尽有；也刊载秧歌剧、梆子、鼓词、小剧等能"演唱"的民间形式作品；并大量发表"农民通讯员"所写的稿件，文理欠通，但稚拙可观。

　　1951年4月，新华社记者陈笑雨到河南省文联总结《翻身文艺》的经验。5月13日中南局机关报《长江日报》全文刊登《〈翻身文艺〉的工作总结》，同时还发表了题为《〈翻身文艺〉是中南各地文艺刊物的榜样》的短评。李蕤，作为该刊的主持者，也相应得到了组织上的赞扬。

　　《河南文艺》的被改版及《翻身文艺》的被表彰，对河南省文联的领导班子来说是一个信号：任何偏离上级组织文艺方针路线的尝试都是不能容忍的。就这样，在组织的不断敲打下，李蕤等文联领导终于艰难地完成了从"五四文艺传统"到"延安文艺传统"的转变，他们的文艺观念也由"普及与提高兼顾"转变到"普及唯一"和"民间形式唯一"。他们开始不遗余力地督导省文联创作人员投入"演唱"材料的写作，并把是否愿意写作通俗性的民间形式的"演唱"材料作为衡量作家政治觉悟高低的唯一标准。从此以后，河南省的文艺创作面貌发生了根本变

---

① 《〈翻身文艺〉总结》（1951年4月25日）。

化。①

可惜的是,当年姚雪垠并不十分清楚老朋友李蕤文艺思想上曾有过这个转变过程,他固执地认为李蕤既有着 20 世纪 30 年代初参加革命文学运动的经历,本不应如此片面地强调"普及唯一",认为他这样做是怀有私心,由此产生了许多误解,并发生了许多冲突。说来话长,且待后述。

在后来的多次交谈中,姚雪垠还曾试探地询问李蕤能否允许作家们创作提高类的文学作品,对方断然予以否定。这位老朋友善意地规劝他不要好高骛远,并强调目前最急切的事是为《翻身文艺》创作可供农民群众"演唱"的通俗性文艺作品,因为这是"雪里送炭"的工作。

虽然碰了壁,但姚雪垠有股不碰南墙不回头的精神,他一而再再而三、或明或暗地向老朋友暗示想要创作"纵深地反映河南农村生活变化"的作品。这便引起了对方的警觉。李蕤敏锐地觉察到,姚雪垠不肯为"中心工作"服务,不肯为农民群众"雪里送炭",必定是想暗中搞自己的一套,是在想着"打翻身仗"吧,这是不能允许的!于是,他总是拿"打翻身仗"来敲打对方。

多年以后,李蕤在回忆文章中坦诚地谈道:

> 在当时的革命高潮中,无论多么有声望的作家都把深入斗争生活放在首位,而姚雪垠同志以这样的主观条件来到河南,我们又怎么能给予他与众不同的特殊待遇呢?怎能让他关起门来"提高"呢?

姚雪垠一直认为"打翻身仗"一语有侮辱意,非常抗拒这种说法。若干年后,他在回忆录中重提旧事,写道:

> 李蕤同志因为我不肯写演唱材料而总希望自己能够写出纵深地反映河南农村生活变化的长篇小说,就常批评我不肯为"当前的"政治服务,不肯为工农兵雪里送炭,总在想着"打翻身仗"。不仅私下批评我,公开场合也说。后来我们同时调到中国作家协会中南分会(即后来的武汉分会),我仍是专业搞创作,他仍是重要领导成员,继续带嘲笑地批评我总想"打翻身仗"。
>
> 为什么说我是想"打翻身仗"呢?这是因为,在李蕤同志看来,我在青年时候写了一篇《"差半车麦秸"》,是成功作品,享有名气,随后写了《春暖花开的时候》和《戎马恋》,垮下去了。他认为我的《春暖花开的时候》曾享盛名,

---

① 2002 年,报告文学家张锲在接受记者采访时,曾谈到对新中国成立初期河南文艺界的观感,他说:"建国之后河南'左'得厉害。"参看《文学豫军确确实实在中国起着中坚的作用》。

是我的代表作品，被胡风主编的《希望》批判为"色情文学"，我从此被打倒了。如今我离开教书工作，回到创作战线，他认为我唯一的目的是重新写一部好作品，借以"翻身"。

各执一词，究竟孰是孰非呢？

笔者以为，李蕤的话大体上并没有说错；即便有错，大半应归于当年的"成见"！

如上所述，他在姚雪垠辞职返乡之前便听到过许多关于对方的传言，譬如"色情作家""政治投机""思想落后"之类。这些传言，在今天看来，当然是假的；但在当年，没有权威部门出来澄清，没有历史在场者出来辩诬，不见受害人出来申辩，自然便是真的。李蕤对他的这位老朋友的认识不可能超越时代，更不可能给他以特殊的待遇。

笔者也以为，姚雪垠的辩白大体上也没错；即使有错，大半应归于当年的"势"！

首先，"形势比人强"。如前所述，抗战后期"胡风派"曾把姚雪垠当成了"整肃"运动的主要对象，他们指责《"差半车麦秸"》是"革命的公式主义"，声称《戎马恋》中有"色情"描写，批评《春暖花开的时候》是"抗战红楼梦"，甚至暗示其为国民党文化特务。一时风行草偃，附和者众，俨然成了"势"。后来，虽有"大众文艺丛刊"同人在香港努力纠偏，但收效甚微。新中国成立初期，姚雪垠因"历史问题"接受审查，因"历史问题"缺席第一次文代会，皆与这种既成之"势"有关。

其次，他确有要以新的创作实绩来展示自我的强烈意愿。1947年他在驳斥"胡风派"的攻击时，曾发誓道：你们"断定我创作人物的本领已经完了"，你们"说我不能够再创造出新的人物"，"我虽然不相信'一咒十年旺'这句俗话，但我相信至少在十年内我的人物不会有枯竭的时候。在这部小说中我又写出了几个人物，在下一部小说中可能会写出更大更多的典型性格"。[①] 上面的话语中，"这部小说"指的是刚出版的《长夜》；"下一部小说"指的则是"农村三部曲"中的另外两篇。换言之，新中国成立初他带着"农村三部曲"的创作计划返乡，主观上的确有着"打翻身仗"的意图。

再次，他曾公开表示自己以前的作品皆不足道。如前所述，年前他曾在《河南文艺》上发表过一篇文章，文中诚恳地表示：

---

① 姚雪垠：《长夜·后记》（作于1947年3月14日夜）。

多年来我离开革命实践,没有把自己放在人民革命的洪流中去生活和锻炼,因而那仅余的一点知识分子的反抗情绪就不能不既空浮脆弱,又带着个人主义的浪漫色彩。以前沾沾自喜的那"成就"一梦醒来,尽成包袱。几年中我也常检讨自己,有时懊悔得不能成寐。无奈小资产阶级的根性很深,刺疼一下、两下,并不能治好多年的麻痹病症。只有革命的大浪滚滚来,一阵阵打在眼前,才使我不能不咬咬牙放下包袱。①

他这样说,或许有违心的成分,或许有权宜的计较,但在同时代人看来,这不就是曾"垮下去了",曾"被打倒了"的另一种说法吗?

一言以蔽之,姚雪垠辞职返乡,企图创作出一部或几部"纵深地反映河南农村生活变化的长篇小说",来扭转人们的"成见",以实现重登文艺巅峰的意图,被老朋友李蕤敏感地觉察了,并以"打翻身仗"一语道破,这让他感到非常无奈。不仅如此,这位老朋友还因为他一直不情愿为通俗刊物《翻身文艺》写作"演唱材料",对他很不满意,多次批评他:"为工农兵写稿是毛主席所说的'雪里送炭',这道理你完全不懂,只考虑你自己在文学史上占的地位如何,不肯放弃你的资产阶级文艺观点!"②姚雪垠只能苦笑着,什么也不能说,但他的"农村三部曲"的创作计划永远不敢提了。

这真是——运交华盖欲何求,未敢翻身已碰头!

其后一两年里,姚雪垠似乎成了一块被潮流推着走的石头,既无力扭转乾坤,也无心随波逐流,他被冲刷着,被打磨着……

姚雪垠在河南的两年期间,最为人诟病的是他没有为当地刊物《翻身文艺》写作过一篇通俗性的"演唱材料"。不只他的那位老朋友,文联的其他同志也经常为此嘲笑他。他在回忆录中描摹了当年的文艺气氛:

当时领导同志片面地强调写普及作品,认为只有写短小的普及作品如演唱材料才是群众所需要的,时代所需要的,同时经常号召大家都为中心工作而写作,如歌颂农闲积肥等事都成为文学艺术界进行创作的中心任务,不肯写就是不肯为当前的政治服务,资产阶级的世界观和文艺思想严重。③

如前所述,《河南文艺》被迫改版之后,省内文艺刊物只剩下一个《翻身文艺》。全省文艺工作者的创作热情都被限制在这一块"普及"性的园地中,辛勤的

---

① 姚雪垠:《刚摸着工人生活的边》。
② 姚雪垠:《"农村三部曲"——梦断开封》。
③ 《为重印〈长夜〉致读者的一封信》。

新中国成立时，河南文联创办的《翻身文艺》

劳作自然取得了可观的成果。农民所喜闻乐见的各种"民间形式"类作品大量地涌现出来，大量能演唱的作品成为乡村剧团不可缺少的剧本来源。各种适应农民欣赏水平的栏目也出现了，举凡路线政策、国际知识、科学普及、防疫卫生、趣味游戏，都在刊物上找到了自己的位置。《翻身文艺》办出了特色。

姚雪垠虽然未曾给《翻身文艺》撰写过"演唱材料"，但他从未否认过这个刊物的历史作用，他在回忆录中写得很清楚：

河南省文联成立之后就办了一个刊物叫《翻身文艺》，发表演唱材料，配合"中心任务"。这个刊物在当时是有成绩的，曾受到工农兵群众的欢迎，尤其是对农村，随时配合"中心任务"起了"雪里送炭"的作用。

不过，当年河南省文联领导确曾有过"片面地强调写普及类作品"的偏颇，并因此压抑了某些作家创作提高类作品的积极性，这也是不待争辩的事实。然而，直到20世纪80年代，河南省文联前某领导仍坚持认为当年的文艺路线并无偏差，继续指责姚雪垠"从不曾给《翻身文艺》写稿"，并批评他在回忆录中"完全否定《翻身文艺》的文学价值和历史作用……把普及形式的作品一律斥为'演唱材料',而放逐到'文艺'领域之外"①。这样的说法,显然有点不够客观。

据笔者考证,姚雪垠并非"从不曾",而是曾给《翻身文艺》写过两篇稿件:其一为《庆祝苏联十月革命三十四周年》,载 1951 年 11 月上半月号;其二为《端午节与屈原》,载 1953 年 6 月下半月号。这两篇都是通俗性的宣传作品,但都不是"演唱材料"。他的真实态度是:"对于为《翻身文艺》写稿,要我写我也写,但并不积极热情。"②

据笔者考证,姚雪垠也并非没有尝试过创作民间形式的"演唱材料"。1951 年末至 1952 年 5 月,姚雪垠在陕县参加土改复查工作期间,至少创作过两首"快板",并交由乡村宣传队演出,并且"起了一些作用"③。但他并未向《翻身文艺》投稿,文联中人亦无人知情。此事未见于其回忆录,不知他是忘了,还是羞于提起。

不过,姚雪垠当年确实未把《翻身文艺》上所载的"演唱材料"视为"文艺作品"。说到底,这并不是他执意要把这个刊物"放逐"到文艺领域之外,而是该刊物原本自外于文艺领域而已。请看 1951 年 5 月《长江日报》第 5 版所刊载的《〈翻身文艺〉的工作总结》中的一段自白:

> 《翻身文艺》从二卷一期起,便打破"文艺""不文艺"的顾虑,不从"纯""不纯"着眼,从如何解决问题着眼,从如何群众才喜欢,能接受,能消化着眼。不仅属于文艺性质的东西是"杂"的,有农谚,谜语,智力测验,组字画,小俱乐部等等,而且还添上了"卫生常识","光荣榜","半月大事","科学常识",等等。有人把文艺刊物连"怎样攒尿"都登了上去,作为谈笑资料,但从事实证明,群众不但不以为"怪",而且也因此更喜欢了《翻身文艺》。

如上提到的这些"杂"文,可以说是极好的"宣传"材料,但不能说成是"文艺"作品,这是显而易见的。

实话实说,《翻身文艺》从来都不是"文艺刊物",而是面向农村的普及性的综合性读物,如果把它当作"文艺刊物"的优秀典型加以宣传和推广,会导致"文艺取消论"的严重后果。

当年,《翻身文艺》在"文艺取消论"的道路上走得很远。该刊"总结"中曾有过这样的叙述:

---

① 转引自《为重印〈长夜〉致读者的一封信》。
② 《"农村三部曲"——梦断开封》。
③ 参看姚雪垠《土改复查日记》,未刊。

翻身文艺的每一期，都和当时的中心任务紧密结合，互相呼应。中心工作是"剿匪"，就集中宣传剿匪，中心工作是"公债"，就集中宣传推行公债，"中苏友好"协定签定了，就宣传中苏友好。省农代、工代、妇代，以及省各界代表开会，就集中力量服务那些会议。天旱了，政府领导人民抗旱，刊物就也以防旱为中心。水大了，政府领导人民挖河排水，就以排水为中心。新婚姻法颁布了，就宣传新婚姻法。保卫世界和平签名开始了，就反映报导人民的签名运动……总而言之，也就是尽一切可能，做到中心工作"一步一趋"，不仅全国范围的大运动要这样结合，全省性的全年工作要这样结合，即是对于每一个时期的每一个具体政治任务也要这样。

既要配合"全国范围的大运动"，又要配合"全省性的全年工作"，还要配合当地政府的"每一个时期的每一个具体政治任务"；如此"一步一趋"地紧跟，创作人员终日疲于奔命，哪有时间进行真正的文学创作呢？

不符合文艺发展规律的倾向是不会持久的。1952 年开年之后，中南区作协机关刊物《长江文艺》载文批评《翻身文艺》上泛滥的"公式化"创作倾向①，年底又载文批评"河南文艺界存在的主要缺点是自由主义和通俗作品的粗制滥造现象"②。《翻身文艺》迅速"失势"，不久便退出了历史舞台。

在这场转瞬即逝的历史场面中，姚雪垠像一只不合群的孤雁，更像一个不合节拍的音符。他在汹涌澎湃的时代潮流中浮沉着，虽然没有勇立潮头的表现，却也显示出不肯俯仰随人的节操和品质。

第二节　《改造的初步》

1951 年下半年，中南地区的土改运动进入复查阶段（又称"二次土改"）。全区文艺工作者闻风而动。

11 月 6 日，中南文学艺术工作者代表大会在武汉召开，中南局宣传部部长赵毅敏作了政治报告，中南文学艺术界联合会筹备委员会主任熊复作了《为坚持毛泽东文艺路线而斗争》的报告，中南局秘书长杜润生作了《到农村去，到土地改革

---

① 《加强地方文艺刊物的思想领导（中南文艺书刊述评）》，《长江文艺》第 5 卷第 12 期，1952 年 1 月。

② 《中南各省（市）文艺界的文艺整风运动》，《长江文艺》1952 年 9 月号。

战线上去》的报告。

11 月 18 日,中南文学艺术工作者代表大会通过"决议"。录如下:

> 大会听取了熊复主任的《为坚持毛泽东文艺路线而斗争》的报告,我们一致认为这个报告所指出的坚持毛泽东文艺路线,贯彻普及方针,下乡进厂,加强锻炼,进行思想改造,努力学习毛泽东思想,使文艺活动进一步与工农兵结合,为当前中心工作服务,乃是我们全区工作者今后努力的方向。这个报告是完全正确的。我们一致接受,并把它作为今后工作的指针,坚决的贯彻执行。[①]

大会结束后,中南局号召所有文艺单位"关起大门下去土改"。

早在中南文代会召开之前,河南省委已经开始土改复查的准备工作:先期抽调了文教单位的代表集中两周学习相关政策文件,然后选派若干学员去相关单位宣讲政策精神,继而组建若干工作队,分派至各地开展土改复查。

河南省文联选派了姚雪垠等六人参加土改复查学习班。

开班之前,李蕤与姚雪垠推心置腹地谈了一次话,谈话中有勉励也有规劝。他真诚地勉励对方,说是这次土改复查工作,由省委、省政府统一领导,省文联的同志将和其他单位的同志混合编队,你身为省文联创作部主任,可能会让你担任一定的负责工作,你可以发挥懂政策、善表达、喜交际的特长,做好这个工作;他还诚恳地规劝对方,参加土改复查是改造思想的好机会,"到斗争中去锻炼自己,也改变一下社会对他(你)的观感"[②]。

姚雪垠当时的心情有些复杂:一方面觉得有些意外,自从返回河南后,"我一开始就被置于受改造和受批评的地位,被看成思想上的'异己分子',根本无权说出来我的看法",这次却要以某种身份代表省文联出征,突然觉得身上被压上了沉甸甸的担子[③];另一方面,他又觉得对方话语中另有深意,什么叫"改变……观感",我难道很不堪吗?

不过,姚雪垠并不是一个钻牛角尖的人,他很快便想开了。如前所述,他的天性中具有一种姑妄称之为"小说化"的生活态度。具有这种天性的人,仿佛具有多维度穿越的能力,可以暂时性地脱离现实世界,可以暂时性地化解生活中所遇

---

① 《中南文学艺术工作者代表大会决议》,《长江文艺》1951 年 12 月 1 日第 5 卷第 8、9 期合刊扉页。

② 李蕤:《对姚雪垠同志〈学习追求五十年〉中的一章的声明》,《新文学史料》1984 年第 4 期。

③ 姚雪垠:《"农村三部曲"——梦断开封》。

到的不顺心的事情,可以暂时性地忘却人生中遭遇到的不如意。这次也是如此,他很快便忽略了先前痛感的"受改造和受批评的地位",欣然以省文联创作部主任的身份,满腔热情地去迎接生活中的新挑战。

在此需要补充几句,1949 年新中国成立之后至 1957 年反右派斗争之前,姚雪垠虽然处在"受改造和受批评的地位",遭遇过一些不顺心的事情,承受过一些冷眼和嘲讽,但他并不是新政权要整治的阶级敌人,更不是单位领导的眼中钉。

姚雪垠在回忆录《学习追求五十年》中写道:

> 解放以后,一九五七年反右派运动(斗争)以前,在我国人民的政治生活中已经经历过多次较大的政治运动,如镇反、土改、三反五反、土改复查、反胡风派、肃反,等等,都没有五七年的反右派斗争对知识分子的打击面最广,留下的创痛最深。前几次运动我是参加者,而不是运动的对象。

他没有经受过前两个运动的冲击,因为那时他尚待在象牙塔中(上海大夏大

1951 年,河南省首届二次各界人民代表会议文教卫生工作模范列席代表团合影纪念。后排中为姚雪垠

学);不过,他倒是"参观"过第一次土改,但由于语言不通,并未得到什么收获①;土改复查,是他亲身经历的第一次较大的政治运动。遗憾的是,他在回忆录中却完全回避了这段经历。我们只知道——

1951 年 12 月,土改复查工作开始,他随队赴豫西……

1952 年 6 月,土改复查工作结束,他随队返回开封……

除此之外,我们在他的回忆文章中什么也没有读到。这是为什么呢?

实际上,这次长达半年的参加土改复查的经历,对于姚雪垠来说具有非同一般的意义。这是他漫长人生道路上的一次非常特殊的人生体验。且不谈他当年在深入生活、改造思想等方面所得到的经验和教训,这段并不算太短的农村生活体验对其日后文学创作的助力,尤其是对于持续数十年创作不辍的以北方农村农民为主要表现对象的长篇历史小说《李自成》来说,也应该具有不可忽视的重要意义。

如前所述,新中国成立前姚雪垠被文坛称为"农民作家",其小说作品多以表现中原农民生活见长。然而,他并没有多少农村生活经验——幼年时他虽生活在豫西山村的一座土围子里,童年时(八岁)即迁至破敝的邓县城关,少年时(十四岁)曾被土匪绑票百日,青年时(十七岁)即外出求学,再也没有机会重温乡村生活。他走上文学创作道路之后,其作品中的农民形象少部分采自幼年和童年时的印象,大部分采自少年时的蒙难记忆。然而,这些既有的农村生活经验是不够的,它们可以给作家提供《差半车麦秸》和《牛全德与红萝卜》中农民战士的剪影,可以给作家提供《长夜》中剪径汉子的音容,但不足以支撑起作家在《李自成》中对义军上至头领下至伙夫的细腻刻画。姚雪垠必须得有另外的"活水"供给,这次长达半年——比少年时被绑票的时间更长一倍——的农村生活体验,当是最为难得的补充。

然而,姚雪垠在撰写回忆录时却不愿回眸审视这段历史,竟意啬到一字不提。如果研究者不能通过别的途径找到相关原始资料,也许他的这段重要经历就会被岁月的尘沙所掩埋。

幸运的是,我们在当年的《河南日报》上找到了他署名姚雪痕发表的一篇题为《改造的初步》的文章,文章开头即这样写道:"我于去年十二月到豫西参加土

---

① 姚雪垠在《学习追求五十年》中谈道:"1951 年春天,我随着'上海大学教师土改队'去浙东一趟,到过宁波、余姚、慈溪,实际是'参观'土改。"

地改革复查,今年六月回来,前后经过了半年时间。这半年的斗争生活对我有极其重要的意义,因为这是我进行改造的真正开端。"然而,正文中仍未具体地叙述这阶段的生活。

更加幸运的是,一次偶然的机会,我们在姚老的遗物中翻检到了一堆笔记本,其中有两本竟是关于这次土改复查的思想和生活记录:

第一本笔记,原题为《参加土改复查前思想断片》。全篇约有三千五百字,前面有一段类似于"题记"的文字,简略地介绍了笔记的宗旨及内容的来源。录如下:

> 两星期来学习土改复查文件,把自己的思想和认识提高不少。几天内就要下乡,参加实际斗争,而我的思想逐日发展,在实际工作中一定有更多收获。现在将一些思想断片记下来,等下乡回来后看有些什么改变、增益、加深。这些思想断片是和自己的文学业务结合的,单纯的属于土改方面的体会不必记在此处。又,前几天(11 月 21 日)在河大国文系作了三个钟头的报告,题目是《参加土改与文艺学习》①,其中一部分见解也整理一下,容纳进这个记录中。

该笔记正文分为五个小节:

第一小节谈的是"参加土改复查帮助农民翻身"与"体验生活和锻炼自己"的关系问题。以前他认为后者是"第一义"的,现在认识到前者才是"第一义"的。他归结道:"参加群众斗争生活是因,得到创作材料是果。参加土改复查是因,自己体验到了生活,得到了锻炼是果。只要真正的搞好了土改复查工作,就自然认识了生活,得到了锻炼。"

第二小节谈的是"急速发展的革命形势"与"作家必须长期深入生活"的关系问题。过去他只是"粗枝大叶的懂得"这个道理,现在他懂得了:"你必须走进现实的洪流里,同群众一道呼吸,一道兴奋,一道努力,一道推倒旧的事物,促进新的事物,只有你自己是群众中的一员,你才能描写群众中的英雄。"

第三小节谈的是"站稳阶级立场"与"作土改复查工作"及"从事文学创作"的关系问题。过去他认为"因为我们自己是从资产阶级知识分子出身,思想水平不高""实践起来就容易出偏差";现在不仅认识到"目前农村中一切问题都与阶级斗争相联系,以阶级斗争为根本",还认识到"作家倘没有高度的阶级观点,其作

---

① 姚雪垠是否还在其他单位作过类似演讲,待考;但他下乡后在陕县文工团也演讲过这个题目。

品就不可能有高度的思想性，不可能有大的教育作用"。

第四小节谈的是"社会发展"与"阶级斗争"的关系问题。过去他在描写人物性格时曾用过阶级分析的方法，现在则进一步认识到社会发展动力之"源泉是阶级斗争"，他还认识到："（目前）领导农民的思想斗争，指出农村的发展道路，告诉农民未来生活的美丽远景的，不是农民自身的思想，而是进步的无产阶级思想，因为是无产阶级思想领导着农民，所以今天的农村中出现了一些社会主义因素，特别的值得注意。"

第五小节谈的是"三同（与农民同吃、同住、同劳动）"与作家的"真实的生活实践"的关系问题。过去他没有这方面的生活体验，现在认识到"（三同）不仅是接近群众的手段，尤其是理解农民生活和感情的必由之路"，并痛下决心："也只有这样，才能打倒知识分子的（特别是我个人的）臭架子，获得无产阶级的新气派；打倒旧的身份观念，获得新的身份观念。"

第六小节谈的是"检查我自己在创作上的失败历程"以及今后的打算。他认为自己过去"失败"的原因在于"虚浮、取巧、油滑、不认真、粗枝大叶"和"脱离群众"；他决心："当前要务是要做到真正归队。这有两方面：第一，作为一个革命的知识分子，要老老实实的向革命的群众归队；第二，作品必须做到为人民服务，向革命的文学主流归队。'归队'二字严格说来是不妥当的，应该说是重新'入伍'吧。"

我们大致可以肯定，姚雪垠在这本笔记中所袒露的思想认识和觉悟水平都是真实的，他的"觉今是而昨非"的态度也是诚恳的；否则，他没有必要把这些应时的词语写在只有自己才能读到的笔记本上，而应该送出去发表。旧中国的知识分子在进入新时代后，不管自觉不自觉，其"灵魂深处"大都会留下"思想改造"的深刻印记，其思想和行为方式大都会逐渐与主流行合趋同。姚雪垠在此时强调"阶级意识"，崇尚"群众观念"，向慕"文学主流"，渴望"重新入伍"，便是这种时代思潮的自然反映。

第二本笔记，原题为《土改复查日记》。全本约有一万八千字，前无"题记"，后无"后记"。首篇记载1951年12月3日离汴事，末篇记载1952年4月17日召开诉苦会事。其后，日记突然停止，4月下旬至6月间事，竟杳然无闻。

该日记虽然只涵盖了作家参加土改复查三分之二的时间段，但基本上是逐日记载的，偶有遗漏随即补记，显示出非常认真的态度；然而，另外三分之一时间段，却被作家废弃，甚至不作一字的解释，这就显得异常蹊跷了。

笔者以为,这其间必然发生了什么大事,或许可以从日记中找出蛛丝马迹来——

我们发现,他不是以省文联普通创作员身份,而是以省城下派干部领导的身份来参加土改复查的。离汴当天,他就被任命为第一小组的组长,组员有"6位文联同志加上师专4位同志"。抵达陕州专区后,他被地委指派参加(州)土改复查工作委员会。不久,上级党委指示"一面工作一面整风",他又被渑池县委指定参加"学委会",并负责一个学习小组。① 随后数月,他经常与渑池县委干部同行赴各村指导工作,并直接向县委、县政府汇报。啊,这也许是新中国成立后他第一次被戴上"领导者"的光环吧!

我们发现,他几乎每天都在主持或参加各种会议:第一类会议与"下派干部"有关,如小组会、小组读书会、小组生活检讨会、小组长以上干部会、分队会、分队长会,等等;第二类会议与"地方干部"有关,如干部碰头会、干部小组、扩大干部会、干部谈心会,等等;第三类会议与"乡村工作"有关,如串联小组会、骨干分子会、根子碰头会、男子串联小组会、妇女串联小组会、积极分子会、宣传员会、诉苦会、斗争会、中贫农会、贫雇代表会、农代会,等等。天知道他当年是如何弄清楚这些名目的!

我们还惊喜地发现,在这繁忙的工作之余,他仍抽空干了点"私活"。有如下两则日记:

> 3月6日大雪。上下午召集两批积极分子讨论互助生意的重要和前途,大家异常兴奋,发言满屋。夜,开始整理语汇。
>
> 4月5日参加复查工作以来,收集语汇不少。今晚开会前将一字部整理一下,得了36条。

引文中的"语汇",指的是方言词典《中原语汇》②。20世纪30年代初他开始搜集家乡民众口语,辑为《南阳语汇》;50年代初仍坚持搜集,扩展为《中原语汇》;引文中的"一字部",指的是"语汇"中按首字"一"为序编排的词条。可以肯定地说,在中国现代作家中,他在"大众语"的采集和运用方面所付出的努力最大,可谓并世无双。

我们还有一个更为惊奇的发现,他竟然在毫无外界压力的情况下,自觉地创

---

① 参看姚雪垠1952年1月23日日记。
② 原土改工作组成员安国庆(现名安旭)在回忆文章中提到他曾见过姚雪垠当年记录方言的"民间语汇笔记"。参看《忆导师姚雪垠》,收入《百年雪垠》。

20世纪30~50年代,姚雪垠在南阳、渑池等地广泛收集"中原语汇",然后分类装进用旧报纸制作的卡片袋中

作过通俗性的"演唱材料"。请看如下三则日记:

1951年12月31日上午躲起来写土改复查宣传快板一段,112行。原定今日下午开宣传员会,因外村宣传员都没有到,会没开成。

1952年1月1日天明前一个多钟头便起床,写了二十来行快板。

4月9日今早全村将捕虫所用家具都预备好,一吃过早饭,大家一齐下地。……今早临下地前我又编了几句治虫快板,叫民校教员刘泽深做宣传员,随治虫队伍做宣传鼓动工作,也起了一些作用。

第一篇"演唱材料",是"土改复查宣传快板",有百余行;第二篇"演唱材料",是"治虫快板",长度不详。笔者暗想,如果这事当年便让河南文联的那些总爱叨叨姚雪垠不肯"雪里送炭"的"批评家"知晓,不知道他们是不是会跌破眼镜?

笔者非常认真地阅读着这本难得的"日记",终于在其中发现了也许是导致姚雪垠突然中辍日记写作的"蛛丝马迹"。请看如下数则日记:

3月16日今日下午和晚上,三个小组开会"整"我。经过及原因,以后抽时间补述。

3月17日(28日补记)早晨和上午听李平同志作总结报告。此次整风,收获极大,给干部的震动极其猛烈。据老干部说,过去的整风整党,都没有这一次猛。

　　3 月 18 日（29 日补记）昨日天阴，晚上小雨。初闻雷声。一天中数次催一区区委书记，弄清是非，解决我的问题，结果不了了之。拟于晚上赴县委会一趟，找县委解决，因雨未果。夜间梦见周恩来先生。

　　这几则日记所包含的内容实在丰富！姚雪垠犯了什么事，竟被"三个小组开会'整'"？"此次整风"的背景是什么，为什么会"整"到他这位非党干部头上来？他急于找当地党委"弄清是非"，为什么会"不了了之"？"夜间梦见周恩来先生"，这里有何隐喻①？可惜未见"补述"。

　　要把这些疑团弄清楚，不能不重温 1952 年年初文艺界开展的整风运动。

　　这是新中国成立以后文艺界的第一次大规模整风。第一阶段与"三反"（反贪污、反浪费、反官僚主义）运动交叉，俗称"打虎"阶段；第二阶段是整顿"反对资产阶级文艺思想"，亦称整风阶段。所谓"资产阶级文艺思想"，主要是指文艺界"严重的脱离政治、脱离实际"的思想倾向，对"文艺为党的中心工作服务"方针的动摇和怀疑的倾向，以及对"普及第一，生根开花"基本路线的抵制和批评的苗头。有人对这场政治运动的特点作过简要的概括，称："第一阶段，大张旗鼓；第二阶段，和风细雨。"

　　姚雪垠日记中所记挨"整"事，发生在整风运动的第一阶段，即"三反"阶段。据其日记所载，整治的重点在于下派干部的"官僚主义"作风，而非文艺思想。参加土改复查的干部中，并不只是他一人挨"整"，而是几乎所有人。程序大致是这样：先由队长"作短的动员报告，并作自我检讨。随后分小组进行讨论，先检查各人思想作风，进行批评与自我批评②。

　　据知情者介绍，姚雪垠当年挨"整"大概是由于以下数事：

　　第一，"没掌握政策"。据其 1952 年 1 月日记载，他曾在侯庄主持全乡贫雇农代表会和本村群众会，会上有人批评"李学亮女人一向（有）欺街骂巷的恶劣作风"。但由于该"女人"的丈夫是党员，其子是解放军战士，后来便有人对主持会议的姚雪垠提出疑问，认为他"没掌握（阶级）政策"。

　　第二，"自由主义"。据其 1952 年 2 月日记载，他主持土改工作队会议时，听

---

　　①　1945 年姚被人诬为"特务"，曾找南方局鸣冤，因周恩来在延安开会未归，于是找到董老解决问题。此时又似蒙冤受屈，想找得力人士解决问题的愿望是有的，于是日有所思夜有所梦吧。笔者不敢穿凿。

　　②　参看姚雪垠 1951 年 12 月 16 日日记。

大伙儿反映,有位翟姓干部"大模大样,骄傲自大,个人英雄主义严重",他让翟当众作了个"深刻检讨",便把这事放过了。不久,在整风会议上,有群众反映翟的"个人英雄主义仍未根除",并批评姚在处理翟的问题上有"自由主义"。

第三,未做到"三同"。其日记中有"仍住县委会,并搭中灶"的记录。土改复查结束后,他在一篇文章中也承认:"我这次下乡所暴露的另一个弱点是生活不够艰苦。三同(同吃、同住、同劳动)都做了,但都打了折扣。"[1]

如上这些"问题",都不是大事。但为何"区委"和"县委"都解决不了呢?是不能解决,还是不愿解决?遗憾的是,姚雪垠的土改复查日记戛然而止,再也没有"补述"。

也许,这次无端挨"整"的经历,使姚雪垠看清了自己在土改工作队中领导地位的虚幻性,重新恢复了对以往"受改造和受批评"社会位置的认知,于是,每天书写日记的劲头就陡然消失了。当然,这或许只是笔者的臆测。

1952 年 6 月,姚雪垠风尘仆仆地从土改复查前线归来,没有看到欢迎的人群,也没有看到鲜花,却感受到扑面而来的整风气氛。

当年 4 月,中南区机关报《长江日报》发表《中南文艺界应该通过"三反""五反"运动加强思想改造》的文章,强调指出:"中南区文艺界过去的思想混乱是严重的,思想领导抓的不紧,工作中产生了脱离政治、脱离群众,迁就了资产阶级小资产阶级的自由主义倾向。"

同年 5 月 23 日,开封市隆重召开纪念毛主席《在延安文艺座谈会上的讲话》大会,省文联主任岳明作整风报告。同日,《河南日报》发表了省文艺界知名人士苏金伞、李叔英、任访秋、谢孟刚等的自我批评文章。[2] 这仿佛是一个信号,河南省文艺界及大专院校纷纷举行座谈会,检查各自在文艺创作、文学教学、演出活动上所存在的资产阶级思想及脱离实践、脱离政治、脱离群众的倾向。这次整风,虽则"人人过关",但并不"人人自危",与后来的政治运动大不相同。

姚雪垠返汴,正好赶上"和风细雨"般的整风第二阶段。

他不可避免地受到了冲击——他对"民间文艺和通俗作品"的轻视,他的"脱离群众"的表现,他的"小资产阶级的自由主义倾向",不能不受到运动积极分子们的严厉批评。

---

① 姚雪垠:《改造的初步》。

② 本年,省文联副主任李蕤正在抗美援朝前线采访。

　　他也非常自觉地作出了"自我批评"的表示。在组织的安排下，他的两篇"检讨"文章发表在《河南日报》上：一篇题为《改造的初步》①，另一篇题为《再读鲁迅的〈论"第三种人"〉》②。

　　在《改造的初步》中，他回顾了参加土改复查工作的经过，并进行了无情的自我剖析。从中，我们可以清晰地窥见他在整风运动初期受到冲击后的思想动态。他在文章中检讨了自己在"三同"（同吃、同住、同劳动）中"生活不够艰苦""嫌脏""嫌吃的太赖""不爱劳动"的"剥削阶级的意识"；检讨了在复查工作中"阶级立场很模糊"及保留着"旧人道主义的情绪"的错误；谈到在整风运动中思想认识所发生的变化。最后，他沉痛地检讨道：

　　　　我现在才真正明白：脱离政治就是逃避现实，不关心政治就是不关心群众生活，就是非无产阶级思想，知识分子的改造不是在政治实践之外，而是在政治实践之内。我们决不能孤立地把自己改造好，而必须是在改造现实的过程中把自己同时改造。离开政治运动和斗争实践改造就成了知识分子的空谈。同样的，离开了政治运动和斗争实践，作家就失去了创造的立场、目的和源泉。过去我不懂这个真理，曾走了多年弯路，犯了一连串的严重错误，近来每一回想，感到无限痛悔，无限耻辱。

　　　　经过这次下乡，回来后又参加了"三反"运动的思想建设阶段，我已经有勇气和决心，并正在着手准备，把我过去在创作上所犯的一切错误，以及产生那些错误的根源何在，作一次公开检讨。我以战斗热情迎接中南的文艺整风运动，并将对我自己的错误展开斗争。整风过后，我将继续深入到群众中去，长期的改造自己，使我获得资格做毛泽东文艺大军中的一个小兵。

　　援引姚雪垠的检讨对于我们来说是件痛苦的事情，仿佛看到一株巨树在无情的刀斧下轰然倒地。我们不知道是谁向姚雪垠做的思想工作，竟迫使他写下了这篇检讨文章。当时李蕤并不在河南，他于年初赴朝鲜采访，年底才回来。姚雪垠的这番检讨是求敷衍过关，还是真诚忏悔，不得而知；但我们从作家其时的各种表现来看，他确实有着强烈的"改造"意愿，有着强烈的皈依"主流"的迹象。不过，我们查阅了当年的报刊资料，没有找到他承诺写出的"公开检讨"。这使我们觉得有点欣慰，但不能消除我们的担心：如果运动持续时间再长一点，压力再大一

---

①　载《河南日报》1952 年 7 月 16 日。
②　载《河南日报》1952 年 10 月 19 日。

点,天知道他又会"检讨"出什么来。

在《重读鲁迅的〈论"第三种人"〉》,他回顾了鲁迅关于"第三种人"的名言后,痛切地写道:

> 这一段话,将近二十年来经常被我们温习、背诵,从中吸取教训。今天我重读这段话,并不觉得它丝毫失去时效。虽然作为一个小宗派的第三种人早已不存在了,但各种各样的资产阶级、小资产阶级的文艺思想却依然存在。今天固然没有一个人公开地反对党对文学的领导,也没有一个人宣称自己甘愿脱离政治斗争,但认真一检查我们的创作实践,就会发现我们的灵魂深处还保留着不少资产阶级、小资产阶级的文艺思想:有的对群众的政治斗争缺乏应有的关心和热情,有的在口头上喊着现实主义而实际上则倾向着唯美主义和形式主义,有的在创作上表现着严重的个人主义和自由主义,有的则为了追求庸俗的低级趣味而不顾政治效果,有的尽管不反对文艺大众化,但却(我也在内)往往不愿意费工夫去创作通俗文艺作品。

这又是一篇"检讨"文章,文中谈的几种"资产阶级和小资产阶级"的文艺倾向,既普遍存在于旧中国过来的作家们的文艺思想中,也与姚雪垠自己的几篇曾被"批评家"诟病的作品有着千丝万缕的联系。但在这篇文章中,姚雪垠把自己摆放在比较超脱的位置上:"检讨"的主体不是"我",而是"我们"。

他似乎逐渐从这次整风运动中解脱了出来。

然而,他没有想到,"改造"的路子还很漫长。

第三节　"两代人的隔阂"

姚雪垠从上海返回河南,是为了寻求一块能安心创作的净土。

当年,他有着这么一种心理寄托:河南是他的衣胞之地,也是他曾经长期生活战斗过的地方,如今省市县各级领导中都有他的老朋友,他们是了解自己的;而且,他是曾给家乡带来无上荣耀的成名作家,虽然近年来遭逢不顺,但声望和潜力犹在,还可以为家乡父老效力。因而,他曾设想,家乡应该可以给予他比上海更好的创作条件。

那时,他还没有清醒地意识到由于自己的"主观条件"所限,已经被河南省文艺界的个别领导打上了某种印记;他也没有清醒地意识到当下"革命的文学主流"对"国统区作家"的排斥;而且,大势之下,风行草偃,他想要的尊重和待遇都似不可企及。

不久,他便感到深深的失望。创作条件非但没有得到改善,反而远远不及上海时期。他的心中充满了失望和悔恨。

晚年,姚雪垠把返回河南视为一生中所犯的"第二个最大的错误"①。

如前所述,当年河南省文联同意让姚雪垠返回河南,对他是抱有一些期待的,希望能借助他的创作经验和创作潜力,培育本省的青年作家,繁荣本省的文艺创作,因此让他"高就"了省文联创作部的主任。虽然姚雪垠在回忆录中未提到这个职务,但作家塞风在回忆文章中谈得非常清楚②,笔者以为是可信的,而且我们在姚雪垠的遗物中也找到了许多佐证——

1999年,我们在编辑《姚雪垠书系》时,在作家的遗物中发现了许多笔记本,其中一本记录着1951年—1952年间他所作的多次学术报告的概况,包括"报告提纲"及"报告结果"、反响情况。摘引两则,以飨同人:

短篇小说的题材和结构(1951年10月24日)

河大中文系同学提出几个关于学写小说的问题,特拟出报告提纲如下,于今日上午九时开始报告,预计三个钟头。

第一节"关于短篇小说的一般问题"(每节下均有详细提纲,略。下同——笔者注);

第二节"怎样搜集题材";

第三节"如何组织题材";

第四节"几项注意"。

报告结果:(1)第四节没有报告完,主要的问题报告完了。(2)同学们对第二、三两节最感兴趣,得益最大。(3)举例多,是报告成功的一大原因。

同月,他又应邀去开封市文联作报告,摘引笔记如下:

学习创作的三个基本问题

今天下午三时,开封市文联召开座谈会,参加的有工人通讯员,机关职员及小学教师的爱好文学写作者,指定我报告的范围系指导初学写作的问题,

①   姚雪垠在《"农村三部曲"——梦断开封》中写道:"我一生中由于书生气十足,办过两大错事,回开封是第二件大的错事。"未言明"第一个最大的错误"为何,待考。

②   塞风在《信念的力量》中回忆道:"1951年春,我调河南省文联工作,担任驻会常委,兼任组联、创作两个部的副部长,部长分别是徐玉诺和姚雪垠,都是我的文坛前辈。"

特拟具报告提纲如下：

一、群众性的现实生活(每节下有详细提纲，略。下同——笔者注)；

二、无产阶级的思想武器；

三、表现现实的技巧。

附注：在报告之前，大家只认为写不好是单纯的缺乏技巧问题，希望专听一听如何组织故事，创造典型，经过报告之后，纠正了这种不正确的看法；同时在报告时结合创作的活例子，也解决他们的一部分要求。缺点是有些问题还深了一点，他们不能够完全领会。这次报告约两个钟头。

新中国成立后，各级文艺领导都把培养工农出身的青年作家作为一项重要的工作，用河南省文联某负责人的话来说，即是"把文艺还给人民"。姚雪垠对此政策并无异议，他虽然"顽固"地认为，当作家"要有一定的天赋"，"培养真正有前途的作家必鼓励和引导他们读好书，养成习惯，知识丰富，而不能只强调阶级出身"①。但是，只要有教授青年作者的机会，他仍然十分热情地解惑答疑。刚回河南时，社会上对他的"观感"还不错，许多地方热情地邀请他前往讲学，他无不慨然应允。

姚雪垠非常喜欢与"文艺青年"交往，乐意为他们"作报告"，这是他的喜好或天性。他不太在意同辈作家和批评家的风评，却非常在意"文艺青年"的口碑。如前所述，他似乎天生便适宜于做"青年导师"，非常喜欢那种被青年环绕、仰望、崇拜的感觉。20世纪30年代初他在信阳女子中学代课时，从不看讲稿，所有古文都能随口背诵，曾赢得女生们的"疯狂崇拜"②；抗战初期他在第五战区文工会时，无论是"去七七军训团和国立六中作大报告"，还是在晚会上即兴演讲《红灯笼故事》，他都能以艺术手段和人格魅力牢牢地攫住青年听众的心；抗战后期他在重庆北碚给大学生们讲"小说作法"，一讲便是三四个小时，"听众一致赞美"③，"台下有许多'女孩子'底'大眼睛'在他身上骨碌碌转！"④最为有趣的是，抗战胜利之后，随着"人民的时代"逐渐迫近，国统区作家曾兴起过一阵"自省"的风气，许多作家都"检讨"自己的"小资产阶级思想意识"，而姚雪垠却"检讨"自己长期以来自以为傲的"青年导师"身份，他是这样写的：

① 姚雪垠:《"农村三部曲"——梦断开封》。

② 参看姚雪垠早年剧本《一个无名作家之死》。

③ 语出1945年3月13日路翎致胡风信。

④ 语出方然的《文化风貌录》。

　　今天历史现实的内容是民主统一，历史运动的主力是人民大众，这一切我都晓得。但由于客观的限制和主观的弱点，我始终漂浮于抗战现实之上，游戏于历史主流之外，成为历史的观光者和喝彩者。这并非说我在抗战中没有工作过，而是说我不曾深入的工作过。我在抗战中真正接触到的不是人民大众而是救亡青年；而且不是以青年的身份接触青年，而是以"青年导师"的身份出现于青年面前。这就说明了为什么在这伟大的时代中我忽而热情澎湃，又忽而起空虚之感，而这种种也反映在我的作品之上。①

　　他返回河南的当年曾多次应邀在外单位演讲，均受到"文艺青年"的热情欢迎。但他并不满足，出于省文联"创作部主任"的责任感，他还希望能为培养本单位的青年作家尽一份心力。

　　于是，他向省文联负责人提出建议："由我向重点培养的青年作者们上几次课，先分析一两部外国小说，再讲一讲中国的古典文学作品。"他们同意了，命工人将两间空房打扫干净，摆好桌椅，确定了开课的时间。然而，就在正式开课的第一天，意外却发生了。

　　他在回忆录中沉痛地回忆道：

　　我带着几本参考资料，愉快地走进课堂，在讲桌后边坐下，正要开始说话，忽然坐在我对面的一位青年作家××同志站起来，大声说道："等一等！我有一个意见！我们现在是要建设无产阶级领导的社会主义文学，不需要向资产阶级的作家学习，我不愿听！"

　　全室一惊，都望着我，看我如何回答。我看见没有不同意见，十分狼狈，只好说道："既然大家不愿听，那就散了吧。"

　　我抱着几本参考书，回到自己的房间，羞愧与悔恨交织，不由得想起来古人有一句名言："人之患在好为人师！"××和××以后都没有向我提起此事，可见他们在事前都知道此种安排，使我不能散布"资产阶级的文学思想"，而让那位当时因一篇宣传互助而一举成名的青年作家带头反对，可谓安排巧妙。

　　这桩闹剧发生后，他痛苦地承认："出于一片好心，做了一件最蠢的事，可以说自取羞辱。"

　　这件事极大地伤害了这位"青年导师"的自尊心！

---

① 　姚雪垠：《自省小记》，原载 1945 年 11 月 3 日《前锋报》。

有的青年作家在干部评级定薪的"群众大会"上，也带着政治"成见"来评判姚雪垠，某"青年诗人"在评级会上这样发言：

> 老姚虽然在抗战初写过一篇《差半车麦秸》，大家认为是好作品，可是后来写的《春暖花开的时候》《戎马恋》等等，都是色情文学。正负相抵，负数大于正数。所以老姚的文学地位，应该倒找，他的级别决不能评得过高。①

于是，姚雪垠最终被评为文艺八级，相当于科员，河南省文联中同代作家的级别都比他高得多。放在全国范围来考察，他的级别更是低得很。例如，胡风被评为文艺一级，相当于副部级；路翎被评为文艺三级，相当于正局级。

新中国成立后的级别评定是件大事，它是政治和社会地位的代名词，而且直接与薪酬、住房等待遇挂钩。当年，毛泽东用"男儿有泪不轻弹，只因未到评级时"来敲打某些老干部。姚雪垠也不能免俗，难免对此长期耿耿于怀②。

当年，有的青年作家在探求本地区创作不振的原因时，也不忘敲打敲打姚雪垠。某文章中有如下一段：

> 我们创作组有一位姚雪垠同志，是 1950 年冬天来河南的老作家……文艺整风中，他批判了自己的不能与群众同劳苦与单纯找材料的观点。但正当整风期间，他想写一本能够表现新中国的母亲的典型的长篇小说，母亲的形象是从出席省人民代表会议的一位妇女身上汲取的，而这位妇女代表他仅只访问过几次。他后来又把计划放弃了。文艺整风结束以后，他依然故我，并没有深入群众生活、改造自己思想的积极表现。

该文发表在全国文联的刊物《文艺报》上，姚雪垠的许多旧友读过后都不禁为他捏了一把冷汗，他对此也长期不能释怀③。

姚雪垠漠然地承受着一盆又一盆扑面而来的污水，他的境遇虽然没有得到"革命群众"的同情，但并非所有的在场者都无动于衷。

两年后，在 1956 年的"大鸣大放"运动中，河南省文联副主任、老诗人苏金伞

---

① 引自姚雪垠：《"农村三部曲"——梦断开封》。

② 1953 年姚雪垠调到中南文协后，有关方面将其工资级别提到六级（相当于副教授）。1978 年 11 月 12 日姚雪垠在《致湖北省委宣传部领导同志的信》中写道："我对于文艺八级和六级心中都有痛苦……"

③ 姚雪垠在《为重印〈长夜〉致读者的一封信》（1995）中写道：（××）指示一位正在培养的作家苗子写一篇通讯稿子发表在《文艺报》上。稿子的主要内容是宣传河南文联的工作成绩，但也有几句话写到姚雪垠回到河南后的情况，说我回到河南后在思想上"固步自封"，并不积极要求改造。笔者按："固步自封"应为"依然故我"。

终于站出来为他(他们)说了几句公道话,并由此惹祸上身。苏文中有如下一段:

> (我们)过去对于曾在国民党地区生活过的老作家,尤其非党作家,是采取不够尊重,甚至是排斥的态度。对于在解放区受过锻炼、受过教育或在解放区生长起来的作家,则另眼相看。作品有优先发表权,著作有优先出版权,对这些作家的作品,有时给以不甚恰当的推崇。使这些作家以政治上的优越感成为文学方面的先进人物。而对于老作家——尤其非党老作家,则认为他们历史上有问题,政治上不进步,对新的人民生活不理解,因此也就不会写出好作品来。即使写出作品来,也大多冷冷淡淡,或者让其自生自灭,或者加以打击。河南老诗人徐玉诺由于受排斥,牢骚满腹,到处告状。姚雪垠在河南时处处受冷遇,往往在他背后加以讥讽,年轻的人则把他看作"落后人物",把他的谈话作为嘲笑的资料。陈雨门也是个较老的诗人,但对他的剧本一棍子打死,使他想从事文艺工作都不可能,只好分配到中学里去教书。这种例子在全国范围内也许不是个别的,而这种宗派主义情绪也很复杂,连我也有。到解放区比我早的可能就严重些。①

苏文的立足点比较高,他把当时的作家分成两类,一类是"在解放区受过锻炼、受过教育或在解放区生长起来的作家",一类是"曾在国民党地区生活过的老作家,尤其非党作家",前者待遇优渥,后者遭到排斥;他认为,姚雪垠等作家的遭遇并不是个别的,而是当年的一种普遍现象,是由于一种特殊的"宗派主义情绪"而导致的。笔者以为,此说切中肯綮。

姚雪垠晚年也曾对这种历史现象作过思考,他认为:

> 由于解放后在文艺战线上有许多领导同志,在组织和领导创作队伍的问题上犯了形而上学的思想方法错误……(笔者删节)片面地只重视"新生力量",很轻视中老年力量。由于文艺界新贵领导们在解放后一时崛起,上有更高一层的领导支持,下有群众的盲从与拥护,遂能形成五十年代和六十年代弥漫全国的极左思想,不但妨碍中国现代文学的健康发展,而且为后来兴起的"四人帮"逆流制造了社会条件。

此说似乎有点惊世骇俗,其主要观点在 1957 年的"鸣放"文章有过披露,20世纪 80 年代后在其文章中又有所发煌。是耶非耶,暂且存而不论。

---

① 苏金伞:《肃清文学上的宗派主义》,原载 1957 年 6 月《文艺报》第 12 号。收入《苏金伞诗文集》724—725 页,河南文艺出版社 1998 年出版。

姚雪垠晚年在回顾往事时,虽然对当年的情况念念不忘,但并无怨恨,而是冷静地分析这种现象产生的社会原因,他不无宽容地写道:

> 从(青年)同志们方面说,我的半生的学习道路和创作道路,我在创作方面的追求,我的真正弱点和我所独具的优点,同志们全不清楚。如何使我发挥自己的优点,更不会有人考虑。我在青年同志们的眼中是一个政治落后、思想落后,而且"故步自封",不肯改造的人,不足为奇。

> 这是两代人的隔阂,在任何急剧的历史变革时代都有这种现象。在中国一百多年的历史中,由于历史运动一浪接一浪,汹涌前进,两代人隔阂的社会现象不断出现,这是不可免的。①

也许我们可以斗胆地说一句,姚雪垠在 20 世纪 40 年代末名声受损,深深地影响了河南本土青年作家对他的"观感"。如果没有《李自成》的横空出世,如果没有拨乱反正的时代洪流,他在某些人眼中也许会永远保持着那种扭曲了的形象,他过去的作品也许很难有重见天日的一天,他的人品和文品也许永远也不会得到实事求是的评价。

第四节　"异端"思想

姚雪垠从上海辞职返回河南担任专业创作员,似乎白白地耗费了两年的光阴!

请看如下简单的统计——

1949 年 6 月至 1951 年 8 月,姚雪垠居留上海两年,虽然参加了很多社会活动,还担负有教学任务,仍创作了如下文艺作品:

《因为我也是工人》(小说),载《小说月刊》第 3 卷第 3 期(1949 年 12 月)

《一封信》(剧本),上海劳动出版社 1950 年 6 月出版

《刚摸着工人生活的边》,载 1950 年 8 月《河南文艺》第 1 卷第 4 期

《论所谓"纯文艺"》,载 1950 年 8 月《河南文艺》第 1 卷第 4 期

---

① 姚雪垠:《学习追求五十年》。

　　《突围记》（小说），载南京市文联《文艺》月刊 1950 年 12 月第 2 卷第 6 期①

　　其中有两个短篇小说，一个剧本，两篇随笔。

　　1951 年 8 月至 1953 年 8 月，姚雪垠在河南担任创作员的两年期间，也参加了各种社会活动，却只写了如下三篇"应景"文章：

　　《庆祝苏联十月革命三十四周年》，载 1951 年 11 月《翻身文艺》第 7 卷第 5 期

　　《改造的初步》，载 1952 年 7 月 16 日《河南日报》

　　《重读鲁迅的〈论"第三种人"〉》，载 1952 年 10 月 19 日《河南日报》

　　三篇全是随笔，竟无一篇是"文学创作"。

　　从数据上来看，很容易作出这样的结论：姚雪垠在河南的两年完全被荒废掉了。

　　笔者一度也曾这样认为，但后来慢慢地改变了看法。

　　我们发现：这两年宝贵的光阴，虽然可以说是姚雪垠的创作空白期，但也可以说是他的创作潜伏期。时代大环境变了，创作的小环境也变了，作家既有的理论、思想和生活储备不足以应对日新月异的现实，他需要有一个"休整"期或曰"反思"期。在姚雪垠前半生的创作生涯中，也曾经历过这样的阶段，20 世纪 40 年代初他曾在大别山中蛰居过一年半的时间，埋头读书思考，没有新作问世；经过一段时间的缓冲、休整和充实，出山之后他的创作便涌现出了一个高潮。

　　姚雪垠在河南的两年大抵也是如此，这是我们研读新发现的史料所取得的一点心得。

　　编辑《姚雪垠书系》清点出的姚雪垠珍藏着的许多笔记本，几本笔记中记载着当年他对河南文艺现象的看法，其中不乏值得珍视的"异端思想"，足以打破许多"文学史家"和"朋友"对姚雪垠为人的猜测和歪曲。

　　过去常听到这样的说法，说姚雪垠在河南期间一心只想着早日写出大作品，"打翻身仗"，对省文联的工作漠不关心，更不关心普及性的群众文艺运动，只是一味地讥讽和嘲笑。起初，我们也以为这可能是历史的真实情况。但读过这些新发现的史料之后，我们才知道完全想错了。姚雪垠当年虽然没有参与普及性的文

---

　　①　该小说作于姚雪垠在上海大夏大学任职期间，1950 年年底，被河南省文联收入"河南文艺丛书"，后来有人误会该小说作于姚任河南省文联创作员期间。

艺创作运动,虽然对这个运动颇多微词,但他出于对祖国文艺事业的责任心,出于对家乡文艺事业的爱护,也曾认真思考过如何克服普及化运动中的公式化、概念化等诸多理论问题,只是由于没有话语权,不敢公开发表和没有地方发表而已。

譬如,有一本笔记中有如下记载——

从省文联编辑部来稿中所见的几种公式

一、关于生产的:1、以前怎样怎样苦,共产党来了翻了身,分了房,分了地,以后要努力生产,抗美援朝。2、最初单干,后来吃了亏,于是要求参加互助组,准备发家致富。

二、关于参军的:儿子思想进步,他娘落后。经过儿子或村干说理,于是回想从前所吃日本人的苦,思想打通了。

三、关于交公粮的:现在年成咋好咋好,这都是共产党给的。想起从前咋受苦,咋作难,于是决心交公粮,晒的干,打的净,一咬嘣嘣响。

四、关于婚姻法的:以前婚姻不自由,很痛苦,婚姻法一颁布,解决了终身大事,和心爱的人结了婚,要好好生产,抗美援朝。

五、关于歌颂毛主席的:毛主席像太阳,给咱分了地。吃水忘不了淘井的

1987 年,全国青年作家代表大会,两代"文学豫军"聚首。前排左起:姚雪垠、李準。后排:南豫见(左4)、李佩甫(左5)、张宇(右1)等

人，请一张毛主席像。

六、关于斗争恶霸及封建把头的：从前他咋样凶，共产党给人民撑腰，斗倒了他，心里痛快，要增产援朝。

还有一本笔记，记载着参加省文联"内部业务学习"的情况和思考，其中有几页是关于普及运动中"公式化、概念化"倾向的讨论：

省、市文联内部文艺业务学习，讨论这个题目。上星期五晚讨论一次，昨晚又讨论一次。大家虽然结合自己业务发现许多公式化例子，但未能向深处挖掘。昨晚讨论后，我抓住三个要点，试作如下结论：

一、公式化为什么不好？

1、公式化的作品只抓住了现实的抽象类型，死的规律，而缺乏丰富生动的现实内容。如写目前工人中有积极的，落后的，中间的三种类型，也看见了落后的向前发展，成为积极分子，这一规律。但缺乏生动的人物形象，转变的过程也千篇一律。

2、公式化的作品是摹仿的，不是创作的。不摹仿，便不成公式化了。陈陈相因，令读者看一半就知道结局如何，不愿读完。

3、公式化的作品不管写得多么成功，永远落在现实发展的后边。现实刻刻在变化发展，公式化即是不管变化，不要符合现实。闭着眼睛写现实，你变你的，我写我的。

4、公式化的作品既然不能正确的，深刻的反映现实，就不能收到较多的教育作用，有时相反的要发生歪曲现实的不好作用。

二、公式化是怎样产生的？

1、生活贫乏，以主观愿望代替现实。甲、虚构人物和故事，不免落入陈套。乙、加一个政治任务的尾声，陷入时髦八股。

2、思想水平低，不善于向深处发现问题，分析问题，也不善于概括主要、生动的现实。甲、例如工人写工人，士兵写士兵，仍往往犯公式化的毛病，可见单有生活不能解决一切。乙、面对生活，充耳不闻，熟视无睹，是没有思想。丙、发现问题，但不能深入分析，是思想水平太低。丁、能分析个别问题，不能概括问题，透视全面，也是思想水平不高。戊、如自《白毛女》以后，写地主压迫农民，总是地主强奸农民女儿，不知地主压迫农民最本质的，最通常的是封建剥削。十个地主有十个对农民进行残酷的封建性的经济剥削，但强奸农民女儿的不一定有一个。写地主对农民的经济剥削，比较细微曲折，不如强奸毒打等场面容易想像也容易写成功。己、写农民政治思想麻痹,后来觉悟,必写反革命份子放火下毒等为推动觉悟的主要力量。其实,农民患思想麻痹的为数很多,倘每个人必须有反革命份子出现才觉悟,那还得了?可是要写党通过日常生活、细微曲折的教育农民,克服麻痹,那就不能依靠空想去写,思想水平低就无从去写。庚、政治思想水平低,精神同人民有距离,于是对新事物缺乏敏感,常落在别人后边。

3、理论上学到了一些教条,同生活脱节。甲、只看见死的政策,不知道死的政策如何在现实中灵活运用。乙、收集材料时先带有公式成见,合则留用,不合则不去注意。

4、创作态度不认真,偷懒、取巧、赶热闹,为出风头或拿稿费而写作。

三、如何克服公式主义?

1、要深入生活,熟悉生活。甲、不够熟悉的题材不要写。乙、没有深感于心的题材不要写。丙、了解的不够深入的问题不要写。(从全面到具体)

2、提高马列主义思想水平。甲、切忌理论变为教条。乙、理论与实践相结合。

3、不摹仿他人。别人已经写过的问题自己不要重写,除非有更深刻的见解,更丰富的内容。

4、下笔前要多酝酿。甲、多酝酿人物,故事、主题。乙、仔细考虑是否和别人的作品相同。丙、仔细考虑写出后会发生什么样客观作用。

5、写后多修改。甲、不要急着发表,一定要多看几遍,尽力修改。乙、养成认真态度,深思习惯。

6、经常多读国内和国际的好的新作品,并留意批评文字。

姚雪垠在这里所记录下的理论思索,虽是零金碎玉,但都有着不可低估的文学史价值。虽然在今天看来,这些文艺见解都是文艺创作的基本原理,并没有什么特别新鲜的理论见解,但放在当年的文艺环境中,这些文艺见解都精准地切中时弊,且非常"超前"。请试读"公式化是怎样产生的?"中的第二条,从"甲"到"庚"的七点归纳,真是见他人之未能见,发他人之未敢言。笔者甚至以为,就凭如上的思想片段,姚雪垠在河南的两年时间便不算荒废!

行文至此,笔者不禁想起闻一多先生名诗《一句话》中的开头四句,恰好可以用来映照姚雪垠当年的"异端"思想:

有一句话说出就是祸,有一句话能点得着火。

別看五千年没有说破,你猜得透火山的缄默?

我们在本章第二节中曾谈到,在整风运动的"思想准备阶段",姚雪垠迫于压力,曾写过两篇检讨文章,表现出向主流文艺思潮靠拢的姿态,我们甚至还担心,如果压力更大一些,他是否会放弃坚守的原则和已经达到的理论认识,也去随波逐流创作一些"与时共朽"的演唱材料。读过这些笔记后,我们才发现担心是多余的,姚雪垠绝不会那样做。他在任何情况下都不会放弃自己的原则,因为这原则来自他的文学创作实践经验及经年积累的理论修养,是从自身的骨头和肉里熬出来的人生精华。

如前所述,自 1949 年至 1957 年反右派斗争,他在历次政治运动中都不是"对象",而只是必须经受锻炼以完成"思想改造"的一般知识分子。在一场又一场"史无前例"的群众运动中,他也曾追随过潮流,也曾盲从过权威,也曾自我怀疑,但他总能及时觉醒,不至于彻底地迷失了"本心"。

姚雪垠晚年曾剖析过"本心",认真地挖掘了虽则"动摇"过,但最终仍保持初心的思想根源:

> 我自己也同样迷信教条,同样也受极左思潮的严重影响。比较准确地说,运动来时我希望自己是"极左派",惟恐自己的思想方法脱离教条,而运动过去了一段时间,我又故态复萌,不肯再按照极左思潮和教条主义的框框思考思索问题……由于我从青年时代就坚持从事创作实践,喜欢搞一点历史和文学史的研究,因此常常思考文学创作的规律和文学史发展的规律。也由于这个原因,我能够在每次挨批之后,过不久又恢复了我的十分顽强的异端思想。我将这种顽强的异端思想看做是我的痼疾,别人则认为我这个人受封建和资产阶级的思想影响太深,难以改造。[①]

如上自我剖析是实事求是的!

姚雪垠无意戴上反潮流英雄的桂冠;他经常说自己是一个"俗人",没有长"前后眼",没有预知未来的本事;他的长处只是喜欢读书,喜欢思考而已。在命运的每一个关口,都是创作实践和理论修养帮助了他,使他能跳出"极左思潮和教条主义的框框"进行独立思考;他熬过了一次又一次的群众运动的磨难,仍保持着新鲜的思想力和旺盛的创造精神。

整风运动结束后,中南局"普及第一"的文艺指导方针依然提倡如故,创作中

---

① 姚雪垠:《为重印〈长夜〉致读者的一封信》。

的"公式化、概念化和庸俗化"的倾向虽然受到各方面的批评,却愈演愈烈,文艺界内外人士要求调整文艺方针的呼声越来越强烈。

1952 年年底,中央决定调整地方文艺刊物,绝大多数地方刊物停刊待命。中南文联的机关刊物《长江文艺》也在停刊之列。在终刊号上,中南文联主席于黑丁发表长文《提高创作水平,进一步开展文艺运动》,文中写道:

> 我们的创作工作落后于现实,它与中国共产党所领导的中国伟大的革命事业很不相称;它与祖国巨大规模的国家建设面貌很不相称;它与正在成长的新的英雄人物的新的道德品质和新的思想感情很不相称。

> 我们拿不出更多更好的作品,从领导上检查也有责任的。虽然党对创作的领导方针很明确,曾几次强调创作在文艺工作中的重要性,也召开过各种创作会议,发过不少的号召,向各地分派过创作数字,但从实际效果上看是落空了。我们领导工作上最大的缺点,就是有些文艺机关团体放弃了对创作的领导,没有把政治领导贯彻到具体的工作上,没有把一般号召和具体指导结合起来,对创作干部的具体帮助,指导和培养都做得不够。

然而,真正的原因是这样的吗?"文艺为政治服务"和"文艺为中心工作服务"的文艺方针不作调整,"普及唯一"和"民间形式唯一"的小道不作拓展,不允许作家有选择形式、题材、主题和风格的自由,优秀的人民的文艺作品会产生吗?

姚雪垠对新中国成立初期"党对创作的领导方针"有着独具个性的看法,他在回忆录《"农村三部曲"——梦断开封》中这样表述道:

> 我还有一个看法,既要培养很多普通的作者,也要着重扶持有特殊修养和成就的作家,决不应偏重文艺界的"新生力量",而瞧不起已经有成就的中老年作家。以唐诗的成就说,在《全唐诗》中见到名字的大概有几千人(具体数字我记不清楚),但代表唐诗高水平的只是几十位诗人,或者只有十几位诗人。宋、元词的规律也是如此,唐宋以来散文的发展规律还是如此。从广大的一般作者中产生少数高水平的作家,对历史各有作用,互相依托,这是各国文学史发展的辩证规律。中国文学的发展已经有三千年以上的历史,各个历史阶段都有代表该历史阶段(或称朝代)的作家和作品,后人和当代国际上研究二十世纪出现的新中国文学成就,作出评价,也只能凭借有限的代表作家和作品,而不是凭借数量极大的芸芸众生和汗牛充栋的演唱材料。

实话实说,这段文字中提出的"规律"("从广大的一般作者中产生少数高水平的作家")虽然是一般的常识,但从他的笔下写出,仍流露出一种为人诟病的姚雪垠招牌式的"狂妄"气息。

然而，姚雪垠绝不会在意他人的讥评，他从来便认为："文学家是生来的，后天的修养只足以助其发挥天禀；天生麻木不仁的家伙永远修养不成一个文学家，虽然他也可以作一个科学家，政治家或实业家之类。"①他还一向认为，社会应该为"天才"的成长创造条件，"今日要期望早一点有天才出现，就必须给天才以成长条件；要期望早一天有伟大作品，就必须给伟大作品的出现以便利"②。这种与生俱来的任性、自负和自恋，伴随了他的一生，身处逆境时也未有稍减。

成功者是不能被指责的。"会当凌绝顶，一览众山小"，只有志在登顶者，才敢笑傲群峰。

1953 年 8 月，姚雪垠背着沉重的包袱，怀着莫名的期冀走向武汉。

---

① 姚雪垠：《诗人底天禀与运命》，《青春诗刊》1935 年第 1 期。
② 姚雪垠：《论目前小说的创作》，原载 1944 年 3 月《时事新报·半月文萃》第 3 卷第 1 期。

第十三章

绝路徘徊

1953—

第一节 《携手》

1953 年 8 月,姚雪垠奉调来到(武汉)中南作家协会担任专业创作员①。

这年是国家第一个五年计划开始实施的第一年,为了适应国民经济的发展和满足广大人民群众文化生活的需要,党中央开始对文艺政策进行调整。年初,《文艺报》发表社论《克服文艺的落后现象,高度地反映伟大的现实》;3 月,全国文协常务委员会通过《关于改组全国文协和加强领导文学创作的工作方案》;4 月,中南文联召开常务扩大会议,通过"成立中南作家协会,加强对文艺创作的领导"和"整顿省(市)文联,加强群众文艺辅导工作"等方案。中南区文艺形势开始发生变化。

当年 6 月 26 日—7 月 8 日,中南文学工作者代表大会在武汉召开,正式成立了中南作家协会。"这次大会是在祖国进入伟大的经济建设新的历史时期,根据中共中央关于整顿文艺团体,加强创作领导的指示精神召开的……因此,这次会议的中心议题与解决的主要问题是:今后如何加强对创作的领导,使作家能逐步地掌握社会主义现实主义的创作方法,以达到使文学创作能更好地为国家经济建设服务的目的。"②会议上还传达了胡乔木在全国文协学习会上的报告和习仲勋在全国第一届电影剧本会议上的讲话,其中心是借鉴苏联社会主义现实主义创作方法,调整文艺与政治、文艺与党的中心工作的提法,以调动广大创作人员的积极性。

会议期间,中南局宣传部部长赵毅敏发表了《克服障碍,稳步前进》的讲话③,当谈到中央文艺政策调整的具体问题时,虽然仍重申"文艺必须为中心工作服务",但强调:"如何为政治服务,我们(过去)在做法上有毛病,必须有所改变。"他还指出:

> 重要的是要研究用适当的形式去配合这些任务。没有打井的实践,没有贯彻婚姻法的实践,就去写这样的剧本,小说,幻想一套人物、情节,当然会概

---

① 姚雪垠的妻小仍留在河南开封,直到 1962 年才迁至江城。
② 引自《中南文学工作者代表大会胜利闭幕,中南作家协会正式成立》,《长江文艺》1953 年 8 月号《文艺动态》。
③ 载《长江文艺》1953 年 8 月号。

念化、公式化,这当然是不行的。……(笔者删节)附带提到作品的形式,演唱形式是人民喜闻乐见的,但并不是说,只要演唱形式,应该是多样性,不要太单纯,不然群众会觉得单调。

虽然其讲话的基本精神与以往相比别无二致,但开始把文艺作品与宣传作品区分开来,也不再把新文学形式视为民间形式的对立面。这与前两年相比是一个明显的进步。文艺终于获准从"演唱形式"的狭小巷道里挣脱出来,得到了一点腾挪的空间。

会议期间,中南文联主席于黑丁也作了讲话①,他着重分析了前段普及工作中公式化、概念化作品产生的根源,号召探索"文艺为政治服务"的"最好途径"。他认为:"几年来我们的文艺作品普遍地不能够和人民的新生活发展相响应,其基本原因是由于大多数文艺工作者在思想上、生活上和劳动人民失去联系或联系不密切。"为此他代表组织向作家提出"长期深入生活"的新要求。他指出:

> 有的人深入农村和国营农场,他们建立了自己的生活根据地,为自己的创作在做长期的准备工作。这不仅是作家向生活学习,进行创作的必要步骤,也是我们巩固文艺整风成果最有效的办法。

中南文代会没有改变"文艺为政治服务"的指导方针,也不可能改变这一方针。但至少不再像前一阶段那样片面强调"一步一趋地为中心工作服务",不再强调只能创作民间形式的"演唱"材料,不再强调"普及第一",似乎更加迫切地要求"提高"。对于广大文艺工作者来说,这是一个好消息。"长期深入生活",目的也不再是配合当地部门即时即地地为中心工作,而是"为自己的创作"打下牢固的生活基础,这个新要求也得到了作家们的拥护。

中南区辖地甚广,"当时将豫、鄂、湘、赣、粤、桂六省和武汉、广州两市划为中南行政区,党的领导机关是中南局,党和政权的领导机关都在武汉"②。中南局宣传部为了加强文艺战线的领导和创作力量,从各省抽调了得力的领导干部和创作骨干来到武汉中南作家协会,中南作家协会也因而会聚了中原、华中、华南的大批文艺精英,与西南作家协会、华东作家协会鼎足而立,几乎三分了全国的文艺天下。

河南省文联原副主任李蕤就是这时候奉调来到武汉的;河南省文联的专业创

---

① 于黑丁在大会上的讲话,载《长江文艺》1953 年 8 月号。

② 姚雪垠:《我的前半生》。

"文革"前,河南籍四作家在武汉作协院内。左起:李蕤、李準、姚雪垠、吉学沛

作员姚雪垠、吉学沛、李叔英等也是这样奉调来到武汉的。

新成立的中南作家协会主席为于黑丁,副主席为李蕤和俞林;中南作协创作委员会主任和副主任也是他们三人;机关刊物《长江文艺》的主编和副主编还是他们三人。

姚雪垠与于黑丁是老朋友,20世纪30年代初都是在北方"左联"旗下奋斗的战士,1937年于为姚的短篇小说《M站》写过书评,赞扬该作在艺术形式上的创新①;1938年于在第一时间读过姚的《"差半车麦秸"》草稿,对其语言风格提出过意见;而后,于黑丁去了延安,姚雪垠去了第五战区,二人的文艺观亦开始分道扬

---

　　① 姚雪垠在《春雷集·题记》(1940年作)中写道:"《M站》很像一篇小说,发表后曾蒙于黑丁先生当做小说写过一篇批评。"据金传胜、刘文静《姚雪垠集外诗文略说》介绍,黑丁书评题为《读〈M站〉》,载《国民》1937年5月7日第1卷第1期。

镳。姚雪垠与李蕤也是老朋友,20世纪30年代并肩拓荒的往事就不用再重提了;新中国成立初期他从上海辞职回到河南,具体事宜都是后者操办的;尽管来到河南后,他对后者有诸多不满,但透底来看,他对后者多有仰仗,而后者对他也有所期待;此次他调来武汉工作,当然也是二人商量的结果。附带说一句,姚雪垠调武汉后直至反右派斗争前的遭逢际遇,几乎都与这两位老朋友有关,其间因果相当复杂,不能一言而尽。

姚雪垠是乐于调来武汉的,这儿是他的"福地",他前半生中最为辉煌的一段经历就发生在这座城市里。抗战爆发后,姚雪垠曾任河南地下党省委领导的《风雨》周刊主编,未久因编辑方针的分歧,被逐出编辑部。组织安排他到竹沟主编报纸,他却坚持要在城市从事文化工作,为此,他于1938年初来武汉面见长江局组织部部长博古,要求另行安排工作。不料,未得到组织上的批准。羁留武汉期间,他奉命参加中华全国学联第十二次全国代表大会并担任大会秘书,会后便创作了短篇小说《"差半车麦秸"》。这篇小说不期而至的成功,促使他义无反顾地走上了文学创作道路。

他来到阔别十六载的这座大都市,寻访当年与于黑丁等青年作家同住过的小公寓"两湖学舍",听说它早在抗战时期被日本飞机炸成平地,怅惘久之。他登上黄鹄矶头,凝视着浩荡东流的长江水,禁不住心神荡漾。他爱武汉,爱长江,每次途经长江大桥,总要凭栏凝望。他曾写道:"我爱长江。长江的雄伟气派使我感动。浩渺的江水,日夜奔腾东去,真是气势磅礴!"①

在中南作协组织的迎新会上,同行的吉学沛、李叔英等人的发言都非常有激情,唯有姚雪垠的表态异常谦卑。一位在场者后来回忆道:"他检讨自己的资产阶级文艺思想,并要求大家帮助他,甚至要别人用鞭子抽他,抽得他流血,都是甘愿的!"这一幕给与会者留下了深刻的印象,以至到了反右派斗争时期,有人还把这一幕翻了出来,写成了讽刺诗。摘录一段以飨读者——

> 他走上讲坛,
> 用手摆弄那一片白发,
> 声泪俱下!
> 说过那慷慨激昂的大话:
> 我一生跌跌摔打,

①　姚雪垠:《我的心仍在武汉》。

如今已斑斑白发，

我决心把晚年交给伟大的斗争，

临终时真正够得上一个作家。①

其实，白发飘飘的姚雪垠这年才四十三岁！

也许有人会说，姚雪垠的谦卑是韬光晦迹，但笔者却以为那是他心迹的真实流露。试读新中国成立以来他在历次运动中撰写的表态文章，从《刚摸着工人生活的边》（1950），到《土改复查日记》（1951），再到《改造的初步》（1952），他的"自我改造"就是这样一步步地走过来的，没有半点的敷衍和虚假，甚至到了拨乱反正之后，他还坦诚地表白道："在五十年代，我经常下工厂、下农村，参加各种重大的阶级斗争，这对我非常必要。没有这些，便不能改造我的立场、观点、思想和感情。"②

姚雪垠初到武汉的当年，表现得非常的安分和敬业——他积极响应中南作协"扎根基层"的号召，主动把河南新乡通丰面粉厂作为自己的"生活根据地"，这家具有数十年沧桑史的老厂是年前他在河南省文联工作时即已选定了的；他致力于创作"为国家经济建设服务"的作品，来到武汉的第二个月，就交出了取材于该厂生活的中篇小说《携手》。

该小说取材于河南新乡通丰面粉厂的工人师傅为实现"前路出粉"提高生产效率而开展的一场技术革新。小说围绕着三位"八级工"老师傅在这场技术革新中的不同态度进行细密的描写，表现了革新与保守、先进与落后、公心与私念的冲突。小说有意突出党团员的引导和模范作用，在他们的带领下，工人师傅们在技术革新的过程中锤炼着、提高着，先进的带动落后的，创新的影响保守的，公心战胜了私念，大家终于"携手"，顺利地完成了技术革新。作品中具有创新意识、热心技术革新的车间主任杜师傅的形象不乏亮点，思想有点保守、性格有点固执的生产科长葛师傅的形象倒是栩栩如生，而那位私念作祟、故意掣肘的生产小组长申师傅的形象却有些模糊。

这部小说虽然是遵照"为国家经济建设服务"的政治号召而创作的文艺作品，但得益于作者擅长的细腻描写，生活气息颇为浓厚，没有多少"公式化"和"概念化"的毛病；然而，由于作品中的三个主要人物的原籍都在外地，虽然久居河南

---

① 李冰：《斑白的鬓发》，《长江文艺》1957年第9期。

② 姚雪垠：《〈李自成〉创作余墨》，1977年年底作。

已经有些"中原化"，但作者将其非常熟稔的"中原语汇"赋予笔下的这些人物时，仍然使人感到有些生硬和唐突。

《携手》中有如下一段，描写生产科长葛师傅向杜师傅提意见：

> 在今天下午的生产会议上，葛师傅红脖涨脸的激烈反对，拍着桌子批评杜师傅：
>
> "老杜，'前路出粉'我从来没有听说过，我只请你看看咱们的引擎，看看咱们的锅炉。你简直不实事求是，一味的盲目改革。你故意让一个只能挑一百斤的人挑两百斤，还咬住铁钉打滴溜，硬说是压不坏他！"

带有浓厚乡土气息的方言俚语，即便是用在本土出身的青年工人身上，也让人觉得有些突兀。如小说中有一段写到青年工人黄伟对葛师傅的期待：

> 鲍师傅从肥大的鼻尖上揩去几点汗珠子，摇摇头，小声咕噜说：
>
> "这老师傅（指葛师傅）的思想搞不通，弄得别人干活也怪不痛快！"
>
> "你别急嘛，"黄伟抬起头来说。"汽不圆馍不熟，到时候他的思想自然会通的。"

上述两段文字中的"红脖涨脸""咬住铁钉打滴溜"和"汽不圆馍不熟"等，都是作者熟稔的中原农村方言。这种语言在其三年前创作的表现江浙工人生活的短篇小说《因为我也是工人》和独幕剧《一封信》中是读不到的。乍一品读，似乎很能增加人物语言的生动性，但细一琢磨，似乎又与现代化大工厂的文化氛围格格不入。关于该小说语言风格的得失，姚雪垠自有评价，且待后述。

《携手》的问世在当年的中南文坛上产生了不小的轰动！

1953年《长江文艺》10月号上一共刊载了两篇表现"为国家经济建设服务"主题的小说，这也是该刊复刊（1953年8月）后第一次刊载此类主题的小说作品，排序在前的是署名郑州铁路局工人马炳玉的短篇小说《铁砂》，排序在后的即是姚雪垠的中篇小说《携手》。当然，排序依据是作者的身份，而不是作品的艺术性。①

中南作协领导对姚雪垠这篇作品的重视几乎是不加掩饰的——

就在《携手》问世的当月，中南作协便特意为该作品组织了一次讨论会。中南作协副主席俞林主持讨论会，并作了热情洋溢的发言。另一位副主席李蕤因外

---

① 1957年姚雪垠在《谈作协工作的不足与希望》中对这种现象提出批评，他说："在同一个刊物上，把工农作者比较差的作品登在第一篇，老作家的作品放在后面，这里面表现出宗派主义。"

出而未能参会,便补寄了书面发言。参会的作家们发言非常踊跃,提出了不少有价值的意见。

11月1日,中南作家协会创作委员会主编的内部刊物《中南作家通讯》创刊号出版。在《关于〈携手〉的讨论》的专栏标题下,有提纲挈领的"编者按",全文如下:

> 最近在《长江文艺》十月号上,发表了姚雪垠同志的新作《携手》。为了开展批评,交流经验,互相学习,推动创作,本会创作委员会于十月九日组织作家们开了一次讨论会。在讨论前大家均作了准备;讨论时,大家对主题、题材、结构、人物、语言各方面都做了一定程度的分析。兹将这次讨论的发言,刊登出来,供作者和同志们进一步分析研究。

> 我们认为这样的讨论很好,今后应该多组织对作品的讨论;只有这样的互相关心、互相诚恳地批评与帮助,才能使大家共同进步,在创作做出更大的成绩来。

专栏中依次收录了史玉樵、韩秉三、田涛、洪洋、左介贻、莎蕻、王淑耘、俞林、李蕤等的发言记录。细读这些发言记录,当可揣摩出当年中南作协上下对姚雪垠其人其作品的态度——

大多数发言者都注意到该作品主题的应时性。史玉樵说:"从要求文学作品为国家工业化服务及积极反映目前各地厂矿正在进行生产改革来说,《携手》的发表是有其一定价值的,特别是目前中南文学创作中反映工业的作品还很少的情形下故能起一定作用。"洪洋说:"小说是以先进思想与保守思想的斗争为主题的。这个主题,不论是在过去、现在和将来,在我们国家整个工业化的道路上,都具有十分重大的意义。"王淑耘说:"《携手》写了工业生产中工人阶级的先进思想与保守落后思想的斗争,这个主题是有意义的……"

也有一些发言者特别关注到作者的"进步"。田涛说:"姚雪垠同志过去写过不少作品,也起了一些影响。但从今天姚雪垠同志的《携手》这篇小说看来,从词藻风格上说,它比过去姚同志的作品老实了,朴实了。同时从这篇小说中看到作者的努力,企图摆脱旧生活旧人物,努力想刻画新人物新生活,使作品具有社会主义现实主义的教育意义,作者的这种努力,是可喜的,是值得欢迎的。"[①]俞林说:"从作者的创作道路来看,是大大地前进了一步,是应该欢迎的。"

---

① 田涛是位老作家,抗战时期曾与姚雪垠同在第五战区从事进步文化工作。两人似有芥蒂。

老朋友李蕤的书面发言最为贴心，他写道："讨论姚雪垠同志的《携手》的时候，我没有在家，回来后翻翻同志们的发言，大部分我都是同意的。我觉得这样的讨论很好，今后应该继续下去。只有这样互相关心，互相推心置腹的批评，大家的思想才能互相见面，才能在创作的生产中'携手'共同前进。"他还披露："据我所知，在《携手》发表以前，姚雪垠同志曾经以《在面粉厂里》为题，写了七八万字的初稿，就是以'前路出粉'的改革为题材的，后来，又在这个基础上整理，压缩，安排人物和故事，写成《携手》这篇作品。从这里不难看出，作者在这个题材上，在这作品人物中，曾花费过不少的心血。"他"披露"的这个信息非常重要，可以弥补姚雪垠回忆录中的失记。详见后述。

中南作协领导对姚雪垠这位老作家的重视也是前所未有的——

《携手》的讨论会刚结束，中南作协领导又致函姚雪垠等作家，希望他们能来信谈谈深入生活的体会。当年9月，刚开过全国第二次文代会，会议号召作家"深入实际生活，提高艺术修养，努力艺术实践，创作优秀的文艺作品"。中南作协几乎所有的作家都"下去"了，他们经年累月地在各自的"生活根据地"里辛勤耕耘，酝酿着"伟大作品"。

12月1日，《中南作家通讯》第2期出版。首篇是胡乔木在全国文代会闭幕式上的讲话，第二篇是中南作协副主席俞林的长文《如何进一步深入生活的几个问题——兼复姚雪垠等同志》，接下来便是专栏：《姚雪垠等同志的来信》。

俞林的长文采用的也是书信体，开头写得非常亲切——

雪垠、苏鹰、叶丁、学霈、烟痕、高澜、景星、立慧等同志：

你们的信收到了，在这样短的时间里，你们能深入到生活里，得到很多新的体会，这实在是可喜的。你们这些体会对全区从事创作的同志说来，也是很宝贵的。在全国文代大会之后，有更多的同志到生活里去了。因此，如何深入生活就成为最迫切的问题。

接下来便是复述第二次文代会关于作家"深入生活"的各种政策性要求，写到结尾处口气变得有些严厉了："有些同志在生活中写过一些短小的作品，或正准备写些小的作品，我以为这样做是好的。当然我们坚决反对刚到生活里去，就计划写几十万字的大作品，而不专心深入到生活中去。"

姚雪垠写给中南作协领导的汇报信很长，刊物未全录，只摘录了近三千字。①

———————————

① 这封汇报信写于1953年11月10日，未收入《姚雪垠书系》。

该信写得意气风发,俨然是以"成功者"的身份介绍经验,与年前在整风运动中所写《改造的初步》等文章的格调完全不同。摘录几段,可窥全貌:

> 作家下厂,能否很快的同工人交朋友,谈心腑话,关键的问题是思想感情,而不是方法……(笔者删节,下同)

> 由于感情初步的有些变化,由于开始真实的爱工人,态度问题就容易解决了……

> 我现在对于工人同志确实有一种浓厚的爱,即让对待一些后进的工人,我也很容易看出来他们身上的进步因素,他们灵魂中比较纯朴和坚实的部分……

> 平日我们总以为同工人接近不如同农民接近容易,这看法必须纠正。同工人接近,只有工作时间上的不方便,决没有灵魂上的隔阂……

> 只要不妨碍工作,在车间里也可以谈话。但要谈得畅快,必须到工人家里去……

> 这次下厂,我开始认识到写新闻报导,写特写稿,是一件有重大意义的政治工作。我已经在报纸上发表了一篇写真人真事的随笔[1],年内还准备写两篇。我现在正在摸索一种办法,就是写成初稿,交给被写的工人同志,让他补充指正,然后再做艺术加工。这是通过表现先进工人,与先进工人深入一步一步的谈心。但这个试验刚在开始,还没有深的体会可以报告……

姚雪垠似乎成了作家"深入生活"的成功典型![2]

中南作协领导对姚雪垠的重视似乎还没有完,除了提升工资级别的鼓励之外[3],还有如下——

1954年1月《中南作家通讯》第3期出版,又刊载了姚雪垠年前寄来的一封来信[4],这封信是姚读过《中南作家通讯》创刊号上登载的关于《携手》的意见后的

---

① 该随笔尚未找到,笔者注。

② 洪洋在《逝川与流光》中写道:(当年作协经常组织作家深入生活的汇报会)姚雪垠在汇报中说,开封面粉厂许多工友常亲热地称呼他"姚作家",当场有人提出:"这个称呼说明你和工人群众之间有距离,如果直呼老姚,岂不更为亲密无间!"姚雪垠连连点头,大家一笑表示赞同。该文载《长江文艺》2017年8月号。

③ 1978年11月12日姚雪垠在《致湖北省委宣传部领导同志的信》中写道:"一九五三年中南作协成立,将我调来中南,发现被评为文艺八级,觉得太不像话,提了两级。"笔者认为,领导给他提级的原因绝不止"觉得太不像话"。不久,姚雪垠又被任命为作协武汉分会理事,创作委员会副主任,武汉市政协委员。

④ 这封信写于1953年12月,未收入《姚雪垠书系》。

感想,其中透露出许多珍贵的信息。节录如下:

　　《中南作家通讯》第一期,我读了受益很多,对住在会里的同志们十分感激。这篇小说最大的缺点正如同志们所分析的,在于以下四点:(一)矛盾没有深刻的展开;(二)杜师傅的形象较弱;(三)申师傅写失败了;(四)党的领导力量没写好。这些宝贵意见,对我今后的改写长篇是很有帮助的。

　　……(笔者删节)

　　另外,我感到困难的是如何处理工人们的语言问题。语言应该生动,有个性,这原则我完全同意。我为这事常常感到苦恼。比较上说我是一个注意语言的人,为这问题多年中采集了几千条语汇,打算替自己编一部词典性的东西。可是愈是先进的工人,他们的语言愈知识分子化,说起话来条理清楚,一般的新词汇用得很熟,农民常用的富有乡土气息的、富有色彩的语汇消失了。原因在什么地方呢? 我想,大概原因在于:(一)工厂中五方杂处,大家都希望自己的话使别人容易明白,因而尽可能摆脱了地方色彩。(二)和工人们生活关系密切的是机器和工厂生产,新的语汇很自然的代替了农村语汇,我们在听工人们讨论生产时就没法再听见我们所熟悉的,所欣赏的农民语汇,如:"这是一脚踩出油的好地。小黄牛呀,哒哒咧咧……"(三)学习文化、政治、常听报告、常看报刊,改变了他们的语言。

　　目前,使用语汇成了我创造人物性格的困难问题。有别处朋友读了《携手》后来信说,我在语汇使用上退步了。他说《携手》中的对话远不能和《差半车麦秸》、《牛全德与红萝卜》、《长夜》的对话相比。现在我想不出完善的解决办法,初步认识只有以下三条可以作为奋斗目标:(一)更深入的生活,更深入的研究工人语言;(二)从生活出发,从现实出发,如果先进的工人说话时满口新词汇,条理清楚,语法洗练,我就不必故意为要突出人物个性而改写成跟《差半车麦秸》的对话一样;(三)努力使对话的内容符合人物的身份、思想和感情,不强调追求语言的外在特点。(当然,外在的特点也是要注意的。)

　　最近没有写东西,但考虑和研究人物性格的时候比较多。长篇打算在明年三、四月以后动手改,等生活更丰富了,人物和情节都在心里考虑得更成熟了,改写时就能够得心应手。

这封信里透露出了许多珍贵的历史信息,甚至可以弥补作家回忆文章中的失记和误记:

一、信中多处提到"长篇"，并称该长篇与中篇《携手》为同一题材。由此可知，该"长篇"的创作计划是公开的，是得到领导批准的。参看前引李蕤为"讨论会"所写的书面发言，还可知该"长篇"的题名为《在面粉厂里》。而在回忆文章中，姚雪垠对该长篇的构思时间、题材和主题等多有误记。①

二、信中多次谈到小说语言问题，并自认《携手》的人物对话不及《"差半车麦秸"》等早期作品，为此他分析了现代工厂中工人语言之缺乏"地方色彩"及与"农村语汇"隔膜的原因，承认暂时还"想不出完善的解决办法"。而在回忆文章中，姚雪垠未曾谈到此时他在现实题材上所遭遇到的语言瓶颈，也没有谈及由于"语言问题"而被迫转向古代题材的内在驱动力。

三、信中自评《携手》的"语言问题"时不仅以自己的成名作《"差半车麦秸"》为参照系，还毫无顾忌地提到曾被诬为"色情小说"的《牛全德与红萝卜》和"几乎不为人知"的《长夜》②。这似乎表明，姚雪垠当年在中南作协里的处境似乎比在河南时好得多。

综上所述，中篇小说《携手》在作家姚雪垠的创作生涯中具有特殊重要的意义，它也许是一部不应被研究界忽视却被忽视了的作品。

笔者以为：它不仅是作家当年自觉追随文学主潮的象征性作品，也是作家跨入一个新的题材领域的代表性作品。须知，其后数年，作家仍沿着这条道路，孜孜矻矻地在近代工业题材里耕耘，企图在这个领域有所建树呢！

第二节　"白杨多悲风"

姚雪垠来武汉后第一年的表现与在河南省文联时几乎判若两人，这使得他的老朋友、中南作协某领导又是满意又是纳闷：他在河南两年没有写过一篇文艺作品，刚调来武汉就写出了小说，他到底怎么啦！

说到底，姚雪垠毕竟是个期望能在文艺事业上有"大作为"的作家，也是一个

---

① 1978年姚雪垠在《致湖北省委宣传部领导同志的信》中写道："在《白杨树》被扼杀之后，我才将一篇短篇小说《携手》改为长篇小说《在面粉厂里》。"

② 1995年姚雪垠在《为重印〈长夜〉致读者的一封信》中写道："一九五一年秋季，上海几个私立大学合并为华东师范大学，我坚决离开教书岗位，要求回到河南家乡，完成'农村三部曲'的创作梦想。后来不但不敢提起这一创作计划，连我出版过一本《长夜》的事也不敢告人。所以在河南和武汉，一直没有人知道我写过一本《长夜》。"此说为失记。

非常关注现实生活的作家,在新中国日新月异的经济建设高潮中,他绝不甘心无所作为。他从不拒绝"文艺为政治服务",只是希望"服务"的方式能"文艺"一些,而不愿随波逐流地撰写有悖于艺术规律的作品。当然,他也并不是一个十分循规蹈矩的作家,无论何时何地,只要有可能,他在响应政治号召、追随文艺主潮的同时,私下里总是"别有想法"①。

于是,姚雪垠到武汉后第二年的表现便让对他有着更高期待的中南作协领导有点不解和失望了:这一年里,他只写出了一篇题为《广播员》的短篇小说②,该作品在反映生活的深度和广度上较之《携手》没有任何进步!

《广播员》与《携手》是同类题材,也是以新乡通丰面粉厂为背景,也是以该厂技术革新为主线,只是叙事角度有所变化。作者在小说中以第一人称出现,通过与该厂女广播员毕春芳的几次接触,侧面表现当代青年竞相为"国家在过渡时期的总任务"贡献力量的时代风尚。作者在这部作品中运用了擅长的杯水波澜式的冲突设计,力图塑造出一个"顶顶可爱的姑娘"形象。遗憾的是,作家的笔锋未敢触及这位姑娘的"心灵"③,人物性格呈平面化;对话语言仍然一如前作,城不城乡不乡,新的语言探索亦未见成果④。

《广播员》未能在《长江文艺》上刊出,而载于《河南文艺》。

中南作协领导们有些纳闷了:他承诺的在《携手》基础上改写的长篇小说《在面粉厂里》呢? 他这一年干什么去了?

这似乎是个谜! 直到数十年后,姚雪垠才揭开了谜底。

1991 年,他在回忆录《我的前半生》中承认:"在五十年代前期的历史条件下,我采取了一个十分天真的办法,即不经过领导批准,秘密地按照自己选好的题材进行创作。"

当年谁也不知道他除了《在面粉厂里》之外还有着另外一个写作计划——自从"农村三部曲"的创作计划流产后,他虽然不再问津中原农村生活题材,但仍钟情于"纵深地"表现社会历史的题材——在河南新乡通丰面粉厂深入生活期间,他阅读了大量有关史料,走访了众多有关人士,发现这个始建于 20 世纪初的内地

---

① 姚雪垠在《学习追求五十年》中谈道:由于我别有想法,对写演唱材料一类的作品态度冷淡,常被嘲笑为"不肯为群众雪里送炭","总想打翻身仗",总之是"资产阶级文艺观"牢固不变。

② 载 1954 年 10 月《河南文艺》第二十本。未收入《姚雪垠书系》。

③ 抗战时期姚雪垠创作长篇小说《春暖花开的时候》,被朋友们称为"少女心灵的探险者"。

④ 姚雪垠晚年在回忆录中没有提到过这篇作品。

工厂浓缩了中国近代民族工业的发展史,是一座罕见的写作富矿。于是,他秘不示人地开始了新的艺术创作。

换句话说,当年姚雪垠同时在创作两部长篇小说:一部是中南作协领导批准的书名为《在面粉厂里》的长篇小说,该小说表现的是现实题材,反映通丰面粉厂"前路出粉"的技术革新,是在中篇小说《携手》基础上的改写;另一部是中南作协领导并不知晓的书名为《白杨树》的长篇小说,该小说虽也取材于新乡通丰面粉厂,但表现的是历史题材。作家企望用艺术的彩笔"纵深"地描摹这家老厂的历史沧桑,为中国近代民族工业的发展留下一帧剪影。

他曾这样简略地叙述《白杨树》的艺术构思:

> 我从一九五二年开始就到新乡通丰面粉厂体验生活,前后大约有三年之久。我决定根据我在面粉厂中收集到的材料(包括我所熟悉的一些人物),写一部长篇小说,历史地、艺术地反映内地轻工业的出现,如何在艰难中成长。具体说,我要写在第一次世界大战期间,各主要帝国主义国家都在倾全力于欧洲战场,中国的轻工业得到了发展机会,特别是纺织和面粉工业。安徽寿县一家大地主家庭中分化出一部分人转化为民族资本家,派人到新乡创办面粉厂,同时一部分农民进工厂当了工人。面粉厂在发展过程中,曾受到军阀混战的严重影响,三十年代前后,资本主义世界经济大萧条,美国面粉向中国廉价倾销,通丰面粉厂被迫关闭,解散了工人,工人方面曾受到京汉铁路工人"二·七"大罢工的巨大影响。新乡车站上的饥民掀起冒死抢粮风潮,面粉厂的工人家属和亲戚也有人参加进去。日军占领期间,面粉厂由日本人军管。工人起初出于朴素的爱国心,自发地同占领军进行斗争,后来同中共地下党取得联系,斗争更有了组织性,也更有力了。日军投降以后,国民党接管了工厂。豫北解放时,工人们在中共地下党的领导下,进行了护厂斗争,迎接解放。[1]

他打算在这部作品中"纵深地"表现新乡通丰面粉厂的创业史,从第一次世界大战期间民族工业的勃兴一直写到解放战争期间工人群众的护厂斗争;他要如实地描绘民族资产阶级起步的艰难,表现第一代民族企业在国际国内多重矛盾中艰难生存的情景;他要传神地描绘这家内地工厂三代工人的生活状况和精神面貌,表现工人群众在革命风潮的影响下如何从不敢斗争到自发反抗再到有组织抗

---

[1]　姚雪垠:《我的前半生》。

争的历史过程。

不过，需要说明的是：姚雪垠对近代民族工业题材的关注并非始自此时，而是始自解放初期。如前所述，1949年5月上海解放后他曾奉派到民族资本家荣德生兄弟创办的申新纺织第一厂（"申新一厂"）从事过八个月的工会工作，他对这家创办于20世纪初年的中国近代纺织业中规模最大的民族资本企业产生过研究兴趣①，只是由于听不懂"下江话"，不能体察"工人们的家庭生活"，不能研究他们"性格的根源"以及"细微的感情"，一直未能进入创作状态。返回河南后，语言的障碍便不存在了，他对民资企业题材的热情一如往昔，很快便选定了与"申新一厂"创建于同一时期的中原地区规模最大的民资企业新乡通丰面粉厂作为深入生活的基地。很明显，作家有着延续其1949年未竟的创作冲动，继续在这一新的题材领域深挖的意图。

河南新乡通丰面粉厂原是安徽孙氏"通孚丰财团"的产业之一。该财团的创始人是清末传奇人物孙家鼐（1827—1909），他曾做过工部、礼部、吏部、户部尚书，是洋务运动的积极鼓吹者，又是以"绅商"身份参与创建民族资本企业的早期代表人物之一。1899年该财团投资三十万银圆，创建国内第一家机制面粉厂——上海阜丰面粉厂。获利以后，陆续在新乡、济南、哈尔滨开设分厂，分别命名为通丰面粉厂、济丰面粉厂和滨丰面粉厂，未久，便垄断了国内机制面粉市场。其后，历经社会变动，多灾多难，苟延残喘，顽强求生。这个民资企业的挣扎奋斗史可视为中国民族企业成长史的一部缩影。

关于该小说的典型化特点，姚雪垠曾谈道："小说是以新乡通丰面粉厂的历史为原型，进行了现代史的概括和艺术虚构。"

关于该小说的命题依据，他也曾谈道："工厂门前卫河南岸原是一个乱葬场，种着一些白杨树，那儿埋葬了许多老一代因饥饿和疾病而死的工人，倒下过在抢粮风潮中受追捕和枪伤的工人儿女，如今改建成一座供工人们休息的公园。原有的白杨树尚有留存，已经合抱；新栽了许多白杨树，成行成林。"②

关于该小说的写作进程，他也曾自信地谈道："我相信利用我在通丰面粉厂所收集到的材料，加上我对河南社会生活的熟悉，又有中国现代史的丰富知识，这部

---

① 1950年姚雪垠在《刚摸着工人生活的边》中谈到"申新一厂"："这个工厂是一九一四年，第一次世界大战爆发不久创办的，所以它的历史正是中国轻工业历史的一个缩影。是不是应该把这个历史弄清楚呢？我想是应该的。"

② 以上两段引文皆出自《致湖北省委宣传部领导同志的信》（1978）。

《白杨树》有可能写得比较成功。"①

　　这部长篇小说如果能写成,它将比作家以前构想过的"农村三部曲"规模更大,气势更为恢宏。

　　然而,姚雪垠也清醒地知道:中南作协的环境虽然比河南文联稍微好一些,"但是有些带根本性的问题依然存在。也就是说,教条主义、'左'的思潮、简单化的领导方法,违反现实主义文学原则的条条框框,等等,都在继续发展"②。"纵深地"表现近代中原农村题材的计划没有可能被河南省文联批准,"纵深地"表现近代工业题材的计划也没有可能被中南作协批准。原因无他,因为它们都偏离了"为中心工作服务""为国家经济建设服务"的文艺方针。

　　于是,他不得不秘密地潜心创作。

　　他想到,这部小说的题材领域迄今尚未有人涉足,他后半生创作的突破口也许正在这里;他想到,这部立意高远,场景壮阔,绾系着近代民族工业风云变幻历史的长篇小说,将来一定会在人民共和国的文艺殿堂上占据一个重要的位置;他想着想着,激动不已,灵感泉涌。

　　由于中篇小说《携手》得到过中南作协领导的高度评价,由于长篇小说《在面粉厂里》的创作计划得到了中南作协领导的批准,姚雪垠获得了较为自由的创作环境和较为充裕的创作时间。其后一两年,他频繁往来于武汉、开封、新乡三地,远离中南作协的人事纷争,勤奋地写作着。

　　长篇小说《白杨树》的创作颇为顺利,他曾谈道:"由于我对三代工人的生活比较了解,对现代中国史和人民的苦难生活又比较熟悉,所以写这部小说时比较'得心应手',(比我写三百年以前的生活省力得多!)常常在写作中自己激动得不住流泪。"③

　　姚雪垠逝世后,后人在其遗物中发现了两本与下厂生活有关的笔记本,一本为"豫北通丰面粉厂生活创作素材",另一本为"开封天丰面粉厂生活创作素材",记录时间都在 1953—1954 年间,共六万余字。笔记中不仅记录了作家对这两家面粉厂数十年历史的追溯,也记录了工人生活和思想状况的点滴变化,更有大量的原型人物性格分析和原型人物形象素描。设若这两家面粉厂的老人读到这本

①　姚雪垠:《我的前半生》。

②　姚雪垠:《学习追求五十年》。

③　姚雪垠:《致湖北省委宣传部领导同志的信》(1978)。

笔记,定可从中找到许多熟悉的人和事。

在紧张地创作长篇小说《白杨树》之余,他还不时写点别的东西作为调剂,这是他的习惯:小说创作越是顺利,思想越是开放,思路越是活跃,其他类型的作品也越多。

1954 年至 1955 年间,他发表了如下文章:

《试论〈儒林外史〉的思想性》(论文),载《长江文艺》1954 年第 4 期

《牛全福和百泉发电厂》(通讯),载《新观察》1954 年第 7 期

《读〈太阳出来的时候〉》(书评),载《河南文艺》1954 年第十四本

《广播员》(小说),载 10 月 16 日《河南文艺》1954 年第二十本

《论俞平伯底美学思想底腐朽性及其根源》(论文),载《长江文艺》1955 年第 1 期

《胡适和白话运动》(论文),载《长江文艺》1955 年第 3 期

《回到祖国的岗位上》(小说),载《长江文艺》1955 年第 5 期

1954 年,姚雪垠在武汉

《正告胡风反党集团》(随笔)，载《长江文艺》1955 年第 6 期

《为征服黄河的事业欢呼》(随笔)，载《长江文艺》1955 年第 10 期

以上文章，各种体裁皆备，似可从一个角度见出此期作家思想的活跃及创作力的旺盛。

这里有着对于国家经济建设高潮来临的情不自禁的欢呼，《牛全福和百泉发电厂》《为征服黄河的事业欢呼》和《回到祖国的岗位上》等作品都属于此类。在第三篇中，作家又一次把艺术的笔触凝定在从武汉北上的列车上的乘客身上，字里行间洋溢着"新旧社会两重天"的历史感①。

这里有着对于文学史、美学史、哲学史等学科领域新动向的密切关注，《试论〈儒林外史〉的思想性》、《论俞平伯底美学思想底腐朽性及其根源》和《胡适和白话运动》等作品都属于此类。读者能从这些作品里真切地感受到作家"历史癖"的复归。须知，至少有五年时间，作家未曾开腔"讲史"了。

这类文章，大部分都与当年意识形态领域里的"兴无灭资"运动有关。有的文章可能是"奉命"之作，有的可能不是；但不管是与不是，其中都不无作家的真知灼见——他在"吴敬梓逝世二百周年纪念"的论文中，旁征博引，烛幽索隐，发掘出《儒林外史》中深藏着的"民族思想"，并以期"能引起对清初历史素有研究的同志们的兴趣，在这个问题上作进一步的发掘"。他在批判俞平伯美学思想的论文中，着重剖析了其推崇的"温柔敦厚"的美学观念，认为其有悖于中国小说的本来面貌，应归于主观唯心论的范畴；他在批判胡适早期文学观的论文中，上溯到晚清文体的变化、白话文体的出现以及文学革命的先声等方面进行分析，认定其代表作《文学改良刍议》等"并没有跳出改良主义的圈子"。

说来也挺有意思，尽管姚雪垠的研究工作貌似已经登堂入室了，但还是入不了"大家"的法眼。1955 年《长江文艺》2 月号上刊载了一篇《座谈会纪要》②，武大教授程千帆对姚雪垠《试论〈儒林外史〉的思想性》和《论俞平伯底美学思想底腐朽性及其根源》提出了批评，认为前一篇文章"在研究方法上和胡适的考据方法有着某些共同之处"，后一篇文章中关于"考据学派"的论述"也是片面的，不正确的"。无独有偶，同年《长江文艺》5 月号上刊载了潘旭澜的论文《评〈试论《儒林外史》的思想性〉》，文中批评作者"重蹈了胡适派的复辙""袭用了索隐派陈腐

---

① 1938 年姚雪垠作《母子篇》，描写在北上列车的见闻；1955 年他作《回到祖国的岗位上》，同样取材于北上列车的见闻。历史仿佛重演了，只是内容有所变化。

② 转引自(记者)《对〈长江文艺〉底缺点和错误的批评》，《长江文艺》1955 年第 2 期。

的反科学的方法"①。这两位学者对姚雪垠的批评措辞严厉，但大体切中肯綮，因而并未引起批评对象的反感②。

这里也有着对于政治运动的及时呼应，《正告胡风反党集团》便是这类文章。他的这篇文章虽然在全国范围的"反胡风运动"中还排不上号，但其批判的重点和力度都极有个性特点，非历史在场者不能写出，从中可以读出作家对"胡风派"的宿怨。摘引一段，以飨读者：

> 抗战期间，大家看见胡风们丝毫不顾进步文艺阵营的团结问题，以仇视、谩骂、诬蔑，甚至卑鄙的造谣诽谤代替了批评，不明白到底是什么道理。如今完全明白了。原来这是他们有计划的活动，目的在夺取文艺领导权。解放以前，在国统区的困难环境里，胡风集团故意提出一些非常"左"的论调，批评和打击许多党的和非党的进步作家，有人说他们的活动很像托派分子在苏联曾经表演的手法一样，然而谁也没想到他们这个小集团竟会恶劣和堕落到这步田地，还觉得把他们和托派相比不妥当，还认为他们毕竟是进步文艺战线的一翼。如今读了舒芜所公开的信件，这个小集团的一贯的反党活动的真相才大白于天下。我觉得，把他们当时的许多作法同托派的活动相比，不是冤枉他们，倒是颇为恰切的。

如果说，姚雪垠对胡适和俞平伯的批判多少有点"奉命作文"的味道，那么他对"胡风派"的批判，则在很大程度上是自愿的。抗战后期"胡风派"错误地"清算"了一大批国统区进步作家，姚雪垠是受害最深的一个；新中国成立之初他的不如意遭遇，也与"胡风派"的构陷有着直接的关系③。因而，他不仅积极参加中国作协武汉分会④组织的批判会，并多次踊跃发言。他真心拥护党中央发动的"反胡风运动"，并没有预料到该运动可能引起的严重后果。

话又要说回来，由于当年意识形态领域的运动接连不断，中南区的文艺主管部门对作家们的控制与管理也随之逐渐加紧，姚雪垠的处境开始变得困难起来。

1954 年 9 月，中国作协武汉分会机关刊物《长江文艺》第 9 期上发表了两篇

---

① 李希凡、蓝翎：《正确估价〈红楼梦〉中"脂砚斋评"的意义》执同样观点，其文指出：胡适派的研究方法仍然影响着对一些古典名著的研究。例如姚雪垠分析《儒林外史》，就以金和的"跋"为根据，"证明"书中的杜少卿就是作者吴敬梓……凡此种种，例子是很多的。该文载 1955 年 12 月 3 日《人民日报》。

② 姚雪垠承认在史学研究上深受清代乾嘉学派和民国古史辨派的影响。

③ 参看拙作《胡风"清算"姚雪垠始末》，载《炎黄春秋》2003 年第 1 期。

④ 1954 年 6 月，中南作协改称中国作家协会武汉分会（简称中国作协武汉分会）。

敲打作家的文章:一篇是署名朱金丽的《有一位这样"体验生活"的所谓"文人"》,嘲讽某些未能踏踏实实地在基层"体验生活"的作家;另一篇是署名麦寒的《老爷式的文人》,讥讽某些口口声声要创作"伟大作品"的作家。后一篇文章的批评对象似乎包含姚雪垠,且看该文的表述:

> 在某次会议上,一个领导同志对他们的创作计划提了意见,并诚恳地建议他们根据现实需要,多写些通俗易懂的,短小精悍的文章在地方文艺刊物上发表。但,有一位"作家"起来满脸怒火地反驳了,说:所谓现实吗?那是作家的才能;作家有能力写长篇,就应该让他集中力量在三年五年内写好一个长篇!同时作家有自由,他可以写长篇也可以写短篇。最后,这位好象霹雳火秦明一样的"作家"老爷郑重地声明,他希望那位领导同志不要瞧不起他们这样"有写长篇才能的作家"们。

当然,该文针对的对象也可能不是姚雪垠,而是对作家"自由"倾向的一般性警告。姚雪垠沉敛了许多,他似乎再也不会为了别人的几句嘲讽便"满脸怒火";为了完成秘密的写作计划,他学会了隐忍。他默默地写作着,独自沉浸在创作的喜悦之中。

中国作协武汉分会的领导层把作家都放下"生活根据地"后,为了加强领导,督促创作计划的完成,便隔三岔五地派人下去"摸"情况。不过,他们事先并不同作家打招呼,目的也不是帮助作家解决具体的生活和工作问题,他们径直找到作家所在的"生活基地"的党政部门,调查作家的现实表现和思想动态。

作协领导也曾多次派人到新乡去调查姚雪垠的表现:

> 派一位××同志到新乡,先到市委宣传部进行了解,随后到通丰面粉厂找党委了解,都说我下生活不错,第二天才同我见面,然后回武汉向黑丁汇报。后来我听说他对在别处下生活的作家也采用同样办法。我认为这样办法很不好,不但给当地党组织造成不好印象,也给下生活的同志增加了精神负担。①

当年,姚雪垠对这种领导作风极为不满;后来,在"大鸣大放"中,他把这种领导作风比喻为"遥制",把那些坐在办公室里指导创作的文艺领导比喻成困在紫禁城里指挥千里之外军队的崇祯皇帝。但他万万没有想到,某位下来"摸"情况的干部(至今尚不知道是谁)竟然发现了他正在秘密写作的《白杨树》,并向作协

---

① 姚雪垠:《致湖北省委宣传部领导同志的信》(1978年11月12日)。

1955年在开封,一家人合影留念。前排为姚雪垠、王梅彩夫妇与女儿姚海燕,后排左起:
姚海云(长子)、姚海星(次子)、姚海燕的保姆与外孙、姚海天(三子)

领导作了汇报,并因此造成了意想不到的后果。

事情的经过是这样的——

1955年年中,《白杨树》已经写成近二十万字,胜利在望了,姚雪垠心中充满着喜悦。某天,这种平和的创作状态突然被打破了:

　　大概写到将近二十万字时,被领导知道了。一天晚上,一位领导同志派人请我到他的房间里谈话。虽然是领导和被领导关系,但也是老朋友。他问我是不是正在写一部长篇小说,题目叫做《白杨树》。我当然很高兴地告诉他说,我是在写,而且已经写了十几万字。我将故事梗概和主题思想都告诉了他。我原以为他听了会很高兴,给我打气,没料到适得其反,他反对我继续写下去,语气十分肯定。他的理由有两条,大意是:第一,你写工人,一直没有写党的领导。我们目前强调写党的领导,你的长篇小说不写党的领导,这一点就不能通过。第二,你的小说中虽然后面写到了党的领导,例如在日军占领期间,工人们开始同地下党发生了联系,在豫北解放时,在地下党的领导下进行护厂斗争。但是你不是地下党员,没有领导地下斗争的经验,如何能写得好?①

────────────

① 姚雪垠:《我的前半生》。

姚雪垠听罢意见,感到十分惶惑,当即争辩道:

> 我认为在 1921 年中国共产党成立以后,并不是每个地方、每个工厂中都有共产党存在。在工人群众存在的地方,就有工人的日常生活,有不断的自发斗争。不应该认为不管在什么条件下都存在共产党的领导。至于我虽不是地下党员,没有领导地下斗争的生活经验,但这种斗争并不神秘,而且在《白杨树》中不需要写得很多、很细,不存在我不能试一试的问题。他坚持他的意见,我坚持我的意见,互不相让,争吵起来。

这场争论不是在平等的地位上与和谐的环境中发生的:这是中国作协武汉分会的领导与一个普通作家的对话,而且正处在批判俞平伯、胡适和胡风之后的紧张的政治环境中。姚雪垠深感无能为力。他转而请求领导先看看稿子再下结论,却被断然拒绝。他完全被绝望压倒了,怀着极大的愤怒回到家中:"我想不通,一怒之下,噙着眼泪将稿子撕毁,烧了。"①

姚雪垠一生中曾有过两次焚稿:第一次发生在 1948 年,他草撰了一部书名为《小独裁者》的长篇小说,该小说以河南镇平别廷芳和彭禹廷为主角,试图表现 20 世纪 30 年代宛西十三县的自治运动,已经写成了十万余字,因不满意而主动焚毁;第二次便是《白杨树》,焚稿是被动的,只因领导不同意,自己"在暴怒之下,做出的一大错事"。第二次焚稿事在他的心中留下永不痊愈的创伤,他仿佛觉得自己的创作生命一度随着那袅袅轻烟飘然而去了。终其一生,只要提起长篇小说《白杨树》,他都觉得心中疼痛难忍。1978 年他已移居北京,新乡通丰面粉厂的故人来访,询及二十余年前那部稿子的下落,他仍禁不住泣不成声。

1980 年 6 月,姚雪垠撰写回忆录。写到这段经历时,踌躇很久,难以下笔。经过再三考虑,他给当年的领导写了一封信,询问当年有关细节,信中写道:

> 希望你回忆一下,给我回信,以便我能够准确地记在《七十述略》中。时间大概是五五年秋冬之间,审干结束,我正准备回开封,你将我叫到你住的房子里,谈我的稿子《白杨树》问题。李蕤在一旁抽纸烟,不插一言。因为你说不服我,我求助于他,请他发表意见。他一味沉默,显然是不赞成我。我很奇怪,我暗中写《白杨树》,你如何知道的? 你平时做事比较谨慎,为何当时那样坚决,丝毫不考虑我的意见?
>
> ××,我们是老朋友,请你放心,我决不会在回忆录中有不实事求是的话,

---

① 上面三段引文均出自姚雪垠《我的前半生》。

更不会有过分刺激你的话。我的每句话将对同志负责,对自己的良心负责,对历史负责。

是否得了复信,复信内容如何,不得而知。

当时,姚雪垠被要求继续撰写在《携手》基础上改写的长篇小说《在面粉厂里》。该长篇小说原构思只是着意于表现工人阶级在经济建设中的创造性和主动精神,革新派、保守派和掣肘派的代表人物都是老工人,他们的冲突在正常的人民内部矛盾范围之内,而青年工人在情节发展中只是起着陪衬的作用。于黑丁等中国作协武汉分会领导看中了这部反映现代工业题材的作品,建议他按照"流行的题材和主题"改写成:

> 老工人有技术但思想保守,青年工人有创造精神,师徒间发生矛盾,又有阶级敌人暗藏在中间捣乱,后来揭露了敌人,师徒团结起来,完成了一项技术革新。[1]

> 小说的主人公是一位有好技术而思想保守的老工人,他的徒弟是一位技术较差而思想积极的青年工人,师徒间发生矛盾,一个埋藏的阶级敌人从中挑拨,使师徒关系变得更糟。后来揭露了阶级敌人,师徒关系顿然改善,团结起来,将生产搞得很好。[2]

这部在《在面粉厂里》基础上重新设计情节冲突的长篇小说,被改名为《捕虎记》[3],被中国作协武汉分会列入了出版计划,将交由作家出版社出版。

姚雪垠索然无味地改写着这部作品,他心里清楚,如果按照领导的"旨意"这样写下去,决计写不出有价值的作品。他感到自己陷入了绝境,头晕病也恶化了:

> 我由于过分用功而脑力疲劳过度,患了长久的头晕病,走路像腾云驾雾一般,有时晕倒地上……(笔者有删节)

> 写这部稿子时,我感到沿着这条道路走下去,我的一生将是一个没有出息的作家,一切梦想都将落空了。[4]

姚雪垠形单影只地在卫河边徘徊,萧瑟的秋风吹动着白杨林发出"簌簌"的声响,历史的场景一幕一幕在眼前展现复又隐去,他悲声吟咏着:"白杨多悲风,萧

---

① 姚雪垠1978年《致湖北省委宣传部领导同志的信》。
② 姚雪垠:《学习追求五十年》。
③ 姚雪垠晚年在回忆文章中有时把《捕虎记》记成《在面粉厂里》,有时则相反。
④ 姚雪垠:《学习追求五十年》。

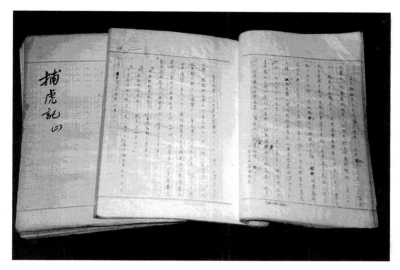

《捕虎记》部分手稿

萧愁杀人。"

1955 年底,姚雪垠完成《捕虎记》的初稿,送交作家出版社审阅。

第三节　春江水暖

1956 年初,料峭寒风中隐约带来"早春"的气息。

1 月下旬,中共中央召开关于知识分子的会议。周恩来作了《关于知识分子问题》的报告,指出:对于旧时代的知识分子,由于党采取了正确的方针,"他们中间的绝大部分已经成为国家工作人员,已经为社会主义服务,已经是工人阶级的一部分"。

"旧知识分子"如获"第二次解放"①。

2 月 15 日,《文艺报》第 3 号转载苏联《共产党人》杂志专论《关于文学艺术中的典型问题》,不指名地批评马林科夫关于典型问题的观点。继而,该刊第 8 号发表张光年、林默涵等人的文章,对典型问题展开讨论;"编者按"中"强调地提出了要克服创作中的公式化、概念化和自然主义倾向和文艺理论、批评、研究中的庸俗

---

① 费孝通语。谓 1949 年为第一次解放,1956 年为第二次解放。

社会学倾向"，并指出"联系我国文学艺术创作和理论批评的实际展开对于典型问题的讨论和研究，是摆在我们面前刻不容缓的任务之一"。

文艺界随即展开了对于典型问题的讨论。

2月27日—3月6日，中国作协第二次理事会议在京召开。茅盾致开幕词，周扬作了《建设社会主义文学的任务》的报告，报告指出："作家的任务，是创造出无愧于我们这个时代，无愧于我们的祖国和人民的作品。"

作家的使命感似乎得到了空前的提升。

3月13日，中国作协主席团通过《关于加强电影文学剧本创作的决议》，并和文化部联合发出《征求电影文学剧本启事》。《启事》称："征求电影文学剧本的期限是从今年3月起到明年3月底止。应征的电影文学剧本只限于故事片，要求能够反映中国人民在社会主义建设中的新生活、中国共产党所领导的各个历史时期的革命斗争、中国历史和民间传说以及改编中国古典文学和现代文学名著。应征入选的剧本分为三等，将按等级分别给予3000元到8000元的奖金。"

历史题材突然"开禁"了。

姚雪垠敏锐地感受到了"早春"的气息！

他几乎是迫不及待地参加电影文学剧本的"应征"，上报了久蓄于心的关于"太平天国"的选题①。

如前所述，早在抗战后期，他就在文章中表述过自己的"太平天国"观——"继续了十四年的民族革命运动"②——只是当年尚未产生创作欲望而已。1951年年初，当他读到《人民日报》上老朋友胡绳执笔的题为《纪念太平天国革命百周年》的社论之后，对其文中"旧式的农民战争的……最高峰"的提法有所感悟，刷新了以往的认识，并油然产生创作冲动。经过五年多的资料搜集和理论准备，他觉得自己已经具备创作的条件了。

也许就是这个"征求电影文学剧本启事"，为处在创作"苦闷"期的他打开了一扇窗子，无尽鲜活的空气从历史的深处涌来；也许就是从这一刻起，他开始认真权衡自己"（从现代题材）转向写历史小说的综合条件"③，并在不久后决定将历史题材小说作为后半生的创作追求。

---

①　此事见于姜弘《从李闯王到洪天王》（2009）。

②　姚雪垠：《历史的悲哀》（1944）。

③　姚雪垠在《学习追求五十年》中称："从一九五六年起，我就常常暗自分析我转向写历史小说的综合条件。"

开春之后，振奋人心的好消息接连传来。

4 月 28 日，毛泽东在中共中央政治局扩大会议上提出，艺术问题上的"百花齐放"，学术问题上的"百家争鸣"，应该成为我国发展科学，繁荣文学艺术的方针。

5 月 26 日，中共中央宣传部举行报告会，陆定一代表中共中央向知识界作了题为《百花齐放，百家争鸣》的讲话，对这个方针作了全面的阐述。他还具体指出："题材问题，党从未加以限制。……文艺题材应该非常宽广。在文艺作品里出现的，不但可以有世界上存在着的和历史上存在过的东西，也可以有天上的仙人、会说话的禽兽等等世界上所没有的东西。文艺作品可以写正面人物和新社会，也可以写反面人物和旧社会，而且，没有旧社会就难以衬托出新社会，没有反面人物也难以衬托正面人物。"

"旧社会"题材似乎也已开禁。

6 月 1 日—15 日，文化部召开第一次全国戏曲剧目工作会议，提出"破除清规戒律，扩大和丰富传统戏曲上演剧目"。6 月 12 日，周扬在会上讲话指出："对戏曲艺术事业必须按照它本身的特点去领导和工作，要积极树立自由创造艺术的空气，坚决反对对待戏曲艺术的主观主义和官僚主义作风。"

"破除清规戒律"成了时代主题词。

姚雪垠真切地感受到了这一波又一波思想解放热潮的冲击，他抑制不住内心的激动，奋身跃于其中，俨然成为勇立潮头的"弄潮儿"。1956 年下半年，他发表了如下三篇颇有影响的文章：

《谈打破清规与戒律》，载《长江文艺》8 月号

《现实主义问题讨论中的一点质疑》，载 11 月《文艺报》第 21 期

《读〈带经堂诗话〉有感》（之一、之二），载 11 月 21 日、25 日《文汇报》

《现实主义问题讨论中的一点质疑》是应时之作，亦是对《文艺报》"展开对于典型问题的讨论和研究"号召的积极回应。作者在这篇与刘大杰先生①商榷的论文中，对中国古典文学现实主义的形成问题提出了不同的看法，得到了学界的关注②；不仅如此，作者对近、现代现实主义的形成问题也另有看法，他提出："（五四

---

① 刘大杰：《中国古典文学与现实主义问题》，《文艺报》1956 年第 16 期。

② 《介绍"文学研究"创刊号》（该文载《人民日报》1957 年 4 月 18 日）一文提出：他（指蔡仪）又根据中国文学发展史的特点，对于现实主义的形成问题，提出了和刘大杰、姚雪垠（他们的文章分别见于《文艺报》1956 年 16、21、22 等期）不同的看法。

新文化运动）是自觉的现实主义运动……（它）开始酝酿于清代末年，而成熟于'五四'前夜。"该观点可视为"典型问题讨论"学术方向延伸的宝贵收获。由此，我们还可以窥视到作家20世纪70年代末提出"重写中国现代文学史"的思想基础之一斑。

《谈打破清规与戒律》和《读〈带经堂诗话〉有感》也都是应时之作，它们是对"第一次全国戏曲剧目工作会议"精神及周扬讲话的呼应，批评的对象直指文艺领导的"主观主义和官僚主义作风"，其文中不乏真知灼见。

前一篇锋芒毕露，直言不讳地针砭"文学创作的组织领导同志"对于作家、作品和文学问题的"偏见和成见"，文中历数了近年来文艺战线上各种不如意的现象后，尖锐地批评道：

> 在文学战线上担任领导工作的同志，如果他们的思想中存在有任何偏见或成见，或有时为着地位或面子关系以无知冒充内行，那么，他们随便说出一句不负责任的，或似乎负责而未经过深思熟虑的话，就可能压抑或打击一个作家的创作情绪，可能影响一部作品的出版，可能影响一个剧本的演出。关系是这样的大，"可不慎钦"！

细读这段文字，不能不令人想到三年前作者"梦断开封"的痛苦经历和一年前刚遭遇的"焚稿"事件；"农村三部曲"的流产和《白杨树》的夭折，不都与"文学创作的组织领导同志"对他的"偏见或成见"有关吗①？

应该强调的是，该文针砭的对象不只文艺单位的领导，还涉及具有全局指导性的文艺思想和文艺方针。如下面这段"惹祸"的文字：

> 文学创作方面的清规与戒律，有很多原来在特定的场合下（特定的时间、空间、特定的问题），是正确的，曾起过积极作用，但是由于我们认识上的片面性和局限性，由于我们喜欢引用名言，搬教条，套公式，而不喜欢或不善于分析不断发展着的、极其丰富多彩的社会现象（文学也包括在内），更由于历史的形势已经大踏步地前进了很远，而我们仍在原地踏步走，背诵去年的皇历，于是，原来在特定场合下曾经是正确的，起过积极作用的见解都变成了顽固落后的清规与戒律，阻碍着新事物的出现和发展。

"皇历"云云，在一年后的反右派斗争中被人指为攻击《在延安文艺座谈会上

---

① 姚雪垠在回忆录中说该文"牵涉到我的一两位身任领导的老朋友的一些具体的、当时相当顽固的文艺主张"。

的讲话》，作家百口莫辩。

后一篇文章则沉敛得多，其题旨虽然也是抨击文艺当权者的"偏见或成见"，但借古人之酒杯以浇胸中之块垒，其文风便显得有些风趣调侃了。该文娓娓转述了清初大诗人王渔洋《带经堂诗话》中记载的几个小故事：毛奇龄不喜欢苏东坡的诗，于是连"春江水暖鸭先知"也不喜欢，还愤然说："鹅也先知，怎只说鸭！"施愚山不喜欢宋朝梅圣俞的诗，从来不读他的文集，别人称赞"扁舟洞庭去，落日松江宿"写得好，他也认同，但获知该诗为梅圣俞所作后，"为之爽然久之"……其文敷演古人"从成见和偏见出发"的笑料，而不时地与今人的世象风气相映照，给人以耳目一新的感觉。

说来也挺有意思，精神桎梏打破后，姚雪垠其时的思路显得非常活跃，笔锋扫过之处，竟留下不少"零金碎玉"。譬如，当他针砭古人的"无一字无来历"的陈规时，顺便提到今人的"偶像崇拜"，其议论便相当切实且有预见性：

> 最使人不能忍受的是三种现象：第一，名人的话本来专对某一问题而发，而引用者割裂原文，生吞活剥，硬镶嵌在自己的文章里边。第二，名人也受时间和空间的局限，他的见解也往往有片面性，甚至也会有错误。而喜欢引证的人，往往拿过了时的意见，作为金科玉律，或对名人的片面性意见曲加解释，真是怪事。好像某人既尊为伟大导师，他的每句话都可以为"百世师"，他从早年到晚年并无发展，几十年中每时每刻对各种问题所表示的意见都是正确的。第三，有些人对于人尽周知的常识问题，也喜欢引权威的话加以证实。例如，中国在解放前的社会性质是半封建半殖民地，这是多年来的常识问题，而我们常看见在许多论文中提到这一点的时候总喜欢引一句革命领袖的话。难道非要引一句革命领袖的话不成？

类似的"灵光一现"，在他的后半生中曾多次出现；思想火花的迸发，是经年累月融汇古今的结果，并非偶得。此事说来话长，且待后述。

"早春"时节宽松的政治气氛和活跃的学术空气，推动了姚雪垠慎重地对后半生文学道路进行再思考和再抉择。

1956年上半年他确曾打算以太平天国为题材，创作一部表现"旧式的农民战争的……最高峰"的长篇历史小说。其时，在他的心目中，"关于反映太平天国历史的小说轮廓比反映明末历史的小说轮廓更为清晰[1]"；但在下半年，他却决定暂

---

① 姚雪垠：《学习追求五十年》。

时搁置太平天国的选题①,而改为撰写表现"明末历史"的长篇历史小说。

为何会发生这样的改变呢? 他在回忆录中进行了解释:

> 我为什么不先写太平天国呢? 因为第一,经过我在几年中研究史料之后,我认为太平天国的最高领袖洪秀全和杨秀清既是革命英雄,也是太平天国革命运动失败的主要负责人。在五十年代的历史条件下,要深刻地写出近代史上革命领袖的缺点和错误是不可能的。第二,太平天国革命的主要活动地区是在南方,主要人物是两广籍,而我在地理上、风土上、生活上、语言上……都不熟悉。至于写《李自成》,这一切都不能成为障碍;纵然也有难点,都不难解决。所以从一九五六年下半年起,已经决定了先写明末的历史悲剧。至于书名,那时候还没有确定,只是暂定为《李自成》。②

较真地看,"第一"个原因并不是主要的,太平天国的最高领袖洪秀全和杨秀清固然都有"缺点和错误",大顺王朝的最高领袖李自成和刘宗敏又何尝不是如此呢? "第二"个原因才是最根本的,从"地理上、风土上、生活上、语言上……"等诸般文学要素进行全面的考量,才是作家最终"决定"先易而后难的根本原因;当然,还有一个作家没有明说的原因,他在七年前已经对"明末历史悲剧"的主角(崇祯皇帝)有过研究,如今只是再添一个主角(李自成)罢了。

然而,他为什么又说书名"只是暂定为《李自成》"呢? 在他的心目中,"明末的历史悲剧"难道不就是"李自成"的悲剧吗? 当然不是!

1981 年,他在题为《关于崇祯形象的塑造》的学术报告中谈道:

> 当时我写《李自成》这部书时,有个打算,不仅仅是沿着一条线来单写李自成这个人,而是比较全面地(相对来说)反映中国明末清初(即十七世纪中叶)那一段历史时期封建社会的面貌,封建社会各阶层的动态、联系,各个政治力量、军事力量间的冲突。更概括地说,一方面写农民战争,一方面写民族战争。

既有不下于两条的主要情节线,必定会有不下于两个的主要人物;既有如此多的社会层面、政治力量和军事力量有待展现,必定还要有一个能够绾系多条情节线的人物……李自成可以是一条情节线的主要人物,清朝统治者可以是另一条

---

① 姚雪垠从未真正放弃过太平天国的选题,1961 年他曾将关于太平天国的读史笔记写成了十余封"信"。这些"信"大部保存了下来,将收进《姚雪垠全集》。

② 姚雪垠:《学习追求五十年》。

情节线的主要人物,而绾系两条情节线的人物是谁呢? 非明朝崇祯皇帝莫属! 姚雪垠此期对书名踌躇难定,可能就是基于这些考虑。

如前所述,1941 年姚雪垠对明末历史产生兴趣,1943 年起意创作书名为《崇祯皇帝》的长篇历史小说,1948 年着手为撰写该小说作史料准备,同年在报刊上发表了数万字的与小说名同题的读史笔记,从已发表的部分来看,也可以窥见作家对同题历史小说的基本构思。譬如,这部小说也设计有不下两条的情节线及不下于两个的悲剧主角:

> 在明朝,农民叛乱和少数民族的解放战争,将近三个世纪中此起彼落,接续不断,终而形成崇祯年间的狂风暴雨,将大半个中国都卷入内战之中,同时朝廷解体,连皇帝所信任的太监也一个个背叛了他……(笔者有删节)

> 他(指崇祯皇帝)的命运和整个民族的命运是不能分开的,当他的悲剧演完之后,整个的民族又继续扮演了三个世纪。然而当他诞生的时候,皇宫中并没有引起来多大重视,更没有人会想到他竟有那么重要:将由他来偿还祖宗的累世血债,做中国历史大悲剧的一个主角。

关于"农民叛乱",读史笔记写到了 1448 年至 1451 年间福建和浙江一带爆发的以"铲平王"邓茂七为首的大规模的农民起义;关于"少数民族的解放战争",读史笔记中写到了 1437 年至 1448 年间云南麓川的苗、瑶少数民族暴动……而关于明末"大悲剧"的主角,读史笔记则指明了至少有两个:一个是崇祯皇帝,另一个是"整个的民族"。

由于该读史笔记没有载完[①],截至明光宗朱常洛（1620）,离崇祯朱由检登基（1628）尚有八年,我们不知道后续的读史笔记中作家是否会将李自成农民起义军也纳入视野,是否也会将李自成或李信(李岩)视为"明末历史悲剧"中的重要主角[②]?

1977 年,姚雪垠在《〈李自成〉创作余墨》中有一个饶有趣味的说法,似乎间接地回答了上述疑问。文中写道:

> 在抗日战争后期,即四十年代开始之后,我开始想到写长篇历史小说,同

---

① 当年,该读史笔记在《幸福》杂志上只连载了三期,未及刊出的稿件不知所终。

② 郭沫若在《甲申三百年祭》中援引了《明史·李自成传》中关于"杞县举人李信"的相关记载,还援引了李信"入伙"后"自成大喜,改信名曰岩"的记载,并认为明清易代"这无论怎么说都是一场大悲剧。李自成自然是一位悲剧的主人,而从李岩方面来看,悲剧的意义尤其深刻",姚雪垠虽对李信（李岩）其人的历史真实性有所怀疑,但认为历史小说并不等同于历史,仍在《李自成》中对李信(李岩)的传说进行了艺术演绎。

时想到写明末农民战争的小说。关于我为什么决定以李自成为领导的明末农民战争为题材，暂且留待另个题目去谈⋯⋯

这段文字大有玄机：他似乎是在说，20世纪40年代初构思的"长篇历史小说"，与同时起念的表现"明末农民战争的小说"，及于1956年决定撰写的"以李自成为领导的明末农民战争为题材"的小说，并不完全是同一回事！①

大抵如其所言：作家20世纪40年代初构思的"长篇历史小说"，其主角是亡国之君崇祯皇帝，尽管可能要写到李自成和张献忠的"复仇"之举②；同期起念的表现"明末农民战争的小说"，其主角可能是崇祯年间蔓延四川的"民变"头目（摇黄之乱）及云贵少数民族"暴动"首领（奢安之乱）③，也可能要写到李自成和张献忠"余部"的反清义举④；而1956年决定撰写的表现"明末的历史悲剧"的历史小说，则明确了"以李自成为领导的明末农民战争为题材"，其主角和情节当然与先前构思的迥然有别。

一言以蔽之，姚雪垠1956年下半年决定撰写的这部表现"明末历史"的长篇历史小说，虽然与他在20世纪40年代的艺术构思有着一定的承继关系，但在主题、题材和人物诸要素上均存在着很大的差异。

变化是如何发生的呢？更明确地说，姚雪垠何时开始对"李自成"产生创作兴趣的呢？

鉴于五六十年代姚雪垠未留下任何关于《李自成》构思阶段的记录，我们只能从他能够"发声"的年代起进行追溯。

1974年11月29日，姚雪垠在给老友胡绳的信中写道：

关于《李自成》的写作，动念于一九四一年。然而在抗战期间，"著书须为稻粱谋"，糊口已难，更无力搜集资料与研究历史。空怀此愿，未能着手。上海解放前夕，住在浦东，始读《明史》等一般常见的书。对明末历史知识，亦不能形成轮廓，故艺术构思更属茫然。解放后始有较多机会搜罗资料，研究一些重要的历史问题和在历史研究的基础上进行初步的艺术构思。到底历史小说应该怎么写，自己需要摸索的问题很多。

----

① 姚雪垠在《青年早期的"滥觞"——〈李自成〉诞生记》中也谈道："在抗日战争后期，即四十年代开始之后，我开始想到写历史长篇小说，同时想到写明末农民战争的小说。关于写明末农民战争的小说，暂时留作下一个题目去谈，现在只泛谈我想写历史小说的问题。"可为佐证。

② 参看《梅林的抗战文坛日记》，载《新文学史料》2018年第3期。

③ 参看姚雪垠《读史随笔》，1944年作。

④ 参看姚雪垠《历史的悲哀》，1944年作。

20 世纪 70 年代及以后,姚雪垠在提到《李自成》时,有时会特别指出该词有"广义"和"狭义"的区别。所谓"广义"的,是泛指关于"明末农民战争的小说"的创作构思;所谓"狭义"的,则专指"以李自成为领导的明末农民战争为题材"的创作构思。上面信中提到的《李自成》显然是"广义"的,只有这样理解,我们才能继续下面的探讨。

很明显,姚雪垠在致胡绳的信中把《李自成》的构思过程分为了三个阶段,笔者不揣冒昧,提要钩玄,陈列如下:

第一阶段"抗战期间",空怀此愿,未能着手;

第二阶段"解放前夕",不成轮廓,茫然无措;

第三阶段"解放之后",搜罗资料,开始构思。

简而言之,新中国成立前姚雪垠对明末"农民战争"的认识还未达到一定的理论高度①,对李自成等农民起义军首领的认识也未超出当时史学界的流行看法,还不可能产生创作《李自成》的艺术冲动;新中国成立后则不同,作家不仅得到了提高马克思主义理论修养的条件,也得到了接触更多明末历史资料的机会,才有可能完成创作《李自成》的理论准备和资料准备。

1977 年,姚雪垠在《〈李自成〉创作余墨》中谈到了当年构思该小说的主客观条件,他写道:

> 狭义上的《李自成》的小说题材是通过以马克思主义和毛泽东思想为指导,阅读和研究了相当多的历史文献,伴随着艺术构思的草图而逐渐成熟。通过理论分析,我认为这一历史题材是值得写的;通过艺术酝酿即构思,我感到自己可以写好这部小说,可以实现我自己所追求的艺术风格和美学要求。

在同文中,他还澄清了一些善意的误解:

> 最近有人向我提出来一个问题,问我是不是在幼年和少年时代在河南家乡常听到一些关于李自成起义的英雄故事,引起我在三十岁以后动了写《李自成》的念头。我回答说绝对不是。我在幼年时听到的李闯王故事都是诬蔑李闯王的,说他在河南杀得十字路上撂元宝没有人拾。大顺朝迅速灭亡,统治阶级把他当"流贼"看待,在野史和戏曲中充满颠倒黑白的侮辱之词,影响了广大人民。起初我只是有一个写作的动念,或者说一种愿望。解放后,我

---

① 1939 年毛泽东在《中国革命与中国共产党》中提出,中国从古代到近代的农民起义都是"农民的革命战争""都打击了当时的封建统治,因而也就多少推动了社会生产力的发展"。姚雪垠在新中国成立前似乎还没有达到这样的理论认识。

陆续阅读和研究了相当多的史料,才将《李自成》的题材形成。①

关于如何"以马克思主义和毛泽东思想为指导"重新认识古代的农民起义,作家在其后多篇文章中有更为完整的表述,在此略去②;而"阅读和研究了相当多的(关于李自成的)历史文献"云云,笔者以为应该略加补充说明。

据当代学者王兴亚《建国三十五年来的李自成研究》③一文介绍:新中国成立前,"在地主资产阶级的笔下,李自成被诬蔑为'贼魁'、'祸首',起义群众被描绘成杀人放火胡作非为的歹徒,破坏社会生产的罪人",除了"郭沫若同志1944年发表的《甲申三百年祭》"之外,"就解放前的李自成研究总体来看,成就甚微"。该文认为:真正意义上的"李自成研究",自新中国成立后才开始大兴:

> 从1949年10月到1966年5月,是李自成研究在全国范围内逐步全面展开的阶段。这十七年的前七年,我国史学工作者在党的领导下,普遍进行了马克思主义的理论学习,并就如何理解马克思主义经典作家关于农民战争的论述,以及如何运用这一理论来研究李自成起义作了有益的探讨。

该文列举了新中国成立后整理出版的李自成起义史料、研究论著和通俗读物,其中"前七年"(1949至1956年)出版的"史料汇编"有如下两种:

> 郑天挺、孔钺等辑《明末农民起义史料》,开明书店1952年出版。该书选自清内阁大库档案,共辑二百二十篇;其内容主要是叙述明末李自成与同他有关联的农民起义运动,书末附录有明末农民起义军大事年表

> 谢国桢编《清初农民起义资料辑录》,新知识出版社1956年出版。该书辑自各种史书,其中有一部分明末李自成起义的史料

同期出版的"研究论著和通俗读物"也有三种:《李自成起义》(四联出版社1954年出版)、《明末农民起义》(华东人民出版社1954年出版)和《李闯王起义》(上海人民出版社1956年出版);另有研究论文若干。

姚雪垠在回忆录中虽然没有提及上述"李自成研究"成果,但我们相信,它们

---

① 姚雪垠在《青年早期的滥觞》一文中,将最后一句改为:"解放后,我用马克思列宁主义和毛泽东思想的基本原则为指导,阅读和研究了相当多的史料,才将《李自成》的题材形成。"该文原载《中国名著诞生记》,时事出版社1996年初版。

② 有些同时代人对姚雪垠的这番表述不以为然。如黄永玉,他在《黄裳浅识》一文中写道:"姚的《李自成》我找来看过,没有看下去,觉得似乎是别有所指,有点井冈山的意思。后来香港某家月刊登了姚写的古体抒怀的诗,其中大意是:'为什么我把《李自成》写得这么好呢?都因为学习了马列的原故。'……这样一来,对姚的印象就丰满多了。"

③ 该文载《郑州大学学报》1984年第3期。

不仅给作家传递了一个信息——创作"以李自成为领导的明末农民战争为题材"的长篇历史小说适当其时,还给作家的艺术构思提供了足够多的历史资料和原始素材。

中国现代文学史上第一部长篇历史小说便是在这样的环境和心态下珠胎暗孕的!

尽管当时姚雪垠还未决定何时开笔,也不明确应该从何处着笔,作品中的人物、结构、冲突等许多具体的东西也还没有明晰的轮廓。但,方向已经确定,史料准备已经完成,主旨已经把握,剩下的只是艺术把握的问题。姚雪垠的视线开始越过数百年的时空,心灵的触手抚摸着那些梦中的英雄,一群不屈的灵魂从冥冥中浮现出来,簇拥着,呼喊着,旌旗飞舞,刀剑奏鸣……没有什么力量能够阻挡这些陇亩汉子的辉煌行进,姚雪垠仿佛与他们神思相通,浑身的血液开始沸腾起来。

大军在暗夜中集结,只要一声命令,便会释放出翻天覆地的力量。

一切都已准备妥当,只缺一个契机,他的创作激情便会迸发出来。

第四节　《惠泉吃茶记》

1956 年 5 月,姚雪垠因患头晕病,返回开封家中。

头晕病,本是他的旧疾。1929 年他从家乡来开封考学,"由于过分的用功和严重的营养不良,我的身体垮了,随时会头晕,眼冒金星,一睡觉便梦魇,一梦魇就必须别人将我用力推醒,或者我自己滚到床下跌醒"。

头晕病,又成了他的新病。年前他埋头撰写长篇小说《白杨树》,"由于过分用功而脑力疲劳过度,患了长久的头晕病,走路像腾云驾雾一般,有时晕倒地上"。返回开封后,头晕病仍不见好,"每日头晕得像腾云驾雾一般"。

然而,就是在这种身体状况下,他仍一如既往地关注现实生活,又萌生了一个新的小说构思。

6 月 24 日,他在给中国青年出版社文学编辑室的信中写道:"我现在正在写一个十来万字的中篇,题目叫做《青春》,是写大学生和中学生的生活,大概八月份可以脱稿……"

7 月 10 日,他在给该文学编辑室的信中具体地谈到该小说的主题、题材、人物及可能产生的社会影响:

　　这部小说通过师范大学一群大学生和中学的孩子们，教师们，以及大学中的老教授和青年助教在三个星期中的丰富多彩的生活，复杂的思想斗争，通过各种人物的性格刻划，反映出当前教育上的一些严重问题。所以如果将来你们看过稿子后，认为够出版水平，我希望你们在制订出版计划时，把它向前边排一排。现在一般人相当轻视师范教育，每年招生还得作思想动员，而社会上对中小学教师的苦恼和愉快，他们的工作的重要意义，也不够关心。《青春》大概会使大学生、中学生、中小学教员欢迎的。

　　在他看来，该小说的主题非常"严重"，如果能通过艺术手段表现出来，无疑会引起社会的关注。

　　按照他最初的计划，该小说要写十八万字，年底前写成了十一万余字，旋即选取了部分章节，分别取题为《施永怀教授》①和《实习的第一课》②，寄交教育部刊物《人民教育》和河南作协刊物《奔流》发表③。

　　不知是无意的淡忘，还是有意的忽略，姚雪垠回忆录中没有提到这部未完稿的中篇小说，也没有提到已发表的章节。但我们能从 1986 年杨建业对他的一次采访记录中及 2010 年周勃撰写的回忆录《姚雪垠下放东西湖琐忆》中获知该小说的题材来源：

　　——当杨建业问到长篇小说《春暖花开的时候》在抗战后期为何"被有的人骂为市侩文学、色情文学和娼妓文学"时，姚雪垠作了一番解释，然后顺口谈及 20 世纪 50 年代中期曾在"师范大学"讲课事：

　　　　一九五五年反胡风运动，华中师院讲现代文学课的几个老师受了牵连，运动搞不完，没有老师教课，一定让我去讲，说四年级要毕业，三年级和青年教师也要听。我只好去。但声明，我只讲抗战前，抗战后不讲。我讲了两个星期，开大课，三、四年级和青年教师都听课。时间是一九五五年下半年与一九五六年上半年。现在华中师大的副校长（指王庆生，笔者注）当时还是学生，听过我的课。抗战后文学我为什么不好讲？人家骂《春暖》，你怎么讲？不承认人家骂的，说你是翻案。

　　——周勃回忆 1956 年大学毕业前去汉口车站路邀请姚雪垠来校讲《三里湾》事，忆及姚在谈话中曾提到《青春》，并复述了谈话内容：

---

①　该小说原载《人民教育》1957 年 7 月、8 月号。
②　该小说原载 1957 年《奔流》月刊第 5 期，副标题为《长篇小说片断》。
③　据姚雪垠当年书信，《青春》的部分原稿还曾寄送教师报编辑部，不知是否发表。

他(指姚雪垠,笔者注)又告诉我们他在华师住了近两个月,一边讲课,一边体验大学的生活,准备写一部长篇,暂定名《青春》。已写出了其中一章《实习的第一课》,他到华师中文系讲现代文学是因为原来的教师被划为胡风分子,不能再讲课了。系里为了肃清影响,要他从"五四"开始梳理一遍,他说他过去在大夏大学开的是"小说创作原理",没有讲过新文学史,好在自己比较熟悉,所以也没太大困难。

由此可以确定,中篇小说《青春》的题材,来源于作家年前在华中师范学院代课期间——不管是两周、两月,或是一个学期①——的生活体验②。

细读这部中篇小说的已发表部分,我们可以发现一些有意味的迹象(笔者以《施永怀教授》为例,只提出观点,不展开论述):

其一,该小说的主要人物施永怀教授是一位与闻一多年龄、经历、思想相仿的"旧知识分子",配角管桐则是一位"非常骄傲狂妄的、自认为掌握了马列主义的红色讲师";前者在业务上居于主导地位,后者在政治上居于主导地位。作家在前者的形象塑造上糅进了自己几年来上下求索的心路历程,而在后者的形象塑造上则掺入了几年间遭遇过的那些侮慢者的影子。

其二,该小说的主题与年初中央"知识分子会议"精神有着密切的关系——周恩来在会上指出:"他们(指旧知识分子)中间的绝大部分已经成为国家工作人员,已经为社会主义服务,已经是工人阶级的一部分。"——该小说多角度地展示出"旧知识分子"对新社会的真诚拥戴和乐于奉献的态度,发掘出其独具的"旧的"学识、"旧的"修养和"旧的"生活经验之于他们拥抱新社会的促进作用。

其三,该小说通过对施永怀教授精神世界的艺术描绘,展现出作者思想探索的若干成果:譬如对"中国文学史"教学中将古典现实主义、浪漫主义倾向混同于近代现实主义、浪漫主义创作方法的不满③,对一味追索古典作家作品"人民性"的不满,对轻视"考证"、无视艺术"美"的倾向的不满;尤为有趣的是,该小说通过

---

① 王庆生在《湖北文学有强烈的时代精神》中写道:"姚老上课很有特点……就这样上了差不多一个学期的课。"载《长江文艺》2017年5月号。

② 姚雪垠在《洛阳鸿爪》中称:"我对教育有一定经验,我曾经教过中学,教过大学,对教育也有浓厚的兴趣。"他是否将过去的教学经验也写进了这部小说,不得而知。

③ 参看姚雪垠《现实主义问题讨论中的一点质疑》(1956)。

对施永怀教授处世哲学的描述①,竟无意间揭示出作者人生观中的重要组成部分——历史发展过程论——的滥觞②。

　　细读这部中篇小说的已发表部分,我们还可以发现许多似曾相识的艺术特征(以《实习的第一课》为例。笔者只提出观点,不展开论述):

　　其一,似曾相识的情节设计。该小说依然采用作家擅长的杯水波澜式的冲突设计,通过生活细节及心理活动的细腻刻画,表现石佩芬从不安心到热爱"人民教育事业"的过程,塑造出一个动人的女性形象。在作家以往的作品中,《春暖花开的时候》中"人见人爱"的女性罗兰,《广播员》中的"顶顶可爱的姑娘"毕春芳都是通过这样的冲突设计塑造出来的。

　　其二,似曾相识的人物群像。该小说的主要人物有四位:带队的老教授施永怀,女学生石佩芬、梁季瑛和王素莹。在作家以往的作品《春暖花开的时候》中,主要人物也是四位:讲习班的指导员张克非,女学员罗兰、林梦云和黄梅③。更为重要的是,这两部作品中的"三女性"性格竟不无相似之处。

　　其三,似曾相识的场景描写。在长篇小说《春暖花开的时候》中有两个最为人称道亦最为人诟病的场景描写:一个是"春夜",罗兰与黄梅的倾心交谈化解了阶级隔阂;一个是"微笑",林梦云神秘的微笑安抚了黄梅纷乱的心绪。在作家的这部新作中,旧日的场景又重现了:仍是在"春夜",老教授施永怀与石佩芬的倾心交谈巩固了女学生的"专业思想";仍然是"微笑",女同学梁季瑛甜美的微笑使得讲台上慌张的石佩芬镇定下来。

　　如上点评也许过于粗略,但可以见出姚雪垠此期已有了"回归"的迹象:回归于自觉"站在斗争的尖端"创作"为时代所必需"④作品的主动精神(作家称该作品能"反映出当前教育上的一些严重问题");回归于从"独具的生活经验"中提取题材的现实主义创作方法(作家在抗战时期有过多年的"青年导师"的生活经

---

① 小说中写道:"在一些同事们的批评的压力下,施永怀照例地对自己的文学思想作了检讨,但是他回家后有几夜睡不着觉。他是那样地想不通,那样地痛苦,曾经几次想去找院长谈谈,还想写信给毛主席和周总理。在极端痛苦中,那种几十年来潜伏在他的思想深处的老庄哲学披着一套新的外衣抬起头来。他觉得什么事都是一个变化的过程,等它自己变化,慢慢就会好起来的。"

② 姚雪垠在回忆录中指出:在最困难的日子里,支持他的精神力量之一是"历史发展过程论"。他写道:"我将社会现象的发生和转化都看做是或短或长的运动过程。反右派斗争也是一个时期的社会现象,一个历史的运动过程,也就是一个历史阶段。它或迟或早也要转入下一个历史的运动过程或历史阶段。"

③ 这里谈的是 1940 年《春暖花开的时候》在《读书月报》上连载的那个版本。

④ 姚雪垠:《论现阶段的文学主题》(1938)。

验);回归于最为擅长的心理分析(作家曾被誉为"少女心灵的探险者")。

遗憾的是,从《青春》已发表的章节来看,"回归"的表现似乎不尽如人意:作家仿佛突然失去了掌控全局的能力,情节线索单一,人物关系简单,既没有摇曳多姿的情感波动,也没有旁逸斜出的生活趣味;作家似乎还没有找到能传神表现"五方杂处"都市生活的语汇,对话语言既没有地域特色,也缺乏乡土色彩①。而且人物形象也略显单薄:"青年导师"施永怀教授的形象是平面的,除了校园生活之外,作品中不见其家庭生活,也不见其社交圈子;三位风华正茂的女大学生石佩芬、梁季瑛和王素莹的形象过于透明,作家的笔触似乎不敢深入这"女性三型"的私生活,不敢写她们的娇痴爱嗔,更不敢写她们的风花雪月……

也许,这并不都是姚雪垠的错!

虽然我们没有见到《青春》的全部原稿,只读到载于报刊的部分章节,但我们可以从作家同期撰写的另一篇"惹祸"文章《创作问题杂谈》②中获知他创作这部小说时的心态和处境。他在这篇文章里谈到许多束缚作家创作主动性的"清规戒律",似乎与此期的创作活动有关。文中写道:

> 我们的文学战线上某些青年同志,其中有搞创作的,有搞编辑的,几年来常喜欢拿一些不恰当的帽子扣到别人的头上,给创作事业带来了很坏影响。例如,动不动拿"小资产阶级的思想感情"来批评作家,而这句话简直成了一句紧箍咒,使不少作家下笔时如临深渊,如履薄冰,不敢写爱情,不敢写温暖的友谊,不敢写私生活,不敢写知识分子的生活,不敢在作品中流露点浪漫色彩……

这里有着自责,更有着他责。

在同文中,他还特别谈到了某些报刊编辑对作家稿件的随心所欲的删改:

> 编辑同志对稿子应该有删改权,但在运用删改权时必须尽可能地慎重和虚心。这几年,有很多编辑同志所表现的态度是过于粗暴的。例如,过去某省日报曾约我写过稿,往往几千字的稿子被删得只剩下几百字,而这种大刀阔斧的删改态度不仅对我一个人的稿子如此,对别人也有同样情形。删削后的稿子同原作面目全非,令作者哭笑不得……(笔者有删节)
>
> 一篇稿子中用了些历史典故,经编者红笔一删,有些地方接不上去,有些

---

① 该小说的叙述语言带有很重的河南味,充斥着"皮鞋擦得不够明""想起来瞧瞧时间""一个芝麻子儿大的问题"等方言。显然,作家还没有找到传神地表现当地人民生活的现代语汇。

② 《创作问题杂谈》,载1957年1月10日《文汇报》。该文作于1956年年底。

地方接上去成了笑话；一篇短篇小说的开头所用的方法本来在古典小说中是常用的，但由于编辑同志们只喜欢看老解放区和目前中国的名家小说，感到那样的开头不入眼，红笔一挥，几百字去掉了，小说的开头有单刀直入之快，但无摇曳多姿，前后照应之美。

在这样的主、客观条件下，作家很难写出能使自己满意的作品。

1956 年，姚雪垠同时撰写着两部现代题材的小说作品：一部是长篇小说《捕虎记》，这是中国作协武汉分会领导批准的作品；一部就是中篇小说《青春》，这是作家自主选择的作品①。如前所述，《捕虎记》是一部"领导出思想，群众出生活，作家出文字"的"奉命之作"，作家写得不情不愿；而《青春》则是一部作家有意识地"回归"自我的作品，他写得兴致十足。

然而，《青春》的写作和发表却均不顺利。

姚雪垠钟情于现代题材的主动精神再一次严重受挫！②

也许就是在这样的处境和心态下，姚雪垠才不得不认真考虑以后的创作出路，才被迫作出足以改变后半生命运的重大决定：从现代题材转向历史题材！

晚年，他在一篇文章中谈到当年作出这个决定时的各种考虑：

> 我的这种决心是同准备写《李自成》的工作一起成熟的。当时促使我这样打算的原因是：第一，我对历史题材的"古为今用"问题有了自己的认识……（笔者有删节，下同）所以我希望通过自己的创作实践为历史小说走出一条新的道路。第二，我经过长期作自我分析，明白自己的短处和长处，写历史小说可能会使我的长处得到发挥。第三，我对建设社会主义文学事业怀着强烈的责任心，从全国解放以后，不管在任何情况下我的这点责任心不曾消沉。我在决定写历史小说的开始阶段……所遇到的条件并不顺利。正是由于马克思列宁主义和毛泽东思想给我以信心和勇气，认识到社会主义祖国和人民的需要，提高和加强了我的责任心。③

对于姚雪垠这种性格的人来说，能"明白自己的短处……"，是一件多么不简单的事情呀！

想"明白"后，他的心胸便豁然开朗了。

---

① 姚雪垠回忆录中谈到《捕虎记》时常常提起《白杨树》，没有提到过《青春》。笔者注。

② 《人民教育》1957 年第 10 期刊出两篇批判文章：一、铜驼《剥开"施永怀教授"的外衣来看它的反动本质》；二、郑钟毓《必须对"施永怀教授"一文进行应有的批判》。

③ 姚雪垠：《青年早期的"滥觞"——〈李自成〉诞生记》。

姚雪垠(右1)与友人游太湖

　　附带多写几句。1961 年姚雪垠完成《李自成》第一卷初稿①,曾欣然题诗十三首以志其事,其中第九首吟咏了当年决定转向历史题材时的环境和心境,可以与上面的引文互相印证。诗曰:

　　　　两百方针开境界,纵横史事写胸襟。

　　　　诗思顿觉天地广,文苑也许起幽沉。

　　我们有理由认为,作家从现代题材转向历史题材,既有主观因素,也有客观因素,二者的合力才促成了这一结果。

　　当年 9 月,姚雪垠奉命返回武汉,根据作家出版社发回的审稿意见,修订长篇小说《捕虎记》。他没日没夜地工作,头晕病又复发了,一天只能写一两百字,有时痛苦得倒在地上。中国作协武汉分会的领导们珍惜这部未定稿的作品,便让他去太湖疗养院休养,边养病边改稿。

　　他住进太湖疗养院,眺望着秋风拂过的湖水,心情渐渐舒朗开来。"两百方针"给他带来希望,"纵横史事"拓宽了他的心胸,尽管身体有恙,却觉得文途有望了。

　　两个月后,他把这种新的自信写进了散文《惠泉吃茶记》②。谁也没有料到,

---

　　①　姚雪垠于 1958 年写成《李自成》第一卷草稿,于 1961 年整理修订完成初稿。

　　②　《惠泉吃茶记》,作于 1956 年 11 月,载《新观察》1957 年第 2 期。

文中那个"众人皆醉我独醒""落落寡合"的文化人形象,竟在不意间撞进了共和国最高领袖的视野,在躁动的共和国文苑里卷起了一阵旋风①。

《惠泉吃茶记》究竟写了什么? 为何会产生如此大的轰动效应呢? 说来也甚为简单——

某日,作家因向慕"天下第二泉"的美名,欣然来到惠山寺内的茶社里"吃茶"。他本以为"惠泉"既享有如此美誉,其水自然有其独到之处,用之沏茶,色、香、味应当有所不同。然而,经过细细品尝,作家失望了。于是,他便在文中对那些盲从者、吹捧者、起哄者及始作俑者进行了一番腹诽。这篇散文的特点是通篇采用"心灵独白"的方式,作家虽混迹于熙熙攘攘的人群,却孑然一身地在精神世界中漫游。从字里行间依稀可以想见:他,一袭青衫,满头白发,落落寡合,踽踽而行;他,品茶,赏碑,沉吟,顿悟;他,悄悄地来,悄悄地走,冷眼观世,旁若无人;他潇洒地从沉重的文化积淀和顽固的从众心理中突围而出,完成了精神上的一番蜕变。

若干年后,作家承认如下一段"并不讲究含蓄",透露出了"反对迷信盲从的主题":

> 惠山因泉而出名,泉因陆羽而出名。现在因慕名而来惠泉吃茶的人们,恐怕大部分不知道陆羽是谁。按理说,陆羽所尝的水远没有一位率领勘察队的水利专家或地质工程师所尝过的水多,陆羽没有充分的根据就把天下(全中国)泉水评定甲乙,实在有点狂妄。这道理很简单,但大家偏不去想。来欣赏惠泉茶的人们不但不需要知道别的,不需要动脑筋想一想,甚至连自己的视觉、嗅觉、味觉都不必用,不必分辨惠泉茶的色、香、味,吃过后跟着大家喝彩就得了,保险不会遭到讥笑和非难。

简言之,这篇散文记述了作家在无锡惠泉茶社吃茶时的所见、所闻和所感,其中某些不涉理路、不落言筌②的表述,触动了共和国领袖敏感的神经。

---

①　据有关记载,1957 年毛泽东曾两次谈到《惠泉吃茶记》:第一次是在 3 月 8 日,毛泽东在中南海接见郭沫若、茅盾、周扬等知名文艺界人士的座谈会上;第二次是在不久之后,在有储安平、徐铸成等人参加的新闻界座谈会上。于是,姚雪垠和他的《惠泉吃茶记》引起了文化界的极大关注,人们纷纷索要该期杂志。

②　该语引自宋代严羽《沧浪诗话·诗辨》:"不涉理路,不落言筌者,上也。"

　　毛泽东主席关于《惠泉吃茶记》的谈话，坊间有许多版本①。笔者取收进《毛泽东文集》第七卷中的《同文艺界代表的谈话》（1957 年 3 月 8 日），节录如下：

　　《新观察》上有一篇《惠泉吃茶记》的文章，你们看过没有？就在一月份第二期上，可以看看，作者叫姚雪垠。我对他描写喝茶的人有些兴趣，他的文章说在那里喝茶的群众不会喝茶，可是他们还喝得很有一股劲。他还批评这个茶馆合作社经营得不好，有缺点，这个批评是对的，有很多这样的事情，经过公私合营与合作化以后，把原来的许多优点都丢掉了，这以后应当整顿。但是他轻视那些喝茶的群众是不对的，这就是"君子"、"小人"的观点。"君子"在那里喝茶，"小人"也来了，文章就显得这个作家在群众中落落寡合的样子。（原文未分段，笔者注）

　　驳他的文章，我也看了一些，有个姚文元，写得还是比较有说服力的，我还看得下去。还是要帮助姚雪垠。无论资产阶级思想也好，小资产阶级思想也好，在知识分子中还是占大多数的，他们还没有跟群众打成一片。我看还是跟工农兵打成一片才有出路，不能打成一片，你写什么呢？光写那五百万知识分子，还有身边琐事？不能永远只写这些人，这些人也会要变的。文艺作品，总是要写点这一部分人跟那一部分人的关系。上海的作家，也可以写写申新九厂，写写那个资本家荣毅仁，你要写荣毅仁，就得写他跟工人的关系。也可以允许一部分人就写他自己的身边琐事，他又不去跟工农兵打成一片，他又能写，你有什么办法呢？这么大个国家总会有这些人的，这也是客观存在。但我们还是要帮助他，影响他，他不接受也没有办法，可以出他的书。②

　　这次谈话涉及姚雪垠近期发表的两篇文章：第一段谈的是姚的散文《惠泉吃茶记》，该文载 1957 年 1 月 16 日《新观察》第 2 期③；第二段谈的是姚的随笔《创作问题杂谈》，该文载 1957 年 1 月 10 日《文汇报》。两篇文章的发表时间仅相隔

　　① 刘汉民：《毛泽东谈文说艺实录》（湖北人民出版社 2016 年出版）所载是坊间流传最广的"版本"之一——前不久，一位名叫姚雪垠的作者在《新观察》上发表了一篇散文，题目叫《惠泉吃茶记》，你们看过没有？……我建议你们找来看看。这篇文章写得很好，很讲求艺术技巧。看来，姚雪垠很会写文章。但他的文章也有毛病，阅后给人"众人皆醉我独醒"的感觉。恐怕作者有知识分子的清高吧！

　　② 毛泽东：《同文艺界代表的谈话》，载《毛泽东文集》第七卷。该文记录了 1957 年 3 月 8 日毛泽东在中国共产党全国宣传工作会议期间同文艺界部分代表谈话的主要部分。

　　③ 姚雪垠回忆录中将《惠泉吃茶记》的发表时间误记为 1956 年《新观察》第 17 期。后人不察，以讹传讹，多以此刊期为准。

六天。

毛泽东对姚雪垠其人其文的关注是异乎寻常的。

《惠泉吃茶记》可以称得上是姚雪垠"异端思想"的宣言书。这篇绵里藏针的散文鼓励的是——独立思考；反对的是——盲从和崇拜；讥讽的是——主流文艺思潮①。

毛泽东洞察一切，何尝看不出姚雪垠这篇文章的症结所在。然而，他在谈到这篇文章时，却有意绕开了这篇散文的锋芒指向，着意避开作者的"非汤武而薄周孔"的异端思想，而大谈"君子""小人"之辨。且不惜屈尊降纡，称赞姚雪垠的写作技巧，甚至表露出对具有"资产阶级思想"或"小资产阶级思想"的作家的前所未有的宽容：

> 还是要帮助姚雪垠。
>
> 还是要帮助他，影响他。
>
> 他又不去跟工农兵打成一片，他又能写，你有什么办法呢？
>
> 他不接受也没有办法，可以出他的书。

毛泽东在这次讲话中批评文艺界对王蒙的"围剿"缺乏与人为善的态度，却表扬姚文元与姚雪垠商榷的文章"比较有说服力"②。姚文元自此成名，当然这是后话了。

伟人的心态不是笔者所能揣度的：也许出自政治方面的考虑，年初他刚代表党中央提出"百花齐放、百家争鸣"以繁荣科学和文艺的大政方针，遭遇了来自党内和党外的阻力；也许出自策略方面的考虑，知识分子的改造绝非一日之功；也许出于"文心相通"，姚雪垠才华出众，他确实非常欣赏……

不管怎么说，知识界从毛泽东的这次谈话中所领悟到的多是积极方面的内容，有的人听出了宽容，有的人听出了鞭策；姚雪垠没有听过正式的传达，只是从他人那里零星地听到了一点，却报以"会心地微笑"，以为觅得了知音。

---

① 姜弘在《姚雪垠与毛泽东》中称："姚雪垠这两篇文章的犯忌之处，就在于他公然赞美和抬高知识分子的生活经验和文化情趣。"该文载《黄河》2000 年第 4 期。

② 姚文元的文章题为《教条和原则——与姚雪垠先生讨论》，载 1957 年 2 月 6 日《文汇报》。

第十四章

『真正特立
独行之士』①

1956—

第一节 《打开窗户说亮话》

1957 年是中国当代史上的一个非常重要的年头。

当年 4 月，党中央发布了《关于整风运动的指示》，决定普遍地、深入地开展反官僚主义、反宗派主义、反主观主义的整风运动，提高全党马克思主义的思想水平，改进作风，以适应社会主义革命和社会主义建设的需要。5 月 1 日《人民日报》刊登了这个指示。全国范围的关于"双百方针"的讨论迅即转向"大鸣大放"的整风运动，新中国成立以来最震撼人心的运动拉开了序幕。

就在这时，姚雪垠来到北京，"开过一阵会以后，住下来修改《捕虎记》"①。他的回忆录中没有关于这"一阵会"的具体记载，笔者认为指的是 4 月 10 日至 24 日文化部召开的"第二次全国戏曲剧目工作会议"，相关线索见下述。

说来也挺有意思，年初姚雪垠的一篇散文——《惠泉吃茶记》——受到毛泽东的特别关注，引起人们的漏夜抢阅②，造成了不下于《"差半车麦秸"》的轰动。他又一次蜚声全国文坛，他的老作家的价值也重新被人们所认识，各报刊的约稿顿时纷至沓来。

在短短的三个月里（4 月至 6 月），他撰写了如下数篇文学作品：

4 月 12 日作《田野上的鲜花》，载《戏剧报》第 8 期

4 月 29 日作《朴素、豪迈、富于生活色彩的艺术——看安阳市豫剧团演出随笔》，载《文艺报》第 6 期

5 月 3 日作《登景山——北京散记之一》，载《旅行家》第 5 期

6 月 1 日作《卢沟桥礼赞——北京散记之二》，载《旅行家》第 6 期

前两篇文章是剧评。《田野上的鲜花》评论的是"安徽庐剧和泗州调的几个小戏"，作者因《拦马》而想起了"亡母"，因《讨学钱》而想起了"蒙师李萼楼先生"，因《借罗衣》而浮想联翩。其感情之真挚，不待细说。《朴素、豪迈、富于生活色彩的艺

---

① 姚雪垠：《学习追求五十年》。

② 姚雪垠晚年在接受记者杨建业采访时谈道：我在《新观察》发表散文《惠泉吃茶记》，毛主席看了，在中南海召开的一次文艺座谈会上，毛主席向周扬问我的情况，周扬说我"中间偏右"。毛主席说，他很会写文章，但有知识分子的清高。在另一次会议上，毛主席又提到《新观察》上这篇文章，储安平、徐铸成没看过，连夜找《新观察》看。参看杨建业录音整理稿。

术》评论的是安阳市豫剧团赴京演出的几个剧目——《秦香莲》《桃花庵》《对花枪》和《小二姐做梦》，作者对豫剧特有的"浓厚的生活感""豪迈的情调""激昂慷慨的音乐和曲调"和"真正生活的语言"赞颂有加，喜爱之情溢于言表。

能够连续多日观赏各地赴京调演剧目显然需要有某种"身份"，如果姚雪垠来京"开过一阵会"说的便是第二次全国戏曲剧目工作会议，那当然不是问题。笔者在其剧评文章中也找到了佐证，《田野上的鲜花》中有如下的论述，显然与"剧目工作会议"的议题有关。谨录如次：

> 在百花齐放的春天，只有那具有自己的特色的花朵才更有意义。有些剧目，并不是由它的艺术上完整而流传下来，是由于它具有自己的特色，而这些特色被广大人民所喜爱，所以这些剧目才能够代代流传。

接下来的两篇文章是总题为《北京散记》的人文游记。《登景山》作于 5 月 3 日，时在毛泽东《事情正在起变化》（5 月 15 日）一文在党内传达的前十余天；《卢沟桥礼赞》作于 6 月 1 日，又恰在毛泽东起草《组织力量反击右派分子的猖狂进攻》和人民日报社论《这是为什么？》（6 月 8 日）发表的前几天。也许作这些比附是没有意义的，笔者只是想说明当年姚雪垠在撰写这些轻松明快的散文时，其"政治敏感性"是何等的迟钝，竟对迫在眉睫的危机浑然不觉！

姚雪垠在回忆录中曾提及这些散文，写道：

> 彭子冈同志为中国青年出版社主编《旅行家》。当时这样性质的刊物在国内很少，所以《旅行家》很受读者的欢迎和重视。我跟子冈同志夫妇是老熟人，他们到我的住处看我，请我为《旅行家》写文章，特别强调写文学性的散文。我对此也有兴趣，当即答应了。我写的第一篇散文是《登景山》，发表在《旅行家》六月号上；第二篇是《卢沟桥礼赞》，发表在七月号上。还计划写官厅水库、长城、十三陵等旅游散文，都已经构思了，因为"反右派斗争"如火如荼地展开，子冈同志已经挨了批斗，我的其他散文都不能写了。

周勃先生对这两篇游记的艺术特点有精彩的评说，他认为："姚雪垠是一位历史知识丰富、文采斐然的小说家和散文家，从已发表的散文看，姚雪垠常将历史旧话与今日视点、山川之美与时代之美和谐地融合起来。他以新的历史观照亮古迹，又以怀古之思张扬爱国激情，因而深受读者欢迎。"①

---

① 　周勃：《坎坷岁月的回忆》。收入《雪垠世界》，中国青年出版社 2001 年出版。周勃：《姚雪垠下放东西湖琐忆》，河南大学出版社 2010 年出版。

笔者在《登景山》中找到了能体现作家"新的历史观"的若干文字——

譬如，作家的新旧"明史"观：

从朱元璋到朱棣，即明代所称的开国二祖，在历史上最大的罪恶就是复活了古代的野蛮主义，大大的发展了独裁政治，以一切手段去摧残臣民的生命和人格。这三者不能分开，而病根就在于君主独裁。（《崇祯皇帝传》，1948）

望着壮丽的北京全城，我不由地对明成祖（朱棣）满怀敬意。我敬佩他具有远大的眼光，豪迈的气概，断然把首都从自古被称为"龙盘虎踞"的南京迁到此地，并且由他的手里建立了北京城的伟大规模。（《登景山》，1957）

譬如，作家的新旧"民族"观：

从朱元璋到他的儿子朱棣，即明代所称的开国二祖，单就其领导汉族的解放运动一点说，他们应该是值得钦敬的民族英雄；但从另一方面看，他们将君主独裁制发展到疯狂地步，用血手维持他们的剥削政权比任何朝代都残酷和没有理性，却实在功不抵过。（《明代的特务政治》，1948）

然而到了今天，历史发生了根本变化。在马克思主义的光芒照射下，不管是蒙古族，是汉族，或其他几十个少数民族，都是中国大家庭中亲密的、平等的组成部分。（《登景山》，1957）

譬如，作家的新旧"崇祯"观：

万历三十八年十二月二十四日，天色黎明时候，有一个不幸的婴儿在东宫里诞生了。这正是凛烈惨淡的严冬，北京城滴水成冰，一切的生物都在严寒的威力下瑟缩而颤栗，不知有多少生命正在冰雪中冻饿而死。好像这季节象征着这婴儿所处的悲剧时代，也象征着他一生的不幸命运。而且他的命运和整个民族的命运是不能分开的，当他的悲剧演完之后，整个的民族又继续扮演了三个世纪。（《崇祯皇帝传》，1948）

我仿佛看见，三百十四年前，三月十九日的早晨，明朝最后的一个皇帝（不算南明），慌慌张张地跑出紫禁城的门，来到这里，惊起了几只白鹤，骇得群鹿在林中乱窜。这是他一生中最后一次来到景山……（笔者有删节）崇祯是一个有作为的皇帝，他主观上曾作了很大努力，企图挽救他的国运，扑灭农民起义的火焰。但是因为他所代表的政权是一个反人民的政权，所代表的阶层和集团早已腐化得不可收拾，他的一切企图都是枉然，最后不能不在人民起义的狂潮中断送了江山，也断送了他的生命。（《登景山》，1957）

譬如，作家的新旧"李自成"观：

他又想起来关于白狼、黄巢和李闯王的那些传说，思想越发陷于紊乱。过了一会儿，他的思想似乎又整理出一个头绪，觉得白狼、黄巢和李闯王并没有什么奇怪，李水沫也就是这类人物，不过还没有混成罢了。白狼、黄巢、李闯王和李水沫，都是弱者里边的强者。要是没有这类有本事的人物出世，弱者就没有人出来领头，也不会结合成很大的反抗力量。（《长夜》，1947）

我的眼光越过午门，落在天安门的屋脊上，心头上交织着怀古与兴奋的感情。我知道三百十四年前，那位农民起义的杰出英雄李自成，在旧历三月十九日上午，毡笠，缥衣，乘乌驳马，怀着激动的心情，在他文臣武将的陪同下，来到承天门（即天安门），弯弓搭箭，向门上的匾额连发三矢，然后走进紫禁城。（《登景山》，1957）

"新的历史观"的形成有时代之力，也有主观之功。

1957 年，姚雪垠在一篇几乎不为人知晓的短文《乐观与信心》中谈到其"历史观"转变的主客观条件，该文写道："从旧中国成长起来的作家们，如果不是在一系列的政治运动中获得锻炼，吃几剂猛烈的泻药，把身上的旧我打垮，蜕变出一个新我，今天就没有基础，没有条件，去从事百花齐放。"①1977 年，他在另一篇文章中更清楚地谈到其"历史观"转变的内外因，该文写道："狭义上的《李自成》的小说题材是通过以马克思主义和毛泽东思想为指导，阅读和研究了相当多的历史文献，伴随着艺术构思的草图而逐渐成熟。"②过去，研究者一般都不太看重作家的这类表述，或以为是违心之语，或以为是谦辞，或以为是诿言，却不知道作家说的是大实话。

一言归总，1957 年上半年，姚雪垠创作长篇历史小说《李自成》的条件已经基本"成熟"了。

然而，那时的历史环境还没有给予作家非创作《李自成》不可的动力和契机，他还有一个更为紧迫的工作要做：参加"鸣放"！

从 1956 年下半年到 1957 年上半年，他总共发表六篇"鸣放"文章：

《谈打破清规与戒律》，载《长江文艺》1956 年第 8 期

《创作问题杂谈》，载 1957 年 1 月 10 日《文汇报》

---

① 姚雪垠：《乐观与信心》，载 1957 年 5 月 16 日《文汇报》。

② 姚雪垠：《〈李自成〉创作余墨》。

　　《要广开言路》，载 1957 年《文艺报》第 8 期

　　《打开窗户说亮话》，载 1957 年《文艺报》第 7 期

　　《乐观与信心》，载 1957 年 5 月 16 日《文汇报》

　　《谈作协工作的不足与希望》，1957 年 5 月 24 日在中国作协座谈会上的发言

　　这几篇文章谈的几乎都是当年文艺界亟待解决的尖端理论问题。

　　譬如，关于如何正确学习、理解和贯彻毛泽东文艺思想的问题。

　　在《谈打破清规与戒律》中，他指出："大家都知道衡量文学作品有两个标准，即政治标准和艺术标准。但这只是一个最基本的总原则，每个人在运用这个总原则去评价作品时，必然通过他自己对这个总原则理解的程度，通过他自己的政治思想和理论水平，各方面的知识水平，还要通过个人性格和作风方面的特殊情形……（笔者有删节，下同）总原则不仅是简单的，而且是死的，可是运用这个原则的是活生生的具体的人，所面对的文学现象往往是非常复杂的、曲折的，不像简单的数学或化学公式。由于这种种原因，所以并不是我们拿着一个总原则就可以顺利地、正确地解决文学欣赏或批评上的一切问题……如果有人企图拿着一个总原则认为是找到了万能钥匙，随便使用，他难免不跌进教条主义的泥坑。"

　　在《要广开言路》中，他提出："毛主席《在延安文艺座谈会上的讲话》，是在一定的历史条件下产生的。其中基本道理，如小资产阶级知识分子，必须参加斗争，进行自我改造，文艺必须为工农兵服务等等，在今天仍然是我们的指导原则。但历史条件在不断变化，许多真理也在跟着发展。今天除提到文艺为工农兵服务外，也提到为知识分子服务，这就是发展。今天提出文艺的'百花齐放'，也是发展。必须从发展看问题，把指导原则看成是活的，不是死的，才不犯教条主义。"

　　在《打开窗户说亮话》中，他提出："毛主席一九四二年在延安文艺座谈会上也提出来一些创作的指导思想，但那是几个基本原则，可以灵活运用。现在的框框规定得很具体，很死板，硬要你拿住这些框框往生活上边套，所以是教条。"

　　拨乱反正之后，姚雪垠提出的上述理论观点才逐渐成为文学界的共识。

　　譬如，关于如何认识和解决新中国成立后文艺队伍的主要矛盾（来自解放区的作家与来自国统区的作家、党内作家与非党作家的隔阂）的问题①。

　　在《要广开言路》一文中，他指出："文艺界的主要矛盾表现在宗派主义与文

---

　　①　当年，解决这些矛盾又被称为"拆墙填沟"。

艺界革命统一战线之间的矛盾，由于有严重的宗派主义存在，致使团结工作一直没做好。许多作家，特别是过去在国民党统治区域生活的老作家，有很多人感到情绪压抑。他们在理智上爱护党的文学事业，在感情上是痛苦的、半热半冷的。几年来他们的潜力也没有得到应有的发挥。他们过去也写过好作品，但对这些好作品肯定的还很不够。文艺界的这道墙，必须推倒才好。"

在《谈作协工作的不足与希望》中，他更加明确地指出："有某些作品不好的，却被捧到天上那么高，这些被推崇的大都是党员作家或解放区出来的作家……（笔者有删节）但是老作家的作品发表就不利。在同一个刊物上，把工农作者比较差的作品登在第一篇，老作家的作品放在后面，这里面表现出宗派主义。"他呼吁："希望党内外作家一视同仁，在党的领导下进行文艺竞赛，如果非党作家有成绩也是党的功劳。"①

数十年后，某些文学史家把来自解放区的作家和来自国统区的作家创作思想的矛盾提高为"延安传统"与"五四传统"的冲突。是耶非耶，存而不论。

又譬如，关于如何认识新中国成立后文艺界的"三风"——思想上的主观主义、工作上的官僚主义和组织上的宗派主义②——的问题。

在《谈打破清规与戒律》中，他指出："各种各样的教条主义，正是产生各种各样清规与戒律的主要源泉。"他还写道："在新社会，创作的道路本来应该是非常宽阔的，自由的。但是各种各样的教条主义却到处布置了绊马索，等着你一万个小心中的一个疏忽。这样，作家在进行创作时不能不缩手缩脚，不求有功，但求无过。古语云：'战战兢兢，如临深渊，如履薄冰。'此之谓也。"

在《打开窗户说亮话》中，他指出："我觉得我们的教条主义不仅在领导同志、编辑和批评家身上相当严重，在读者身上也相当严重。它曾经好像是一种时代空气，或者像流行性感冒，散布在我们的日常生活的环境中。"他且认为："（教条主义，）其所以为祸甚烈，是由于教条主义总是披着马克思主义的外衣，扮演着马克思主义文学保卫者的姿态。而且它上有领导，下有群众，形成了一种社会力量。一种巨大的、沉重的社会力量。"

---

① 《人民日报》1957 年 6 月 2 日刊发了记者沈鼎的报道《作家协会党组连续召开座谈会，党外作家提出尖锐批评》，文中转述道："作家姚雪垠说，党外作家中间有些人在这几年中受到压制，以至产生悲观情绪。他们拥护党的文艺事业，但感到自己在圈外，看到一切都在飞跃前进，但自己没有前途。不知道自己何时才能够同新社会水乳交融。他希望党员作家和党外作家一起在党的领导下，在创作上来进行竞赛。"

② 毛泽东在中共八大开幕词中号召整顿此"三风"。

当年,敢把"教条主义"的危害揭露、分析到如此程度,无人堪出其右。

姚雪垠不仅密切关注文艺界亟待解决的尖端理论问题,也非常关注作家们面临的创作上的问题:诸如,"创作题材的狭隘,内容的千篇一律,风格的单调,正面人物形象的四平八稳"①,等等;他列举了很多以"行政命令"干预作家创作的例证——

譬如这一段,谈的是他在河南省文联工作期间所遭受的磨难:

> 一九五四年以前,有些领导同志非常强调写快板之类的通俗作品,就把党的文学事业理解得过于简单。他们认为,任何一个作家都应该首先写通俗作品,否则就是有严重的资产阶级文艺思想。有的老作家过去曾写过好作品,也写过失败作品,搁笔多年,现在希望重新写一部比较有分量的作品,他不但会被大家认为有资产阶级的文艺思想,而且说他有严重的个人英雄主义,以嘲讽的口吻说他"企图打翻身仗"。每年都有几次检查思想的机会,每次检查思想,那些写不出快板之类作品的同志总得做一做自我检讨,替自己扣一顶资产阶级文艺思想的帽子,而实际是在言不由衷地说话,心中并不服帖。②

譬如这一段,谈的是武汉市作协领导对其长篇小说《白杨树》的粗暴否定:

> 在过去,作家的生活和创作计划一半是自己的企图,一半是领导的意图,这叫做"自愿与领导意图相结合"。但如果作家的计划不符合领导意图,领导是可以把它推翻的。还有一种情形,作家有一个长篇计划,已经写了七、八万字,领导同志并不把稿子拿去看一看,只在主观上不相信他能写成功,就毫不通融地劝告作家放弃计划,忍痛放弃已写出的若干万字。

譬如这一段,谈的是对其中篇小说《携手》的无理挑剔:

> 你如果在作品中写一个先进的工人也具有一般常人的喜怒哀乐和夫妻之情,他们就会责备说:"你这是歪曲了工人的性格!你只应写工人的忘我的劳动热情,写别的有什么思想性呢?"于是,在你笔下的工人就只好像发神经病一样,不但在车间里想着创造发明,甚至在路上,在家里,在梦中,无时无刻不想着创造发明。

譬如这一段,谈的是对其理论文章《试论〈儒林外史〉的思想性》的粗暴干预:

---

① 姚雪垠:《谈打破清规与戒律》。
② 姚雪垠:《打开窗户说亮话》。

又如讨论《儒林外史》是否有民主主义思想，我曾说有，但这样（的）提法却被认为是小资产阶级思想。《长江文艺》为此而要作家检查小资产阶级思想①。这一来，作家就受到很大的压抑。在旧社会可以随便骂一骂，但新社会是自己的事业，你骂也不好，只好闷在心里。（《谈作协工作的不足与希望》）

譬如这一段，谈的是对其短篇小说《回到祖国的岗位上》的非议：

有些同志读到一篇作品时，不问作品是否反映了现实，首先奇怪地问："他下去没多久，仅仅凭着一次访问，怎么就可以写出作品呢？"或者说："他只在火车上同人家谈过一次话，怎么可以写小说呢？"于是就怀疑了这篇作品的价值，甚至责备作家的创作态度，说他走的不是社会主义现实主义的创作道路，是玩弄技巧。②

譬如这一段，谈的是其长篇小说《捕虎记》的出版无端受阻事：

我曾经写过一部中篇小说，其中有一个次要角色是一个落后工人，因有浓厚的宗派情绪和嫉妒心理，看见别人装错齿轮，自己不管，影响了机器的正常运转，出版社编辑同志认为工人不会这样的，要我把这个工人改成特务，我不同意，这部稿子就压下来了。③

写到这里，还要插上一段闲话。20 世纪 80 年代，《剑桥中华人民共和国史》的编著者④注意到了姚雪垠的《捕虎记》出版受阻事，称之为"趣事"，并写道："中国的读者或许应该感激此等'编辑同志'，他们拒绝发表也许正促成了姚雪垠决心投身于远离当代生活的题材创作，即一部宏伟的、多卷本的关于推翻明朝的农民起义领袖李自成的长篇历史小说。"其实，姚雪垠由现代题材转向历史题材，并不仅仅是由于《捕虎记》出版受阻的刺激，而是多方面因素合力的结果。说来话长，且待后述。

或许是由于有着如上各种不如意的遭遇，姚雪垠在批评文艺部门领导"采取行政命令和过于简单化的方法领导创作"的官僚主义作风时，其措辞便显得过于

---

① 5 月 15 日李蕤在中共武汉市委召开的文艺界人士座谈会上发言中说道："姚雪垠写了一篇研究《儒林外史》的文章，后来有人批评他，长江文艺编辑部就连忙作了检查，并在社论中把姚雪垠骂了一通，我很不同意这种作法。"发言见 1957 年 5 月 17 日《长江日报》。

② 姚雪垠：《创作问题杂谈》。

③ 引文出自姚雪垠《打开窗户说亮话》，但这件事未见于其回忆录。

④ 《剑桥中华人民共和国史》（The Cambridge History of China），美国哈佛大学费正清（J. K. Fairbank 即：约翰·金·费尔班克）教授和罗德里克·麦克法夸尔教授主编，是西方学者研究中华人民共和国史的有相当权威性的代表作。俞金尧等译。中国社会科学出版社 1998 年出版。

尖锐了：

> 作为文学部门的领导同志当然应该精通、起码应该懂得文学业务。但是在解放后由于国家的文化事业发展太快，并不是每个领导同志都精通或懂得业务。不懂就应该虚心学习，不要打肿脸装胖子，误认为自己既是领导，就是真理的化身，可以对一切问题乱下指示，代党立言……（笔者有删节）

> 党和国家派你担任组织领导或行政领导，不等于党和国家认为你在文学业务上就是专家，可以不必再虚心学习。担任了领导工作就觉得自己一切都比被你领导的群众高明，正是从旧社会传下来的官僚主义思想在作祟。①

几个月后，曾被这些话刺激过的文艺领导"整"起姚雪垠来一点也不手软，也就毫不奇怪了。

姚雪垠"争鸣"文章的刺激性还不仅如此，其文中"让人觉得他自视甚高，目中无人"②的狂傲气息更是无处不在。

如前所述，姚雪垠在批评笼罩在文艺界的"三风"时，曾将其比喻成"时代空气"和"流行性感冒"。他不止一次地坚持认为，唯有真正的"特立独行之士"才能打破这沉滞的局面。

在《谈打破清规与戒律》中，他毫不客气地指出文坛教条主义之所以盛行，缺少敢于直言的"猛士"是不可讳言的事实：

> 清规与戒律之所以为害很大，是因为它可以迷惑许多人，在广大群众中散布影响。我们常看见，当某种片面性的意见形成为社会舆论，形成为相当流行的风气的时候，除非少数水平特别高的人，我们大家很难不受其影响。即让有些水平较高的人看出来这种流行的舆论未必对，但也往往不敢挺起胸来独抒己见，力排众议。一种论调既然形成了舆论和风气，它毕竟是一种巨大的、沉重的社会力量。在百家争鸣的空气尚未养成的时候，一个人如果和某种已经流行的舆论和风气斗争，他不但需要有丝毫不打折扣的真知灼见和巨大魄力，最好他在群众面前还具有特殊优越的地位。李希凡和蓝翎对于俞平伯《〈红楼梦〉研究》的批判，如果不是被党中央发现了，给予大力支持，他们的战斗是不会收多少效果的。

在《打开窗户说亮话》中，他颇为自得地又写到了另一种"除非"：

---

① 姚雪垠：《打开窗户说亮话》。
② 姜弘：《姚雪垠与毛泽东》。

　　既然有一部分领导、编辑、批评家和读者群众按照几个简单的教条对作品进行衡量、挑剔和指责,形成一种很大的压力,作家中除非少数真正"特立独行"之士,对生活和艺术确有真知灼见,而刊物编辑部和出版界又不敢挡他过关,敢于对教条主义嗤之以鼻,其余一般作家就没有这种魄力。

　　很显然,他虽然不敢自诩为"水平特别高的人"和"水平较高的人"之一,却敢于自居为"少数真正'特立独行'之士";当然他也自知,如果缺少政治的助力,单凭个人的力量,"战斗是不会收多少效果的"。

　　附带再说几句,姚雪垠耿耿于怀的"批评家"之一指的便是"新秀"姚文元。后者的《教条和原则——与姚雪垠先生讨论》(载 1957 年 2 月 6 日《文汇报》)一文曾得到共和国领袖毛泽东的称赞,被认为"写得还是比较有说服力的"。姚雪垠获知其事后,虽然没有撰写商榷文章,但在《打开窗户说亮话》中仍敲打了一下,写得甚为俏皮:

　　　　今年春天,我在《文汇报》上发表一篇《创作杂谈》,随后姚文元同志发表一篇文章,批评我的某些论点。尽管姚文元同志的文章有一部分我不同意,但态度非常好,文章本身也对我有许多启发。可是有一位陈霞同志在《萌芽》上发表一文,态度十分恶劣,有些地方简直是含沙射影,作人身攻击。这是什么思想支使他写出这样的批评文章呢? 也是宗派主义。

　　　　宗派主义的批评者自认为在为马克思主义文学而战斗,实际在拆共产党文化事业的墙根脚;自认为自己的意见最代表真理,实际是红皮萝卜,外边很红,里边是白的。

　　如果把"陈霞"也读作"姚文元",便可体会到上面文字的真正妙处;"红皮萝卜",一语中的,传神地勾勒出了姚文元的真实面目。

第二节　"春风不度武胜关"

　　1957 年 5 月 15 日,毛泽东写了《事情正在起变化》一文,作为党内文件发至全党。文章指出:"这一次批评运动和整风运动是共产党发动的。毒草共香花同生,牛鬼蛇神与麟凤龟龙并长,这是我们所料到的,也是我们所希望的。毕竟好的是多数,坏的是少数。人们说钓大鱼,我们说锄毒草,事情一样,说法不同。"后世的某历史学家据此判断,反右派斗争就此拉开了序幕。

同日,正在北京北池子修订书稿的姚雪垠写了一篇随笔《乐观与信心》①,文中殷殷地写道:

> 今年的春天,尽管在某些地方,某些时候,仍然偶而有一股冷风,一点霜冻,一阵倒春寒,但那不是主要的气候特征。今年,主要的气候特征是:阳光比去年更加温暖,并且有更多的春雨,更多的春雷,紧紧地催着我们在文学艺术上开放出万紫千红的花朵。

这篇文章是写给他的朋友们——尤其是作协武汉分会的朋友们——看的。

武汉的"鸣放"举步维艰。4月间,全国范围关于"双百方针"的讨论已经转向"大鸣大放"的整风运动,作协武汉分会却显得相对沉寂,尽管各种座谈会不断地召开,仍有不少人持观望态度,有人提出"放社会主义之花,争马列主义之鸣",还有人提出"力争鲜花,避免毒草",坊间因此有"春风不度武胜关"的说法②。

4月30日,在《长江日报》邀请的部分学术、工程、文化界人士座谈会上,作协武汉分会副主席李蕤谈到了武汉"争鸣"的现状,说道:

> 毛主席在最高国务会议和宣传工作会议上的讲话,像一阵温暖的春风和及时的春雨,全国各地,卷起"继续放"、"继续鸣"的热潮。人们期待着这阵春风雨,也迅速吹到武汉来。由于盼望的殷切,于是就有人埋怨脚步太慢了,甚至有人叹息说:"春风不度武胜关!"……(笔者有删节)

> 但是,为什么人们会感到"春风不度武胜关"呢?这就是说,"乍暖还寒"的低气压还是有的,不利于"继续放"、"继续鸣"的无形障碍还是有的,天气还不是万里无云,还不是风和日丽,人们的心上还笼罩着一层虽然很薄但却驱散不开的湿雾。

李蕤是姚雪垠的老朋友。

前文已述,20世纪30年代初他俩同在革命文学浪潮中步入左翼文坛,40年代他俩同在豫鄂战区守望相助。50年代初他俩在河南省文联里重新聚首,虽然彼此间有过龃龉,但更有所倚重:李蕤期望姚能在他领导的"普及第一、生根开花"的群众文艺运动中有所贡献,而姚却指望着李能给他撰写"农村三部曲"以较好的创作环境;50年代中期他俩一同调进中南作协,李蕤对姚创作反映"国家经

---

① 《乐观与信心》,载1957年5月16日《文汇报》。

② 李蕤在5月27日致姚雪垠的信中谈到这个说法的来由,称:"五一"之前,这里基本上是按兵未动,后来林默涵同志来了,传达了主席出京游说与对"人民日报"的批评,才开始动起来,但动得有些懒洋洋的,"文汇"将了一军,称为"春风不度武胜关",这样才开了些会……

济建设新阶段"的作品抱有很大的指望,而姚对李给予他更好的创作条件抱有热切的期待。说句俗话,别看他们后来闹得不可开交,其实早年间他俩是"打断骨头连着筋"的关系。

在这场"鸣放"运动中,他俩的关系也是如此微妙:姚雪垠的第一篇有影响的"争鸣"文章《谈打破清规与戒律》,便是经李蕤之手发表在《长江文艺》1956 年第 8 期的①。如今,作协武汉分会的"鸣放"遇到阻力,李蕤便有意让姚雪垠再来冲一冲。他们当年的来往信件颇多,反右派斗争中全部上交,留存下来的很少,但从中也能窥见他们彼时的心声。

5 月 25 日,姚雪垠给李蕤去信②,谈到如今"自食其力",不再"为五斗米折腰";谈到作协武汉分会最根本的问题,是一二个文艺领导干部,"代党立言",把大家看成"被改造者",只有他们是"改造者",在党员作家和非党员作家之间,解放区来的作家和国统区来的作家之间划出了一条深沟。并附上给分会主席于黑丁的一封信。

5 月 27 日,李蕤给姚雪垠复信。信中写道:

雪垠兄:

5 月 25 日来信收到。你给黑丁的信,已转给他。

武汉的"鸣""放",劲头不大。"五一"之前,这里基本上是按兵未动,后来林默涵同志来了,传达了主席出京游说与对"人民日报"的批评,才开始动起来,但动得有些懒洋洋的,"文汇"将了一军,称为"春风不度武胜关",这样才开了些会,但也多止于上层几个人,但顾虑也未真正解除。上面是"外热内冷",群众是"外冷内热",真正把教条主义,宗派主义揭出来,还得有几个闯将。

作协分会,至今还没有召开一次座谈会,邀请作家提意见。前几天,已有些青年提出质问,大约这个礼拜要召开几个会。机关的整风,马上要开始,但是,严格说来,有些走过场的味道,王淑耘学习后便请了病假,前些时韩柏村也被批准要看病,"听鸣"的领导,实即只剩我们的主席一人,而能提出意见的作家,如你如苏鹰学沛,又都在下面,原来根本没有想到把大家请回来。这

---

① 姚雪垠在回忆录中谈道:当时,作家协会武汉分会的领导也号召在自家的刊物《长江文艺》上写"打破清规戒律"的文章。于是,我的第一篇惹祸的"毒草"文章就"出笼"了。我的这第一篇"毒草"文章题目是《谈打破清规与戒律》,大概有六千字,发表在 1956 年《长江文艺》8 月号,写作的时间可能在六月间。

② 原信已佚。信中内容系根据李蕤复信转述。

哪里象个整风的样子？前天大家提出意见，让王、韩、李都回来参加整风，并建议诚挚的约你和其它不在家的同志回来，还不知道你能回来一趟不能。

下月，省和武汉市召开宣传工作会议，市委准备邀你参加，我们希望你能回来看看，发发言。你在"文汇报"写的文章，和在"文艺报"上写的《打开窗户说亮话》都看到了，文章写得很好，但似仍有未尽意。话再"亮"些也无妨，这不是对人而是对事，把矛盾揭发出来，对党的事业有好处。

"长文"（指《长江文艺》）辟出一栏，让作家鸣不平，是完全可以作到的，前些日，编辑部出去作了好些访问，但谈的多是一般性的拥护放鸣的表态，没有发，这两期发了些杂文，但还不能给人耳目一新的感觉。你首先给刊物写一篇吧，最好比给"文艺报"上的更坦率一些。

"五一"以后，我也东跑西颠，开了几个座谈会，发了一些言，对于武汉市文艺领导的教条主义，压制批评，缺乏学术讨论空气，某些党员滥用党的威信，主观随意性的对待文艺问题，作了些揭发。对至今被奉行着的"文艺为生产服务"的庸俗社会学理论，也提出相反的意见。下月的宣传工作会议上，我也准备再谈一谈。我觉得武汉市的最根本的问题，是一二个文艺领导干部，自己既不谈出，又觉得"朕即党国"，如你所说的"代党立言"，把大家看成"被改造者"，只有他们是"改造者"。有人指出，他们一身象赵树理小说中的三个人物（糊涂涂，常有理，惹不起），这一点如果上级不认识，他们自己不认识，工作便决难有起色。……（笔者有删节）

你如今"自食其力"，不再为五斗米折腰，实在令人羡慕，对于你来说，今天是你思想感情"春暖花开的时候"，有积淤，尽管倾吐，倾吐完积淤，就一心一意的创作。我目前的处境、心情都和你不大一样。一方面，我和你一样，有一肚子的苦水，另一方面，分会的许多问题，自己"厕身"于所谓领导。又不是没有责任，这种一脚门里一脚门外的苦恼，你是可以想见的。

……（笔者有删节）

盼读到你的信，盼给刊物写文章。

握手

悔深①

5月7日

---

① 李蕤原名赵悔深。

你给××信中对××的批评，可谓一针见血，只是还太简单了些。整风即要开始，如不能回来，至少也写封详细的信对机关批评一下。

该信所述事情很多：有热切的期盼（"闯将"云云），有诚挚的"邀请"（"准备邀你参加"云云），有积极的回应（"辟出一栏，让作家鸣不平"云云），有由衷的共鸣（"代党立言"云云），有热情至极的约稿（"盼给刊物写文章"云云），等等。

不知为什么，姚雪垠没有给《长江文艺》写稿。

6月4日，李蕤又给姚雪垠去信①。信中写道：

分会的整风，已经展开，上星期五、六，召开了两个整天的座谈会。这个座谈会，主要的是邀请作协外边的人，给作协提意见的，会开得不错，重大的问题，差不多都搬出来了，一向居于统治地位，谁批评就是反党的×××的"为生产服务"，成为众矢之的，他的示范作品《扬子江边》《粮食》受到了许多人的指责。头一天会，王×的发言，首先指出武汉的文艺领导是抹杀文艺特质，以政治口号代替现实主义的，他揭发了从×××到××的宗派主义。当天以江×的发言最为深刻，她率直批评××只看领导脸色，没有独立思考的能力与勇气，指出他把"听话"作为最高的党性，要求下边的干部也以"听话"为唯一美德，而这种唯唯诺诺，却正是没有党性的表现。应该说，这正打中××的痛处，因为在他看来，他的缺点，正是党性太强、原则性太强才产生的。

这两天的会，大家对于动机不纯、虚报成绩的"培养新生力量"作了有力的揭发。大家都为没有很好的团结老作家，特别是对你和老田的冷淡，表示愤慨。你可翻读一下"长江日报"和"湖北日报"，从总的方面谈，文艺界已经开始解冻了。

机关里，今日起开始进入整风。领导和群众的冷热，恰好是鲜明的对比。……整风之前，老韩、王××，纷纷"抱病不去"，更引起群众的不满，在群众的巨大压力下，前天党组才作出决定，把他们拖来。这一次大家（群众）决心很大，但是几个党员领导同志，却还有些"奉命整风""公事公办"的味道，而没有认识这是党发动的广大群众支援的对他们的改造运动。这当然也很自然，他们从来就是以"改造者"自居的。

……（原缺）

我完全同意你继"打开窗户说亮话"之后，再写文章，不妨结合更具体的

---

① 该信原附在反右派斗争时的批判文章中，未摘引姚雪垠给李蕤的去信。

问题，揭露一下那些人的嘴脸。更欢迎你把这文章寄到"长江文艺"来。你不必有什么顾虑，从现在看，你提出的问题已经不是过于尖锐而是太温和了。可是，官僚主义病入膏肓，不用猛药，是难以奏效的。

最近，在群众的感染与教育下，我也准备卷卷袖子，扫掉身上的暮气，写些文章参加战斗。

你能回来么？如能回来，便太好了。

不知为什么，姚雪垠还是没有给《长江文艺》写稿。

6月8日，毛泽东为中共中央起草了党内指示《组织力量反击右派分子的猖狂进攻》（仅传达到党内一定级别）。同日，《人民日报》发表震动全国的社论《这是为什么？》。后世某历史学家称，反右派斗争的大幕徐徐拉开了。

同一天，羁留在北京的姚雪垠似乎没有觉察到这即将降临的政治风暴，他在给作协武汉分会的姜弘的信中若无其事写道：

接李蕤信，颇为振奋，我打算在赴北戴河之前写一文章，但不一定寄回"长文"（指《长江文艺》）发表。如交北京或上海发表，对武汉三大主义里外夹攻，力量也许大些。

几年来，武汉流行为生产服务理论以及如何压制反对者的事实，我不很清楚，请你写给我，以便言之有物。

我在此找的人日渐多起来，颇影响写作，故要提前去北戴河，离北京远一点。昨天我在中国书店专家服务部以 10 元高价买了一薄本旧书偶然遂，系一位明末襄城举人所写，叙述他被李自成队伍捕获及释放经过。

说句闲话，信中提到的"薄本旧书"，为明朝举人张永祺所著，书名《偶然遂纪略》取自杜甫诗句"世乱遭飘荡，生还偶然遂"（《羌村》），书中所述甲申年间事素为史家所重。2000 年学者栾星辑校《甲申史籍三种校本》时收录了该书[1]，并在"校本序"中称："仅北京图书馆、河南省图书馆及长篇小说《李自成》著者姚雪垠各庋藏一部。两馆藏奉书尾均有残缺，叙事至乙酉五月十一日骤止。蒙雪垠方家不吝所珍，才得校补为全书。"

话题转回信中所述事。其时，不唯姚雪垠如此迟钝，远在武汉的朋友们也都是如此。6 月间，武汉的"鸣放"不仅未有所收敛，反而掀起了高潮。李蕤指导下

---

[1] 该书由中州古籍出版社 2002 年 10 月出版。

的《长江文艺》赫然站立在潮头之上,其激进的姿态颇为引人瞩目。

姜弘(时任《长江文艺》评论组代理组长)曾忆及刊物当年的"新气象",他写道:

> 那个时候,李蕤是中国作家协会中南分会的副主席,《长江文艺》副主编。主编是于黑丁,他既是作协主席,又是市委文教部副部长,没有把主要精力放在编辑部。编辑主任王淑耘体弱多病,经常请假。于是,刊物的主要领导工作就落在了副主编李蕤的肩上。他本来就分工管评论栏,而这时评论组长刘岱赴京学习,由我代理组长职务。这样,很自然地,我就在李蕤的直接领导下开展工作,因而接触频繁,关系密切。后来的"反党联盟"一说,就与此有关……(笔者有删节)

> 正是在李蕤直接领导的这段日子,《长江文艺》有了新的面貌,改变了以往那种"四平八稳"的老样子,变得有生气有个性了。李蕤是真心贯彻"双百方针",要求我们认真领会毛泽东讲话精神,了解全国文艺形势,同时又有自己的主张和态度,这样刊物才能体现编者的意图。这一个时期内,《长江文艺》有比较明确的倾向或比较集中的话题,他将此比喻为行船时"桨要向一个方向划"。后来,我在执行他的指示时,又借用胡风的话说,要像"集束手榴弹"。当然,后来这一切都成了"罪状",都成了李蕤"指使"我并和我一起"把持"刊物评论栏的"罪证"。①

引文中"《长江文艺》有了新的面貌"云云,指的是该刊在李蕤的主持下开辟了"让作家鸣不平"的专栏:5月号的专栏名为《杂文、短论》,6月号的专栏名为《杂文》,7月号的专栏名为《文艺笔谈》。在这些栏目下刊登了一批"鸣放"文章,这些文章或批评中南文艺指导方针的偏颇,或针砭文艺部门领导的"三大主义"作风,或揭露文教界的一些"具体矛盾",直言无讳,反响强烈。顺便说一句,在随后的反右派斗争高潮中,《长江文艺》这三期刊物中的十几篇杂文——5月号的《"举手赞成"以外》(谷秀云②)、《武器、刑具和道具》(回春)、《请勿"透底"》(姜弘);6月号的《注意脚边的小草》(李蕤)、《且说"常有理"》(姜弘);7月号的《精神世界里的级别》(会昌③)、《武汉的气候》(志渊④)、《教条主义一解》(田涛)、

---

① 姜弘:《1957年,李蕤和我》。
② 谷秀云是卢盛谟的笔名。
③ 会昌是程千帆的笔名。
④ 志渊是田涛的笔名。

《把领导创作的思想提高些》（王采）、《苦闷的根源何在?》（叶橹）、《究竟为谁服务》（谷秀云）、《吞吞吐吐的武器》（宋谋瑒）——被认为是"明显的反映了右派思想的或带有很大煽动性的文章"①，成为右派定罪的重要依据。

当年，姜弘是姚雪垠的"小朋友"②。

姚雪垠回忆录中没有关于姜弘的记载，但姜弘在回忆文章中多次谈到姚雪垠，且谈到了他们20世纪50年代的交往，如下：

> 我和姚雪垠的交往开始于1954年。那年四月我奉调到中国作家协会武汉分会，在长江文艺编辑部工作。姚雪垠先我一年到作协，是驻会的专业作家，和他一起的老作家还有田涛、叶丁等。

> 姚雪垠是在他的处境开始有了改变的时候认识我的，那也正是我的思想开始有了变化的时候。和他的相识，促进了我的思想的变化；和我的交往，也影响了他后来的处境。

> 1953年姚雪垠从河南来到武汉，开始受到更多的照顾与尊重。他原有的那种自信和自负也逐渐恢复，常常对一些作品和其他文艺现象评头论足。他的高谈阔论使得一些人反感，也被一些人接受，我就属于后者。也就在这个时候，我和他有了交往，从一起逛旧书店开始，很快就成了无话不谈的忘年交。③

在今天的读者看来，姚雪垠当年政治上的麻木是颇为令人惊异的。他不仅"缺乏政治经验"，也过于自信了一点。在写给姜弘的那封信中，他还兴致勃勃地谈到今后的写作计划：

> 我现在在出版上、经济上，刚刚解冻。今后半生是否真正能够成为名符其实的作家，目前是个关键。目前已经答应各出版社的空头支票很多，其中有历史题材的电影剧本，也有写数十年来历史变化的洋洋大部头小说。为着使有些支票能够兑现，我今后大概要以壮士断腕的决心不写论文。

信中提到的"历史题材的电影剧本"，大概指的是年初申报"应征"的太平天国题材的电影文学剧本；"（表现）数十年来历史变化的洋洋大部头小说"，大概指的是取材于新乡通丰面粉厂的长篇小说《在面粉厂里》；至于长篇历史小说《李自

---

① 引自"本刊编辑部"：《关于我们刊物的错误的检查》，《长江文艺》9月号。另，姜弘的《请勿"透底"》一文被划定为"有错误内容的文章"。

② 姜弘时年二十五岁，姚雪垠时年四十七岁。

③ 姜弘：《姚雪垠与毛泽东》。

成》，还未被他提上创作日程哩！

当时，他虽然一再"错误地估计了形势"，但并非没有一点预感，《旅行家》主编彭子冈"挨了批斗"就是一个不祥的信号①。基于这点预感，他在给姜弘的这同一信中，表示不再参与武汉同人对"三风"的围攻，并提醒对方要从大局着眼，谨言慎行。信中委婉地写道：

> 创作任务压得太重。许多要短稿处均已拒绝。关于批判"为生产服务"的文艺思想，也写不成了。

> 在整风运动中，对我们说来是一个重大考验。你同我一样是一个容易偏激的人，要特别警惕自己的毛病。个人恩怨应该不去想它，多从大的原则性问题着眼，站的要高。帮助了党整风，尽了党外同志的责任，个人的问题也会自自然然地跟着解决了。

姚雪垠上午刚把这封信寄出，出去转了一圈后，听到了什么传闻，心中忐忑不安。下午，他又给姜弘写了一封信，信中有如下两段②：

> 这次整风运动，确实是知识分子的大考验。你的长处是敢于说话，毛病是不沉着（我也一样），容易忘掉原则。尤其过去几次运动你曾吃过苦头，最容易产生报复情绪。有时这种情绪可能是不自觉的。有一点这种情绪，你就有可能离开原则。虽然我们不是党员，但应该站得很高，方不致走错脚步。

> 还有，你来信云你去武大活动一天，我觉得很不好。自己在整风中对党负责，千万不要作一个"到处点火的人"。

细心的读者可以看出，姚雪垠对这位"小朋友"是非常爱护的，他深知对方的"长处"和"毛病"，也同情对方在前此的"反胡风运动"中所受的委屈。因而，他提醒对方切勿让"情绪"左右而偏离了"原则"，并告诫对方立足点要"高"一点。

姚雪垠对姜弘的担心，不幸很快便成为现实。

7月5日，《长江日报》第一版登出报道《武汉文艺界反右派斗争的第一炮，作协武汉分会批判姜弘的右派言行》，该文写道："中国作协武汉分会展开了如火如荼的反右派斗争。7月1日到3日，一连三个下午举行了座谈会。这是武汉文艺界反右派斗争的第一炮，座谈会上大家就大鸣大放阶段所暴露出来的错误思想和

---

① 本段引文全出自《学习追求五十年》。
② 如下两段文字见于反右派斗争材料，原信已佚。

言论进行了讨论,集中地针对姜弘的右派言行展开猛烈的揭露和批判。"他的右派言行中有两条与姚雪垠有关:一条是"（姜弘曾在一次会上说）作协分会有的党员把姚雪垠骂得不像话,甚至骂姚是'老流氓'",另一条是"（姜弘在与姚雪垠通信中）提出'对武汉的三大主义里外夹攻'"。

7月9日,《长江日报》再次刊登报道《武汉文艺界召开座谈会,向右派分子姜弘进行第二次反击,姜弘理屈词穷承认被揭发的事实无法驳倒》,其中有一则"被揭发的事实"牵涉到姚雪垠。该报道称:"作协对老作家姚雪垠是完全说不上虐待的,他的政治待遇、物质待遇几乎和作协副主席相等,原来级别不合理,后来连提了几级。他有病,作协就送他到太湖去休养。他要求下去体验生活,并指定了具体的单位和具体的职务,这些要求作协都通过党委大力设法满足。可是姜弘却不顾事实,造谣说作协虐待了姚雪垠。这种行为是多么无耻。"顺便提一句,姜弘晚年改变了对姚雪垠的态度①,这当然是后话了。

7月14日,姚雪垠收到老朋友李蕤的来信,信中透露出对"鸣放"前途的担忧,姚雪垠措辞谨慎地回信道:

> 我不知道我们是否也出了点毛病。如在鸣放中出了毛病,不必太有沉重心情,倒是抱着轻松一点的心情才好。知识分子毛病很大,错了就挨整,整后纠正,将来再错再整,这也是应该习惯的社会主义民主生活。我快习惯了。
>
> ……（笔者删节）
>
> 一月半以来,我提高很多。这次是我们的考验,也是我们一次深入检查自己思想的良机。

在同信中,他提醒李蕤,也请李蕤再一次告诫姜弘,切不可鲁莽行事:

> 上月中旬,我接到姜弘一信,发现他的老毛病又犯了。当时很想给你写信,要你对他疏远一点,信已经开个头,又撕了。一则我对汉口的情况不了解,二则想着你比我更明白,所以决定不把我的意见说出来。我对报上登的座谈记录也不满意。"长文"（指《长江文艺》）有一期发表一篇杂文,骂某些领导同志可以有三个绰号:糊涂涂,长有理,惹不起,也不满意。好像这是姜弘的文章②。我觉得批评或讽刺应该正正派派的,不应该一揽子混骂一通。

① 2000年姜弘在《姚雪垠与毛泽东》中否定了前说,写道:"姚雪垠在回忆往事的时候,多次提到他的受迫害。仔细回想一下,在1953—1956年那段时间里,他在政治上有点受歧视是真的。说不上受迫害。"

② 姜弘:《且说"常有理"》,《长江文艺》1957年第6期。

堂堂正正的批评，即让理论思想有毛病，态度上仍是与人为善，与党为善，主
观上是要辨明是非的。

可叹的是，不管姚雪垠此时怎样坚持"原则"，怎样讲究"态度"，怎样顾全大
局，怎样谨言慎行，都无法挽回前此他作为"特立独行之士"所造成的影响，也无
法撇清他与《长江文艺》诸友人的关系了。

7月25日，武汉作协副主席李蕤也受到了冲击。《长江日报》在大标题《长江
文艺把持在谁的手里？》之下发表了三封"读者来信"，并在"编者按"中质问道：
"从5月份以来，正当右派分子向党猖狂进攻时，《长江文艺》也开始放出大量的
毒草。在杂文、短论和文艺笔谈等这几栏内，实际上已经为右派分子所把持和利
用，成了他们向党向社会主义进攻的阵地。……（笔者有删节）人们不得不发生
怀疑：究竟是谁把持了这些阵地。希望《长江文艺》能进行彻底检查。"

8月2日，《长江日报》登出长江文艺编辑部的《关于我们刊物的错误的检
讨》，把刊物"鸣放"期间的责任全推给副主编李蕤和编辑姜弘。

武汉的"小朋友"和"老朋友"一个一个地被"揪出来"了，姚雪垠注定了在劫
难逃！

第三节   "灭顶之灾"

1957年，是姚雪垠一生中最为刻骨铭心的日子。

从3月到7月，姚雪垠一直待在北京，为即将出版的长篇小说《捕虎记》作最
后的修订。改稿之余，他也撰写"争鸣文章"，也参加各种会议，也撰写"北京散
记"，也构思其他题材和样式的文学作品，表现得相当活跃。

他在北京的最后一篇"鸣放"文章是《谈作协工作的不足与希望》，这是5月
24日在中国作协座谈会上的发言记录。他在发言中再一次倾吐了"非党的"和
"（来自国统区的）老作家"的烦恼，期望能得到"一视同仁"的待遇。

他在北京的最后一篇"北京散记"是《卢沟桥礼赞》①，该文定稿于6月1日，
其文笔的轻松仍令人称奇：

前几天，我在北京郊外另一个地方也看到过南国景色，曾使我感到惊奇，

---

① 载于《旅行家》第6期。

不住声地喃喃赞叹。那时候夕阳悬在西山的峰尖上，我同一位少年时代的老朋友走到玉渊潭。这儿有蓊郁的密林，有明镜般的湖水，有静静的溪流，还有几处像瀑布般向桥下奔泻的急湍。我是最爱溪流的，于是我们并肩坐在溪岸上，欣赏着这一幅自然图画。我除掉喃喃地赞叹之外，没有多说别的话，因为我不但为面前的景色陶醉，也同时不由地回忆起南方，回忆起许许多多过去的生活片断。

细心的读者可以从这篇散文中联想到作者前半生传奇般的生活体验：双十二事变后的感悟，七七事变时的亢奋，在鄂西北战区时与张自忠、何基沣、冯治安等将军的交往……

一个月后，他的这种貌似平静的创作生活被彻底打破了。

7月29日，《人民日报》以"本报讯"的形式刊发了湖北省暨武汉市的反右派斗争讯息，该报道的标题为《〈长江文艺〉出现一股逆流，〈湖北日报〉和〈长江日报〉载文批评》，该文称：

　　25日的《湖北日报》和《长江日报》，载文批评《长江文艺》最近几个月来的错误倾向。

　　《湖北日报》发表了林坡的题为《〈长江文艺〉的一股逆流》一文，批评《长江文艺》最近几期的一些错误文章。作者在这篇文章中写道："长江文艺的'文艺笔谈'专栏几乎变成了右派论坛，其中对党的文艺事业攻击谩骂者有之，泼冷水抹黑灰者有之，口喊打倒三大主义拳头却对准党的领导者有之，闹得乌烟瘴气，一片嘈音。"……（笔者有删节，下同）

　　《长江日报》刊登了三封批评《长江文艺》错误的读者来信……《长江日报》在登载三封读者来信时，还加了编者按语，表示支持读者的批评……

这篇报道没有点名，既没有提到李蕤，也没有提到姜弘，更没有涉及姚雪垠，但其传递的信息是令人震惊的，被谥为右派论坛的《文艺笔谈》专栏，不就是姚雪垠月前在信中建议李蕤创办的吗？（"辟出一栏，让作家鸣不平"）

羁留在北京西山八大处的姚雪垠再也坐不住了！

接着，流言和传言如雪片般飞来。

有传言称，作协武汉分会内定的第一批右派有三人：姚雪垠、李蕤和姜弘。

有流言称，武汉要么一个右派都不划，只要划一个，便是姚雪垠。

姚雪垠第一次面临这种窘迫的境况，他不知道该做什么，也不知道能做什么。

8月初，作协武汉分会先来电报，继之来人，将他催回武汉。

迎接他的是狂风暴雨般的"大批判"浪潮——

8月3日，《人民日报》刊载"新华社武汉2日电"，继续深挖《长江文艺》所曾出现的"逆流"，李蕤和姜弘被"揪"了出来。该电称：

> 曾经是办得较好的武汉《长江文艺》，在最近三个月已经走到资产阶级方向去了。但是，是在谁的主使下使它发生了这种变化的呢？
>
> 现在已经完全查明：他们就是作家协会武汉分会的副主席兼《长江文艺》副主编李蕤，以及李蕤的得力助手、刊物评论组临时负责人姜弘。……
> （笔者有删节）
>
> 李蕤和姜弘的反社会主义活动是有计划有组织的。在大鸣大放的时期，他们在一些座谈会上或一些私人的接触中，听到反社会主义的言论或发现了"有怨气"的、是他们志同道合的人，他们立即跟上去，抓住所谓"具体矛盾"，组织那些人写杂文、写短论。
>
> 李蕤和姜弘的右派面目被揭穿后，他们虽然承认有严重错误，但却没有很好地进行交代。

继而，《长江文艺》8月号刊出"社论"《我们的庄严的战斗任务》，该文起首称："向猖狂进攻的资产阶级右派分子展开猛烈的反击，是我们的庄严的战斗任务。文艺界的战士们，起来！拿起我们的武器，坚定我们的战斗意志，勇敢地站到党这边！"接着，该文历数武汉文艺界的右派言论，排在第一位的便是姚雪垠的"时代空气论"——

> 批判教条主义不是一概抹煞这几年来的文学创作的成就。对文学创作不加分辨地笼统地都说成是公式化，本来是不对的；而对于产生公式化的现象不看作是作家生活不深入，艺术技巧修养不够，却完全归罪于教条主义的"猖獗"；甚至认为教条主义已经是一种时代的空气，它不仅仅统治着整个文坛，而且也散布在日常生活的环境中，这种说法，简直是太荒谬了。

姚雪垠已经被牢牢地绑在了反右派斗争的箭靶上！

他被责令交出"鸣放"期间的所有信件，被责令作出检讨和交代，被责令接受群众的"批斗"。

姚雪垠在回忆录中没有过多地谈到他在反右派斗争中所蒙受的激烈冲击，他似乎不太愿意回顾这段非人的遭遇，只是轻描淡写地写道：

> 当时对"右派分子"的批斗会还是比较"文明"的。别处的情况我不知道，我亲身经验了由武汉作协主持的批斗会，确实比"文化大革命"中的批斗

方式"文明"很多。被批斗的人可以坐在椅子上记笔记，不挨打，也不受其他种种肉体折磨。当时是平生第一次挨批斗，没有经验，对于同志们发言中的歪曲事实、无限上纲以及侮辱性的话，常常十分痛心和恼火，忍受不了。我大概有两次突然站了起来，准备还击，但随即想到不应该对抗党所领导的政治运动，坐了下去。现在回想起来，觉得自己当时实在天真得可笑。一共开过三四次批斗会，包括机关中的小会和文艺界的大会，然后批斗停止，听我作检查，再后是作结论，呈报上级，等候批示。①

他的"小朋友"姜弘在回忆文章中却描述了批斗会的极不"文明"处，他写道：

　　和所有的右派一样，姚雪垠也被批得一钱不值。说他历史肮脏，品行恶劣，是老流氓，这种侮辱性的漫骂他倒不在乎，最令他伤心的是说他不学无术，说他专门写色情文学。一个知识分子，被人从精神上剥得精赤条条而无告地处于众人的围观唾骂之中，那种内心深处的羞辱和绝望是难以忍受的。②

因发表两篇惊世骇俗的论文③被错划为右派的周勃，当年也在陪斗之列，他在回忆文章中传神地描述了当时的情景④：

　　批判姚雪垠的会快开始了，人到的很齐，大家都围坐在会议桌周围，嘎嘎作响的老式吊扇在头顶上旋转，材料在手中翻阅。会议桌的上端坐着几位领导，他们是于黑丁、王淑耘、李冰、韩柏村、杜能则。领导席左边是市委来的几位女将，她们从不发言，只是作着记录，但是谁都知道尚方剑就在她们手中。领导席右边，摆有一张皮靠椅，是为受批判者准备的。姚雪垠走进会议室，径直走向靠椅，很熟练地坐下来。

　　姚雪垠开始了他的检查交代。他在"我在鸣放中的错误言论"的大题下逐篇的分析了他的文章和讲话的错误，然后在"我的错误的严重性质和恶劣影响"的大题下归纳出错误的性质。左一个"资产阶级文艺思想"，右一个"封建贵族士大夫意识"，正如他后来在回忆文章中写的："我始终对自己的反党反社会主义罪行检查不深，表现我经过批斗后仍然觉悟不高。"

---

① 姚雪垠：《学习追求五十年》。
② 姜弘：《姚雪垠与毛泽东》（2000）。
③ 《略谈形象思维》，《长江文艺》1956 年 8 月号。《论现实主义及其在社会主义时代的发展》，首载于《长江文艺》1956 年 12 月号。
④ 以下引文均出自周勃《姚雪垠的坎坷岁月》，摘引经过周先生同意。

他的准备是很认真的，蝇头小楷写的稿纸一大摞，他一边检查，一边擦汗，但是人们仍然很不满意，甚至非常反感。有的人在窃窃私语，有的人无精打彩翻材料，也有的人在作记录。

接着便召开群众批判会。

休会一天后，批判会继续举行，重炮齐轰的局面开始了。有人说，他的"旧皇历"是咒骂《在延安文艺座谈会上的讲话》，比胡风咒骂"图腾"还恶毒；有的说："大大小小的孔代表们"，是恶毒攻击党的各级领导干部；有的说：他说教条主义"好像一种时代空气，或者像流行性感冒，散布在我们日常生活的环境中"。这是诅咒马克思主义、毛泽东思想；有的说：他说"到处布置了绊马索，等着你一万个小心的一个疏忽"。是一种反革命嗅觉，比张中晓的反革命嗅觉还要灵；有的说：《惠泉吃茶记》咒骂我们盲从，是恶毒攻击农业合作化运动；有的说："《卢沟桥礼赞》赞的是蒋介石，公然向蒋介石顶礼膜拜，目的是呼唤这个独夫民贼早日回来。"

发言都是经过认真准备的，专题批判，各有分工。我生平第一次见到这样的批判，发言者从文章中剥离出一句话就能振振有词说出一篇罪状来，确实使我深感惊讶。

姚雪垠记着笔记，有时，想站起申辩，但他极力地克制着，只在有人念着他写的信，逼着他交代"反党联盟"的事时，他才进行申辩。他说：

"我和李蕤都有错误思想，在大鸣大放中我们都站在资产阶级立场攻击了党和社会主义，但我们之间成见很深，根本不可能搞什么'联盟'，而且最重要的是我没有这种野心。我在大夏大学任代理文学院长，副教务长，我是辞官不做，辞学不教回到河南搞创作。我青年时代就成了名，我的作品在读者中很有影响。我有我的长处，用我的长处搞创作，我可以写出好作品；搞研究可以搞出好成果；如果我到大学去当教授，也会受到学生欢迎。我有自己的天地，我有自己的前途，现在犯了错误，经过改造，我可以用自己长处为社会主义服务。大家不了解我，组织上了解我，说我搞联盟，是强加于我，我保留自己意见。"

姚雪垠秉性鲠直，慷慨陈词，激动使他的双眼有些潮红，他不断用目光扫视会场，他的神态显得自信而坚定。

全场哗然，纷纷起来发言，作协的领导和市委来的女将们经过密议，宣布休会。

姚雪垠"特立独行"的态度激怒了运动的领导者,接着,他们又精心地进行了准备,发动群众从各个方面把姚雪垠批倒批臭。然而,领导者发现,姚雪垠并不是那么容易打倒的,他不但没有负罪感,还自以为有知识,可以凭本事吃饭,而且他还认为自己三十年代就是知名作家,在读者中有影响,不是谁想打倒就能打倒的。姚的顽固态度,使他们觉得靠群众大会大嗡大擂不一定能彻底推垮他,只有由领导出面讲话,讲清形势,交代政策,指明出路,才可能摧毁他的精神支柱。

于是,作协一位领导讲话了。他的讲话系统而全面,从全国文艺界的反右形势到武汉文艺界斗争的日渐深入,从右派进攻的罪恶企图到右派言论的反动实质,从这场斗争的不可避免到你死我活的性质都作了分析,最后他谈到右派分子的出路问题。他说:资产阶级右派分子在党和人民面前是有严重罪行的人,党采取敌我矛盾用内部矛盾处理的方法,是为了化消极因素为积极因素。你们的文章和言论,是反动的,但在我们社会主义强大力量的条件下,你们的文章和言论经过批判,可以作为反面教材教育人民,你们经过批判则成为我们的反面教员,这就是将毒草锄掉,化为肥料,培育香花。你们今后只有认罪服罪,通过劳动进行脱胎换骨的改造,重新做人。我们要造就自己的创作队伍、评论队伍,这是社会主义文学的依靠力量。我们也要团结各方面的朋友,来扩大我们力量。但是你们不属于这一类。你们不要存在任何幻想,不要以为自己有知识,有本领,可以写文章、出书,伺机东山再起。我告诉你们,各种报刊和出版机构,都是党领导下的社会主义事业单位,他们不会为你们的书和文章提供任何阵地。我奉劝你们不要和人民搞对抗,和党搞对抗,在广大工农群众之中,你们总是一小撮。没有你们,地球照样转,太阳照样从东边出来,我们社会主义事业照样蒸蒸日上的向前发展。

至此,姚雪垠期望"侥幸过关"的心理被彻底粉碎了。他原认为自己对于党和国家的各项方针政策,在经济、政治、外交等各方面的重要措施,从来是完全拥护的;所提的意见只是针对着文艺上的问题,目的是为了发展党的文艺事业;而且所有意见既不是政治上的反党言论,也压根儿不是企图推翻党的领导或阴谋夺权。根据这样的主观认识,他曾幻想领导最终必能够实事求是,不将他打成右派,硬推到敌人一边;他还幼稚地相信"批判从严,处理从宽"的说法,"我希望受过猛烈批判之后,到处理的时候实事求是,作出基本公正的结论,以后继续改造思想,继续搞我的创作"。

8月31日,《长江日报》在第一版登出文章《全面否定党对文艺事业的领导,右派分子姚雪垠阴险狡诈一贯反党,作协武汉分会连续召开座谈会进行了严正的彻底的揭发和批判》,从四个方面公开批判姚雪垠的右派罪行:

一、反对党的文艺方针,反对深入生活,抗拒思想改造;

二、反对党的领导,攻击党的文学事业;

三、勾结右派分子,组织"内外夹攻";

四、丑恶的历史,资产阶级的灵魂。

9月3日《人民日报》以《资产阶级文艺复辟的道路不通,姚雪垠的狂想破灭,作协武汉分会揭穿了这个右派分子的一贯反动本质》为标题,刊登了一则消息。全文如下:

本报讯　中国作家协会武汉分会从8月5日至29日召开了七次座谈会,揭发和批判了姚雪垠一贯反共反社会主义的言行。

姚雪垠长期以来仇视社会主义文艺方针,诬蔑执行毛主席的文艺方针是"原地踏步走,背诵去年的皇历"①。攻击毛主席提的文艺批评的政治标准和艺术标准的原则"不仅是简单的,而且是死的"②,一个"总原则"而已。他还把党对文艺事业的政治思想领导诬蔑为"教条主义的统治",说什么教条主义"上有领导,下有群众,形成了一种巨大的、沉重的社会力量"③。他还提出资产阶级"百无禁忌"④的"文学自由"来代替党的文艺方针。他还说马列主义对作家的创作也是"教条",他还反对作家深入生活,甚至说作家到工厂、农村生活是"划地为牢"⑤,是"捆缚"了作家的手脚。

姚雪垠还借反对宗派主义之名,诬蔑党由于"宗派主义作祟,发生了轻视和打击老作家的现象"⑥。他无中生有地造谣说:"有些作品不好的,却被捧到天上一样高,这些被推崇的大都是党员作家或解放区出来的作家"⑦,企图借此煽动一部分作家反对党,破坏党与非党的团结,制造"两个文坛"。他还

---

① 引文出自姚雪垠《谈打破清规与戒律》。
② 引文出自姚雪垠《谈打破清规与戒律》。
③ 引文出自姚雪垠《打开窗户说亮话》。
④ 引文出自姚雪垠《创作问题杂谈》。
⑤ 引文出自姚雪垠《创作问题杂谈》。
⑥ 引文出自姚雪垠《打开窗户说亮话》。
⑦ 引文出自姚雪垠《谈作协工作的不足与希望》。

把整个文艺界说成是阴暗凄惨的,是"臣不能议其君,子不能议其父"①的"封建时代","到处布置了绊马索,等着你一万个小心中的一个疏忽"②。

在全国大鸣大放期间,姚雪垠还从北京写信到武汉,要右派分子李蕤在"长江文艺"辟一专栏,专门发表攻击党的文章。

与此同时,他还跟北京、河南等地的右派分子彭子冈、姚芳藻、梅朵、苏金伞等过往频繁,交流反党的"内幕新闻",并到处传播谣言。

姚雪垠一贯以"进步作家"自居,剥开其外衣来看,却是一个彻头彻尾的资产阶级的丑恶的灵魂。他1927年混入共产党,不久便开了小差。他1937年重新混入党内,但却拒绝党分配给他的工作,并坚决主张"抗日必须统一服从国民党"。以后,他又写出《戎马恋》、《春暖花开的时候》等低级色情的作品,来帮助国民党腐蚀和麻醉青年。他还与文化特务头子张道藩勾勾搭搭,并与文化特务陈纪莹(滢)合办刊物《微波》,同时跟文化特务孙陵保存着"极其温暖的友情"。上海解放前夕,他又和叛党分子张松和、石小萍以及一些特务组成伪地下组织"中共中央华东局江南工作委员会",他自任"宣传部部长",进行了骇人听闻的政治投机活动,最后被党取缔。直到解放后八年的今天,他还在《卢沟桥礼赞》一文中,还丧心病狂地对全国人民的公敌蒋介石作了肉麻的歌颂。

10月初,武汉作协反右成果出来了,武汉作协三十多名在册干部(包括作家、编辑)中,被划右派十名(其中五名极右派)。共青团成员十一名,被开除团籍七名。长江文艺编辑部共有编辑十七名,被划右派七名。③

姚雪垠被划为极右派,被迫在处理意见上签字。

第四节 "逐客诚栽九畹兰"④

1957年的政治运动,不仅在姚雪垠的人生道路上留下了最为刻骨铭心的创

---

① 引文出自姚雪垠《打开窗户说亮话》。
② 引文出自姚雪垠《打开窗户说亮话》。
③ 转引自周勃《坎坷岁月的回忆》。
④ 姚雪垠诗《一九五七年被错划为"右派分子",今年彻底平反,感而赋此》(1979年春),全诗如次:"风雨崎岖二十年,未将羸马卸征鞍。刖工梦献连城璧,逐客私栽九畹兰。牛鬼蛇神迷黑榜,香花毒草乱朱栏。卷施纵死心犹活,乌柏经霜叶更丹。"

痛,也在他的文学道路上树立起了一块最为辉煌的里程碑。

1996 年,他在《为纪念茅盾先生诞生一百周年而作》一文中简略地谈到这场政治运动对于其生活道路和创作道路的深刻影响,写道:

> 一九五七年秋天,我在武汉被错划为"右派",在一生的生活道路上遭到了灭顶之灾,但是也挽救了我的文学事业。一九五七年的"反右"斗争,据说全国被划为"右派"的有五十五万多人,受连累的人数目不详。有的人不幸被划为"右派"之后,或者自杀,或者从此意志消沉,抱恨终身。而我不然,我利用等待下放劳动改造的几个月时间,一边哭一边写出了《李自成》第一卷的草稿。

这短短的几行字蕴含的信息量很大,至少涉及两个不能不深入探讨的问题:其一,他是怎样从这场"灭顶之灾"中挣脱出来的? 其二,他为何称这场运动"挽救"了他的文学事业?

首先探讨第一个问题:他是怎样从这场"灭顶之灾"中挣脱出来的?

何谓"灭顶之灾"? 指的是当时泛滥于报刊的对其强加的无中生有的政治诽谤("文化特务"之类的罪名)和不堪复述的人身攻击("色情作家"之类的罪名),也指的是运动后期有关部门对其政治历史的无端曲解和无限上纲("反党"之类的罪名);前一类罪名来源于 20 世纪 40 年代末,后一类罪名来自 50 年代初。虽说这些罪名都属莫须有,但社会效果却截然不同——时代变了,主导者变了,舆论场也不同了。

姚雪垠生平第一次陷入百口莫辩的境地。翌年他曾向同在东西湖农场"劳改"的友人周勃抱怨道:"我真的错了吗? 报纸所揭露的历史是真实的吗? 有些人对四十年代对我的诬蔑和攻击是非常清楚的,为什么他要将这些诬陷重新翻出来并加以认定呢? 这不仅悖于事实,也违背自己良心! 审干中在大量外调的基础上给我的历史作过结论,并且让我签了字,然后进入档案,这都是有文字在案的事,怎么今天都翻出来,完全任人胡说八道,无中生有呢? 还有,对我的文章的批判,怎么不看全文表达的意思,不看上下句的联系,专事掐头去尾,断章取义来给人定罪呢。"

他感到非常委屈。晚年在回忆文章中谈道:"对于党和国家的各项方针政策,在经济、政治、外交等各方面的重要措施,我从来是完全拥护的。应该全面地看我这个人,不应该仅仅抓住几句说过了头的话而不顾其余,将我打成右派。何况,我只是对文艺上的问题提出了我的意见,为的是发展党的文艺事业;我的所有意见既不是政治上的反党言论,也压根儿不是企图推翻党的领导或阴谋夺权。根据这样的主观认识,我幻想党最终必能够实事求是,不将我打成右派,硬推到敌人一边。"

他一度濒临崩溃。晚年他在回忆文章中谈道:"当我读到了报刊上的那些不实事求是的所谓'揭露'和'批判',明白了戴上'极右派'帽子的严重后果以后,我认为'我完了'。我常常痛哭,往往在夜间猛然醒来也哭。"某哲人有言:"不曾哭过长夜的人,不足以语人生。"在泪水中涅槃,此之谓也。

他甚至有过"自杀"的念头。两年后,他曾与"难友"周勃聊到这个不堪回首的往事:

(周勃问:)"听说你有过自杀的念头,是吗?"

(他答道:)"只是一闪念。就是那天宣布我只能做反面教员,给一碗饭吃养起来,不准再搞创作了。当时听了感到彻底完蛋了,绝望到了极点,我想如果夺走我手中的笔,不让我写作,我活着还有什么意义。那天晚上我一边痛哭,一边喊着要自杀。恰巧高琨从门口走过,听到喊声进来劝我,使我宽慰了许多,此后再没有萌生这个念头了。我想我当时突然受到刺激,心理上难以承受,可能是一种谵妄症所致。"

对于一位矢志于攀登文学高峰的作家来说,最残酷的惩罚莫过于不准他再搞创作;称之为"灭顶之灾",诚不为过!

姚雪垠晚年在回忆录中曾解析当年自我拯救的心路历程,写道:

如果要问我,是什么力量推动我在一九五七年秋天开始文学上雄心勃勃的新长征?首要的精神力量就来自爱国主义思想和对祖国文学事业的强烈责任感……(笔者有删节,下同)它是纲,是核心,愈在艰难困苦时候愈要强调我们对祖国、对人民的革命责任感。

第二个给我提供精神力量的是我的"过程论"。我将社会现象的发生和转化都看做是或短或长的运动过程。反右派斗争也是一个时期的社会现象,一个历史的运动过程,也就是一个历史阶段。它或迟或早也要转入下一个历史的运动过程或历史阶段。这种历史运动过程的转变就是自我否定。不论是一部分一部分的自我否定,或是突然全部自我否定,反正它不能永远不变……

另外,我也从中国古代文化遗产中找精神支持。我时常在心中背诵孟子的一段话:"故天将降大任于是人也,必先苦其心志,劳其筋骨,饿其体肤,空乏其身，行拂乱其所为，所以动心忍性，曾益其所不能。"……有时我怀着沉重的感情在心中背诵司马迁的一段话："盖文王拘而演《周易》；仲尼厄而作《春秋》；屈原放逐，乃赋《离骚》；左丘失明，厥有《国语》；孙子膑脚，兵法修列；不韦迁蜀，世传《吕览》；韩非囚秦，《说难》、《孤愤》；《诗》三百篇，大抵圣贤发愤之所为作也。此人皆意有所郁结，不得通其道，故述往事，思来者。"除此之外，我还常常想到《李自成》这部作品写好之后，可能不免遭到坎坷命运。我常常想着卞和献玉的故事，鼓舞我的决心。

概略地说，当年支撑着作家免于"崩溃"的"精神力量"有三：其一，"责任感"；其二，"过程论"；其三，"圣贤之道"。

关于"责任感"，毋庸置疑，这是姚雪垠为人为文的根本。如前所述，少年求学时，他已树立"立大志，做大事"的人生观；青年时，他曾幻想着"在十年八年之内能够成为一个有相当成就的马克思主义史学家或文学史家"；踏上文坛后，他便"自认为负有推动中华民族文学向前发展的历史责任①。他曾坦率地承认："这一特点，从少年到暮年，不曾改变。这种积极浪漫主义和富于开拓事业精神的英雄主义是我从少年时代起就显露出的性格上的一个特点。"他还曾把这种性格特点概括为"非常坚强的事业心和永不消沉的进取心"②。

关于"过程论"，可以认为，这是其中年以后衰而复振的哲学基础。如前所述，他前半生中多次遭遇重大的人生关口，或曾用"小说化的生活态度"来加以化解；在这场政治运动中，他把这种生活态度上升为具有哲学意味的"过程论"。何谓"过程论"，现行的《马克思主义基本原理》教科书诠释如下：

（1）内容：事物的发展是一个过程。一切事物只有经过一定的过程才能实现自身的发展。过程是指一切事物都有其发生、发展和转化为其他事物的历史，都有它的过去、现在和未来。自然界、人类社会和思维领域中的一切现象都是作为过程而存在、作为过程而发展的。世界是过程的集合体。

（2）方法论：要求用历史的眼光看问题，把一切事物如实地看做是变化、发展的过程。既要了解它们的过去，观察它们的现在，又要预见它们的未来。

当年，姚雪垠不仅以此来勉励自己，也曾"悄悄地"用这个理论"鼓励另外被错划为右派的同志"，周勃便是被他"鼓励"过的一个。后者在回忆文章中复述了

---

① 姚雪垠：《八十愧言》。
② 姚雪垠：《我的前半生》。

姚雪垠当年的两段表述：

> 我认为历史的发展表现为一个一个过程，也即是一个个阶段，今天这个过程，或迟或早要转入下一个过程，这种历史运动过程的转变就是自我否定，不论部分的自我否定，或是全部自我否定，总是要发生的。

> 既然是一个过程接着一个过程，我们就不能坐等某一过程的结束，像司马迁说的"从俗浮沉，与时俯仰"。而应该振作起来，在特殊的环境中，在荆棘的道路上，利用自己的优势，执著于自己的目标，做出成绩来。

在姚雪垠看来，"过程论"既是认识论也是方法论，不仅是对历史事件本质和规律的正确描述，也能指导实践以推动客观事物的发展进程。后一点认识弥足珍贵，它是区分辩证唯物论与机械唯物论的重要标志之一。

关于"圣贤之道"，亦可以认为，这是其精神力量的另一个源头。如前所述，作家少年求学时曾熟记"志在圣贤则为圣贤，志在豪杰则为豪杰①"等励志名言，更奉屈原、杜甫等先贤为人格典范。综观其一生，他不仅有以圣贤之道教人之志，亦有以圣贤之道治己之愿。说来话长，有待后述。

不过，话又要说回来，这三种精神力量（"责任感""过程论"和"圣贤之道"）便足以将作家从这场"灭顶之灾"中挽救出来吗？似乎还不够。

姚雪垠在另一篇回忆文章《我的道路》中对此有着更为切实的表述，该文写讫于1980年1月26日，早于其回忆录《学习追求五十年》。该文认真地剖析了当年"我觉得自己不该就此倒下"的主观和客观因素，见如下：

> 第一，我虽然走过错路，但我没有隐瞒过任何历史问题，没有在政治上做过损害党的事情，不害怕批斗时那些几乎令我活不下去的话，相信将来某一天，党会实事求是地看待我的问题。历史总是迂回曲折地向前发展，而相信党、相信群众与相信历史的发展是统一的。第二，我在五六年和五七年虽然谈了一些文艺方面的问题，但我从无反党反社会主义的念头。从未想过要在政治方面为自己捞到什么好处。人们在批斗我时常说我对党和社会主义怀有"刻骨仇恨"，对此我无权反驳，但敢信自己没有。因此我要坚强地活下去，用事实证明我不但没有反党反社会主义的动机，而且立志要为党和社会主义的文学事业贡献自己的力量。第三，我将一切社会运动都看做历史的过程，不是静止的死的。一个人一时栽了跟头，只要他的工作符合人民的利益，

---

① 引文出自姚雪垠早年背诵过的《论说文范》首篇《立志论》。

符合历史发展的方向，他终究是有前途的。即令生前被误解，遭毁灭，死后仍有前途，历史会给予肯定。……（笔者删节）第四，我当时没有料到在我生前《李自成》会有出版机会，但我不在乎这一点。我决心将小说写出来，即使我死后由我的后人将稿子拿出来献给党和人民，也是我为祖国的文学事业作出了应有的贡献。

以上表述可以概括为八个字："政治自信"和"艺术自信"①！

所谓"政治自信"，即坚信自己的政治品质和政治历史，并相信党、相信群众、相信历史终会给予自己以实事求是的评价；所谓"艺术自信"，即坚信自己的艺术才能和艺术成就，并相信自己的艺术作品能够为祖国的文学事业增光添彩。理解了前一点，我们才能体味到作家奉为精神寄托的"过程论"所蕴含的辩证法的思想光辉；理解了后一点，我们才能体味出作家把《李自成》的创作说成是"文学上雄心勃勃的新长征"的丰富内涵。

顺便再写一句。1963年《李自成》第一卷出版以后，姚雪垠曾兴奋地口占一联以记之："刖工梦献连城璧，逐客诚栽九畹兰。"②这两句诗，有深意存焉！

接着探讨第二个问题：他为何称这场运动"挽救"了他的文学事业？

其一，这场运动使他的生活和创作状态发生了断崖似的改变，使其被动地陷入了绝对的"孤立状态"，诱迫其产生了极为强烈的反弹情绪，从而激发了其绝境求生的意志力。

古人云：诗必穷而后工。这里所说的"穷"，不单指物质上的穷困，而更指精神上的困厄及心志上的感愤。姚雪垠最为仰慕的圣贤行事，如"卞和献玉"，屈原赋《离骚》，司马迁做《史记》，大抵如是。

如前所述，姚雪垠前半生的几部名作也大都创作于这种精神状态或类似于这种精神状态之下：《"差半车麦秸"》写成于其被逐出风雨编辑部之后，《春暖花开的时候》创作于其政治上遭遇重大蹭蹬之时，《长夜》创作于其被"胡风派"恶意诽谤之际。20世纪50年代初，他虽则立志要"打翻身仗"，却一直未能进入这种精神状态之中。究其根源，大概是未能彻底断绝政治上的念想，未能彻底斩断名缰

---

①   1988年5月间，姚雪垠曾与其子海天、媳王琪有过一番谈话。他在谈话中说道："那个时候我想，第一个我历史上没有什么大的问题；第二个我有真才实学吧，不是买空卖空的，我要通过作品发挥出来……"后来姚海天将录音带整理为文，赋题为《我为什么要写〈李自成〉？——与姚海天、王琪的一次谈话》，将收入《姚雪垠全集》。

②   后数年，作者将"逐客诚栽九畹兰"改为"逐客私栽九畹兰"。参看周勃先生回忆文章《坎坷岁月的回忆》。

利锁的束缚吧？但当其创作趋时顺势的作品《捕虎记》时，也曾哀叹过："我感到沿着这条道路走下去，我的一生将是一个没有出息的作家。"然而，在没有强大的外力作用下，他还不能自主地进入那种状态！

这场运动竟被动地赐予了作家这种难得的机遇。

姚雪垠在《学习追求五十年》中感慨地回忆道：

> 定了案，呈报上级，等候批示，并等候下放一个地方，监督劳动。没有人敢同我来往，见面也不点头，怕的是丧失立场。我自己同同志的谈话权利被严格限制了。这种办法叫做"将右派孤立起来"。这时我才知道"孤立"可以作为动词用，是一种惩罚性待遇。这种待遇会给被惩罚者极大的精神痛苦，但是也会引起反作用，使被惩罚者从内心深处产生反抗情绪。我就是在被批斗之后，在被孤立的情况下开始写《李自成》第一卷，居然写出来了。从《李自成》第一卷出版以后，我自己常说，假若不是五七年被划为"右派"，我大概永远写不出《李自成》。

"极大的精神痛苦"激发出了"（极大的）反抗情绪"，赐予他以极大的改弦易辙的精神力量。

其二，这场运动把姚雪垠打为极右派，不仅剥夺了他的创作权和发表权，同时也剥夺了他深入现实生活的权利；他在意识到此后再无创作现实生活题材作品的可能性之后，被迫选取历史生活题材，在荒芜的历史题材长篇小说领域里开始了艰难的拓荒。概而言之，这场运动使作家被动地进入了自由抒写的状态。

古人云："失之东隅，收之桑榆。"姚雪垠向来十分仰慕先贤们的这种豁达开朗的精神状态。他在回忆录中借用时代流行语"坏事变好事"来表达这种朴素的得失观，并戏称为"我的辩证法"。写道：

> 当时搞运动的同志们认为将我作为"反面教员"以教育别人，这叫做"将坏事变为好事"。这是当时的流行看法，不是某几位同志的意见。……（笔者有删节）我当时对他们的辩证法心中不服，也暗暗地试图运用我所知道的辩证法考虑我的问题，开始时还有些朦胧，随后就心中清楚，完全自觉，获得了新的信心。我认为在遭到毁灭性的挫折中自己站起来，被别人剥夺了发表作品的权利，正可以趁此写我自己愿意写的题材，采用我自己追求的写作方法，这是我的"将坏事变为好事"的辩证法。

所谓"愿意写的题材"，大概指的是《露水夫妻》（1933）、《无名作家之死》（1933）、《生死路》（1936）、《七月的夜》（1936）、《长夜》（1946）、《崇祯皇帝传》

（1948）及《白杨树》（1955）一类的作品；而与之对应的"应该写的题材"，大概指的是《血衣》（1933）、《碉堡风波》（1936）、《"差半车麦秸"》（1937）、《春暖花开的时候》（1940）、《牛全德与红萝卜》（1940）、《戎马恋》（1941）、《新苗》（1941）及《捕虎记》（1957）一类的作品。前一类作品多表现世相人情，与时事政治的关系比较疏远；后一类作品多描写现实生活，且与时事政治密切相关。

姚雪垠是在20世纪30年代"革命文学"浪潮中走上文坛的作家，与政党政治有着割不断的血缘关系，为了服务于革命信仰，他宁可放弃"愿意写的题材"而选取"应该写的题材"。80年代他在接受记者采访时曾感慨地谈道："1957年虽然把我打倒了，但我不甘心被打倒，我决不自杀，认为自己是有用人才，当时也没想到我以后会成为一个历史小说家。解放后也没打算写历史小说，因为我最关注的是现实题材。"①

从"应该写的题材"转向"愿意写的题材"，从现实题材转向历史题材，虽然不是姚雪垠的自觉选择，却可视为他的不幸之幸。

"转向"的意义可以从两方面来看：一、姚雪垠当年并非没有清楚地意识到他所固有的生活优势和语言优势在表现日新月异的"现实题材"时已经日显捉襟见肘之窘态，无论是按照上级意旨创作的《捕虎记》，或是自主选择的《青春》，已不再具有早年作品中的那种飞扬灵动的艺术感觉，也已不再具有早年作品中的那种摄人心魄的艺术力量。如果继续沿着这条道路走下去，或将与企望中的文学高峰无缘。二、姚雪垠当年已经非常痛切地感受到各种"清规戒律"对创作"现实题材"文学作品的束缚，与此同时他已多次审慎地权衡自己所具有的创作"历史题材"小说的综合优势，并在年前已初步决定选取"明末的历史大悲剧"题材创作长篇历史小说。而当其迫于外部压力远离"现实题材"而跨入"历史题材"之后，他才真正意识到自己的综合优势实在此而不在彼！

其三，这场运动使姚雪垠被放逐于文学创作队伍之外，不仅封闭了其接触现实生活的路径，也粉碎了其艺术上趋时顺势的打算，并彻底打消了其"著书都为稻粱谋"的利害考虑②。而且，更为重要的是，这场运动使其被动地摆脱了各种"清规戒律"和"条条框框"的束缚，他再也无须考虑如何配合"中心工作"，再也无须顾忌什么"本质论"或"无冲突论"，再也没有任何非本我、非艺术的计较。

---

① 杨建业录音整理稿。
② 参看姚雪垠1974年7月27日致茅盾信。

他只剩下了一个念头：创作一部最能证实自己政治品质和艺术才能的作品，奉献给祖国和人民，不管是生前，还是在死后！

这就是其诗作"刖工梦献连城璧，逐客诚栽九畹兰"的本意！

于是，在"孤立"的环境中，他进入了疯狂的创作状态①！

对于姚雪垠来说，这是一次空前的文学冒险——

当年，国内文坛上尚未出现与古代"历史演义小说"截然不同的现代"长篇历史小说"这一体裁的成功作品②；

当年，国内文坛上尚未有过关于现代"长篇历史小说"创作方法的理论探讨；

当年，他对全书结构、主题思想和美学追求还没有一个清晰的认识……③

当年，他只能凭借手头有限的几本历史书和读史笔记来进行艺术敷演④；

当年，他甚至找不到一个可以交流切磋的同行……⑤

1957 年 9 月下旬，在汉口车站路伟英里 21 号的一间斗室里，姚雪垠在一个售价八元的活页笔记本上，秘密地开始了长篇历史小说《李自成》的创作。其写作过程是既亢奋又辛酸的，他曾自述称："我常常一边写一边哭，有时哭得不能写下去，我只好停顿下来，等胸中略微平静时继续写。可以说，《李自成》第一卷是用眼泪写出来的。"他还曾自述道：

> 在几个月的时间里，在下放劳动之前大约一个月，我将第一卷抢出来了，
> 并且将第二卷也写了一些。当然，我写得十分粗糙，只能叫做草稿。我从来

① 参看姚雪垠 1961 年 11 月 13 日给中国青年出版社编辑信，信中写道："要不是对艺术事业有一股疯劲，这个二十年的愿望大概至今仍留在空想阶段。"

② 姚雪垠在《学习追求五十年》（新版）谈道：我国的历史小说起源于宋朝说话人的"讲史"，专门说三国故事的称做"说三分"。我国历史上曾产生过不少历史小说，并且产生过像《三国演义》那样典范的不朽作品。但是《三国演义》之后，这一条文学传统断了。至少可以说，没有再产生过够得上文学水平的长篇历史小说。五四新文学运动以来的几十年，我只读到极少的短篇历史小说，而没有看见长篇……

③ 姚雪垠回忆录："在一九五七年开始写《李自成》时，这部小说将有多大规模，将分作几卷，都没有时间考虑。"

④ 1993 年 6 月 29 日给林默涵信：所谓"孤立"待遇，现在青年人不清楚，即不允许我再与朋友交往、谈话和通信，也不允许到图书馆借阅资料。当时，我自己的书籍存放在开封家中，不在手头。

⑤ 姚雪垠逝世后，湖北作家姜弘在《姚雪垠与毛泽东》中写道："那已经是 1957 年的秋天，运动已近尾声。我们这些右派每天上午学习或劳动（用旧报纸做信封），下午在家里写检查。那时姚雪垠一个人在武汉，住在我的对面。运动中我们已经终止了来往。一天晚上，他突然把刚刚写出来的关于李自成的小说稿拿给我看，征求我的意见，并详细谈了他的写作意图和初步计划。这都是在夜深人静的时候，他偷偷地写。我偷偷地读，过几天换一次稿子，谈谈各自的看法。这样一直到第二年初，他写完第一单元。"因无旁证，不敢深信，录以备考。

不说它是初稿。但是，有了这部草稿就是《李自成》第一卷由设想变成了客观存在，使下一步进行修改有了物质基础，而且在气候稍稍转暖时容易得到领导的注意和支持。倘若当时不抢出这部草稿，随后时过境迁，未必会有机会写了。①

请留意"在气候稍稍转暖时容易得到领导的注意和支持"一句，这是作家心迹的自然流露：他不仅有着强烈的政治自信和艺术自信，也有着强烈的"政治他信"和"艺术他信"，即相信党终归会拨乱反正，相信艺术终归有撄取人心②的魅力。

这也是其诗作"刖工梦献连城璧，逐客诚栽九畹兰"的另一层真意！

顺便说一事，1955 年农历除夕胡风在囚室里作《怀春室杂诗》，诗中有"空中窸索听归鸟，眼里朦胧望圣旗"之句。他们这一代知识分子大都如此吧？！

姚雪垠晚年曾别出机杼地总结反右派斗争的历史教训，认为："文艺战线上'反右派斗争'的性质基本上是现实主义同教条主义的斗争。五七年以后，这一斗争仍在继续，直到十一届三中全会之后，这一斗争在理论上才基本上结束了。"③

不具有如他这番经历和心志者，写不出这样的文字。

---

① 姚雪垠：《学习追求五十年》。
② "撄取人心"一语化自《庄子·外篇·在宥》，其文曰："偾骄而不可系者，其唯人心乎！昔者黄帝始以仁义撄人之心，尧、舜于是乎股无胈，胫无毛，以养天下之形。"下不另注。
③ 姚雪垠：《学习追求五十年》。

第十五章

『谁会三春寸草心』①

1957—

① 引自姚雪垠 1961 年作七绝组诗《题〈李自成〉第一卷原稿》之九：眷顾多方来雨露，惘然无语表微忱。五更枕上潸潸泪，谁会三春寸草心。

第一节 草稿管窥

从 1957 年 9 月下旬至 1958 年 8 月下旬,姚雪垠在绝对"孤立"的环境中开始了长篇历史小说《李自成》的创作。在不到一年的时间里,完成了该小说第一卷和第二卷(部分)的草稿。

作家晚年忆及当年的写作条件,写道:

> 我开始动笔写《李自成》,大概在一九五七年的十月上旬。为着重视这一项工作,我特意花八元钱买了本皮面的活页夹。那时物价较低,八元钱对我说是相当贵的,所以这一件在今天看来微不足道的小事,在当时也反映了我的决心。活页纸的大小如同中学生们用的练习簿,横格较窄,我用长杆蘸水钢笔写成蝇头小字。这样的稿纸不好对字句作修改,而且是两面书写,更没法大段修改。但是使用活页夹,将长篇小说写在活页纸上,在当时可算是"英明决策"。我住的房间靠近大门,房门是活动门,没有插销,没法关严。每听见有脚步声走进大门,我赶快轻轻地合上活页皮夹,坐着不动。有时某位同志推门进来看看,看见我的面前摆着活页夹,问我在写什么,我就回答说我是写思想检查。那时候不像"文化大革命",对我没有进行过搜查,从来没有人翻看我的活页夹。等进来的同志走了,脚步声上楼了,我小心地重新打开活页夹,继续往下写。我一边写一边警惕着脚步声音。倘若脚步声从楼上下来,我同样赶快合起来活页夹,静坐不动,直等脚步声出了大门,才敢将活页夹打开写作。

如此窘迫的写作条件,真是举世罕有! 如此忘情的创作,也真是旷世未闻! 作家得有多么强大的灵魂,得有多么超绝的毅力啊!

这部草稿共有多少字数呢?

1975 年 8 月 26 日,他在给冯雪峰信中写道:"《李自成》第 1 卷是在 57 年秋末冬初开始动笔的,抢在下东西湖农场之前匆匆赶出了大约 40 万字。"①

作家对这部草稿的自评如何呢?

作家晚年在回忆录中曾谈道:"那时候,我还不曾对'长篇小说的美学'问题

---

① 姚雪垠还有更为精确的说法,且待后述。

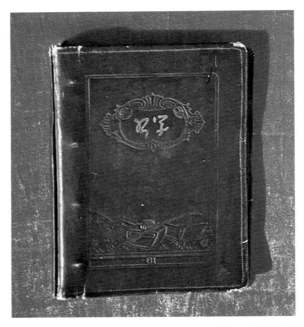

姚雪垠被划为右派后,在等待处理的日子里利用此活页本来开始偷偷地写作《李自成》

有系统的考虑,也不暇多考虑,只是想尽可能争取时间,在戴着'右派'帽子下放'监督劳动'之前将《李自成》写出较多的草稿,以后再作计较。但是,以后《李自成》的文学风格也竟然基本上在此时确定。"

这部草稿究竟是何模样呢?

非常幸运,草稿有一部分被保存了下来。作家遗留有一个底部印有"中国作家协会武汉分会"红字的文件袋,袋面上亲笔题签着"《李自成》最初的稿件(残稿)",里面装有257页写满蝇头小字的活页纸,基本上是单面书写。活页纸32开(长193mm,宽146mm,4孔),每页26行,无格,每行大约写30个字(含标点)。以每页约780个字计,"残稿"257页,约有20万字①。

与这部草稿同期或稍晚的创作资料也有一部分被保存了下来。作家遗留有20世纪50年代的三个笔记本,其中两本是抄录的明末史料,有分类,有点评,有批语;另一本扉页上题有"《李自成》细节构思记零"字样,其内容皆与草稿的整体构思、情节调整及性格定性有关②。

---

① 中州古籍出版社2016年影印出版的《〈李自成〉第一卷手稿》,所据稿本并非此草稿本。
② 该笔记本使用时间当在1958—1961年间。

细细阅读草稿和这三本笔记本，不仅可以使我们对《李自成》的最初面貌有所了解，也可对作家上述回忆的相关部分稍作补充：

譬如，草稿的写作时间和字数，笔记本上有这样一条记录："《李自成》第一卷，正式动笔于 1957 年 9 月下旬，写完最后一章是在 1958 年 5 月 31 日。大概 50 多万字。因有些章尚须大改和补充，故不能算是脱稿，只能算是草稿。"根据考据学的一般原则，该记录时间最早，因而也最具权威性。笔记本未提及第二卷事，另有原因①。

又譬如，作家在草稿上曾有过修改，"对字句作修改"处很多，整行、整段、整页的删除和调整也有；章号有多次剪贴或涂改的痕迹，起初标为"回"，后来改标为"章"，均无旧式回目或新式标题的痕迹②；章（回）顺序可能经过多次调整：章下原分有节，用序号"一""二"等表示，后来删去节号另标注为"空二行"或"空三行"；卷号亦有后改的痕迹，第三章页首标有"第二卷"字样，第二十回页末却标有"第一卷终"字样，其中缘由待考。

草稿全本应有二十章③，现仅存十三章（含两"回"），第一、二、九、十二、十三、十五、十六章（回）缺佚。

笔者认真阅读了这部草稿，按"章号""页数""主要内容"和"备注"分为四栏，编制了一个简单的表格；现有章（回）的"主要内容"为笔者所归纳，并非原有的小标题；缺佚章（回）的"主要内容"，笔者根据草稿上下文的提示，并参照作家当年在笔记本中的记录，也归纳出来；草稿中的重点标注则放在"备注"栏。

章号	页数	主要内容	备注
第一章（佚）		崇祯皇帝出场 "北京在戒严中"	
第二章（佚）		李自成出场 "明月、霜风、红旗"	

---

① 笔者揣测，姚雪垠当年所写的草稿只有第一卷，后来将其中一部分章节划到第二卷。

② 姚雪垠在回忆录中谈道："一九五七年我试着拟出一些回目，对仗相当工稳，但是我只作为自己消遣解闷，两三天后就烧掉了。"

③ 1961 年前后，姚雪垠在一个笔记本上有记录："将现有的章缩小，二十章可分为四十章或更多一些。"

（续表）

章号	页数	主要内容	备注
第三章	14	黄道周谏练饷被下狱	首页右上标为"第二卷"
第四章	16	刘宗周上疏被革职	
第五章	11	杨嗣昌督师奉命出京，讨伐"复叛"的张献忠	曾被改为"第四章"
第六章	13	杨嗣昌襄阳训示众将，定计放李自成出武关	曾被改为"第五章"
第七章	15	李自成困居商洛山	
第八章	21	刘宗敏计赚宋家寨	
第九章（佚）		李自成出武关，投奔张献忠	
第十章	14	尚炯获知张献忠欲害李自成，派亲兵王成奔回老营报信	
第十一章	14	高夫人出场稳住老营，自成率部西逃大巴山	
第十二章（佚）		尚炯荐牛金星	
第十三章（佚）		牛金星入狱	
第十四章	9	牛金星与宋献策谈天相人事	
第十五章（佚）		主战派与主和派之争	
第十六章（佚）		卢象升殉国	
第十七章	30	崇祯向勋戚借助	
第十八章	30	勋戚对崇祯作祟	
第十九回	38	杨嗣昌劝降，义军陷"天牢"刘宗敏灰心，李自成欲自杀	
第二十回	32	刘宗敏卜卦、立誓、杀妻李自成率五十骑奔河南	末页右下标"第一卷终"

读过《李自成》单行本的读者可以看出，这部草稿涵盖了明朝崇祯十一年至十三年间李自成农民军由衰转盛的那一段历史，即从"南原大战"至"星驰入豫"的战斗历程。对照《李自成》单行本，这部标为"第一卷终"的草稿，不仅包含了单行本第一卷的主要内容，而且也包含有第二卷的大部分内容①。这样，我们就可以理解作家后来为什么在回忆录中说"我将第一卷抢出来了，并且将第二卷也写了一些"的缘由了。

草稿中第一位出场人物是崇祯皇帝，第二位才是李自成②；前者占有的篇幅多于后者，前者性格的生动性不逊于后者，前者人际圈的丰富性也稍胜于后者。如前所述，20世纪40年代初作家曾立志创作长篇历史小说《崇祯皇帝》，40年代末曾发表长篇读史笔记《崇祯皇帝传》，当年作家已明确这部未来的长篇历史小说中将有一个绾系全局的中心人物（崇祯），将有不下于两条的矛盾线（农民战争和民族战争），将有不少于两个的历史大悲剧（崇祯的悲剧和整个民族的悲剧）。多年沉湎于明末历史的学术积累奠定了草稿非同一般的艺术布局，也成就了草稿大气磅礴的开篇。顺带说句闲话，后来作家曾多次想过要调整崇祯与李自成的出场顺序，都因考虑到艺术上有难以克服的困难而收手。

笔者将这部草稿现存章（回）的内容及缺佚章（回）应有的内容稍加连缀，聚焦于李自成农民军的行动轨迹，编绘出其由衰转盛三年间的"路线图"，如下：

> 崇祯十一年冬，潼关南原大战——率十八骑突围——崇祯十二年，被困商洛山——遭逢时疫——冬，计赚宋家寨，逸出武关——崇祯十三年春，奔鄂西会张献忠——尚炯获知张献忠火并阴谋，派亲兵王成回营报信——五月，李自成西逃至大巴山——七月，息马夔东，读《通鉴》，省天下大势——九月，杨嗣昌派李赞画劝降继而围剿——沿大巴山西麓北上突围——被困川陕交界绝地（"天牢"）——将士离心，归降者众——李自成欲自杀，刘宗敏占卦、杀妻——苦战突围，痛失爱女秀芝③——北向入陕，东向郧均——率五十骑星驰入豫。

这幅"路线图"较之《李自成》第一、二卷单行本当有许多的不同。如果能将

① 《李自成》第二卷在"星驰入豫"后，还有打洛阳和杀福王的情节。

② 姚雪垠当年的笔记本中有这样一段记录："几天来再三思考，人物把'明月、霜风、红旗'改作第一章，技巧上有很难克服的困难，决定放弃这个打算，仍旧让崇祯先出场。"可证，最初草稿中的第一位出场人物是崇祯皇帝，第二章的原标题为《明月、霜风、红旗》。

③ 李自成的女儿，在草稿中名为秀芝，在《李自成》中为兰芝。

这草稿与单行本进行"比较"研究，也许能帮助我们更真切地了解作家在探索"历史小说创作新道路"上的艰难跋涉吧。①

大体说来，草稿较之单行本可谓同中有异：相同的是，它们对明末历史发展的大方向、大趋势、大模样的理解和表现基本上是相同的；不同的是，它们在对历史细节和小说人物的理解和处理上有着很大的差异。

相同处不待多说，不同处可略点几处——

草稿中未写"谷城会"（崇祯十二年李自成潜往谷城会见张献忠事），但写了"兴山会"（崇祯十三年春李自成出武关赴鄂西兴山投奔张献忠事）。

草稿中未写张献忠旧部王吉元冒死报信事，却有孙可望小妾徐丽贞为报恩向老神医尚炯透露张献忠火并阴谋的情节，飞马突围者是尚的亲兵王成。

草稿中未见高夫人率部潜伏豫西崤山事，也未有"绣旗""树旗"的情节，但以浓墨重彩描写了她在老营中一言九鼎的崇高地位。

草稿中未有"女兵营"，也未见三"慧"，高夫人身边甚至没有一个女亲兵；但有关于老营"战斗单位"之一的"孩儿兵"的描写，张鼐、罗虎、李来亨等在"天牢"突围战中都有精彩表现。

草稿中未见大将郝摇旗，因而也就没有"闯王义送摇旗"的情节；其余将领刘宗敏、高一功、田见秀、袁宗弟、刘体纯、马世耀、谷可成等均各有表现。

草稿里有"计赚宋家寨"的描写，但与敌方卧底周旋者却是刘体纯；有"马三婆下神"情节，但"病人"不是宋守礼而是刘宗敏。

草稿里有"深山息马"的情节，但地点不在"汉南"而在"夔东"。

草稿里有"星驰入豫"的情节，但写的不是战略机动而是溃围逃遁。

……

也许，草稿较之单行本最大的不同在于"深山息马"和"星驰入豫"的情节设计——作家当年没有查阅史料的自由，还不能有意识地摆脱李自成义军曾受困于鱼复诸山等旧说的束缚，因而无缘于单行本中"息马汉南"的情节设计；作家当年只能因循旧说，以浓墨重彩描写农民军被困于大巴山"天牢"后的绝地挣扎及死战得脱的悲壮经历，于是便有单行本中所未见的李自成欲自经、刘宗敏占卦杀妻、独生女秀芝（兰芝）阵殁等场景描写。

---

① 《李自成》第一卷成稿有四种，草稿（1958）、初稿（1961）、修改稿（1962）和修订稿（1963），详见下节。

一言以蔽之,草稿中的李自成形象颇多草莽气,还远未"成熟"①。

也许,如上种种都是作家仓促动笔而留下的痕迹。毋庸讳言,作家当年是在未完成历史研究和艺术构思的情况下匆匆起笔的。他虽然浏览过一些明史资料,但还有许多重要的史料没有读到,换言之,"深入历史"的这一步还未完成;而且,作家也还没有进入到考据史实、分辨真伪的阶段,亦即还未具备"跳出历史"的基础。从"写作学"的角度进行考察,草稿具有非常珍贵的研究价值。

笔者饶有兴趣地阅读了草稿中那些被单行本弃置的章节,试图从中揣摩出作家当年复杂的创作心路。

如下是草稿中关于李自成逃脱张献忠暗算后"深山息马"的描写:

> （草稿第十七章）从张献忠的刀口下逃走以后,李自成在川楚交界的大巴山中转来转去,惟恐官军和张献忠知道他的踪迹。

> （草稿第十九回）当张献忠的主力从巫山和巫溪一带向西移动的时候,李自成也从大巴山中出来,到了夔州的东边。张献忠进川的时候,曾派人到大巴山中找到他,向他解释并无害他之意,劝他也来四川,免得久困在大巴山中。他当然不信张献忠的解释。但是大巴山中确实不能再待下去,那样不但会受官兵包围和歼灭,也会饿死。……（笔者删节）他也不打算在此多待,只希望赶快张罗一些粮食,看一看官兵的动向,然后或往东,或往北,另找出路。为着张罗米盐方便起见,他大胆地挺进到白帝城背后,把老营扎在赤岬城附近的一个山村里。

从上可知,草稿所描写的"深山息马",其地理位置在蜀地夔州东部赤岬城附近,而不是单行本中所表述的湖广西北部的郧阳、均州的丛山之中。

如下是草稿中关于李自成农民军突破杨嗣昌重围后"星驰入豫"的描写:

> （草稿第十九回）黄昏时候,农民军在一个近水的山脚下扎营,准备好生休息一夜,明天沿着大巴山的西麓进入陕西,然后向东,超过湖广的郧阳和均州,奔往河南。没想到半夜时候,官军突然几路进攻,几乎摸进了闯王的中军。农民军从睡梦中惊醒,匆忙应战。幸而上下一心,拼死抵挡杀退了官军。可是官军依仗人多,把他们四面围住。四面是喊杀声,火光和炮声,并且有人

---

① 单行本《李自成》第一卷中的李自成是一位"成熟"的农民英雄形象。请参看姚雪垠1964年的文章《我所理解的李自成》。

在山头上大声劝降……（笔者删节，下同）

（草稿第二十回）他们沿着川陕交界，沿着大巴山的北麓，在万山重叠的、坎坷曲折的、荒僻无人的小路上奔跑。白天凭着太阳，夜晚凭着北极星辨别方向。两天后走进了湖广地界，他们继续向东跑。有时避免官兵发觉，白天停在荒山野林中休息，夜间走路。尽管经过严重挫败，尽管失去了很多精兵战将，失去了独生女儿，尽管经受着极度辛苦，但是闯王的心中越来越感到兴奋，因为，河南一天比一天近了，好像他已经看见，在那里有成千上万的饥民在等候着他……

从上可知，草稿中农民军被明军围困在"巴东诸山"，亦即史籍所载的"鱼复诸山"；北向突围后先行入陕，继而东向进入湖广，然后从郧、均之间潜入河南。而在单行本中，农民军悄无声息地在"汉南"潜伏了半年，然后瞅准时机"星驰入豫"，此期未"经过严重挫败"。

如下是草稿中关于农民军陷入绝地后军心涣散，李自成欲自经而为双喜所救的情节描写：

（草稿第十九回）他从石头上站起来，在齐腰深的荒草中向一个僻静的山中走去。路本来是没有的，他用两只手分着草往前走。过了几分钟，他走到目的地，在阴蔽的树林中间停了一阵，重新考虑他是否应该自尽，这个问题在他的心中盘算过许多次了。他很镇静，心中一点儿不乱。他不愿死，觉得自己不应落这么个下场。可是军心涣散，从昨天夜间到刚才已经有了几股投降了官兵，而且他十年来的一只膀臂刘宗敏也同他离了心，准备投降，这些事太伤他的心。他非常愤怒，拔出剑来，猛地砍断了一株小树。随即他蹲下去，想着自己半生英雄，不幸把全军领入绝地，只有自尽是一个好的办法。他一死刘宗敏和那些准备投降的将士们也许会激发天良，同李过齐心齐意，拼死杀出，这一支由高闯王手中传下来的起义部队还有前程。这样想着，他忽地站起来，毅然决然地解下腰带，向一个树枝上投去……（笔者删节）

（草稿第二十回）李双喜看见荒草中仿佛有一条才被人走过的路，便拔出剑，顺着这条路追去。走到僻静的山凹旁边，却看不见闯王在那里。再往前是一片茂密的树林，不像有人在里边。他正在十分狐疑和焦急，忽听见从树林中传出来一种轻微的响声，好像是宝剑插入鞘中。他三步并作两步，奔进树林，看见闯王已经在树枝上系腰带，并且用手拉一拉，看系得是否坚牢。双喜吓慌了，大声叫道："爹！爹！"

　　自成猛一惊，扭转头来，严厉地说："你不去传达我的密嘱，来这里干什么？"

　　双喜已经几个箭步窜到闯王的身边，扔掉剑，双膝跪地，抱紧闯王的两腿，哭着说："爹，你不能这样！全军的生死都靠着你一个人，你不能这样！万万不能！"

　　在此重申一句，草稿中描写的李自成几欲"自杀"的情节并非作家杜撰，而是正、野史皆有的记载；作家后来数度修改过这一情节，直至在单行本中完全放弃。作家对这一情节的修改和取舍，也许能从另一角度证实，当年作家起笔创作这部历史小说时，对史料的甄别、取舍、改造，对李自成等农民军领袖的性格，都还没有形成比较成熟的观念吧。

　　也许还要强调指出这个事实：草稿的情节结构与郭沫若《甲申三百年祭》中的历史叙事——自成在崇祯十一年大败于梓潼之后，仅携十八骑溃围而出，潜伏于商洛山中。在这时张献忠已投降于熊文灿的麾下。待到第二年张献忠回复旧态，自成赶到谷城（湖北西北境）去投奔他，险些遭了张的暗算，弄得一个人骑着骡子逃脱了。接着自成又被官兵围困在巴西鱼复诸山中，逼得几乎上吊。但他依然从重围中轻骑逃出，经过郧县、均县等地方，逃入了河南。这已经是崇祯十三年的事。——几乎完全相同。这似乎也能说明姚雪垠当年对小说相关史实的研究尚未完成吧。

　　草稿中还有许多类似的佐证。

　　请看农民军陷入"天牢"死地后，李自成与刘宗敏在破庙中占卦、立誓，以证天命所归的情节描写：

　　（草稿第二十回）闯王同刘宗敏继续往前走去。张鼐跟在后边。前边山坡上是一片荒废的古庙，敬的关帝、山神、土地、黑虎爷、牛王和马王。走到庙前，自成站在一个卧倒的断碑旁，对宗敏说：

　　"天下老百姓苦明朝的虐政苦了几年，我们起义是为救百姓，不光是为我们自己图富贵。如今百姓比从前更苦，咱们怎么好松劲，不往前干？况且，事到如今，已经是骑虎难下，除非投降，就得干到底。朝廷岂容你安居家乡？"

　　刘宗敏不做声，眼光落在神台上。神台上有一个瓦香炉，上边有高夫人和别家近几天新烧的香灰，炉台前放着一对用竹根削成的卦。自成看见了这对卦，苦笑一笑，说："宗敏，这关帝面前的卦大概很灵，咱们打个卦问问吧。"

　　"问什么？"

"人们都说我日后能坐天下,我们就打卦问问。要是我日后能真坐天下,你就不必有担心搞不出什么名堂;要是关帝说我不能坐天下,你可以砍掉我的头去归顺朝廷,用不着像如今这样离心离德。"

"唉,你说的什么话!"宗敏说。"不管你日后能不能坐天下,我决不敢杀了你,卖主求荣。闯王,我跟随你这么多年,你把我当做什么人?喝,真是!"

"不过问一问我日后能不能坐天下,倒也不妨。"

"好,让我问!"

刘宗敏把刀插进鞘中,跪下去磕了三个头,祝祷说:

"关帝爷,信士弟子刘宗敏是陕西蓝田人,原是打铁为生。只因朝廷无道,民不聊生,弟子随李闯王起义,替天行道,剿兵安民。如今全军困在此地,粮草断绝,军心涣散。弟子无奈特来向你老虔心求卦。如若闯王日后能坐天下,请你老赐我三个青龙神卦;若闯王日后不能坐天下,可是我们今夜能平安杀出,逢凶化吉,请赐我一个青龙,两个白卦;如若我们今晚杀不出去,天意叫我们困死此地,你老也不必隐瞒,赐我三个黑卦。"

祝祷毕,他从地上站起来,作了个揖,然后拿起竹卦一扔,竟然是青龙卦。他同闯王张鼐大为高兴,第二卦又是一个青龙,他不禁大叫:"好哇! 有门儿!"

他把箭袖一卷,掷了第三卦,竟然又是一个青龙。他高兴得一跳八丈高,把满是灰尘的神桌用力一拍,对自成大叫说:

"闯王! 从今以后,我不管死活都跟随着你! 再不提离开你的话!"

从上可知,作家此期对李自成、刘宗敏等农民军首领性格的把握和描绘,也与单行本中完全不同。说句玩笑话,草稿中这群陕北汉子的形象比单行本中更有江湖气息呢。

草稿中还有关于刘宗敏在突围前为提振军心、带头杀妻的描写:

(草稿第二十回)李自成带着张鼐匆匆地走到老营附近,听见许多地方都有妇女的恐怖的叫声,还有许多人在慌乱地奔跑。他心中大吃一惊:"发生了什么事情? 难道刘宗敏……"他正在心中疑问,高夫人派人跑来,向他禀报说刘宗敏已经把自己的两个女人杀了,别的人也在杀女人,请闯王赶快禁止。刚听完这个报告,他还没有说话,看见李友的女人披头散发地向老营拼命逃跑,一面大叫:"夫人救命呐! 夫人救命呐!"李友提着刀在后追赶。

……(笔者有删节)

李友还没走，刘宗敏已经来了。因为连杀了自己的两个女人，激动得两眼血红。自成怒目望着他，责备说："宗敏，你做得太过火了！"

刘宗敏大声说："杀了女人，没拖累，没顾虑，才能随着你拼死杀出去。如其女人们落在官兵手中受辱，不如我自家杀了她们！"

"你是大将，你一杀开头，弄得全营都杀起来，真不像话！"

"只要日后打下江山，不愁没女人！"

高夫人说："什么话！难道女人不是性命，想杀就杀？"

如果没有读过草稿，笔者也不敢相信如上"自杀""占卦""立誓"和"杀妻"之类的情节描写出自姚雪垠手笔；在单行本中，这些情节大多都被删除或改写了。作家可能是经过反复斟酌，认为这些描写不大符合李自成、刘宗敏等农民起义军领袖的性格定性吧。不过，这倒是从另一角度证实，作家在起笔创作这部历史小说时，对农民军领袖们的性格定性也尚未完成吧。

写到这里，不能不提到作家1972年作、1976年改、1978年发表的历史论文《李自成自何处入豫》①，该文对李自成农民军在崇祯十二年、十三年两年间的活动轨迹进行了细密的考证，列举了所能读到的"关于鱼复②诸山突围说的重要史料"，审慎地作出了"关于李自成被困于'鱼复诸山'说的批判"，提出了"李自成应是由郧阳山中驰入河南"的结论，文中且把"李自成被困于夔东""李自成几次要自杀被李双喜救止""刘宗敏打卦和杀妻"等都称为"荒诞故事"。

读过这篇论文，再反观幸存于世的"《李自成》最早的草稿（残稿）"，不禁令人咋舌：这篇精心撰写的论文，固然是作家后来明史研究的新收获，堪称对李自成农民军由衰转盛关键期战斗历程的新发现，但该文所批判的对象竟隐隐是作家自己！

写到这里，也不能不提到历史学家顾诚于1978年发表的历史论文《李自成起义军究竟从何处入豫——同姚雪垠同志商榷》③，该文认为姚文的三个主要论点——一、李自成起义军进入河南以前息马于郧阳深山之中；二、李自成起义军是从郧阳、均县之间的"小路"入豫的；三、进入河南的时间是崇祯十三年十一月中旬——都不无可议之处。该文且提出："李自成起义军从崇祯十一年下半年到十

---

①　该文载《历史研究》1978年第5期。

②　本评传中"鱼复（诸山）"或"鱼腹（诸山）"二词都有出现，前者见于姚雪垠对史籍的引用和表述，后者仅见于郭沫若的《甲申三百年祭》。下不另注。

③　该文载《北京师范大学学报》（双月刊）1978年4期。

三年的活动情况至今还留下一些空白，需要我们下很大的功夫去研究。轻易地在几种传说当中选择一种，无助于问题的解决。现在所知道的只是李自成在入豫以前由于部队不多，为了避免被占优势的明政府军所歼灭，长期转战于陕川鄂三省接境的一个比较广泛的地区。"

顾诚的看法无疑是有道理的，但姚雪垠不可能等到历史学家把这段历史研究清楚了以后再来进行艺术的表现，他等不起！而且，无巧不巧的是，姚雪垠1957年在草稿中对李自成"转战"情节的设计和描写，却正与顾诚的考证结论契合——作家已经这样试着写过了！

姚雪垠晚年回顾起笔创作《李自成》的这段往事时，多次表达出当年萦绕心头的令人窒息的紧迫感①：

> 我不能将各种有利的或不利的条件考虑得太多，要立刻动笔为上策……（笔者删节，下同）

> 在一九五七年开始写《李自成》时，这部小说将有多大规模，将分作几卷，都没有时间考虑……

> 在写第一卷草稿的时候，我还没有考虑到写在各种野史和《明史》中的潼关南原大战根本没有这回事……

> 那时候，我还不曾对"长篇小说的美学"问题有系统的考虑，也不暇多考虑……

作家当年起笔时，《李自成》第一卷的主题却与其处境和心境暗合。

1978年6月9日，他在与美籍作家安格尔、聂华苓夫妇会面时有过如下一番对话②：

> 安：你是否感到你的小说的主题和你的生活之间有什么关系呢？那就是说，你的小说主题是否受到你自己遭遇的影响？李自成，这个起义领袖，在艰苦的环境中，为了远大的抱负，不屈不挠，很坚定，很有信心，克服一切困难——塑造这样的人物，写这样的主题，在你写的时候，是不是觉得你自己的生活和那个有关系？

> 姚：（斩钉截铁）有！他看出来了！（很兴奋地转向张葆莘）他看出来了！（姚、张一起大笑。）到底是搞创作的人！他看出来了！（顿了一下。）第一卷

---

① 引文出自《学习追求五十年》。
② 如下引文出自聂华苓《七十年代的故事——姚雪垠与〈李自成〉》。

1978 年,美籍华裔女作家聂华苓和诗人安格尔夫妇在京访问姚雪垠。右为助手张葆莘

写李自成全军覆没,他不动摇,不妥协,不投降,也不想到自杀,还是要用各种办法推动革命高潮,这一点,和我自己受过挫折是有关系的。我们当一个知识分子,热爱祖国,爱护人民的事业,受了挫折以后……(笔者有删节)

1986 年 11 月 29 日,他在接受记者杨建业采访时对当年的创作心态也有过具体的分析。他谈道:

1957 年虽然把我打倒了,但我不甘心被打倒,我决不自杀,认为自己是有用人才,当时也没想到我以后会成为一个历史小说家。……(笔者有删节)

当时我有几个想法:一、我不是历史的旁观者,而是历史的参加者或缔造者;二、历史阶段是一个过程,这个过程可能三年五年或者十年八年,中国千百年来的历史都是这样一个过程,这是一个个的运动过程,如果自己倒了下去,别人是没办法帮你的;如果你违背历史潮流和时代要求,别人也没办法;如果按照历史和人民的要求往前走,迟早会回到生活的主流中去。生活中的是非观念,可能到下一个历史过程就变了,没有一成不变的道理。三、把我们

这些人当成右派，对党对社会主义有刻骨仇恨，若干年之后会澄清是非，历史会做出结论。①

引文第二段可以说是姚雪垠其时及以后奉为圭臬的"历史发展过程论"的较为完整的表述②，它与《李自成》第一卷主题的形成有着密不可分的关系，或者可以说，前者是后者的哲学基础。

第二节　东西湖农场

1957 年 10 月，姚雪垠、李蕤、周勃等被有关方面正式定性为极右派或右派，中国作协武汉分会大院里一夜之间新增了十几名"阶级异己分子"。

1958 年初，上级组织宣布了处理结果，降级的降级，降薪的降薪。李蕤被降职降薪，由行政十级降至十五级，薪酬随之；姚雪垠被降薪，每月"生活上只给 100 元生活费，后来又降为 90 多元"③；周勃被撤职降薪，工资由 74 元降为 25 元；他们都被勒令下放到武汉郊区的东西湖农场"监督劳动"。

当年秋，姚雪垠等卷上铺盖，来到东西湖农场。

东西湖，是位于武汉近郊的一片湖滩地，方圆一百多里。往年，只要环河、府河或是汉江一涨水，长江水便倒灌进来，一片汪洋。"大跃进"开始后，武汉市人民政府号召把千年荒湖开发成现代化农场，全市人民踊跃响应，苦战几个月，修起了百里长堤。堤内的渍水已经抽干了，到处人喊马嘶，拖拉机东奔西突，深翻湖底的淤泥，翻起的泥块，一个个比笆斗还大，像无数小土丘，太阳一晒，硬得像石头。

湖区的高坡上，盖着些简易的席棚，那是下放劳动的右派们的住所。棚内没有床，沿墙边铺上厚厚的棉秆，放上铺盖便是个大通铺，右派们一个挨一个睡下，连翻身都很困难。棚壁上用铁丝悬挂着长条木板，右派们的洗涮用品和日用杂物便放在上面，要取个东西也得爬上颤颤巍巍的大通铺，不小心便会弄翻搁架，砸在人身上。

---

① 杨建业录音整理稿。

② 1958 年姚雪垠在东西湖农场劳动时曾与友人周勃谈到这个理论，他说："（历史）既然是一个过程接着一个过程，我们就不能坐等某一过程的结束，像司马迁说的'从俗沉浮，与时俯仰'。而应该振作起来，在特殊的环境中，在荆棘的道路上，利用自己的优势，执著于自己的目标，做出成绩来。"这是作家对"历史发展过程论"的另一种完整表述。参看周勃《姚雪垠下放东西湖琐忆》。

③ 杨建业录音整理稿。

起初,他们一行人到荷包湖农场参加秋播,走在茅草丛生的田垄上,别有一番滋味;当年冬,又去参加开发连通湖的工程,筑堤排水,清淤挑土,这可是他们这些蒙难的知识分子难以承受之重!

开发连通湖的工程极其艰苦。寒冬腊月,天气奇冷,他们住的地方离工地有十二里路远,每天黎明就得起床赶路,寒风一吹,每个人的头发、眉毛都落满霜花,像一队须眉皆白的老人。湖边更是寒风凛冽,湖水结了一层薄冰。开工的哨声一响,大家便脱掉棉袄,卷起裤腿,赤足跳入水中,把湖底的淤泥一锹锹挖出来,上面的人摆成一条长龙,用水桶、脸盆把稀泥传送到岸上。他们这群右派,除了少数几位"小伙子"外,都是年近半百或已过半百的知识分子,由于长期没有干过体力活,很难适应这超强度的重体力劳动,但他们都一个个地硬撑着。一天下来,有的手冻出了血口,有的脚冻伤了,走路一瘸一拐,但没人叫苦。有时还要赶夜工,往往一直干到深夜,大家浑身的骨架像散了一样,恨不能就在湖边草地上睡一下,然而,不行呀,还得担着满是泥浆的筷箕、铁锹等工具,再走十二里,回到工棚,那才是"家"。回到工棚,都已精疲力竭。尽管每人都像泥猴,但谁也不愿再去厨房打水洗涮一下。借着昏黄的马灯光,找到自己的铺位,倒头便睡,一沾枕头,便鼾声四起。可惜的是好梦不长,天刚黎明,便又响起了急促的哨声,催人起床,第二天的战斗又开始了……

姚雪垠在其回忆录中没有过多地谈到劳动的辛苦,只是简略地写道:"(这)两处农场,刚从荒湖滩改造为农场,每到黄昏,蚊子成群,对人进攻,声音嗡嗡。古人说'集蚊成雷',我第一次亲自体验到了。"

他似乎并不十分在意肉体所遭受的磨难,更在意精神所遭受的摧残。他在回忆录中写道:

> 在东西湖劳动时简直吃不消。肉体的痛苦尚可忍受,我愿意努力锻炼,而人格的侮辱,精神的折磨,只能使我心中忿怒,产生强烈的对抗情绪。我明白绝大多数人是在运动中跟着潮流走,不明白什么是"右派",而很少数人则是自私自利,灵魂卑下,以侮辱和虐待"右派"和告密充作"阶级立场坚定"或"党性强、原则性强"。

"难友"周勃在回忆文章中讲述了一则姚雪垠"拒吃苍蝇"的故事,写道:

> (某次)加餐,每人一个大馒头,一碗猪肉炖土豆,对于长年处于半饥饿状态的人来说,该有多大诱惑力呀,早就有人排队了。排在姚雪垠前面的下放干部领着一份饭菜正要走开,突然喊道,我肉碗里有一只苍蝇,他从窗口换

1958—1960年,姚雪垠在东西湖农场劳动期间,挖
过的大渠、劳动过的农田

了一碗走了。轮到姚雪垠,他领的就是退回去的这一碗,死苍蝇还躺在肉上。姚大声说,这碗肉不能吃,我不要。怎么不能吃,拿掉不就行了。两只黑糊糊指甲一夹,死苍蝇就躺在地上了。那也不能吃,我不要。你不吃谁吃?啊,谁吃!为什么该我吃,姚瞪着大眼睛,歪着脖子大吼起来。你是右派!你翻天啦!姚雪垠决不示弱:右派就该吃苍蝇!右派有错,该怎么定罪和处罚,有党的政策管着哩。苍蝇吃了要生病,谁都不能吃,右派也不该吃。又有人大声吼:你这个右派太猖狂,想翻天吗?最后是炊事班班长说话:熊!给你吃,还嫌脏哩,不给他吃!姚雪垠扭头便走,大声说,你不要骂人!不吃就不吃!①

姚雪垠则回忆了被管理干部呵斥"捡烟头"的屈辱:

当时"右派分子"同非"右派"的干部在一起劳动,前者受后者的监督。在田间劳动半日,队长或排长一吹收工哨,大家将锄头和各种工具往地上一扔,有说有笑地扬长而去。我们不幸"堕落"为"右派"的人,必须将扔下的各

---

① 引文出自周勃《姚雪垠下放东西湖琐忆》。

种工具一件一件地收集起来,背回宿舍棚中。当我们买了饭菜,干部们差不多都吃完了,盘子、碗、筷子扔在地上,躺在铺上聊天午休,我们得把我们自己的和所有扔在地上的餐具收拾起来,送往厨房洗好,回来再把地扫干净。这些干部们在地里做活磨洋工,远不像我们"右派"疲累,所以他们仰面躺在铺上,这条腿跷在那条腿上,边抽烟边聊天,迟迟不午睡。一会儿,有人将烟头往刚刚打扫干净的地上一扔,严厉地叫道:"姚雪垠,把烟头捡起来!"一会儿,又有人扔了烟头,叫道:"李蕤,把烟头捡起来!"午饭后,我们大概都得捡两三次烟头,才算侍候干部们进入午睡。

他是怎样化解这些精神磨难的呢?说来颇为悲怆,在那个是非颠倒、黑白不分的混沌年代,能够解救他的并不是"历史发展过程论",而仍是"小说化的生活态度"。他曾回忆道:

> 我常常一边捡烟头一边心中忿忿地说:"哼,再过若干年,谁对人民有贡献,走着瞧!别看你们在'右派'面前很神气,谁知道再过几年你们是什么样儿?"

"小说化的生活态度"并不玄乎,说到底,其内核仍然是前文所说到的"政治自信"和"艺术自信"!如果没有"政治自信",他很难熬过如此艰苦和屈辱的生活,早就哭死了;如果没有"艺术自信",他绝不会在如此困乏和窘迫的日子里仍念念不忘陋室里的那份草稿,早就放弃了!

他在回忆录《学习追求五十年》中感慨万端地写道:

> 在紧张激烈的重体力劳动中我当然没有机会思考《李自成》,但是像从事锄地这样活儿,整半天或一天从事简单的重复劳动,我就不由地想到《李自成》。我经常一边锄地一边进行小说构思,或者思考有关《李自成》的历史问题。每日出工走在路上时,也是如此。总之,我的脑筋不休息,抓住一切机会思考。中午或晚上,当别人休息的时候,我忍着疲累,将我在田间和路上思考所得,记在日记本上,以免遗忘。……（笔者删节,下同）

> 后来日子久了,不知是有人告密,还是我的用心写"日记"引起人们怀疑,那位管我们的头头将我的日记本要去检查,随即开了一次批判会,说我不是在日记中反省自己反党反社会主义的罪行,而是写一些关于写《李自成》的构思和对历史问题的分析。自然我被看作是不肯老老实实地低头认罪,希望有朝一日死灰复燃,重新同党较量。从此,我的"日记"不能再写下去了……

　　1960 年秋天我摘掉了"右派"帽子，回到武汉市内，不久将日记本烧掉了。那本用钢笔背面所写蝇头小字的日记本除写了关于《李自成》的人物、情节构思和我运用历史唯物主义方法对明末某些历史问题的分析外，还有大量的日常生活和劳动的记录。

　　多么可惜！烧掉的只是一本寻常日记吗？不是！烧掉的是这位思有为的作家在蒙难期间的斑斑血泪，烧掉的是这位思有为的作家沥血耕耘的足迹，烧掉的是这位思有为的作家艰难探索的心路历程。

　　所幸的是，这本日记虽然烧掉了，但其中数十则"关于《李自成》的人物、情节构思"和"运用历史唯物主义方法对明末某些历史问题的分析"则不知何时被作家细心地誊抄在另一个笔记本上，侥幸保存了下来。这个笔记本的扉页上还有作家的亲笔题签："《李自成》细节构思记零"。

　　细细研读笔记本上密密匝匝的"蝇头小字"，不能不令人感慨万端。

　　笔记本中有两条记录，记录了作家对李自成农民军"星驰入豫"之前"溃围"地点的若干思考：

　　　　李自成被围于川陕交界地方，太平县以北的荒山中。（作家旁注：被包围在一片荒山中，缺水，缺粮，水源被官军截断。）人数不多，只有千人上下。此时李自成不用自己旗号，以避官军注意。故陕军将他围困之后，一直不知道他们所包围的是什么人，只以为是溃散的"流贼"。李自成也下严令，不许泄露他本人和刘宗敏等主要将领的名字，不许泄露是他的部队。

　　这个构思仍未脱出草稿中"被困鱼复山中"的旧辙，与单行本中"息马汉南"的构思还差得很远。

　　但在另一条记录里，我们发现作家对"溃围"地点又有了新的思考：

　　　　李自成从武关突围，前往兴归山中与张献忠会师，几为所图。随后困于汉南某山中，艰危万状，幸而免，遂入河南。

　　这个新的构思把"被困鱼复山中"的旧说，改成了"困于汉南某山中"，但仍强调"艰危万状，幸而免"，保留了草稿中"溃围"的情节，只是改变了地理位置。顺便提一句，单行本中将"困于汉南"的构思改成了"息马汉南"，删去了"溃围"的情节，改成了偃旗息鼓、以待时机。

　　笔记本中仍有关于李自成"自杀"的情节设计，但把"自经"改成了"自刎"，请看如下记录：

　　　　四面山上呼喊劝降的声音很多，招降旗迎风招展，他派张鼐去请刘宗敏。

张鼐回来说："刘爷不在帐中，听说一个时辰前只带了五名亲兵步行出去，不知往哪儿去了。找了几个地方也没见影儿。有人私下议论，说刘爷说不定有二心了。"闯王骂道："胡说！"过了片刻，又有人前来禀报，（作家旁注：最好是三次有人禀报，第三次有说刘宗敏是向一个有招降旗的地方走去。）说看到刘宗敏潜向官军走去，行踪十分诡秘，不知何故。问是否追他回来，自成摇摇头没有做声，心想，"难道捷轩也想离开我么？"不会！突然，又有十几个弟兄摇着白旗出降。闯王把眼睛一瞪，叫张鼐去追，但已无法追上。他说道："想不到我李自成会有今日！"拔剑自刎，被双喜抱住。众将环跪，劝他不必生气，还是准备突围要紧。他叹口气说："我辜负了高闯王！辜负了天下百姓！"

笔记本中仍保留有"占卦"的情节，但把问卦者由刘宗敏改为了王长顺。请看如下描写：

有人向闯王禀报，说山神庙前边聚集了大群弟兄，吵吵嚷嚷，不知何事，可能有变。自成大惊，亲自去看。到了山神庙前，大群弟兄向他拥来，（作家旁注：写王长顺如何问卦，激励弟兄，只用几句话叙述，插入此处。）王长顺走在前面，对他说：

"闯王，今晚就杀开血路出去，我们众兄弟誓死保驾，决不后退！"

闯王望望大家，问："你们聚集在这里干什么？"

"因眼下陷于绝地，粮草断绝，军心不稳，已有人不忠不义，贪生怕死，向官军投降，我们这些人有的随闯王多年，有的在商洛山入伙，不管来自五湖四海，却都愿宁死不散，忠心耿耿保闯王救天下百姓。我们特意来到此处，插草为香，对神盟誓：不管刀山火海，都要保闯王的驾，出自绝地，倘有三心二意，临阵畏缩，天地不容，必死乱刀之下。闯王，事不宜迟，今晚就溃围出去！"

自成激动地说："我感谢大家对我的一片忠心！倘若今晚溃围不成，我李自成决不连累大家，请大家提着我的头去投降官军。"

王长顺说："闯王，休如此话！刚才我跪在神前问道：'人人都说我们闯王会有天下，倘若确实会有天下，请给我三个青龙神卦。'我连掷三卦，都是青龙神卦。"

自成："真的？"

众人代王长顺回答："确实如此！闯王会有天下！"

自成："我本来也想向山神问卦，既然大家已经诚心问卦，我就不必亲自再问。大家火速准备饱餐一顿，一更后听号令出发。"

　　众人精神振奋，一哄散开，各自归队。

　　虽然如上"自杀""占卦""溃围"等情节，在单行本中都消失了，但作家艺术构思的轨迹却在笔记本中保存了下来，为后人提供了珍贵的研究资料。

　　附带说一句，当年由于没有外出查阅历史资料的可能，也没有大块的可以自由思考的时间，姚雪垠在东西湖"监督劳动"期间的文学思考大都是断片式的，他思考的重点不在史实的考据和辨伪，而是艺术的精益求精，即人物性格的合理性和情节的生动性。

　　过去，坊间有过这样的传说，说姚雪垠在东西湖农场劳动时，晚上不顾劳累，打着手电在被窝里写《李自成》。其实，作家在被窝里所记的是当日的思维片段，而不是大段大段的艺术构思。如上大段的文字，并不是能在农场的草铺上写就的，而是在每月返回武汉的休假期间。姚雪垠对此有回忆，他写道：

　　　　下放东西湖各农场劳动的干部和"右派"，逢星期日不休息，每月另行放假四天，以便回武汉市内休息。每逢休假的日子，我如果回到市内，总要抓紧时间考虑《李自成》。从整个写作规划到重大故事情节，都在我考虑之内。①

　　当年，"难友"周勃曾亲眼见证姚雪垠勤奋写作的情景。1958年冬他从舵落口长丰大队返回武汉作临时休假，被安排和姚雪垠同居一室，发现对方"每天凌晨三点便伏案工作"。姚雪垠坦诚地把秘密写作计划告诉了这位青年"难友"后，两人遂成为忘年之交。顺便提一句，1959年冬，武汉市文艺界的右派们集中到吴家山蔬菜农场后，他俩曾同住一个窝棚，同行同止，无所不谈。可以说，当年最了解姚雪垠和《李自成》的人，非周勃莫属。2009年，周勃先生把这段经历写成《姚雪垠下放东西湖琐忆》，这部堪称当代《谈艺录》的著作，由河南大学出版社2010年出版。

　　姚雪垠把每月四天的休假时间全部用在了《李自成》草稿的修订上，但他总觉得远远不够，时光流逝得太快，一个情节还未构思完成，就到返回农场的时间了。痛苦呀！长篇小说的创作需要不被打断的大块的写作时间。

　　这样的写作机缘，却在不经意间到来了！

　　姚雪垠在回忆录中写道：

　　　　大概从1959年冬天起，对于"右派"分子的政策开始有了变化。有少数人被摘掉"右派"帽子，这是一种新情况。第二种新情况是将文艺界的"右

---

　　①　姚雪垠：《学习追求五十年》。

派"分子单独编为一个大队,住在吴家山蔬菜农场,自己管自己,市委派来专人管理,而派来的同志,对待"右派"分子的态度平易近人,讲究政策①。这一变化使"右派"分子对前途有了信心。我们的"右派"大队充满了生气,生产也积极了。

1959 年对待右派分子的政策变化也许与新中国成立十周年的庆典活动有关。当年 9 月 15 日毛泽东邀请各党派团体负责人等举行座谈会,谈了对确实表现好了的右派分子摘掉右派分子帽子的问题。次日(9 月 16 日)中共中央和国务院作出《关于确实表现改好的右派分子的处理问题的决定》(载 9 月 18 日《人民日报》,宣布:凡是已经改恶从善,并且在言论和行动上表现出确实是改好了的右派分子,对于这些人,今后不再当作资产阶级右派分子看待,即摘掉他们的右派的帽子)。随即,10 月 1 日以前,全国各地包括武汉东西湖农场都悄然举行了右派摘帽大会。可是,姚雪垠所在的第七大队二十五位右派中只有二人摘帽,他和周勃都与此番"优遇"无缘。

姚雪垠敏锐地感受到了政治大环境的变化,但也意识到历史的"自我否定"阶段尚未到来。"摘帽"会后,他并没有沮丧,仍然以"历史发展过程论"来宽慰周勃等"难友",说道:

> 历史的发展表现为一个一个过程,而由这一过程转变为下一过程,往往表现为一种否定,或全部否定,或部分否定。否定是很不容易的,特别是自我否定。因此需要时间,更需要条件的成熟。这个过程何时到来?我们没法左右,但终归要到来的。认识这个"过程论"对我们非常重要,我们可以始终对自己的事业抱有坚定信念,风吹浪打,百折不挠。②

此时,对姚雪垠来说,他最需要的倒不是"摘帽"后的政治待遇,而是能够自由支配的大块的写作时间,"抽屉"里的《李自成》草稿还等着他来修订哩。

机会终于来了,尽管有点凄苦,有点悲怆!

1959 年秋后,姚雪垠所在的右派大队奉命去荷包湖农场修公路。上半年,他因挑砖损伤了膝盖,走路一瘸一拐的。这次要干的活是挑塘泥,沉重的担子很快就把他压倒了:

> 这比挑砖头的劳动强度更大,当然更吃不消,急性关节炎又发了,而且比

---

① 请参看当年管理干部李德林的回忆文章《姚雪垠在东西湖农场的日子》,载《武汉文史资料》2010 年第 1 期。

② 引文出自周勃《姚雪垠下放东西湖琐忆》。

上次更为严重。监督我们劳动的同志们看见我实在不能走动,同意我不挑塘泥,要我坐地上修理箢箕。黄昏收工,我由“右派”同伴搀扶着回到几里外(也许七八里外)的住处。从这天晚上起,我一连几天,躺在地上不能起来,大小便都得由“右派”同伴搀我,吃饭也得由他们端到我的草铺旁边。这时帮助我的“右派”同伴有李蕤、刘震等两三个人,是我永远忘不了的。

他在吴家山医院里躺了一个星期,未见大好,拄着拐杖可以勉强行走,但仍干不了农活。于是,队领导同意给他两个星期假回武汉治疗。那时:

武汉作协已经迁移到汉口花桥的新地址。机关中的一位老工人老张引我在一个空房间住下。房间中有一张单人床,一把椅子,一张三屉桌。我是“右派”,没人理我。我见过领导同志,说明回来治病的事,别无多的话说。我住下以后,只在开饭时候,估计大家离开食堂,才拄着双拐下楼,到食堂买点饭菜,低着头默默吃了,赶快回自己住的房间。我没有去医院,却利用这机会拼命工作,将草稿整理为初稿。

如前所述,《李自成》第一卷的草稿是写在193mm × 146mm的活页纸上的,每页26行,没有格子,每行约写30字,每页约有780字,蝇头小字,密密匝匝。而初稿的用纸,则是从市场上购得的“土纸”稿纸,“粗糙的暗红色方格子稿纸”[①],207mm × 148mm,20 × 20 = 400字,虽仍是密密匝匝的蝇头小字,但有格子的囿范,便显得疏密有度,井然有序了。

当然,将草稿整理为初稿,不只是誊抄,更多的是修改,既有从全局角度进行的章节调整,也有从微观角度进行的修饰润色;草稿好比一块璞玉,初稿就是初步的打磨,以后还有更精细的琢磨——“修订”和“再修订”呢。初稿大部保存完好,版本研究者可从影印的《〈李自成〉第一卷手稿》中找到第一手的研究资料[②]。

两个星期的时间很快就过去了,姚雪垠拄着双拐返回吴家山农场。他感到非常满足,非常惬意。因为:“在这十来天中,我将草稿的开始几万字整理成比较完整的初稿。我认为这几万字已经是小说艺术,使我有了信心,而且认为这十来天的生活过得很充实。”

这几万字的初稿被作家精心装订成两本,默默地躺在汉口花桥小屋的抽屉

① 参看《〈李自成〉第一卷手稿·后记》,中州古籍出版社2016年出版。

② 2016年由中州古籍出版社影印出版。

里①,静静地等待着出头之日！

1959 年冬,在武汉市委派来吴家山农场管理右派的两位干部（汪柏泉和李德林②）的努力下,右派们的劳动减轻了,增添了学习和文娱活动,右派们看到了重获新生的希望。

姚雪垠深切地感受到政治环境的变化,他曾与"难友"周勃私下有过议论：

> 你感觉到了没有？现在管理小组在对我们的改造中,很注意对我们的正面教育,启发我们改造的自觉性,而且态度平易,平等待人,给我们创造一种良好的氛围。这次看《洪湖赤卫队》,在下放干部管我们的时候,是根本不可想象的。这说明国家用人在即,努力加速我们的思想改造,以便让我们早日摘掉帽子,投入国家建设。现在我们认识到这一点是非常重要的。

"国家用人在即",或许只是一厢情愿的幻觉,但姚雪垠随即作出了一连串大胆且积极的表现——

1959 年年底,他在大队组织的一次"交心会"上和盘托出了《李自成》的创作计划,他激动地说："我是新中国的作家,肩负着建设社会主义文学的历史重任,我体会我们的思想改造,不仅要改造好人生观,还要改造好世界观、学术观、历史观和文艺观,因此思想改造有没有成绩,对我来说,最后的检验是能不能给人民贡献出好的作品。我有决心、有信心将《李自成》创作为一部好作品。"③会议结束时,管理干部在总结讲话中不点名地对他进行了表扬。顺便提一句,这是姚雪垠第一次在大庭广众之下公开《李自成》的创作计划,这也是他将"潜在写作"变成"公开写作"的先声。

1960 年初,他参加了管理小组主持的由右派们自编自演的一个大型多幕话剧的写作④。据周勃回忆,管理小组为这个话剧定的主题是"写自己,演自己,进行自我教育",规模为四幕十二场,由四人编写,"姚雪垠负责第一幕,老戴负责第

---

① 顺便提一句,上海某文学史家并不认为姚雪垠的《李自成》是"抽屉文学"（或称"潜在写作"）。

② 姚雪垠《学习追求五十年》中写道："有一次李德邻找我谈话,说他听说我写有一部小说稿子《李自成》,希望我给他看看。我回答说稿子寄存在汉口,如今还很乱,不到拿出来给领导看的时候。"李德邻名字有误,应为李德林。1959 年李德林奉武汉市委宣传部派遣,任东西湖农场管理工作组组长兼任农场党委副书记。参看李德林的回忆文章《姚雪垠在东西湖农场的日子》,载《武汉文史资料》2010 年第 1 期。

③ 周勃：《姚雪垠下放东西湖琐忆》。

④ 姚雪垠回忆录中对此事只提了一句："自编自演了一次话剧。"

二幕,老李负责第三幕,我则负责第四幕和尾声"①。该剧本已佚,无从评价。

姚雪垠的积极表现被管理干部们看在眼里。

当年春,他和几位右派在管理干部的带领下,参观了汉口市内的一个人民公社,体验方兴未艾的"大跃进"气氛。

当年夏,他与李蕤随武汉市政协组织的参观团去河南各地参观,返回后又奉命在各劳动大队宣讲见闻,畅谈所受到的共产主义的思想教育。

10月18日,东西湖农场召开了一个有八百余人参加的右派摘帽大会,管理干部宣布摘掉十八人的帽子,其中包括姚雪垠、李蕤和周勃②。随后,武汉市文联来信,祝贺他们"回到人民的队伍",并嘱其尽快去新单位报到。

10月24日,天空下着小雨,北风吹得落叶满地翻滚,秋意已是很深了。他们三人从大队借了一辆胶轮板车,周勃掌把,姚雪垠、李蕤各在车一边拴根绳子帮助拉车,拖着行李杂物,边走边聊,向着武汉市区进发。

两年多的"监督劳动"生活终于结束了。

我们无法评估这两年多的艰苦劳作和难堪的折辱究竟在姚雪垠的心灵上留下了什么样的创伤,也无法评估这两年多的思想改造究竟给姚雪垠精神上铭刻下了何种印记,更无法揣测以上种种对于《李自成》主题、人物和情节产生了何等的影响,我们只知道这两年多的从"罪人"到"人民"的磨难,日复一日地揉捏着姚雪垠的狂傲天性和人生态度,他变得沉稳了许多,收敛了许多,谦恭了许多……

1975年8月26日他在给冯雪峰的信中写道:

> 在1960年冬天之前,当时想着(《李自成》)在我生前能否问世,毫无把握,甚至连这工作是否能得人同情,也不敢想。但我并不因此而放弃这一工作。我常常在最困难时着眼于历史的长河,而坚强地默默地继续努力下去,不停地追求、怀着希望、怀着信心,不为一时一地的挫折而自暴自弃。

他虽然已经公开了《李自成》的创作计划,但还没有看到《李自成》在其生前出版的任何希望。

---

① 周勃:《姚雪垠下放东西湖琐忆》。

② 姚雪垠在东西湖农场被"监督劳动"两年零两个月。1981年他在《忆湖北省图书馆》中吟道:"三年泽畔风吹帽,五夜灯前雪压头。"当年的管教干部李德林在回忆文章中写道:"1960年10月,根据中央批示精神,决定摘掉一批右派分子帽子,第一批在东西湖的1200多人中有18位'摘帽',姚老在这第一批中。"李德林:《姚雪垠在东西湖农场的日子》,《武汉文史资料》2010年第1期。

第三节　啊！璇宫饭店

1960 年冬,姚雪垠、李蕤和周勃等"回到人民的队伍",但都未能回到原单位中国作协武汉分会,而被另行安排工作。

姚雪垠被分配到市文联辖下的武汉市豫剧团写剧本;李蕤被市文联指派创作一部反映东西湖变化的长篇小说;周勃先被安排到《武汉文艺》处理退稿事,后被安排到武汉市文化局戏曲研究室工作。

姚雪垠在回忆录中写道:

> 回武汉市文联报到以后,领导给我的任务是到武汉市豫剧团,跟着剧团下乡,编写剧本,而给李蕤的任务是写东西湖农场。我是刚刚摘掉"右派"帽子,刚刚回到市内,个人的计划都不好说出口了。我第二天到豫剧团报到,该团领导同志知道我是社会上知名的"摘帽右派"①,平日从没有听说我写过剧本,大概感到不好使用,对我冷冷淡淡。我从豫剧团报到回来,心中也很苦闷。我平生很少看戏曲,对于编剧这行当一窍不通。我想我跟着剧团混两年,很难做出成绩,只是白白地浪费了将近老年的大好时光。

说是"将近老年",其实他这年刚过五十岁。

虽然不能申报"个人的计划",但毕竟有了点自由支配的时间。他开始继续修订《李自成》的草稿,重新分卷,调整章节,斟酌文字,剪剪贴贴。如前所述,年前在东西湖农场时,他曾利用返汉治病的十余天时间,整理好了数万字,并装订成了两本。如今是赓续前行,还是推倒重来,且待后述。

也许是年前在农场"交心会"上公开《李自成》创作计划的余波吧,也许是花桥作协分会他那间单身宿舍的彻夜不熄的灯光吧,姚雪垠的写作终于引起了武汉市文联主要领导的关注②,机遇也随之而来!

第一个读到姚雪垠《李自成》初稿的是市文联副主席李冰③。

---

① 当年,有些已被摘掉右派帽子的知识分子并未获得正常的工作和生活待遇,仍被歧视和轻视,不为领导相信和重用,甚至被某些人蔑称为"摘帽右派"。

② 1956武汉市文联曾撤销,1960 年 4 月重建,时任主席程云,副主席李冰、莎莱(女)。

③ 李冰,1925 年生,山西人,著名诗人。1944 年进延安鲁艺文学系,1953 年至 1960 年曾任中南文联党组委员、中国作协武汉分会副主席,1960 年任武汉市文联副主席。有叙事长诗《赵巧儿》《刘胡兰》等传世。

姚雪垠在回忆录《学习追求五十年》中写道：

> 市文联的党组成员、诗人李冰，平日喜看历史题材的作品。一天，他到我的房间里闲谈，要看《李自成》稿子。我将用土纸整理成的初稿给他一本。第二天，他来将稿子还我，表示满意，连说："我支持，我支持！"他还告诉我说他已经将这件事对程云讲了，要我将稿子送去请程云看看。从我当时处境说，对我说一句支持的话或吹一句冷风，关系至为重大。所以尽管我同李冰在文艺见解上不一致，但当时他说了一句表示支持的话，使我深为感激，至今不忘。

前文已述，1956年的整风"鸣放"中，姚雪垠曾对李冰等提出过批评意见，1957年的反右派斗争中，李冰曾作诗《斑白的鬓发》讽刺过姚雪垠。姚雪垠在此处说"尽管我同李冰在文艺见解上不一致"，指的就是当年事。如今时过境迁，文艺家对于文艺家，除了"道不同不相为谋"的一面，是否还有"惺惺相惜"的另一面呢？

第二个读到《李自成》初稿的是市文联主席程云①。

姚雪垠在回忆录中写道：

> 程云当时是武汉市文化局党委书记兼市文联主席，大概还兼着武汉歌剧院的院长，在武汉市文化艺术界是个红人，也是个大忙人。我遵照李冰的嘱咐，将两本整理出来的稿子送到他家里。过了大约一个星期，我在院中遇见他推着自行车从外边回来。他对我说："我因为天天忙得要命，你的稿子我还没有全部看完，只看了一部分。我认为写得很好，十分感人。我才从市委出来，已经向市委作了汇报。我向市委说：我们培养一位青年作家，等到他掌握这么丰富的历史资料，艺术上这么成熟，也得头发白，为什么不支持姚雪垠写下去？当然应该支持！"作为我们党的文化艺术战线上的中层领导干部看，程云也有他的弱点。但是他的弱点掩盖不住他的突出优点。他的优点是：比较懂业务，平易近人，作风民主，在工作上敢担担子。当时幸而遇到像程云这样做具体领导工作的同志。假若遇到一个谨小慎微、害怕担担子的领导，遇事先替自己打算，对所谓"摘帽右派"抱着避而远之的态度，我就不可能得到有力的支持了。

---

① 程云(1920—2011)，安徽人，1938年加入中国共产党，曾任职延安青年艺术剧院。1953年后历任中南人民艺术剧院副院长、中南音乐专科学校校长、武汉人民艺术剧院院长等职，时任中共武汉市委宣传部副部长、武汉市文联主席。有戏曲剧本《闯王旗》和大型歌舞诗乐《九歌》传世。

在此之前，姚雪垠与程云是没有交集的。虽然都是文化人，一个是国统区作家，一个是延安作家；虽然同在武汉，一个搞文学，一个弄音乐；当此之际，他们也没有私人交往，纯粹的上下级关系，一个是部门领导，一个是"摘帽右派"。程云肯拨冗阅读姚雪垠的初稿，不仅给了作者热情的鼓励，还积极地向上级党委推荐，不管是出自爱才之心还是出自恻隐之心，都是很了不得的事；在此之后，他们还曾合作创作歌剧《闯王旗》，这是后话了。姚雪垠非常感恩李冰、程云此际的援手，1963 年《李自成》第一卷出版后，他在一首诗里吟道："乍闻温语感恩深。"念的就是他们的当日之善。

不过，认真地说起来，李冰和程云当年对姚雪垠《李自成》所表现出来的善意，固然与个人品行有关，也与当年文艺界的大气候有关。

1960 年下半年，文艺界突然兴起了一股"历史剧"热。据行内人介绍，这个新气象与中央领导人的倡导不无关系——

这年 9 月 29 日，周扬在一次艺术工作座谈会上传达了邓小平的指示：编一点历史剧，使群众多长一些智慧。同年 11 月周扬主持历史剧座谈会，号召历史家编写历史题材的戏，并请吴晗负责编"中国历史剧拟目"。同年 11 月 9 日，中国剧协邀请首都文艺界和史学界举行座谈会，就历史剧的教育作用、历史真实与艺术真实、历史剧的时代精神等问题进行了讨论①。翌年初，吴晗的历史剧《海瑞罢官》问世，开一代新风，不久短篇历史小说创作也掀起了一个小高潮②；稍迟，"历史剧"的大讨论拉开了序幕，直至 1964 年文艺界整风才停止。附带提一句，姚雪垠当年虽然也应时发表过短篇历史小说《草堂春秋》，但他似乎没有过多地关注到"历史剧"大讨论的理论成果③。

1961 年开年之后，武汉市各文艺演出单位为庆祝建党四十周年，竞相把新编"历史剧"作为献礼项目。一时间，竟形成了"历史剧本荒"。说来有意思，当年武汉史学界懂文艺创作的人不多，文学界懂史学研究的人也不多，而兼有两方面造

---

①　以上转引自《六十年文艺大事记》，第四次文代会筹备组起草组、文化部文学艺术研究院理论政策研究室编，1979 年 10 月印行。

②　陈翔鹤的历史小说《陶渊明写〈挽歌〉》（1961 年年底）、《广陵散》（1962），黄秋耘的历史小说《杜子美还家》（1962），姚雪垠的历史小说《草堂春秋》，都是这一时期的作品。

③　姚雪垠 1983 年 10 月 6 日给李悔吾信：五十年代末到六十年代初，关于如何写历史剧的问题，讨论得相当热烈。可是六〇以前，由于某种原因，报刊上的讨论文章，我没有机会阅读。从六〇年冬天开始，我将全部力量投入《李自成》初稿的整理，后来又反复修改，继续创作第二卷，以及整风、下乡劳动等等，没有时间读讨论文章，而关于历史剧的讨论也终止了。

诣的人，就变成了这个时代最需要的人才。

姚雪垠适逢其会。

在这样的文艺环境中和时代要求下，机遇便接踵而至。

第一个机遇来了。他在回忆录中写道：

> 幸而领导重新考虑了我的情况，交给（我）另外一个比较吃紧的任务。这是个偶然变动，却影响了我后半生的创作道路。当时，全国各省文艺界都在积极准备为建党四十周年献礼。湖北和武汉市的话剧和戏曲的选题都不脱离本省。实力雄厚的武汉市京剧团决定的剧本选题是《武昌战火》①，已经由该团老编剧家王柯写出了一个剧本。文化局和剧团的领导同志对这个剧本不满意，要我参加修改。我去京剧团参加了一次关于剧本的座谈会，由分管文艺和演出的文化局副局长于亚声主持，决定要我担任修改王柯的剧本。我说明三点意见：第一，我对戏曲完全是外行；第二，我第一步将有关资料按话剧的架子编辑一起，然后由对京剧内行的同志写出京剧剧本；第三，《武昌战火》的选题并不好，想写出个好剧本比较困难。我说出这个选题不好的理由是太平军攻占武昌后，停留一个短时期就放弃武昌，全军东下，占领南京，这在战略上是错误的。但当时各献礼选题都早已上报省、市委批准备案，所以也不好更改。我很快将《武昌战火》的历史资料编成话剧的故事梗概，分为若干幕，交给领导，趁机会继续整理《李自成》第一卷。

引文中"这是个偶然变动，却影响了我后半生的创作道路"，应该从如下三个方面来理解：其一，他的兼有史学与文学两方面造诣的文艺家素质，终于被领导们发现，并默许他在完成规定的献礼项目之余，可以从事《李自成》的创作。其二，他参与的武汉京剧团献礼项目《武昌战火》，正是他构思已久的太平天国题材。他在完成该献礼项目之时，梳理了所掌握的历史资料，蕴酿了另一部长（中）篇历史小说（《天京悲剧》）的构架。一年后，他将所梳理的史料整理成读史笔记，用书信体写出，共十五篇，近六万字②。其三，他为武汉京剧团献礼项目所做的工作得到了好评③，因而文艺领导对他的《李自成》创作更为宽容。

---

① 该剧似未编写成功。1961 年武汉市京剧团剧目单中未录。

② 阎浩岗在《姚雪垠构想中的〈天京悲剧〉》中认为，这十五封书信是"《天京悲剧》上卷内容提纲"。

③ 姚雪垠去世后，武汉京剧团资料室将珍藏的剧本《肖三娘》（原拟题《武昌战火》）交给了姚雪垠家属，后收入《姚雪垠书系》，以作纪念。

第二个机遇接踵而至,他在回忆录中写道:

> 这时又有一件新工作找到了我,看来好像它对我的整理《李自成》工作是一种干扰,而实际起了积极作用。武汉汉剧团为建党四十周年献礼选定的剧目是《王昭君》,后来作为汉剧院建院节目。剧本是南京市老作家吴白陶为陈伯华写的。陈伯华唱腔优美,容貌也美,饰演王昭君最为合宜,所以湖北省和武汉市的领导同志对这个剧目十分重视。但是南京来的剧本不能使大家满意。经省、市几位有关领导同志商量,决定由龚啸岚和我对南京来的剧本进行修改。啸岚是有名的戏曲家,也是汉剧的编剧家。我们两个人住进航空路(汉口)饭店,进行工作。我们撇开南京的稿子,另搭架子。啸岚每夜用黑纸蒙住台灯罩,工作到凌晨二时,将他起好的初稿抄得干干净净,放在桌上。他就寝以后我起床,润色唱词……《王昭君》的剧本并未写成功,我认为很难写成功。元朝的马致远完全丢开史实,另起炉灶,写出来《汉宫秋》以寄汉民族受异族侵凌之痛,所以能够成功。我们今天不能不基本上照顾史实。这是现实主义创作方法对待历史题材的起码原则。可是,一照顾史实,《王昭君》的戏剧冲突就没有了,或者是另外一种性质了。伪造的矛盾不惟我们自己不感动,更不能感动观众。
>
> 这一段工作对我有两方面的好处:第一个方面,名义上我是在同龚啸岚同志合作搞剧本,而实际上我用在剧本上的时间很少,大部分时间是在整理《李自成》的稿子。另一个方面,使一部分同志对我增加了了解,为以后的工作增加了方便。《王昭君》这个剧本,虽然我同啸岚没有改编成功,但是某些唱词却获得同志们的较好印象,尤其写王昭君在宫中弹琵琶的一出,文词很美,吸收和发挥了我国古典文学的艺术特点,获得许多同志的称赏。所以,我在这一工作的实际收获不在《王昭君》本身,而在于我利用机会整理《李自成》并为《李自成》获得多一些支持力量。

引文中"这一段工作对我有两方面的好处",说得非常直白。但笔者以为,好处并不只上述"两方面",还有:能与戏曲名家龚啸岚合作,雕琢艺术精品,展示艺术才华,这是一件难得的幸事;在琢磨该剧本时,得以思考"历史真实"与"艺术真实"问题,触摸到独具个性的"深入历史"和"跳出历史"理论,为修订《李自成》第一卷草稿作一借镜,更是难得的机会。说到底,能在该献礼项目中再次展示自我价值,以艺术魅力征服文艺领导,最终为其创作《李自成》铺平了道路。

《王昭君》剧本尚存①，作家引以为傲的唱词在第五场《琵琶》中。摘录一段如下，以飨读者——

> 轻弄牙拨调玉柱，
>
> 叮咚弦音诉哀曲。
>
> 伤心是入了汉宫别了父母，
>
> 三载待诏如楚囚。
>
> 梦里家乡似画图，
>
> 再难见巴山烟雨，
>
> 再难见锦绣田畴，
>
> 再难见厮熟的同村伴侣，
>
> 再难见我自幼儿住惯的青松碧溪绕茅屋。
>
>
> 驾锦车边塞路长，
>
> 扬丝鞭玉骢匆忙，
>
> 但愿得胡汉永睦，
>
> 又何惧卧雪眠霜？
>
> 大漠莽莽，群山苍苍，
>
> 喜见宝刀易牛羊，
>
> 兵气消尽日月光。
>
> 人登衽席，谷满廪仓，
>
> 民也欢畅，国也富强。
>
> 做一个远嫁和番的钦使红妆女，
>
> 垂青史，万古流芳。

由于种种原因，汉剧《王昭君》未能于次年作为献礼项目演出。半个多世纪后，在第十届中国戏剧节上，该剧作为湖北地区唯一参赛剧目，荣获优秀剧目奖②。

汉口饭店的这一个多月，姚雪垠在圆满完成上级指派的献礼项目之余，对《李

---

① 姚雪垠去世后，武汉汉剧团资料室将珍藏的剧本《王昭君》交给了姚雪垠家属，后收入《姚雪垠书系》，以作纪念。

② 参看2013年4月3日胡婧、王梦佳撰写的报道：《新版汉剧〈王昭君〉4月16日将在武汉剧院演出》。

自成》草稿的艺术结构进行了再思考与再调整。

我们在他遗留下来的"《李自成》细节构思记零"笔记本中找到了如下的记录：

> 这部稿子已写出了第一卷，结构方面需要作出重大改变。今早在床上反复苦思，决定如下：

> 将现有的章缩小，二十章可分为四十章或更多一些。这样，结构上更为灵活，可以每一章集中写一事，一个重要场面，或两三章连续写一件事。

> 每章有标题，但非古典小说的回目形式。有标题醒目，清楚，比不要标题好。回目必须对偶，反受拘束，故不采用。

> 每章内包含若干节，节与节之间空二行，不必写数字。

> 每一卷分若干部，如第一卷李自成与张献忠会晤后止为第一部，到张献忠谷城起义为第二部，到李自成出武关为第三部，到本卷结束为第四部。（这一分法尚未定。）

> 将李自成的出场改作第一章，崇祯帝改作第二章。过去这样改过，但未成功。要克服困难，重新改正。第一章的题目是"明月、霜风、红旗"，第二章是"北京在戒严中"。

由上可知——

在此时的构想中，《李自成》第一卷的容量很大，时间跨度不小，涵盖了崇祯十一年至十三年的历史阶段。这段历史正是李自成农民军由衰转盛的重要时期，包含了"潼关南原大战""被困商洛山""谷城会""出武关""献忠火并""被围鱼复山""星驰入豫"等情节。换言之，此时第一卷的内容不仅涵盖了单行本的第一卷，也涵盖了第二卷的大部分内容。

当然，这只是作家当年对《李自成》艺术结构无数次思考与调整中的一次，可称之为"一卷四部"结构法。该结构法未曾付诸实施，因为不久后他又有了新的想法。

我们在"《李自成》细节构思记零"笔记本中又读到了如下的记录：

> 几天来再三思考，人物把"明月、霜风、红旗"改作第一章，技巧上有很难克服的困难，决定放弃这个打算，仍旧让崇祯先出场。卷中不再分部，以避免各部的字数过于不平衡。兹将各章变化列表如下：

章次	章名	原来章次
第一章	文华殿的一夕	第一章（1—2）

第三十三章　　出武关　　　　　第十五、六章各一部分(33)

当然,这也只是作家对《李自成》第一卷艺术结构无数次思考与调整中的一次,可称之为"一卷三十三章"结构法。

"一卷三十三章"较之"一卷四部",有几个值得关注的特点:

作家确定小说开局"仍旧让崇祯先出场",而仍让李自成居其后。这本是草稿原有的布局,但后来作家曾有过"易位"的考虑,现在终于拿定了主意,没有顺从某种文艺思潮的影响,保持了艺术思考的独立性。

另外,作家决定给予高夫人部在崤函山中的活动以更多的篇幅。由于草稿中描写"南原大战"的第二章已佚,我们不知其中是否有关于高夫人率部突围至崤函山的描写。但初稿中单独划分出了"团圆"一章(第十二章),可见此前作家已对高夫人部在崤函山的活动有过表现,"绣旗""树旗"的情节不知是否在其中。

"《李自成》细节构思记零"笔记本中有关于作家此期对高夫人形象塑造的思考,请看如下记录:

　　在潼关南原战败之后,高夫人同一小部分将士突围到崤函山中。要有一些笔墨写高夫人在豫西的生活和活动。她日夜挂心着丈夫和全军将士,清瘦许多,还要安慰别人,安定军心。有时午夜,她做了一个凶梦,哭醒,但不让别人知道。几次她夜间焚香祝愿。有一天晚上,亲信们报告她有一部分兄弟打算离开她自谋出路,认为这是叛变行为,要她先发制人,把这群人包围,杀掉,以儆效尤,振作军心。但是她权衡当时情况,没有这样做。直到半夜了,要拉走的人们整好队准备出发了,为头的郝摇旗向她说明要脱离她的原因,她没有责备他,反而嘱咐他如何小心谨慎,希望他日后混好了仍然回来。嘱咐毕,吩咐亲兵们将金银若干取出来送郝,又要把她的爱马送给郝的妻子。在这种情形下,郝哭了起来,坚决不走了。(或者是高夫人对郝的部队讲话,部队将士都哭了起来。)

　　写她订计冒充闯王在崤函山中,以缓和官兵对闯王的追赶和搜索。这个办法对她可能冒很大危险,但是毅然决然地这么做了。这不仅由于李自成是她的丈夫,而且她认为保全了李自成和李自成周围的人就保存了一切希望,保存了义军的种子。她想,从叔父高闯王起事以来,死了无数的人,破了无数的家,倘若保全了自成,就有翻身报仇的日子,她自己纵然死于敌手,又有什么要紧!

作家既决定"要有一些笔墨写高夫人在豫西的生活和活动",在其形象塑造上便不会吝于笔墨。记录中的第一段写的是"高夫人义释郝摇旗"的艺术构思，第二段写的是"绣旗""树旗"等一系列情节的最初设想。我们都知道，《李自成》第一卷最为脍炙人口的情节为"闯王义释郝摇旗"，未想到其"原典"竟然在这里①；我们也都知道，《李自成》第一卷中高夫人"绣旗""树旗"的情节颇为动人，未想到其"原典"也在这里②。顺便提一句，武汉市文联领导程云读过初稿后，深为高夫人"绣旗""树旗"的情节所感动，1962 年初坚邀姚雪垠与之合作把这一情节改编为歌剧《闯王旗》，又敷演出一段艺术佳话。

1961 年初，《王昭君》的编撰工作告一阶段，姚雪垠和龚啸岚离开汉口饭店，返回花桥宿舍。

不久，更大的机遇又来了。姚雪垠在回忆录中写道：

将《王昭君》交出之后，我同啸岚回到了花桥宿舍。当时正是国家十分困难期间，人们吃不饱饭，许多人浑身浮肿，染上肝炎。我的家不在武汉，生活更加困难。很感激程云和于亚声想办法解决我的生活困难，免得我的身体垮掉。不久，在璇宫饭店定了一个房间，我和龚啸岚将《王昭君》再作某些修改，时间很短。改完之后，啸岚回家，我继续住在璇宫整理《李自成》。到这时，写《李自成》已经不再是"地下工作"，而是获得了武汉市委的正式承认和支持。我可以全心全力地写《李自成》，领导上不再派给别的工作干扰我写《李自成》的创作计划。这是我许多年求之不得的最大幸福，也是创作事业的一大转折。当时武汉市委的文教书记是宋一平，宣传部部长是余英，常务副部长是辛甫。这三位市委领导同志同我写《李自成》有密切关系，都将在这部回忆录中多次写到。

这是一个什么样的机遇呢？

先说说璇宫饭店。该饭店始建于 1928 年，坐落在武汉市中心繁华的江汉路上，是该市历史上最为悠久的具有欧洲古典风格的建筑物之一，享有最具文化内涵饭店的美誉。抗战胜利后的中美军事调解小组的办公地点就曾设在该饭店，毛泽东、金日成、蒙哥马利等数百位中外名人先后下榻于此。

姚雪垠就是在这样的饭店里住下了，吃住全包，一住就是八个月③。在此期

---

① "原典"指的是作家对该情节最初的构思。
② 高夫人"绣旗"的艺术构思是否受到《红岩》中江姐"绣旗"的启发，尚需考证。
③ 姚雪垠在 1962 年 2 月 10 日给中国青年出版社编辑信中说："璇宫房价太贵，住了八个月让组织花了两千多元，我心中很不忍。"

间,没有任何干扰,完全地随心所欲。在这家饭店里,他顺利地整理完成了《李自成》第一卷的初稿,并开始构思第二卷;他梳理了有关《天京悲剧》的史料,并准备开笔撰写读史笔记;他产生了撰写《大江流日夜》的艺术冲动,并着手搜集相关史料。

这是何等奇特而优厚的生活待遇! 这是何等宽松而自由的创作环境!

放眼新中国成立之初的"十三年",注目"三年困难时期",恐怕没有任何省市的文艺主官敢给予辖下的作家以这样的厚待吧? 恐怕没有任何一位作家享受过这样的优遇吧?

当地的文艺主官,即姚雪垠感念的宋一平、余英和辛甫等人,为何敢于给予姚雪垠如此厚待呢?

他们也许对这位"摘帽右派"的政治品质有着别样的理解吧;

他们也许对毛主席点评过的这位老作家的艺术才能有着别样的兴趣吧;

他们也许认为其品质和才华可堪为社会主义文艺事业之大用吧;

他们也许对其新作《李自成》的成功抱有莫大的期待吧。

如果我们说,此刻姚雪垠其人其书享受的是"市级重点文艺课题"待遇,恐怕并不为过。

而作家姚雪垠,又如何能坦然地接受如此厚待呢?

也许是其内心强大的"政治自信"和"艺术自信"使其处之泰然吧;

也许是其内心笃信的"历史发展过程论"印证了"否定"的应有之义吧;

也许是其禀赋天成的"小说化的生活态度"予其以处变不惊的勇气吧。

如果我们说,此刻姚雪垠其人其书欣然融入"党的文艺事业"之中,恐怕也不为过。

不管后人怎么评说,这一次的机遇真可谓姚雪垠后半生"最大的"幸运,他个人的命运及《李自成》的命运从这一刻起发生了根本的"转折"——

从这一刻起,他的《李自成》创作计划便从"潜在写作"变成"公开写作"了。如前所述,某文学史家曾否定《李自成》为"潜在写作",如果将其视点移到此刻,从某种意义上看,他说的不无道理。

从这一刻起,他便在最不寻常的时期得到了最不寻常的待遇。当年正是"三年困难时期"(或曰"低标准"时期)的最后一年,大家都面有菜色。而他却被文艺主官们安置在武汉最负盛名的饭店里,彻底免除了饿馁之忧。

从这一刻起,他个人的社会位置开始复归。他能参加省委和市委宣传部举办的各种培训,他能够出席省文联和市文联召开的常委扩大会议,他还获得了进入省图书馆特藏部查阅史料的特别许可①。

1961 年 9 月,姚雪垠在璇宫饭店里顺利地整理完成《李自成》第一卷初稿后,感极而赋诗数首,其中第九首是吟咏这番奇特机遇的。诗曰:

> 眷顾多方来雨露,惘然无语表微忱。
>
> 五更枕上涔涔泪,谁会三春寸草心。②

敏感的读者读过这首诗,也许会联想到"雷霆雨露,莫非天恩"这句古语,也许会批评作家尚有封建意识,缺乏社会批判精神,等等;然而,我们却不这样看。我们认为,姚雪垠青年时代所接受的马克思主义熏陶和所追求的共产主义理想,决定了其人生道路和政治追求;在其漫长的一生中,他虽曾多次被热爱的政治所伤害,但他从未产生过背离的念头,而是真诚地自省和更新,而是"纠缠如毒蛇,执着如怨鬼"③。用他自己的话来说,即"家鸡打得团团转,野鸡不打满天飞"。体味到了这一层,我们才能走进姚雪垠的心灵!

透底来看,他发愤著书的内在动力有二:一曰"藏之名山,传之其人"④;二曰"刖工梦献连城璧,逐客诚栽九畹兰"。这是其人格的两面,犹如昼夜之道,自然之理。

还有必要强调:姚雪垠受到"厚待"之日,正是国内文艺界"气候稍稍转暖"之时⑤。

1961 年 6 月 1 日至 28 日,中央宣传部在新侨饭店召开全国文艺座谈会,讨论《关于当前文学艺术工作的意见(草案)》(《文艺十条》的初稿)。后改为《文艺八条》,经文化部党组、文联党组下发全国各地文化艺术单位贯彻执行。八条是:一、进一步贯彻执行百花齐放、百家争鸣的方针;二、努力提高创作质量;三、批判地继承民族遗产和吸收外国文化;四、正确地开展文艺批评;五、保证创作时间,注意劳

---

① 参看昌少千《为姚雪垠创作〈李自成〉提供资料回忆》。

② 1974 年底,姚雪垠为该诗作"跋",称:"当时正是三年灾害期间,一般干部饿得浑身浮肿。武汉领导方面安排我住在璇宫饭店进行写作。全诗为我当时对党的感激心情,后两句确是当时实情。"

③ 语出鲁迅《华盖集·杂感》:"无论爱什么,——饭,异性,国,民族,人类等等,——只有纠缠如毒蛇,执着如怨鬼,二六时中,没有已时者有望。"

④ 语出汉司马迁《报任少卿书》:"仆诚已著此书,藏之名山,传之其人,通邑大都,则仆偿前辱之责。"

⑤ 1962 年姚雪垠在给中国青年出版社编辑信中写道:从去年夏天贯彻了《十条》以后,这里从市委宣传部到文联组织也都对这部稿子寄予相当大的期望,给我一切方便条件进行整理工作。到今天得能整理出五十万字,不能不感谢此间党领导同志对这件工作的重视和帮助。

逸结合；六、培养优秀人才，奖励优秀人才；七、加强团结，继续改造；八、改进领导方法和领导作风。

璇宫饭店，是姚雪垠漫漫人生路上一个难得的驿站。

在这个驿站里，他得到了难得的休憩空间和时间；在这个驿站里，他得到了难得的回忆往事的机会；在这个驿站里，他得到了难得的反思自我的机会。

姚雪垠作于此时此地的《璇宫感旧诗（三十四首）》，记录了抗战时期酸甜苦辣的人生体验，并为其丰富多彩的创作生活留下了许多珍贵的历史剪影。

林遇春教授在《论姚雪垠建国后的旧体诗创作》（载《福建论坛》2011 年第 4 期）一文中剖析了《璇宫感旧诗》，慧心独运地论及"璇宫"之于作家创作道路的重要作用，写道：

——这组诗属回忆之作，虽是抒情诗，但写实性亦强，特别是把三十四首连缀起来读，颇有些长篇纪事诗的味道。从这组七绝中，我们能够比较清晰地看到抗战烽火中姚雪垠和臧克家之间患难与共的流亡生涯和人生侧面。其中许多生活细节和情感涟漪，更是历史的存照和心灵的证词。

——在频繁的政治批判和世人的妒嫉打击中，姚雪垠私下创作长篇历史小说《李自成》，只有沉浸在艺术创作的灵境，他才能避开世俗的聒噪与冷酷。同样，在写《璇宫感旧诗（三十四首）》的深情回忆和情感宣泄中，姚雪垠也体会到了文艺创作的心理补偿和救赎功能，他是颇有些"乐在其中"了。

——值得注意的是，姚雪垠在写给臧克家的诗中还真诚地剖析了自己的性格弱点。能够在老朋友面前坦诚相见，自我反思，可见姚雪垠与臧克家之间确属知交。第二十八首云："飞扬跋扈为谁雄？深愧无聊醉梦中。聚铁九州成大错，故人期许淡烟空。"首句出自杜甫的《赠李白》："痛饮狂歌空度日，飞扬跋扈为谁雄？"姚雪垠借用杜诗成句，并非是以李白自炫，而是表达了自己对早年轻狂的悔恨。

啊，璇宫饭店！

姚雪垠后半生坎坷而辉煌的创作道路于此发轫！

第四节 "历史三部曲"

1961 年 6 月至 1962 年 2 月，在武汉市委的关照下，姚雪垠在璇宫饭店里潜心整理《李自成》第一卷。

如前所述,在这家饭店里,他顺利地整理完成了《李自成》第一卷的初稿,并开始构思第二卷;他梳理了有关《天京悲剧》的史料,并开笔撰写读史笔记①;他产生了撰写《大江流日夜》的艺术冲动,并着手搜集相关史料。

姚雪垠的创作生涯中似乎又出现了一个高峰!

他在回忆录中描述过当年的心理状态,写道:"(1961 年 9 月,)我在璇宫饭店将《李自成》第一卷整理完毕之后,心中高兴,感情也有点激动。有一天,我忍耐不住,很快地写出了一组七言绝句抒情。"②还写道:"(其中第十二首,)不仅暗示将要写《天京悲剧》,而且我还要写辛亥革命的心愿在这时也成熟了。"录该诗如下,以飨读者:

> 问我雄图更若何? 请君莫笑满头皤。
>
> 百年世事风云急,笔底心头慷慨多。

太平天国运动(1851—1864)和辛亥革命(1911)皆是百年之内的事,作家称诗中"百年世事"为"暗示",即是指此。

创作辛亥革命历史题材的长篇小说,其起念不早于 1960 年冬。如前所述,年前姚雪垠参加了武汉市为建党四十周年大庆而准备的"献礼"活动,并先后为京剧《武昌战火》和汉剧《王昭君》撰写剧本。当年,"献礼"项目多取材于当地的历史文化,武昌是"首义"之地,辛亥革命题材肯定会有不少人注目。也许就在这个时候,该重大历史题材进入了他的视野。可惜的是,作家当年的艺术构思并未在纸面上留存下来。

创作太平天国历史题材的长篇小说,其起念不早于 1951 年。如前所述,当年年初姚雪垠读过胡绳执笔的题为《纪念太平天国革命百周年》的《人民日报》社论后,有感于友人文章中关于"太平天国是旧式的农民战争——没有先进阶级领导下的农民战争所发展到的最高峰"提法,遂产生撰写表现该农民战争的长篇历史小说的冲动,并开始搜集相关历史资料,进行前期准备。1956 年,他自认为对太平天国题材的研究已经超过了对明末农民起义军的研究③。1957 年被错划为右

---

①　这是姚雪垠创作历史小说的习惯,先梳理史料,撰写读史笔记,然后再进入创作阶段。1948年他撰写的读史笔记《崇祯皇帝传》,就是为同名历史小说所作的前期准备。

②　组诗名为《题〈李自成〉第一卷原稿》,共十三首。

③　姚雪垠在《学习追求五十年》中说:"我在五十年代初期,心中同时在酝酿两部历史小说,而不仅仅是一部《李自成》。甚至可以说,关于反映太平天国历史的小说轮廓比反映明末历史的小说轮廓更为清晰。"

派之后,他决意拼死一搏,审慎地掂量了这两种历史题材的利弊之后,终于选择了明末农民起义军的题材。如今,气候似乎"转暖"了,在参加"献礼"项目《武昌战火》之时,他便顺势产生了撰写太平天国题材历史小说的强烈冲动。

1961年11月2日,他在给中国青年出版社编辑的信中表示打算写一部关于太平天国的中篇小说以偿"文债",对方对这个选题有很大的兴趣,不停地来信催稿。于是,他便趁着《李自成》第一卷初稿整理完成的余暇,开始着手该题材历史小说的史料整理,抽空写成了十五篇书信体的读史笔记(约六万字)[①]。附带说一事:姚雪垠回忆录中未曾提及该读史笔记,其原件已经湮没在历史的尘埃中;所幸的是,其好友周勃当年曾谨慎地作了"备份",除第一信早佚外,其余十四信的抄件都被妥善地保存着。2018年4月,周勃先生将其捐给了姚雪垠家属,将被收入《姚雪垠全集》。

该读史笔记原无总题,现有标题《〈天京悲剧〉内容梗概》是《姚雪垠全集》的主编姚海天补上的;原书简上也无序号,现序号也是编者加的;原信有小标题,第一信(已佚)的小标题,是笔者根据后信的提示加上的。

谨录该书信体读史笔记的小标题如下,以飨读者:

《天京悲剧》内容梗概

第一封信　　大峒伏击战(佚)

第二封信　　围攻桂林(上)

第三封信　　围攻桂林(下)

第四封信　　全州血战

第五封信　　湖南扩军与传檄天下

第六封信　　萧朝贵偏师袭长沙

第七封信　　长沙大战

第八封信　　横渡洞庭湖

第九封信　　攻破武昌

第十封信　　武昌度岁

第十一封信　由武昌到南京城下

第十二封信　占领南京(上)

---

① 《姚雪垠全集》的编者认为这十五封书信体读史笔记写于作家居住璇宫饭店期间,即完成《李自成》第一卷初稿之后;但笔者以为撰写于1962年6月至7月之间,即完成《李自成》第一卷修改稿之后及与程云上庐山之前。续后有考证。

笔者细读了如上书简，有如下几点体会：

其一，作家无意"从金田起义写起，写太平天国革命运动的全部过程"①，而选择从太平军的命运转折点（出广西入湖南）切入，其总体构思如横云断岭，与《李自成》第一卷（出陕西入河南）类似。太平天国革命延续十四年（1851—1864），该"提纲"涵盖的历史段只有两年（1852年至1853年），仅占七分之一，其构思如骊海探珠，亦与《李自成》第一卷类似。

其二，作家已认识到"太平天国的主要领袖洪秀全和杨秀清"是当之无愧的历史主角，但出于种种顾忌，该书简在铺陈史实时，没有触及这两位重要人物的身（世）家（庭）性（格）命（运），这与20世纪40年代末作家为撰写长篇历史小说《崇祯皇帝》而撰写的"读史笔记"大不相同。

直言之，这是个写得不算很精致的读史笔记，并不是作家可据此扩展、敷演、充实的"写作提纲"。因此，作家很快便将其遗忘了。多年后，作家另起炉灶，重新构思太平天国历史题材的长篇小说。此事说来话长，且待后述。

顺便提一句，就在周勃先生捐出珍藏的这十五封书信体读史笔记的第二年，阎浩岗先生发表了论文《姚雪垠构想中的〈天京悲剧〉》，认为这些笔记应为"《天京悲剧》上卷的内容提纲"②。此说可备一格。

20世纪70年代中期，姚雪垠把这三部历史小说划归于一个系列，统称为"历史三部曲"③或"革命三部曲"④。

1978年4月1日，他在写给邓小平副主席的信中，正式地谈到了这个"历史三部曲"。信中写道：

> 在五十年代，我曾有第三个创作计划，要写一部从辛亥革命到第一次国共合作开始的现代历史题材小说，反映如何从旧民主主义革命转到新民主主

---

① 引文出自姚雪垠为当年致冯雪峰信所写的"跋"。

② 该文载2020年9月30日《文艺报》。

③ 1975年7月7日姚雪垠致茅盾：在五十年代，我有写三部长篇历史小说的心愿，除《李自成》外，还有《天京悲剧》和《大江流日夜》（写辛亥革命的）。对后两部的写作都做了初步的历史研究和艺术构思。不料岁月如流，转眼暮年，而宿愿半空。

④ 1988年5月姚雪垠与其子海天、媳王琪聊天时说："这三个历史题材最早动念是《李自成》，它是古代农民革命，近代革命开始是太平天国，现代革命是辛亥革命。"

义革命，定名为《大江流日夜》。当时我有意以《李自成》、《天京悲剧》和《大江流日夜》作为反映古代、近代和现代三种性质的革命运动的"三部曲"。对于这后一个规模较大的创作计划，我也收集和研究了一些历史资料，做了些初步的艺术构思。

谈到姚雪垠对"三部曲"的钟情和执着，那不是一两句话可以说得清的！

1943 年前后，姚雪垠曾有撰写"抗战三部曲"的念头，该"三部曲"总题为《新苗》（后来改为《新生颂》），第一部题为《母爱》（后改为《崇高的爱》），第二部名为《五月的鲜花》，第三部的题名未定；第一部主题为表现"母性的爱，男女的爱，以及纯真的儿童的爱"，其后两部主题为表现"同胞之爱、军民之爱、异国之爱，及友邦之爱"；后因兴趣转移，该"三部曲"没有完成。

1946 年前后，作家又有撰写"农村三部曲"的想法，该"三部曲"由三部长篇小说（《黄昏》《长夜》《残星》①）组成，其内容涵盖"从民国初年到抗战期间"的中原农村生活，其主题为"从我的故乡反映出中国农村的一般命运"；1951 年作家为完成该"三部曲"辞职返乡，后因时势关系，"梦断开封"。

需要强调的是，作家此时构思的"历史三部曲"与前此构想的"农村三部曲"有一定的内在联系，取材或有大小远近之别，但其表现历史变革，反映历史规律，探索历史底蕴的意愿是一致的，其中贯彻着的"时代精神②"也是相同的。

姚雪垠钟情于"三部曲"，当是其稚龄时即有的"立大志，做大事"天性的自然流露。还可究底来分析：从一方面看，是文学家神思灵动的表现；从另一方面看，是其历史癖不可抑制的表征③。他对这把双刃剑有认识，晚年曾在回忆录中承认："我有一个老毛病，兴趣较多，常常不懂得'收心'的重要，一生吃亏在容易把战线拉长，浪费时间和精力。"

话虽这么说，细思却别有滋味：如果作家生逢盛世，身健神旺，文运不衰，未始不能以有涯之生达成无涯之事。

闲话不说，言归正传——

1957 年秋，作家在被划为右派后的几个月里，完成了《李自成》第一卷五十万字的草稿。其后在东西湖农场劳动期间，利用病休返城的十余天时间整理了数万

① 1947 年 3 月，姚雪垠将"农村三部曲"的第三部《残星》改题为《黎明》。
② 姚雪垠曾说某批评家未能读出《李自成》中的"时代精神"。笔者以为，他所谓的"时代精神"即"革命精神"。
③ 同期他曾想撰写《袁世凯传》，稍迟他还曾注目于戊戌变法的历史题材。

字的初稿。1961 年 6 月，作家住进璇宫饭店，耗时三个月，于 9 月中旬，便将草稿余下的数十万字整理完毕了。

他在回忆录中写道：

> 1961 年的夏天，我住在汉口璇宫饭店将《李自成》第一卷的初稿整理完成，接着写第二卷。大概在十月中、下旬吧，中国作家协会办公室给我写了一封信，大意说，听说我正在写长篇，如有什么困难，作协可以帮助解决。我回信说，我写的长篇小说《李自成》第一卷已经脱稿，希望作协帮助我请一两位研究明史的专家看看稿子。作协办公室来信表示同意，要我将稿子寄去。于是我怀着热切的盼望与感激的心情，将稿子挂号寄去。过了不久，我接到作协办公室十一月七日的信：寄来的《李自成》第一卷原稿（前后共五分册）业已收到了。目前，我们正在接洽找人阅读，如有结果，当另函告。

请注意引文中的"将《李自成》第一卷的初稿整理完成"一句。他为什么说"整理"而不是"修订"呢？这是有原因的："整理"更重在卷、章、节的调整，情节、段落、文字的衔接，主要工作为誊抄和补缀①；"修订"则是故事情节和人物性格的细细打磨，主要工作为润色和改写。还请注意作协复信中"前后共五分册"一句，这五本稿子中是否包含着年前给市文联负责人程云和李冰读过的那两本，不得而知。

整理好的初稿是什么模样呢？

根据作家回忆，初稿用的是在市场上购买的土纸印刷的"粗糙的暗红色方格子稿纸"，207mm × 148mm，20 × 20 = 400 字。遗憾的是，由于出版前数易其稿，初稿（五本）原貌已不可见。但，那数百张写满密密匝匝蝇头小字的"粗糙的暗红色方格子稿纸"，除了少部剪删弃置之外，大部尚存。这些写在土纸上的文字是修改稿和修订稿的基础，它们经过剪贴和补缀，构成了新的章节。有心者可以在影印本《〈李自成〉第一卷手稿》中根据几种不同的稿纸②，循迹索骥，探索艺术家成功的奥秘。

初稿的总体结构，从三年前草稿的二十章，一年前的"一卷四部"和"一卷三

---

① 1962 年 9 月 4 日，姚雪垠在给中国青年出版社编辑的信中写道："清样本中漏字错字不少，有时连人名也漏掉了。这原因，主要是原稿不清楚，几经剪贴，漏字很多。"可见前此的"整理"工作中很大一部分是剪贴和补缀。

② 《〈李自成〉第一卷手稿》用了三种稿纸：第一种是"粗糙的暗红色方格子稿纸"，为初稿用纸；第二种是"中南文学艺术界联合会稿件"，第三种是"中国青年出版社稿纸"。后两种均为修改稿所用。

十三章"，变成了"一卷三十一章"。从时间来看，仅截取了从崇祯十一年秋末至崇祯十二年春末大约半年的时间段，而割舍了崇祯十二年夏至崇祯十三年冬大约一年半的时间段；从情节来看，仅保留了"南原大战""困居商洛山""谷城会""夫妻团圆"等情节，而将"智破宋家寨""潜出武关""张献忠火并""被围鱼复山""冒死溃围"和"星驰入豫"等情节都挪入了下一卷。但字数却并没有缩减多少。草稿有四五十万字①，整理后的初稿也有四十余万字②。于此可以推断，初稿在情节、段落、文字的衔接和补缀方面下了多大的功夫。

1961 年 10 月中旬，姚雪垠把整理好的《李自成》第一卷初稿（共装订成五本），挂号寄给中国作家协会，随即开始整理第二卷的稿子。不久，与其有旧谊的中国青年出版社编辑也来索要稿子。稿子归宿颇有曲折，且待后述。

姚雪垠在将《李自成》第一卷草稿整理为初稿的过程中，对这部长篇小说的"规模"及"历史小说的道路"等重要问题也产生了一些想法。他在回忆录中写道：

在这里只交代两个问题：第一，在一九五七年开始写《李自成》时，这部小说将有多大规模，将分作几卷，都没有时间考虑。在整理第一卷的过程中，一些重要问题在逐渐明确起来。全书分五大卷，就是在这时确定的。……（笔者有删节）第二，通过第一卷的创作实践，我希望探索的历史小说的道路以及大部头长篇小说的写作方法，还有民族风格的追求，虽然还没有形成我自己的一套理论，但是大体上有些眉目了。

关于第一点，即关于这部长篇小说的"规模"问题，有作家 1960 年 11 月 2 日给中国青年出版社编辑的信为证，信中写道："拙作历史小说《李自成》计划中要写五卷，约一百五十万字，几年前才写了第一、二卷，约六十万字。最近寄到全国作协去的是第一卷，第二卷尚在整理。因为这部作品距离完成尚远，所以现在还不好决定出版的问题。"

关于第二点，即探索"历史小说的（新）道路"（含"大部头长篇小说的写作方法"及"民族风格的追求"）诸问题，作家当年并未留下只言片语的记载，笔者不敢穿凿附会③。

---

①　参看前文，姚雪垠对草稿字数有四十万字和五十万字两种说法。

②　姚雪垠 1961 年 11 月 13 日给中国青年出版社编辑的信中说："第二卷已经整理了十五万字。"1962 年 2 月 3 日信中又说："到今天得能整理出五十万字。"由此推算，第一卷初稿大约有四十万字。

③　笔者认为，姚雪垠对"历史小说的（新）道路"（"深入历史和跳出历史"）的系统理论思考要稍晚一点，至少在得到湖北省图书馆"参考阅览室"的借阅证之后（1961 年 11 月），亦即在其能够借阅到更多的历史资料之后。

第十六章

《李自成》第一卷

1961——

第一节 从初稿到修改稿

1961 年 10 月,姚雪垠将整理完成的《李自成》第一卷初稿(装订成五本)分批寄往中国作家协会,并委托他们找专家学者审稿。不久,这个消息传到与姚雪垠有过交往的中国青年出版社,引起了该社领导的极大兴趣。经过一番周折,中国青年出版社于 1962 年 1 月 4 日拿到了书稿。

江晓天是中国青年出版社第一位读到初稿的资深编辑,他只花了六天便读完这四十余万字的书稿。多年后,他在回忆文章中感慨万端地写道:

> 打开《李自成》第一卷稿子一看,迥然不同,真可谓"别开生面",它那宏伟磅礴的气势,绚丽多彩的画面,浓郁的历史时代氛围,跃然纸上;栩栩如生的人物形象,引人入胜的生动情节,一下子把我抓住了! 当了十几年文学书稿编辑,我第一次尝到了艺术欣赏的愉悦……①

江晓天(1926—2008),安徽省滁州人。1941 年参加革命,长期从事编辑出版和文学理论研究等工作。曾先后参与筹建中国青年出版社和作家出版社,曾主持和参与编辑出版"三红一创"(《红旗谱》《红日》《红岩》《创业史》)等一批文学经典。1960 年前因农村饥荒事在信中发了几句牢骚,被黜为普通编辑。

他非常关心与自己命运相似的作家姚雪垠,爱惜对方的艺术才能,甘愿为《李自成》这朵文坛奇葩奉献出自己的前途。

1962 年 1 月底,他给姚雪垠寄来《向阳花》和《红岩》等出版物,示之以当代长篇小说的发展水准,有意让对方"借他山之石以攻错";当年 2 月初,姚雪垠复信中对这两部作品都有评价,称前一部书"作者的生活经历和对于时代的理解局限了",称后一部书"人物性格突出,色彩丰富,时代的气氛也写得浓厚"。②

在随书寄来的附信中,江建议姚雪垠读一读中国青年出版社新中国成立后印行的《永昌演义》,告之以该书出版的内幕,并说"毛主席是支持写李自成的",为姚打气鼓劲;姚雪垠在同日的复信中写道③:

---

① 江晓天:《〈李自成〉第一卷在逆境中问世》。收入陈浩增编《雪垠世界》,中国青年出版社 2001 年出版。

② 姚雪垠 1962 年 2 月 3 日给中国青年出版社编辑的信。

③ 姚雪垠 1962 年 2 月 3 日给中国青年出版社编辑的信。

《永昌演义》这本书我几个月前粗粗看过,只有米脂县一些地方传说和地方志书的材料是可取的,其他可取的材料极少。我们现在所掌握的文献资料比该书的作者多得太多了。就是作者自己所列的参考书目,似乎他也没有细致地研究过。什么原因,我还不明白。

由此信可知,姚雪垠读到《永昌演义》的时间当在1961年。写到这里,不禁要说句闲话:20世纪90年代湖北作家姜弘在《姚雪垠与毛泽东》一文中称姚雪垠早在1957年前便读过《永昌演义》,认定他写《李自成》是为了迎合"毛泽东对李自成的特殊关注"。对照此信,可知其说为妄。

起初,姚雪垠还不知道与他通信的中国青年出版社编辑姓甚名谁,但他为对方的热情、细心和睿智所感动,愿意倾心相交。

此后,姚雪垠和江晓天便把《李自成》的出版作为他们的"共同事业",并肩携手,克尽万难,促成该长篇小说的问世,成就了出版界与创作界的一段历史佳话。

1961年11月13日,他在给中国青年出版社编辑的信中提出了第一卷初稿的修改计划:"据我自己的看法,第一卷还得修改一次方能拿出来,但不是大动手术。第二卷要动的手术大一些。如果北京的同志们看过后和我的估计大致差不多,那么第一卷明年春天可以改成,秋天可以出版。"后来,出版时间延后了一年,其中曲折,且待后述。

1962年2月11日,姚雪垠从居住了八个月之久的璇宫饭店搬出,移住汉口饭店,参加省文联理事扩大会议和武汉市文联的成立会①。此前,他的《李自成》创作计划已经得到市领导的批准和重视②,其政治地位和社会位置貌似已经恢复到与反右派斗争之前相当,但其"摘帽右派"的政治身份仍在,其创作活动仍处在某种"监管"之下。

当月,中国青年出版社江晓天携稿来武汉找姚雪垠面洽修改事,抵达汉口饭店的当日,适逢"成立会"召开,感受到会场的严肃气氛,他顿时敏锐地觉察到自己与姚雪垠的尴尬政治身份可能会给工作带来不少麻烦。尽管他急着想要找到姚雪垠"谈稿子",但仍不得不先拜见当地文艺领导,一则"说明我现在的情况",

----

①　1960年4月,武汉市文学艺术界联合会筹备委员会成立,主席程云,副主席李冰、莎莱(女)。此次"成立"会议,可能是要去掉"筹备"二字。

②　姚雪垠1962年2月3日给中国青年出版社编辑的信:知道你们对《李自成》寄予希望,我感到很安慰。从去年夏天贯彻了《十条》以后,这里从市委宣传部到文联组织也都对这部稿子寄予相当大的期望,给我一切方便条件进行整理工作。到今天得能整理出五十万字,不能不感谢此间党领导同志对这件工作的重视和帮助。

二则"先和组织上谈妥之后才能见(作者)"。好在骆文等人通情达理,并没有难为他。时隔多年,江晓天忆及当年事,心怀感激地写道:

> 他们知道我是来找姚雪垠同志谈稿子的,也知道我要先通过组织,所以没有等我提问,骆文同志就拿了一份他将在省文联大会上作报告的打印稿给我,说:"有一段说有的同志熟悉历史,写历史题材,于人民有益,我们也是支持的,就是讲的老姚,省委已审批了这个报告。我们是支持他写这部作品的。"淑云①同志补充说:"这个会完了,我们准备请部分同志开个会,专门讨论一下《李自成》。你最好能留下参加。"我说:"因为还要到四川去谈一部稿子,有位同志在那里等着,我在武汉只能呆六七天。明天上午就和老姚谈,交换完修改意见就走。很遗憾,不能参加你们的讨论会了。"

这段回忆非常珍贵,可补充姚雪垠回忆录中的缺佚:1962年之前,《李自成》的创作计划还只是在市文联备案的创作项目;此时,该创作计划变成了省市两级党委宣传部门和文艺主管部门特别关注的创作项目;而且,省市文艺主管部门还将为《李自成》组织一个讨论会②。这似乎意味着,从此而后他便成了"省管"作家,其作品也变成了"省管项目"。不过,这是否会给作家独立自主的艺术思考带来新的变数,不得而知。

且说江晓天终于如愿见到了作者姚雪垠,"谈稿子",一谈便是三天。江提出了一些"肯定的意见",摘引如下:

> 第一,不少现代长篇小说都有反映生活面窄、展不开这个弱点。《李自成》则不同,它描绘了广阔的社会生活、时代风貌,刻画了各个阶级、阶层各种各样的人物,而结构又是严谨的、完整的……(笔者有删节,下同。)
>
> 第二个显著特色,对"反面"人物的描写没有简单化,更不是漫画化,而是依据实际生活(历史的),用革命现实主义的方法,着力表现人物性格的复杂性、丰富性。特别是对卢象升和崇祯皇帝。
>
> 第三个特色,就是知识风貌。小说写了官场礼仪、民间习俗、典章制度、天文、地理、军事、政治、历史、医药等等许多方面的知识,而且,不是生硬地解说,是有机地融化到情节描写中,或作为时代的氛围的点染,是生动的、形象的。

---

①　王淑耘,时任《长江文艺》主编。

②　该讨论会应该是当代文学史上有关《李自成》的第一次学术讨论会,可惜没有会议资料传存下来。

第四是民族化，语言很精炼、形象、鲜明、生动、准确，各种不同人物，在不同场合，乃至思想情绪不同的情况下，对话语言均有所不同，叙述、抒情的语言，也依作者或书中人物不同的描写角度，而有所区别，而且都通俗易懂。以白描的手法为主，故事性强，脉络清晰，层次分明，继承了我国章回、演义小说的传统，又有作者自己的创新……

同时，他也提出了一些"具体的修改意见和建议"，譬如：

一卷的初稿中，对明末的封藩制度，造成土地空前集中，横征暴敛，民不聊生，阶级矛盾尖锐到了不可调和，爆发了全国性大规模的农民起义，写得很不够。具体描写较多的是"七分天灾，三分兵祸"，不恰当。

20 世纪 80 年代初，姚雪垠回忆录中谈到当年在汉口饭店与江晓天的这次谈话，感慨万端地说："如果有人问我谁是《李自成》的伯乐，我只能回答说是江晓天。他是我在困难时期遇到的第一个知音。"

省、市文联两个会议结束后，姚雪垠便移住洪山省委招待所，继续享受其"省管"作家的优待。不久，其家眷从河南开封迁来，定居汉口花桥作协宿舍。此后，他便有了两个落脚地，生活环境和写作环境都有了极大的改观。一言以蔽之，家属来了，生活更有保障了；资料搬来了，创作更有底气了。

当年 2 月中旬，姚雪垠开始修订江晓天带回的《李自成》第一卷初稿，改后的稿子被称为修改稿①。6 月初，修改稿完成，耗时约四个月。

也许要谈谈修改稿的大致模样——

武汉地区读过初稿的人有程云、李冰、王淑耘、李蕤、武克仁等数人②，北京地区读过部分初稿的人有中国青年出版社文学编辑室负责人和责任编辑江晓天等数人。姚雪垠在完成修改稿的过程中，采纳了他们的意见。

根据作家当年与中国青年出版社编辑的通信，我们可以知晓大致的修改情况：

1962 年 4 月 7 日：稿子正在改，原来想着有些章可以不动，但事隔半年后，一提起笔，发现不但每章都得改，几乎每页都有必要改动。个别章节还是大动手术。

1962 年 5 月 10 日：《李自成》的修改工作正在进行。修改的工程较大，

---

① 修改稿是江晓天的说法。当年 8 月中国青年出版社曾将修改稿打印出十数本征求意见，又称为征求意见稿。

② 请参看姚雪垠 1962 年 4 月 7 日给中国青年出版社编辑的信。

这是我在动笔前没有料到的。这次抱定稳扎稳打,仔细推敲的态度,所以不求急于脱稿。许多地方重新改写,许多地方充实了。原来许多地方不够绵密和不够自然,都改成细针密线,并且也改得自然一些,避免了"匠气"。看起来,增加的字数不少。

1962 年 5 月 23 日:《李自成》的修改工作在继续进行。因这次修改较细致,不像过去那样粗心,所以不求太快。

作家所说的"修改的工程较大",除了章节的调整、情节的润饰、形象的雕琢之外,还在段落的衔接、语言的推敲、文气的流转等细微处下了不少功夫。

修改稿是在初稿的基础上进行的,主要工作为剪贴和补缀,省去了誊抄的工夫。那些写在土纸印刷的"粗糙的暗红色方格子稿纸"上的文字,除了少部分被删削之外,大部仍鲜活地留存在修改稿中。

更加有幸的是,修改稿的原件竟然被完整地保存了下来。中州古籍出版社 2016 年影印出版的《〈李自成〉第一卷手稿》(线装宣纸,一函五册),"即是以此手稿为底本原大而复制"的①。

轻轻地翻开这影印出版的《〈李自成〉第一卷手稿》,恍如参加一场艺术盛会——

修改稿用了三种稿纸,全都是 207mm × 148mm 大小,比草稿所用的活页纸(193mm × 146mm)稍大一点,与初稿所用土纸一般大小;纸色有深黄、浅黄、米黄之别,写满密密匝匝的蝇头小楷,字迹都是那么的灵动,那么的娟秀,那么的精妙!第一种是"粗糙的暗红色方格子稿纸",横行,20 × 20 = 400(字);第二种是米黄色的"中南文学艺术界联合会稿纸"②,竖行,20 × 20 = 400(字);第三种是浅黄色的"中国青年出版社稿纸"③,横行,20 × 15 = 300(字)。第一种稿纸所载的文字,是初稿;第二、三种稿纸上的文字,是此次修改时的补缀。

有心的研究者可以根据这三种稿纸,追寻作家攀登艺术高峰时留下的足迹,探索其精益求精的奥秘。

6 月 2 日,姚雪垠整理完修改稿;同月 7 日,他将最后一批稿件"挂号付邮"寄

---

① 中州古籍出版社的编辑们当年似乎不清楚这个底本是不是《李自成》第一卷的定稿,而是视其比较完整而采用之。

② 姚雪垠把这竖行的稿纸打横了用。

③ 1962 年 2 月 20 日姚雪垠给中国青年出版社编辑的信:"你们派同志来的时候,请:(一)假若你们那里有同第一卷原稿所用稿纸大小差不多的稿纸,不洇水的,请带一二百张来,以便修改时补补贴贴。"江晓天来武汉谈稿子时顺便带来了这批稿纸。

给中国青年出版社。

修改稿寄出后，他松了一口气，但没有时间歇息，他还有一项紧迫的工作得抓紧做，他得赶在与市文联主席程云同上庐山合写歌剧《闯王旗》之前，着手关于太平天国的史料整理①，这是久蓄于心的另一个重大革命历史题材，宏伟的"历史三部曲"之一。紧赶慢赶，他终于赶在出发的前一天（7 月 26 日）草就了十五篇书信体的读史笔记②。

7 月 27 日，姚雪垠与市文联主席程云同赴庐山，在这"甲天下"的避暑胜地里住了三个月，编撰歌剧《闯王旗》。附带说一句，该剧是在省委、市委备了案的重点文艺项目③。

如前所述，程云是武汉地区较早读过《李自成》第一卷初稿者之一，他看中了小说中高夫人在崤函山中"绣旗"和"树旗"的情节，决定将其改编成歌剧。姚雪垠答应与他合作，一为喜功，二为感恩，三为求庇④。

姚雪垠晚年忆及这段生活，写道：

> 七月下旬，程云约我上庐山合写歌剧《闯王旗》。可惜在这一工作中，我的思想始终处于被动状态，不能算是我的创作活动。我对于音乐和歌剧都是外行，程云要求我怎么写，我就照葫芦画瓢。就这样一场一场进行"创作"，我写歌词，程云谱曲。我上庐山的时候，没有带多的书，只带了一部《三国演义》和一部《三国志》，另外大概带了一部元遗山的诗集。写歌词用不了我很多时间，其余的时间我继续写《李自成》第二卷……⑤

客观地看，他在庐山小住的这段日子里至少有三个收获：一、在与程云合作编撰《闯王旗》歌词的过程中，对高夫人性格有了更高的期待，促使其后在定稿时对高夫人形象进行更细微的雕琢；二、对即将在《李自成》第二卷中出现的重要人物李信（李岩）进行了艺术思考，对相关史实作了初步的考证和辨析；三、对中国古

---

①　当时，作家尚未确定关于太平天国历史题材长篇小说的书名。

②　如前所述，《姚雪垠文集》的编者认为这十五封书信体的读史笔记写于作家居住璇宫饭店期间，笔者却以为写作时间要稍晚一点，当在完成修改稿之后及与程云同赴庐山之前。佐证之一是，作家在第十五封书信的结尾写道："我明天就要动身往庐山去，许多需要随身带的东西全没收拾，这封信只好就此结束。"

③　1962 年 9 月 4 日姚雪垠在给中国青年出版社编辑的信中说："这件事（指歌剧《闯王旗》）向省委和市委都挂了号。"

④　姚雪垠在《学习追求五十年》（新版）的第十一章中写道："我为什么同意和程云同志合作搞歌剧《闯王旗》，共有三个原因……"笔者据此概括，不作评论。

⑤　《学习追求五十年》（新版）第十一章。

典历史小说《三国演义》有了更为深湛的认识,开始思索"历史小说新道路"问题。

第一个收获暂且不论,先谈第二个收获,作家在笔记本中留下了如下记载:

> 《梼杌近志》载李岩①造反,他的夫人"汤氏劝不听,缢于楼,面色如生。未识何时死。乃出约队,复入殓之,得绝命词一首云:'三千银界月华明,控鹤从容上玉京。夫婿背侬如意愿,悔将后约订来生!'信得诗,大恸欲绝。"将来小说写到此处,可写李信痛哭之后,步原韵在墙上题诗一首如下:"鸾镜犹自匣中明,何意匆匆赴玉京。辜负鸳盟双白首,毁家端为济苍生。"……(笔者有删节,下同)

> 有些文献说红娘子造反,虏李信,"强委身焉"。小说写到此处,不必全用这个传说。红娘子很想拥护李信为首领,是因为见他为人义侠,颇有威望,又文武全才,并无"强委身"的事。李信起义之后,接受红娘子的意见,通(前)往豫西去投李自成。在路上,红娘子及其亲信都希望成就了这门亲事,以利于共同起义……

关于第三个收获,作家在回忆录中浅谈了几句,录如下:

> 我以小说作家的眼光边读书边思考《三国演义》写作方面和艺术方面的许多问题,包括《三国演义》在运用史料方面的成功和失败,艺术方面(主要从所写的故事和细节看)的精华和糟粕,以及从裴松之注的《三国志》到元人杂剧中的三国戏,到元代说话人的《三国志平话》,演变下来,直到长篇小说《三国演义》的出世,考究一些重要人物形象和故事情节的形成过程。这时期因为主要心思是放在写《李自成》第二卷,所以对《三国演义》的零碎思考,没有做笔记。

姚雪垠为什么要研究《三国演义》呢?为什么要拿这部古典名著作为创作《李自成》的参照系呢?这当然是有原因的。

他曾在回忆录中字斟句酌地写道:

> 《李自成》不管写得成功或失败,重要的是它在新文学领域中具有开创性质。因为有开创性质,所以遇到的问题特别多,困难特别大。我国的历史小说起源于宋朝说话人的"讲史",专门说三国故事的称做"说三分"。我国历史上曾产生过不少历史小说,并且产生过像《三国演义》那样典范的不朽作品。但是《三国演义》之后,这一条文学传统断了。至少可以说,没有再产

---

① 李岩:参加农民军之前称原名李信,参加之后改名李岩。前文已有注,下不另注。

生过够得上文学水平的长篇历史小说。五四新文学运动以来的几十年，我只读到极少的短篇历史小说，而没有看见长篇，所以我在一首诗中有这样两句："前朝讲史诸音绝，异代传奇一梦通。"长篇历史小说在我国"五四"以来新文学的历史中是个空白，没有别人的经验可资参考。我国古代的《三国演义》和外国的《战争与和平》之类名著，哪一些好经验应该学习，哪些地方不必学习，我当时只有一些模糊的认识。我对于有关长篇历史小说的许多问题，是在整理《李自成》第一卷的过程中才形成一些比较清楚的认识，而在写第二卷的过程中进一步清楚，并且逐渐形成了我自己的完整认识，可以说是我自己的理论体系，包括我对于长篇小说的某些美学思想。

也许可以说，上接《三国演义》之后被中断了的"讲史文学"的优良传统，下启新文学运动中的"长篇历史小说"创作浪潮，这就是姚雪垠当年踏进历史题材领域时内心深处最为隐秘的创作动机。也许可以说，从开笔创作《李自成》的第一天起，他的眼睛便盯着《三国演义》这座巍巍然的艺术高峰；他认为凭借着时代慷慨赐予的思想方法论和自身优越的艺术素养，可以创造超越古人的文学成就。也许可以说，《李自成》的开创性贡献就在这里，《李自成》的文学史意义也就在这里！

在这里要补述几句：姚雪垠在整理《李自成》第一卷的过程中形成的"一些比较清楚的认识"，在上庐山之前已经正式形成了文字。1962年6月8日他在给中国青年出版社编辑的信中清楚地写道：

> 在稿子前加了一个《题记》，本来还想谈谈明末农民战争的基本概况，但怕长，也怕露拙，没有多谈。这个《题记》不知有没有毛病，如不妥，就请你们替我抽掉。如系个别句子有毛病，请你们代为涂抹，修改。我写这个《题记》是有感而发的。在这部小说的写作和修改中，我作了许多难，尝了不少甘苦，而前头路上还有许多困难需要克服。另一方面，我也有感于有些人把写历史题材看得太容易，逞着主观随意性。也有的态度很严肃，但因为对历史上重大问题注意了，其他不曾下工夫，就难免闹出笑话。如《甲午海战》就有几处不合晚清的制度和习惯。到底应该怎样对待历史题材，问题很多，我在《题记》中只是提到了几个侧面。因我不是搞理论的，难免不说错话，所以请你们帮我作决定，抽掉、修改，都可以。

这篇附在修改稿前面的《题记》，记录了姚雪垠关于"历史小说新道路"理论探索的最初思考，是一篇弥足珍贵的理论文章。遗憾的是，该文未被中国青年出版社编辑采用,原稿竟杳然不知所终①。

正当姚雪垠在庐山上文思飞扬之时,责任编辑江晓天在北京忙得不可开交,他将分批收到的《李自成》第一卷修改稿陆续发下印刷厂,打印出十数本征求意见本(也称打印本)。接着,又以先前与作者协商的"审稿"人名单为基础②,把打印本送(寄)往北京和武汉两地的专家学者。

北京方面的审稿人是三位史学大家,吴晗、阿英和李文治③。这个名单是责编江晓天与出版社同人根据当年的学术环境而最后确定的,他回忆道:

> 当时,文艺界正对新编历史剧的历史真实性与艺术虚构问题,开展讨论。较多的或者说是占主导方面的意见,是强调"博考文献,言必有据",反对对主要历史人物和事件进行虚构。其中吴晗同志的意见尤为激进,甚至提出:无一言无根据,无一事无出处。小说和戏剧还有所不同,应在历史真实性上要求更严一些。……(笔者有删节,下同)我觉得(《李自成》第一卷)小说艺术上是比较成功的,思想内容方面,看不出有什么原则性的问题。……这个关能把得住。历史真实性方面,如能站得住,全书的出版就有把握了。这只有求教于明史专家了。我对史学界情况不熟悉,请三编辑室主任成石中同志帮忙,他当即与吴晗同志联系,吴答应看看,并提出可请李文治、郑天挺、谢国桢三位外审。

说来也有意思,当年江晓天和姚雪垠虽然把《李自成》当作"共同事业"来做,但他们考虑问题的角度却是不尽相同的。江晓天对《李自成》第一卷的"艺术性"和"思想性"很有把握,只是担心在"历史真实性"方面过不了关,便积极筹划聘请几位史学大家来当"外审";而姚雪垠虽也对这部历史小说的"艺术性"和"思想性"充满信心,但他最担心的却是自己的"政治身份"过不了关,于是便积极地筹划着把省市领导都拉来为自己及作品做政治担保,于是便有下面的举措——

武汉方面的审稿人全都是当地的党政领导:湖北省委宣传部正副部长曾惇、

---

① 该文应该保存在中国青年出版社档案室里,但愿日后能被有心人发现而公之于世。

② 姚雪垠1962年6月8日给中国青年出版社编辑的信中建议,"北京方面"请茅盾和吴晗审稿,"中南方面"请湖北省委宣传部密加凡副部长和中南局宣传部文艺处于黑丁审稿。

③ 中国青年出版社文学编辑室9月14日给姚雪垠的信中写道:"排印稿分发多处,重点只想抓三个人,吴已看过,阿英、李文治(明代民变专家)正在看。听说郭老病了,茅盾处我们最近去信催一下。"据江晓天回忆,中国青年出版社还请了郑天挺、谢国桢两位明史专家担任"外审",由于这两位"到外地疗养,收到清样晚了,付印前来不及看了"。目前尚不能确认郭老和茅公是否审读过该打印本。老舍审读过该打印本的前十七章,参看网上流传的老舍(1963年)4月20日致姚雪垠信。

密加凡,武汉市委文教书记宋一平,市委宣传部正副部长余英、辛甫,湖北省文化局局长任清。姚雪垠在给中国青年出版社编辑的信(8 月 17 日)中写得分明:

> (寄来的打印本,)都是请省市有关党的领导人看,省市文联的同志们就不用(再)看了。这些同志的理论水平高,艺术欣赏水平高,定会有些精辟意见。

> 这个名单,是昨天我接到来信后请程云同志拟定的。到底是由你们直接寄,还是寄到我家里,再通知市文联派人分别送,两个办法由你们选择。

信中第一段中的一句,"省市文联的同志们就不用(再)看了",括号中的"再"字是笔者加上的,否则容易引起误解。如前所述,年前他已将初稿给文联的李冰、李蕤和武克仁看过,这次便不用"再"看。信中另一句,"这些同志的理论水平高,艺术欣赏水平高",也容易引起误解,却是他的肺腑之言:"这些同志"指的是"省市有关党的领导人",他们关心《李自成》的创作,并在思想方法上提出过有益的建议①,这是一方面;他期望他们能为《李自成》的出版做政治和艺术担保,这是另一方面。顺便提一句,1963 年《李自成》第一卷出版前,曾惇亲自去北京为作家"背书";1975 年宋一平冒着风险替作家转信给毛泽东。这些事例都是"这些同志的理论水平高,艺术欣赏水平高"的佐证。

北京方面审稿的三位专家,吴晗、阿英和李文治,都是明史大家。吴晗是《朱元璋传》(1948)和新编历史剧《海瑞罢官》(1961)的作者,阿英是五幕历史剧《李闯王》(1945)的作者,李文治是《晚明民变》(1944)的作者。姚雪垠在给中国青年出版社编辑的信中曾表示对他们很仰慕。

据责编江晓天回忆,"吴晗、阿英、李文治三位都很热情,很快看了排印稿,认真地提了宝贵的意见"。三位专家曾先后与登门拜访的责编(江晓天)和作者(姚雪垠)有过多次畅谈,有的专家还非常慎重地写了书面意见。这些,江晓天在笔记本中都做了详细的记录,并将整理好的记录交给出版社存档。"文革"期间,江晓天的二十多个笔记本不幸丢失,但存档的谈话记录和专家的书面意见却完整地被保存了下来。二十余年后,姚雪垠为撰写回忆录去中国青年出版社查阅档案,发现了这些弥足珍贵的原始资料,并在其回忆录《学习追求五十年》第十一章(续)中有所披露。三位专家的意见非常重要,留待下节再述。

---

① 江晓天在文章中写道:"武汉市委宋一平和湖北省委的一些负责同志都很关心和支持老姚写《李自成》,各方面给他提供方便条件,让他阅读马、恩、列、斯、毛泽东同志有关农民问题和农民战争的论著,掌握好马克思主义理论思想武器……"

武汉方面审稿的几位领导,很快便有了回音。

9月14日,尚在庐山的姚雪垠接到中国青年出版社催促其来京与吴晗面谈的信函后,在复信中写道:

> 你们寄到武汉的几本清样本,据三四天来省、市委几位领导同志来信,他们有的已经读完,有的正在看,等我回去面谈(大概我提笔写这封信时大家都读完了)。我拟于二十六日下山,二十七日可回汉口。按现在情形看,下月初可以在武汉同省市委几位领导同志开个小型座谈会,细细谈谈,十日以前我就可以赶到北京。

他放下了尚未写完的《闯王旗》歌词,匆匆赶回武汉①。

过了国庆节,武汉市委文教书记宋一平主持为《李自成》开了一次小型座谈会,随后省委宣传部部长曾惇在汉口胜利饭店约见作者,交代了一些事情。遗憾的是,无论是市委组织的座谈会,还是省委宣传部部长的约谈,都未在姚雪垠回忆录中留下任何记载。

1962年10月初,姚雪垠怀着殷殷的期待登上列车,直奔北京。

第二节　从修改稿到修订稿

1962年10月中旬,姚雪垠来到北京。此行他抱有两个明确的目的:第一是登门听取吴晗、阿英、李文治等史家对征求意见稿(又称打印本或清样本)的意见,请教如何处理历史真实与艺术真实等理论问题,用他的话来说,就是"拜师";第二是打算听取专家意见后再综合修订一次,争取在北京定稿。

在江晓天的安排下,姚雪垠很快地与三位史学大家见了面。

抵京的第三天,他见到了话剧《李闯王》的作者阿英。阿英(1900—1977),安徽芜湖人,我国现代著名的剧作家和文艺批评家,抗战时期"借历史题材抒发忧国忧民与愤怒挞伐反动派",创作有明末史剧《碧血花》《海国英雄》和《李闯王》等

---

① 1978年2月程云在《闯王旗》的《后记》中写道:"1962年夏,姚雪垠同志的长篇小说《李自成》第一卷出版时,我和莎莱同志约他一道写一部《闯王旗》歌剧。结构商定后,即由雪垠同志执笔写歌剧剧本。当时,因出版社向他催小说稿甚急,歌剧剧本未全部完成,即由我和莎莱同志接手在谱曲的过程中继续完成歌剧剧本,并谱出了一、二场。后因种种原因,歌剧中途搁下了。"该剧本由湖北人民出版社1978年4月出版。

诸多作品。文学史家对其史剧《李闯王》评价尤高，称："他的五幕历史剧《李闯王》，是作家长期积累与大胆创新的结果。1945 年写成以后，广泛上演，在群众中有较大的影响，成为我国现代优秀话剧之一。"①

　　姚雪垠读过阿英的这部名作，他不赞同该剧以"李闯王和李岩矛盾"为中心的情节，尤其不赞同他为李闯王安排的"逃禅"结局②，但对其非常尊重。年前，当中国青年出版社垂询他对"请什么人审阅稿子"的意见时，他表示"希望请吴晗和阿英看看。我说明我虽然并不赞成阿英同志写（的）李闯王的剧本，但是他曾用过一番苦心，对我处理这同一历史题材可能提一些有益的意见"③。

　　面谈时，"他（阿英）认为写潼关南原大战还应该更着力刻划人物性格。他说，看出来我是将西洋小说的写作手法同我国章回体小说的写作手法相结合，但有时不够调和，风格不够统一"。姚雪垠对他的意见——"风格不够统一"——非常重视，决定在最后修订时"考虑推敲"。

　　抵京的第四天，他见到了著名的经济史学家李文治。李文治（1909—2000），河北容城人，他的第一部学术著作《晚明民变》于 1944 年面世，该著通过对高迎祥、张献忠、李自成三股民变势力的分析，揭示出大明帝国的历史脉络：由底层民变而起，因农民起义而衰，又因民族战争而终。该著在晚明研究界有一定影响。

　　姚雪垠曾读过这本"我国现代史学界第一本专门写明末农民战争史的著作"④，他的读史笔记《崇祯皇帝传》（1948）明显受到该书观点的影响，也是把"农民起义"和"民族战争"作为两条贯穿明朝历史的中心线索；1985 年他在《李自成的归宿问题》中仍念念不忘其人其著，称："李文治同志的这本书是将明末的头绪纷繁的农民战争史第一次整理得头绪清楚，功不可没。"

　　面谈时，"我提到他的《晚明民变》，他笑着说他早已不搞这方面的研究了。他不是那种性格奔放而健谈的人，态度谦逊而谨慎，所以同他的谈话不曾涉及稍微复杂的历史问题，谈得也不够深入"。姚雪垠对他的建议——"红娘子很可能是白莲教的一个首领"——很有兴趣，决定在小说的第五卷中予以采用。

　　抵京的第五天，他见到了文史大家吴晗。吴晗（1909—1969），浙江义乌人，现

　　① 上海戏剧学院戏剧文学系编选：《中国话剧选》（二），上海文艺出版社 1982 年 4 月第一版，第294 页。

　　② 上海戏剧学院戏剧文学系编选：《中国话剧选》。

　　③ 姚雪垠：《学习追求五十年》（新版）。

　　④ 姚雪垠：《学习追求五十年》（新版）。

代明史研究的开拓者和奠基者之一。当年吴晗身兼数职①，是政坛和文坛的大忙人。而且，他还是方兴未艾的"历史剧"热潮的推动者和实践者，其近作历史剧《海瑞罢官》（1961）堪称这短暂而辉煌年代的代表作。附带提一句，几年后，他和他的这部杰作将成为一场史无前例的政治文化运动的祭品。

姚雪垠对吴晗的学术成就并不陌生，他的读史笔记《崇祯皇帝传》（1948）参考了吴晗的早期史著《由僧钵到皇权》（1944），其基本格调与之别无二致；他还曾坦言："我对他的明史研究一直是注意的，我明白他对明初的历史最熟悉，（由《由僧钵到皇权》）而改定的《朱元璋传》是他在史学上的重要成就。对于晚明史，尤其是农民战争史，不是他平生注意的方面。任何学术专家都不是万能的。"

既然提到了吴晗的"由《由僧钵到皇权》而改定的《朱元璋传》"，也许应该多写几句。前一部作品于1944年出版，作者有意借朱元璋刺蒋介石，故对明朝及明皇整体评价过低。后一部作品于1948年改定，同年作者将书稿进呈毛泽东。毛泽东读后对该著提出批评，指出"朱元璋是农民起义领袖，是应该肯定的，应该写得好点，不要写得那么坏"，又提出"像彭和尚这样坚强有毅力的革命者，不应有逃避行为，不是他自己犯了错误，就是史料有问题"，还批评作者"尚未完全接受历史唯物主义作为观察历史的方法论"。也许由于有了1948年的教训，吴晗才对姚雪垠的这部讴歌农民起义领袖李自成的长篇历史小说给予了非常积极的正面的鼓励。不过，姚雪垠当年并不知晓吴晗治史经历中的这番曲折，也不知晓毛泽东对其史著的意见②。

姚雪垠对这次约谈的印象十分深刻。他在回忆录中写道："按照约会的时间，我同江晓天到了吴晗的家中。谈了一阵，他请我们去北京饭店边吃边谈。我们在一个单间餐厅中进行长谈。吴晗具有热情豪放的性格，所以我们很容易思想交流，谈得深入而痛快。"谈话中，姚雪垠处处感受到吴晗的"真诚坦率的学者风度"，他对吴晗的诸多意见——关于历史小说中人物的虚构问题，关于古人的对话中应避免现代词汇的问题，关于大汉族主义与民族关系问题，关于《李自成》与古典小说《水浒传》《三国演义》《红楼梦》的承继关系问题——特别重视，"承认他

---

① 当时吴晗身兼北京市副市长、中国科学院历史研究所学术委员、中国科学院哲学社会科学部学部委员和北京市政协副主席等职务。

② 湖北作家姜弘《姚雪垠与毛泽东》中提出，当年吴晗与姚雪垠交谈时曾谈到毛泽东对其史著《朱元璋传》的批评，并认为："姚雪垠显然是从正面接受了吴晗的经验，并直接用于《李自成》的写作。"录以备考。

是我在创作《李自成》过程中所遇到的第一个知音"①。

三位明史大家与作者面谈时所提出的具体而丰富的意见，大部分被收录进了姚雪垠回忆录《学习追求五十年》（新版）②和江晓天回忆文章《〈李自成〉第一卷在逆境中问世》中，笔者不再赘述；他们通过其他途径所表述的意见，如江晓天记录的阿英与他单独面谈时所提出的意见，李文治写给出版社的书面意见《关于〈李自成〉长篇小说的意见》，以及吴晗在征求意见本上的红笔批语，读者可以从姚雪垠《学习追求五十年》（新版）第十一章"《李自成》第一卷的出版（续）"中略见一斑，笔者亦不赘述。

中国青年出版社领导对外审专家们的意见很是满意，借用江晓天回忆文章中的表述，即"经过社外专家一致肯定，小说在真实性上无问题，艺术上是成功的，基本上可以定稿付印出版了"。话虽是这么说，但出版社仍非常支持作者在北京再作一次修订，很快就安排好了一切。

当然，出版社这样做也是有考虑的：这部作品的"基础"很好，作者有"潜力"可挖，再多给他一点时间，相信他会创作出一部堪比"三红一创"③的优秀作品。况且，这部作品也不是没有继续修改的余地，外审专家不是提出过一些颇为尖锐的"负面"意见吗？可婉转地有针对性地提请作家修订，定可使这部作品更加完美。

外审专家阿英在单独与责编江晓天的约谈中，曾指出该历史小说存在着一个"最根本的问题"，他谈道：

> 使人感到有些反历史主义，觉得完全是写游击战争，而不是写李闯王时代的农民革命。如当时闯王和部将都是这样，革命早成功了。李自成的改变，主要是李岩来了以后。历史上的农民革命，从纲领起，有许多缺点，如不写这些缺点，就是替他擦粉，不能在典型环境中写出典型人物。当然，农民军纪律好，但只是和官军比较而言，不然为什么进北京后几个礼拜就垮了呢？

---

① 姚雪垠称吴晗为"第一个知音"，不仅因为吴晗当年给予《李自成》最全面、最准确的评价，而且因为他俩的"历史小说"创作观非常接近。姚雪垠后来总结发扬的"长篇历史小说新道路"中的若干观点与吴晗当年的观点有着密切的关系，详细分析请阅读拙著后面的相关章节。

② 姚雪垠回忆录《学习追求五十年》（新版）较之旧版（连载于《新文学史料》者）有所不同，将收进《姚雪垠全集》。

③ 指长篇小说《红岩》（1961）、《红日》（1957）、《红旗谱》（1957）和《创业史》（1960），这几部影响很大的作品都是由中国青年出版社出版的。

说李好，只是懂得了民为本。这是全书一个最根本的问题。①

另一位外审专家李文治在写给出版社的书面意见中，指出"李自成写得过高了一点"，他写道：

在封建社会里，农民是革命者，同时在他们身上也保留着一些落后的东西，难以克服的缺点。在这部小说里，只看到李自成的革命坚定性，看不出他的落后面，即使在革命遭到严重损失之后，他对革命前途丝毫不悲观失望。这样处理，对一个农民革命领导人而言，估计高了一些……②

上述这些"负面"意见，中国青年出版社诸人当年并未直接直白地转告作者，当是善意的隐瞒吧！

出版社热切期望作家能精益求精，作家也希望能臻于至善。于是，姚雪垠坦然地住进出版社提供的"老君堂11号东院的一间小屋子里"，埋头修订稿子，连续苦干了一百天。他以征求意见稿为底本③，进行大面积高强度的补缀、增删和改写。这次完成的稿本，我们称之为修订稿④。

从草稿到初稿（1957—1960），耗时三年；从初稿到修改稿（1961—1962），耗时两年；在这五年间，他听取过许多的意见和建议，他需要有一个思考、融汇、取舍、淬炼的机会，而最后的成果，将在修订稿中体现出来。

姚雪垠对此次修订有着自己的要求，他在回忆录中简略地写道：

我从第一卷初稿整理完成到现在，时隔一年，艺术构思又有了新的发展，听取了意见后，受到新的启发，所以对修改的要求提高了。例如关于民族风格的加强，关于中西长篇小说艺术技巧的融合吸收和力求统一、谐和，就是我这次修改的重点要求。某些细节如何丰富，如何加深，不能放过。关于历史人物口中必须避免有现代词儿，在作家叙述或描写的文字中绝对避免对满族有歧视和侮辱的词句，在排印本（指的是打印本，笔者注）中存在的若干问题，都必须在重新修改时仔细检查。

上述"提高了"的"要求"，是否在修订过程中得到了完美的艺术体现呢？

---

① 这是江晓天笔记本上的记录，姚雪垠数十年后为写回忆录查阅中国青年出版社档案时才知晓。

② 这是李文治当年写的书面意见，姚雪垠亦是在为写回忆录查阅中国青年出版社档案时才知晓。

③ 姚雪垠的这次修订，不是在修改稿上进行的，而是在打印本（征求意见稿）上进行的。修改稿全稿无损，迄今尚存，几年前被中州古籍出版社影印出版，可资证证。

④ 该修订稿还不能称为定稿，1963年初作家在付印前又在清样上进行了很多修改。

　　且看中国青年出版社责编江晓天的评价,他在回忆文章中写道:

　　　　一卷的内容改动并不大,主要是艺术上进一步精炼,社会生活内容和思想内容方面,作些充实、丰富和深化。宫廷生活、崇祯等人物的描写没有动,蒿水桥之战、卢象升殉国,也是原来的样子,补了两个细节,高起潜与杨嗣昌密谋后削减了卢象升的兵权,保定总兵官杨文岳握兵不予援救,置主战派卢象升于死地,潼关大战,补写了在李自成已陷入包围后,崇祯又给洪承畴下督战诏书、再赐尚方宝剑,加强了对战场、战斗气氛的渲染。李自成率17人突围到商洛山后,增补了一些表现人物性格历史局限性的细节,诸如卜卦、斩堂弟李鸿恩的内心矛盾,农民军也有奸污妇女、抢人财物的等等。较大的增补是为了抢粮渡春荒攻打张家寨的几章。王长顺这个人物是新补写的,为了通过一个老兵的目睹身感反映李自成随着形势、地位的变化,思想上也在变。以上这几例,只是凭记忆所及,修改的功夫是下得很大的,有许多章节虽情节无什么改动,也是重写过的。尽管作者这种严肃不苟的创作态度和精神令我敬佩和感动,但作为一个编辑有时也是"心狠"的。

　　先说是"内容改动并不大",又说是"修改的功夫是下得很大的",看似矛盾,其实不然。前说是从编辑的角度来看的,全书章节结构的调整幅度不算太大;后说是从作者的角度来看的,各章节细微之处的改动不能说小。

　　如果使用传统的校勘方法,将修改稿与修订稿摆在一起进行"比较"研究,"内容的改动"与"修改的功夫"可以看得非常清楚。机缘巧合的是,这两个"稿本"都不难得到:中州古籍出版社2016年影印出版的《〈李自成〉第一卷手稿》所据底本正是修改稿,而中国青年出版社1963年7月出版的《李自成》第一卷初版所据清样正是修订稿①。这样,"比较"研究便有了实实在在的物质基础。

　　鉴于本著题旨所限,笔者不能细谈校勘所得,而只能就江晓天回忆文章中提到的几处修订略作解读:

　　——"补写了在李自成已陷入包围后,崇祯又给洪承畴下督战诏书……"云云,指的是作者废弃了修改稿中的第五章(《〈李自成〉第一卷手稿》第112—131页),而代之以洪承畴奉旨督师潼关的情节。原第五章描写了南原大战前李自成与杜家寨农民和谐相处的生活场景,其中穿插有民间说唱、坊间流言、谶语神课等

---

　　① 据姚雪垠回忆,修订稿完成后,中国青年出版社据此打出了清样稿。他又在清样稿上作了一些修订,但改动不算大,只有几页需要重排。

情节,以反映民间"官""匪"观念的转变,并有天命攸归的暗示。作者忍痛割爱的缘由,也许是嫌其"拖沓"①;但也可能是由于出版社的坚持,毕竟阿英先生曾指出李自成在未得李岩前尚不懂"民为本"的道理,他们认为这一章的描写有点超前了。附带提一句,该章采用了罕见的民间叙事视角,也许能够引起民俗学者的兴趣,譬如下面这段石碑偈语:

> 九九气运迁,
>
> 煞星下凡间。
>
> 延水河边,
>
> 渭水河边,
>
> 虎兔之间干戈乱,
>
> 龙蛇之际是荒年。
>
> 家家哭皇天,
>
> 人人哭皇天,
>
> 父母妻子相抛闪!
>
> 你也反,
>
> 我也反,
>
> 人马滚滚数不尽,
>
> 投晋入楚闹中原。
>
> 仇报仇,
>
> 冤报冤。
>
> 在劫之人难逃命,
>
> 血债还用血来还。
>
> 到头来,
>
> 达官贵人不如狗,
>
> 干戈扰攘入幽燕。

——"增补了一些表现人物性格历史局限性的细节,诸如卜卦……"云云,指的是作家对修改稿中李自成形象所作的润饰。修改稿第十四章写南原大战后,李自成率十七骑突围返回杜家寨,看到部下丢盔弃甲的惨状,"暗中不免灰心","人

---

① 姚雪垠1962年8月17日致中国青年出版社编辑的信:你们上次信中所提的问题我认为都很好。如李自成与农民会见时拖沓,我早有此感,只是不忍心割去,经你们一提,我登时就下了删略决心……

们的动摇和沮丧情绪更增加他的难过和灰暗心情"①：

> 他常常离开众人，只带着双喜、张鼐和亲兵李强，借休息为名，在树林中盘桓，愁思，消磨时光。有时他叫两个小将和李强站在远处，好让他独个儿坐在林中。但是这样的情形只有一天多，到了第三天黄昏前，他的情绪恢复了正常。

在修订稿第十三章中，作家把李自成愁坐"林中"的经历细化了，而且增加了一段"卜卦"的描写：

> 闷腾腾地从高一功的床边离开，李自成又一次走到山半坡上，在松林中盘桓很久。他一会儿想着那些没有下落的亲人和将士，一会儿想着今后应该怎么办，千头万绪，心乱如麻。在极度无聊中，他从口袋里摸出来一个天启钱，在石头上掷着卜卦。他先卜自己以后是否能得天下，结果是两吉一凶。他的心中感到欣慰，但又奇怪："既然是吉兆，为什么还有一个凶卦？"跟着他又卜桂英母女的生死下落，却得了三个凶卦。他的心头猛一沉重，抓起铜钱用力一扔，扔进山谷。他心绪烦乱地在树林中匆匆走着。看见一棵倾斜的小树挡着羊肠小路，他拔出花马剑，一扬手削断小树。一个石块挡在路上，他把它踢出几丈远。过了一袋烟工夫，他才在一个磐石上坐下，一边想着高迎祥，许许多多死去的亲戚、族人、朋友和亲兵爱将，一边重新思索着今后怎么办，忽然叹口气，自言自语说：

> "重新好生干吧。自古得天下都不是容易的！"②

"卜卦"，是明季非常流行的民间习俗，士农商绅莫不濡染。如前所述，作者在草稿中写到农民军被困于"天牢"之时，曾描写了刘宗敏"卜卦"，连得三个"青龙"，遂誓死效忠闯王的传奇情节。在这里，作者描写李自成南原溃败后躲进树林"卜卦"以测吉凶，倒也不算太突兀。然而，作者的真意并不在表现其"尽人事知天命"的"落后"意识，而是突出其"不尽人事焉知天命"的英雄情怀。无独有偶，修订稿第三十章增加了高夫人用"花瓣"卜卦的描写，第二十六章增加了牛金星用"文王课"或"梅花数"卜卦的描写，其用意都是如此。从某种意义上讲，小说中"卜卦"的情节设计并不是着意于表现小说人物身上的"落后面"，而是另有怀抱，这倒是中国青年出版社编辑始料不及的。

---

① 《李自成》第一卷 1963 年初版第十三章，第 205 页。1977 年第 2 版中删去了引文中的"灰心"二字，将"灰暗"改为"沉重"。

② 《李自成》第一卷初版第十三章，第 251 页。1977 年第 2 版中又作了改动。

——"较大的增补是为了抢粮渡春荒攻打张家寨的几章"云云，指的是作家在修订稿中新增的两章（第二十四章和第二十五章）。修改稿第十四章写到李自成农民军南原溃败后困守商洛山时遭遇粮荒，解决之道只有三个："买"（采购）、"借"（勒索）和"抢"（劫道），但都无济于事，"部队的生活仍然极苦"（《〈李自成〉第一卷手稿》第360—362页）；修订稿中增加的"破寨（分粮）"两章，是作者和编辑商量决定的解决粮荒问题的终极方案。附带提一句，"破寨（分粮）"本是作者在第二卷中才肯拿出来的压箱底的情节①，但禁不住江晓天三请四催②，便不得不提前在第一卷中拿出来了③。

——"王长顺这个人物是新补写的……"云云，却是责编江晓天的误记。"一个名叫王长顺的战士"④在修改稿第四章（《〈李自成〉第一卷手稿》第85页）中就出现了，他是紧跟着李自成出场的第二个有名有姓的农民军战士；在其后的章节中又出现了多次，"有着络腮胡子的王长顺"（《〈李自成〉第一卷手稿》第87页），"老兵王长顺"（《〈李自成〉第一卷手稿》第190页），"自成的亲兵王长顺"⑤（《〈李自成〉第一卷手稿》第361页），等等。而且，第一卷中王长顺的出场，其意义并不在于用来见证闯王"随着形势、地位的变化，思想上也在变"，而是见证闯王的雄才大略（第四章闯王出场）、勇敢无畏（第八章闯王救张鼐）和体恤下情（第十四章闯王关心士卒），至于观其"变化"，那是第二卷以后的情节了。

姚雪垠在北京改稿的这一百天里，经常与中国青年出版社编辑们商讨如何处理那些来自"社内"和"社外"的意见，时有争执。他在回忆录中谈道：

> 当时经常同我谈修改意见的是文学编辑室主任阙道隆和责任编辑江晓天两位同志，经常辩论、争吵，但很有趣。他们提意见，正表现他们在编辑工作上的负责精神，也反映了解放以来流行的文艺观。我同他们争论、吵架，也反映我对艺术的负责精神。

请注意引文中"解放以来流行的文艺观"一语，该语道破了姚雪垠在《李自

---

① 作家在《露水夫妻》（1933）、《血衣》（1933）、《长夜》（1947）中都有描写土匪和乱民"破寨"的情节。

② 姚雪垠在回忆录中写道：老江根据同我的经常接触，认为我是一个"有潜力可挖的"作者，几次对我说："你不要将有些好的构思留到第二卷、第三卷。你要先让第一卷吃饱，到写第二卷时自然会想出来新的好情节。你在历史知识修养和写作修养上都很有潜力可挖。"

③ 如前所述，作家在草稿中已有田见秀攻破宋家寨的情节描写，后来该情节被放在第二卷中。单行本第一卷和第二卷的两处"破寨"，情节稍有重复，其原因就在这里。

④ 单行本中在"战士"前加了一个"老"字。

⑤ 单行本中改为"自成的老马夫王长顺"。

成》第一卷修订过程中与中国青年出版社编辑发生"争论"的核心和实质问题。

所谓"解放以来流行的文艺观"，就《李自成》这部描写古代农民起义英雄的长篇历史题材小说而言，对其影响最为直接的可能是 20 世纪五六十年代流行的"写英雄人物"理论。

王春元在《关于写英雄人物理论问题的探讨》①一文中对当年事有着分析："写英雄人物的问题，始终是我们文艺理论和批评一贯瞩目的一个中心，关于它，人们总是议论得最多，最响亮，也最怕人，当然，也是最不解决问题的。"该文称：

（50 年代初）某些文艺领导机构号召反对创作中所谓"写落后到转变"的公式主义倾向，同时提出应以创造新英雄人物为今后的"创作方向"、"创作方针"和"创作方法"。从此以后，文学批评的一项主要任务，就是从哲学、社会科学中找论据，用以构建如何塑造英雄人物的抽象的条律、规定和框子，而文艺批评中关于英雄人物的议论，也就成了束缚创作的最大的一个问题。

他们幻想中的"英雄人物"不过是一种生活在没有矛盾，没有斗争，脱尽人间火气的太虚仙境中的抽象原则，除了好与更好之外，所有英雄都是一个面孔，一付腔调。接着，各种条条、框框和禁忌应运而生，诸如不能有落后人物、"转变人物"出场；英雄人物不准恋爱，不准有缺点，不准在困难面前发愁叹气，不准在任何情况下想到个人，不准讲没有政治内容、工作内容的话，不准失败……总之，不准"英雄人物"有一点人味。

王论虽然不无偏颇②，但大抵道出了当年"写英雄人物"作品中公式化、概念化泛滥的理论来源和大致状况。

那么，当年那些"塑造英雄人物的抽象的条律、规定和框子"，在多大的程度上影响了《李自成》第一卷最后的修订呢？

这或许要从几个方面来进行考察和分析：

（一）当年，文艺领导机构号召文艺家"写（新）英雄人物"，他们所认同的"新英雄人物"指的是在中国共产党领导下的新民主主义革命斗争中涌现出来的英雄模范。后世文学史家根据其取材范围，称之为"革命历史小说"③，又将其中若干

① 该文载《文学评论》1979 年第 5 期。
② 请参看张超：《为什么必须肯定写英雄人物的口号——与王春元同志商榷》，《文学评论》1980 年第 5 期。
③ 李微：《论新旧革命历史小说中英雄人物的塑造方法》，《艺术科技》2017 年第 9 期。文中写道："革命历史小说"在当代中国的文学史话语中，专指 1942 年《在延安文艺座谈会上的讲话》以后创作的，以 1921 年中国共产党建党至 1949 年中华人民共和国成立的这段历史为题材的小说作品。

精品称为"红色经典",大家耳熟能详的"三红一创"便是此类作品。

而《李自成》则有所不同,它取材于三百年前的明末历史,所表现的是"旧式的农民战争——没有先进阶级领导下的农民战争"①;当年,它被称作"历史题材(小说)"②,从未有人称之为"革命历史题材(小说)"。这,也许给了该作品更多的生存空间。

(二)当年,"写(新)英雄人物"的"条条、框框和禁忌"还未发展到一统天下的程度,也就是说,它只是在有限的题材范围内("革命历史题材")被强调着,并未扩展到其他的("历史题材")范畴。

而且,当年"社外"专家审读《李自成》第一卷征求意见本时,并未有人用"写(新)英雄人物"的条条框框来"规训"作者;中国青年出版社编辑们甚至建议作者在修订时"增补了一些表现人物性格历史局限性的细节"③,而不是要求作者"净化""纯化"或"神化"其笔下的农民英雄。这些,也都是"写英雄人物"理论影响所未及于"历史题材(小说)"的佐证。

笔者认为,姚雪垠在这里所说的"解放以来流行的文艺观",主要针对的并不是后世学者所归纳的"写(新)英雄人物"的教条,而要宽泛得多,指的是新中国成立以来一些有悖于毛泽东文艺路线(正确的文艺路线)的乱象,指的是"文学界的大大小小的'孔代表'们"所热衷的种种束缚文学创作的"清规戒律",诸如"主观性的偏见""粗野作风""求全责备""乱扣帽子""禁忌太多""乱加删改""机械地看生活",等等。读者只要翻看一下作家1956年撰写的那几篇"惹祸"文章即可见分晓。

直言之,姚雪垠是在由草稿而初稿而修改稿而修订稿的过程中,是在由多次听取领导和同行的批评意见,系统地学习相关农民革命理论④,将"历史唯物主义作为观察历史的方法论"的过程中,才逐步感受到该理论对其创作的(正面的)指导作用和(负面的)约束作用的。而且,这两个过程都呈清醒的、自觉的、渐进的

---

① 胡绳在1951年年初为《人民日报》所写的社论中称"(太平天国)是旧式的农民战争——没有先进阶级领导下的农民战争所发展到的最高峰"。

② 江晓天回忆文章中写到1963年初与湖北省委宣传部长曾惇的会面,谈话中多次提到"姚写的是历史小说"。

③ 江晓天:《〈李自成〉第一卷在逆境中问世》。

④ 江晓天在回忆文章中写道:"武汉市委宋一平和湖北省委的一些负责同志都很关心和支持老姚写《李自成》,各方面给他提供方便条件,让他阅读马、恩、列、斯、毛泽东同志有关农民问题和农民战争的论著,掌握好马克思主义理论思想武器……"姚雪垠在回忆文章中也承认理论学习有助于其《李自成》的创作。

状态。

限于篇幅,笔者不能就这两个过程展开详细的论述,只能将修改稿与修订稿略作对比,通过一两个具体的例证,揣摩其与"解放以来流行的文艺观"若即若离的微妙状态及其与之周旋的良苦用心。

如下是两稿中李自成"出场"的描写(注意括号!)——

　　这位普通战士装束、向大家说话的人就是赫赫有名的闯王李自成。(他是陕西省延安府米脂县人,农家出身,幼年替地主家放过羊,也读过私塾,学过武艺,长大了当驿卒。驿卒裁了后,在家生活无着,因负债坐过几个月的牢,出来后又去投军。不久,因上官克扣军饷,士兵大哗,他率领一股军队起义,杀了带队的将官和当地县令,投奔舅舅高迎祥,在高闯王的手下带领第八队,号称闯将。跟随高迎祥数年,他的智勇、战功、日常行事,深为众人敬佩。前年七月间高迎祥不幸牺牲,大家共推他做了闯王。)他的原名叫李鸿基,在私塾读书时,老师按照当时习惯替他起了个表字叫做自成。后来他去当驿卒时就用"自成"当做大名,这在当时叫做"以字行",本名儿反而渐渐地只有少数的亲族、邻居和少年时期的同学们还记得。

修改稿中对李自成的介绍很简单,只有括号外的四行文字①;修订稿中的介绍就丰富多了,加进了括号内整整六行的文字②。

此处的修订与中国青年出版社编辑的善意脱不了干系。如前所述,史学家李文治在写给中国青年出版社的书面意见中曾提出李自成的形象"过高了一点",他建议说:"如果把他之所以(革命)坚决的原因交代一下,也是有必要的。当自成在书里刚一出现的时候,可把他参加革命前的遭遇描写一下,如家境衰落,为人牧羊,赋役追逼,向豪绅借高利贷,被追逼刑拷,等等,根据这些历史事实,加以虚构,很可以满足读者这方面的要求。"请特别注意"满足读者这方面的要求"一句,毫无疑问,这是力求"(顺应)解放以来流行的文艺观"的另一种说法。作家在修订时采纳了这个建议。

姚雪垠在回忆录中不止一次地提到"政治气候的变化"之于其创作活动的影响——"大概从进入六十年代开始,阶级斗争的弦暂时松了一点……(笔者有删节,下同)不久,党的八届十中全会的公报发表了,又强调了阶级斗争……"江晓

---

① 《〈李自成〉第一卷手稿》,第一册,第85页。
② 《李自成》第一卷,1963年初版,第63页。

天回忆文章中写得更具体,大约在 1963 年初,"阶级斗争的弦,又紧起来了……万一惹出什么问题,领导好办……责任编辑可真要承担责任的"。

姚雪垠是个懂得变通的作家,在当年的政治文化环境中,《李自成》第一卷的出版前景始终并不明朗,他很早便作好了两种准备①,也作好了付出一定代价的准备。

他在回忆录中有这样沉重的表述:"在《李自成》第一卷已经付排而尚未出版时候,我一直作好不能顺利出版的思想准备。那时候,只要一个说话起影响的人物说,摘掉帽子的'右派'暂时不要出版作品,我的《李自成》就不能问世。尽管中国青年出版社文学编辑室很重视我的这部稿子,我仍然时时担心着事情会有变化可能。万一《李自成》不能顺利出版怎么办? 我必须采取曲折迂回的创作道路,就是以不断接受和完成短期任务来保证完成我在艺术上所追求的战略目标。"

但他也是个有原则的作家,在"政治"和"艺术"之间,在"群议"和"己见"之间,他是有着一定之规的。

1962 年 8 月 17 日他在给中国青年出版社编辑的信中有着非常明确的表述:"据我看,稿子到现在只可修修补补,不能大改。可能有人提出大改,作家也有自己见地,不能东倒吃猪头,西倒吃羊头。至于逐步使它提高,完美,那是长期问题,不经过几版之后,很难一切做得好。"

既懂得变通,又守得住底线。作者的这种禀赋,也许才是《李自成》第一卷得以既不失于政治也不失于艺术的根本原因!

姚雪垠在北京的改稿,整整持续了一百天,造成了两个意想不到的后果——

第一个后果:由于修订稿的改动太大,耗时太久,出版社"原来要争取在年底以前出版的计划放弃了,排好的版不要了"。

第二个后果:由于在修订过程中过于耗神费力,作者返回武汉后,"有一些日子,看见钢笔就害怕"②。

1963 年春节前夕③,姚雪垠从北京返回武汉。

---

① 姚雪垠在回忆录中称:当时我没有料到我的这部书能够在生前出版,更没有料到能够在几年之后出版。我是作了两种打算:一是能够在生前出版,但不会太快;二是生前没有机会出版,而是由我的后人将稿子献给党,通过党献给我的祖国、人民。

② 以上两段中的引文均出自姚雪垠回忆录《学习追求五十年》(新版)。

③ 那年公历 1 月 25 日为大年初一。

第三节　第一卷悄然问世

1963 年 1 月下旬,姚雪垠从北京返回武汉。

春节前后,他便去湖北省委和武汉市委有关部门"汇报"工作。如前所述,1961 年至 1962 年间,《李自成》第一卷初稿先后被武汉市委和湖北省委主管宣传文教的部门看中,被确定为重点文艺创作项目,两级领导对该作品都很重视,给作者提供了许多的帮助。现在,《李自成》第一卷即将付梓,按照项目"结题"的一般程序,向主管部门汇报,取得组织上的保证,这对于作者和出版社都是非常重要的①。

姚雪垠回忆录中未提及"汇报"事,但其书信集中留下了痕迹。

他曾为"汇报"事拜访了武汉市委文教书记宋一平。

2 月 9 日,他在给中国青年出版社总编阙道隆和责编江晓天的信中写道:

> 回来后三四天即在武昌同宋一平同志见了面。他告我说,康老把《李自成》交给了中央宣传部,有关的一个小组已经看了,相当重视,周扬同志也知道了。他说这个小组有些小意见打算给我写信,问我收到了没有。我说并未收到,是否须要给康老写信问问。他说,既然改动很大,已快付印,不必要再问了,等出版后请他们提意见吧。春节那天见面,我又把今年的工作安排对他谈了谈。
>
> 《李自成》如无较大问题,请早日付排。有些小问题,等我看清样时弥补和改正。准备从今天起整理第二卷。

宋一平时任武汉市委文教书记,他非常看重小说《李自成》,对作者姚雪垠也未有歧视;姚雪垠对这样的领导钦敬有加,并视之为可以信任和倚重的政治人物。该信透露出的这件"佚事"非常重要,它对后世读者了解《李自成》出版前曾面临的险境极有帮助——信中提到的"康老",指的是康生。康时任中共中央政治局候补委员、书记处书记,又兼任着中央文教小组副组长。信中的"他",指的是宋一平。宋一平也许与康生有着直接或间接的工作关系(都属中央文教系统),《李

---

① 江晓天在回忆文章中写道:"(1963 年春节过后,)我写信催老姚,问他回去汇报之后,省市委领导有什么意见。"

自成》第一卷征求意见本大概率是由宋交给康的，康审阅后又交给了中宣部，中宣部某小组审阅后通过，并打算书面向作者提出若干修订意见，中宣部副部长（文化部副部长）周扬对此事完全知晓。

这件"佚事"具有三方面的含义：

其一，作家回忆录中没有提及该事，也许是对"康老"有所顾忌，但他从未淡忘宋一平所谈事带给他的震撼。他在回忆录称："在《李自成》第一卷已经付排而尚未出版时候，我一直作好不能顺利出版的思想准备。那时候，只要一个说话起影响的人物说，摘掉帽子的'右派'暂时不要出版作品，我的《李自成》就不能问世了。"有论者或以为他是夸大其词，其实他只是在陈述一件当年事而已。

其二，《李自成》第一卷能获准出版，并非中国青年出版社和湖北省委宣传部两家所能拍板决定的，也并非钻了国家出版政策的"空子"。作家回忆录中所总结的"三个条件"（天时、地利和人和）——"一是一定的有利时机，二是出版社的出版态度，三是编辑人员的识见和工作态度"——固然重要；但关键处并不在此，而在国家文艺主管部门——即上信提到的中央文教小组、中宣部、文化部——对这部"历史小说"的观感和态度。可以肯定地说，《李自成》第一卷是严格按照正规的申报、审批、出版程序来走的，并无任何取巧和侥幸，其间或许还有些未为人知的细节，尚待史家发掘。

其三，武汉市委文教书记宋一平亲自向有关方面推荐这部由"摘帽右派"撰写的长篇历史小说，康生、周扬等国家文化机构领导者直接关注了这部由（有问题的）老作家撰写的历史小说，中宣部某小组审读通过了这部小说。这些，似乎能证实该历史小说与其时文坛主流审美意识并无不合之处，既不违"解放以来流行的文艺观"①，也不悖"写英雄人物"的时代要求。顺便提一句，有关方面所顾忌的不是该作品的历史真实性和艺术真实性，而是作者的政治身份。

当年3月间，还发生了一件与《李自成》第一卷出版直接相关的"佚事"。该事与姚雪垠为"汇报"而拜访湖北省委宣传部部长曾惇事间接相关。

责编江晓天在其回忆文章中写道：

> 我写信催老姚，问他回去汇报之后，省市委领导有什么意见。三月间，他

---

① 姚雪垠对"解放以来流行的文艺观"的态度不是绝对的，他赞同中央的文艺路线和文艺方针，但不赞同某些文艺干部的教条主义和官僚主义作风。这里，指的是"赞同"一面。

来信告诉我，省委宣传部部长曾惇同志即将来京开会，可找他面谈①。我打听他住在前门饭店，就去了。曾惇先问："出版社的意见怎样？"我答："外审和社里都看了，没有什么原则性的问题，基本上是历史唯物主义的。"他说："是的，我们也这样认为。"又问："你知道吗？姚是毛主席点过名的。"曾惇指的是1957年的事。我说："是不是在一次内部谈话中，点名批评了他的一篇散文《惠泉吃茶记》？"曾笑笑，点点头。我说："57年以后，中央宣传部发过一个文件，有规定。姚写的是历史小说。再说，毛主席是称赞李自成的。"我把《永昌演义》的情况说了一下。曾惇说："是呀，书，我们也认为是可以出的，但要慎重。"我赶快说："我们研究了三条'限制'办法：一、不宣传，包括不在报上登新书介绍；二、控制印数；三、稿费标准从严、偏低。"曾惇同志说："好吧，就这么定了。"有了湖北省委的明确表态，我就放心了。②

姚雪垠回忆录中也回避了向曾惇"汇报"事，如同回避了向宋一平"汇报"事一样。但细读上面的引文，可以体味出：曾惇对姚雪垠的"汇报"是满意的，他对其人其著的态度也是可圈可点的。

以上引文两人问答中有三句话值得特别关注：第一句"基本上是历史唯物主义的"，这是他们对作者"观察历史的方法论"的肯定，也许这是当时衡量"历史小说"的重要标准之一；第二句"57年以后，中央宣传部发过一个文件，有规定"，这个文件似乎规范了"右派"日后可能的出路，江似乎是在为"姚写的是历史小说"寻找政策空间③；第三句"毛主席是称赞李自成的"，则是双方都认可的最可依仗的政治保证，这大概是《李自成》第一卷得以过关的关键。再附带说一句，他们顾忌这顾忌那，顾忌的不是该小说本身，而是作者的政治身份。

但两人问答中关于《李自成》出版事的"三条'限制'办法"，似乎还有一些可斟酌之处：其一，据姚雪垠回忆，当年年初他离京返汉前，"他们还没有考虑到这三条。晓天请我吃饭时，曾对我说小说出版后将如何宣传介绍，并且说在稿费标准

---

① 姚雪垠回忆录中称："曾惇来北京开会的事我不知道，大概老江一定是从另外的渠道得知曾惇来北京开会，因为年久而记错了。"录以备考。

② 中国青年出版社原副总编王维玲先生也曾提到"三条"，稍有不同，他谈道："1963年6月12日武汉作协给中国青年出版社的公函，是一份具有历史性的文件。文件中写了三条：1. 经与湖北省委、武汉市委有关领导同志研究，可以出版。2. 印数控制在10万册以内，也可以先印5万册。3. 关于该书的评论文章，要掌握分寸。"《有感三则》，2013年12月9日在中国现代文学馆《李自成》出版五十周年座谈会上的发言，2014年1月刊载于《中青通讯》。

③ 尚未查到当年中宣部颁发的这个文件。录以待考。

上要采取'优质优酬'的原则"。现在突然变卦,应该有江晓天知晓但不欲明说的不可抗的外力起了作用;其二,出版社虽有权决定"印数"和"稿费标准",但无权控制媒体的"宣传",也无权控制报刊不发表评论文章。其中,也应该有更上层、更权威的部门的意志起了作用。

尽管出现了如此多的波折,但都是有惊无险,《李自成》第一卷的出版已经再无悬念。从最上层的文艺主管部门到地方省市党政领导机关再到中国青年出版社,不管是有意促成或是无意成就,都为新中国第一部长篇历史小说的问世撤走了障碍;尽管背后可能仍有一些政治方面的操弄,仍有一些非艺术方面的计较,都无从阻止中国新文学史上这个"宁馨儿"的诞生了。

但当事者姚雪垠却对这一切浑然无觉,他还在为该著的完美面世继续埋头苦干。在其与中国青年出版社编辑的通信中,我们读到了如下的记载:

3月20日,收到北京中国青年出版社寄来的"清样","天天埋头校看";

3月29日,将"清样前面没大问题的校改后先寄上";

4月11日,将"清样"下半本也寄回北京。

这次"校改"花费了二十余天,解决了如下的许多"零碎问题":

一、细节上有前后矛盾和文字重复的。

二、经过几次剪贴,删改,个别地方有接不上的。

三、用字错误、修辞不严、不准确,以及笔误之处不少。

四、注解有一则错误。(因当时急于整理完回来,单凭记忆,未翻书籍查核。)

五、注解重复。

六、注解应在前而反在后。

七、必须加注而未注,致读者不易理解。(如"庙算"一词)

八、某些细节原来有漏笔,在清样里补上。

九、对话中仍有个别现代语汇。

较大的改动在第二十四、二十五章("破寨分粮")和第三十、三十一章("会师树旗")。

姚雪垠在给中国青年出版社编辑的信中写道:"你们指出破山寨一节的问题,我还在考虑,尚未考虑成熟。另外,我觉得最后一两章的气氛不强烈、不紧张,须得大加工。"①于是，他"又大改一次，有许多页需要重排"。

1963 年 7 月，《李自成》第一卷悄然问世。

出版前，仅由出版社向新华书店发送"征订预告"②；出版时，没有作任何公开宣传；出版后，更没有发表任何评论文章③。这些，都堪称当代出版史上的奇观。

但，真正的艺术作品也许是自带"光环"的。

据江晓天介绍："《李自成》第一卷初版包括大 32 开本，共印了 10 多万部。不到半年，新华书店又经调查提出了新的印数，需求量较大，因为要控制，第二次再印也是 10 多万部。1964 年底至 1965 年初，新华书店又提出要再印，数量很大，好像在百万部以上。"④这，也堪称当代出版史上的奇观。

姚雪垠收到样书后，给国家领导人毛泽东寄赠了一部。

他在回忆录中未提及"赠书"事，但在书信中留下了记载。

1975 年 10 月 19 日，他在写给毛主席的信中有提及"赠书"事，就在第一段，如下：

> 敬爱的毛主席：我是长篇历史小说《李自成》的作者。解放后，我在您的思想教育下立志以李自成为主人公，写一部反映我国历史上农民战争的长篇小说，书名就叫做《李自成》。《李自成》第一卷于一九六三年在中国青年出版社出版后，我曾给主席寄呈一部，表示对主席的无限敬爱，也表示是在主席思想的哺育下开始做出的一点成果。

新中国成立初期，文艺家们凡有新作，大都会寄赠给国家领导人，这似乎是一种时尚，并非有什么企求⑤。姚雪垠是如此，他曾给周恩来寄赠过长篇传记《记卢

---

① 请参看姚雪垠 1963 年 3 月 29 日给中国青年出版社编辑的信。

② 中国青年出版社在《李自成》第一卷出版前曾向新华书店发"征订预告"。据 1963 年 5 月 30 日姚雪垠致子女信中："《李自成》因插图等关系，要到六月底才能印出来。原订五月底或六月初出版，已经来不及了。你们说四月间已出版，那是出版社在四月间征求新华书店预告的宣传。"

③ 据张炯回忆：1963 年《李自成》第一卷出版后，"评论家何其芳、唐弢等都极口称赞写得好，却不敢公开写评论。"张炯：《〈李自成〉在当代历史小说中的地位》，载 2010 年 10 月 27 日《文艺报》。

④ 江晓天回忆文章。

⑤ 2018 年李丹梦在《最后的"史官"——姚雪垠论》（载《中国现代文学研究丛刊》2018 年第 6 期）一文中揣度道："姚雪垠说当初寄书是'为了表示对毛主席的敬爱'，它让人联想到中国文人传统里根深蒂固的'学成文武艺，货与帝王家'的奋斗模式与价值依依。对长期浸淫在儒家文明里的中原作家姚雪垠而言，上述行为进退就像呼吸般自然。这远非俗眼谓之的巴结、钻营所能诋毁和道尽的，毋宁说它敞现了一个弱势地方（中原）的个体介入现代中国进程（即历史化）的执着与自强。它包括自我经验的现代整饬、命名及在国家层面争取自身的合法性位置，等等。"李似乎把姚赠书动机说得太复杂了。

镕轩》①，或许还寄赠过其他作品；胡风也是如此，他不仅给国家领导人寄赠自己的著作，也寄赠路翎等人的著作，前后竟不下十次。附带提一句，若干年后竟有人以"赠书"事猜忌姚雪垠早有预谋，就有点过分了。

《李自成》第一卷问世后，其受欢迎程度，超出了人们的意料。

责编江晓天在回忆文章中谈到该著出版后的反响：

> 《李自成》第一卷于 1963 年夏出版，虽然连新书广告都没有，但却很快就在全国范围内各行各业的读者中，受到极为广泛的、热烈的欢迎。不到一年时间，仅编辑部就收到 200 封左右的读者来信，他们有守卫边疆的战士、矿山工人、农村社员、大中小学教师、学生、报刊编辑、医生、史学工作者、文艺工作者，还有一些党政军高级干部。一致称赞它艺术性高，知识性强，特别是现实思想教育意义大，这一点，更出乎我预料之外。许多封信都说到李自成不畏艰难、不屈不挠、无私无畏的英雄主义精神，给自己鼓舞很大。当时，祖国三年暂时经济困难刚过，苏联背信弃义，撕合同，撤专家，所强加于我们国家和人民的压力，和所造成的困难，尚在清除中，李自成的英雄无畏精神激发了广

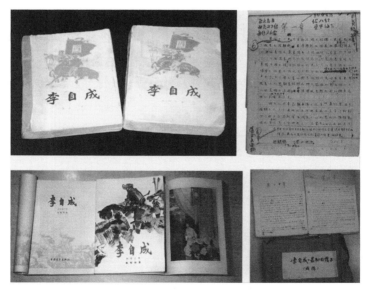

1963 年出版的《李自成》第一卷与草稿定稿，1977 年出版的第二卷

---

① 参看 1951 年 3 月 13 日姚雪垠致卢镕轩信。

大读者奋发图强建设和保卫祖国的决心。历史小说也能产生这么广泛巨大的现实教育作用，这使我这个编辑也受到教育和新的启示。这些来信，我没有寄给作者，因为批评意见极少极少，摘编了一期《出版情况》，原件大都存档了。

一部真正优秀的艺术作品，不需要广告，不需要宣传，不需要评论，不需要行政命令，也能不胫而走！

《李自成》第一卷的小三十二开本（作家称为普及本）印数极大，深受广大读者的欢迎；大三十二开本（作家称为大本子），印数也不小，特别受到"党政军高级干部"的喜爱。

姚雪垠在与中国青年出版社编辑的信中不止一次提到有关人士向他索要大本子：

1964 年 1 月 18 日信：《李自成》第一卷初版本，此间有几位省市领导同志没有找到，要我代想办法。刘惠农市长原是自己买了一部，据说下册被人借去丢了，也想找部全的。请你们托行政科想想办法，代我购五部寄来。倘若有困难，那就设法代购二部，一部给刘市长，一部给许道琦同志（省委文教书记）。前几天遇到密加凡同志，他说你们给他的那一部也被别人拿走了，问我能否再找一部。我说街上只见到普及本，我上街时可以找一部寄给他，他说他自己到书店拿好了。看起来，那种版本大家较喜欢，印的少了些。

1964 年 4 月 6 日信：有不少同志喜欢那种大本子，常常问我还印不印。我建议你们两种本子都印一点。在大都市中，那种大本子还是很需要的。

在作者与出版社的共同努力下，湖北省和武汉市的主要领导几乎人手一套大本子①，甚至连中南局②的主要领导也各各分润了一套。

据说，中南局第一书记陶铸读过《李自成》后赞不绝口，在一次会议上还把它推荐给了时任文化部主管电影的副部长夏衍③，说："这本书写得很好，十分吸引

---

① 姚雪垠 1974 年 12 月 29 日致茅盾信：第一卷出版后，李尔重同志（当时任中南局农办主任）给我写了一信，说我在第一卷中即埋伏了李自成失败的一个原因："问道于孔孟，求教于牛金星。"

② 1960 年 10 月根据中央政治局决定，中共中央中南局重建。根据中央决定，陶铸任第一书记，王任重任第二书记。中共中央中南局领导广东、湖南、湖北、河南省委和广西壮族自治区党委。机关驻广州市。

③ 姚雪垠在《怀念崔嵬同志》一文中写道："从学识和电影艺术修养方面说，夏衍是我比较佩服的一位同志，他曾经告诉我说：《李自成》第一卷出版之后，他本来没有注意。在广东开会时，陶铸同志提到这本书，要他看看，他赶快找了一部，看了以后，他非常感兴趣。"

人,我简直是一口气读完的,建议你也看一看。"①

据说,"第一卷出版后,有不少朋友和读者,也包括中南(局)的领导同志,希望以后四卷能够都保持第一卷的艺术水平"②。

请注意《李自成》在"党政军高级干部"中不胫而走的轨迹——武汉市委领导(1961)、湖北省委领导(1962)、中南局领导(1963)、中央领导毛泽东(1966)、中央领导邓小平(1976)——这轨迹是延续的,不因突发的政治风波而中断。

还请关注《李自成》在"党政军高级干部"中不胫而走的后续效应,《李自成》及其作者不经意间得到了——上述各级组织、诸多领导的长期可靠的保护,这轨迹也是延续的,不曾因突发的政治风波而中断。

莫非艺术真有撄取人心的力量?

也许,我们不能不罗列一些与这部作品相关的逸闻趣事:

——就在《李自成》第一卷出版的当年,武汉文艺界有一位老作家撰文批判这部小说是"反党反社会主义的大毒草"。稿件送到刊物后,却被退稿。据说这是由于武汉市委领导发了话。③

——1963年年底或1964年年中,上海的"金棒子"姚文元在文人常聚的某咖啡馆中与人聊天,他说《李自成》是大毒草,本来是准备写文章批判的,后来别人告他说中南局支持《李自成》,他才未写文批判。④

——1964年,上海柯庆施鼓吹"大写十三年",历史题材作品受到排斥。有一批历史题材作品受到严厉的批判,姚雪垠的《草堂春秋》也在其中,但批判者只字不提《李自成》。

——1965年,吴晗的历史题材作品《海瑞罢官》受到严厉批判,姚雪垠的《李自成》仍安然无事。

——"文革"十年,无数"革命历史题材"作品受到无情的批判,但"历史题材"小说《李自成》却安然无恙⋯⋯

莫非艺术真有鬼神辟易的力量?

《李自成》第一卷面世后的遭遇,堪称一种非常奇特的文化现象。如果有研究者能从文艺传播学或文艺接受心理学的角度进行研究,当会有非常有趣的发现。

---

① 转引自王庆生《姚老和他的〈李自成〉》。出处不详。
② 姚雪垠1964年4月6日给中国青年出版社编辑的信。
③ 请参看姚雪垠:《毛主席对〈李自成〉第一卷的肯定评价和对我的及时保护》。
④ 参看姚雪垠1977年11月29日给龚啸岚的信。

第四节 "历史剧大讨论"

《李自成》第一卷（初版）没有《前言》和《后记》，也没有作者介绍，只有扉页上三百余字的"内容提要"。

该"内容提要"便是作品自带的"广告"，撰写者可能是责编江晓天。短短的一篇文字，不仅写得非常"得体"①，而且颇有气势：

全书共分五卷，前四卷以写明末波澜壮阔的农民战争为主，穿插着明、清之间的民族战争；最后一卷则以写李自成及其余部抗清斗争为主。但本书所反映的历史生活比较广阔，围绕着上述主线，刻画了不同阶级的代表人物和生活画面，以及不同阶级、不同集团之间的错综复杂的矛盾关系。

第一卷所写的故事发生在崇祯十一年冬到次年夏天。当时农民战争处于低潮，农民军中的"十三家"有的已经瓦解了，有的向朝廷投降了，还有的在彷徨观望。李自成坚决不投降，孤军奋战，在潼关附近全军复没，妻女俱失，突围出来时只剩下十八人。但他并不灰心，在商洛山中克服了种种困难，终于重振旗鼓，与逃到豫西山中的高夫人胜利会师，同时推动张献忠等重新起义，把农民革命战争推向新的高潮。在这一卷中也写了清兵大举入塞，包围北京，深入畿辅和山东，以及朝廷上主战派与妥协派之间的尖锐斗争。

其它四卷将由本社陆续出版。

细读该"内容提要"，我们发现，它几乎将该著的艺术特点概括无余：恢宏的历史叙事，网状的复线结构，广阔的历史生活场景，错综复杂的阶级关系，跌宕起伏的故事情节，鲜活生动的典型人物……

还可以说得更明确一点：这是一部多至"五卷"、长达数百万言的长篇历史小说，这是一部复线结构的表现"明末历史大悲剧"的史诗性巨制，这是一部再现三百年前封建王朝社会生活的现实主义画卷。

在《李自成》第一卷问世之前，中国当代文坛上还没有出现过如此恢宏构思的历史小说，还没有出现过具有类似叙事规模的鸿篇巨制，也还没有出现过采用

① 1962年6月29日姚雪垠致中国青年出版社的信："书前的内容介绍我写出来未必得体，请你们费神写吧。"

同类题材的长篇历史小说。

诚如姚雪垠回忆录中所说：“《李自成》不管写得成功或失败，重要的是它在新文学领域中具有开创性质。”

这部作品的艺术开创性，也许要放在中国新文学史的进程中才能看得更加分明！

1984年，上海社会科学院出版社出版了一本《中国现代作家历史小说选》，“汇集了起自二十年代初叶迄于建国前夕的历史小说名篇，并从中精选了三十余位作家的四十余篇力作，第一次汇编了中国现代作家历史小说的选集”①。

编者在《前言》中写道：

本书选录的“历史小说”，是五四新文化运动之后的一种新的文学体裁。它包括根据历史事实敷衍的小说，也包括根据古代神话、寓言而虚构的故事。它和过去的历史演义小说截然不同。大体上说来，它是以1922年鲁迅创作的《不周山》为发轫，日逐生发繁衍而成的一种文学样式。在现代文学的进程中，许多作家创作了历史小说，扩展了它的题材范围，丰富了它的表现形态，发挥了它的感召和战斗作用，使其成为新文学巨潮中一股活泼和不可忽视的支流。

茅盾在30年代中期就曾指出：“用历史事实为题材的文学作品，自五四以来，已经有了新的发展。鲁迅先生是这一方面的伟大的开拓者和成功者。”20年代初至40年代末的三十年间，广大革命的、进步的、正直的、爱国的作家们都是鲁迅的追随者或同道者。郭沫若、茅盾、郑振铎，都曾创作过历史小说，藉此表达他们各自对于历史的理解，对于现实的感触，对于世态的评判，以及对于人事的褒贬。现实主义始终是这些历史小说创作方法的主潮，连以浪漫主义作家著称的郭沫若，也在其历史小说集《豕蹄》的《序》中说：“我是利用我的科学的知识，对于历史的故事作新的解释与翻案。我始终是写实主义者。”这其实也是绝大多数历史小说作家的归趋。尽管他们在取材及写作手法等方面有所不同，或从文献中钩稽故实，或从史料中发掘新意，或从成见中着意翻案，或从稗史中借题发挥；或偏于“博考文献”“言必有据”，或侧重“随意点染”“信口开河”，但他们大多执着现实，臧否世态，“借古事的躯壳来激发现代人之所应憎与所爱”。因此，这些作品不再是钦定正史的通俗敷陈

_____

① 该选集汇编的作品多是短篇，有少数中篇的节选，无长篇。

或历史传说的简单复述，而是典型化的再创造，其中渗透着作者浓烈的爱憎，也寄寓着个人的抱负、希望与理想。

……（笔者删节）

如果认同"五四"之后出现的"历史小说"是与传统文学中的"历史演义小说"截然不同的"新的文学体裁"，那么以《李自成》为代表的"长篇历史小说"便是这种"新的文学体裁"的进一步拓展。

如果认同"五四"之后出现的"历史小说"作家群在"取材及写作手法等方面"别有怀抱，大都"借古事的躯壳来激发现代人之所应憎与所爱"，那么以《李自成》为代表的"长篇历史小说"则开辟了另一番天地，重在表现历史生活和总结历史教训，而非"影射"或"比附"现代生活。

姚雪垠在《李自成》第一卷出版前后，对长篇历史小说的"取材及写作手法等方面"曾有过什么样的理论表述呢？换句话说，当年他在"长篇历史小说新道路"上取得了什么样的理论成果呢？这是我们接下来要探讨的问题。

如前所述，作家于1957年8月仓促起笔创作《李自成》时，史料准备、理论准备及心理准备都是不充足的：当时他孤身居住在武汉，而多年积累的史料都放在开封的家中无法取用；当时他正处于等待组织"处理"的阶段，丧失了外出查阅资料的自由；当时他只是凭借着一股悲愤不平之气而投入忘我忘情的创作，几乎没有对史料"去伪存真，去粗取精"的余裕。[①]

作家对"长篇历史小说"创作理论的有意识的探索，是在其政治身份有所改变，《李自成》初稿得到市文联领导认可，创作环境有所改善，图书资料能够借取的新环境中才得以进行的。[②] 换句话说，作家"对于有关长篇历史小说的许多问题"是在将《李自成》第一卷草稿整理为初稿，继而又将初稿整理为修改稿的过程中，才逐渐形成"一些比较清楚的认识"的。[③]

1961年至1964年，即从《李自成》第一卷初稿整理完成到该著出版后一年的期间，姚雪垠在如下五篇文字（四篇论文和一篇信札）中论及"长篇历史小说"创

---

① 当年姚雪垠选取了《明史》所载的"南原大战"作为第一卷的中心情节，数年后经过考证才发现该战役并非实事。这也许是天缘巧合，既成就了第一卷惊心动魄的艺术魅力，也由此奠定了其"长篇历史小说新道路"理论中关于"虚构"的丰富内涵。

② 姚雪垠1974年11月26日给王亚平信中称："文化大革命"前几年，由于各方面支持，条件很好，凡我需要的书，湖北各主要图书馆倘若找不到（湖北省图书馆创立于清朝末年，藏书亦多），就会由湖北省图书馆赶快替我向北京、上海函借。

③ 本段引文出自姚雪垠《学习追求五十年》。

作理论。现将它们按写作时间排列如下,并略作分析:

第一篇:1961 年 10 月 12 日作论文《历史和传说——关于如何处理历史题材的若干问题之一》

第二篇:1962 年 2 月作论文《试谈〈昭君出塞〉》,载《戏剧报》1962 年第 4 期

第三篇:1963 年 3 月作论文《写历史题材与面向斗争、深入生活》

第四篇:1964 年 3 月作论文《我所理解的李自成》

第五篇:1964 年 5 月 12 日写给武汉师院教师张国光的信

第一篇:论文《历史和传说——关于如何处理历史题材的若干问题之一》。

该文作于作家完成《李自成》第一卷初稿之后,载于 1961 年武汉市文化局戏曲研究室编的内刊《武汉剧坛》。

姚雪垠 1986 年 11 月 5 日为该文作"附记"称:"从这篇小文章的副标题看,关于历史和传说的问题原打算连续写两三篇,将问题向深处谈下去,解决有关历史小说和历史戏剧本的一部分糊涂问题。但是没有继续写下去。倘若不是周勃同志保存原刊物,我将这篇文章完全忘了。此文原发表于武汉市文化局戏曲研究室的一个内部刊物上。"周勃当年在武汉市文化局戏曲工作(研究)室工作,《武汉剧坛》是该室主编的不定期刊物。

该文是作家关于"长篇历史小说新道路"理论探索的第一篇文章,具有非同寻常的意义:一、该文为作家计划中的"关于历史和传说的问题"系列论文中的第一篇,足证他已触及"长篇历史小说创作"的核心理论问题;二、该文系为尝试"解决"当年"历史题材创作热潮"和"历史剧大讨论"中的"一部分糊涂问题"而作,具有明确的理论针对性。

据文艺理论家于可训介绍,20 世纪 60 年代文坛曾出现过短暂的"历史题材小说热":

新中国成立后,古代历史题材的短篇小说在上世纪 50 年代虽偶尔有人为之,但数量极少。到上世纪 60 年代初,受文艺政策调整影响,古代历史题材的短篇小说创作出现了短暂的繁荣,形成了一个高潮。有代表性的作品如陈翔鹤的《陶渊明写〈挽歌〉》《广陵散》、黄秋耘的《杜子美还家》《鲁亮侪摘印》等,短短一年多的时间内,这样的短篇历史小说竟有四五十篇之多。这些作品继承了为数不多的现代短篇历史小说的创作传统,因事而作,有感而发,

借历史故事曲折地表达了作者对社会人生的复杂感受。①

据学者储双月介绍，同一时期文坛上还曾出现过短暂的"历史剧大讨论"，其文写道：

　　　吴晗从自己写作《海瑞罢官》的经验出发提出要对历史剧进行正名，对新历史剧创作提出比旧历史剧更高的要求，直接点燃了 1960 年代历史剧大讨论。他提出历史剧应从概念和范畴上区别于故事剧、神话剧，确立自身的特殊性。围绕历史剧的正名问题，大家探讨了历史真实与艺术真实之间的关系，形成了以吴晗、沈起炜、朱寨、牛子、许三等人为代表的窄化定义派，以李希凡、张非、辛宪锡、王子野、乌强、廖震龙、繁星等人为代表的宽化定义派。②两派人物的思想碰撞和观点交锋以 1961 年 3 月 11 日《文汇报》编发"关于历史剧的正名问题"组稿、1962 年 9 月 25 日《光明日报》专栏报道"历史剧问题座谈纪要"为集中呈现，《文学评论》《戏剧报》《上海戏剧》也是当时的论战阵地。③

过去，很少有研究者将姚雪垠"长篇历史小说新道路"的理论探索与上述两个热潮联系起来研究。原因无他：一是《李自成》第一卷起笔于 1957 年 8 月，那时文坛上还没有出现上述两股热潮，前者不可能受后者的影响；二是作家本人曾否定其理论探索与上述热潮的关联④，研究者不能不尊重作家的意见。

不过，《李自成》第一卷由初稿而修改稿而修订稿而清样稿的期间（1960 年至1962 年），却正值上述两股热潮的上升期，作家不可能不受到影响；而且，作家对《李自成》第一卷重大历史事件的考据，"深入"和"跳出"，也正是发生在这个时期⑤。这些，似乎都能证实作家当年并非完全置身于上述两个热潮之外。

论文《历史和传说》的重新发现，有助于我们解读作家在上述两个热潮中的获得和贡献。限于拙著篇幅，我们只能撷取其中的零金碎玉：

　　　——历史事件和历史传说，都是历史生活中一定时间和空间条件下的产

---

　　①　於可训：《新中国 70 年历史小说创作》。该文没有提及姚雪垠同期创作的短篇历史小说《草堂春秋》。

　　②　这两派对史实的基本态度，或偏于"博考文献""言必有据"，或侧重"随意点染""信口开河"。

　　③　储双月：《历史剧大讨论述略及其对中国历史电影发展的影响》。

　　④　姚雪垠 1983 年 10 月 6 日致李悔吾信：50 年代末到 60 年代初，关于如何写历史剧的问题，讨论得相当热烈。可是 60 年以前，由于某种原因，报刊上的讨论文章，我没有机会阅读。从 60 年冬天开始，我将全部力量投入《李自成》初稿的整理，后来又反复修改，继续创作第二卷，以及整风、下乡劳动等等，没有时间读讨论文章，而关于历史剧的讨论也终止了。

　　⑤　姚雪垠曾谈到，在将初稿整理为修改稿的过程中，考证出"潼关南原大战"并无其事。

物。它们都是以往的生活现象,反映着一定的历史问题。从这一点看,历史与传说同源。

——历史和传说有同源的一面,又有异流的一面。既要从异中看同,也要从同中看异。

——过去史笔掌握在统治阶级的少数士大夫手里,广大人民中具有典型意义的、可歌可泣的人物和事迹不被记入正史和野史中,毫不足怪。就是在今天社会主义时代,甚至将来到了共产主义时代,现实生活永远比记入历史档案的资料要丰富得不知多少倍,所以文艺创作上所说的历史题材,它的含义应该是非常宽度的,既包括有充分史料作基础的题材,也包括一般的历史传说。

——文学创作同写历史是有分歧的,二者有共同处,但不能混为一谈。文学家不能反历史主义,应具有历史科学精神,但他们所做的工作不是写历史教科书或历史论文,而是对历史人物和事件的再创造。只要能完成他们的创作目的,在不违反历史的精神下,运用史料和传说是自由的,独出心裁的虚构是允许的。在历史的天地中,作家自有翱翔太空的彩色翅膀。

若干年后,姚雪垠把"长篇历史小说新道路"概括为"历史小说是历史科学和小说艺术的有机结合",从上面的引文中可以看出其理论"发轫"时期的大致模样。

附带提一句,该论文选择从"历史和传说"的关系入手阐释对于"历史题材创作"难点的理解,"史料基础"与艺术"虚构"并重,也许受到了同期茅盾先生论文《关于历史和历史剧》①的影响,茅盾在该文中曾建议:"为了避免误解与更加醒目,用'历史真实与艺术虚构的结合'来代替'历史真实与艺术真实之统一'这个常见的用语,也许更好一些。"②

第二篇:论文《试谈〈昭君出塞〉》。

该论文作于《李自成》第一卷修改稿写成之后至赴京定稿之前,原载《戏剧报》1962年第4期。

如前所述,作家曾于1960年下半年被抽调参加武汉市汉剧团的建党四十周年献礼项目《王昭君》的剧本改编。作家在回忆文章中曾谈到改编时遇到的困

① 茅盾:《关于历史和历史剧》,《文学评论》1961年第5、6期。
② 转引自《茅盾同志论历史剧》,《戏剧报》1962年第1期。

难,写道:"《王昭君》的剧本并未写成功,我认为很难写成功。元朝的马致远完全丢开史实,另起炉灶,写出来《汉宫秋》以寄汉民族受异族侵凌之痛,所以能够成功。我们今天不能不基本上照顾史实。这是现实主义创作方法对待历史题材的起码原则。可是,一照顾史实,《王昭君》的戏剧冲突就没有了,或者是另外一种性质了。伪造的矛盾不惟我们自己不感动,更不能感动观众。"①引文中的"丢开史实"和"照顾史实"云云,所指不详;"现实主义创作方法对待历史题材"的"原则"云云,也未展开。

这篇新发现的论文,恰好把上述问题都说清楚了。摘录几段如下:

——和亲这件事在历史上是否都是民族屈辱的表现? 似乎不应该笼统地说。和亲,有时是民族屈辱的表现,有时不是。唐太宗把文成公主嫁到吐蕃,丝毫不含民族屈辱的意味。西汉帝国两次把姑娘嫁到乌孙,也并非因为乌孙比西汉强大,不得不屈从"勒索"。当时西汉帝国非常强大,而乌孙比较说是个小国,处于汉和匈奴的两大势力之间。西汉帝国为着战略上的需要,就是说,为着分化西域和包围匈奴,愿意用和亲办法笼络乌孙。这种和亲也不能作为民族屈辱看待。

——呼韩邪希望和亲来加强汉匈两国的友好亲密关系,汉元帝也愿意通过和亲加强这种关系,所以昭君出塞就成了一个重大的历史事件,两大民族的喜事。元帝改元竟宁,呼韩邪封她为宁胡阏氏。正因为昭君的出塞是一件大事,所以至今呼和浩特附近有许多土堆相传是她的坟墓。两汉人并不把昭君出塞看成悲剧,在两汉文献上找不到这种资料。后人怜惜她,是后人"借他人酒杯浇自己块垒"。

——马致远把昭君出塞的历史加以大胆改造,写成为民族屈辱的悲剧,是他的"古为今用"。今天我们所处的历史条件完全变了,不但匈奴早已从历史上消失了,而且中国境内各民族团结成一家人了。今天演传统的昭君戏我们并不反对,因为那些戏依然会给我们一些爱国主义教育和艺术享受。但是,倘若按照当时汉匈两大民族的和睦相处的历史事实,重写一部昭君戏,既能反映历史的本来面貌,又能促进今天的民族团结,有什么不好呢?

简言之,当年作家参加汉剧《王昭君》的改编工作,对其"长篇历史小说新道

---

① 姚雪垠:《学习追求五十年》。

路"的理论探索是有帮助的①;该论文对"昭君出塞的历史"的考察,显现了作家其时运用历史唯物主义剖析历史问题的娴熟程度;该论文对"古为今用"创作观念的追溯和分析,也能加深后人对其运用"现实主义创作方法对待历史题材"原则的理解。

第三篇:论文《写历史题材与面向斗争、深入生活》②(1963年3月)。

该论文作于1963年3月7日,即作家赴京听取吴晗等"社外专家"意见并潜心再次"修订"《李自成》第一卷书稿之后,也即中国青年出版社领导认可该修订稿并确定出版之后,亦即作家返汉向省市有关领导汇报时获知中宣部某小组已审阅通过该著求意见稿之后。

无论是从省市文化领导部门的角度来看,还是从作者姚雪垠自身的角度来看,在《李自成》第一卷即将出版的时候,发表这篇具有"亮相"性质的理论文章,都具有非同一般的意义。

该论文所表露的政治态度和艺术观点,无不与当年"历史剧大讨论"中的热点问题有关:

——他谈到了"三观"问题:"写历史题材的作家,都必须解决下面三个问题:以什么样的立场和思想感情对待现实,以什么样的创作态度和创作方法从事写作,以什么样的立场、态度、思想方法和感情对待历史人物和事件。世界观、历史观和艺术观,是相互关联的。它们的摆法是有先后的,即必须把世界观摆在首位,其次是历史观和艺术观。"

——他谈到了"时代精神"问题:"写历史题材的文学作品要不要表现出时代精神? 肯定要表现出时代精神。这里所说的时代精神,决不是说把现代人的思想、感情强加在历史人物的身上,把现代人的语汇硬放在历史人物的口中。那样不叫做时代精神,而叫做反历史主义。只要作家具有现代的进步的世界观,具有进步的历史观,用革命现实主义和革命浪漫主义相结合的创作方法以达到古为今用的目的,作品就会表现出时代精神。"

——他还谈到了"古代的文献资料"的问题:"历史学领域,自古以来就是阶级斗争、思想斗争十分尖锐的场所。历史上的统治阶级一贯地利用对史料的撰

---

① 姚雪垠在回忆录中称:"我在这一工作的实际收获不在《王昭君》本身,而在于我利用机会整理《李自成》并为《李自成》获得多一些支持力量。"笔者以为不可机械地理解此说。

② 该文原载报刊待查,疑载于武汉市文化局内部刊物《武汉剧坛》或《戏曲研究资料》。

写、采集、保存、编纂和公布，作为政治斗争和思想意识斗争的有力手段……"

——他还谈到了应如何选取"历史题材"的问题："善于选取历史上的重大题材为当前的斗争服务，这是个立场观点问题。从选择历史题材说，近代史上的反帝反封建斗争，古代史上的阶级斗争、保卫国家的斗争，克服困难、发奋图强的斗争，比那些儿女柔情的故事更合乎当前的时代精神。"

如果把姚雪垠在该论文中所表露出来的政治态度和艺术观点与"历史剧"大家吴晗同期发表的文章相对照——《谈历史剧》，载 1960 年 12 月 25 日《文汇报》；《关于历史剧的一些问题——复繁星同志的一封信》，载 1961 年 2 月 18 日《北京晚报》；鲁煤：《吴晗同志谈历史剧》，载 1961 年《中国戏剧》第 3 期——当可以发现二者有许多相同或相近的表述。限于篇幅，笔者不赘。

由于该论文具有"表态"的性质，它也有一些非常合时的表述：

——任何作家都不可以忽视深入生活和参加现实斗争的重要意义。以写历史题材为借口而脱离现实斗争，脱离生活，那是不可能写出好作品的。

——我们从事历史题材文学创作的人必须对历史有明确的见解，必须肩负思想意识领域中尖锐而复杂的阶级斗争任务。我们有双重斗争任务，即历史学上的斗争任务和文学艺术上的斗争任务。

——任何历史题材的文学作品，都是通过作者自己的立场、观点、思想、感情写出来的，都带着阶级和时代的烙印，都是作者根据自己的需要和是非标准有所宣扬，有所鞭打，有所寄托，以达到古为今用的目的，也就是古人所说的"借他人酒杯浇自己胸中块垒"。

——今天我们用历史题材来创作，任务是为着教育今天的人民，立脚点是面对今天的革命斗争。

尽管这是一篇"表态文章"，作家关于"长篇历史小说新道路"理论的思索仍流露了出来——

论文提到"革命的现实主义和革命的浪漫主义相结合"的创作方法，但未展开；

论文提到"历史题材作家"必须具备的历史和艺术素养问题，也未展开；

论文提到如何"从大量野史、笔记、文集和地方志等等著作中"去了解和明白"古人的生活"问题，也未展开；

论文还提到如何"以合理的想象"来"补充文献资料的不足"的问题，仍未展开……

一言以蔽之,由于论题的限制,该文中所表述的艺术观点还不太"个性化",其中有一部分来自同期"历史剧大讨论"中种种观点的影响①,一部分来源于作家自身的创作实践。不过,影响总是相互的,有价值的文艺观不是在孤立的封闭的环境中就能自然形成的,而只能在开放的自由的文艺环境中通过思想的碰撞才能形成。

第四篇:论文《我所理解的李自成》(1964年3月)。

该论文作于1964年3月,刊载在中南局所在地中共广州市委的机关报《羊城晚报》上,时在1964年3月12日。

如前所述,《李自成》第一卷出版后,受到广大读者的欢迎,也得到了广大"党政军高级干部"的喜爱。然而,好几个月的时间里,全国竟然没有任何一家报纸刊载过该书的出版广告,也没有发表过评论文章,这在当年也算得上是一件奇事。

半年之后,姚雪垠这篇论文突然在南国面世,不禁让人长吁了一口气;又不久,《人民日报》竟刊载了一篇《读者来信》,文中提到"姚雪垠先生"在《羊城晚报》上发表的这篇文章②,更不禁令人浮想联翩。这些不寻常的迹象,是有关方面发了话,还是某只"看不见的手"起了作用? 也许都不是。还是那句话:莫非艺术真有撄取人心的力量?

这篇文章采用的是姚雪垠惯用的书信体,起首一段道明了缘起和主旨:

> 编辑同志:你们来信说,读者很想知道我塑造李自成这个英雄形象的历史根据,现在我就谈谈我对于李自成的若干理解。我把李自成的一生革命活动分为前期和后期:前期是从他起义开始,到崇祯十三年冬天入豫为止;后期是从他入豫直到牺牲。《李自成》的第一、二卷,写他前期革命活动的最后两三年,也写到后期革命活动的开始一段。这里所谈的只限于第一、二卷中的李自成。为着说清楚我对于有关这一阶段某些重要问题的理解,不得不谈到顾君恩和李岩(即李信)的一部分问题。写出这些意见,目的是想借此向读者和历史专家们求教。

简略地说,该论文是一篇"答疑"文章,回答读者们"在《李自成》第一卷中所写的李自成在政治上是不是过于成熟了"的提问。因此,文章专注于对相关历史资料的"考据"和"辨析",爬梳剔抉,参互考寻,但未涉及其"历史现实主义"的创

---

① 在"历史剧大讨论"的热潮中,茅盾先生发表了很有影响的《论历史剧》的长篇论文。因姚雪垠在回忆录中称当年未读过这篇论文,故笔者在本节中只略略提到,不作展开的比较。

② 王钢:《顾君恩归附李自成的时间》,载1964年6月9日《人民日报》。

作方法。换句话说,该论文只涉及作家"历史科学和小说艺术的有机结合"创作方法的前半部分,即如何运用历史唯物主义来辨析史料问题,未涉及长篇历史小说创作"关于艺术上的具体问题"。

当年,社会上对"李自成"的总体观感还比较粗疏,大致停留在正史、野史、传说、民间说唱中的"草莽英雄"的印象上;史学界对"李自成"前、后期革命活动的研究也未达到"入微"的程度。其时,郭沫若《甲申三百年祭》的影响甚大,成为任何明史研究者都绕不过去的高山。姚雪垠的这篇答疑文章,既承接了郭文对"李自成"的某些定性,也企图在某些方面突破郭文已达到的高度。

在该论文中,作家"所理解的李自成",在崇祯十三年之前,是如下面貌:

——他具有"一些好作风","政治上接近成熟"……

——他具有高出群雄的"军事才能"和"战略思想"……

——他起义的政治目的比较明确,比较高……

——他的起义部队从一开始就比较正规化……

姚文如上论断,与郭文对照——"李自成的为人,在本质上和张献忠不大相同,就是官书的《明史》都称赞他'不好酒色,脱粟粗粝,与其下共甘苦'。看他的很能收揽民心,礼贤下士,而又能敢作敢为的那一贯作风,和刘邦、朱元璋辈起于草泽的英雄们比较起来,很有过之而无不及的气概。"——可说是别无二致。

但姚文企图突破郭文关于"李岩"的历史叙事,他甚至认为郭文的这个叙事阻碍了后人对李自成农民军历史大业的理解:

——许多人误以为李自成在李岩的帮助下才行仁义,才有了政治头脑,这误解不仅是无意中受了某些封建统治者留下的历史文献的影响,也因为笼统地把李自成看成是草莽英雄。他是草莽英雄,但草莽英雄中也千差万别,并不是一个模子铸的。

——李岩对李自成的后期革命事业是有一定贡献的,但是不应该夸张过火。郭沫若同志在《甲申三百年祭》中过分相信《明季北略》一书的话,认为李岩先参加,再由李岩介绍牛金星参加……在对李岩的评价上,郭老说:"有了他的入伙,明末的农民运动才走上了正轨。"这些意见,二十年来在我国史学界和知识界发生了很大影响,笔者从来不敢赞同。且不说不应该把一代波澜壮阔的阶级斗争和农民战争的发展归功于一个大地主大官僚家庭出身的知识分子的个人作用,更不用说从现存许多文献资料的综合分析中得不出这个结论。

后人对郭沫若"对李岩的评价"大都持肯定态度，并对他的观点有过非常善意的揣摸，他们大都从"知识分子"之于"农民战争的发展"的"作用"着眼，努力揭示其文"古为今用"的寓意。① 姚雪垠的意见显然有所不同，他无意将李自成义军与现代革命军作任何比附，也无意为古今知识分子的革命性作任何附会②，开始走出了"影射史学"的阴影③。

当然，从某种角度来看，该文也是姚雪垠"李自成认识史"的自我表述：他摆脱了儿时对这位农民英雄的潜意识恐惧（"说他在河南杀得十字路上搁元宝没有人拾"），摆脱了青年时期对这位农民英雄的根深蒂固的偏见（"白狼、黄巢和李闯王并没有什么奇怪，李水沫也就是这类人物"），甚至摆脱了几年前撰写草稿和整理初稿时对该农民英雄的若干纠缠不清的误识（参看前文关于"草莽气"的分析）。有兴趣的研究者可将《李自成》第一卷的几种稿本对照研究，当可发现"李自成"形象的变化，从中透视作家认识演进的轨迹。④

概而言之，该文更是一篇显示作家"历史科学"功底的学术文章。作家于1961年后得到了潜心研究晚明历史的便利条件，遂从三百年来正史、野史、文人笔记、历史传说中披沙沥金，发现了真正的"李自成"；作家且从"二十年来在我国史学界和知识界发生了很大影响"的郭沫若《甲申三百年祭》的旧说中别开生面，展示了真正的"李自成"。当然，关于后一点，研究界迄今尚未达成共识。

笔者以为，这篇论文的重要性在于作家终于为笔下人物"李自成"调好了底色，这将对第二卷的修订乃至后续诸卷中的"李自成"塑造起到重要的导向作用。关于这一点，后面将有论述。

姚雪垠很满意这篇论文，他认为该论文与1941年写的论文《文艺反映论》都比较完美地体现了自己的一以贯之的马克思主义文艺观：40年代的那篇文章"用

① 参看付春、赵丽娟《甲申三百年祭的历史启示》，《中共云南省委党校学报》2014年9月号。

② 1977年7月19日姚雪垠致刘萧英信："我在小说中和《前言》中都没有否定知识分子在历史上的作用，只是不同意将知识分子的作用夸大过火（如郭老在《甲申三百年祭》中过分夸大李信的作用），而忽略了人民群众是创造历史的主要力量。"

③ 姚雪垠在1974年9月26日给江晓天的信中写道："在《李》动笔写作之前，写作之初，写作过程中，我不知多少次思索过历史题材如何古为今用的问题。……据我的想法，所谓古为今用，决不是由作家随心所欲地歪曲历史和编造历史以影射今天。这样去以古喻今，纵然动机善良，也是不足取的。为什么是不足取的呢？因为这是背离了历史唯物主义的科学态度，使用和传播了历史唯心主义的荒谬方法，没法反映历史的本质和规律，向读者散布了错误的历史知识，将被前人歪曲了的历史重新来一次歪曲，也将尚未被前人歪曲过的历史来一次歪曲。"

④ 1974年3月31日姚雪垠在给江晓天的信中谈道："李自成有唯心主义思想，有宿命论、天命观，以及其他缺点，这是历史条件的限制，无损于他是中国历史上杰出的农民起义领袖。"

辩证唯物主义的观点和方法解释文学创作的某些问题"①，60 年代的这篇文章"用历史唯物主义研究历史问题"②，后者是前者的合乎逻辑的发展。

第五篇：姚雪垠写给武汉师院教师张国光③的信（1964 年 5 月）。

该信写于 1964 年 5 月 12 日，全文如下：

绪荣同志：

信、稿均拜读。你数月前寄给《长江文艺》的稿子，我听说过，但没有要来拜读。

《李自成》这部拙著，包括的问题较多，我曾看过些未发表的评文，多失于不能在深度达到应有水平。大体说来，以下问题，每个问题均值得花费相当精力写出专文。这几个问题是：一、《李自成》第一卷如何反映时代精神；二、中国作风中国气派的探索；三、写历史小说如何深入历史而又跳出历史；四、语言问题；五、结构布局问题；六、几个主要人物形象的塑造。（吴按：还没明确地提到创作方法两结合问题）

我每天不出去，都在家中写作。本星期日（十七日）你如得暇，请来舍下畅谈一些问题。我住在省文联宿舍二栋三楼，乘 24 路汽车到花桥终点站下车，不远即到。你校图书馆×××同志来过两次，请问问他怎么走法。

又，第一卷第四次印本最近可出，稍有修订。以后写评文可根据新的印本。

此致

敬礼！

姚雪垠

一九六四年五月十二日

该信透露出了许多未为人知的信息：其一，《李自成》第一卷发表后，有不少学者撰写了评论文章，但均未允发表；其二，作家读过部分评论文章，认为都未达到一定的"深度"；其三，作家明确指出研究者可就六个具体问题写出"专文"，这也是作家对其"长篇历史小说新道路"理论要素的首次表述。

附带提一句，十余年后张国光教授终于发表了一篇评论《李自成》的"专文"，

---

① 姚雪垠 1986 年 12 月 4 日给俞汝捷信："我一直认为哲学上的唯物主义反映论与创作方法上的革命现实主义是统一的，而前者是后者的灵魂。"

② 参看姚雪垠 1978 年 6 月 12 日给刘岱的信。

③ 张国光先生（1922—2008），又名张绪荣。

其论题《"深入历史"和"跳出历史"——谈李自成形象的历史真实和艺术真实》,明显脱自该信。①

综上所述,1962 年至 1964 年间姚雪垠在"长篇历史小说新道路"理论探索上已经取得了一些阶段性成果,尽管某些观点还不够成熟,不够充分,不够明确,但仍可视为可贵的收获。

---

① 张国光、李悔吾合作的这篇文章,收入《〈李自成〉评论集》,湖北人民出版社 1978 年出版。

第十七章

《李自成》

第二卷

1964——

第一节 山雨欲来风满楼

《李自成》第一卷的问世是寂然的,它的社会反响却是火热的,形成了"冰火两重天"的奇特文化景观。

姚雪垠在该著出版的前后四年间(1961年至1964年),也处于同样尴尬的境地,有大得意,也有大失意,看似扬眉吐气,实际上并不洒脱。

姚雪垠、王梅彩夫妇

检点其人生轨迹,有如下较为明显的表征——

其一,他的一些小作品获准在省内外的报刊上发表,这似乎意味着政治权利和艺术权利的有限回归:

《历史和传说——关于如何处理历史题材的若干问题之一》,载1961年武汉市文化局戏曲研究室的内部刊物《武汉剧坛》

《为〈借妻困城〉抱不平》(剧评),载1962年2月17日《武汉晚报》

《试谈〈昭君出塞〉》(论文),载《戏剧报》1962年第4期

《草堂春秋》(短篇小说)，载《长江文艺》1962 年第 10 期

《写历史题材与面向斗争、深入生活》(论文)，载 1963 年武汉市文化局内部刊物

《重阳登高漫记》(散文)，载《长江文艺》1963 年第 12 期

《我所理解的李自成》(论文)，载 1964 年 3 月 12 日《羊城晚报》

在当年的"摘帽右派"中，能重新在报刊上发表文章的不多。姚雪垠能得到这种"厚待"，是莫大的幸运。然而，"厚待"是有着一定限度的，《李自成》第一卷出版后评论界的集体缄默，以及有关方面对该著影响力有意识的压制，似乎在强调着相反的一面。

其二，各地电影厂和杂志纷纷提出改编和连载《李自成》第一、二卷的要求，然而都如石沉大海，没有下文：

1962 年 4 月，长春电影制片厂总编辑室李家璋"路过北京时"听说了《李自成》第一卷"征求意见稿"，于是专程来武汉与作者约谈，"希望约定把'摄制权'给他们"。同月，《长江文艺》主编王淑耘向作者要去了"征求意见稿"，并"打算在《长江文艺》(六月号)上发表张献忠谷城起义一章"。

1963 年 10 月初，上海《收获》杂志主编茹志鹃自上海来，说《收获》将于明年元月复刊，希望连载《李自成》第二卷，或连载一部分也好。同月，《长江文艺》希望连载(第二卷)一个单元(约四五章)，并让作者自己选择。

同年 10 月底，姚雪垠在北京改稿时，北京电影厂葛琴等曾来中国青年出版社与作者商量改编电影剧本事，姚提出"不妨请崔嵬同志导演"。①

不管是改编电影还是作品连载，都会扩大作家和作品的影响力，此事放在任何作家头上都是好事，但放在"摘帽右派"身上则不行。由此可见，当年文艺主管部门对姚雪垠这类作家的宽容度，仍有着一条不能逾越的红线。

其三，姚雪垠《李自成》的创作始终受到地方文艺主管部门的密切关注②，该作品的思想性和艺术性得以无悖于主流审美意识：

1962 年 2 月 3 日给中国青年出版社信：从去年夏天贯彻了《十条》以后，这里从市委宣传部到文联组织也都对这部稿子寄予相当大的期望，给我一切方便条件进行整理工作。到今天得能整理出五十万字，不能不感谢此间党领

---

① 以上都根据姚雪垠当年书信内容摘编，不另注。

② 1976 年姚雪垠在《〈李自成〉第一卷修订本·前言》中写道：许多年中，中共湖北省委和武汉市委对我写《李自成》给予了关怀和支持。

导同志对这件工作的重视和帮助。

1962 年 9 月 14 日给中国青年出版社信:你们寄到武汉的几本清样本,据三四天来省、市委几位领导同志来信,他们有的已经读完,有的正在看,等我回去面谈(大概我提笔写这封信时大家都读完了)。我拟于二十六日下山,二十七日可回汉口。按现在情形看,下月初可以在武汉同省市委几位领导同志开个小型座谈会,细细谈谈,十日以前我就可以赶到北京。

1963 年 3 月 29 日给中国青年出版社信:第一卷出版后,市文联准备买一部分送武汉一些同志,将来开个座谈会。……(第二卷)稿子将分几次打印,先请武汉的同志提意见,然后再加整理,请你们看。等你们提过意见,重改一遍,再打印出来广泛征求意见。

1964 年 4 月 6 日给中国青年出版社信:以中南局来说,有几位领导同志对这部书都相当重视,答应第二卷在出版前看看。……第一卷出版后,有不少朋友和读者,也包括中南的领导同志,希望以后四卷能够都保持第一卷的艺术水平。

各级"领导同志"对《李自成》的关注和期待,对作家创作的影响可以从两方面来分析:一方面,作家能得到文艺创作的各种便利条件,能随时听到来自官方的权威意见,有利于打造时代所认可的艺术精品;另一方面,作家的艺术创作自觉或不自觉地接受着文坛主流审美意识的"规训"①,其艺术个性也许会受到某种影响。

《李自成》第二卷稿件的整理工作便是在这种特殊的文艺环境下进行的,它的进程与结果都呈现出一种复杂的态势。

可以先对第二卷的整理过程作一简单的回顾:

如前所述,1957 年秋姚雪垠被错划为极右派后,在封闭的环境中仓促地开始《李自成》的创作。由于起笔之初对全书结构尚未考虑成熟,没有明确的分卷计划②,草稿的五十余万字,不仅包含了第一卷的基本内容,也包括了后来第二卷的大部分内容③。1961 年底作家的境遇稍有改善后,便利用整理第一卷稿件的余

---

① "规训"来源于(法)福柯《规训与惩罚》,该概念指"一种权力类型,一种行使权力的轨道",近年来流行于国内文艺研究界。此处借用,并无深意。

② 姚雪垠在回忆录中谈道:"在一九五七年开始写《李自成》时,这部小说将有多大规模,将分作几卷,都没有时间考虑。"

③ 据姚雪垠当年笔记本载:《李自成》草稿,正式动笔于 1957 年 9 月下旬,写完最后一章是在 1958 年 5 月 31 日。50 多万字。

暇,着手修订第二卷①。由于有草稿在,整理工作进展得非常顺利。

从作家当年写给中国青年出版社编辑的信件中,可以清晰地见出第二卷稿件的整理进程:

1961 年——

11 月 13 日:第二卷已经整理了十五万字,打算在两个月以内整理完。

12 月 9 日:第二卷倘若能在我去北京前整理完更好;倘若整理不完,就带到北京整理。

1962 年——

6 月 8 日:第二卷前已整理了一半,最近将接着整理。

9 月 4 日:第一卷修改毕,集中力量整理完第二卷,别的活一切放下。我想明年三月以前可以交稿……也许第二卷在明年也可以拿出来。

从上可知,1961 年至 1962 年间,第二卷稿件的整理工作进展顺利。作家希望能在次年(1963)脱稿,与第一卷同时或稍迟出版②。而且,作家并未有任何改变草稿情节框架的念头,亦即仍保留着草稿中如下重要情节:

崇祯十二年冬,计赚宋家寨,逸出武关——崇祯十三年春,奔鄂西会张献忠——张献忠谋火并——五月,李自成西逃至大巴山——七月,息马蔓东读《通鉴》——九月,杨嗣昌劝降继而围剿——沿大巴山西麓北上突围——被困川陕交界绝地("天牢")——将士离心,归降者众——李自成欲自杀,刘宗敏占卦——苦战突围,痛失爱女秀芝——北向入陕,东向郧均——星驰入豫。

1963 年初,作家突然拓展了第二卷的总体构思,其间是否听取了他人意见,不得而知。请参看如下信件:

3 月 29 日:我从乡下回来后(约在五月下旬),把第二卷前半部看一遍,交市文联打印若干份,分送大家看看,提提意见。……第二卷后半部集中笔墨写李自成到河南后的大活动,大发展,是个重点,打算在年底以前拿出来,不急。……争取尽可能在明年秋天全部完成(可以出版的),赶上为建国十五周年献礼。

11 月 17 日:到春节可完成三十万至三十五万字,在第二卷是一个大段

---

① 姚雪垠在回忆录中写道:从一九六一年秋天起我就在进行第二卷的写作。
② 1961 年 11 月 13 日姚雪垠在给中国青年出版社的信中说:"我的希望是一次出版两卷,或者第二卷紧接着出版,不要时间相距太久。"

落。这卅多万字结束时写李自成自川陕交界处(我不采用鱼复山的传说)突围出来,率领几十骑(包括几个大将)日夜向河南疾进。下一个段落十几万字是写他进入河南,开仓放赈,号召饥民,应者云集。李岩和红娘子在豫东起义,率队赶来南阳投闯。牛金星自狱中救出,与宋献策都到了自成军中。自成攻破洛阳,杀福王,人马突然扩充到五十万,向开封进兵。差不多同时张献忠从四川出来,轻骑奔往当阳,转破襄阳,杀襄王。全国形势大变,杨嗣昌于沙市自杀。全卷到此结束。这后一部分没有底稿,但史料多,故事热闹,所以很省力量,容易写好。就全书说,第二卷是个关;就第二卷说,前卅万字是个关。

第一信中所说的"前半部"与第二信中所说的"(第)一个大段落",指的都是原草稿中关于第二卷的情节构思,即从"逃出武关"到"献忠火并",再到"误入巴西天牢",继而"星驰入豫";信中所说的"后半部"与"下一个段落",指的都是作家新增的情节构思,即从"发动饥民"到"李岩投闯",再到"破洛阳",继而"下开封"。新增的"后半部",如果还要加上"张献忠破襄阳"和"杨嗣昌自杀"等情节的话,其体量当不小于"前半部"。

在草稿中,作家对第二卷情节的总体构思,止于"由衰转盛"的历史节点之前;而在该信中,作家把第二卷的情节构思扩展至"由衰转盛"的历史节点之后。孰优孰劣,无从评价。数年后,作家曾一度想把第二卷总体构思恢复原状,但终未能实现。此是后话,在此不赘。

1964 年,作家按照扩展的总体构思继续修订第二卷稿件,其间或许又听取了他人意见,产生了许多新的想法。请参看如下信件:

2 月 22 日致韩宗愈:预计第二卷今春可以脱稿,大概在今年冬季可以问世。第二卷比之第一卷,在艺术上可能有所突破。

4 月 6 日致中国青年出版社:第二卷因争取不低于第一卷,甚至某些地方有所突破,所以原稿大部分抛弃,重新构思细节,精雕细刻,笔笔不苟,进度很慢。现在把前边所写的大约三十万字仔细推敲,认真修改,俟初步改定,再接着写后一部分⋯⋯现在估计,一个夏天中可以全卷脱稿。争取今年第四季度问世,但也可能来不及。

9 月初致中国青年出版社:第二卷吸收了第一卷的经验,细针密线,稳步前进,但进度很慢。倘能在春节左右全部脱稿,我就把稿子先寄上,随后到北京同你们讨论。

9月10日给江晓天：第二卷已写了大约40万字，正在打印①，俟这一部分打印出来，即先寄上，请你们慢慢推敲。余下的部分，希望今年底以前完成。今日需要思想和艺术水平更高，故稿子不急于拿出，以多推敲修改为上策。

从这些信件可知，作家虽全心投入第二卷稿件的整理工作，但脱稿时间却一再拖延。截至9月中旬，第二卷稿件仅整理出近四十万字，约为后来单行本的四分之三。信中多次提到"突破"，艺术上的加码可能是作者举步维艰的主要原因；"原稿大部分抛弃，重新构思细节"云云，可能涉及草稿中主要人物性格定性的重新设计②；最后一信中"不急于拿出，以多推敲修改为上策"云云，似乎话中有话，另有隐衷③。

1964年9月后，姚雪垠与中国青年出版社编辑的通信来往中断；八年后（1972），作家获准重返书桌，双方通信才得以恢复。

《李自成》第二卷整理工作的中辍，是国内文艺形势突变造成的。

1964年下半年，中国文坛呈现出"山雨欲来风满楼"的态势。

以下两则史料引自"中国共产党新闻网"之"党史大事记"：

1963年12月12日，毛主席在中央宣传部的一个内部刊物上针对文艺界写了一个不符合实际的批语，说：文艺界的"问题不少，人数很多，社会主义改造在许多部门中，至今收效甚微。许多部门至今还是'死人'统治着。"又说："许多共产党人热心提倡封建主义和资本主义的艺术，却不热心提倡社会主义的艺术，岂非咄咄怪事。"随后，根据这个批语，中华全国文学艺术界联合会及其所属各协会开始整风。

1964年6月27日，毛泽东在文艺界整风报告的批语中指出：文艺界各协会和它们所掌握的刊物的大多数，十五年来，基本上不执行党的政策，"最近几年，竟然跌到了修正主义的边缘"。在这种不切实际的估计下，文化部和中华全国文学艺术界联合会及所属各协会再次进行整风。随后，即对一些文艺

---

①　打字工作由姚妻王梅彩承担。姚雪垠1964年10月5日家信："你妈近来又打字又搞家务，忙得很。同乡赵凤歧同志的爱人来帮忙打字，但看情形，将来还得请保姆做饭才是办法。"

②　笔者认为，姚雪垠此时考虑得最多的应是如何将第二卷中"李自成"的形象与第一卷相统一，这便涉及草稿中大量情节的删除和改写。如果能读到同信中提到的第二卷打印稿，也许能对这个问题展开论述。可惜该稿本不知所终。

③　我们未读到前此江晓天给姚雪垠的信，不知他们商议的"上策""中策"和"下策"的具体内容。在此略过。

作品、学术观点和文艺界学术界的一些代表人物进行了错误的、过火的政治批判。7月初,根据毛泽东的意见,中央决定成立以彭真为组长的文化革命五人小组。

这就是史称的"两个批示"和文艺界整风运动。

1964年,文艺界举行了两次整风:3月4日,"文联和各协会开始整风,检查工作",这是第一次。7月2日,"中宣部召开文联各协会和文化部负责人会议,贯彻毛主席的第二个指示。之后,文联各协会又开始整风"。这是第二次①。

第一次整风似乎对姚雪垠毫无影响,他的论文《我所理解的李自成》载于同年3月12日《羊城晚报》,同年6月9日《人民日报》还刊发了与该文有关的"读者来信"。第二次整风初起时对他的影响也不大,7月初他在武汉邂逅冯雪峰,两人相谈甚欢,都未预感到即将来临的文坛风暴;数天后,在市文化主管部门的安排下,他随着几位老画家去当阳玉泉寺避暑写作;9月初从当阳返回武汉后,才觉察到整风所带来的震荡。

9月9日他在给其子女海云、凤云的信中写道:

> 我已从玉泉寺回来几天了。在那里住了不足两个月,写了十多万字,使第二卷跨过了一两道难关。那里没有电灯,点的是煤油灯,起初夜间起来用功只觉眼花,日久也就习惯了。也有些同志把大好光阴浪费在扑克牌上,十分可惜。

> 目前国内思想斗争十分尖锐,各地多已开始整风。思想和文艺战线上的批判文章想你们也看到了一些。今后言谈务要小心,有什么意见可随时向组织反映,不要动不动就乱发表意见,致造成不好的客观影响。②

上引9月10日他给中国青年出版社编辑江晓天的信,写于上面这封家书的次日,信中"稿子不急于拿出"云云,当出于"今后言谈务要小心"同样的谨慎心理。

到了1964年年底,姚雪垠的短篇传记文学作品《草堂春秋》(1962年发表)受到了批判。

据湖北省图书馆昌少千先生提供的资料,1964年底至1965年初武汉地区批判《草堂春秋》的较有影响的文章至少有如下三篇③:

---

① 参看《六十年文艺大事记》。
② 该信在收入《姚雪垠书系》时,误标记为"1963年"。
③ 昌少千:《为姚雪垠创作〈李自成〉提供资料回忆》。

1964 年,姚雪垠夫妇在武汉

　　陈安湖:《姚雪垠的〈草堂春秋〉宣扬了什么?》,载《江汉学报》1964 年第 12 期

　　新翰:《〈草堂春秋〉是一篇大毒草》,载 1965 年 1 月 10 日《湖北日报》

　　宋漱流:《在历史题材的掩盖下——评姚雪垠的〈草堂春秋〉》,载《长江文艺》1965 年 1 月

姚雪垠回忆文章中没有谈到《草堂春秋》受批判事,仅在 20 世纪 70 年代末写给湖北省委宣传部的一封申诉信中谈到该文的写作、发表及被批判的大致经过:

　　你们在我的档案中会看见我写过一篇"大毒草"《草堂春秋》,一九六二年在《长江文艺》上发表,一九六四年冬到一九六五年初在湖北的报刊上受到严厉批判。实际情况是,我在抗战后期开始写一部《杜甫传》,将唐代的社会生活、政治斗争,都融化进这一部传记文学中。关于杜甫的生活,利用他的作品,研究之后,化为散文。解放前写了几章,不曾有时间继续写。一九六二年纪念世界文化名人杜甫诞生一千二百五十周年,长江文艺编辑部的同志要

去了《草堂春秋》这一章发表。到了一九六四年,北京批判陈翔鹤同志(已故)的《陶渊明写挽歌》,说是"借古喻今","反党反社会主义",于是湖北和武汉市也赶快找典型,省市都组织人写批判《草堂春秋》的文章,任意歪曲,无限上纲。我无权写文章解释或答辩,只好吃哑巴亏,不再写这部酝酿多年的传记文学。

他的表述大致是准确的:一、《草堂春秋》的挨批并不是一件孤立的个案,而是当年文艺整风运动的序曲——批判"借古讽今"的"历史题材作品"——中的一小节音符;二、《草堂春秋》的挨批并不是评论家们的主动行为,而是省市文艺主管部门为紧跟整风形势而组织的一场谐剧。

近年来,有研究者盘点了20世纪60年代这场自上而下的对"历史题材作品"的清算风潮,指出该运动的指导者为钦定的"文化革命五人小组"①,其组员之一的周扬曾对批判"历史题材作品"有过指示,如下几篇较有影响的批判文章都与之密切相关②:

康式昭:《一株借古讽今的毒草——评历史小说〈杜子美还家〉》,载《北京文艺》1964 年 11 月号

余冠英:《一篇有害的小说——〈陶渊明写挽歌〉》,载《文学评论》1965年第 1 期(2 月 14 日出版)

乔象钟:《宣扬封建士大夫思想的小说〈广陵散〉》,载同上

颜默:《为谁写挽歌?——评历史小说〈广陵散〉和〈陶渊明写挽歌〉》,载1965 年 2 月 16 日《文艺报》

湖北地区组织的三篇批判文章,正处在这时间段中,批判的腔调别无二致。其中,署名新翰的文章调门最高,陈安湖和宋漱流的文章颇有学术性③。

陈安湖先生的文章题名为《姚雪垠的〈草堂春秋〉宣扬了什么?》,1964 年年底问世,在批判"历史题材作品"的浪潮中属于第一波。

陈文抓住了姚雪垠两年前理论表述中的漏洞,把《草堂春秋》定性为"借古讽今"的作品:

---

① "文化革命五人小组"存在的时间不到两年(从 1964 年 7 月到 1966 年 5 月)。参看《中央文革小组的设立和取消》。

② 参看张慧文:《陈翔鹤两篇历史小说在六十年代的命运》,载《中国现代文学研究丛刊》2001 年第 1 期。

③ 新翰不知是谁的笔名,陈安湖时为华中师范学院教师,宋漱流(刘绶松)时为武汉大学教师。

　　这篇小说，并不是无所为而作的。在小说发表后不久（1963 年 3 月）作者写了一篇专谈创作历史作品问题的论文，题目叫做《写历史题材与面向斗争、深入生活》。作者在文章里声称："历史上找不到一部或一篇历史题材的文学作品是无所为而作的。""任何历史题材的文学作品，都是通过作者自己的立场、观点、思想、感情写出来的，都带着阶级的和时代的烙印，都是作者根据自己的需要和是非标准有所宣扬、有所鞭挞、有所寄托，以达到古为今用的目的，也就是古人所说的'借他人酒杯浇自己胸中块垒。'"这就说明，作者是怀着明确的"古为今用"的目的，即出于一种急迫地要求改变现实的情绪而写下《草堂春秋》这样一篇作品的。

陈文提到了姚雪垠前几年肇祸的那几篇文章，似在"奉命"敲打作家：

　　1957 年姚雪垠在《文艺报》上的《打开窗户说亮话》（第 7 号）、《要广开言路》（第 8 号）以及发表在《文汇报》上的《创作问题杂谈》（1 月 10 日）等文中，曾经诬蔑党"片面地强调依靠新生力量"，说什么"由于这种宗派主义作祟，发生了轻视和打击老作家的现象"……（笔者删节）试把这些文章同《草堂春秋》对照一下，就知道不但许多内容相同，连说话的口气也极类似。所不同的是这次是通过被作者歪曲了的历史人物——唐代伟大诗人口里说出来罢了。很明显，作者正是企图给读者暗示，在我们社会主义社会里，老作家不但不受重视，还经常遭受迫害，"近几年，李白的遭遇也很可怜，几乎送掉了性命。"……（笔者删节）显然，这些有所托喻讽刺的话语，在作者心中也是有所指而发的。

陈文结尾处貌似严厉地为批判对象上纲：

　　这就表明，作者不是为社会主义，而恰恰是为资本主义、封建主义的利益"才以急迫的热情和责任感去用自己的历史素养作为战斗的武器"的。所以，无论从小说的思想内容看，或从作者的创作意图看，《草堂春秋》都是反动的，有害于我们的社会主义革命和社会主义建设的。对于这样的一株为资产阶级、封建阶级服务的毒草，不能等闲视之，必须给以严肃的分析和批判。

　　令人惊诧的是，陈安湖先生在这篇长达数千字的批判文章中，竟没有一字提到姚雪垠的近作《李自成》，是曲意回避，还是奉命不提？不得而知。

　　究其实，姚雪垠的《草堂春秋》与上面那些同期挨批的作家作品还是有区别的。后者的创作方法或是"直接比附的影射",或是"象征性的叙述"①,皆与现实生活相关;而姚雪垠则不同,他是继续20世纪40年代末"长篇传记文学"的艺术探索,墨守着"中国的传记文学之父司马迁"的传统。如前所述,1947年他创作了取材于同时代人物的长篇传记文学《记卢镕轩》,也起笔了取材于古代人物的长篇传记文学作品《杜甫传》,他在前著初版《后记》中对这一新起的文学样式的特质有过独到的论述,有兴趣者可按图索骥,兹不赘述。当年,姚雪垠暗暗地为《草堂春秋》挨批抱屈,就是出于这个原因。

话又说回来,《草堂春秋》受到有组织的批判,这是否说明地方文艺主管部门领导自此改变了对《李自成》及作者姚雪垠的态度呢?

可以这样说,也不可以这样说,这事必须辩证地看。

根据有关史料,当地文艺主管部门的领导们在这场"百日整风"运动中遭受了前所未有的巨大冲击:

　　——1964年秋冬之交,武汉市召开了文艺界的"百日整风"会议②。这次会议在以阶级斗争扩大化为核心的"左"的错误思想指导下,根据毛泽东对文艺界的"两个批示"的精神,对武汉文艺界的成绩作了错误估计,并对市文化局、市文联主要负责同志开展了错误的批判③,使党的文艺工作受到一定影响,这是值得吸取的历史经验教训。

　　——市委个别领导同志对文艺工作也作出不符合实际的估价。认为:"建国以来,武汉市文化局和市文联领导上存在着很严重的问题,基本上没有贯彻执行党的文艺方针,没有很好地执行市委关于新文艺要有民族风格、地方色彩的指示,演的戏、写的文章、说的话错误很多,没有阶级斗争观点,执行方针政策'左'右摇摆,上演现代戏也是在中央鞭策下坚持下来,而不是自觉的。作家没有放下架子深入到工农兵当中去,缺乏生活,很空虚;没有写出好作品,个别人甚至写了反社会主义的东西。"

　　——由于开展了过火的政治批判,误伤了一些长期从事文艺工作的领导同志,挫伤了大多数文艺工作者的积极性,使被整的同志和受牵连的同志思

---

　　①　这两个术语引自张慧文《陈翔鹤两篇历史小说在六十年代的命运》,源出洪子诚《当代文学概说》有关部分。

　　②　会议8月6日开始,11月11日结束,历时三月余,又称"百日整风"会议。

　　③　程云、孙川四、于亚声等领导干部在会期中受到严厉批评,并多次检讨,具体内容不详。这几位都曾对姚雪垠及《李自成》有过关心。

想上很不愉快，顾虑重重，萎靡不振，不敢大胆地抓文艺工作，不敢发挥其才能，大胆地搞文艺创作，"左"的思潮严重地束缚了他们的手脚。同时，对有专业才华的领导和同志长期靠边和冷落，不能发挥其专长和作用，处于挨整的地位，有的调动了工作。①

对姚雪垠《草堂春秋》的有组织的批判正是在武汉"百日整风"结束后发生的，批判的调门虽然很高，但上面有"五人小组"的政策保证②，下面有赏识《李自成》的各级领导的庇护，运动的组织者对《李自成》及其作者都保留着一定的宽容度。

姚雪垠晚年在回忆文章中忆及一件趣事，可为佐证③：

当《李自成》第一卷一出版就遭到当时武汉文艺界我的那位老朋友的强烈反感，他写论文批判《李自成》是"反党反社会主义的大毒草"。并将稿子交给武汉市委宣传部有关领导审阅。到1964年秋季，我才知道市委不同意他的批判文章发表，稿子也未退还。"文革"开始，听到他在群众会上控诉武汉市委。

到底当时武汉市委为什么不同意他发表批判《李自成》的文章？据我事后分析，原因有三：一是文章的理论性不能使人信服；二是武汉市委知道《李自成》第一卷出版后在北京反响强烈；三是中南局书记陶铸看过了这部书，大为称赞。

还是那句老话：莫非艺术真有撄取人心的力量？

---

① 以上数段引文均出自刘志斌《武汉文艺界的"百日整风"会议》，该文载《武汉文史资料》1999年第1期。

② 严平《陈荒煤与文化部整风》一文中透露："周扬在极力地把握着批判方向和尽可能地控制批判范围。他在布置整风的工作会议上宣布，此次整风不搞群众运动，不追究责任人人过关，主要是检查执行党的政策中存在的问题，整顿队伍，改组领导，然后分批下去参加四清。"该文载《书摘》2007年第1期，按："四清"是指1963年至1966年上半年，中共中央在全国城乡开展的社会主义教育运动，运动的内容前期在农村中是"清工分，清账目，清仓库和清财物"，后期在城乡中表现为"清思想、清政治、清组织和清经济"。下不另注。

③ 姚雪垠：《我创作〈李自成〉的艰难历程与毛泽东的及时保护和帮助》。

第二节 "苦难的历程"①

有史家指出:"(1964 年的)整风,正是那场史无前例的'文化大革命'的前奏。"②

姚雪垠对这段历史有着非常清醒的认识,他在回忆录中写道:

在一九六四年夏天,一股强烈的极左思潮,又控制了我国的文艺和文化战线,凡是写帝王将相、才子佳人的剧本,几乎无例外地放在清除和批判之列,新创作的历史小说无例外被视为借古讽今、影射现实的反党大毒草。有些现代题材的电影剧本也遭到肆意歪曲、诬陷,加以批判。接着全国性的文艺整风开始了。以后极左思潮的战鼓声愈敲愈紧,一直连接着"文化大革命"。这一极左思潮,真是波澜壮阔,影响深远。对于我国文化和文艺事业,造成的损失是无法估量的。

如前所述,武汉地区"百日整风"之后,姚雪垠的短篇历史传记文学作品《草堂春秋》受到了有组织的批判,但他的长篇历史小说《李自成》却因受到武汉市委的暗中"祖护"而未受到公开的冲击。

1965 年初,武汉整风运动结束,大批文艺干部按照主管部门的安排下乡参加"社会主义教育运动(四清)",姚雪垠被安排在汉阳旭光大队。据说,上面对下派人员有一些明确规定,如不准考虑创作,不准订阅文艺报刊,等等。

姚雪垠回忆录未涉及这段经历,但在家书中有零碎的即时记录:

1965 年 10 月 1 日:我最近几天下生活,仍到附近农村,年底回来。你妈每月去政协学习八个下午,参加一个下午劳动……

1965 年 11 月 29 日:我在旭光,将再深入生活一年,中间抽时间到别的最先进的公社(如新洲新集公社)看看。这样,一则有利于深入生活,有利于思想改造,二则为将来写出一部反映社会主义新农村的作品打好基础。

---

① 引自丁宁《江晓天与姚雪垠〈李自成〉》,其文称:"姚雪垠谈起《李自成》创作、出版过程,自道可以写一部书,书名叫《苦难的历程》。"

② 请参看严平《陈荒煤与文化部整风》。

1966 年 1 月 14 日：我于九日从乡下回来，春节后要开创作会议。会后大概下原地深入生活，但也有可能到工厂搞一段四清。

在这种时代环境中，他不可能有继续创作《李自成》的心情。

1966 年 6 月，武汉市委派遣工作组进驻市文联、市文化局、群众艺术馆三单位，无产阶级"文化大革命"拉开序幕。

7 月初，在"横扫一切牛鬼蛇神"的群众运动中，姚雪垠遭遇到空前的冲击，面临命悬一线的危境。他在回忆文章中写道：

虽然批判《李自成》的第一个浪头被压下去了，但是"文革"开始后，批判的恶浪重新掀起，情况就大不相同了。当时武汉文艺界我的那位老朋友，首先在机关里贴出批判《李自成》的大字报，随后还有小字报。这些批判意见后来又上了贴在马路旁的大字报，武汉的学生组织编了一本书叫做《毒草一百种》，《李自成》是其中的第 53 种。甚至在大街上还出现了丑化我与《李自成》的巨幅漫画。总而言之，他和一些人横竖非趁此机会将《李自成》这部作品批倒批臭不可。①

据姚雪垠回忆，"批判意见"主要有：

第一，所有皇帝都是荒淫放荡，而崇祯却是辛辛苦苦处理国家大事的；第二，歌颂卢象升与战士同甘共苦、爱国，而他是沾满人民鲜血的刽子手；第三，写牛金星是写作者自己，他很有本领，牛金星未经过思想改造，为什么会那么有本领，农民革命军那么重用他；第四，牛金星与李自成的谈话中的民本思想，是宣传孔孟之道；第五，为什么把后妃宫女写的那么美，而不把农民写的美，其中写一个农民孩子拖鼻涕，这是丑化农民子弟；第六，李自成有天命观，想作皇帝，农民起义领袖还能作皇帝？他们是全心的、革命的，不可能有皇权思想。②

其中最主要的"批判意见"是，姚雪垠把"李自成"写得太"低"了③。

---

① 姚雪垠：《我创作〈李自成〉的艰难历程与毛泽东的及时保护和帮助》。

② 杨建业录音整理稿。

③ 汝捷先生在《画外所见——记姚雪垠》（载《文汇月刊》1985 年第 9 期）一文中谈到其后若干年人们对《李自成》评价的变化，写道："而今，没有人再从'左'的角度批评《李自成》了；相反，有人开始探讨，《李自成》中是否也有'左'的影响？过去，人们指责或担心他往农民起义领袖身上抹黑；现在，则疑惑他是否往农民起义领袖脸上贴了金。撇开具体问题不谈，我以为审美标准的这一改变是令人高兴的，它是时代前进的生动反映。"

姚雪垠认为,这些批评观点都与"那位老朋友"有关①。

他曾一度处于异常惶恐的状态中,辗转反侧,夜不成寐。他担心"随时会被受煽动和欺骗的群众揪斗游街、打伤、关押,稿子和藏书会被烧毁,大量的读书卡片也会被烧毁,从此写《李自成》的宿愿也就付之东流",于是:

——他把《李自成》第二卷的手稿藏在宿舍天花板上;

——他把关于太平天国的十五篇书信体读史笔记交给朋友周勃保存;

——他烧掉了1962年撰写的庐山记游散文《铁船峰游记》;

——他撕毁了作于1965年冬的论文《谈诸葛亮的出山》……

在铺天盖地的"大字报"的冲击下,武汉的老作家人人自危,惶惶不可终日。姚雪垠咬紧牙关,等待着破门、抄家、焚稿的那一刻。然而,意料不到的事发生了,这阵"恶浪"竟掠顶而过,没有对他造成严重的伤害,社会上对《李自成》的批判也突然偃旗息鼓了。

当年,姚雪垠感到非常纳闷。晚年,他在回忆录中写道:

> 然而出现了一个奇怪的情况。我的那位在当时武汉文艺界颇有影响的老朋友,贴出大字报也好,贴小字报也好,在群众会上控诉也好,群众始终没有一个人喊出"打倒姚雪垠"的口号,也没有一个人跟着我的那位老朋友批判《李自成》,原来工作队已经在暗中作了安排,奇迹出现了。

为什么会有这样的"奇迹"呢?无他,只与当年某月某日某地毛主席对王任重的一个口头指示有关。

笔者之所以采用上述模糊的说法,是因为迄今为止毛主席的这个口头指示尚未得到权威部门的确认,也未见于非常权威的史籍,而且,由于该指示不是"红头文件",传闻异辞,众说纷纭,有人信,有人不信。

因此,我们不能不花费一点辨析的工夫。

关于毛主席口头指示的内容,比较靠谱的说法有以下两种:

一说出自姚雪垠1975年10月19日致毛主席信。信中援引了坊间流传的主席口头指示,"一九六六年夏,得知主席看过了这部书(指《李自成》),曾指示说:这部书虽然还有些问题,但应该让作者继续写下去,将全书写完。"

---

① 姚雪垠晚年与记者杨建业的谈话中,曾谈道:"1964年冬天的文艺整风会上,一些人把他这些观点传播,用来批判我。"又在回忆录中写道:"由武汉文艺界我的那位老朋友带头写大字报和小字报,批判《李自成》为'反党反社会主义的大毒草',并且流着眼泪在群众会上控诉武汉市委保护黑旗,压制批评。"

一说出自王任重 1977 年 4 月 21 日致姚雪垠信。信中写道："我记得经过是这样：1966 年 8 月中旬一天下午，毛主席主持召开的中央政治局常委会（扩大），我们文革小组的人都列席参加。主席对我说：你告诉武汉市委，对姚雪垠要予以保护。他写的《李自成》（指第一部第一册）写得不错，让他继续写下去。"

后说显然更具权威性。

关于毛主席口头指示的时间、地点，比较靠谱的说法也有以下两种：

一说应在 1966 年 6 月 28 日至 7 月 17 日，即毛主席从湖南来武汉小住期间。王任重时任湖北省委第一书记，与主席多次见面，还曾陪伴主席畅游长江，多有谈话的机会。而且，据说毛主席来武汉之前，在韶山滴水洞（6 月 18 日至 28 日）读过《李自成》第一卷①，对该书的印象还非常新鲜。因此，毛主席在武汉与当地领导谈论武汉作家所作的这部历史小说，是很自然的事。该说在坊间一度极为流行，20 世纪 90 年代末有写家据此发挥②。

一说应在 1966 年 7 月 18 日至 8 月 12 日，即毛主席从武汉返回北京至中国共产党八届十一中全会召开期间，该会讨论并通过了《中国共产党中央委员会关于无产阶级文化大革命的决定》。此期，中央文革小组成员多次列席中央政治局常委会（扩大），毛主席与王任重有单独谈话的机会③。

姚雪垠倾向后说，但他又以为毛主席作出这一口头指示的时间应在"7 月中旬"，而不应更晚，其理由是："到 7 月底，各地工作队（组）都取消了。"④他"根据王任重的信，加上另外听到的一些情况"，作出了自己的"历史叙述"⑤：

> 1966 年 7 月中旬某日，毛泽东亲自主持中央政治局常委扩大会议，看见王任重列席，将他叫到身边，指示说："姚雪垠的《李自成》分上下两册。上册我已经看过了，写得不错。你赶快通知武汉市委，对他加以保护，让他把书写完。"第二天早晨，王任重即打电话，向武汉市委第一书记宋侃夫传达"最高指示"。这一"最高指示"既挽救了《李自成》，也保护了我的生命。

① 《张耀祠回忆毛泽东》："在滴水洞期间，毛泽东还阅读了《资治通鉴》和姚雪垠写的《李自成》的部分内容。"转引自《毛泽东五十次回湖南》第 283 页。

② 参看姜弘《姚雪垠与毛泽东》相关内容。

③ 《戚本禹回忆录》第 447 页有 7 月 26 日"中南局王任重"列席中央政治局常委扩大会议的记载。

④ 据《刘少奇同志年谱》，"1966 年 7 月 28 日，根据毛泽东指示，中共北京市委发出《关于撤销各大专学校工作组的决定》"。武汉地区撤销工作组可能稍迟几日。

⑤ 如下引文摘自姚雪垠：《我创作〈李自成〉的艰难历程与毛泽东的及时保护和帮助》。

笔者按:毛主席 7 月 18 日从武汉返回北京,时在"中旬"的倒数第三天。参看《刘少奇同志生平年谱》,有"7 月 19 日当晚,在怀仁堂出席毛泽东主持召开的政治局常委扩大会议"的记载。笔者以为,如果姚雪垠的"历史叙述"无误,王任重列席的也许就是这次会议,并在该会议"下"聆听了毛主席要"保护"《李自成》作者的口头指示。

参考相关史料,毛主席口头指示的传播链条是完整的:毛主席——王任重(湖北省委第一书记,兼中央文革小组副组长)——宋侃夫(武汉市委第一书记)——黎智(武汉市委书记)——辛甫(武汉市委组织部部长)①——武汉市委派驻市文联、市文化局、群众艺术馆的工作队——群众组织头目。

姚雪垠晚年在回忆文章中多次谈到毛主席这个口头指示,称其拯救了他和全家的性命。他这样写道②:

> 在"文革"之初的无政府主义狂潮汹涌,全国陷入可怕的黑风恶浪中,只有毛主席的亲自指示能够救我,换第二人无能为力。所以我的幸运带有一定的偶然性,倘若不是毛主席看了我的《李自成》,打动了他,我就完了。或者他一时因为忙碌,拖下去,不赶快向王任重发出指示,我也完了。或者王任重不赶快向武汉市委书记宋侃夫传达"最高指示",我也完了。

一连三个"完了",似乎危言耸听,其实说的是大实话!③

他对领袖的感恩戴德是无比真挚的:在这场史无前例的群众运动中,中南局、湖北省委和武汉市都不再具有保护他和《李自成》的能力,只有伟大领袖的最高指示才具有一言九鼎的权威性;以他自身的政治条件——"色情作家"(1946)、"反共作家"(1957)和"摘帽右派"(1960)——而言,要想在"文革"初起的头三个月里保住性命和创作资料,真得仰赖于某种"奇迹"。

1966 年 7 月至 9 月,对于文化人来说是最为黑暗的时期,至少有如下几位知名人士无端丧生:

文学家以群(1966 年 8 月 2 日)

哲学家李达(1966 年 8 月 24 日)

---

① 黎智和辛甫当年曾负责武汉市委派驻三文化单位的工作队,参看姚雪垠回忆文章。

② 姚雪垠:《我创作〈李自成〉的艰难历程与毛泽东的及时保护和帮助》。

③ 湖北作家姜弘晚年对姚雪垠多有微词,但也承认:"('文革'初期)事实上危险确实存在,《李自成》已经被判为大毒草。那些肯定过这部书的领导人都有一条罪状:包庇老右派姚雪垠,吹捧大毒草《李自成》。抄家焚书正在蔓延,随时都可能延及他家。正在这个时候,一道'最高指示'救了他和他的《李自成》。"请参看其文《姚雪垠与毛泽东》。

文学家老舍(1966 年 8 月 24 日)

翻译家傅雷(1966 年 9 月 3 日)

……

关于武汉作家在"文革"初期的悲惨命运,可参看著名作家碧野的回忆录《人生的花与果》第五部"白昼风云"之第十四节"绝灭人性的年代"①。碧野自述道,在"文革"初期遭遇过多次"批斗",经常被打得"头破血流"(第 521 页);曾被抄家,长篇小说手稿和几十本笔记本及所有著作"都被抄走了"(第 522 页);曾被关进"牛棚",被逼着"写材料、按手印"(第 523 页)……

姚雪垠几乎逃过了上述的所有劫难:他也挨过"批斗",但只是"陪斗"②;他没有被"抄家",所有手稿和笔记卡片都保存完好;他没有被关进"牛棚",只是被逼着写过许多"材料"③……

或许有人会问,"文革"初期毛主席为何唯独要保《李自成》的作者姚雪垠呢?

坊间对此有各种各样的揣测——有从人格方面,也有从文格方面;有从历史观方面,也有从方法论方面;有从作者的创作动机上,有从受众的接受效应上——兹不一一列举。

姚雪垠却认为此事非关特定时代的政治路线和文艺路线,而只是文人间的文心相通。他是这样说的④:

用我们所熟悉的历史语言说,当毛泽东指示"对姚雪垠加以保护,让他把书写完"的时候,正是由他"亲自发动,亲自领导的史无前例的无产阶级'文化大革命'"刚刚如火如荼地在全国展开,并又开始了所谓的"炮打司令部"。毛泽东就在这样极其紧张繁忙的时候偶然看了《李自成》第一卷,一看就被这部小说的艺术成就深深打动。他知道当时北京和全国各地批斗狂潮的猛烈情况,猛然想到我这个写出《李自成》的人物倘若遭到灭顶之灾,这部少见的历史小说就不能够完成了,所以他不等读完下册,就赶快抓住机会向王任重当面发下了保护我的"最高指示",而且特别加上一句:"让他把书写完。"可见他要保护我的目的,是要我"把书写完"……(笔者有删节)。

这是一些极左教条主义者及其追随者所不能理解的历史现象。是毛泽

---

① 《碧野文集》(卷四)。长江文艺出版社 1993 年出版。

② 参看姜弘《姚雪垠与毛泽东》。

③ 姚雪垠"文革"期间所写的几十份"交代材料",被一位有识者收存,笔者侥幸读过数页。

④ 姚雪垠:《毛主席、邓小平同志对〈李自成〉一书的关怀与支持》。

东受了我的欺骗了么？绝对不是！尽管我们对毛泽东后期思想和行事有许多意见,但是我们至今没有人不承认他是我国(诗歌的王国)现代最伟大的诗人,是我国历史上的一位多方面的伟大天才。在中共中央领导人中间来说,没有第二人在文史修养方面能够同他相比。

请恕我说一句实话,《李自成》第一卷获得他的真心肯定,我认为是我运用"历史现实主义"创作方法的胜利,也是《李自成》的艺术魅力征服了伟大的诗人的心灵。

放眼全国,姚雪垠此期的遭遇堪称独一无二。

如前所述:莫非艺术真有撄取人心的力量？

因而,我们可以说,是毛主席救了姚雪垠和《李自成》！也可以说,是《李自成》救了姚雪垠和《李自成》！

起初(1966),姚雪垠并不知晓毛主席有过这个口头指示,也没有因此获得继续创作《李自成》的许可。后来(1968年前后),他似乎已经风闻了毛主席的这个口头指示,但又无从证实。因此,他在写给子女的家书中流露出喜忧参半、忐忑不安的心态——

1968年4月15日家书:两条路线斗争尽管复杂、曲折,但是毛主席的革命路线必然会获得胜利。毛主席的革命路线不获全胜,"文化大革命"不会结束。毛主席的革命路线全胜,我既不是打倒对象,也打不倒。在运动中受冲击,火烧,则是正常现象,不应有任何抵触情绪。从全国知名作家来看,我所受的冲击是最轻的。最近又有些人被抄家,被拉走,而我们家里基本上平安无事。……(笔者删节)关于《李自成》,在武汉有人想批判,但他们稍一了解,就不再搞了。

1968年12月12日家书:从八月以后,我一直被造反派作为内部问题对待,参加斗争。但是近来,文艺界重新掀起斗争高潮,摧毁十七年来周扬文艺黑线的影响。我本来就认为既是革命动力,也是革命对象,在批判十七年的时候我更主要的是革命对象,愿意狠触灵魂,深刻检查,并欢迎革命群众用烈火烧我。但我没有三反言行,我的主要作品《李自成》有错误但非毒草,因此我不是外部问题,不是打倒对象。在十二月份以前,我们三单位中多数造反派也是这样看法。从十二月开始,武汉文艺界的风暴来得相当猛,就有人提出来我是反动"权威"。关于我是不是"权威",几个月来一直有争论。如果从作品上批判,打不倒《李自成》就打不倒我。但是一加上反动"权威"帽子,就立刻变成外部问题。关于这个问题,在造反派内部有尖锐分歧。我已经作好思想准备,准备随时再被抄,被作为反动"权威"批斗。但是我坚信随着运动的发展,群众对于《十六条》中关于两个"区别对待"的认识会清楚起来,部分造反派也有机会高举毛泽东思想红旗,按照党的政策替我说话。运动后期,还得按照《十六条》,实事求是地办事。当前如果受到猛烈冲击,被作为反动"权威"打,也要从中吸取积极东西,决不怀抵触情绪。

　　1969 年 5 月 23 日家书:今年春天,狂妄师①掀起来抄家、抓人、打人、关人的狂风。咱家还平安无事(李蕤、李冰都于三月底被狂妄师弄去,至今没有消息)。现在社会上大的斗争压倒一切,文艺界的事不大惹人注意了。文艺界的问题,也只有在社会上两条路线的大斗争分出胜负之后,才能跟着解决。

　　1969 年 6 月 22 日家书:武汉的运动因为"反复旧"斗争的干扰,推迟了进程。我的问题暂时仍在挂着。每天半日生产,半日学习,身体很好。

侥幸逃得一死,已是万幸,更遑论文艺创作!

在这样的情势下,他只能把创作欲望深深地埋在心底,冷眼观世,"从俗浮沉,与时俯仰,以通其狂惑"②。

后来,他在一首题为《施罗》(1972 年 1 月作)的小诗中吐露了当年胸中的积郁:

施罗往矣余音绝,尊酒无缘共论文。

砚墨逐年凝寂寞,笔花入梦落缤纷。

一床素简悲司马,半部红楼哭雪芹。

老去犹恋精卫海,沧波冷映鬓如银。

晚年,姚雪垠为该诗加注称:颔联指"文革"时期被迫停笔,颈联以"司马迁的《史记》和曹雪芹的《红楼梦》"这些"未完成的著作"比拟《李自成》;尾联则"以精卫填海比喻我自己决心写完《李自成》的宏愿"。

1970 年,姚雪垠随武汉市部分干部下放五七干校。家书中也有记载:

　　1970 年 3 月 15 日:我将于十五日去蒲圻赵李桥五七干校,编在干校第一连第二班。在羊楼洞附近,紧靠湖南边界,是个国营大茶场。文、教、卫系统的干部,大部分到崇阳插队落户,处级以上和问题尚未解决的去五七干校,与

---

① 　"狂妄师"是当年人们对武汉文艺界的一个"造反派"群众组织的俗称。
② 　引文摘自司马迁《报任安书》,以比拟姚雪垠"文革"时期作为"旁观者"(逍遥派)的经历和心境,有兴趣者可参看姚雪垠作于"文革"时期的诗歌集。

当前运动重点有关系的送东西湖学习班继续深挖深揭。

他由老妻陪伴,挑着行李,从住家的地方(花桥)步行去集合地点(市卫生局)。路程很远,"虽然行李挑不动,不断休息,但心情很愉快。因为进入五七干校,斗争的风浪比较小了"①。不仅如此,能获准进入五七干校,相当于某种政治定性,证明了"不是'阶级敌人'"②,他与子女一度紧张的关系也因此得到了某种程度的缓和。

姚雪垠被分配到武汉市直属机关五七干校第三大队第一连,"驻在京广铁路小车站廖坪(站牌为'胶坪')附近,离湘鄂两省交界处约六华里……这里是羊楼洞万亩茶场的一部分,以管理茶田为主,也种菜、水稻"③。

他在五七干校待了两年多(1970年春—1972年夏)。关于这段生活,家书中也有零星记载:

> 1970年7月25日:我于二十一号上午到家,休假十天。每三个月休息十天,第二次休假大概在十月间。

> 1971年3月28日:我现在专门搞保管工作,一天到晚在仓库中,其他劳动不参加。但每天忙得没闲工夫。

> 1971年9月17日:我编在基建班。连里共分四个班:基建班、茶叶生产班、副业班、生活班。……从本月初开始,我和另外九位同志已完全和革命群众一起学习,活动,值夜班,和完全解放差不多。

> 1971年10月22日:我下星期将请假回家看看。现在基建工作很紧张,我担任全连保管,我一走,别人摸不清家底,材料工具一时供应不上,会误了工作进程。

他很"敬业",也似乎乐在其中;但未尝有一日忘记过《李自成》,"对于写成这部书的决心没有动摇"④。

在五七干校的前期(1970),他经常"在五七干校中一边劳动,一边思考着《李自成》以下几卷的写作计划"⑤;有时,"在劳动中时常艺术创作热情旺盛,文思如

① 参看姚雪垠晚年为《赴五七干校》(作于1970年3月)所写的"跋"。
② 参看姚雪垠晚年为《欢聚》(1970年10月)写的"跋"。
③ 参看姚雪垠晚年为《放牧(二)》所写的"跋",该文未收入《姚雪垠书系》之"诗歌卷"。
④ 参看姚雪垠1975年8月26日致冯雪峰信。
⑤ 参看姚雪垠晚年为《平生》(1970年春)所作的"跋"。诗中有"憨性难移比罪鲧,雄心不死似刑天"和"白首征途春渐暖,偷将新曲付朱弦"两联。

五七干校期间，劳动之余抓紧创作《李自成》，用的小竹凳和三合板

泉，但不能执笔，只好埋下；同时梦想着可以发挥我的创作才能的日子"①。

在五七干校的后期（1971），"我每夜三点钟左右起床，将煤油灯放在床上，俯在床边继续写第二卷，而将被子围堵着荧荧孤灯，以免影响别人睡觉。雨夕雪夜，寒气侵骨，未曾停止工作"②。

这一时期的艺术构思成果，大都保存在作家留下的几本笔记中，其中有关于否定李自成被困于"天牢"后企图自杀情节的思考，有关于农民军从何处"星驰入豫"的重新设计，有关于官宦子弟李信如何踏上起义道路的斟酌，有关于红娘子如何如何的考量……说来话长，且待后述。

然而，五七干校并不是世外桃源，这里仍然有着"斗争的风浪"。他不能不接受各种"内查外调"，不得不撰写各种交代材料③；他不能不参加各种"学习"，而且不得不为自己的不合潮流的言论买单。

1971年底，姚雪垠又一次"因言获罪"。

此事与当年下半年突发的九一三事件有关。据姚雪垠晚年回忆：

1971年"九一三事件"发生后，党中央发下第一批学习文件。当时五七

---

① 参看姚雪垠晚年为《五七干校值夜》（1970年5月）所作的"跋"。诗中有"空有灵泉埋地底，岂无好梦到天涯"一联。

② 参看姚雪垠1975年8月26日致冯雪峰信。

③ 据某收藏者透露：这批交代材料被装订成三本收档，共收有姚手写的材料十余件。卷宗名《无产阶级文化大革命中政治历史审查材料》，单位：市五七干校。职务：学员。姓名：姚雪垠。

干校中的同志们普遍感到意外,几乎不能想象写在党章上的接班人林彪竟会如此之坏。我也有同样心情。在小组会发言时,我引用了白居易的四句诗:"周公恐惧流言日,王莽谦躬下士时。假使当年身便死,一身真伪有谁知。"小组主持人认为我引的诗大有问题:把林彪比做王莽,那么汉平帝是谁呢?于是层层上报,得到校部领导批准,对我开了一次较大的声势严厉的批斗会。①

这次批斗会是在基层召开的,"除本连队的五七战士全体出席之外,别的连队也派了一部分人参加,大队部和校本部也来了一些负责人坐在后边。军代表坐在后边压阵,政治指导员按照上级的指示主持大会进行"。主持者在批斗会结束时,还宣布以后还要他"到各大队接受批斗"。姚雪垠不服,写了一篇很长的申辩信,"我的长信交给指导员转大队部,又转校本部,以后不再提送我去各大队接受批斗的话,也不再要我写检查材料了"②。

事后,姚雪垠曾深思:"为什么武汉市直属五七干校的领导层对我的问题如此虎头蛇尾,草草结束呢?"他认为:第一,与毛主席"文革"初期的那个口头指示有关系,"五七干校校本部的领导成员中有'文革'初期的市委领导成员,曾经执行了毛的指示",如今也许又具备"执行"该指示的客观条件了;第二,与"九一三"后的"历史新形势也有关系",极左思想受到打压,国内独立思考的风气在隐隐上升着③。

1972年年初,姚雪垠终于等到了命运的又一次转机。

此事与"尼克松访华"有关:1972年2月21日,美国总统尼克松抵达北京,受到周恩来总理等中国领导人的欢迎。2月28日,中美上海联合公报发表,宣布中美两国关系走向正常化。在此期间,国内开放了一批书籍,新华书店库存的最后一批《李自成》第一卷被一抢而空④。顺便提一句,多年后王蒙竟以此事诟病姚雪

---

① 参看姚雪垠晚年为《感怀》(1972年2月作)写的"跋"。
② 参看姚雪垠晚年为《放牧(二)》(1971年底作)所作的"跋"。该"跋"未收入《姚雪垠书系》之"诗歌卷"。笔者注。
③ 姚雪垠在1971年12月的诗作《放牧(一)》中有"寂寂空山心未寂,五洲形势总关情"一联,在1972年1月的诗作《放牧(二)》中又有"已见薄冰融止水,何时柔柳啭流莺"一联。他已感受到国内政治形势有所变化。
④ 姚雪垠1974年10月16日给茅盾的信:北京新华书店库存的最后一批(《李自成》第一卷),在七二年二月拿出来卖光了。

在五七干校休假时，姚雪垠（中）与同事参观韶山毛泽东故居

垠，讥其为"天之骄子"①；刘再复走得更远，称："文革"期间只有两部小说，"一部是描写古代阶级斗争的《李自成》，一部是描写当代农村阶级斗争的《金光大道》"②。

姚雪垠很快便获知《李自成》第一卷在北京开售的消息，遂借着返武汉休假之便，找到"市革委会"负责人辛甫，提出继续写作《李自成》的要求，获得批准。

他在回忆文章中谈到当年事，写道：

1972年4月间，我从五七干校回武汉休假，趁机会去看武汉市委组织部部长辛甫。我首先问他："经过历次运动，内查外调，我的历史上是不是发现有新的历史问题？"他回答说："没有发现问题。"我又问："'文化大革命'开始

---

① 王蒙在小说《狂欢的季节》中写道："那是在林彪的事情出来以后，全国召开了出版工作会议，使除了一个人的著作再也不敢出别的书的全国出版界出起了一点新书。说是毛主席亲自指示可以出严复译的《天演论》，章士钊的《柳文指要》和《金日成文集》。还说是作家姚雪垠得到了毛主席的特许，他的《李自成》也可以出版了。姚先生真是天之骄子！"（原载于《当代》2000年第2期）。

② 刘再复：《近十年的中国文学精神和文学道路》，《人民文学》1988年第2期。

不久,毛主席指示我继续将《李自成》写完,这件事你知道么?"他说:"我当然知道。全市的工作队由黎智(市委书记)同我领导,宋侃夫接到王任重传达毛主席的指示后,立刻召集我们开会研究,对工作队作了嘱咐,对你设法保护。"我接着说:"听说各地图书馆对《李自成》已经开放,可以借阅。也听说因为尼克松来到北京,北京新华书店将库存的《李自成》拿出来同古典名著小说摆到一起出售,很快卖光了。我原来下五七干校是为的改造思想,现在五七干校已经人心涣散,失去了改造思想的作用。我如果继续待在五七干校,浪费时间,完不成《李自成》,对不起毛主席,也对不起全国读者。请你同意,让我回武汉继续写《李自成》行不行?"他略一思索,回答说:"好吧,你回来吧。"我说:"五七干校方面,你告诉他们?"他说:"好,我告诉他们。"就这样,我回到武汉家中,继续我的写作工作。

第三节 "百万雄兵彩墨中"[①]

1972 年 4 月,姚雪垠获准返回武汉继续创作《李自成》第二卷。

他曾自述称:"'文革'之前,第二卷已经写了大半,其中一部分也在'文革'前打印出来。现在是分秒必争地接着往下写,不敢耽误。"[②]又曾自述称:虽然"获得继续写《李自成》的初步权利,但是很少保障,更谈不上有什么具体支持"[③]。

不久,五七干校解散,原干校学员纷纷回城重新分配工作。由于当时武汉市文联尚未恢复,姚雪垠一时竟找不到接收单位。

据周代回忆:"(干校解散后,)我分配到了当时市文艺创作室编《武汉文艺》,姚老却很难找到接受(收)的单位,直到事隔多时,创作室才收容了他,参加了作家队伍。其实,那时的作家不过'坐家'而已,全都无所事事……当时创作室不过20 来人,附属于武汉市文教革委会。身为党小组长的我,每周组织一次政治学习,大家也都不过七拉八扯一气。"[④]

---

① 姚雪垠诗《暮年——次韵答荒芜兄》(1972 年 12 月作)之一,全诗为:暮年不减风云趣,百万雄兵彩墨中。碧海掣鲸空有愿,素笺画虎苦难工。前朝讲史诸音绝,异代传奇一梦通。老马伏辕征路远,晓窗愁杀白头翁。
② 姚雪垠:《我创作〈李自成〉的艰难历程与毛泽东的及时保护和帮助》。
③ 姚雪垠:《〈李自成〉创作余墨》(1977 年年底作)。
④ 周代:《怀念姚老》,载 1999 年 5 月《长江日报》。

姚雪垠在"创作室"里似乎是一个异类，他不仅有着自己的创作任务，而且得到了上级领导的特许。姚雪垠曾回忆道："当时文化局创作室由林戈临时负责。我去报到的时候，他明确告诉我：'市委有指示，你的任务是继续写《李自成》，平日可以坐在家中写作，没有特别重要的事不找你来。'"①

武汉市委的开明态度与当年国内政治形势的新趋向有关。

如前所述，1972年底至1973年初，国内、国际的政治形势均发生了重大变化。九一三事件后，中央对"文革"有了反思，周总理重新主持中央工作，开始推行一系列整顿措施；"尼克松访华"后，我国与世界主要发达国家的关系得到改善，为以后的改革开放创造了良好的外部环境。

1972年"两报一刊"发表元旦社论，提出了"全面贯彻执行抓革命，促生产，促工作，促战备的方针"；

4月1日出版的《红旗》杂志，以《正确理解和处理政治和业务的关系》为题，为发展经济、发展生产、发展教育制造舆论；

4月24日，《人民日报》发表了经周恩来总理审查同意的社论《惩前毖后，治病救人》，提出要严格区分不同性质的矛盾，对一切犯错误的同志，都要坚持团结—批评—团结的方针；

10月1日"两报一刊"发表《夺取新的胜利》的社论，明确提出：要"加快社会主义建设的步伐……继续落实毛主席的干部政策、知识分子政策、经济政策等各项无产阶级政策……"。

姚雪垠敏锐地觉察到如上动向，在家书中表达了自己的看法：

1972年2月16日：我们的农业，比过去看空前发展，但比之科学先进国家仍落后很远。农业专业人员不是无用，而是人数太少，水平不高，加之用非所学，浪费人材。今后让这些人发挥专业所学，为社会主义建设而刻苦研究实验，这是党的政策。这是符合无产阶级利益的。

1972年2月28日：未来数年中，教育仍将有不小变化，不然我们就没法在科学上缩小同世界先进国家的差距。

1972年12月15日：我们今天的中学教育，在知识文化课上水平极低，这不是正常现象，更不是永久现象。十年之内，非大大改变现状不可。也许只是五年之内的事。否则，外国进步一日千里，而我们不惟不能赶上，差距将越

① 姚雪垠：《我创作〈李自成〉的艰难历程与毛泽东的及时保护和帮助》。

来越大。凡是有爱国心的，头脑较清醒的，都应该重视这个现实问题。

当年，姚雪垠便是怀着如上轻松愉悦的心态回到书桌前的，他感到前所未有的踏实：毛主席"文革"初期的口头指示，终于得到了武汉市委的正式承认；他的继续创作《李自成》的要求，终于得到了地方文艺主管部门的许可；创作所需的空间、时间和资料条件，基本上得到了满足。

他非常珍惜这难得的创作机会，在其当年书信中记录有彼时的写作进度：

> 1972 年 12 月 5 日家书：我每天赶《李》第二卷，大约在春节前可以基本脱稿。市委领导同志和干校都同意我住在家中写《李》，所以我安心地努力工作。

> 1972 年 12 月 12 日致李泽①：我一直没有下去。本来早应该写信告诉你，因为《李》正进入最重要一个单元，所有的信都拖下来，也将给你的信拖着未写……估计春节前可以脱稿。本月底拟将攻破洛阳单元的初稿请你看看。

从 1972 年春末到 1973 年初夏，花费了一年多时间，《李自成》第二卷终于完成初稿②。成稿约七十万字，前四十余万字写成于 1965 年文艺整风之前，后三十余万字写成于这一年间③。

笔者认为，作家此期的写作状态与 1957 年创作第一卷草稿时有着一定程度的相似性：都是心无旁骛的写作，都是没有利益计较的写作；其创作环境都是相对封闭的，上没有强加的长官意旨，下没有他人的建议意见。一言以蔽之，这是完全自主的写作！顺便提一句，这样的写作状态，在作家后半生中出现的次数并不太多！

1973 年春末，姚雪垠与暌违了八年之久的北京中国青年出版社老朋友江晓天恢复了通信，后者刚从基层调回北京参加中国青年出版社的复业工作。可惜，他们的第一封来往通信无存于世。于是，许多年后，坊间便有关于他们劫后重逢

---

① 《长江日报》原记者。

② 姚雪垠《我创作〈李自成〉的艰难历程与毛泽东的及时保护和帮助》："从五七干校回到武汉以后，由于武汉市委的照顾，我能够坐在家中专心写作，在一年多的时间中我将《李自成》第二卷写完了。"

③ 1974 年 9 月 21 日致叶圣陶：第二卷稿子，有一半是一九六四年秋天文艺界整风以前写的，有一半是近两年内写的，中间隔了八年。

的善意传闻①：

　　　　1972 年某日，晓天忽然接到通知，要他速回出版社，参加复业准备，抓几部好长篇。形势变化始料不及，要抓长篇，晓天首先想到《李自成》第二卷，他自信姚不论在任何境况下，也不会停笔《李自成》的系列创作。因此，甘于再冒风险，向领导建议，须去武汉再访姚雪垠，争取得到《李自成》第二卷。领导即把这一任务交给晓天。

　　　　于是，晓天手持一封简单的介绍信，又匆匆上路。到了武汉，眼睛糊着血丝儿，一身风尘，像一个逃犯，竟然投宿在一个骡马大店，嘈杂、肮脏，8 个不明身份的人挤在一起！堂堂中国青年出版社的老编辑，如此待遇！

　　　　"他为我的书，屡屡受苦，坚韧不拔，我的心既喜又悲，禁不住流下眼泪。当即把他请到我的陋室，嘱咐老伴做几样好菜，备一壶藏之久矣的好酒。晓天听我说《李自成》第二卷初稿已成，酒量大增，连连举杯，我大声朗诵杜甫诗句：'主称见面难，一举累十觞，十觞亦不醉，感子故意长。'"这是姚雪垠对当时的记述。

顺便提一句，姚雪垠和江晓天的回忆文章中都没有关于此事的记载②。

1973 年初夏，姚雪垠开始把《李自成》第二卷初稿的部分章节陆续寄交江晓天。他在 5 月 20 日的信中写道："今天将第二卷抄出来的两个单元寄上。从本月份起，将分批整理付邮。"

同年 9 月 16 日，姚雪垠读过江晓天的审稿意见后，在复信中写道：

　　　　第二卷压缩的考虑如下：(一)《商洛壮歌》的单元只到刘宗敏反攻马兰峪胜利为止，南线战斗只用虚笔带过。如这个单元仍嫌长，开始两个单元也可考虑压缩。(二)《张罗联军入四川》的单元删掉，留到后边与《破襄阳战局改观》合并。(三)李自成破洛阳和张献忠破襄阳(这两个单元都有底稿)两单元划入第三卷。《李岩到闯王军中》那一单元之后，原来接《破洛阳全国震动》，这是较重要的单元，但实际上并无战争。洛阳是官军内应，未攻即破。这一单元的开始，有一两章写李自成到永宁杀万安王，随后接着一章写进攻洛阳的军事、政治准备工作，造成"山雨欲来风满楼"的气势。这两三章，原

---

① 引自丁宁《江晓天与姚雪垠〈李自成〉》。该文收入刘锡诚、冯立三主编：《为你骄傲——忆江晓天》，作家出版社 2009 年出版。

② 据姚雪垠回忆，1975 年他曾与江晓天在武汉相聚，并在家款待留宿。

来是破洛阳的序幕，现在将这两三章作为第二卷的尾声，造成一个很大的"悬念"，第二卷就结束了。这些稿子都是现成的，只待整理一下。

从上面的引文可知，作家于 1972 年撰就的第二卷初稿的情节框架与 1963 年 11 月 17 日致江晓天信中谈到的总体构想基本相同，前半部基本不动，后半部增加《张罗联军入四川》《破襄阳战局改观》《李岩到闯王军中》《破洛阳全国震动》等单元。参看上面的引文，又可知作家于 1973 年欲对初稿的情节框架进行调整，把《破襄阳战局改观》和《破洛阳全国震动》这两单元"划入第三卷"，但这个设想并未完全付诸实行。

1974 年初，作家重新为《李自成》第二卷初稿拟定单元标题。2 月 8 日他在致江晓天的信中写道：

> 目前第二卷稿子共有十个单元，其次序是：
>
> 一、商洛壮歌
>
> 二、宋献策开封救金星
>
> 三、杨嗣昌出京督师
>
> 四、张献忠离间左良玉
>
> 五、李自成突围到鄂西
>
> 六、紫禁城内外
>
> 七、闯王星驰入河南
>
> 八、李岩起义
>
> 九、伏牛冬日
>
> 十、河洛风云

这个十个单元的稿子已经非常接近于定稿了，其情节结构与 1976 年 12 月出版的《李自成》第二卷基本相同。

笔者没有读到《李自成》第二卷的初稿（1973），也无缘修改稿（1975）和定稿（1976），①因此，只能将该卷的 1976 年版与 1957 年的草稿及 20 世纪 60 年代的若干书信放在一起研读，以探讨十余年间作家对该卷情节结构的修订思路。细读之后，我们发现其间有若干重大改动。

1957 年起笔的草稿中，第二卷包含有如下主要情节：

> 崇祯十二年冬，计赚宋家寨，逸出武关——崇祯十三年春，奔鄂西会张献

---

① 这些稿件均存在南阳档案馆，查阅不易。

忠——张献忠谋火并——五月，李自成西逃至大巴山——七月，息马夔东读《通鉴》——九月，杨嗣昌劝降继而围剿——沿大巴山西麓北上突围——被困川陕交界绝地（"天牢"）——将士离心，归降者众——李自成欲自杀，刘宗敏占卦——苦战突围，痛失爱女秀芝——北向入陕，东向郧均——星驰入豫。

1964 年作家在给中国青年出版社编辑的信中，谈到他在上述草稿已有情节的后面又增加了新的情节：

> 这卅多万字（指原草稿情节，笔者注）结束时写李自成自川陕交界处（我不采用鱼复山的传说）突围出来，率领几十骑（包括几个大将）日夜向河南疾进。下一个段落（指欲增加的情节，笔者注）十几万字是写他进入河南，开仓放赈，号召饥民，应者云集。李岩和红娘子在豫东起义，率队赶来南阳投闯。牛金星自狱中救出，与宋献策都到了自成军中。自成攻破洛阳，杀福王，人马突然扩充到五十万，向开封进兵。差不多同时张献忠从四川出来，轻骑奔往当阳，转破襄阳，杀襄王。全国形势大变，杨嗣昌于沙市自杀。全卷到此结束。①

1976 年该卷的初版本较之 50 年代和 60 年代的情节构思，有两个主要的改变：一、作家放弃了崇祯十三年李自成出武关后"息马夔东"的情节构思②，而改写为蛰伏于鄂西群山之中；二、作家放弃了崇祯十三年冬李自成从"川陕交界处突围出来"的情节构思，而改写为从湖北"郧均间"潜入河南。

这两处改动不可谓不大：作家竟将前十余年构想的精彩情节——西逃至大巴山，息马夔东读《通鉴》，被困川陕"天牢"，李自成自杀被救，刘宗敏占卦归心，苦战突围——全部删去了。这意味着，草稿所描写的崇祯十三年李自成义军遭逢的较之崇祯十一年南原大战更为严重的生死考验被整体废弃；这也意味着，作家彻底放弃了表现"李自成"性格中另一侧面（草莽气）的机会。

1974 年 3 月 31 日，姚雪垠在致江晓天的信中婉转地谈及修改的依据，写道：

> 关于李自成从什么地方来到河南，有一个流传最广的说法，到今天还居于支配地位，即鱼复诸山说。据说，李自成被围困于"巴东鱼复诸山"，辎重

---

① 姚雪垠 1963 年 11 月 17 日致江晓天信。
② 参看姚雪垠当年的一本笔记本，1958 年 5 月 18 日有如下一则记载：根据李长祥的话（《天问阁集》，笔者注），再根据自成突围后的入豫路线，以及包围他的是陕西军队等方面看，他大概是被围于太平县境内。太平县在川陕交界处，这和传说自成曾困于汉南，由汉南入豫一传说也符合。将来有机会，找夔州府志和太平县（万源县）志看看。

隔断在赤甲、寒山，没有办法，几次要自杀，被养子李双喜阻止。将领中有许多出降的，连刘宗敏也想出降。李自成偕刘宗敏步入一座野庙中，只有张鼐跟随。自成望着宗敏叹息说："人们说我命中当做皇帝，在神前打个卦怎样？倘若打卦不吉，你就割下我的脑袋出去投降吧。"宗敏说："行。"将刀插在腰间，连打了三个卦都是吉卦。宗敏回到营中，杀了他的两个老婆，对自成说："从今后我任死也要跟你一道！"军中壮士听到消息，许多人都杀了妻子，誓愿相从。自成随即下令将辎重焚毁，率领轻骑由郧阳和均州境内奔入河南①。

上边这个传说为《明史》所采用，使它具有了权威性质。清代后期所编纂的比较流行的历史书如徐鼒的《小腆纪年附考》、陈鹤的《明纪》、夏燮的《明通鉴》等，都采用这一说法。

现代有关明末农民战争史的著作从《甲申三百年祭》开始②，写到李自成入豫这段历史时也加以采用，遂使这一说法在读者中深入人心。

但是我认为上边这种说法是虚构的。李自成并未去川东，而是潜伏郧阳以南的大山中，即由郧阳山中出来，取道淅川，奔入河南。前年我专就这个问题写了一篇历史论文，将来如有机会，是可以拿出来同读者见面的。

……（笔者删节）

说李自成几次想自杀，不符合李自成的性格。说刘宗敏也打算向官军投降，既歪曲了宗敏的性格，也歪曲他和自成之间的关系。闯王将自己的生命和革命事业赌之于野庙打卦，实在过于荒唐。

令笔者惊叹的是：引文第一段复述的"这个传说"，正是草稿浓墨重彩描绘的中心情节；引文第二、三段中概括的"这一说法"，正是草稿情节结构所本的史料来源③；引文最后一段所批评的"荒唐"，正是草稿中最后一章"天牢突围"摄人心魂的精华。没有读过草稿的读者，当不会意识到作家在此信中的批判对象竟然是

---

① 1958 年姚雪垠在《李自成》草稿中完全采纳了这个"流传最广的说法"。

② 参看郭沫若《甲申三百年祭》，其文称："……接着自成又被官兵围困在巴西鱼腹诸山中，逼得几乎上吊。但他依然从重围中轻骑逃出，经过郧县、均县等地方，逃入了河南。这已经是十三年的事。"

③ 1958 年 5 月 18 日姚雪垠在笔记本中记载了关于"李自成在四川被围地点"的研究心得，写道："根据李长祥（《天问阁集》）的话，再根据自成突围后的入豫路线，以及包围他的是陕西军队等方面看，他大概是被围于太平县境内。太平县在川陕交界处，这和传说自成曾困于汉南，由汉南入豫一传说也符合。"笔者按：姚雪垠此处提到的"汉南"是一个比较大的地理概念，后来他把"息马汉南"中的"汉南"指定为鄂西房县一带。

作家自己！

信中提到的"历史论文"，指的是作家 1972 年起笔、1976 年修改、1978 年发表的长篇考据文章《李自成自何处入豫》①。如前所述，历史学家顾诚于同年在同刊发表争鸣文章《李自成起义军究竟从何处入豫——同姚雪垠同志商榷》②，认为姚文的三个主要论点——（一）李自成起义军进入河南以前息马于郧阳深山之中；（二）李自成起义军是从郧阳、均县之间的"小路"入豫的；（三）进入河南的时间是崇祯十三年十一月中旬——都不无可议之外。

顾诚所论当然不无道理，但他对姚的指责却是没有根据的。如前所述，姚雪垠的"选择"绝非"轻易"，而是非常慎重。换句话说，他是在进行了充分的"试错"之后，才在历史的合理性与艺术的真实性之间找到了自以为最佳的平衡点。

1974 年 9 月 26 日，即在上封书信的半年后，姚雪垠在给江晓天的信中谈到如何填补"历史空白"问题，写道：

> 第一卷和第二卷因历史资料缺乏（李自成在破洛阳前并非明末农民战争的中心人物），留给我许多历史空白，需要我在进行小说创作时将空白填起，还要填得合情合理，这是一个较大的困难。许多人物，有的有史料记载，有的没有，或仅记一个名字，即有史料记载的，也写得很不具体，而我必须在第一、二卷中将他们的性格树立起来，并且力求饱满，这工作更加困难。

由上可知，20 世纪 70 年代初姚雪垠改变《李自成》第二卷的情节结构，其主要原因既在于他对那段历史的研究有了新得，也在于他对"历史题材小说"创作理论有了新见。

如前所述，1961 年姚雪垠曾在武汉的一家内刊上发表论文《历史和传说——关于如何处理历史题材的若干问题之一》，文中有如下的表述：

> 文学创作同写历史是有分歧的，二者有共同处，但不能混为一谈。文学家不能反历史主义，应具有历史科学精神，但他们所做的工作不是写历史教科书或历史论文，而是对历史人物和事件的再创造。只要能完成他们的创作目的，在不违反历史的精神下，运用史料和传说是自由的，独出心裁的虚构是允许的。在历史的天地中，作家自有翱翔太空的彩色翅膀。

此期作家对第二卷情节结构的大规模改写，对主要人物性格的重新设计，正

---

① 该文载《历史研究》1978 年 5 月号。
② 该文载《北京师范大学学报》（双月刊）1978 年第 4 期。

20世纪70年代,姚雪垠在抄录史料

体现了他所主张的历史小说家"运用史料和传说"的"自由"。

姚雪垠晚年自述称:"我对于有关长篇历史小说的许多问题,是在整理《李自成》第一卷的过程中才形成一些比较清楚的认识,而在写第二卷的过程中进一步清楚,并且逐渐形成了我自己的完整认识,可以说是我自己的理论体系,包括我对于长篇小说的某些美学思想。"①

此期,他的关于"长篇历史小说新道路"的理论体系大体上可分为两个部分:第一部分为"如何处理历史题材",侧重于史料的甄别考证,包括如何"运用史料和传说"问题;第二部分为"长篇小说的某些美学思想"②,侧重于"长篇历史小说"的艺术问题。关于第一部分的理论阐释,大都集中在他与中国青年出版社编辑江晓天的通信中;关于第二部分的理论阐释,大都集中于他与茅盾先生的通信中。

---

① 姚雪垠:《学习追求五十年》。
② 姚雪垠晚年在《读旧信追怀哲人》中谈道:"我在信中提出'长篇小说的美学问题',完全是读了他(指茅盾)的许多封评论《李自成》艺术技巧问题的书信引起的。"笔者按,长篇历史小说本是长篇小说的分支或一翼,其美学观念有共性。

限于篇幅,笔者不能对其"理论体系"进行条分缕析的剖析,只能概略地展示其一二要义。

关于第一部分"如何处理历史题材"的理论观点,可从当年作家致江晓天的两封长信中窥得大概——

1974年3月31日致江晓天信,长达一万三千余字,副标题为《谈〈李自成〉第二卷中的几个重大历史问题》。信中非常详尽地表述了对四个"历史问题"——一、李自成入河南和破洛阳在明末农民战争史上的重要意义;二、关于李岩的出身问题;三、不应过分夸大李岩的作用;四、李自成自何处入豫?——的考察、分析和论断。在信末的"余话"中,他提纲挈领地指出:

> 历史小说是历史科学和小说艺术的有机结合。因此,写历史小说要深入历史,跳出历史。在深入与跳出的关系中,深入是前提,是根本。不能深入,便说不上跳出。要深入历史,就得用老老实实的科学态度去对待历史。这就是说,要下功夫收集历史资料,用历史唯物主义的思想方法去分析史料。

若干年后,研究者大都认为这段论述精辟地概括了其"长篇历史小说新道路"的核心要义,当然也有论者持不同意见,在此不赘①。

1974年9月26日致江晓天信,长达五千字,副标题为《关于历史小说的写作问题》。

信中谈到他坚守的文艺家的"责任感":"作家对待历史研究的严肃认真,和对待创作的严肃认真应该是统一的,不允许有两重性。在历史科学的研究上和在文学艺术的创作上,都要加强责任感,即对今天读者的责任感,对后世读者的责任感。"

信中谈到他所秉承的阶级斗争历史观:"生产力与生产关系的矛盾是人类社会的根本矛盾,在有阶级的社会里,它反映为各种形式的阶级斗争,包括大规模的武装斗争。哪里有剥削和压迫,那里就有反抗和斗争。大规模的农民战争不断地摧毁旧的封建势力统治和枷锁,创造新的历史形势,促成生产关系不断作局部改变,也就推动了历史前进。"

信中还谈到他对"古为今用"宗旨的理解:"倘若(我在《李自成》中)能够深刻地写出明末的阶级斗争和历史规律,塑造出一批典型人物,从而达到古为今用

---

① 最近的一位持异议者是南京大学学衡研究院教授孙江,请参看其文《历史小说不是历史和小说之和》,载2022年8月17日《中华读书报》之《文化周刊》。

的目的,在读者面前展开一幅描绘十七世纪中叶丰富多彩的生活画卷,给读者一些祖国历史的知识,也给读者一点健康的艺术享受,我的任务就算完(成)了。"

关于第二部分"长篇小说的某些美学思想"的理论观点,可参看姚雪垠与茅盾先生 1974 年 7 月 10 日至 1980 年 2 月 13 日的数十封来往通信,这批信件已由姚海天先生结集为《茅盾 姚雪垠谈艺书简》,人民文学出版社 2006 年出版。

顺便提一句,姚雪垠与茅公的友谊如果从 1938 年的《"差半车麦秸"》算起,已经延续了三十余年,但他们之前似乎并没有建立通信联系。

20 世纪 70 年代姚雪垠与茅盾先生建立通信联系,得益于老朋友臧克家的牵线搭桥。姚在《茅盾先生十年祭》中回忆道:"到了一九七四年的春夏之间,克家从五七干校回到北京,有一天,他来信说,他去看了茅公,茅公向他询问我的情况。克家要我给茅公写信,把地址也告诉了我。我决定马上写信,几乎有一种紧迫感。为什么呢?原因是条件变了。"引文中所说的"条件变了"有着两层含义:第一层含义如上所述,指国内和国际政治环境的变化,文艺界随之呈现的"回春"迹象;第二层含义指的是自己的创作和创作理论都发展到了一个瓶颈期,他"非常希望……在长篇小说美学上多年的苦心探索能够得到茅盾先生的指教"。

1975 年冬,姚雪垠将茅盾写给他的信粘贴成了一大本,并在前边写了一篇"前记",开头有这么一段话:

> 茅公已八十高龄,身体不好,眼睛患老年性黄斑盘病,一目一尺外不见五指,一目视力为 0.3、0.4。承其将《李自成》第一卷看了一遍,并将第二卷抄稿约七十万字读了两遍,写出比较详细的意见。这种关怀和热忱,使我十分感激。他有丰富的创作经验,涉猎中外文学作品极博,自五四新文学运动以来经常分析别人的作品,故善于从小说艺术的特点评论小说作品,非同于一般评论家从干枯死板的条条框框出发。他的这些信件,有许多意见精辟入微,探出作者匠心。我通过写作实践,探索长篇小说的若干美学问题,而茅公在来信中所作的分析,常常与我的艺术追求恰相吻合,可谓独具"法眼"。

茅盾致姚雪垠书信,主要是谈小说艺术方面的问题,他曾谦称:"我对于《李自成》第一、二卷原稿的读后琐记,谈技巧方面多,实因对史实无可贡献意见。"

姚雪垠致茅盾书信,主要也是谈艺术问题,他曾自述:"我给他的信涉及小说艺术问题的话很多,而他给我的信更是以分析《李自成》的艺术技巧为主。"①

---

① 引文见姚雪垠 1981 年 4 月 7 日作《读旧信追怀哲人》。

两位文坛大师交流讨论的"小说艺术问题"涵盖面很广：

> 包括如何追求语言的丰富多彩，写人物和场景如何将现实主义手法与浪漫主义手法并用，细节描写应如何穿插变化、铺垫和埋伏，有虚有实，各种人物应如何搭配，各单元应如何大开大阖，大起大落，有张有弛，忽断忽续，波谲云诡等等。①

他们对《李自成》第一卷和第二卷稿子所作的分析和评论，他们所讨论的关于长篇小说的艺术技巧问题，不仅为"五四"以来所罕见，更为新中国成立后十七年所未闻，弥足珍贵。后世研究者因此而盛赞道："姚雪垠和茅盾这些信中的美学思想曾经极大地推动了20世纪70年代末和80年代初中国文艺界的思想解放"，"推动了中国当代文学评论的深入"②。

1977年6月17日，姚雪垠在七律《祝茅公八十一岁高寿》中深情地吟咏道：

> 笔阵驰驱六十载，功垂青史仰高岑。
>
> 平生情谊兼师友，晚岁书函泛古今。
>
> 少作虚邀贺监赏，暮琴幸获子期心。
>
> 手浇桃李千行绿，点缀春光满上林。

这是一位文坛"新秀"对一位"五四"前辈的由衷的膜拜！

这是一位文坛大师对另一位文坛大师的发自内心的礼赞！

第四节　"文坛飞将又来回"③

1974年前后，随着国内国际政治环境的变化，文艺界有了一丝"回春"的气息。各地的五七干校陆续结束，大批文艺家从乡村返回城市，似乎成了新时期即将来临的风向标；暌违数年的友朋通信互致问候，也似乎成了文坛上最为赏心悦目的景致。

---

① 姚雪垠：《读旧信追怀哲人》（1981）。

② 参看邓树强、熊元义《中国当代文艺思想解放的先驱——从姚雪垠与刘再复的论战说开去》，载《江汉论坛》2011年第1期。

③ 茅盾诗《雪垠兄以"春节感怀"见示，步韵奉和》（1977年3月5日），全诗为：壮志豪情未易摧，文坛飞将又来回。频年考史拨迷雾，长日挥毫起迅雷。锦绣罗胸仍待织，无情岁月莫相催。高龄百廿君犹半，贺酒料应过两台。

姚雪垠亦于此时与全国各地的老朋友恢复了通信往来,其中包括编辑江晓天和彭子冈,诗人臧克家和王亚平,小说家荒芜和端木蕻良,文艺理论家蔡仪,历史学家白寿彝和胡绳,文坛前辈叶圣陶、冯雪峰和茅盾先生……

他在写给友朋的信中,流露出衷心的喜悦:

——江城暮春,气候最为宜人。楼外高树临风,枝叶婆娑,绿映窗纱,时有鸟声婉转。书斋静,茶烟香,新旧图籍堆案,文思涓涓不绝,不知老之将至,仿佛血液中仍奔流着青春活力。(1973 年 4 月 25 日致徐盈、彭子冈)

——武汉天气正好,兄如有兴趣出来走走,欢迎来武汉一游。寒斋可以下榻,粗饭尚堪饱腹,有酒可饮,有茶可助谈心。武昌东湖,我已三年未去。兄如来,我们可以花一天时间徜徉于湖光山色之间。(1973 年 9 月 15 日致王亚平)

——多年不晤,常在念中。往事历历,时浮眼前。云树之怀,老而弥增,非信中草草数语可宣,想老友自能明白也。(1974 年 11 月 29 日致胡绳)

他更把与友朋的通信,变成了学术研讨的平台。

仔细检点此期他写给朋友的信,竟发现不少信件都附署了题目①,信件正文短者数千言,长者逾万言。致茅盾和江晓天的信是如此,致叶圣陶和白寿彝的信也是如此;若干年后,致其他朋友的信,同样如此。这种奇特的现象,在中国当代作家书牍史上虽不是绝无仅有,当也是非常罕见。

请看如下信件的"原信题目":

1973 年 5 月 20 日致江晓天:《李自成》第一卷再版时将如何修改的初步想法

1974 年 3 月 31 日致江晓天:谈《李自成》第二卷中的几个重大历史问题

1974 年 9 月 26 日致江晓天:关于历史小说的写作问题

1974 年 8 月 14 日致王亚平:在历史问题上婉言谢劝告

1974 年 11 月 2 日致白寿彝:征求史学界朋友意见

1974 年 10 月 10 日致叶圣陶:关于《李自成》增加小题目问题

---

① 姚雪垠《无止境斋书信抄》(初集)的《序》(1983 年 3 月 14 日作)中写道:出这本书信集的用意不是宣传我对历史科学和历史小说的见解,以及我通过长期创作实践探索长篇小说美学问题的某些认识,而是提供我个人的一些"第一手资料",对不同的读者有不同的用处。为着使这些过去的书信能够更好地起到资料作用,我对有些信写了跋语,有些地方加了小注。有些长信原来就有小题目,有些是在这次编辑时加上去的。

> 1974 年 7 月 27 日致茅盾：谈拟写《李自成》内容概要问题
>
> 1974 年 9 月 1 日致茅盾：再谈拟写《李自成》内容概要问题
>
> 1974 年 9 月 6 日致茅盾：《奉寄沈老七律五首》的附信
>
> 1974 年 10 月 16 日致茅盾：关于历史小说的翻案问题
>
> 1975 年 5 月 25 日致茅盾：漫谈历史小说与历史剧

上面这些信件的内容，无不与他的"长篇历史小说新道路"理论体系有关。

姚雪垠曾多次表述，他的"长篇历史小说新道路"理论体系，酝酿于《李自成》第二卷成稿的十年间（1963—1973）；而其理论体系的较早、较完整、较成熟的表述，即在这数年间（1973—1975）的信件中。

1983 年他将这些信件辑成《无止境斋书信抄》（初集），在《序》中非常明确地表白道："出这本书信集的用意不是宣传我对历史科学和历史小说的见解，以及我通过长期创作实践探索长篇小说美学问题的某些认识，而是提供我个人的一些'第一手资料'。"

20 世纪 80 年代前后，这些弥足珍贵的"第一手资料"越来越受到中国现代文学研究者的注重；研究者从中不仅读出了"中国当代文艺思想解放"的先声，而且更读出了与"文革"期间甚嚣尘上的非马克思主义文艺思潮完全不同的声音。

1978 年，冯天瑜在《革命的政治内容与完美的艺术形式的统一——评长篇历史小说〈李自成〉第一、二卷》[1]中写道：

> 《李自成》同形形色色的唯心史观划清了界限，尤其是抵制了"四人帮"用"儒法斗争"取代封建社会阶级斗争的谬论，以浓墨重采，雄浑地勾勒出明末清初这个"天崩地解"时代的农民革命战争的风云际会。作者的笔锋所至，从紫禁城内外，到陕豫诸省的关山峻岭之间；从被金鼓杀伐所震撼的商洛群峰，到开封城里汇集三教九流的大相国寺，真可谓海阔天空，纵横驰骋。

2010 年，邓树强、熊元义在论文《中国当代文艺思想解放的先驱——从姚雪垠与刘再复的论战说开去》[2]中写道：

> 姚雪垠在创作长篇历史小说《李自成》第二卷时不顾任何压力，在完成第二卷的过程中蔑视所谓"三突出"的"创作经验"[3]。所谓"三突出"的创作原则，就是在一部作品中要突出正面人物，在正面人物中要突出英雄人物，在

---

① 载《湖北大学学报》1979 年第 1 期。

② 该文载《江汉论坛》2011 年第 1 期。

③ "不顾任何压力"至"创作经验"，引自姚雪垠 1977 年 3 月 11 日致茅盾信。笔者注。

英雄人物中要突出主要英雄人物。至于所谓反面人物(以阶级划线),可以不写,或只是简单地写,加以贬词①。这种"三突出"的创作原则在长篇历史小说《李自成》第二卷中是没有踪迹的。

姚雪垠《李自成》第二卷大部完成于1964年之前,所谓"三突出"创作原则的出台在1969年前后②,二者风马牛不相及。

说得更明白一点,姚雪垠成熟于此期的"长篇历史小说新道路"理论体系自有其理论渊源和传承,与所谓"三突出"创作原则根本就不属于同一"次元"、同一"纬度"或同一"空间"③。

附带提一句,1973年夏天,姚雪垠曾在武汉文艺界的一次会议上公开质疑"三突出"的原则,他认为"三突出"的原则固然有一定道理,但只适用于一定领域,不是放之四海而皆准的真理。有关方面曾打算组织一次大规模的批斗会,后因未得上级批准而罢休。④

从姚雪垠此期致朋友们的书信中,我们能读出"(中国)文学的自觉时代"(鲁迅语)汉魏文学一脉——三曹、陆机《文赋》、刘勰《文心雕龙》、钟嵘《诗品》——的余风流韵;

从姚雪垠此期致朋友们的书信中,我们能读出"五四"时期批评文体"书信体文论"所具有的——"公共性和趋时性"⑤——两大特征;

从姚雪垠此期致朋友们的书信中,我们能读到他毕生尊崇和捍卫——真正的马克思主义文艺思想和真正的现实主义创作方法⑥——的精髓。

从姚雪垠此期致朋友们的书信中,我们还能读出更多的内容,最令人动容的大概是那份坚持,那份执着,那份热情。

---

① "贬词"一语引自姚雪垠1976年12月29日致茅盾信。笔者注。

② 据彭厚文《"文革"时期"三突出"文艺创作理论的出笼及危害》介绍:1968年5月23日,为纪念"革命样板戏"诞生一周年,时任上海文化系统革筹会主任的于会泳在上海《文汇报》上发表《让文艺舞台永远成为宣传毛泽东思想的阵地》一文,第一次提出"三突出"的理论。该文载《党史博览》2012年第11期。

③ 姚雪垠《〈李自成〉第二卷开始问世》诗尾联:十年寂寞蓬窗女,羞学江家时样妆。

④ 详情可参看姚雪垠1991年为诗歌《夏日》(1973)所作的"跋",以及程涛平的回忆文章《"文革"中姚雪垠对"三突出"的质疑》,后文载《新文学史料》2010年第3期。

⑤ 所谓"公共性"指的是这些私人通信并不具有私密性质,写来就是为了发表的;所谓"趋时性"指的是通信人不是囿于书斋的纯学术讨论,而是"对主流意识形态十分敏感,始终呼应文学的时代诉求"。参考宋向红《论五四时期文学批评文体的现代转型》,《广西大学学报》2012年10月。

⑥ 姚雪垠认为:"中国现、当代文学运动中……始终有正确的和比较正确的马克思主义文艺思想同错误的思想在进行抵制和斗争,从来不是一面倒。"请参看《创作实践和创作理论》。

姚雪垠（右）拜访茅盾，谈《李自成》的创作情况

茅盾先生可谓姚雪垠的知音，他在 1974 年写给对方的第一封信①中即对其奋斗精神称赞有加：

“文革”前闻人言，吾兄从事于长篇小说《李自成》，读书万卷，博采旁搜，稿已得半而不得不暂辍，今闻中间虽曾搁笔而积稿幸存，观成有日，不胜欣慰。来函谓全书有五卷之多，逾百万言，想见笔锋所及，将不仅为闯王作传，抑且为明、清之际社会变革绘一长卷，作一总结。如此规模，不愧鲁殿灵光。蒙兄抄示全书简要，企足以待。

1977 年，茅盾先生获知《李自成》第二卷出版，又诗赠姚雪垠②，吟咏道：

壮志豪情未易摧，文坛飞将又来回。

频年考史拨迷雾，长日挥毫起迅雷。

锦绣罗胸仍待织，无情岁月莫相催。

高龄百廿君犹半，贺酒料应过两台。

好一个“鲁殿灵光”③，好一个“文坛飞将”！

---

① 茅盾 1974 年 7 月 17 日致姚雪垠信。

② 茅盾 1977 年 3 月 15 日致姚雪垠信。

③ 姚雪垠 1974 年 10 月 10 日致江晓天信：“像我们这一代作者，如今继续能够用坚强的努力，旺盛的热情写大部头长篇的已经少极了，而我这一代的熟人再过十几年也快凋谢完了。所以他（指茅盾）在信中称我为‘鲁殿灵光’。”

在茅盾先生眼里,姚雪垠总是能给文坛带来惊喜,总是能给文运带来起色!

1974 年前后的文坛,虽有"回春"的迹象,总体形势仍处在"停滞期"。中国青年出版社复业无望,《李自成》第二卷的出版遥遥无期。

但姚雪垠认为历史发展已临近新的转折点,"下一个历史的运动过程或历史阶段"即将到来,他静静地等候着。同期,他在给北京中国青年出版社编辑江晓天的信中冷静地写道:

> 1973 年 9 月 16 日:不管你们什么时候出书,我按照计划往前赶,第二卷结束后就向第三卷"进军"。一年、两年、三年、五年,什么时候条件成熟,你们什么时候出书。我应该做的是,努力,认真,一丝不苟地将稿子写好。如果三年以后出书,那么第三卷会已经脱稿了。如果五年以后出书,第四卷也会脱稿了。

> 1974 年 2 月 8 日:按目前情况,何时出版,自然是遥遥无期。两年、三年、五年,说不定。但何时可以出版,我并不放在心上,我所关心的是如何将这部稿子写完,写好。多放一些时间,可以多一些改好的机会。

1974 年前后,也可以称为姚雪垠创作生涯中的一个难得的沉潜期。

在这段沉潜期里,他搁下了已完稿的第二卷,延缓了第三卷的写作,认真地进行着反思和总结;他整理了关于"长篇(历史)小说创作"的理论体系,写出了十几万字的书信体文艺论文;他梳理了《李自成》全书的情节梗概,写出了长达八万字的《〈李自成〉全书内容概要》①。从某种意义上说,作家在这段沉潜期的积累,决定了其日后起跳的高度。

姚雪垠认为,《〈李自成〉全书内容概要》的重要性,可以与他的理论体系建构比肩②。细读《〈李自成〉全书内容概要》,可以帮助我们更清晰地鸟瞰作家后半生的艺术追求及《李自成》这部惊世之作的全貌。

在这篇《〈李自成〉全书内容概要》的起首,作家开宗明义地道出了题旨:

---

① 程涛平在《我与姚雪垠的忘年交》(载《武汉文史资料》2008 年 7 月号)一文中回忆道,姚雪垠当年急着撰写《〈李自成〉全书内容概要》,与他当时被误诊为癌症有关。录以备考。

② 姚雪垠 1974 年 5 月下旬致臧克家信:我自己很重视这份《概要》。第一,有了它,我今后写第三、四、五卷就有了个初步提纲,方便得多,也说得上更心中有数。第二,有了它,可以向一些关怀我的工作的朋友们征求意见,同时报告我的全部写作方案,让朋友们对我的工作有较多的了解。第三,我没有时间写历史论文,但从《概要》中可以看到我对许多历史问题的研究结果,以及对待史料的认真严肃态度。假如《李自成》将来能写成,而且能达到预期的水平,经得起时间考验,群众考验,这份《概要》就是别人深入了解《李自成》的重要资料。

在《李自成》这部小说中，我企图写什么主题思想，什么内容，以及在艺术上有些什么追求，怎样看待历史科学和历史小说的关系，等等问题，直到今天，还没有人完全知道。

中国青年出版社的有关编辑同志以及和我通信的文学界老朋友，也只是大体上知道一点。现在是我第一次腾出一段时间，将上边提到的问题扼要写出，而将各卷的内容梗概作为重点。在写内容梗概时兼谈我对于某些历史问题的认识。

关于《李自成》全书的主题思想，作家在《〈李自成〉全书内容概要》中写道：

我企图通过这部长篇小说的艺术描写，反映中国历史上农民战争的基本规律和一些重要经验。以李自成为主要领导的明末农民战争，既有具体历史的特点，也有历史的共性。虽然这部小说描写的是具体的历史人物和场景，表现的是十七世纪中叶特定历史条件下的几年农民战争及历史生活，但是也在一定程度上反映了中国历史上许多次较大的农民战争的一般规律。

关于已经出版、已经完稿和已经构思成熟的第一、二、三卷的主题思想，作家在《〈李自成〉全书内容概要》中分叙如下：

（第一卷的）中心主旨是塑造李自成的坚强不屈的性格，农民革命英雄的可贵品质。着重写他在遭受惨败之后，并不灰心失望或动摇徘徊，而是惨淡经营，立志重振旗鼓，站得高，看得远，用一切努力去打开新局面，推动革命高潮。写李自成全军覆没是为了完成这一主旨。

第二卷的主旨在表现李自成如何能够在屡败之余进入河南，突然发展壮大，为历史打开新的局面。写出其主观条件和客观条件，写出他如何适应广大被压迫群众的迫切需要，提出来进步的政策和号召。但在他的胜利前进中也伏下失败的种子。他破洛阳后，在军事路线上结束明末农民大起义以来"以走制敌"的流窜战术，改为以河南为舞台，运动作战，一次一次地大规模歼灭明军，但是他不肯以河洛或宛洛为根本，稳据中原，然后夺取天下，这是最大的失策。小说在这个问题上用浓墨反复点染。

第三卷中写李自成抛弃"以走制敌"的传统战术，以中原为舞台，大规模运动作战，一次一次歼灭明军主力，杀其统帅，获得极大成功。但也写出他在战略上和战术上的错误，并解释这些错误产生的原因。其中最大错误是没有排除干扰，利用军事上的大好形势，在河南建立稳固的根据地，招徕流亡，恢复生产。较次的错误如在崇祯十五年八月中下旬不对开封城发动进攻，坐失戎机；又如长期围困开封而不抽出一支精兵渡过黄河，威胁畿辅，断绝开封官绅望救之心，也是战略上的失策。以上等等问题，都在第三卷中表现出来。

由于第四卷和第五卷的艺术构思尚未真正完成，作家在《〈李自成〉全书内容概要》中未对这两个分卷的主题作出归纳。

请关注《〈李自成〉全书内容概要》中第二、三卷主题中的"失败的种子""最大的失策""最大错误""较次的错误""战略上的失策"等字句，这些深思熟虑的措辞足以证明作家对其笔下"李自成"性格的把握是清醒的、能动的、辩证的，而不是混沌的、固化的、平面的，作家并未因赞赏"李自成"的个人品质而掩饰其命运的悲剧性，这里不仅没有"高大上"的痕迹，也没有"伟光正"的投影。

该《〈李自成〉全书内容概要》曾寄给叶圣陶、茅盾、白寿彝、胡绳、臧克家等师友征求意见①，获得了不少珍贵的教益。

作家在《李自成》的创作中上承"讲史"的文学传统，下接"五四"现实主义创作方法，与"影射史学""比附史学"无涉，这也许就是《李自成》之为中国现代文学史上第一部真正意义的长篇历史小说的"史学意义"所在吧！

1974 年前后的"沉潜期"，还为姚雪垠 1975 年的惊天之举——上书毛主席——作好了思想和艺术铺垫。

如果在这新的一年里政治形势没有出现拨乱反正的先兆②，如果在这新的一年里文艺形势仍如前若干年一样沉寂，姚雪垠也许仍会如前若干年一样，关上房门，枯坐书斋，默默地修改《李自成》第二卷，继而默默地创作第三卷乃至第五卷，静静地等候着历史转折点的到来吧？

然而，历史却给了他新的启迪和新的契机——

1975 年 6 月间，《海霞》影片导演谢铁骊、钱江先后给毛主席、周总理写信揭露"四人帮"对该影片的无理打压。7 月 29 日毛主席批示："印发政治局全体同志。"该影片得以在全国恢复上演。

同年 7 月间，毛主席在两次谈话中指出："百花齐放都没有了"，"党的文艺政策应该调整一下，一年，两年，三年逐步逐步扩大文艺节目。缺少诗歌，

---

①　1974 年 11 月 2 日致白寿彝信："这份材料印的很少，寄出的更少，在目前只寄给文史界几位老朋友征求意见。"

②　1974 年底，邓小平复出主持中央工作。

缺少小说,缺少散文,缺少文艺评论。"

同年 7 月 26 日,毛主席对电影《创业》编剧张天民署名的揭露"四人帮"扼杀该影片的来信作重要批示:"此片无大错,建议通过发行。不要求全责备。而且罪名有十条之多,太过分了,不利于调整党内的文艺政策。""此信增发文化部及来信人所在单位。"①

电影界人士先后两次成功的"上书",给了姚雪垠以极大的鼓舞②,他的心"乱"了,再也"坐"不住了。

如前所述,姚雪垠"从青年时代起就形成了自己的人生观,即认为我们活着,应该是推动历史前进的参与者而不是消极的旁观者",中年以后更崇尚"历史发展过程论",认为"历史运动过程的转变就是自我否定"。纵观其跌宕起伏的一生,可以说,积极的人生观和能动的历史观是促使他"不甘寂寞"的思想基础。

同年 8 月 12 日,他在给江晓天的信中写道:

中青复业问题有何新的消息? 按目前形势,特别是毛主席对《创业》批示之后,出版事业会逐渐活跃起来,半年内可能有新的发展。形势看来对中青的前途是有利的。倘有新的消息,请即来信告我……

我写《李》多亏市委宣传部支持,所以虽然一度有曲折,但经市委同文化局领导同志谈过之后,我又亲自谈了一次,总算又排除了杂事,目标又明确了。《李》的工程浩大,而我已是老年。倘若不得领导理解,给予支持,这工作很难顺利进行。当然,倘若中青能够复业,出版有指望,许多话就好说了。

姚雪垠时年六十六岁,《李自成》只完成五分之二,时不我待的危机,沉重如山的责任,使他备受煎熬。虽然市级领导多次应允他继续创作《李自成》,但其所在单位(武汉市文化局创评室)领导却阳奉阴违,执意不肯把《李自成》列入创作课题③,总给他安排许多杂事,挤占他的创作时间④。怎样才能真正拥有创作《李自成》的时间和空间呢? 他认为:一是要能够得到各级领导的切实的具体帮助;二

---

①　以上转引自《六十年文艺大事记》,第四次文代会筹备组起草组、文化部文学艺术研究院理论政策研究室编,1979 年 10 月印行。

②　1975 年 8 月 17 日致臧克家信:毛主席关于影片《创业》的批示,我是八月五号看到的。这是当前文艺领域十分重大的事件。看情形,将来党中央会有正式文件,为繁荣文艺创作和出版指明方向和政策。

③　1977 年 4 月 7 日致丁力信:几年来我写《李自成》,不能列入创作室规划之内……

④　程涛平在《我与姚雪垠的忘年交》一文中回忆道:"1974 年的下半年,武汉市文联出于抓一批作品、培养一批作者的目的,举办文艺创作学习班,指定题材为歌颂历史上的反孔斗争或农民起义,要求姚雪垠参与与指导。"姚雪垠也许不太情愿,但没有拒绝给青年作家以具体的指导。

是要能够尽快出版《李自成》第二卷。他甚至一度认为，只要第二卷能早日出版，一切都能改变——

> 我之所以希望第二卷早日出版，一方面是由于想满足读者的愿望，另一方面也是想给我今后的工作提供比较顺利的条件。目前除武汉市委宣传部明确指示让我专力写《李自成》之外，至于我在进行这样巨大工作上有什么困难，需要什么相应的具体领导和支持，是没有人过问的，甚至有时候反而会出现干扰。倘若第二卷出版了，我的工作得到更多人的理解和重视，某些情况就会与今天有所不同吧。①

如上，就是姚雪垠决定"上书"毛主席的最初的思想动机——希望第二卷能早日出版，并以此得到"相应的具体领导和支持"，得到"更多人的理解和重视"——简单而直率，坦诚且实际！

然而，当姚雪垠于 10 月 19 日起笔撰写《致毛主席信》的时候，却并不止于请求党的领袖支持《李自成》第二卷的出版，而是情不自禁地倾吐了压抑多年的心声，其中洋溢着的政治自信和艺术自信，今日读来仍十分令人动容——

> 敬爱的毛主席：

> 我是长篇历史小说《李自成》的作者。解放后，我在您的思想教育下立志以李自成为主人公，写一部反映我国历史上农民战争的长篇小说，书名就叫做《李自成》。《李自成》第一卷于一九六三年在中国青年出版社出版后，我曾给主席寄呈一部，表示对主席的无限敬爱，也表示是在主席思想的哺育下开始做出的一点成果。

> 一九六六年夏，得知主席看过了这部书，曾指示说：这部书虽然还有些问题，但应该让作者继续写下去，将全书写完。毛主席的指示的具体内容，过去并不完全清楚。我对主席的关怀和鼓励，多次感动得热泪奔涌，下决心更加勤奋学习，改造思想，力求将这部书完成得较好，以实际工作成果报答主席。

> 无产阶级文化大革命后期，《李自成》被列为第一批开放书目，至今继续在工农兵和知识分子读者中发生着影响，甚至远在新疆西陲（叶城）的边防战士，也来信说他们深为书中所塑造的李自成等英雄人物的坚强不屈的革命精神所感动鼓舞。由于我的思想水平低，加上第一卷出版匆忙，书中问题不少，总想修改重印。

---

① 摘自姚雪垠 1975 年 11 月 6 日致茅盾信。

　　这部书共有五卷,估计写成后字数在二百五十万至三百万之间,愈往后反映的社会生活愈广阔,阶级斗争愈深刻复杂,而故事也愈波澜壮阔。我一直认为,我是生活在伟大的毛泽东时代,我们的社会主义祖国是拥有八亿人口和数千年文明史的伟大国家,纵然外国人和古人不曾有过这样部头庞大和内容繁富的长篇小说,我应该有写成这样一部小说的雄心壮志,以巨大的热情付诸实践。

　　第二卷稿子已经写成将近两年,约七十万字左右。由于十年来继续学习和探索,尤其经过无产阶级文化大革命的思想教育,第二卷在思想内容和艺术上都有所提高。

　　虽然我寸阴必争,不论盛暑严冬,每日凌晨三时左右起床工作,但我已经是进入六十六岁的人了,不能不有任重道远之感。许多读者都担心我会完不成《李自成》的写作计划。虽然我打的是较有准备的仗,但我仍须要对有关的历史问题和历史生活继续做大量的研究工作,而且将历史研究的成果化为小说艺术,要花费很多的辛苦劳动。往往为几句符合人物性格和历史特点的对话,得反复推敲,才能写定。至于构思一个艺术细节,安排一个人物活动,更要苦心经营。我从来只靠下苦功,不曾靠什么灵感,不曾有过"文思如泉"、挥笔千言的时候。倘若在一切方便的条件下,我能够专心致志地工作,加上已经有了个八万字的写作提纲和第一、二卷的基础,大概用三年时间可以写成一卷。由于部头庞大,书中出场的人物众多,头绪穿插复杂,反映的历史问题和生活方面较广,五卷陆续出齐后必须再将全书统改一遍,方算完成。

　　主席! 要在我的老年完成这样大的写作计划,不仅需要我自己加紧刻苦努力,更需要党的切实领导和具体帮助。我多么希望能得到有关部门或机构具体抓一抓我的工作!

　　原中国青年出版社文学编辑室的负责同志虽然表示愿意将《李自成》继续出完,但该社能否复业,何时复业,至今音信渺茫。全国读者都需要读文学作品,也渴盼《李自成》第一卷早日重印,以下各卷能快点出版。(我想,当前正在深入批判《水浒传》所宣扬的投降路线,《李自成》这部书倘若能及早印行,更能发挥其战斗意义。①) 我考虑再三,鼓起勇气来写这封信,请求您将

---

　　① 　括号内文字为《姚雪垠书系》之"书信卷"所无,笔者根据信件原文补齐。请参看《中国当代文学研究资料姚雪垠专辑》,《上毛主席的信》(1975),南京师范学院中文系编,1979 年 11 月,第 105 页。

《李自成》的出版问题(包括第一卷的修改本重印),批交中央主管部门解决,或直接批交人民文学出版社处理。

敬爱的主席!我原先除写《李自成》之外,还有一个写太平天国的计划,也作了一些必要的准备工作。如今转眼间已经六十多岁,身体也不十分好,而《李自成》尚未完成一半。我希望再次获得您的支持,使我能够比较顺利地完成《李自成》,争取在七十五岁以后写出长篇小说《天京悲剧》。为要替党的文学事业多尽点微末力量,为无产阶级专政的利益占领历史题材这一角文学阵地,填补起五四新文学运动以来长篇历史小说的空白,我将不断地努力追求,直至生命终止。即令最后完不成我的写作计划,我也不会丧失我作为一个毛泽东时代的作家的雄心壮志,任何时候都不会将意气化为寒灰。但是我相信,主席是会给我的工作以支持的。为着让主席了解我的心愿,附呈旧作七律一首。

敬祝

健康长寿!

姚雪垠

一九七五年十月十九日

谨抄旧作七律一首,呈敬爱的毛主席

抒怀

堪笑文通留恨赋,耻将意气化寒灰。

凝眸春日千潮涌,挥笔秋风万马来。

愿共云霞争驰骋,岂容杯酒持徘徊。

鲁阳时晚戈犹奋,弃杖成林亦壮哉!

我们注意到姚雪垠在这封信中所表现出来的姿态:信中读不出一位备受挫折的旧知识分子的低眉顺眼的乞求,读不出一位久处困境的老作家杜鹃泣血般的投诉,而只能读出一位有志于攀登文艺高峰的跋涉者掷地有声的誓言[①],只能读出一位文艺战士向最高领袖的衷心表白——"为要替党的文学事业多尽点微末力量,为无产阶级专政的利益占领历史题材这一角文学阵地,填补起五四新文学运

---

① 1976年,姚雪垠在《〈李自成〉第一卷修订本·前言》中写道:"(我在致毛主席信中)汇报了《李自成》第二卷已经在一年前完成了初稿,也汇报了我的年龄、我的写作计划和愿望,以及以后工作的艰巨。"

动以来长篇历史小说的空白，我将不断地努力追求，直至生命终止。①"——此番言语非兼具政治自信和艺术自信者不能道出！这是姚雪垠的天性和党性的自然流露！

姚雪垠对其"致毛主席信"有过自我评价。同年 11 月 12 日他在致老朋友臧克家的信中这样写道："我并非单为二卷出版问题给主席写信，两千四百字的长信外呈七律一首，提到出版问题的只有几句。这信，作为老年的作家而言，也算是'气壮山河'。"听听，不管什么时候，他总是这么自信！

姚雪垠"上书"的过程颇具传奇性，可资参考的回忆文章很多，兹不赘述。

他在 1993 年 6 月 29 日致林默涵信中对此事过程叙述较为精到，转录如下：

> 七五年夏天，江晓天路过武汉，在我的家中住了两天。听我诉说了工作困难情况，建议我写信给毛主席，请毛主席给我帮助。我同意他的建议，但这是一个很危险的办法，万一我的信达不到毛主席手中，落入江青、姚文元等人手中，说我这个三十年代作家又是"摘帽右派"，胆敢告"御状"，我就完了。经过短期准备，我于七五年十月十九日给毛主席写了一信，第二天寄给北京友人——原武汉市文教书记宋一平。当时毛主席已经病了很久，又患眼疾较重，宋一平嘱我用毛笔宣纸写信，字体稍大一点，一平当时是哲学社会科学部领导小组成员，事先同胡乔木等人商量好，由乔木写个报告，将我的信转给毛主席……

"上书"的念头成形后，继而便是一连串旋风般的操作，在同人、同道、同志们的帮助下，信函顺利地递交给了卧病中的毛主席，得到了期盼中的"批示"。兹将其间若干重要的时间、人物、事件节点，谨列如下：

> 9 月 28 日，江晓天致信姚雪垠，建议上书毛主席。该信于 10 月 4 日付邮。
>
> 10 月 7 日，姚雪垠复信江晓天，表示"将慎重考虑"。
>
> 10 月 7 日，姚雪垠致信茅盾，征询上书意见。
>
> 10 月 8 日，姚雪垠致信宋一平谈上书事，征询转信给毛主席的可行性。
>
> 10 月 12 日，宋一平复信，承诺"可以负责托人直接呈送到主席手中"。

---

① 章培恒先生对姚雪垠的这句表白另有评说，称："这显然并不是以文学本身的价值为目的的，所以，把《李自成》划入纯文学是既不符合客观实际、也不符合姚先生的主观愿望的。"《金庸武侠小说与姚雪垠的〈李自成〉》，载《书林》1988 年第 2 期。录以存照。

10月19日，姚雪垠写成致毛主席信，次日寄宋一平。宋即转送胡乔木。

10月23日，胡乔木为姚上书事给毛主席写报告。

11月2日，毛主席在胡乔木的报告上作出批示，"印发政治局各同志，我同意他写李自成小说二卷、三卷至五卷"。

姚雪垠"上书"与前此发生的谢铁骊"上书"和张天民"上书"一样，在当年都堪称石破天惊的"文艺事件"。它们都发生在邓小平主持中央工作的时期，发生在中央"调整文艺政策"的时期①。认真地检视这一系列"文艺事件"的全过程，当可发现它们都不是纯粹的个人行为，而是默契式的群策群力，历史选择与个人意愿高度契合，历史发展的能动性表现得相当充分。

中国青年出版社获知毛主席批示的过程，颇具传奇性，且有几个版本②——

11月7日，江晓天"接老友、文物出版社副社长丁磐石电话，告知：王冶秋（文物局局长）在会上谈文物保护问题时提到，有位写历史小说的老作家给毛主席写信，主席批示要给他提供方便条件，让他写完……丁估计此人是姚雪垠。江立即将信息通报中共武汉市委宣传部、姚雪垠及中国青年出版社"。③

请特别注意引文中"要给他提供方便条件，让他写完"这两句话，这是当年坊间哄传的"主席批示"的最早版本，虽与后来查实的主席批示略有出入，却给姚雪垠及其同道们增添了无穷的底气。

且说姚雪垠接到江晓天电话后，欣喜若狂。当天，即在致茅盾先生的信中报喜④：

沈老：

昨上一函。今日上午接北京电话，我不久前给伟大领袖毛主席的信经主席看后批了两句话："将全书写完，提供方便条件。"⑤（正式批语，大概很快会

---

① 参看姜毅然、霞飞《1975年邓小平进入中央领导核心后的整顿风云》，来源：中国共产党新闻网。

② 李荣胜《对姚雪垠先生的点滴回忆》中有另外的说法。拙著未录。

③ 参看《江晓天生平大事年表》载："1975年11月17日……"笔者按："11月17日"应为"11月7日"。

④ 同日，姚雪垠还分别致信妻妹王西玲、青年朋友程涛平报喜。

⑤ 姚雪垠信中引述的主席批示得之于江晓天电话，与上引"主席批示要给他提供方便条件，让他写完"也略有不同。同月，臧克家从另一渠道获知毛主席批示后函告姚雪垠，姚不以为然，复信称："主席的批示是完整的两句话，也非'同意'二字。"十几年后姚雪垠才通过中共中央文献研究室负责人查到毛泽东的批示原件，始知"多年来流传毛泽东对我的信所作批示，全是误传"。

通知我。①) 中国青年出版社已得中央有关领导通知,江晓天即来武汉。谨将这一极好的消息奉告,想您定会感到激动、快活。

敬祝

大安!

雪垠

一九七五年十一月七日

次日,又在给朋友周勃的信中报喜:

周勃同志:

十九天前我给伟大领袖毛主席写了封信,报告《李自成》的写作情况,请他给予支持。蒙他看信后批示两句话:"将全书写完,提供方便条件。"中央领导同志将主席的批示先通知中国青年出版社。前天丁力同志接到江晓天同志电话,昨日上午江又同我通了电话。丁力同志已经向省市有关领导报告了主席的批示。江即来武汉,商谈出版《李自成》的具体问题。特将这一重大喜讯奉告,想你一定会为之激动。

下次来市内,请设法替我买点鸡蛋,一二只母鸡。

匆匆,祝好! 并问

全家好!

雪垠

一九七五年十一月八日

姚雪垠"上书"成功,在沉寂已久的文艺界引起了巨大的轰动,其影响之深远,超出了该事件的本身。

姚雪垠总是能给文坛带来惊喜,总是能给文运带来起色!

---

① 此事并未实现。

第十八章

『快车高卧入京华』①

1976——

第一节 "政治任务"

1975 年 12 月 21 日,姚雪垠抵达北京,住进中国青年出版社幸福一村宿舍。

住京写作,是姚雪垠久蓄于心的愿望。

1974 年前后,他在给中国青年出版社编辑江晓天的信中,曾多次表达过这个心愿:

——我对你们没有别的要求,只希望如果你们在明春能正式开始工作,最好安排我明年夏天到北京住住,秋天回来。在武汉,每年夏天有三个月挥汗如雨,头昏脑胀。在我这样年纪,每年有三个月不能正常工作,很为可惜。(1974 年 11 月 6 日)

——第三卷正按计划进行,争取在春节前写完第四个单元。武汉住户不供应烤火煤,机关中没人替我考虑这件事,我当然一字不提。后半夜起床工作,怀抱热水袋,还可应付。最近有读者替我搞了些木炭,白天最冷时可以烧一点。到了春节以后,天气暖和,进展会快一些。(1975 年元旦)

姚雪垠喜欢武汉风物的壮美,但不喜欢武汉天气的极端。这座城市不南不北不东不西,夏天酷热,冬天奇冷,春秋两季虽美,却短得几乎来不及感受。以往只要有机会,他便会与出版社联系,争取来北京小住。1956 年为修改长篇小说《捕虎记》,来北京住了大半年,初春来,秋后归;1962 年为修订《李自成》第一卷,来北京住了一百天,初冬来,立春归。

除了天气的因素之外,还有一种潜意识在起作用。如前所述,自从踏上文学道路后,他便有着一种向慕"文化中心"的情结。20 世纪 30 年代初期他曾半真半假地说过:"岂只出刊物,想成名也须如此。长住开封不敌短住上海,长住上海又不如短游欧美。做土地(爷)一辈子也没什么出息。"[1]抗战前期赴北平,抗战中期去重庆,抗战后期住上海,都不是单纯的"为稻粱谋",而是另有追求。附带提一句,姚雪垠此后的境遇在某种程度上也与这种情结有关。[2]

住京写作愿望的顺利实现,与中国青年出版社的"复业"有关。

---

① 姚雪垠:《赋得神通广大》,1933 年。
② 姚雪垠似乎很难融入北京、上海、武汉这样的大城市文化圈。这也许是另一种"阶层固化"。

王维玲是历史在场者之一，他在《四十二年磨一剑》一文中对此事记述甚详，录如下：

（获知毛主席对姚雪垠和《李自成》的批示精神以后）当时我们几个人觉得应该抓住这个契机，争取恢复中国青年出版社的出书业务。与此同时，我们也听到人民文学出版社已向文化部出版局提出出版《李自成》的要求，得到批准，并准备去武汉找姚雪垠洽谈，在当时那种状况下，如果姚雪垠同意交给人民文学出版社出版，中国青年出版社是一点办法也没有的！想到此，我们更感到形势紧迫、严峻。胡德华、阙道隆、江晓天和我研究后，决定让江晓天去武汉，一是将毛主席的批示精神告诉姚老；二是中国青年出版社立即进入争取恢复出书业务和出版《李自成》的行动；三是劝姚老暂不要考虑给别的出版社出版《李自成》。

为争取时间，江晓天乘飞机前往，7 日买到机票，8 日一早便登机飞往武汉。就因此，江晓天赶在韦君宜的前面见到姚雪垠，掌握了主动权。姚老是个很讲信义的人，对江晓天的真挚态度和迅速行动很感动，他明确表态中国青年出版社如能恢复出书业务一定交中国青年出版社出版。江晓天尽心尽力地完成了此行的艰巨任务。

11 月 11 日，江晓天从武汉乘火车抵京时，我到车站接他，之后与胡德华、阙道隆一起到团中央向团"十大"筹备组副组长王道义汇报，王道义要我们迅速写个报告，由他们上报中央。次日上午我们研究报告内容，下午我与江回到宿舍，在江家拟写报告初稿，之后送给胡、阙阅改，当晚送交王道义。14 日下午团"十大"筹备组又把我们叫到团中央，听取王道义和几位筹备组成员的意见，当晚回来连夜修改定稿，于第二天一早送给王道义。这份报告是以中国青年出版社的名义写给团"十大"筹备组并中央的请示报告，团"十大"筹备组另拟一函，于 18 日上报。25 日下午 4 时半，团"十大"筹备组打来电话，告之中央已批准，于一小时后把批件送到中国青年出版社。至此，中国青年出版社在团中央报刊社中率先宣布恢复了出书业务。这就是后来所传"一部书救活了一家出版社"之说的由来。

在决定《李自成》第二卷出版权的这场争斗中，姚雪垠的态度起到了至关重要的作用。详情可参看他于 1975 年 10 月 21 日①,11 月 11 日②、12 日和 13 日③写给江晓天的信,兹不赘述。

姚雪垠不负中国青年出版社,中国青年出版社也不负姚雪垠。该社后续的安排堪称出版社善待作家的典范。

参看同期姚雪垠写给友人的几封信,便知中国青年出版社待他之厚:

11 月 23 日致臧克家:《李自成》由何家出版,想不日可由中央决定。倘仍由中青出版,我将去北京一趟;明年开春后将长住北京,仍过半隐居生活,如无特殊缘故,每年回来一趟向省市领导汇报工作并看看儿孙(我的小儿子一家四口将于最近由新疆回武汉,调动手续已办好)。倘由人文出版,我就无久住北京机会,打算春暖时去北京一趟,只在兄处作客。

11 月 28 日致丁力:本月十八日该社为复业和出版《李自成》问题,向中央上个报告。中央三位副主席传阅了,于二十四日批准,二十五日通知他们。他们给中央的报告中说,《李自成》第二卷和第一卷重印本将同时出版。因为任务很紧,他们怕武汉无取暖设备,也不清静,邀我去京,并问几个人去,好作准备;动身时将车次电告。

12 月 8 日致臧克家:上月十八日,中青和团中央筹备小组同时呈报中央:中青不等团中央成立先复业,尽快出版《李》第二卷,第一卷重印本亦同时出书。中央三位副主席传阅后,于二十四日批准。至此,由谁家出版的问题解决了。中青为我准备了一套房间,水暖煤气俱全,邀我同梅彩去京。

姚雪垠抵达北京的次日凌晨,作七律一首以"抒怀"。全诗录如下:

> 快车高卧入京华,笔砚安排即是家。
>
> 舞剑仍来残月外,挥戈惯趁夕阳斜。
>
> 心游贝阙骊龙近,眼望珠峰雪路遐。
>
> 任重只愁精力减,扬鞭少看上林花。

诗中的"任重",指的是尚未完成的《李自成》创作计划,也指的是毛主席批示后所被赋予该创作计划的"政治意义"。诗中的"上林花",指的是京城景观,也指的是居留北京后难以避免的人际交往。

姚雪垠在赴京前书信中对其创作计划所被赋予的"政治意义"理解得非常透

---

① 该信未收入《姚雪垠书系》,仅见于《为你骄傲——忆江晓天》,但被误标为 10 月 27 日。
② 该信收入《姚雪垠书系》,但被误标为 10 月 11 日。
③ 该信未收入《姚雪垠书系》,仅见于《为你骄傲——忆江晓天》,但被误标为 11 月 22 日。

彻,在同期的表述中,他将其视同为"政治任务":

　　1975年11月12日给江晓天信:韦君宜同志已来数日,尚无结果,十分焦急。出版《李自成》是目前调整文艺政策的一个政治任务,确是不能拖延。

　　1975年12月7日给江晓天信:今后为着不辜负伟大领袖毛主席的关怀,为着不损伤党的文艺事业,也为着顺利完成我的晚年写作计划,将时时记着主席批示的政治意义,严格对待自己,谨慎处理问题,努力埋头工作。

　　1975年12月8日给王维玲信:当然,北京文艺和学术界的老朋友多,非武汉可比,完全不来往也不可能。但是我将力求将不十分必要的来往限制在最小限度。今后写《李》,应该看成是政治任务,朋友们会支持我的。

　　1975年12月11日致叶圣陶信:主席批示之后,如何完成《李自成》和《天京悲剧》的创作计划,对我已经成了政治任务。

　　1975年12月13日致茅盾信:毛主席批示后,如何更快更好地完成《李自成》的写作计划,对我已经成为一项重大的政治任务。

　　1975年12月8日给臧克家信:如果问我属于哪一派,我是属于苦干实干派。特别是毛主席批示后,这种要完成任务的意义更有所不同。能不能完成得更快更好,要从政治角度去看,要从毛主席批示的重大意义和深远影响去看。

　　此后整整一年,居住在中国青年出版社幸福一村宿舍里的姚雪垠,几乎过着"半隐居"的生活,他舍弃了一切不必要的人事交往①,全心全意地投入《李自成》第二卷的定稿工作,力争又快又好地完成这一"政治任务"②。顺便提一句,1974年的"加强责任感"说③与1975年的"政治任务"说及至1977年"党的事业"说④是一脉相承的,其间思想境界的嬗变和递进关系,容后再述。

　　1976年,即姚雪垠在北京长住的第一年,中国政坛上发生了太多的事情——

　　1月8日,周恩来总理逝世。

---

　　①　7月3日,姚雪垠与臧克家登门祝贺茅盾先生八十大寿。

　　②　姚雪垠1976年12月4日致中国青年出版社领导的信:"我们对第二卷应当首先考虑如何出得好,同时也考虑如何出得快。"

　　③　姚雪垠在1974年9月26日给江晓天的信中写道:"作家对待历史研究的严肃认真,和对待创作的严肃认真应该是统一的,不允许有两重性。在历史科学的研究上和在文学艺术的创作上,都要加强责任感,即对今天读者的责任感,对后世读者的责任感。"

　　④　1977年4月7日致丁力信:我在第二卷出版后,心情一直沉重。老马长途,完成目标困难重重。作为党的事业,责任不轻;但年龄已老,身体不如往年,不能盲目乐观。

4 月 5 日前后,首都群众在天安门广场悼念周恩来总理。

4 月 7 日,华国锋被任命为中共中央第一副主席、国务院总理。

7 月 6 日,朱德委员长逝世。

7 月 28 日,河北省唐山发生里氏 7.8 级强烈地震,并波及京津等地。

9 月 9 日,毛泽东主席逝世。

10 月 6 日,中共中央政治局采取断然措施,一举粉碎"四人帮"。

借用姚雪垠笃信的"历史发展过程论"中的表述,这是"一个历史的运动过程转入下一个历史的运动过程"的"自我否定"期。

他曾和"来自全国各地和首都的人民,排着长队缓缓地去向周总理的遗像告别","整整在露天里站了两个多小时"①;他曾于 4 月 3 日"用雨衣遮住大半脸孔,滚着热泪,挤到天安门广场的群众中去",见证一个伟大历史时刻的降临②。

他痛切地感受着新时期诞生的阵痛,不管斗转星移,不管天崩地坼,把全部的忧思都化为了创作的动力——

1976 年 2 月 1 日致王亚平:一个多月来,我突击赶写《李自成》第二卷最后一个单元,争取在春节前将它写完,所以给朋友们的信都暂停动笔,往往好多天也不出院子。不管如何,第二卷的最后一页总算在昨天写完了。

1976 年 3 月 13 日致武汉市委宣传部:从去年十二月中旬到今年一月下旬,我将改过的稿子分批交给编辑部同志推敲、提意见。从今年二月上旬起,开始第二步修改工作,即编辑同志们分批提意见,我分批再作修改,然后,发排。这一步工作如今仍在进行。由于作者和编辑的要求和目的相同,所以合作得比较愉快。这一卷大概 80 万字,将分三册出书。原来出版社希望争取在"五一节"出书,后来放弃了。③

1976 年 6 月 26 日致茅盾:又,第二卷清样已校完了 680 面,尚有下半部清样未到,插进去修改第一卷。

1976 年 8 月 5 日致茅盾:当地震发生时,我正在案头工作。幸楼房较坚固,人平安,物无损。震后,移居马路旁,在棚子下继续工作。第二卷全部清

---

① 引文见王维玲《从〈李自成〉的出版谈起》,该文为参加姚雪垠文学创作六十周年学术讨论会论文,1990 年武汉。

② 引文见姚雪垠 1978 年 11 月 30 日致臧克家信。该信未被收入《姚雪垠书系》。

③ 此信仅见于王维玲文章《四十二年磨一剑》。该文收入《雪垠世界》,中国青年出版社 2001 年第 5 版。

样于昨日校完。昨日回原住处，但为小心起见，暂在一楼睡觉。

1976 年 8 月 15 日致周勃：地震以来，我基本上都在坚持工作。第二卷最后一部分清样约二百页，是在棚子中校完的。现在在继续修改第一卷下册。第二卷共一千三四百页，工厂中已经根据最后校样改出来二三百页。

《李自成》第二卷定稿于"四人帮"覆灭之前。

清样送审的过程似乎很顺利。责编王维玲在回忆文章中谈道："《李自成》第二卷的清样出来之后，于 1976 年 10 月 10 日分别寄送给共青团'十大'筹备组和湖北省委、武汉市委。……共青团'十大'筹备组成员、分工主管中国青年出版社工作的胡德华同志很快告诉我们，筹备组同意出版社的意见，可安排二卷出版和一卷再版工作。"随同清样一起寄送各审稿单位的，还有中国青年出版社的一份"报告"。转录该"报告"一段，以飨读者：

姚雪垠同志于去年十二月上旬来京，至今年一月，对全稿通改了一遍；从二月到五月经编辑审读后，作者又对全稿作了第二遍修改；从六月到八月上旬，作者又在校样上进行了第三次修改。经过八个月的修改，作品的思想和艺术都有了一定的提高，虽然作品中有些地方，还可以改得好一些，但有些也不是一下子可以提高的。作者在给毛主席的信中也谈到"由于《李自成》部头庞大，书中出场的人物众多，头绪穿插复杂，反映历史问题和生活问题较广，五卷出齐后必须再将全书统改一遍方算完成"。我们觉得这样好，一、二卷出版后，便能很快听到工农兵读者和各方面人士的反映和意见，不仅有利于一、二卷的修改，也有利于三、四、五卷的写作，因此，我们准备在今年内出版《李自成》第二卷，然后接着再版第一卷（作者已经修改完，即将排出清样），并继续为作者提供方便条件，早日写完三、四、五卷，实现毛主席"将全书写完"的殷切希望。

该报告所陈述的是一面的真实，还有另一面的真实。

根据姚雪垠当年书信，《李自成》第二卷定稿期间及清样送审之后，他曾与中国青年出版社领导发生过不少的矛盾冲突。

下面不能不引用当年姚雪垠致该出版社领导的一封非常重要的信件，该信写于 1976 年 12 月 4 日，即《李自成》第二卷发排的前夕。

文治、道隆同志①：

前天关于《李自成》第二卷第三十二章是否应该补上去的问题，我临时作了很大妥协，但事后一直心情沉重。其故有四：

第一，从历史唯物主义的理论上、中国历史(特别是明代)的分析上，以及小说的这一单元(即《紫禁城内外》)的内容上，我对你们二位和维玲同志分别作了详细解释。你们在这些根本问题上都提不出相反的意见。你们只是害怕没把握，怕挨棍子。关于粉碎"四人帮"之后，在党中央领导下，文艺战线上将要展开的新局面，我也作了分析，而且不是简单的分析，是在充满乐观和信心的前提下将前进道路上可能有的曲折也估计进去。

但你们过分从消极面看问题，还是害怕。在这样情况下，我只好作大的妥协，有条件地同意你们的暂不补上的主张。我曾一再向你们说明："紫禁城内外"一单元初稿写成于一九六四年春天，十几年来，我跟着中国历史的前进经过了一浪接一浪的阶级斗争和路线斗争，经过了无产阶级"文化大革命"的锻炼，对这一单元不是动摇，而是对它的意义看得分量更重了。这心情，你们是明白的。在你们的坚持劝说下，我作了大的妥协，等于我放弃了原则，换取你们赶快将书付印。你们平日也清楚，我对于历史研究和对于《李自成》的创作，态度是极其严肃的。这种原则上的让步，使我的科学和艺术良心受到谴责。

第二，春天你们要我抽掉这一章，是因为"四人帮"十分嚣张，文艺界和历史学界被他们搞得乌烟瘴气。他们一帮人不要党纪，不讲国法，背叛"两百"方针，破坏党的政策，因而担心他们会随心歪曲，乱打棍子。当时大家原说明在形势改变后即将这一章补上去。我只好忍痛同意。当时的争论，商量，以及我的忍痛心情，道隆、维玲和晓天同志应该历历在目。如今"四人帮"被粉碎已经两个月了，你们仍然不同意我补上去。"四人帮"的幽灵仍然影响着这一章的命运，影响着这一单元的完整。为着这个问题，我们的态度和认识竟如此深刻分歧，叫我如何不心情沉重？我们是同一个战壕中的战友，一年来虽然在处理稿子时不免有小枝节的意见分歧，无碍于我们的合作关系是相当愉快的。但是，这一次的分歧不是个枝节问题！

第三，我们的合作将是长期的。单就《李自成》一书说，下边还有三卷。

① 阙道隆、刘文治，均为中国青年出版社原领导。

倘若我们在重要创作问题上不是用马克思主义和毛泽东思想分析问题，解决问题，而是怕这怕那，今后如何能长期愉快合作？过去有"四人帮"干扰毛主席的文艺路线，今后就不会出现别的干扰么？

第四，按照妥协办法，暂时不补上，将此章印成单册，附在第二卷中送一些人，征求意见，这样做，将会使我们之间的工作矛盾立刻暴露到社会上。而且即令只送出几十本，也会在全国读书界到处轰传。我希望不出现这样后果。另外，那个小册子前边的"说明"将怎样写？用什么名义写？如用作者的名义，我不能说"我心中没有把握"，所以才征求意见。如用编辑部的名义，别人将如何评论这个问题？岂不造成新的被动？

由于以上原因，你们走后，我的心中一直沉重。

《李自成》是经过伟大领袖和导师毛主席肯定和亲自批示的书，是经得住时间考验的书，它的出版已经早为社会所注目。我们对第二卷应当首先考虑如何出得好，同时也考虑如何出得快。所谓好，就是要求它的思想性更深刻，艺术性更完整。为着莫须有的害怕，损伤深刻与完整，行吗？

我建议，为着做好《李自成》的出版工作，你们重新从根本原则上多多考虑。书不妨缓一段时间出版。如你们仍没把握，可以拿"紫禁城内外"全单元（完整的）征求意见。如果还不放心，推迟到几个月后出书不妨。什么时候你们将问题看清楚了，再出。如果你们仍要维持前天的妥协办法，我只能坚持一点，在"说明"中明确写出这一章的写作和处理经过以及双方的意见分歧之处，不能糊涂，使别人摸不着头脑。

此致

敬礼！

姚雪垠

一九七六年十二月四日

《李自成》第二卷第三十二章的中心情节是"承天门事件"，崇祯十三年冬，"山东和畿辅的百姓父老，因灾情惨重，征派不止，来京城吁恳天恩，豁免征派，火速赈济"，却不料遭受朝廷暴力对待，"守门的锦衣官兵压根儿不许他们走近长安左门，用水火棍和刀、剑将他们赶散"，以致酿成流血事件。该章写成于1964年，与1976年发生的天安门事件风马牛不相及，但中国青年出版社领导却"怕挨棍子"，坚持要拿掉该章，于是与姚雪垠产生激烈的冲突。

多年以后，姚雪垠仍对此事耿耿于怀。1993年他在给林默涵的信中，意犹未尽地写道："中国青年出版社少数负责人在'四人帮'被打倒之后,仍然遵奉'四人帮'的'三突出'的谬论,不让我在第二卷中写崇祯皇帝的宫廷生活。看到说不服我的'顽固'头脑,便拖着不付印,向武汉市委宣传部告我一状,想利用武汉市委宣传部的力量压我屈服,删去写宫廷生活和朝廷文武大臣的大量文字。详细经过,不在此信评述。由于我坚决不同意,决定回武汉接受批斗,中国青年出版社才只好按原纸型付印了。"①

在此必须指出,姚雪垠在上面这段回忆里提到的"原纸型",说的并不是原稿。原稿写成后,作家在出版社的坚持下作了一些改动,此为"原纸型"。"原纸型"与原稿之间的差异,可视为作家当年与非现实主义文艺潮流斗争所留下的痕迹,其后数年间各种版本的差异,也可作如是观。

下面举个例证,《李自成》第二卷第三十二章中关于"承天门事件"的描写。

对照原稿（1964 年）与初版本（1976 年 12 月）、重印本（1977 年 8 月）及书系本（2000 年 10 月）中关于"承天门事件"的描写,我们发现:

原稿中有关于姚东照老人和百姓们喋血承天门的大段描写——

太监口传了"圣旨"以后,转身便走。百姓们有的跪在后边,心中惊慌,并未听清"圣旨"内容,只听清"钦此!"便完了。但多数人是听清了的,等太监一走,不禁失声痛哭。姚东照老头子登时心一横,虎地跳起,捧着奏本向长安左门追去,大声呼叫:"公公! 公公!"只见一道红光一闪,一个锦衣旗校一棍子打在他的头上。他的眼前一黑,天旋地转,身子摇晃,倒在地上,那一字一泪的哀痛奏本仍然紧握在他的手中,而鲜血从头上奔流。老百姓见此情形,胆小的起来乱跑,胆大的扑向前去救他,并且叫道:"你们打死人了! 打死人了!"锦衣旗校怕百姓冲近长安左门,一齐向前,用力狠打,赶散百姓,并且逮捕了二十几个人,说他们在宫门外聚众暴乱,送进狱中。东长安街上,一片奔跑声,呼打声,哭叫声。很多商店见街上大乱,赶快关门。胆大的人们聚立在远处观看,有些老人滚下热泪,有些人摇头叹气,姚东照被几个上书百姓冒死救出,抬到东江米巷一个僻静地方放下。大家把他围着,有的含着悲愤的眼泪,有的发出恨声。他醒了过来,睁开眼睛望望大家,叹一口气。他知道自己的伤很重,快要死了。一句话从他的心上蹦出:"大明不亡,实无天理!"但

是不肯说出口，跟着又昏过去了。①

初版本②将姚东照隐去，且略去了流血场面——

太监口传了"圣旨"以后，转身便走。百姓们有的跪在后边，心中惊慌，并未听清"圣旨"内容，只听清'钦此！'便完了。那个满鬓白发的首事老人赶紧从地上起来，捧着奏本向长安左门追去，大声呼求：

"公公！公公！请公公可怜小民……"

太监没有回头，扬长而去。锦衣旗校害怕百姓们冲入长安左门，扬起棍子和刀剑将众人向后驱赶。站在远处观看的京城市民平日看惯锦衣旗校们随便行凶打人和抓人，一面乱叫着"打人了！打人了！"一面四散奔逃，使得长安街上登时大乱，商店纷纷关门。恰巧巡城御史带着兵马司的一队兵丁来到，将惊慌失措、悲愤绝望的上书百姓驱赶到正阳门外。

重印本③恢复了姚东照上书情节，但未恢复其喋血京都的描写——

姚东照老头子登时心一横，虎地跳起，抢过来奏本自己捧着向长安左门追去，大声呼求：

"公公！公公！请公公可怜小民……"

太监没有回头，扬长而去。突然一只手抓住他的胸前衣服，猛力一推，将他推出五尺以外，仰面倒在地上，昏了过去。有几个人扑上前去救他，有的人去拾取地上奏本。锦衣旗校害怕百姓们冲入长安左门，扬起棍子和刀剑将众人向后驱赶。站在远处观看的京城市民平日看惯锦衣旗校们随便行凶打人和抓人，一面乱叫着"打人了！打人了！"一面四散奔逃，使得长安街上登时大乱，商店纷纷关门。恰巧巡城御史带着兵马司的一队兵丁来到，将惊慌失措、悲愤绝望的上书百姓驱赶到正阳门外。

直到2000年书系本，才恢复到原稿模样④。

---

①　引自张葆莘《姚雪垠和〈李自成〉》，收入《关于长篇历史小说〈李自成〉》，上海文艺出版社1979年9月出版，第411页。

②　笔者所据版本为中国青年出版社1976年12月第1版第1次印刷的《李自成》第二卷。

③　笔者所据版本为《李自成》第二卷，中国青年出版社1978年8月的"重印版"，湖北人民出版社1978年8月第1次印刷。姚雪垠于1977年8月完成对该卷1976年12月第1版的"校正和修订"后，曾撰写了《重印小记》，以略记"重印"之旨。

④　张葆莘在《姚雪垠和〈李自成〉》一文中述及"承天门事件"一节因受天安门事件牵连被迫删削的遭遇，并写道："现在，'天安门事件'已真相大白，待下次再版时，当可恢复原貌了。"《关于长篇历史小说〈李自成〉》，第412页。

当年,姚雪垠不止一次地在致友朋书信中慨叹:"《李自成》每前进一步都有斗争,得随时顶住流行的创作要求。"①诚哉是言!

但是,为了力争《李自成》第二卷能尽快出版,为了完成这一"政治任务",作家与责编协商,也曾被迫作过一些退让。

责编王维玲在回忆文章中谈到这些"退让",他写道:在"四人帮"未被粉碎之前,为避免在一些字句上被"四人帮"一伙引申曲解,胡找借口,随心所欲歪曲写作意图,不明不白地遭封杀,挨棍子,姚老在个别段落中,加了一些作者的表白和议论。②

以《紫禁城内外》这一单元为例,外加的"作者自己的议论"真不少——

在表现"承天门事件"的段落中,作者加进了一段议论,对参与者进行了"阶级分析":

> 当文武百官在五更入朝时候,一千多畿辅和山东士民由二十几位老人率领,来到长安右门外边。③ 他们绝大部分是濒于破产的中小地主,但他们所代表的利益大大超出了他们所属的阶级,也反映了农民、中小商人和手工业主的利益。（第二卷初版第 781 页）

在表现谏臣黄道周与崇祯廷争的描写中,作者加入了更多的议论:

> 黄道周和崇祯一样,一心要维护摇摇欲倒的明朝江山,但是他坚决反对崇祯的几项重大措施。他不敢直接批评皇帝,只好激烈地批评杨嗣昌的误国。他反对加征练饷,在一定程度上代表了中小地主阶级的利益,但中心目的是害怕朝廷为此而失尽人心,将广大没有造反的百姓逼迫到造反的路上。（第二卷初版第 775 页）

> 崇祯满以为他的这些话可以使黄道周不再与他廷争,也使别的朝臣不敢跟着说话。但是黄道周既没有被说服,也没有被他压服。黄道周的性格非常倔强,又自幼被儒家的经史书籍读愚了,只想着做个忠臣,学古代那些敢言直谏之士,把"文死谏,武死战"的话当做了为臣的金科玉律,很喜欢苏轼的诗句"居官死职战死绥"。更重要的一点,他出身寒门,又常被贬斥,接近地主

---

① 参看姚雪垠 1976 年 12 月 26 日和 27 日致茅盾信,及 1977 年 2 月 28 日致臧克家信。

② 王维玲:《四十二年磨一剑——记〈李自成〉的写作和出版》,收进《雪垠世界》。

③ 《李自成》第二卷 1977 年 8 月重印本在此处增加了"曾经率领乡里子弟打过清兵的姚东照先生也参加了"一句。

阶级的下层。（他所处的阶级地位使他成了当时中小地主阶层的忠实代言人。明代末年，朝廷实行了"一条鞭"的聚敛办法，将丁役钱和一切苛捐杂派都并入田赋征收。大地主多为豪绅之家，既享有免役权，也能借官府和胥吏舞弊，将部分田赋负担转嫁到无权无势的中小地主身上。这一阶层和有少量土地的农民，既是官府敲剥聚敛的对象，也是大户进行土地兼并的对象，加上战乱和天灾，随时都有境况沦落，甚至倾家破产和死亡流离的可能。这一阶层加上有少量土地的农民，在人数上仅次于佃农和雇农，所以他们的动向会影响明朝的存亡。崇祯皇帝将豪绅大户看成国家的支柱，而黄道周却将中小地主加上有少量土地的农民看成国家的支柱。他所说的"小民"，就是指的这两个阶层的人，都是直接担负着加征田赋之苦。虽然黄道周并没有在理论上明白我们所分析的这些社会问题，但是出自他的阶级本能，加上他常在贬逐中生活，以其来京沿途所见所闻，）远较崇祯知道社会上的实际情况。听了崇祯的话以后，他觉得自己的一片忠心没被皇上理解，立即抬起头来说……

（第二卷初版本 789—790 页）

请注意引文括号内的大段议论，第二卷初版面世后，姚雪垠将这些文字用红笔标出，准备以后统稿时删去。可惜天不假年，他未等到全书定稿的那一天。

姚雪垠深知这些外加的"议论"对小说艺术性的损害，当年他在写给茅盾的信中这样表示道：

> 关于崇祯、卢象升、牛金星诸人的塑造，第一卷出版后曾遭到误解和非议。我近来出于不得已，在第一卷修订本和第二卷中加了些作者自己的议论，以防再受误解。恩格斯曾经说过："作者的观点愈隐蔽，对于艺术作品就愈好些。"他指的是现实主义的创作方法。我加进一些作者自己的议论，是违背我的心意的，只好等五卷写完，全书最后定稿时再斟酌情形决定删、存。①

关于作家"在第一卷修订本"中所作的违心的改动，可参看《李自成》1977 年 7 月第二版第一章中崇祯出场的描写：

> 今天晚上，崇祯皇帝是在承乾宫同他最宠爱的田妃一起用膳。他名叫朱由检，是万历皇帝的孙子，天启皇帝的弟弟。虽然他还是一个不到二十八岁的青年，但是长久来②（为着支持摇摇欲倒的江山，使明朝的极其腐朽的政权

---

① 1976 年 12 月 26 日致茅盾信。
② 第一版中有"疲劳过度"一句，被删去。

不但避免灭亡,还要妄想能够中兴,他自己会成为"中兴之主",因此他拼命挣扎),心情忧郁,使原来白皙的两颊如今在几盏宫灯下显得苍白而憔悴,小眼角已经有了几道深深的鱼尾纹,眼窝也有些发暗。一连几夜,他都没有睡好觉。今天又是五鼓上朝,累了半天,下午一直在乾清宫批阅文书。在他的祖父和哥哥做皇帝时,都是整年不上朝,不看群臣奏章,把一切国家大事交给亲信的太监们去处理。到了他继承大统,力矫此弊,事必躬亲。① (但是由于他所代表的只是极少数皇族、大太监、大官僚等封建大地主阶级的利益,与广大人民尖锐对立,而国家机器也运转不灵,所以偏偏这些年他越是想"励精图治",越显得是枉抛心力,一事无成,只见全国局势特别艰难,)一天乱似一天,每天送进宫来的各样文书像雪花一般(落上御案)。

1963 年 7 月第一卷初版中对崇祯皇帝的描写很简单,只有括号外的文字;1977 年 7 月修订本中增加了括号内整整五行的文字,硬生生地嵌进了大段的议论(阶级分析)。

退让是有限度的,也是有原则的,只可惜这番苦心并不为某些后人所理解②。

晚年,姚雪垠回想当年事,仍为当年的坚持而自豪。③ 他写道:倘若我当时不坚决同错误的文艺思想作斗争,稍一妥协,《李自成》第二卷将会成什么情况? 不但在艺术上会黯然失色,而且会变成"三突出"一路货色。④

可惜,20 世纪 80 年代的"新潮理论家"不了解也不想了解姚雪垠当年的抗争和坚持,他们竟妄称《李自成》为"三突出"的代表作,为"造神文学"⑤……

---

① 第一版中有"偏偏这些年来的局势特别艰难"一句,被删去。

② 批评者王彬彬不理解姚雪垠为何要在《李自成》中"加进作者自己的议论",指责道:"作为一个对马克思主义文艺理论有深厚修养的信奉现实主义创作方法的老作家,我们有理由要求他把自己的见解隐藏起来。遗憾的是,由恩格斯作了杰出表述的这一条现实主义的基本原则在《李自成》里却未能很好地贯彻执行。"《论作为"人学"的〈李自成〉——对真的史诗的呼唤》,《上海文论》1988 年第 1期。

③ 姚雪垠在回忆录《"农村三部曲"——梦断开封》中写道:第二卷出版之后,回想种种思想斗争,包括外人不知道的我同中国青年出版社前领导班子的激烈斗争。回顾往事,我感到值得自己欣慰甚至骄傲的是,我的许多书没有白读,我的唯物主义没有白学。

④ 参看姚雪垠 1985 年 4 月 23 日为诗《〈李自成〉第二卷开始问世》(1977 年 3 月 3 日)所作的"跋"。

⑤ 参看《刘再复谈文学研究和文学争鸣》(《文汇月刊》1988 年第 2 期)和李陀《也谈"伪现代派"及其批评》(《北京文学》1988 年第 4 期)。

第二节　"任从读者自平章"①

《李自成》第二卷初版时间标为 1976 年 12 月,实际发行时间为次年 3 月初。出版延宕的原因与当时的印刷条件和装帧水平有关。

姚雪垠书信中有如下相关记载:

1976 年 12 月 26 日致丁力:第二卷第一分册大开本已经印成,只欠插图和封面未印,拖了腿。二、三分册都将在元旦以前上机器。

1977 年 1 月 23 日再致丁力:《李自成》大开本因彩色插图工艺手续很费时间,现在决定抢快印普及本,早点出版。大开本已经印成的,因插图拖住脚,没法装订。现在抢印普及本,出版也得到春节期间或稍后了。

1977 年 2 月 9 日又致丁力:《李自成》第一卷第一分册装订好的样本今日送来,春节前第一册普及本将全部装订完,彩色插图本暂装出一千册。春节后第二、三册接着出版。

当年,姚雪垠的人事(组织)关系尚在武汉市文化局创作室,他到北京为《李自成》第二卷定稿,属于出差性质,须得不定期地向地方主管部门领导汇报工作。丁力时任武汉市文化局党委副书记②,姚写给他的汇报信,由他阅后再转给市文化局、市委宣传部及市委相关领导③。自 1975 年 11 月 28 日至 1978 年 4 月 5 日,姚共写给丁十二封汇报信,起初多谈工作进度,后来便随意写来,创作环境、心境、计划乃至京畿时事、传闻、逸事无不谈,俨然成为知交④。这十数封长信,可作为研究姚生平经历中这一段的重要参考资料。

当年,虽有毛主席的批示,虽被出版部门视为"政治任务",《李自成》第二卷的出版仍然不是很顺利。如前所述,第二卷原计划于 1976 年 5 月出版,后延至二

---

① 姚雪垠诗《〈李自成〉第二卷开始问世》(1977 年 3 月 3 日),全诗为:默默送汝初问世,任从读者自平章。无言桃李成蹊径,叱咤风云邑霸王。工细何曾流纤弱,雄奇未必属粗狂。十年寂寞蓬窗女,羞学江家时样妆。

② 一说其时任武汉市委文艺处处长。

③ 姚在这些信中曾多次提及武汉市委书记王克文、武汉市委宣传部部长辛甫及市文化局领导林戈等人。

④ 1977 年 7 月 23 日致茅盾信:丁力同志是武汉市委文艺处处长,对我写《李自成》一贯支持。

季度末①,又延迟至年底,再延至翌年春节前后。

姚雪垠曾十分惋惜第二卷的延缓出版,1977 年 2 月 14 日在致茅盾的信中写道:

> 在党中央粉碎了"四人帮"之后,不论《李自成》这部书的水平还不足以满足读者愿望,它的出版就标志着一个新的历史阶段确已开展。我相信为这事高兴的人一定不少。可惜,在"四人帮"被粉碎之后,它的出版本来应该快一点,早一点,不应该耽误到今天。对这一拖延,我的心中是怀着感慨和痛苦的。有的同志在"四人帮"被粉碎之后,思想认识赶不上,一时还不能深刻理解(不是表面看见)新的历史阶段的性质,也不能真正理解迅速将《李自成》出版对"四人帮"逆流所能起到的战斗作用。倘若具体搞出版工作的同志们在"四人帮"被粉碎之后,统一认识,排除困难,全力以赴,将《李自成》赶快出版,该有多好!

"它的出版就标志着一个新的历史阶段确已开展",姚雪垠的政治自信和艺术自信在这番话中体现得十分充分!可惜至今未能得到学界的公认。

1977 年 2 月初,他终于拿到了第二卷普及本第一分册(上卷)②,欣喜之余,虽不无遗憾,仍作诗一首以纪之:

春节感怀

一九七七年二月十八日

> 一九五七年深秋之季,开始动手写《李自成》,至今将满廿载。第二卷第一分册刚印成,尚未发行问世。以下尚有三卷稿子未就,任务甚重,老马长途,力与心违。今值春节之晨,百感交集,怅然寡欢。赋此一律,聊写余怀。

曾经霜冻百花摧,春色含烟次第回。

楼外五更多爆竹,胸中念载足风雷。

雄心勃勃山河壮,笔力迟迟岁月催。

新作印成初到手,怅然无意觅茅台。

---

① 1976 年 2 月 3 日给程涛平信:出版社原希望争取五一节前将第一、二卷同时出版,现在看来,恐无把握。但第二季度总可以出书的。

② 当年《李自成》第二卷初版分为大开本和普及本两种。

1977 年 3 月，普及本全卷三册印成发行，他亦有诗纪之：

《李自成》第二卷开始问世

一九七七年三月三日

默默送汝初问世，任从读者自平章①。

无言桃李成蹊径，叱咤风云岂霸王。

工细何曾流纤弱，雄奇未必属粗狂。

十年寂寞蓬窗女，羞学江家时样妆。

不俟全卷印成，姚雪垠便陆续将各分册寄赠师友。

1977 年 2 月 14 日他给茅盾先生寄赠《李自成》第二卷第一分册，并附信写道：

　　十年以上，老作家一辈除个别例外，没有人有机会发表作品；至于出版新作品，便没有例外了。在我国历史上，从两汉以下，像"四人帮"这样凭借他们篡夺的部分权势，对文化领域进行如此疯狂的法西斯统治，尚不多见。这虽是历史的短暂现象，但是其所造成的后果，十分严重。不仅今天"四人帮"应受到严厉批判，再经过一个历史时代，后人将还会回头再分析、批判这一股历史逆流，总结它的产生根源和对国内、国外的恶劣影响。

同月 19 日，茅盾先生在给姚雪垠的信中写道：

　　十四日大函敬悉，春节有些人来人往，遂至今始复。《李自成》二卷第一分册之问世，当然会引起广大读者（包括老中青）的注意与欢迎。广大读者实在渴求看到不是十年来那一套"帮八股"以外的东西。但恐文学评论者还无暇及此，而且他们职责所在，首先要评介工农兵反映工农业之作品，大作之长会使他们却步，而况亦未必对三百年的历史感兴趣，恐怕他们对五十年（前）之辛亥革命也不见得感兴趣。这也怪不得他们，单是评介工农兵作品已经把他们搞得筋疲力尽。何况一部分中年评论者又被《红楼梦》、鲁迅研究拖住了手脚。

茅盾先生深知《李自成》第二卷出版的文学史意义，但他担心在当时的文艺环境下文学评论界很难有所作为，因为"帮八股"的流毒尚未肃清，文艺政策尚未调整，文学评论工作者由于"职责"和思维惯性所限，恐怕暂时还不会对陌生的长篇历史小说产生研究"兴趣"……

3 月 11 日，姚雪垠复信，对《李自成》第二卷面世后的社会反响充满信心。他

---

① 笔者按："平章"意为评议。《红楼梦》第三十七回《秋爽斋偶结海棠社　蘅芜苑夜拟菊花题》中在讨论建诗社的时候，宝玉道："这是一件正经大事，大家鼓舞起来，不要你谦我让的，各有主意自管说出来大家平章。宝姐姐也出个主意，林妹妹也说个话儿。"

写道：

您上月十九日来信，担心无人为《李自成》写评介文章。听亚平说，您给他的信中也表示同样的关怀。其实，《李自成》自第一卷出版以来，已经深入人心，不需要一般性的评介文章。第一卷出版之后，没有一篇评介文章，它从工厂到边疆，从机关到学校，默默旅行，到处获得热情的欢迎。它是那种"雅俗共赏"的书，所以从高干和高级知识分子到青年工人、士兵、学生，都有读者。工人们说这部小说"耐看"。有很多读者将第一卷读了一遍又一遍，竟有读了十几遍到二十几遍的。上月看见曹禺，他说："你的第一卷不知陪伴我多少失眠之夜，不知我看过多少遍！"

第一卷已经获得这样效果，第二卷就更不需要一般的评介文章了。目前的问题不是读者尚不重视，而是纸张十分缺乏，印数远远不能满足读者需要。这一供求之间的矛盾，恐怕要到一两年后才能解决。纸张稍一缓和，人民文学出版社和各省市人民出版社都可借用中国青年出版社的《李自成》纸型印刷出书。近几年既不付稿费，也不讲版权，这办法已经为出版界所习用。

目前条件较好，尤其《李自成》是获得毛主席关怀和支持的作品，过一段时间会有人写评论文章。但是我不喜欢泛泛的评论。从来对一部作品，谩骂不等于定谳①，喝彩不等于知音。将来会有了解较深的同志从各个侧面对《李自成》做一些研究和分析工作。这种分析文章也是对"四人帮"在文艺领域的流毒进行严肃的战斗。

信中提到的"将来会有了解较深的同志从各个侧面对《李自成》做一些研究和分析工作"，既是预测，也是实情，且待后述。

1977年初春，《李自成》第二卷已然成为新闻界宣传的热点。

当年4月7日，姚雪垠给武汉市文化局领导丁力写信，汇报《李自成》第二卷出版后在社会各界引起的巨大反响：

现将一些情况汇报，其中哪些情况可以向辛部长、王书记汇报的，请你决定。

一、《李自成》第二卷各册陆续出版，社会上反应较为强烈。第一卷修订本因为替《毛选》五卷让路，大概到五月中旬以后才能上机器。

二、李准（凖）已来北京。北影为搬上银幕事积极准备，争取明年开拍，宽、窄银幕的片子同时进行。

---

① 定案；定罪。

1976年"文革"结束，《李自成》第二卷出版，在社会上引起强烈反响。左图为王府井书店读者排队购买《李自成》的情景，右图为姚雪垠为读者在作品上签名

三、三月初（三月六日），新华社将我的创作情况详细写一稿子，反映给中央政治局。该社国外部除用中文向香港发消息外，又用五种文字向国际发了消息，到纪念《在延安文艺座谈会上的讲话》时将再发消息。

四、新华社国外部已决定向国际发一篇访问记。因我的写作情况该部记者已基本了解，所以决定先将稿子拟出，再送中青编辑部和我看看。他们的目的是要通过我写《李自成》的事例，宣传毛泽东思想的胜利和粉碎"四人帮"以后的文艺与出版的新气象。

五、因新华社已对海外宣传，香港《新晚报》要求连载《李自成》第一卷修订本。新华社认为修订本尚未在内地出版，不宜先同香港和海外读者见面，要该报仍照初版本连载。

……（下略，笔者注）

1977年暮春，《李自成》评论热潮蓄势待发。

姚雪垠和茅盾的两篇关于《李自成》的文章相继面世，堪称投向统治文坛十年的"帮派文艺"理论的第一批巨石，更加具象地宣示"毛泽东思想的胜利和粉碎'四人帮'以后的文艺与出版的新气象"，对蓄势待发的《李自成》评论工作起了引领作用。这两篇文章是：

姚雪垠：《谈〈李自成〉的创作》，载《人民文学》1977年4月号

茅盾：《关于长篇小说〈李自成〉的通信——致姚雪垠》，载1977年6月25日《光明日报》

第一篇文章是"自评"。原题为《〈李自成〉第一卷修订本·前言》，三万余字，起笔于 1976 年 7 月，五易其稿，改成于 1977 年 2 月。定稿前曾寄送茅盾①、郭沫若、胡绳等文坛师友征求意见，也曾寄送宋一平、刘仰峤②等党政领导审阅。该《前言》分为三节：第一节自述创作《李自成》的艰难历程，第二节谈研究明末农民战争历史的态度和方法，第三节谈长篇历史小说创作理论。《人民文学》发表时摘要二万余字，改题为《谈〈李自成〉的创作》③。

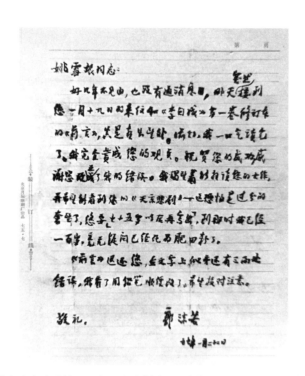

1977 年郭沫若在病中看过姚雪垠寄给他的《〈李自成〉第一卷修订本·前言》后的复信手迹

---

① 姚雪垠 1976 年 12 月 17 日凌晨致茅盾：今寄上《前言》打字稿一份，请您看看。初稿是七月间写出来的，有些论点（特别是关于历史方面）是同"四人帮"所倡导的学风文风唱对台戏，自然不敢拿出。但问题如骨鲠在喉，不吐不快。如今"四人帮"打倒了，干脆把话说明白，更能够发挥战斗作用。请您推敲推敲，将论点不准确的地方，措词有毛病的地方，赐信指明，以便修改后付排。倘蒙您直接斧削润色，尤为感激。

② 1976 年 1 月 3 日晚致丁力信："一平同志和仰峤同志都很关心我的工作，热情帮忙。关于向北京图书馆和故宫博物院借阅资料事，仰峤同志负责解决。"

③ 该文发表时，人民文学编辑部在"摘要"中说明：本文是中国青年出版社即将重版的长篇历史小说《李自成》第一卷修订本·前言中有关谈小说创作的部分。征得作者同意，予以发表。有些字句我们略作压缩、修改……

该文"战斗性"极强。抄录几段如下：

——近若干年，政治野心家江青成了文艺界的大恶霸，完全背叛了毛主席的文艺路线，对文艺界实行封建法西斯专政。在创作方法上，他们故意不提恩格斯关于"典型环境中的典型人物"的经典理论，也不提毛主席的革命现实主义和革命浪漫主义相结合的教导，而大肆宣传江青的种种不学无术的黑指示。江青和她的一帮狐群狗党将如何写英雄人物，如何写反面人物，如何写阶级斗争等等，都订出死框框，名之曰"样板戏经验"，违反不得。

——当《李自成》第二卷补写完和进行修改的过程中，我深深感受到"四人帮"这一股反马列主义思潮的压力。按照"四人帮"的荒谬理论，对英雄人物只能写他们绝对的纯洁、先进、正确、光辉，不能写出任何缺点。依照这一清规戒律，只能写李自成如何革命，不能写他有帝王思想、天命观和其他迷信思想，有孔孟思想，等等。对于反面人物如崇祯和杨嗣昌等，只能按照他们所提倡的那样写，而不能像现在这样写。我每前进一步都遇着这类问题，都有斗争。尽管我时时担心小说出版后会挨棍子，然而我不能放弃我的责任和违背我的良心。我的责任是坚持历史唯物主义原则用长篇小说的独特的艺术形式再现历史生活，达到古为今用的目的；我的革命良心（也就是是非感）不允许用我的作品为"四人帮"所提倡的"创作方法"作宣传。在"四人帮"气焰煊赫的岁月里，也有不少同志悄悄对我说："你要顶住！要对得起历史！"足见痛愤"四人帮"的荒谬论点的大有人在。

——"四人帮"妄图利用"评法批儒"的口号打倒我们敬爱的周总理和一大批党中央和地方领导同志，篡党夺权。他们随心所欲地篡改历史和解释历史，以古喻今，影射攻击。种种手法，十分卑劣。这一逆流也严重干扰《李自成》第二卷的写成和修改工作。要不要照"四人帮"的意图将李自成写成反孔的英雄？我不能！我既没有看见一条经得起推敲的史料证明李自成偶然反过孔（更不说一贯地），也不能从历史唯物主义找到理论根据。要不要在这部小说中写儒法两条路线的斗争？我不要！李自成所领导的是一次轰轰烈烈的农民革命战争，它的历史意义远远大过了封建地主阶级内部的儒法斗争。

必须指出：该文所提出的创作理论——坚持历史唯物主义原则用长篇小说的独特的艺术形式再现历史生活，达到古为今用的目的——是其"梦想的中国当代历史小说的新道路"的核心①。还必须提出，该文是国内以个人署名发表的批判"帮派文艺"的第一篇理论文章②，在当代文学史上应占据应有的地位。

第二篇文章是"他评"。《关于长篇小说〈李自成〉的通信——致姚雪垠》，辑录了茅盾先生1974年至1977年间写给姚雪垠的部分书信。该文为《光明日报》约稿，姚雪垠抄录整理，茅盾先生审阅定稿。

当年，姚雪垠即对这批书信的文学史意义有深刻的理解，他在致茅盾先生的信中写道③：

> 在我摘抄您的书信时候，深佩您的艺术眼光敏锐，议论细致而精辟，发表之后，对从事长篇小说写作的人们很有帮助。当然，更应该估计到在今天发表这些信会起的政治影响。这是您许多年来重新用世人熟知的笔名发表谈论文学作品的文字，也是许多年来在我国第一次出现了谈论小说艺术技巧的文字，这两点都是粉碎"四人帮"之后文艺界开展了一个新的历史时代的标志，定能引起国内外的重视。

姚雪垠认定，这批书信的公开发表将成为"文艺界开展了一个新的历史时代的标志"。此言不虚，后世评论者对此多有抉发。

茅盾书信中对《李自成》第一、二卷有着非常精到的艺术评价。摘录数段，与读者共享：

> ——第一卷中写战争不落《三国演义》等书的旧套，是合乎当时客观现实的艺术加工，这是此书的独创特点。以潼关南原之战为例，有时写短兵相接，有时写战局全面的鸟瞰，疏密相间，错落有致。义军分兵两路同时突围而略有先后，写了李自成一面，接写高夫人一面，重点在李自成，而高夫人一面仍然声势不凡，而两面有时亦复衔接。如此布局，极见匠心。（1974年12月2日）

> ——整个单元(《商洛壮歌》)十五章，大起大落，波澜壮阔，有波谲云诡之妙；而节奏变化，时而金戈铁马，雷震霆击，时而凤管鹍弦，光风霁月；紧张杀伐之际，又常插入抒情短曲，虽着墨甚少而摇曳多姿。开头两章为此后十

---

① 姚雪垠在《论历史小说的新道路——当代中国历史小说的若干理论问题》(1986)写道："到了1977年春季，《李自成》第二卷和第一卷修订本相继出版，不管同志们的意见如何，我所梦想的中国当代历史小说的新道路确立了。"

② 同年5月18日，《人民日报》发表文化部政策研究室批判组《评"三突出"》。这是集体署名的作品。

③ 1977年6月9日姚雪垠为《光明日报》约稿事致茅盾先生。

茅盾写给姚雪垠的信。1974 至 1980 年就《李自成》的创作等问题姚雪垠致茅盾信 52 封，茅盾复信 38 封。这些书信是珍贵的文学史料

一章之惊涛骇浪文字徐徐展开全貌，有山雨欲来风满楼之势。最后两章则为结束本单元，开拓以下单元，行文如曼歌缓舞，余韵绕梁，耐人寻味。（1975 年 6 月 7 日）

——这个单元（《李自成突围到鄂西》）有结束上文、展开新页的作用；新的一页就是李自成义军的大发展，及其驰骋中原。但作者却又另起波澜，紧接着却是"紫禁城内外"，而不是"闯王星驰入河南"，笔锋从义军转向没落王朝的内外交困，这种横云断峰的布局，书中屡见，这构成了全书的一弛一张的节奏。（1975 年 6 月 20 日）

如果说茅盾先生这批书信的发表，打破了统治共和国文坛多年的政治话语的囚笼，从遥远的时空引来了一股春天的气息，带给读者一种全新的感受①，也许并非妄言；如果说茅盾这批书信的发表，在当年僵化沉寂的文学评论界产生了难以估计的震撼效应，吸引了焦灼困顿的文学创作界的凝神注目，也许并不过分②。

谈到茅盾先生这批书信所产生的震撼效应，便不能不涉及如下这件逸事——

1977 年 8 月 17 日，就在茅盾这批书信面世后的第二个月，"（上海女作家赵清阁）给茅盾写了一封长长的书信，除了讲一些自己的近况外，用了相当的篇幅来谈自己和听到别人对《李自成》的评价，同时直言社会上的对《李自成》的负面评

① 1977 年 6 月 15 日茅盾给姚雪垠信中写道：我重读过去写的这些信，觉得还是很肤浅的，而且用词又沿用古人评文评诗的陈词滥调，发表及反响如何尚不可知。姑试试空气罢。

② 1977 年 6 月 14 日姚雪垠在致茅盾信中写道："自'四人帮'干扰文化艺术以来，没有一位有经验的老作家敢多谈艺术技巧问题了。您的这些信，发表之后，其影响之大，不妨充分预估。"

论,担心'影响'茅盾,'于我公影响不佳'。所以,她将一些想法、看法直接写信告诉茅盾"①。

9月7日,茅盾在给赵的复信中"直接谈了自己对《李自成》这部小说的看法"。全信如下:

清谷(赵清阁笔名)大妹,八月十七信迟复为歉,近来杂事甚多,不速之客亦多,觉得累了,腰痛已并旬,医谓无碍,则亦听之而已。北京秋老虎厉害,仍潮闷,昨起早晚凉,有秋意,但白天出外,仍穿夏衣,您谓《李自成》小说畅销与我评价有关,其实不然,光明日报看到畅销,这才从雪垠处索观我前年和他的通信,并请雪垠摘录一部分发表,这一天的光明日报引起注意,至今仍有向报社索此日之报者,认为我对此书评价太高,又认为此书第一卷胜似第二卷者,大有人在,有一定的代表性。当然,"金求足赤",不合辩证法;书求全美,恐也如此,如果知道雪垠读过明末清初的官书,野史,笔记小说甚至方志之多,及其分析史料,去伪存真之辛勤,而且他学习历史唯物主义与辩证唯物主义认真而确有所得,便会承认自来用历史题材写小说或剧本者都不及雪垠之认真不苟,何况其文笔也以济之。如果从这些方面想,则我之评价未必过高也,至谓第二卷不及第一卷,恐亦是皮相之谈,此点说来太长,只好打住。"李"书已决定拍电影,恐系连台三部,电影剧本正在编写中,预定于建国卅年周年时完成第一部,那时"李"书第三卷也将于此时出版,全书共五卷,百余万字,第三卷初稿已得,将用一年时间反复修改。来信谓"李"书据明史简略之记载而演为百万字之长篇,盖未知其所据有了史料倍于明史李自成传者盖百千倍也。不是我狂妄,我在明史外,读明、清之际私人著作亦不少,但雪垠所读十倍于我。所以我知其写作时的甘苦,至于来信谓文字有堆砌处,诚然有之,至谓情节繁琐,则未必;刘宗敏等有粗话,正是写其性格之一面,凡此等等指责,不独您有之,也有一定的代表性,希望本百家争鸣的精神,讨论一番,亦有益事也。匆此即颂

健康!

沈雁冰,九月七日(1977)

从此信可以获知,《李自成》第二卷出版后不久,坊间便有"第二卷不及第一

---

① 赵清阁与茅盾的来往信件内容的转述和转录,全引自钟桂松《新发现的有关茅盾的几则史料》,载《新文学史料》2016年第3期。

卷"的议论①，并非一时一地一人之语；又从此信中可以领会到，茅盾先生对《李自成》第二卷的态度非常明确，对作者姚雪垠的理解、爱护、维护之情溢于言表。

逸事说完，言归正传。

第一波评论热潮随之而起：

实事求是地说，有了姚雪垠的"自评"和茅盾先生的"他评"之后，国内关于《李自成》的评论才呈现出"井喷"之势。

在第一波评论热潮中，有如下几篇勇立潮头的评论文章②：

古平：《波澜壮阔的农民革命战争历史画卷》，载《武汉师院》1977 年 Z1 期。（文末有注：1977 年 8 月写，10 月改定。）载《湖北文艺》（双月刊）1977 年第 5 期③

钟平：《光辉的形象，成功的创造——试谈〈李自成〉一、二卷李自成形象的塑造》，载《湖北文艺》1977 年第 5 期④

张松泉、张碧波：《中国农民革命战争的英雄史诗——评姚雪垠的长篇历史小说〈李自成〉的第一、二卷》，载《哈尔滨师范学院学报》1977 年第 3 期⑤

华思理：《马克思主义美学的胜利》，载《武汉文艺》1977 年第 6 期

王毅：《坚持"古为今用"，反对"古为帮用"——读历史小说〈李自成〉札记》，载《武汉文艺》1977 年第 6 期

叶德新：《努力再现典型环境中的典型性格——浅析〈李自成〉第 2 卷第 28 章的创作手法》，载《武汉文艺》1977 年第 6 期

华思理：《论〈李自成〉的人物塑造》，载《华中师范学院》1977 年第 4 期

童恩翼：《匠心写出风光细，不绘清明上河图——读〈李自成〉风俗画描写》，载《湖北文艺》1977 年第 6 期

上面八篇评论文章，除了一篇出自黑龙江高校，其余全是湖北省高等院校教

①　1977 年 6 月 15 日茅盾给姚雪垠的信：前天有个人民文学编辑部的人（本不相识）来约写新的短篇小说的评论，我已婉辞；谈起《李自成》，他说有些读者认为第二卷不及第一卷，真怪！然则通信之发表，倘立可以破此重偏见？

②　参看南京师范学院中文系编《中国当代文学研究资料——姚雪垠专辑》（1979 年 11 月印行）。吴按：当年各地的文艺期刊和高校校刊都刚刚"复刊"，上述刊物均为季刊和双月刊。

③　姚雪垠认为这文章写得不错。参看致王毅和李梅吾信。

④　姚雪垠很欣赏这篇文章。翌年夏，曾约作者陈美兰来家畅谈。参看陈美兰《他的执着，不亚于精卫填海——侧记作家姚雪垠》。

⑤　该学报疑为双月刊或季刊。1977 年 11 月 13 日姚雪垠在写给丁力的信中认为该文"质量较高"。

师们的作品。据笔者所知,当时为《李自成》写评论的,武汉师范学院有三位:王毅、李悔吾(合用笔名古平)和童恩翼。武汉大学两位:陈美兰(笔名钟平)①和吴志达②。华中师范学院一位:孙子威(笔名华思理)。

由于当年特殊的政治环境和文艺环境,湖北省的《李自成》评论工作是在当地文艺主管部门的领导下实现的。

1977 年 6 月 20 日,姚雪垠在致茅盾信中曾提及此事,写道:

> 湖北方面组织一个研究评论《李自成》的班子,派来了三位同志,两位是武汉师范学院的能写文章的中年教师,一位是省创评室的理论干部。这一工作是上边提出的,得到有关党领导方面的支持。他们的目的不是写两三篇文章为止,而是想通过这部作品,深入地研究一些创作上的理论问题,可能在武汉形成一个研究《李自成》的核心小组。参加这一工作的还有教师和工人业余理论骨干,等他们回去之后,将搞一次学习班,并拟出具体计划。他们来之前曾作了较认真的准备,拟订了来见我的《访问提纲》,提出的问题有一定深度。来京之后,他们已经同我长谈两次,同较熟知《李自成》问题的江晓天同志深谈一次,又到《光明日报》要了两份您的书简清样。大概还要同我谈两三次,然后回去。武汉市委也打算成立这样一个小组,但湖北省先行一步了。

在地方文艺主管部门的组织下,这个研究评论《李自成》的班子开展了如下卓有成效的工作:

——组织了国内第一个《李自成》研讨班③。"近一年来,围绕《李自成》的评论,长江文艺编辑部(包括前湖北文艺编辑部)组织有关人员先后开展了一些访问、调查、研究工作"④,并写出了第一篇田野调查论文⑤。

——推出了国内最早一批评论文章。"举办了几次写作学习班,写出了十几

---

① 陈美兰在《他的执着,不亚于精卫填海——侧记作家姚雪垠》中回忆道:我受湖北省作协之邀,参加了这部作品的研讨班,在湖北通山县九宫山(李自成牺牲的地方)住下,对作品细细研讨了近四十天,最后我为研讨班交出了一篇"作业":《光辉的形象,成功的创造——试谈〈李自成〉一、二卷李自成形象的塑造》。

② 据温新《吴志达教授 80 寿庆座谈会举行》一文介绍:"1977 年夏,应长江文艺编辑部之邀,中文系领导派吴志达和陈美兰二位老师去写作评长篇小说《李自成》的文章,吴志达的选题是《大起大落,波澜壮阔——评〈李自成〉的艺术结构》,发表在《延河》杂志 1978 年 2 期。"见武汉大学新闻网。

③ 陈美兰在回忆文章《他的执着,不亚于精卫填海——侧记作家姚雪垠》中谈到这个研讨班。

④ 《〈李自成〉评论集·编后记》,《〈李自成〉评论集》,湖北人民出版社 1978 年 12 月出版。

⑤ 张国光、李悔吾:《李自成在湖北抗清牺牲经过及其墓葬问题》。

篇评论及史料研究文章，有的已经在报刊上发表。"①

——召集了国内第一次大型的《李自成》学术讨论会。"为了总结和交流欣赏、探索的经验，促进文学创作事业的繁荣和理论批评工作的开展，中共武汉市委宣传部、湖北省社联（筹）委托武汉师范学院中文系于（1978年）四月下旬举办了规模较大的《李自成》学术讨论会，北京、上海、南京、广州、哈尔滨、长春、西安和湖北省、武汉市的大专学校、文艺、新闻、出版等部门四十多个单位的八十多名代表，齐聚江城……"②

——出版了国内第一本《〈李自成〉评论集》。该评论集由武汉师范学院中文系、长江文艺编辑部合编，湖北人民出版社1978年12月出版。有趣的是，在这本"主要是湖北地区的评论研究文章"的集子中，北京地区最早的《李自成》评论者胡德培的论文《只缘身在此山中——从王吉元看〈李自成〉表现手法的一斑》也被收录。

《李自成》评论热潮的第二波，起于1978年下半年，具有代表性的论文有如下两篇：

茅盾：《关于长篇历史小说〈李自成〉》，载《文学评论》1978年第2期

严家炎：《〈李自成〉初探》，载《北京大学学报》1978年第3期和1979年第1期

茅盾先生的这篇论文蕴酿于1977年下半年，写定于1978年3月。该文有着明确的目的性和指向性。

1977年9月24日，茅盾先生在写给姚雪垠的信中主动提出："近来常听说第一卷胜似二卷，又谓二卷文笔不似一卷简练……下个月后如有时间，拟就历史人物之现实性与虚构性之合理的结合一端写随感式短文数则，以破一般对尊作之形而上的议论。"如前所述，信中的"听说"与半个月前赵清阁的来信有关，该文的写作便是为了击破那种"形而上的议论"。该文原应英文版《中国文学》约请而作，写成后被刚刚复刊的《文学评论》抢先发表，引起文坛轰动。多年后，《文学评论》编辑、学者陈骏涛称赞该文为"《李自成》评论的先行者"③。

---

① 《〈李自成〉评论集·编后记》，《〈李自成〉评论集》，湖北人民出版社1978年12月出版。

② 李悔吾：《红杏枝头春意闹——〈李自成〉讨论会纪实》。

③ 陈骏涛：《〈李自成〉评论的先行者——关于茅盾的〈关于长篇历史小说《李自成》〉》。文中写道："（该刊刚印出，）消息像长翅膀一样传出去了，打电话、写信要买这期刊物的人很多……可以想见这篇文章在当时影响之大！"

茅盾先生的这篇论文向国内外文坛宣示了《李自成》的文学史地位：

——这是"五四"以来第一部长篇历史小说。

——历史小说《李自成》基本上是根据历史事实写作的。但既然是小说，免不了有虚构。《李自成》的虚构部分，却并非主观臆造，而是在当时历史条件下可能发生的合情合理的虚构。

——《李自成》全书重要人物数以百计，作者在人物描写上是下了功夫的，而且也是很成功的。

——作者在《李自成》中，打算为中国的封建社会生活（包括它的各阶层间的相互关系），描绘一幅绚丽多采的画卷，在已出的两卷中，已经写了一部分；在以后的三卷中，还欲深入一层去描写。中国的封建文人也曾写过丰富多采的封建社会的上层和下层的生活；然而，用历史唯物主义和辩证唯物主义来解剖这个封建社会，并再现其复杂变幻的矛盾的本相，"五四"以后也没有人尝试过，作者是填补空白的第一人。

研究者姚伦对该文的影响力有过精当的概括："由于当时的政治环境，自《李自成》第一卷问世后，有关它的文学批评却保持了长达十多年的沉寂。直到1978年，茅盾的评论文章《关于长篇历史小说〈李自成〉》发表，研究界对《李自成》的关注才开始升温。在1977年到1985年期间，热议《李自成》的高潮掀起……此时关于《李自成》的评价主要还是沿袭茅盾同志在评论《李自成》时的经典论述。"①

严家炎先生的论文《〈李自成〉初探》，"1977年12月至1978年1月初稿，8月修改"，起笔时间和定稿时间稍晚于茅盾，亦可称为《李自成》研究的扛鼎之作。

该论文认为"《李自成》的成就是多方面的。本文想从历史真实性、艺术虚构、人物形象、结构布局和民族风格诸方面作些初步的考察"，以确定《李自成》"在我们当代小说中占有怎样的位置"。该文分析道：

建国以来，在小说创作方面，我们已经有了一批优秀或比较优秀的作品，它们各自都有独到的成就。譬如说，《创业史》反映农业合作化的深沉有力，《红旗谱》表现民主革命时期农民运动的浑厚扎实，《红岩》写地下斗争、狱中斗争的可歌可泣，可以说都是各有千秋，各具特色的，有的在思想和艺术方面都达到了相当成熟的境地。但是，在长篇小说中，像《李自成》规模这样宏大，反映的生活内容这样波澜壮阔，确乎还没有第二部。即使在世界文学的

---

① 姚伦：《悖论中的〈李自成〉》。

范围内，一部小说而达到三百万字以上的规模，恐怕也属罕见（巴尔扎克《人间喜剧》篇幅虽大，但那是许多作品的组合，另当别论）。我们可以这样说，《李自成》是当代有数的优秀长篇之一；如果小说今后几卷能保持并发展一、二卷的水平，那么，它有可能成为一部无愧于我们伟大时代的文学巨著，成为一部较好地体现我们伟大国家风貌的作品。

该论文寄希望于《李自成》"成为一部无愧于我们伟大时代的文学巨著，成为一部较好地体现我们伟大国家风貌的作品"，对作者姚雪垠的刺激甚大，他后来抱定后续三卷如无"创新"绝不"脱手"的精品意识，也许便与之有关。

《李自成》评论热潮于 20 世纪 80 年代初期达到最高峰，据说具有代表性的研究专著就有六部之多①，创中国现代文学批评史上单部作品之最。笔者拙见，以下三部研究专著影响较大：

胡德培：《〈李自成〉艺术谈》，四川人民出版社 1981 年 1 月

胡德培：《〈李自成〉人物谈》，宁夏人民出版社 1981 年 11 月

吴功正：《精湛的史诗艺术》，人民文学出版社 1982 年 6 月

第三节　"三年计划"

1977 年春，《李自成》第二卷面世，宏大的印数，众多的读者，连篇累牍的新闻报道，前所未有的评论热潮，共同构成了令人难忘的历史记忆。

姚雪垠感到非常快慰，同时也觉得压力山大。

1977 年 3 月 25 日，他在致茅盾的信中这样写道：

为着今后如何能顺利地完成《李》的写作计划并准备《天京悲剧》计划，和某些有关同志进行了一些筹划。照目前情况进行，不惟写《天京悲剧》无望，连《李自成》这一部小说也未必能够完成。工作量实在大，而年岁又无情相催，这是实际矛盾。本月初，新华社已经将此情况通过"内参"反映到政治局；文化部政策研究室也正在通过它自己的渠道向上反映。如今"四人帮"

---

①　据徐亚东（南阳师范学院）《李自成研究的现象及其反思》（载《中州学刊》2012 年第 4 期）介绍，"随着'文革'的结束，从 1977 年至 1982 年，短短的几年间，有关《李自成》前三卷研究的专著就有 6 部之多……"另据姚雪垠在《谈谈目前对〈李自成〉的评论问题》（1982）中提到"现在专门评论《李自成》的小册子大概有五本，短篇的文章相当多"。均未知其详。

已被粉碎，毛主席对我的批示中指明提供条件一句话有了落实的机会。倘若有了条件，我就有可能在 1980 年之前将《李自成》后三卷的初稿完成，同时将写《天京悲剧》的准备工作做好。过去许多岁月，只要我有可能在家工作，我总是无冬、无夏、无节日、无例假，每日工作在十个小时以上。但现在不能不考虑精神一年不如一年，这是自然法则！

信中透露出了几个非常值得注意的信息：第一，"岁月迟暮"的危机感。这年，姚雪垠六十七岁，年近古稀，而《李自成》只完成了五分之二，《天京悲剧》还未进入准备阶段！第二，"时不我与"的紧迫感。他认为在现有条件下，可能完成不了《李自成》全书的创作任务，除非有关方面能尽快"落实"毛主席批示，给他提供必要的创作条件。第三，"烈士暮年"的豪情。他表示"有了条件"后，定当继续发扬拼命苦干精神，有望"在 1980 年之前"完成《李自成》后三卷的初稿。顺便提一句，茅盾先生很赞同姚雪垠的"三年计划"，同年 4 月 5 日在复信中写道："您计划于八〇年前写好《李》的后三部初稿，这工作量可不小，但我深信您能完成，如果没有意外的周折。"

当然，姚雪垠并不是在这一年里才有了如上的感悟。早在几年前，他在写给朋友的书信中便屡屡流露"岁月迟暮"的感伤情绪——

1973 年 9 月 16 日给江晓天：近一年来，许多人遇见我，包括第一次见面的人，都说出希望我赶快写的话，害怕我写不完。这是出于读者对我的这一工作的重视和对我的年纪的担心。因为我也具有同感，所以必须争取在死之前将全书写完，而且决不是潦草从事。

1974 年 5 月下旬给臧克家：很多人，不论是熟识的，还是不认识的，常常担心我写不完《李自成》全书会"溘然长逝"。

1975 年 4 月 8 日给江晓天：目前我在工作上有较有利的条件，也有不利的条件。有利的条件是基本上全局在胸，打的是有准备的仗；不利的条件是精力渐不如前，已有日暮道远之感。

1975 年 11 月 3 日给王亚平：我因看不完的历史资料，赶不完的稿子，而精力稍逊于去年，所以就很少提笔写信。我走的是一条非常吃力的道路，年纪愈大愈感吃力，所以不仅时间和精力要花去的多，而且心头上经常如负重石。

当年，有许多朋友劝勉他，希望他排除琐事杂念，赶快将《李自成》全书写完，不要留下遗憾！

為別亦云久共飲又燈前眉棱炯眼端相氣壯更神全（去年承貽小影曾填高陽臺本酬有句云今夕溷影中頭白猶方壯看炯然雙眼英氣眉棱）

溷汩汩平日孜孜矻矻環注寫長篇大順興衰蹟胸次沸奔泉　立場正觀點確守之堅

聽君斯旨綜要如握頷珠然反覆鎔裁想象虞續周賾博訪悉力事精研復自定程

限完稿八零年（君今方修訂李自成第二卷感於黨之親切關懷與各方面三躍進精神益自奮勵謂全書五卷必當於一九八零年完竟）

雪垠兄到京數日後即惠訪談飲甚歡作水調歌頭為贈

一九七五年十二月二十七日葉聖陶

叶圣陶题赠姚雪垠《水调歌头》，姚雪垠曾将此字幅悬于书房多年

　　臧克家是他的老友,深知其既沉稳又跳脱的两面性格①,来信常常一针见血不留情面,曾劝他:"集中精力,不旁骛。"②

　　茅盾先生非常爱护他,虽不甚赞同其雕琢过甚的创作倾向,但仍推心置腹地提出切实的建议。他在1975年10月23日的来信中写道:

　　　　来信又说,从九月起你暂停赶写的第三卷,回头推敲校改第二卷,不知现在情况如何?第二卷的初稿我是看过的,我认为基本上是很好的,字斟句酌、细琢磨的功夫可留待将来,而现在以赶写第三卷为重要工作。假定年内能完成第三卷的初稿,明年能完成第四、五卷的初稿,那真是太好了。那就比琢磨好了第二、第三卷,而第四、第五卷尚无初稿好得多。

　　　　曹雪芹写《红楼梦》,大概写成一百二十回的初稿,然后再琢磨前八十回,可惜后四十回初稿遗失了。《李自成》规模比《红楼梦》大得多,你年纪也不小了,倘使只有前二卷的定稿,而没有后三卷的初稿,那真是一大憾事!我相信你至少还可以活十年,如果明年能完成全书的初稿,以后再逐卷琢磨推敲,最后定稿,算它再花二年时间吧,那时候挟此奇货,以求出版,我想大家是要抢的。现在你只完成了二卷,出版社当然没有那样的先见和魄力敢包下你这五卷的大书来。③

　　茅盾先生以为:按照姚雪垠过去的写作速度——1957年9月下旬至1958年5月底的八个月里,他曾在一个封闭的环境里,写成《李自成》草稿五十多万字④——现在再花两年时间,专心致志地写成《李自成》第三、四、五卷初稿,应该是可以的。

　　茅盾的建议有如醍醐灌顶,姚雪垠大为震动,决意改变细琢慢磨的创作态度,放开眼界,沉下心来,尽快赶出后三卷初稿⑤。

　　11月3日他在给朋友方殷的信中谈到茅盾先生的建议,写道:

　　　　我接到一些信,关心我的工作,向我提出来各种不同建议。茅公的建议

---

　　①　姚雪垠致朋友书信和诗歌中经常有这样的自我解剖,他曾把性格的后一方面名为"飞扬跋扈"。

　　②　引文见姚雪垠1974年12月9日致臧克家信。

　　③　引文见1975年10月23日茅盾给姚雪垠信。

　　④　草稿内容涵盖《李自成》第一卷全部和第二卷半部。

　　⑤　1981年4月7日姚雪垠作《读旧信追怀哲人》,文中写道:"他殷切地盼望我能够将三、四、五卷粗略地写出来,以防我万一写不完,使后人不会知道我的全部构思。"(原载1981年4月19日《解放日报》)

较特别，建议我不要回头来修改第二卷（他曾对初稿细读两遍），一直往前写，将全书早日写完。他说："曹雪芹写《红楼梦》……（笔者略）"别的朋友也担心我写不完会翘辫子，但看得不像这样急迫。对于第二卷，我最近又从头推敲修改，快完成了。从第三卷起，我就采用茅公的意见，一直往前赶，赶完为止，不必回头修改。如出版形势适宜，只将第二卷和第一卷修订本拿出，其后三卷暂不考虑出版。

11月6日他在致茅盾先生的复信中，心悦诚服地表示接受建议：

> 关于第二卷的修改工作已经快完；干脆改完，便不再为它操心。然后，对三、四、五卷集中精力打歼灭战，争取在三年内写完，即六十八岁写完初稿。倘若身体上不遇意外情况、时间上不遇其他严重干扰，三年内写成初稿的可能性不小，顶多四年吧。这部书规模庞大，能够把全书初稿写完也是胜利。即使后三卷来不及细改，但由于经过多年酝酿，每一卷中总会有一些单元和章节闪灼着艺术的光彩，不会全部黯淡无色。

他自知精力不如往昔，因而在复信中将茅盾先生期盼的两年时间延长了一倍。他承诺在三年内（"顶多"四年）完成第三、四、五卷的初稿。其后两三年间，他多次如此表白，本节小标题"三年计划"，便取义于此。可以设想，如果作家果真能在1979年（不晚于1980年）之前完成《李自成》后三卷初稿，全卷"完璧"将不会有任何问题。

然而，后来发生的一连串"喜事"——毛主席为姚雪垠"上书"作出批示（1975年11月2日），江晓天将批示内容电传到武汉（同年11月7日），姚雪垠移家北京（同年年底），《李自成》第二卷定稿（1976年底），《李自成》第一卷修订（1977年初）——打断了有待实施的"三年计划"，使得茅盾先生所期待的、姚雪垠所承诺的这一创作计划无限期延后。

1976年初，即"三年计划"被幸福地打断的第一个年头，姚雪垠居留北京为《李自成》第二卷定稿，尽管每天都忙得不亦乐乎，但他心里始终放不下茅盾先生的期盼，放不下有待实施的"三年计划"。于是，他便与北京中国青年出版社江晓天、王维玲等"有关同志进行了一些筹划"，决心抓住"四人帮"被粉碎的大好时机，敦促有关部门"落实"毛主席的批示，为实施"三年计划"创造条件。

在此须要特别说明，姚雪垠与友人进行"筹划"的底气，来自他们所听闻的"毛主席批示"——"同意他的创作计划，给他提供条件，让他将书写完。"——当年中国青年出版社江晓天从出版局领导处获知的批示内容就是这三句，姚雪垠特别感念"给他提供条件"这句,念兹在兹,须臾不忘①。

姚雪垠与友人所进行的"一些筹划",大致包含有如下内容:

> 他打算在《李自成》后三卷的写作中改用口述录音的方式;
>
> 他甚至打算《李自成》第三、四、五卷同时开工;
>
> 他打算启动长篇历史小说《天京悲剧》的前期工作;
>
> 他甚至打算将长篇历史小说《大江流日夜》也纳入战略目标;
>
> 他打算通过地方文艺主管部门借调助手;
>
> 他甚至打算借调两位或更多的助手……

上述"打算"中,"口述录音"是创举,"借调助手"是关键,"同时开工"惊世骇俗,首倡者不知是姚雪垠本人或是哪位友人。

1977年初,姚雪垠开始推动"筹划"事的实施。

首先,他向友人、助手人选之一的周勃发出信件,详谈了实施构想。全信录如下:

绛侯②:

> 海天同你谈的问题,决定进行。此事在了解《李自成》工作意义的人们看来是理所当然,但在武汉某些人看来会大有意见,盖一是不理解,二是嫉妒。目前只向有关方面透透气儿,做些准备工作。大概到五月间,情况成熟,正式开始进行。估计那时:(一)一、二两卷出齐之后,会在中央和全国读者中获得广泛支持。(二)武汉市委对这一工作的意义、影响及其繁重程度,会有进一步了解。(三)毛主席的批示可能公开发表。(四)全国形势将会更好。

> 进行的办法是:(一)我正式向市委写报告,汇报今后的工作计划,提出要求。(二)同时由出版社向武汉市委去函,提出为我借调助手。(三)如有需要,我向中央宣传口或文化部写报告,批转武汉。你到北京后,生活补助如武汉不能解决,可由出版社解决。

> 大体工作范围:(一)帮助我将录音变为初稿。(二)整理其他重要文件

---

① 1975年11月2日毛泽东在胡乔木报告的天头写下的批示是:"印发政治局各同志,我同意他写李自成小说二卷、三卷至五卷。"同月,中国青年出版社从国家出版局获知的毛主席批示内容略有不同,有"给他提供条件"一句。

② 友人周勃与汉代周勃同名。汉周勃以军功为将军,封绛侯,因此,姚雪垠常戏称友人周勃为绛侯。

（如朋友间有关《李自成》和学术性通信等）。（三）到图书馆查资料。（四）在学术界和文化界老人间替我办点事，如借书、交换意见等。（五）我出去旅行，同我一道，免得出版社另外派在文学上外行的人。

此事在我正式提出前，务要保密（我急需要助手的原则不保密）。

祝好！

雪垠

一九七七年一月二十九日

周勃，《长江文艺》原编辑，与姚雪垠同于1957年被错划为右派，1960年"摘帽"，时在武昌"教师进修学校"任教。

同年2月18日，他在给友人姜弘的信中也透露了"筹划"中的一点细节，节录如下：

> 如何完成《李》的写作计划，另有具体安排，事先说出不好，故以不言为佳。倘获顺利，下边三卷同时进行，争取三年内同时完成三、四、五卷初稿。具体安排，俟梅彩回汉，当面口头告你。这种办法，在北京已商量了一年，目前正要付诸实践。总之，要抢写《李》，其意义，外边人远比我们在武汉的同志重视。但这话你千万莫提，一切事要慢慢来，莫心急。

姜弘，《长江文艺》原编辑，也是姚雪垠1957年被错误划为右派时的同难人，时任某中学代课老师。

同年3月24日，姚雪垠甚至在写给文坛前辈郭沫若的信中也披露了"策划"中的某些细节，节录如下：

> 我也有可能制定加快速度的写作计划。假若今年上半年我能够得到两位助手，一位专力帮助我写《李自成》第四、五两卷采用录音办法，由助手将录音变为文字，经过修改，即成初稿。另一位帮助我准备《天京悲剧》，我有信心在1980年完成《李自成》第三、四、五卷的初稿并准备好《天京悲剧》的细节提纲。

综合以上三信，我们可以确定，姚雪垠与中国青年出版社友人所进行的"策划"，都是为了落实茅盾先生提出的尽快完成《李自成》后三卷初稿的建议，"三年计划"的截止时间仍定在1980年。这与他1975年11月6日致茅盾信中的承诺基本相同。

同年年初，姚雪垠开始"向有关方面透透气儿"。如前所述，当年他的人事关系尚在武汉市，居留北京发稿期间，他的联系人是武汉市文化局副局长丁力。从

1975 年至今,他们有过多年的通信联系,建立了较好的关系。

1977 年 1 月 23 日,他给丁力寄出第一封"透透气儿"的信。摘录如下:

> 我今年已六十七岁,不管识与不识,都担心我写不完《李》这部书。为着加快工作,已经决定由出版社替我买一部录音机,正在办理。其他问题,也都在计划中。现在我一面搞第三卷(进度极慢),梅彩打字。打算过了春节,第二卷已经出版,梅彩回武汉一趟,到那时决定如何向宣传部写一份报告,将一些工作计划提出。今天我略提一下,是希望你在心中有个印象,闲时考虑一下。我是武汉作家,工作上有实际需要和困难,我应该请求武汉领导解决,不得已再从北京解决。

4 月 7 日,他又给丁力寄出一封"汇报"信,摘录如下:

> 现将一些情况汇报,其中哪些情况可以向辛部长、王书记汇报的,请你决定。
>
> 一、《李自成》第二卷各册陆续出版,社会上反应较为强烈。第一卷修订本因为替《毛选》五卷让路,大概到五月中旬以后才能上机器。
>
> 二、李准(準)已来北京。北影为搬上银幕事积极准备,争取明年开拍,宽、窄银幕的片子同时进行。
>
> 三、三月初(三月六日),新华社将我的创作情况详细写一稿子,反映给中央政治局。该社国外部除用中文向香港发消息外,又用五种文字向国际发了消息,到纪念《在延安文艺座谈会上的讲话》时将再发消息。
>
> 四、新华社国外部已决定向国际发一篇访问记。因我的写作情况该部记者已基本了解,所以决定先将稿子拟出,再送中青编辑部和我看看。他们的目的是要通过我写《李自成》的事例,宣传毛泽东思想的胜利和粉碎"四人帮"以后的文艺与出版的新气象。
>
> 五、因新华社已对海外宣传,香港《新晚报》要求连载《李自成》第一卷修订本。新华社认为修订本尚未在内地出版,不宜先同香港和海外读者见面,要该报仍照初版本连载。
>
> 六、我在第二卷出版后,心情一直沉重。老马长途,完成目标困难重重。作为党的事业,责任不轻;但年龄已老,身体不如往年,不能盲目乐观。近来头晕病又犯,但不严重;右臂疼痛,影响生活和工作,每隔一日去首都医院理疗。
>
> 七、你的来信已收到。下一步怎么办,我正在拟个规划,俟推敲好以后寄

上。我希望你有机会来北京一趟或有另外同志来京一趟，以便明了我的工作情况。几年来我写《李自成》，不能列入创作室规划之内，文化局和创作室有些领导同志对这一工作的看法同全国读者和党的领导的看法距离很远，希望这种情况能够逐渐消除。但是我不急，慢慢来，所以我暂时不急于解决问题。

……（笔者略）

这封信里没有一字涉及"筹划"中的具体内容，但处处为"三年计划"事作铺垫。

请注意信中的描述：《李自成》在国内国际已经产生了巨大的影响，它的成功有助于"宣传毛泽东思想的胜利和粉碎'四人帮'以后的文艺与出版的新气象"，完成这部小说"作为党的事业，责任不轻"，而"文化局和创作室有些领导同志对这一工作的看法同全国读者和党的领导的看法距离很远"。这些，难道不能让地方文艺主管部门领导悚然而起吗？

同年5月初，他便"正式开始"通过丁力与主管单位协商"借调助手"事。几经周折，殊为不易。

5月21日，姚雪垠又给丁力写了一封长信，强调"借调助手"的必要性和紧迫性。摘录如下：

关于助手问题的选择，请市委领导全面考虑。只要符合条件，可以热情地协助我共同完成写作计划，同时他本人可以通过工作有所成就，就可决定。在几位"预选"（包括周勃、张振山）人才比较之下，如你认为杨蒲林同志最合宜，希望你首先下决心，跟着就向克文同志，辛甫同志建议，请他们下狠心。我们的工作是党的事业的一部分，目前开始做出眉目，值得领导下点狠心。有些话，我不便向克文同志和辛部长写信说明。

第二卷出版以后，在国内和香港反应强烈，十分重视，并非偶然的。有的人拿它同中西古典名著作比较，估价它已经达到的成就。有的同志说它是"五四"以来最好的长篇小说，有的同志说它是通过一支农民起义部队写出中国封建社会的百科全书，有人说它是《红楼梦》以来最好的长篇小说……不管如何，这都是党的政策的胜利，马克思主义和毛泽东思想的胜利。所有已经获得的成绩，不能不感激党的领导，毛主席的亲自关怀和支持，武汉市委的长期具体领导和支持。不仅我个人感激，读者们也会感激。第二卷问世之后，普遍关怀的是全书能否写完，少数人也关怀第三卷能否保持这个水平。我的精力已不如以前，所以关键问题是能否找到一个得力助手。对这个人才要求的条件高,几乎要求他是"全才"。但是不如此,他就帮不上多的忙。无论如何,你得将你最满意的人才派来,并请求市委有关领导,特别是克文同志和辛甫同志下狠心。

该信中提到的几位"预选"助手,后来都未成功,个中原因颇为复杂,限于篇幅不赘述。

该信的描述与上信基本相同:《李自成》"在国内和香港反应强烈",它的成功"是党的政策的胜利,马克思主义和毛泽东思想的胜利";完成这部小说"是党的事业的一部分",而"关键问题是能否找到一个得力助手",等等。这些,都使得地方文艺主管部门的领导不能不"下狠心"。

不久,"借调助手"事便有了实质性突破,其进程与结果大致与年初姚雪垠和友人预期的相同。

5月19日,姚雪垠在致茅盾先生信中报告好消息,写道:

> 近两个月我在积极解决助手问题。倘若照从前工作方式,纵然没有大的干扰,平均两年写出一卷,一年修改,也得六七年以后才能将《李自成》全书完成。加上出外访问旅行、校对清样和其他事情占去时间,十年也未必能够完成。谁也说不准十年间身体变化如何,所以《李自成》很有完不成全书的可能。为着加快将《李》完成,我拟了一个到1980年为止的三年半工作规划,争取在这个期限内完成后三卷初稿,并争取能够将第三卷改好出版……

> 武汉市委同意给我两个助手名额。后一个助手基本上已经有了对象,前一个正在物色中。如在武汉市一时找不到合适人材,就在北京借调一位。

请注意,姚雪垠在这封信中把"三年计划"扩展为"三年半工作规划"了。为何如此呢?原因也很简单,他虽然非常想按照茅盾先生的建议尽快写成后三卷初稿,但心底里仍放不下第三卷的定稿出版事。换言之,他的想法与茅盾先生的建议有了差异,他为自己留下了一个后手。

北京方面借调的助手率先到岗。张葆莘,中央戏剧学院文学系毕业生,"'文化大革命'前在《文艺报》工作十年,后来下放张家口工作"。1977年7月借调来京为姚雪垠担任助手[1]。他的工作是"(除替作家)处理一般事情外,主要工作是整理第三卷录音,走借、查阅各种资料"[2]。顺便提一句,他于1980年另谋职业。

---

[1] 引文出自姚雪垠1978年4月1日致邓小平信。

[2] 引文据姚雪垠1977年9月7日给丁力信。当年9月,俞汝捷担任助手工作后,接手《李自成》第三卷的录音整理工作。笔者注。

　　武汉方面借调的助手，由于各种原因一度难以确定①。1977 年 9 月，时任武汉市硚口区文教局语文教研员、复旦大学中文系六六届毕业生俞汝捷被选中。他来京后，承担的主要工作是"协助处理读者来信，并协助整理录音，校对一、二卷新排本清样"②，等等。张葆莘离岗后，俞汝捷独自承担第三卷和第五卷的录音整理工作③。1985 年初，第五卷录音整理工作基本完成，同年夏调到湖北省社会科学院从事研究工作。

20 世纪 70 年代末，姚雪垠正在口述《李自成》

---

　　①　参看 1977 年 5 月 21 日姚雪垠致丁力信。

　　②　参看 1977 年 5 月 21 日姚雪垠致丁力信。

　　③　俞来京担任助手后不久，适逢武汉文教局工资调整。中国青年出版社为俞汝捷工资提级事出具证明，证明上称俞为姚雪垠所"倚重"。

半个世纪后再回首,细细盘点姚雪垠当年为实施"三年计划"曾耗费的心力,不禁感叹不已。

"借调助手"的事情解决后,又一波来自最高层的"政治关怀"不期而至,"三年计划"也因而增添了新的变数。

1977 年 11 月 2 日下午,中宣部部长张平化奉邓小平指示来家看望姚雪垠,转达领袖对《李自成》作者的问候和关怀。次日,姚雪垠给武汉市委宣传部部长辛甫等写信汇报了会面情况,摘录如下:

> 昨日下午五时,张平化同志奉邓副主席的指示来看我,说:"邓副主席说你的书写得很好,昨天下午嘱咐我务必来看看你,问你还有什么困难没有。"我说:"目前我的工作条件与从前大不相同,都很顺利,没有困难。邓副主席的关怀给我很大鼓舞,我十分感激。"
>
> 平化同志问到我的身体,一面嘱咐要劳逸结合,又问到我的写作计划。我向他汇报了目前的进行情况,并说决定争取第三卷明年冬季发排,后年出版,为迎接建国三十周年表示我的心意。对此,平化同志表示赞成。平化同志又问我估计全书完成时间。我汇报出一些想法和措施,说我争取在八〇年底写出第四、五卷初稿,再经过两年推敲修改,八二年全书出版完毕。如那时我的身体还好,还可以写太平天国。

在该信中,作家再次表述了 5 月 19 日致茅盾信中所构想的"三年半工作规划",并将若干时间点作了具体化:1979 年国庆节前出版第三卷,1980 年年底前写完第四、五卷初稿,1982 年出版全书。

同月 5 日,姚雪垠在致邓小平的感谢信中也表达出了同样的创作意愿,全录如下:

> 邓副主席:
>
> 本月二日下午,张平化同志奉您的指示前来看我,使我十分感激和鼓舞。同时我认为:这不仅是对我个人的关怀和鼓励,也是对整个文艺界和全国众多愿意为社会主义文化事业贡献力量的知识分子的关怀和鼓励。
>
> 假若不是"四人帮"的严重干扰,《李自成》全书五卷大概已经全部完成了。目前我正在努力赶写第三卷,决心争取在明年定稿,后年出版,为纪念建国三十周年献礼。为报答毛主席生前的关怀和支持、您的鼓励和全国读者的热情期望,我一定本着严肃认真、一丝不苟的精神,加速完成以下三卷,并为接着写《天京悲剧》作好准备,为祖国的文学事业多做一点工作。

《李自成》第二卷出版之后，又作了一些修订，即将重印。俟重印本出版，当奉上一部，请您指教。

此致

敬礼！

姚雪垠

一九七七年十一月五日

1978年4月1日，姚雪垠再次给邓小平去信，信中除了请求解决住房、家人北京户口和助手北京户口等"实际困难"之外，还谈到关于《李自成》的最新创作规划。摘录相关部分如下：

我参加了第五届全国政协会议，听了华主席和叶副主席在第五届人大上作的报告，受到极大鼓舞。我决定在保证艺术质量的前提下，提前数月将《李自成》第三卷写成，为建国三十周年献礼。第三卷也像第二卷那样约八十多万字，争取在明年春节左右出版上、中册，"五一"前出版下册。

随着第三卷提前写成和出版，全书五卷也可以相应地提前写成和出版。原来计划到一九八〇年完成后两卷初稿，然后再作两年修改，八二年出版完。现在决心争取在一九八〇年出版第四卷，八一年出版第五卷，完成全书。

在该信中，作家对年前拟定的"三年半工作规划"作了重大修改，《李自成》后三卷的出版时间被重新确定和具体化：1979年上半年出版第三卷，1980年出版第四卷，1981年出版第五卷。

实话实说，笔者每次读到上面这封信时，总疑心作家或有笔误——1975年他在写给毛主席的信中曾表示"大概用三年时间可以写成一卷"，1977年他在写给茅盾的信中曾表示"平均两年写出一卷，一年修改"——如今却表示可以一年出版一卷，真是匪夷所思！细读再三，"原来计划"如何，"现在决心"如何，表述得非常清楚，又绝无"笔误"的可能！

是否可以这样看，姚雪垠为了督促自己尽快写成《李自成》全书，无限量地给自己加码，竟把自己逼到了不可言说的地步！

写到这里，不能不引证下面这则非常重要的史料——

据1978年8月文化部政研室《情况通讯》刊载（摘要）：最近邓副主席在听取文艺界领导同志汇报工作时，作了重要指示。他在指示中，谈到了姚雪垠同志和《李自成》，他说："许多老同志都不写了，姚雪垠同志还在写。""我的书架上摆满了书，只有《李自成》我看。""《李自成》第一卷写得很精彩，可以说无懈可击。第二卷不如第一卷，但是也精彩，有独到之处，也是难得的。听说正在写第三卷，不知第三卷怎样？""以后应当让姚雪垠同志多参加外事活动。"①

上引资料中"邓副主席"的指示无疑是在读过姚雪垠4月1日来信后作出的。不久，姚雪垠便通过正式途径获知该指示②，受到强烈的激励，并在第三卷的创作中踔厉奋发，务求突破。此为后话，在此不赘。

第四节　第三卷来迟

《李自成》第三卷上、中、下三册分别于1981年6、7、8月出版，共九十余万字。

该卷有许多闪光处——

譬如，《洪承畴出关》《辽海崩溃》《燕辽纪事》等单元。虽说这几个单元均写作和构思于1977年前后三年间③，即人们通常所说的"文革"终止后不久，但作家对由"权臣"而"楚囚"而"汉奸"的洪承畴的不加主观褒贬的细腻刻画，及对"东房"首领皇太极、多尔衮、豪格等的不作是非评判的正面描写，都为有史以来的长篇小说作品中所未见。这几个单元的艺术表现，堪称真正的"离经叛道"之作，非独完全超脱于"三突出"创作模式之外，亦非"阶级斗争历史观"所能拘囿。

这样的写法在今天看来也许平淡无奇，但在改革开放初期颇为惊世骇俗。1977年10月，俞汝捷先生来北京担任姚雪垠的助手，他回忆道："当我翻阅第三卷《燕辽纪事》的初稿时，还不觉吓一跳。虽然我赞赏这种写法，却担心别人会扣来一顶'美化汉奸'的帽子。"④

又譬如《洪水滔滔》单元。该单元构思于1976年以后，表现李自成农民军第

---

① 引文摘自《姚雪垠全集》的编者为《我创作〈李自成〉的艰难历程与毛泽东的及时保护和帮助》一文所加的"附注"。

② 姚雪垠在《我创作〈李自成〉的艰难历程与毛泽东的及时保护和帮助》中回忆道："在张平化奉邓小平的委托来看望我以后不久，又有一位同志来向我传达邓小平对《李自成》前两卷评价的话。"

③ 《燕辽纪事》完成于1977年10月之前，为姚雪垠亲笔撰写；《洪承畴出关》和《辽海崩溃》的初稿完成于1978年，均为姚雪垠录音，俞汝捷整理。另外，《李自成》第三卷除《燕辽纪事》之外的各单元初稿都是俞汝捷根据姚老录音整理的。

④ 俞汝捷：《画外所见——记姚雪垠》，《文汇月刊》1985年第9期。

三次攻打开封的历史过程，为全卷重点①。在该单元中，作家作了两个颠覆性的历史叙事和艺术表现：一是推翻了三百年来流行的"李自成决河灌城说"，"不但更证实了官军决河的罪案，而且连他们如何密谋和如何去决堤，也基本上弄清楚了"②。二是首次将视线下移且凝定于社会底层，不吝于用细腻的笔触描写开封城内张秀才家在围城、破城期间的生活和遭遇，以折射作家悲天悯人的人道主义情怀。

这样的写法在今天仍不为某些论者所理解。

关于第一处，章培恒先生颇不以为然，他在一篇文章中批评道："为了说明姚先生所塑造的李自成形象与历史实际的距离，这里再举一个具体的例子。李自成最后一次包围开封时，官军曾企图决黄河之水以淹李自成部队。李自成发觉后一面移营高地，一面扩大黄河决口以淹开封，终于给整个开封带来毁灭性灾难，造成无数人民的死亡。这不仅有许多史料可资证明，而且没有一条史料是否认这一点的，只不过有的史料掩盖了官军先决黄河以淹李自成军的事实。当然，我们可以指责官军，但如果李自成真是为劳苦民众利益而斗争的革命者，与人民'苦连苦，心连心'，能忍心制造这种惨绝人寰的浩劫吗？"③

关于第二处，阎浩岗教授在一篇文章中引述了某些人的观点后，辩证地分析道："还有一些论者认为第三卷'洪水滔滔'单元对张成仁、香兰一家悲剧的大段描写脱离主题、过于冗长，属于'累赘'。笔者却以为，这些描写的意义在于揭示战争的破坏性和悲剧性，在于反思战争（不论是农民军发起的还是官军发起的）给普通百姓带来的深重灾难，体现出强烈的人道主义精神，具有强烈的艺术震撼力。"④

再如《慧梅出嫁》《袁时中叛变》和《慧梅之死》等单元。《李自成》第三卷所表现的历史场面本应是农民军"鲜花着锦、烈火烹油"般的胜利进程，却在这几个单元里插入巾帼英雄令人叹息的人性悲歌。作家的笔触不仅深入到了女英雄慧梅的情感生活之中，为其困于道义和亲情的死结而叹惋，也触及了李自成心中极为隐秘的角落，为其帝王心术的逐渐暴露作铺垫。

---

①　1975年5月1日姚雪垠给茅盾信："武汉气候，目前最宜于工作。抓紧时间赶一赶，到酷暑季节放松一下，争取在年底将第三次开封战役写完（全卷重点），明年春节前完成全卷初稿就不难了。"

②　参看1976年8月5日姚雪垠给栾星的信。

③　章培恒：《金庸武侠小说与姚雪垠的〈李自成〉》，《书林》1988年第2期。

④　阎浩岗：《〈李自成〉：中国当代长篇小说的艺术高峰》（2015）。

姚雪垠特别看重《慧梅之死》单元对封建伦理思想的批判,他在 1993 年 5 月 4 日给严家炎的信中承认:"慧梅之死的故事,是在历史唯物主义思想指导下批判那种夸大历史上农民战争的进步性和'反封建'性的观点。慧梅的悲剧产生于封建的伦理思想。"

而研究者更注重这几个单元中对李自成帝王心术的揭露。詹玲在《"纲常之道"与"革命伦理":慧梅悲剧孰之过? ——重评〈李自成〉"慧梅之死"》一文中写道:"'慧梅之死'被认为是《李自成》中最为悲情动人的部分之一,作者姚雪垠将其看作'李自成大悲剧'中的重要插曲。在分析'慧梅之死'这一情节时,几乎所有评论者,包括姚雪垠自己,都将其悲剧因由归为封建伦理道德的祸害。然而,在对悲剧主谋的重新确立之后,我们发现,慧梅的悲剧之悲并不在于封建伦理道德造成了什么,而是由于将爱情捆绑在政治权益之上,一旦政治权益无法实现,甚至遭到损害,爱情自然也会随之灰飞烟灭。"

一言以蔽之,《李自成》第三卷在史实考证和艺术表现上均有可观处,从某种角度来看,其成就并不逊于第一、二卷。

遗憾的是,第三卷晚出了。

此前,姚雪垠曾在致朋友、致师长、致领导、致领袖的信中多次表示,保证在 1979 年上半年出版《李自成》第三卷,向国庆三十周年献礼。然而,该卷的出版竟延后了两年。

为何如此呢? 不能不深究之。

也许,我们可以说是各种"政治任务"让作家分了心——

20 世纪 70 年代末,文艺界百废待兴,最为迫切的工作是正本清源,清算"四人帮"的文艺理论,弘扬毛主席的文艺思想。于是,曾两度引起过毛主席关注的长篇历史小说《李自成》的作者姚雪垠,便进入了各宣传媒体的视野,请其介绍创作经历、创作方法、创作经验的约稿信纷至沓来。

姚雪垠虽然不无自信地认为,"它(指《李自成》第二卷)的出版就标志着一个新的历史阶段确已开展"[1];但也清楚地知道,媒体之所以重视他,"他们的目的是要通过我写《李自成》的事例,宣传毛泽东思想的胜利和粉碎'四人帮'以后的文艺与出版的新气象"[2]。因此,他很乐意提供这类稿件,不管是中央的或是地方的

---

① 1977 年 2 月 14 日致茅盾的信。
② 1977 年 4 月 7 日致丁力的信。

媒体，一概来者不拒。他曾在致茅盾先生的信中谈到写作动机，称："（某刊物）要我写一篇谈《李自成》创作的文章，说是可以连载两期，提出来要文笔生动活泼，大破'四人帮'的文风余毒。我接受了这个任务，并作为政治任务去做。暂时停下创作。①"

如下两篇，就是"作为政治任务"来做的：

《在毛泽东思想指引下探索前进》，载 1977 年 9 月 24 日《光明日报》

《〈李自成〉创作余墨》，载《红旗》1978 年第 1 期

作家在第一篇中介绍了"自觉地、正确地学习和理解毛泽东思想体系，来指导自己的创作，是使创作不受各种错误理论影响的保证"的创作体会。茅盾先生阅后认为"似乎没有说畅"②。

作家在第二篇中回顾了《李自成》第一、二卷的创作过程，表述了其开创的"长篇历史小说新道路"的基本特征。茅盾先生虽赞同他为完成这篇文章而"暂停小说之写作"③，但在后信中未对该长文表示具体意见。

其后三年（1978 年至 1980 年），姚雪垠发表的"创作谈"不下十篇，不下十万字，耗费了不少的精力和时间。

也许，我们还可以说，是《李自成》评论工作让作家分了心——

同样出于文艺理论界正本清源的需要，20 世纪 70 年代末，姚雪垠非常关注《李自成》的评论工作，并为此耗费了不少心力。

如前所述，1963 年《李自成》第一卷问世后，报刊未允发表评论。1977 年《李自成》第二卷出版后，茅盾先生痛心于文艺评论界现状，曾"担心无人为《李自成》写评介文章"④。姚雪垠却是充满自信，同年 3 月 11 日他在致茅盾先生的信中写道：

目前条件较好，尤其《李自成》是获得毛主席关怀和支持的作品，过一段时间会有人写评论文章。但是我不喜欢泛泛的评论。从来对一部作品，谩骂不等于定谳，喝彩不等于知音。将来会有了解较深的同志从各个侧面对《李自成》做一些研究和分析工作。这种分析文章也是对"四人帮"在文艺领域的流毒进行严肃的战斗。

既把《李自成》评论工作视为"严肃的战斗"，姚雪垠和茅盾先生当年处心积

①　姚雪垠 1977 年 11 月 29 日给茅盾的信。
②　1977 年 9 月 24 日茅盾致姚雪垠的信。
③　1977 年 12 月 1 日茅盾致姚雪垠的复信。
④　转引自 1977 年 3 月 11 日姚雪垠致茅盾的信。

虑所做的引导工作,其历史意义便昭然若揭了。如前所述,姚雪垠的《谈〈李自成〉的创作》(载《人民文学》1977年4月号)和茅盾的《关于长篇小说〈李自成〉的通信——致姚雪垠》(载1977年6月25日《光明日报》)都是出于如上创作动机。

姚雪垠还曾给予"湖北方面组织的一个研究评论《李自成》的班子"①以非常具体的帮助②。该"班子"由省市文艺主管部门领导,其成员有武汉地区各高校中文系教师以及省市创作评论室的干部。他多次与该"班子"成员"长谈",耐心地解答他们的"问卷"③,并提供所需要的研究资料,后来甚至还为他们申请科研经费。如前所述,该"班子"亦不负所望,开展了卓有成效的评论工作:推出了国内最早的一批《李自成》评论文章;召集了国内第一次大型的《李自成》学术讨论会;出版了国内第一本《李自成》评论集。

未久,全国范围内的《李自成》评论热潮兴起。20世纪80年代涌现出来的评论新秀中有好几位都是从《李自成》研究起步的。如文学评论家胡德培,50年代末供职《文艺报》,"文革"中被荒废了业务,70年代末把《李自成》作为"重新学习文学"的"范本",连续出版了两本评论集《〈李自成〉艺术谈》(1981)和《〈李自成〉人物谈》(1981)④;又如文学史家陈美兰,20世纪60年代初毕业后留校执教,70年代末写出"当时国内评论《李自成》最早的两篇文章之一"⑤,继而主持编写全国统编教材《中国当代文学史初稿》;再如美学学者吴功正,60年代末毕业后任教职,70年代末"借阅《李自成》评论《李自成》"⑥,撰写了专著《精湛的史诗艺术——论〈李自成〉第一、二卷》(1982),继而出版了专著《小说美学》(1985);再如学者吴秀明,他的第一篇有影响的论文《评近年来的历史小说创作》(1981)便是从《李自成》说开去的……

姚雪垠曾经关怀过许多《李自成》评论者,其初衷亦是为了正本清源而非其他。请看他当年的表述⑦:

---

① 1977年6月20日致茅盾的信。
② 参看1977年姚雪垠致刘岱的信。刘时任武汉市文化局创评室副主任、《长江文艺》副主编。
③ 1983年12月20日,姚雪垠作《与武汉师范学院王毅等四位同志的四次谈话》之"题记",文中写道:1977年6月,《李自成》第二卷和第一卷修订本出版之后,武汉师范学院中文系的王毅、李悔吾、熊德彪和长江文艺编辑部理论组的刘森辉四位同志,来北京住了一个多星期,向我提出了许多关于《李自成》中的问题,我差不多有问必答,谈得十分愉快。据他们统计,一共同我谈了30个小时。
④ 参看胡德培:《矢志不渝——我与姚雪垠的情缘》。
⑤ 参看陈美兰:《他的执着,不亚于精卫填海——侧记作家姚雪垠》。
⑥ 参看吴功正:《此情可待成追记——深切怀念姚雪垠》。
⑦ 姚雪垠:《给〈李自成〉讨论会的一封信》(1978)。

　　我们的作家有不少人在"四人帮"横行的令人窒息的年代里抵制了"四人帮"的各种压力,坚持用马克思主义、毛泽东思想指导自己创作。在"四人帮"对文化和文艺界进行法西斯专制主义以前,建国十七年中,更是绝大多数作家沿着一条红线奋发努力。解放以来,我们有许多较好的和很好的长短篇作品。用一些在艺术上比较成功的作品为青年示范,写一些有深度有特色的分析评论文章,是肃清"四人帮"流毒的一个重要方法。

　　以《李自成》为文学评论的"范本",引导文艺评论工作者从"政治评论"转到"文艺评论","最后的目的不是评论一部书,而是要通过一部书解决一些理论问题,由理论建设而推动党的文学事业"①,姚雪垠为此不惮辛劳。附带说一句,姚雪垠的文艺理论文章几乎都是这种模式:"以自己的创作实践为根基,谈文艺问题有自己的独立意见。"②几年后刘再复批评姚雪垠"我证我"③,虽则另有用意,倒是看出了对方的行文习惯。

　　"文革"结束后,在湖北省第四届文代会上,姚雪垠被选为湖北省文联主席。左起:陈丕显、杨得志、姚雪垠

---

① 1977 年 8 月 16 日致刘岱的信。

② 摘自 1984 年 8 月 9 日给刘增杰的信。

③ "我证我"一语引自《刘再复谈文学研究与文学论争》。

也许,我们还可以说,是过多的社会活动让作家分了心——

20世纪70年代末,党的知识分子政策开始得到落实,充分调动文艺工作者的积极性成为急务。于是,因《李自成》第一、二卷出版而声名鹊起的姚雪垠便率先成了地方政府及文艺主管部门落实政策的最佳人选,多年前被妄加的各种政治罪名被逐一洗清,各种荣誉头衔接踵而至,各种社会活动向他敞开了大门。

1978年上半年,他被邀请参加的大型社会活动便有如下四项:

一、湖北省文学艺术界第四次代表大会。该会于1978年2月15日至19日在武昌召开,姚雪垠出席了会议,被选为新一届的文联主席。

二、中国人民政治协商会议第五届全国委员会第一次会议。该会于同年2月24日至3月8日在北京举行,姚雪垠出席了会议,为正式代表。

三、《李自成》学术讨论会。该会由中共武汉市委宣传部、湖北省社联(筹)委托武汉师范学院中文系主办,于4月下旬在武汉师范学院举行。参会代表来自全国各地。姚雪垠未出席会议,但寄去了书面发言《给〈李自成〉讨论会的一封信》。

四、湖北省文艺创作会议。该会于1978年4月底在武汉召开,属于省文联的工作会议。姚雪垠未出席会议,但寄去了书面发言《热烈祝愿湖北省文艺创作日益繁荣》。

参加社会活动与完成写作计划是有矛盾的,姚雪垠心知肚明,虽有心拒绝,却无力做到。毕竟这些都代表着有关方面的政治关怀,一概拒绝是不智的。

2月6日,在返回武汉参加湖北省第四次文代会之前,他曾给茅盾先生写了一封信,解释必须参会的原因:"原打算春节过后一定去看您,不想湖北省委要我回去参加十五日开幕的省文联成立会议。去年十二月的湖北省政协会议我请了假,这次是以陈丕显同志的名义'欢迎'我回去,就不好请假了。"①

2月10日,茅盾先生复信,不无担忧:"闻您将被'欢迎'到湖北参加省文联成立会,如此则第三卷又将一搁。您不怕中间打岔,至于我,从前一搁就断。《霜叶红似二月花》即因被逼离桂赴渝,一搁之后不愿亦不能再续矣。"

姚雪垠"闻弦歌而知雅意",但未敢马上给茅盾先生去信,只能在给朋友的信中"诉苦"。3月30日,他在给王亚平的信中写道:"二月间我回武汉参加湖北省第四次文代会(我被选为湖北省文联主席,只是挂个名),这个事反映了党的政

---

① 陈丕显时任中共湖北省委第二书记、省革委会第一副主任。

治关怀和目前的知识分子政策。回来后接着开全国政协会，前后几乎有一个月的时间被会议占去了。"

拖到 4 月 30 日，他才给茅盾先生去信，解释道：

> 二月间，我上飞机往武汉之前两个钟头，接到您的信，担心我今后社会活动过多，影响创作。在这个问题上，我不敢有所疏忽。我深知党和读者所期望我的是快点写好《李自成》以下各卷并争取写出《天京悲剧》，其他皆"身外之事"。党安排我担任湖北省文联主席，是出于政治上的关怀与照顾，不负具体工作责任。我每年回去参加一次全体委员会议就够了。近来湖北省开过"《李自成》学术讨论会"（有外省一些大学中文系派代表参加），正在开全省创作会议，领导都不要求我回去参加，只去信祝贺而已。

说是担任湖北省文联主席后，"不负具体工作责任"，其实也不尽然。请参看他上任后为解决老作家徐迟、碧野等的住房问题多次写给省委领导的信，当可知晓一二；说是未出席《李自成》学术讨论会，"只去信祝贺而已"，其实也不尽然，请参看他当年与会议主持者的来往通信即可知晓一二……

其后三年，姚雪垠应邀参与的社会活动更多：担任中国当代文学研究会会长，随中国作家代表团出访日本，应邀在各单位、团体演讲，辗转多地讲学……恍然

1978 年秋，姚雪垠（中）与三子姚海天、王琪夫妇在武汉东湖之滨

间,抗战时期的"青年导师"①姚雪垠又回来了!

也许,我们还可以说,是作家对作品务求完美、务求创新的艺术水准要求造成了《李自成》第三卷的迟出——

第三卷于1973年起笔,断断续续地写到1976年,成稿已有二十余万字。1977年7月两位助手陆续到岗后,写作进度曾一度加速。1979年初,稿件大部完成,详情可参看同年2月2日姚雪垠写给助手俞汝捷的信,全信录如下:

汝捷同志:

祝你们夫妇和孩子春节愉快。

工作计划,近来又有新的决定。由于三十年献礼问题,已决定分三册陆续出版,即四月间发排上册,大约六月间发排中册,跟着发排下册。各册单独定价。今日下午,刘文治、王维玲、行政科管出版的老杨、美编室的秦云生来我家商量具体问题。葆莘和维玲限二月以内将上册稿子(全已发表,中缺一章)通看一遍,提出修改意见。我定于三月初旬回武汉,将住在翠柳村,大约三四个星期可将上册改完并补写一章。

你整理完《朱仙镇》后,接着整理《洪水滔滔》,在武汉等我。二月或四月初,我们一起来北京。中册所欠单元,请周勃整理录音,葆莘也参加。

海天将在数日内回武汉,他们会去看你。周勃大概也会去看你。

《惠泉吃茶记》已选入《三十年散文选》第一集。

现在以年内出完第三卷为中心任务。下册欠一小单元《春雨江南》,须等文代会开过后去江南一趟。可惜,那时天气已热了。

祝好!

姚雪垠

一九七九年二月二日

信中透露出一种非常紧迫的创作情绪,一种急不可耐的出版欲望,这种状态无以名之,或与20世纪50年代初"赶任务"的倾向相似。

不巧的是,接踵而至的社会活动中断了姚雪垠"赶任务"的进程。

1979年5月,奉派随中国作家代表团访问日本。行前作《以文会友——访日演讲》(同年5月8日前写成),归后作《天涯若比邻——访日观感杂记》(同年9月1日写成)。

---

① 1945年姚雪垠在一篇文章中曾检讨自己好为"青年导师"的毛病,请参看拙著上部有关章节。

同年 7 月，受邀赴广西南宁出席中国当代文学学会成立大会，被推举为首任会长；

同年 10 月，出席第四次文代会。

不经意间，半年光阴转瞬即逝。

1980 年 1 月 29 日，姚雪垠检点第三卷录音整理稿的完成进度，在写给助手俞汝捷的信中无奈地承认："看来，中册拖住腿了。"

同年 2 月 13 日，姚雪垠在致茅盾信中解释第三卷迟出的原因，写道：

趁向您写信贺节，顺便将我近来的工作情况汇报，以释锦注。《李自成》第三卷，今春将全部脱稿。据担任整理录音带的助手俞汝捷同志告我说：第三卷的稿子比第二卷长得多。我想，长了好办，可以大大压缩，下一番去芜存菁的工作，只保留那些最有艺术特色的单元和章节。整理完第三卷稿子以后，接着就搞第四卷录音。据中国青年出版社说，全国读者对出版社和新华

1979 年姚雪垠首次访日演讲

书店的压力很大，盼望第三卷早日出版。但是我抱就稳扎稳打的态度，必须到我自己对艺术信得过时方才脱手。从出版社考虑，有一个营业上的问题。《李》是畅销书，在八〇年出书，在营业上有很大好处。从我自己考虑，这不是《李自成》的第一本书，不需要用它打开局面，所以早出晚出的关系不大，重要的是保证质量，必须在艺术上有比较显然的新探索，而不是徘徊原地。①

该信中所说的"稳扎稳打的态度"，显然不同于年前"赶任务"的作风，但与其说是改变，不如说是复归。

须知，姚雪垠在《李自成》的创作上原本一贯奉行"稳扎稳打的态度"——

1962年5月10日致中国青年出版社编辑信：（我）抱定稳扎稳打，仔细推敲的态度，所以不求急于脱稿。

1975年2月9日致茅盾信：这书，我不急于问世。虽然第一卷曾给人较深印象，许多读者在等候这书的陆续出版，担心我会完不成全书。但是我死抱着一个不求急功，稳扎稳打的写作态度，在任何情况下不变。近两三年，有些熟人看见我已进入老年，向我建议：不妨赶快将全书写完，以后如有时间，再去精雕细琢。我不同意这种好心建议。我认为能完成全书当然最好，否则能多完成一卷就应该力求在质量上完成，而不单在数量完成。

1975年11月6日致茅盾信：近几年来，一些关心我的工作情况的朋友们，多数劝我赶快将全书写完，不必细作修改，等五卷出齐之后回头再改。我没有接受这个意见。我的主张是稳扎稳打，写成一卷算一卷。理由是：假使我写成两卷或三卷而不幸早死，会给后人留下一部分大体成熟的艺术品，这样会比后人拿到粗糙的全书好一些。

如前所述，1976年前后他曾表示接受茅盾先生的建议，"暂时不考虑出版问题，也不回头改第二卷，一气写下去，争取几年内将全书写完"，并为此制订过"三年计划"和"三年半规划"。但他骨子里还是坚持"稳扎稳打"的创作态度，从未企求草成全书，而宁要"半部红楼"。这种"稳扎稳打"的创作态度，也许应该称为"精品意识"吧！

1980年2月14日，即寄出给茅盾先生的解释信的次日，姚雪垠又给湖北省委领导焦德秀、余英寄出一封汇报信，该信原题为：《汇报关于我对出版〈李自成〉第

---

①　茅盾先生因健康状况恶化，没有复信。翌年初，先生驾鹤西去，未能等到《李自成》第三卷的出版。此为姚雪垠的终生遗憾。

三卷的态度及其他问题》。信中写道：

> 中国青年出版社和新华书店受全国读者的压力很大，希望第三卷赶快出版。另外，《李自成》是畅销书，出版社还从80年的营业考虑，很盼望在本年内能够出版。我自己也受到很大压力，全国读者辗转打听，想知道《李自成》是否写完，何时出版，经常有消息传到我的耳中。从上边说，只要我遇到中央领导同志，不管识与不识，都要问我第三卷何日出版，全书何时可以写完。前几天遇到方毅同志，热情关怀，说他也在盼望着第三卷的出版。但是我作为一个有较强责任感的作家，落脚点不同于读者、出版社和新华书店。我所追求的不是赶快向读者塞责，而是争取较高的艺术质量。假若第三卷出版之后，大家看见第三卷在小说艺术上探索了新的领域，有创造性的开拓，而不是在第一、二卷已经达到的地步踏步不前，无所发展，我才算对读者和党的期待缴了一份好的卷子。不能做到这一点，早出书反而不美，何如将稿子留在手头再仔细琢磨？何况我今年七十岁，冠心病虽不严重，但比前一、二年重了一点。事物都要从两方面看，也可能我能保持基本健康，待五卷全部完成后再改一遍，也可能我没有来得及最后通改一遍或来不及将全书写完就"溘然长逝"。从后一种可能性考虑，上策是将第三卷尽量修改成完整的艺术品，然后出书。去年在国务院的国庆招待会上，胡耀邦同志问我《李自成》的进行情况时，我赶快回答说："无论如何，80年一定出书"。他出我意料之外地说："你不要害怕别人给你的压力，应该按照你自己的计划进行，完成你自己的目标。"这话使我敬佩与快慰，更使我拿定了主意。

信中提到的"责任感"值得关注，作家强调他所"追求"的是第三卷的"艺术质量"而不是出版时间早晚，话语间有"不全则无"和"宁缺毋滥"纠结的意味。信中提到的"健康"问题更值得关注，作家对"后一种可能性"考虑较多，话语间流露出"岁月迟暮"和"烈士暮年"交织的情绪。

另外，信中提到胡耀邦年前曾过问第三卷出版事，亦值得关注。作家最后拿定的"主意"（"稳扎稳打"的精品意识），似乎与胡耀邦的宽慰不无关系。顺便写几句，年前胡耀邦担任党中央秘书长兼中央宣传部部长和中央党校副校长，分管党中央日常工作和宣传工作。"据曾在中央党校为胡耀邦同志做过勤务员的张学利回忆：'耀邦在党校期间，除了工作就是看书。有段时间，我发现耀邦看的最多的是姚雪垠写的《李自成》。'"①1982 年,姚雪垠还曾"为建议扭转不良学风"致信时任中共第三代领导人的胡耀邦。此为后话,在此不赘。

《李自成》第三卷虽然晚出两年,但在艺术上确有"比较显然的新探索"。该卷"内容提要"概括得非常精准,全录如下:

> 李自成破洛阳以后,声威大振,几次在河南击溃和歼灭明朝的主力部队,三次进攻开封。本卷着力写第二次和第三次开封战役,以及从属于第三次开封战役的朱仙镇大战。每次战役,各具特色,深刻地表现了明末大军野战和攻城战的真实情况。

> 曹操(原名罗汝才)离开张献忠,与闯王合营,奉闯王为盟主。在本卷中进一步写了闯、曹、献三人之间的复杂关系,深化了曹操的性格。

> 李自成在本卷中由于地位的变化,作为封建社会农民起义英雄的本身弱点有了较多的暴露。他的事业正在向高峰发展,同时也明显地孕育着失败的因素。

> 整个《李自成》是一部大悲剧,而本卷的悲剧气氛已经相当浓厚。几十万人的开封,百姓在围城中大批饿死,最后被黄水淹没,逃出来的很少。慧梅被强迫出嫁袁时中,后来又帮助闯王杀死自己的丈夫,然后自尽。这些悲剧故事,都使人不忍卒读。

> 清朝入关前的重要人物,当时满族社会的风俗制度,明、清间的战争等,在这一卷中开始作正面描写,并塑造了皇太极(清太宗)和洪承畴两个典型。

该卷艺术上的"新探索"尽见如上:几次重大战役的描写,全书悲剧气氛的敷演,新的历史生活面的开拓,新的典型形象的塑造,等等。

第三卷的印数再一次打破纪录。第一卷的初次印数是十多万部②,第二卷的初次印数是三十万部③,而"第三卷初次印数是六十万部,合计一百八十万册"④。

然而,第三卷的评论工作却相对冷寂,值得注重的评论文章有如下几篇:

> 冯天瑜、干朝端:《明清间民族斗争的艺术画卷——读〈李自成〉札记》,载《武汉师范学院学报》1980 年第 3 期

> 吴功正:《论〈李自成〉第三卷的新成就》,载《江海学刊》1982 年第 4 期

---

① 引文出自程冠军《每个干部要读 2 亿字的书》。
② 江晓天:《〈李自成〉第一卷在逆境中问世》。
③ 1976 年 12 月 17 日姚雪垠致茅盾的信。
④ 1981 年 3 月 26 日姚雪垠给丰村的信。

徐传武：《牵动长江万里愁——〈李自成〉第三卷悲剧因素浅析》，载《河南师大学报》1982 年第 3 期

邱胜威：《一个"贰臣"的艺术典型——读〈李自成〉第三卷漫评洪承畴》，载《江汉大学学报》1983 年第 2 期

吴秀明：《三百万言写史诗——读〈李自成〉前三卷》，载《文艺报》1983 年第 3 期

严家炎、胡德培：《气壮山河的历史大悲剧——〈李自成〉一、二、三卷艺术管窥之一》，载《辽宁大学学报》1984 年第 2 期

啸湖：《愿宏伟的历史风云画卷更增辉添色——试议〈李自成〉第三卷的成就与不足》，载《玉溪师专学报》1986 年第 5 期

冯天瑜、干朝端的论文重点评述了《李自成》前三卷阶级斗争"主线"与民族斗争"副线"交织转换的结构思想，赞曰："长城战鼓、松山旌旗，与李自成在洛阳、开封燃起的薄天烽烟，交织一片；关外民族战争的隆隆炮声，与中原地区阶级搏斗的呐喊，遥相呼应，共同预告着明朝的气数将尽，中华大地即将发生'天崩地解'的变化、更迭。作品主线、副线的这种穿插、交替，有如横云断岭，异峰叠起，形成动人心魄的跌宕和起伏。"①

吴秀明及严家炎、胡德培的论文涵盖《李自成》前三卷，眼界甚宽，持论甚严，或辨析史诗品质，或评点悲剧要素，都是不可多得的佳作。

吴功正的论文，从"历史风貌的新展示""人物性格的新发展"和"小说美学的新收获"等三个角度，充分肯定了第三卷的艺术创新，文末归纳道："总之，姚雪垠同志把历史学者的胆识、功力，小说家的才能、本领，美学家的眼光、见解，熔于一炉，形诸艺术的笔墨，化为形象的艺术创造，锲而不舍，精镂细刻。我以为，这是他的《李自成》第三卷的创作再次取得成功的根本原因。"

徐传武的论文，专注于阐释第三卷的悲剧因素，该论文总结道："《李自成》是部大悲剧，第三卷则是这个悲剧的前奏。第三卷在全书的地位很重要，是全书的分水岭，一方面，李自成向夺取全国政权迈进了一大步；另一方面，悲剧因素也开始滋长，而且越来越明显，悲剧气氛愈来愈浓。第三卷就是在'慧梅自刎'的悲剧中闭幕的。"

---

① 这篇论文虽发表于《李自成》第三卷出版之前，但作者参考了已在刊物上先期发表的第三卷若干章节（"洪承畴出关""辽海崩溃""燕辽纪事"等）。

邱胜威的论文,致力于开掘第三卷中"洪承畴"形象的典型意义,其文称:"三百年来,洪承畴屡遭世人唾骂。他的形象,也不断出现在文学作品中。远如蒲松龄之《三朝元老》,近如蔡东藩之《清史演义》,无名氏之戏曲《洪母骂畴》。但前人对承畴的描写刻画,大抵难免'明于礼义,而昧于知人心'的缺陷。可以说,在姚雪垠之前,还没有人认真地对这位历史上有名的'贰臣',作过'灵魂的审判'。于今,《李自成》第三卷总算弥补了这一缺漏,试图在辩证唯物主义与历史唯物主义的指导下,从更高的政治和道德的规范上,解剖了这一历史人物变节投降的心灵历程,使他作为一个'贰臣'的艺术典型,出现在小说中。单为这一点,我们也应不忘这位老作家的辛勤劳作。"

啸湖的论文别开生面,作者用诗意的语言描述了第三卷的"成就与不足"之余,还特意点到第三卷评论不够多的原因:"《李自成》第三卷问世几年了,这是姚老继《李自成》一、二卷之后的又一扛鼎力作。但系统而全面地分析第三卷的评论文章比较少见,这也许是因为评论界的注意中心转移到别的更惹人注意的问题上去了。"

呵,时移事迁,文坛迭代!

姚雪垠仍在矻矻穷年地耕耘,《李自成》的阅读热潮还在继续,但评论界的注意中心却已经转移了。

第十九章

『推动文艺民主运动』①

1981——

① 引自姚雪垠《关于〈忆向阳〉诗集的意见给臧克家同志的一封信》,载《上海文艺》1979 年第 1 期。

第一节 "挑起"论争

《李自成》第三卷出版后,评论文章没有第二卷出版时那么多。

是由于该作品艺术质量下降了吗? 当然不是! 如前所述,第三卷较之第一、二卷并无逊色处,评论界仍多有好评,北京大学教授严家炎有论文称:"第三卷对前两卷的悲剧观念有了新的突破","保持了全书结构艺术的很高美学水准","整个看来,《李自成》第三卷依然是一部相当优秀的长篇小说"。①

那么,是什么原因造成评论热潮降温的呢? 其后若干年,坊间有如下几种说法:

一说是由于"政治推力的缺失"②。20 世纪 70 年代后期国内曾出现《李自成》评论热潮,其底里有着政治和艺术的双重驱动力。80 年代初期随着"中国社会由政治/文化型向市场/经济型转变的步伐加快……社会转型为文学观念多元并存的格局提供了一定的空间,由此也为文学回归文学自身提供了可能性。文学观念嬗变中文学'自律性'的强化,在一定程度上逼仄了文学批评政治批判功能的空间。因此,《李自成》研究不可能再像前一阶段那样,因学术研究的政治批判倾向而形成热潮"③。

二说是由于"评论界的注意中心转移"④了。20 世纪 70 年代末"《李自成》热"尚未退潮之际,"伤痕文学""反思文学"和"改革文学"便相继成为热点。按照文学史家的说法,后面这批取材于现实生活的作品,"它们有相同的思想基点——对民族、国家命运的深切思考"⑤。这类作品直接触及社会的痛点,它们自然地成了评论家们关注的焦点。

三说是由于作家美誉度有所下降。这是一个很少有人道及的因素,或许应该多花点笔墨。20 世纪 80 年代初期,姚雪垠的知名度仍如日中天,但其美誉度却言人人殊。"知名度,即人和事物被社会认知的广度;美誉度,即人和事物被社会认

---

① 转引自王维玲:《四十二年磨一剑》。
② 徐亚东:《〈李自成〉研究的现象及其反思》,《中州学刊》2012 年第 4 期。
③ 徐亚东:《〈李自成〉研究的现象及其反思》。
④ 引文出自啸湖《愿宏伟的历史风云画卷更增辉添色——试议〈李自成〉第三卷的成就与不足》。
⑤ 引自《八十年代以来的文学》第七章《八十年代文学概述》。

可的广度。”[①]“认知”是一回事,“认可”是另一回事。二者既可见于评论文章,亦可证于“口碑”。

有一则与“口碑”相关的趣事。2021 年,复旦大学陈思和教授在《他在重写文学史——读严家炎全集》[②]一文中,意外地谈到姚雪垠当年的“认可”度及其对《李自成》研究的影响。节录如下,以飨读者:

> 我在 1970 年代末的时候,也曾经是历史小说《李自成》的拥趸,我为了研究这部小说,研读过各种明末野史,把小说里所描写的细节,一一对照野史记载,企图进一步研究这部历史小说。但是后来因为姚雪垠在文坛上挑起几场论争,我很反感,因人废言,不仅放弃《李自成》的研究,而且把作家的人品也看低了,恨不得弃之如敝屣。

当年,像陈教授这样的由“拥趸”而生“反感”终至“放弃”的《李自成》潜在研究者可能不止一两位;由于误判作家的“人品”而视其作品为“敝屣”者,他也绝不是最后一位。随便提一句,踵迹者尚有刘再复[③]、魏明伦等一批新潮文艺家,其心态相若,表现各异,且待后述。

那么,不妨盘点一下,从 1977 年第二卷出版之后至 1981 年《李自成》第三卷出版之前,姚雪垠曾撰写过哪几篇可能“挑起”论争的文章呢?大概有如下几篇:

《对徐迟同志〈关于诗歌的意见〉的意见》,载《诗刊》1978 年第 12 期

《关于〈忆向阳〉诗集的意见——给臧克家同志的一封信》,载《上海文艺》1979 年第 1 期

《李自成自何处入豫》,载《历史研究》1978 年第 5 期

《论〈圆圆曲〉——〈李自成〉创作余墨》,载《文学遗产》1980 年复刊号第 1 期

《评〈甲申三百年祭〉》,载《文汇月刊》1981 年第 1 期至第 3 期

---

① 参看佚名《知名度与美誉度》。

② 陈思和:《他在重写文学史——读严家炎全集》,《当代文学研究》2022 年第 1 期。

③ 1988 年,刘再复在《刘再复谈文学研究与文学论争》(《文汇月刊》第 2 期)中谈道:“我只是在‘文化大革命’中和‘文化大革命’刚结束的那几年因为没有书读,才去赶时髦读了《李自成》,这完全是‘无聊才读书’。”

前两篇文章,确实是姚雪垠有意为"挑起"论争而作的①。第一篇文章批评徐迟的《关于诗歌的意见》(载《诗刊》1978年11月号),姚认为该文传播了"错误的"知识;第二篇文章批评臧克家诗集《忆向阳》(人民出版社1978年3月出版),姚认为该诗集有美化五七干校的倾向。这两篇文章面世后,影响颇大,虽未见被批评者公开发表的争鸣文章,但私下里指责姚雪垠的声音着实不少:有从"大局"上进行规劝的,有从"道义"上进行谴责的,也有从"人格"上进行贬低的,不一而足。而且,被批评者不服,告状信送到了最高文艺领导手里,引起舆论哗然。顺便提一句,引起文科教授陈思和"反感"的文章,大概就是这两篇。

后三篇文章,倒真不是姚雪垠为"挑起"论争而作的,只能说它们"引起"过论争。自从1943年有意创作以"明末的历史大悲剧"为题材的长篇历史小说之后,作家便不懈地在明史研究上用功。积三十年之努力,随着《李自成》的创作渐入佳境,作家的明史研究也有所得。1972年前后,作家撰成历史论文多篇,论题涉及"关于李岩的出身""不应过分夸大李岩的作用""李自成自何处入豫"等问题,准备择机发表②。1977年末,作家寄呈一篇历史论文给茅盾先生指教,并表示"目前无意发表历史论文,三四年后如可以发表,就发表一组"③。信中说"一组"而不是"一篇",颇为耐人寻味④。这三篇历史论文面世后,竟引起了偌大的风潮,准历史研究者或历史研究者公开发表的争鸣文章竟达到两位数之多,有从"史实"方面进行辩驳的,有从"史识"方面进行调侃的,有从"史德"方面进行嘲弄的,一时间竟形成"围攻"之势。姚雪垠感到困惑,一纸诉状送到了最高领袖那里,余波荡漾,至今未息⑤。

先让我们讨论前两篇"挑起"论争的文章——

《对徐迟同志〈关于诗歌的意见〉的意见》,作于1978年11月13日,采用书信体格式。姚雪垠认为徐文对毛泽东诗词中一句的解释有"曲解",且传播了一些

---

① 2018年,李丹梦在《最后的"史官"——姚雪垠论》(载《中国现代文学研究丛刊》2018年第6期)一文中指出:"当初姚雪垠向好友徐迟和臧克家开刀,亦由《红旗》邀约'写示范文章'而起。"此说似无根据。2022年10月29日,俞汝捷先生在微信中谈道:"姚老批《忆向阳》的信是在柯岩、邹荻帆鼓动下写的。原稿曾给我看过。我赞同姚老的观点,但建议他直接寄给臧,而不要公开发表。姚老当然不接受。那天恰好穆青来给姚老摄影,当姚老指着我说话时,穆青按下了快门。可惜这张照片我处没有,否则留着很有意思。"此说可信度很高。录以备考。

② 参看1974年3月31日姚雪垠致江晓天的信。

③ 参看1977年10月1日晨致茅盾的信。

④ 据姚雪垠《李自成从何处入豫》透露,同期他还草撰有《关于潼关南原之战》等历史论文。

⑤ 参看1982年4月5日姚雪垠致胡耀邦的信。

关于古典诗歌的"错误"知识，"十分失望，而且很不同意，如骨鲠在喉，必须吐出方快"。

姚雪垠在这封致《诗刊》编辑的"信"中写道："徐迟同志是我的老朋友，有不同的意见，不妨争鸣。考虑到他的意见已经在社会上尤其在《诗刊》的广大读者中间产生了影响，所以深希望你们将我的这封信公开发表。"从中可以读出，"挑起"争鸣的意图非常明显。

在该"信"面世之前（11 月 18 日），他曾给徐迟去信解释撰文的动机，写道："我爱老朋友，我更爱真理，同时很不愿广大读者受你的意见（我认为是错误的）影响。有不同看法，对朋友负责和对广大读者负责，这矛盾应该统一起来。"又写道："我的公开信将在十二月号《诗刊》上发表。将来你看过之后，如有不同意见，还请你写文章同我争鸣。是非经过讨论，争辩，会更清楚。"从中可以读出，他有动员徐迟参加争鸣的意图。

然而，徐迟并未现身①。

《关于〈忆向阳〉诗集的意见——给臧克家同志的一封信》，作于同年同月 25 日，采用的也是书信格式。姚雪垠认为该诗集有美化五七干校的倾向，且不应该在打倒"四人帮"后还出版。文章写成后投寄《诗刊》，未允发表，几经周折，转给《上海文艺》。

他在这封致臧克家的"信"中写道："我们今天很需要文艺民主。提倡良好的批评风气也属于民主范畴。有健康的文艺批评，有互相争论和探讨，才能够推进我们的文学创作繁荣，理论展现活跃。我想，既然你的《忆向阳》已经成为社会存在，而且报刊已经有三篇文章（也许还多）予以好评，我不妨将这封长信公开发表，活跃文艺批评空气。你有不同意见，欢迎你写文章反驳。我的《李自成》始终没有得到你的正式（写信或面谈）批评意见，我感到受益太少。也请你直率批评，不管批评多么尖锐，我都欢迎。我们应该共同来推动文艺民主运动，提倡批评风

---

① 1981 年 10 月 4 日，姚雪垠在《在支部大会上申请入党的发言》中谈到公开批评徐迟事："看问题不全面，而且常有偏激情绪。这个缺点在我身上不仅是思想方法问题，而且是世界观问题，不是个小的缺点。这个缺点加上骄傲自满情绪，就变得更为严重，有时候简直是盛气凌人。这样的例子很多，当然同志们也是熟知的。举一个例子，我对徐迟同志某些公开发表的意见有不同看法，这本来是正常现象，但是我跟徐迟是老朋友，又都是省文联的老作家，本来可以写封信告诉他我的看法，却偏要公开批评，而且有的地方措词尖锐，缺乏善意态度，这就是我的不对了。我的这个缺点，也需要在今后努力克服。今天徐迟同志没有参加这个会，我另外找时间找他谈谈，表示我的歉意，也请支部领导同志在方便时转达此意。"

气。"从中也可以读出,他"挑起"争鸣的意图非常明显。

在该"信"面世之前(11 月 30 日),他也曾给臧克家去信解释撰文的动机,写道:"直到今天,我的心中对你还是充满着友情,并且对你抱着期望。我相信很多读者也对你抱有期望。克家,请你相信,假如你真正写来符合人民心愿的好诗,我不管多么忙,会立刻写文章评论你的好诗。我们搞创作也好,写评论也好,没有别的出发点,而是要对广大读者负责,对党的文学事业负责,而且也可以说要对后世负责!"①从中可以读出,他仍对老朋友抱有美好的期许。

然而,臧克家也未现身。

姚雪垠的这两篇文章面世后,"朋友圈"里议论风起,有担心,有劝说,有附和,有质疑;姚雪垠多番表白,煞费口舌。

致王亚平:我是心里憋不住才写点短文,不怕得罪人,惟求对广大读者负责。《上海文学》一月号有一篇批评《忆向阳》诗集的公开信,你看过后请示知你的意见。②

致丰村:你来信提到我批评徐迟和克家的事,怕我惹朋友不愉快。我对徐迟的批评,当然难免得罪老朋友,但我想首先要对广大读者负责。我的眼睛要向下看。宁肯得罪个别名人,也要批判那种对读者毫不负责的海派学风。将来在肃清'四人帮'的流毒之后,海派学风就是实事求是的科学学风与马克思主义的大敌。③

致吴组缃:在中国作家协会第一次全体代表大会上,我们俩有机会坐在一起。你对我说你看了我批评 ×× 的文章,很赞成我的态度,深慨于近年来朋友间只许互相吹捧而不许互相有正当批评的庸俗风气。当时不便多谈话,我仅仅告你说我们做老年作家的应该考虑我们应该树立什么风气,反对什么风气,甚至要想着死后留下怎么做人的风格。④

致吴组缃:道理上的争执归道理,朋友还是朋友。这是我的根本态度。处处捧场,见错误不说真话,这不是我的性格。我这一生,因为曾经不能接受忠言,吃了大亏,付出了高昂代价。但我从不忌妒别人,总希望朋友有好的成就。我批评别人有时过于尖刻,那是我的认识和做人修养问题,而毫无忌妒

①　1978 年 11 月 30 日姚雪垠致臧克家的信,未收入《姚雪垠书系》。
②　1978 年 12 月 27 日致王亚平的信。
③　1979 年 1 月 19 日凌晨致丰村的信。
④　1980 年 1 月 3 日致吴组缃的信。

别人成功之心。①

在姚雪垠的"朋友圈"里，理解者有，不理解者多。

臧克家最不理解姚雪垠为何要"挑起"争鸣，他从前几年的信件中择出姚评说其"干校诗"的相关内容，整理打印，分发文艺界相关人士，以让公众看清姚的"两面"；他还致信并走访文艺领导，以争取得到上层人士的理解和宽宥。

1979年2月14日，臧克家给周扬去信告状，称：

> "争鸣"是百花齐放的要求，但也有人把"争鸣"搞得有点像"争名"了，一言之差，意义天渊。姚雪垠同志最近写了两篇文章，给人留下了这样的印象。他在去年12月号"诗刊"上为文批了徐迟同志，文中漏洞极多，甚至把闻一多先生的诗句说成我的，加以"雕琢"的指责，态度高傲，盛气凌人，不在讨论问题，而在训人，打击人，徐迟同志看了十分生气，读者也大抱不平！他又在今年一月号"上海文学"上大批我的诗集"忆向阳"（我曾奉寄您一本），不谈内容，专事人身攻击，政治侮（诬）蔑，说我"为'四人帮'涂脂抹粉"，用心不良，令人气愤。中央正号召团结，有人竟为了个人争名目的，横扫一切，唯我独尊，如此发展下去，不利于文艺事业，非搞得四分五裂不可。姚雪垠同志与我相交卅年，他的作品，我不满意，一再苦心规劝，竟惹的他以此报复。请您注意到这一点。冯至同志对此也甚为不平。②

据说，周扬阅信后曾对臧进行过安抚，臧的情绪于是平复了③。

姚雪垠在获知臧克家的强烈反应后，心里有点忐忑，拖了大半年才把此事告知茅盾先生。须知，他和臧克家都是茅盾先生的"私淑弟子"，弟子间闹矛盾，不告知师长是不合适的。

1979年10月14日他在致茅盾信中写道：

> 大概有十来个月不曾给您写信，但写信的事经常挂在心上。我之久未奉书问候，固然也是因为我每日太忙，但更重要的原因是由于我发表过一封公开信批评克家的《忆向阳》，给你写信时不谈此事不好，谈此事也不好。有此

---

① 1980年3月3日致吴组缃的信。

② 转引自徐庆全《转型时期的标本：关于臧克家〈忆向阳〉诗作的争论——从臧克家一封未刊信谈起》，载《博览群书》2006年第4期。

③ 1979年4月28日臧克家致尧山壁：姚雪垠大批我与徐迟，引起轩然大波，弄到香港去。周扬同志约了谈了话。中宣部副部长廖井丹同志到我家谈了一小半天，我极安慰。已写好二文，压下不发了。姚利用的势头已过，他十分被动，为友朋所不满。他大赞《忆向阳》信十封的打样，请在《河北文艺》、"文联"同志们中间传阅一下，看看姚是一面，还是两面。

矛盾思想，所以就不急于给你写信了。

不几天，他便收到了茅盾先生的复信，先生对他的行为表示支持，信中措辞非常审慎，态度非常豁达：

> 忆向阳的看法，我和您一致。人患重名利，无远见，亦不可患得患失，他们之所以进退两难，原因似在于此，但我们希望他们看穿些，亦即今日所说解放思想，过去的让它过去了，坦然自承当时看错了，那就放下包袱，人家也就没有话可说了。尊见以为然否？人孰无过，而况在这复杂的时代。一失足未必即成千古恨。大家互勉互励罢。①

读过茅盾先生的复信后，姚雪垠的心便放了下来。

数十年后再回首，我们可以对姚雪垠"挑起"争鸣的动机有一个比较明确的评估了。

他"挑起"争鸣，是基于对产生"四人帮"文艺思想的社会基础的这种判断——"'四人帮'的唯心论、形而上学历史观和文艺思想在社会上流毒很深，不能低估肃清这种反动思潮的长期性和曲折性。这种思潮之所以能横行一时，一方面是凭借他们掌握了宣传大权，用法西斯手段压制了正确意见，绝不许百家争鸣；另一方面也是由于许多年来在一部分知识分子中原有他们推销荒谬论调的市场。在思想上、学风上，一直存在着两条道路的斗争。在一部分知识分子中，那种不刻苦读书，不认真研究马列主义，自命一贯正确，随口乱说，贩卖唯心主义和形而上学的不正之风在过去许多年原未肃清。"②

他"挑起"争鸣，也基于他对文艺界拨乱反正走向的预测——"将来在肃清'四人帮'的流毒之后，海派学风就是实事求是的科学学风与马克思主义的大敌。"③

他"挑起"争鸣，意在促成"文艺民主（运动）"的实现——"必需提倡健康的批评空气，作为文艺民主的一个组成部分，才利于文艺创作的发展和理论批评水平的提高，而克服庸俗的市侩习气，行帮作风。不仅文艺界应该如此，学术界都该如此。"④

姚雪垠对"文艺民主（运动）"的呼唤和热望，源自 20 世纪 40 年代中期延安

---

① 1979 年 10 月 18 日茅盾先生给姚雪垠的信。
② 1977 年 3 月 21 日姚雪垠致胡绳的信。
③ 1979 年 1 月 19 日凌晨姚雪垠致丰村的信。
④ 1978 年 12 月 30 日姚雪垠致夏川的信。

整风运动的历史记忆。当年,他曾在南方局文委组织的"读书小组"接受过这场"整顿学风、整顿党风、整顿文风"运动的洗礼,对"批评与自我批评"方式有切身体验。有兴趣的研究者可参看作家写于 20 世纪 40 年代的《需要批评》《现代田园诗》和《自省小记》等文章,当可发现它们与作家作于 70 年代末的这两篇有意"挑起"争鸣的文章间的血脉联系。

一言以蔽之,此期姚雪垠"挑起"与朋友徐迟、臧克家的论争,虽是历史场面的重演,但其初衷不在"争名"而在倡导"文艺民主(运动)"①。

徐庆全在《转型时期的标本:关于臧克家〈忆向阳〉诗作的争论——从臧克家一封未刊信谈起》中对这场未起的争鸣有述评,所述大抵不差;只是由于不甚了解这两位文坛老人恩怨纠结的历史,最后的结论尚可商酌。他这样写道:

> 现在看来,围绕着《忆向阳》的争论只是一段文坛轶事,在剧烈变革的 1975—1979 年,却反映出哪怕就是臧克家和姚雪垠这样的"高级知识分子"在漂白自己时的尴尬。无论他们怎样挣扎,"在场"的身份决定了他们没有能力摆脱历史的羁绊。

笔者认为,姚雪垠当年撰文批评老朋友臧克家,无关乎"漂白自己"。姚老终其一生,无论是在顺境或是在逆境,无论是在"十七年"或是在"文革"十年,都无悖以文学服务于无产阶级革命的初衷,白璧微瑕,大节无亏,根本无须什么"漂白"②。

再让我们讨论后三篇"引起"争鸣的文章。

《李自成自何处入豫》,"一九七二年五月初稿,一九七六年八月改完",原载《历史研究》1978 年第 5 期。该文考辨的历史问题,与《李自成》第二卷的情节结构有涉,且关乎李自成、刘宗敏等的性格定性③。

如前所述,关于崇祯十三年秋冬之际李自成农民军入豫前的动向,史料主要有两种说法:一说是被围困于鱼复诸山,死战突围后,从川陕交界处遁入河南;一

①   1943 年姚雪垠作《现代田园诗》批评臧克家的《泥土的歌》,剖析其"叶赛宁道路"的特征;1975 年 6 月 15 日姚雪垠在致臧克家信中批评他的"干校诗"是"当代田园诗",寓意相同;1978 年作文批评臧克家的《忆向阳》,实为历史场面的重演。——笔者附识。

②   林遇春在《论姚雪垠建国后的旧体诗创作》(载《福建论坛》2011 年第 4 期)一文中对姚雪垠的"干校诗"有过辩证分析,他认为:"总的来看,姚雪垠的'干校诗'是复杂的,矛盾的,既有显在的政治认同,也有潜在的个人觉醒,惟其如此,它才是一个富有意味的历史存在,这给后人提供了足够的凭吊和思索的空间。"笔者认为,这种说法比较符合实际。

③   参看拙著第十五章第一节《草稿管窥》。

说是"逃入汉南""息马郧阳深山"，待机从郧均潜入河南。姚雪垠 1957 年撰写《李自成》草稿时，采纳的是第一种说法，1961 年作家读过更多的史料后，改为采纳第二种说法。这篇历史论文，谈的就是作家摈弃第一种说法而采纳第二种说法的过程。

该论文面世后，历史学家顾诚撰写了一篇争鸣文章《李自成起义军究竟从何处入豫——同姚雪垠同志商榷》，他认为姚文的三个主要论点——"一、李自成起义军进入河南以前息马于郧阳深山之中；二、李自成起义军是从郧阳均县之间的'小路'入豫的；三、进入河南的时间是崇祯十三年十一月中旬"——都不无可议之处，并推断李自成的率部入豫"是在崇祯十三年七月由郧阳地区出发，经陕西兴安、商洛地区进入河南淅川、内乡一带"。

顾诚的推断也许不无道理，但似乎并不足以否定姚雪垠的考据成果。不久，明史专家智夫成发表《李自成农民军究竟于何时入豫》（载《河南师大学报》1979年第 5 期），指出顾说的未妥之处，对姚说作了部分肯定。①

《论〈圆圆曲〉——〈李自成〉创作余墨》，"一九七八年八月初稿，一九八〇年三月二日定稿"，原载《文学遗产》1980 年（复刊号）第 1 期。该文考辨的历史问题，与《李自成》第五卷中的情节设计有关。作家在该文中表述得非常清楚："陈圆圆的故事关系着我们应如何认识李自成进北京后迅速失败的原因，如何认识吴三桂降清的真正原因，以及对刘宗敏的如何评价等重大问题。"

姚雪垠对吴梅村《圆圆曲》的关注至少可以上溯到 20 世纪 70 年代初期，亦即他草撰《〈李自成〉全书内容概要》之时。

1974 年 9 月 1 日，他在致茅盾的信中写道：

> 在《概要》中也有些重要情节既谈出历史事实，也带出来艺术处理的若干构思。例如吴三桂的降清与陈圆圆的关系问题。关于这一历史公案为读者所熟知，且为大家所关心，在小说中不提到是不行的。从清初开始，关于这一公案就有两派意见：一派以吴梅村为代表，将吴三桂背叛大顺而投降清朝的原因归于爱妾陈圆圆被掳，即所谓"冲冠一怒为红颜"。清初各家著作，多采此说，《明史》因之，且有钮琇、陆次云相继以传奇笔法写出《圆圆传》。《圆圆曲》和两篇《圆圆传》，对后代读者影响很大。另一派则否认陈圆圆的作用，其表现为或在记述吴三桂降清经过时对陈圆圆略而不提，或如全祖望干

① 顾诚在《如何正确评价〈甲申三百年祭〉》中对智夫成说有辩驳。

脆不同意陈圆圆与吴三桂降清有关系。解放后又有人写文章，从经济上、阶级矛盾上研究吴三桂降清的原因，而否认有陈圆圆之事，并批判《圆圆曲》中的矛盾。

姚雪垠此际对"吴三桂降清"的认识与清初学者全祖望无异，也与解放后某学者的研究角度及结论相同①。

可对照《〈李自成〉全书内容概要》中的正式表述："今日很难对陈沅是否曾为吴三桂买去为妾，作出绝对结论。我有一点看法是明确的，即纵然陈沅已被吴三桂买去为妾，又归刘宗敏所得，在吴三桂决定叛闯投清这样极其重大的问题上决不是主要因素。"

作家在续后的两篇文章，《〈李自成〉第一卷修订本·前言》（1976 年 2 月）和《李自成为什么失败》（1978 年 7 月），对"吴三桂降清"的表述可与《〈李自成〉全书内容概要》互证。

《论〈圆圆曲〉》的写作时间稍早于《李自成为什么失败》②，该文在史料考据上发力，提出了如下颇惹争议的结论：

——《圆圆曲》的故事，跟历史的真实情况完全不符……只能看作是他（指吴梅村）的一首政治抒情诗，而不是纪事写实之作。

——大顺军进入北京时她（指陈圆圆）已在宁远早死。关于她被李自成或刘宗敏所得，以及刘宗敏为索她拷掠吴襄，全是胡说。③

——我们从文献上找不到这几年中，吴三桂曾经奉召进京的任何资料；按照当时军事形势看，也绝无离开防地的可能。《圆圆传》说吴三桂在北京的田府宴席上与陈圆圆相遇，一见钟情，不是很荒唐么！

——制造那些谣言（指"刘宗敏夺去了陈圆圆"及"吴三桂降清只是为着陈圆圆"的说法）的动机既是鞭挞吴三桂，同时也污蔑刘宗敏。污蔑刘宗敏也就是污蔑大顺军。

毋庸讳言，上述考据结论——如"陈圆圆早死""吴三桂无奉召进京事""刘宗

---

① 笔者尚未查到"解放后又有人写文章"中提到的作者名和文章名。

② 《李自成为什么失败》中曰："关于陈圆圆与吴三桂降清无关的问题，我已经写了一篇论文，将来准备发表，现在不详细谈了。"

③ 不久，姚雪垠在《评〈甲申三百年祭〉》中对这一观点进行了更正，申明："不管陈圆圆是否病死宁远，或随吴进关而死于昆明，我都不相信陈圆圆同大顺军有关系，也不相信吴三桂是因为陈圆圆而投降清朝。"并提出，"希望反驳我的文章时不要忽略我所提出的核心问题"。

敏与陈圆圆无涉"等——均有未臻缜密处，作家稍迟有所觉察，并在另文中有所更正。①

该文面世后，引发的争鸣文章很多，多聚焦于上述四个结论。其中黄裳的《陈圆圆》（载《读书》1980 年第 10 期）颇有影响。但用姚雪垠的话来说，黄文意不在考据，而在"抬杠"。

2012 年，研究者王静发表《近三十年来〈圆圆曲〉研究综述》（载《甘肃联合大学学报》第 28 卷第 1 期），对这场争鸣的全过程叙述甚详，对姚文之于"《圆圆曲》研究"的促进作用有着比较恰当的评价：

> 1980 年，姚雪垠先生在《文学遗产》第一期上发表《论〈圆圆曲〉——〈李自成〉创作余墨》一文，引起了一场关于《圆圆曲》历史真实性的广泛讨论。此外，关于此诗的创作时间、主题意旨、艺术手法，以及与《长恨歌》比较研究等问题，在这一时期的讨论中也有所涉及，此后近二十年的研究基本上是沿着这些路子，缺少新的突破点。

《评〈甲申三百年祭〉》（下略为"评文"），作于 1980 年，载《文汇月刊》1981 年 1 至 3 期。该文以郭沫若作于 1944 年、曾被延安列为"整风文献"，且得到毛泽东肯定的史论名篇《甲申三百年祭》（下略为"郭文"）为针砭对象，对"郭文"中关于李自成农民军失败的历史教训、明朝灭亡的社会原因等学术观点提出异议，并对郭的"文风"提出疑问。

姚雪垠对"郭文"的怨念起于《李自成》创作之初。"评文"的开头便写道："我因为写《李自成》这部小说，不能不同《甲申三百年祭》发生关系。……当时摆在我面前的一个重要问题是要不要跟着《甲申三百年祭》的见解走。跟着走，是一条最轻松、最保险的道路。然而我考虑的结果，决定不跟着《甲申三百年祭》走。"②

而且，随着《李自成》情节的进展，作家每进一步，几乎都要与"郭文"的表述发生冲突。从某种角度上看，"郭文"是横亘在《李自成》创作道路上的一块巨石③！

---

① 　参看姚雪垠《评〈甲申三百年祭〉》。

② 　据笔者所知，姚雪垠当年撰写《李自成》第一卷草稿时曾"跟着《甲申三百年祭》的见解走"了好长一段路，直到 1960 年 10 月"摘帽"并得到借阅图书资料的条件后，他才开始走自己的路。请参看拙著有关章节。

③ 　1978 年 7 月 27 日姚雪垠在《李自成》第二卷重印本《后记》中写道："因为我长期写《李自成》这部小说，不能不经常遇到一些有关明末农民战争历史问题，自己的看法与流行的'权威'说法相左。由于感受深切，所以常常忍不住在创作之外谈一谈历史专题。"

1963 年《李自成》第一卷出版后，作家几乎在每一篇"创作谈"中都要触碰"郭文"中的明史观。

1964 年，他在《我所理解的李自成》中对"郭文"的主要观点——"有了他（指李岩）的入伙，明末的农民运动才走上了正轨"①——提出疑问。

1974 年，他在《〈李自成〉全书内容概要》中对"郭文"批评刘宗敏"得到了陈圆圆，而终于把吴三桂逼反了"的观点提出异议。②

1976 年，他在《〈李自成〉第一卷修订版·前言》中对"郭文"关于刘宗敏、李信③、红娘子、吴三桂、陈圆圆等的历史观点进行了匡正。

1978 年，他在《〈李自成〉第二卷再版本·后记》中批评"郭文"中关于李信④的论述"差不多形成了一个关于以李自成为代表的农民革命战争从崇祯十三年冬天发展壮大到最后如何失败的理论体系"⑤。

1979 年，他在《李自成为什么失败》中对"郭文"关于李自成起义军为何失败的几个原因——"腐化""追赃助饷""逼反吴三桂""错杀李岩"——均提出疑问，并表示"以上所说的这些关于李自成失败的原因，是《甲申三百年祭》发表以后将近四十年来比较流行的，深入人心的看法，都不能使我同意。"

可以说，"评文"是作家二十余年来对"郭文"怨念的总爆发。

该文面世后，引起文艺界和史学界的一片哗然！

有影响的争鸣文章很多：有从政治角度着眼，讴歌"郭文"的历史功绩，痛斥姚雪垠冒犯权威的；有从道义角度出发，指责姚雪垠对已逝郭老不敬，并反唇相讥的；当然也有从学术角度着眼，考辨史实，各打五十大板的⑥。最具影响力的争鸣文章有两篇：一篇仍是黄裳的，题为《不是抬杠》，插科打诨，有作乔之态；另一篇是顾诚的，题为《如何正确评价〈甲申三百年祭〉》，辗转腾挪，作诛心之论。

如前所述，"挑起"争鸣也罢，"引起"争鸣也罢，都基于对文艺界拨乱反正走向的预测——"将来在肃清'四人帮'的流毒之后，海派学风就是实事求是的科学

① 原文为：在对李岩的评价上，郭老说："有他的入伙，明末的农民运动才走上了正轨。"
② 1975 年 2 月 11 日晨致克家：《概要》最后部分所谈的李自成失败问题，今日史学界尚未作如此具体分析，而三十年某一历史唯心主义见解尚在流行。"
③ 原文小标题：《关于李信和红娘子》。
④ 原文标题：《谈李信其人》。
⑤ 后改题为《谈李信其人》，收入《姚雪垠书系》。
⑥ 请参看三篇"综述"：祁超《〈甲申三百年祭〉讨论综述》，《中南民族学院学报》1982 年第 3 期。林金树《〈甲申三百年祭〉讨论综述》，《学习与研究》1982 年第 3 期。武勤英《〈甲申三百年祭〉讨论综述》，《编创之友》1982 年第 2 期。

学风与马克思主义的大敌"①,"必需提倡健康的批评空气,作为文艺民主的一个组成部分,才利于文艺创作的发展和理论批评水平的提高,而克服庸俗的市侩习气,行帮作风。不仅文艺界应该如此,学术界都该如此"②。

在姚雪垠看来,郭沫若的治学态度就是"海派"学风的代表,为开拓一代新风,他愿作第一个吃螃蟹的人。③

然而,他的努力却得不到学界的理解和支持,有许多争鸣文章避而不谈其文的"核心问题"(主要论点),而一意在"态度"和"措辞"等枝节问题上大做文章,"随风起哄、乘机投石"者多有,"起哄"声此起彼伏。④

这场对姚雪垠的"围攻"有许多蹊跷之处:一是泛滥着让名人"吃瘪"的恶趣味,二是充溢着对学术"跨界"者的轻蔑。前者且不论,后者见如下:

譬如,明史专家顾诚先生,他的历史观(包括明史观)与姚雪垠同源同辙,他们都执着于阶级斗争历史观,都不赞同郭沫若关于李自成农民军失败原因的"腐化"说,都对郭沫若高抬的"李岩"提出疑问,都不赞同为"追赃助饷"事独责刘宗敏⑤。然而,顾先生却在大作《如何正确评价〈甲申三百年祭〉》中避而不谈与姚的共同点,而俨然以郭老的卫道者自居。这是为什么呢?

三十余年后,终于有知情者透露了其中的奥秘。

2011年,顾诚的弟子陈宝良在《顾诚门下问学记》(载《博览群书》2011年第9期)一文中谈道:

> 他(指顾诚)写过一篇《如何正确评价〈甲申三百年祭〉——与姚雪垠同志商榷》一文,文中引用大量史实,对姚氏之说多有纠谬,甚至不乏针砭,文笔酣畅淋漓。其实,这篇文章的写作缘起,有些复杂。姚氏自小说《李自成》出

---

① 1979年1月19日凌晨致丰村。

② 1978年12月30日致夏川。

③ 1980年9月28日致吴小如信:至于古代文学史的研究方面,三十年来存在的问题很少,现在开始在纠正,但某些不经的学风还没有得到清算。郭老的海派学风就是一例。他的学风对我国影响很大,应该作认真的全面清算,而决非仅仅《李白与杜甫》的问题。

④ 这段文字中的引文皆出自1982年4月5日姚雪垠致胡耀邦的信。

⑤ 2020年11月19日,网友李永昌在一篇笔谈中谈到顾诚与姚雪垠的许多共同点,写道:"说实话,读过顾诚《明末农民战争史》和姚雪垠的《李自成》的都知道,《农战史》还原的李自成和农民军的形象比姚老小说里的这两者形象光辉灿烂那不只一星半点(李自成是少数在史学家笔下比文学家笔下还更光彩的人物,就这样明粉都嫌弃姚雪垠小说过度美化李自成)。先看《农战史》再看《李自成》,尤其是看到第五卷,很容易接受不了。那些说把李自成写成八路军的最多看了开头,根本没看完整部小说。"见于"知乎"网站栏目《怎么评论姚雪垠的〈李自成〉》。

版后,一度以明史研究者自任,对郭老旧说,颇多讥议,引起一些历史所明清史研究同仁的反感,拟加以反驳。为避嫌疑,他们希望由所外且对明末清初史事有精深研究的学者撰文,为此找到了先师。先师尽管在观点上与郭老多有相左之处,但一则缘于情面难却,二则对姚氏之见甚至学风多不认同,才勉强撰得商榷一文,其反响之烈,出乎意外。

原来,某些史学界"同仁"怪罪姚雪垠"动了别人的奶酪",自己不便出手,遂怂恿他人上阵。顾先生是被人当作"枪"使了!

同期,还有更匪夷所思的内情披露。学者李伯重在一篇论文中忆及当年对姚雪垠的"围攻",直言不讳地将其归之于史学界对"跨界"者的正当的反击。该文称(笔者在引用时有删节):

> 历史和故事都是谈论过去发生的事情,然而二者之间毕竟还是有差别的,而且这种差别非常之大,使得从事历史研究的学者与从事历史故事创作的作家,相互绝不认同,彼此都认为对方所从事的完全是不同的工作。有人试图抹杀这种界限,结果遭到学界的严词抨击。一个有名的例子是,(1981年姚雪垠对郭沫若《甲申三百年祭》的批评及史学界的反批评)⋯⋯姚氏似乎不再满足于文学家的身份,进而以史学家自任,并从史学的角度对郭沫若的《甲申三百年祭》提出了强烈的批评⋯⋯本来,郭氏的观点是可以讨论的,进行辩驳也是无可厚非的。但是姚氏提出的批评是(1)"参考的史料很少",(2)"极少史料也没有认真研究"和(3)"在匆忙中赶写成""草率论断"。这些批评都属于史学的专业研究方面问题,因此引起了史学界的反感。⋯⋯从他们(王春瑜、顾诚)的批评可以看到:尽管姚氏自称为写《李自成》读了大量明代史料,写了几万张卡片,但是由于没有受过史学研究的训练,他依然犯了历史学者不应或者不会犯的诸多错误。因此史学界从未有人承认姚氏为明史学家。这并非史学界的保守和封闭,而是因为到了今天,史学已经成为一门非常专业化的学科,并非任何历史爱好者都能够胜任严肃的史学研究的。①

在此君的笔下,"文史不分家"的文化传统被彻底抛弃了,而代之以现代学科间的不容逾越的"鸿沟"。殊不知,姚雪垠当年的"跨界"操作,虽不为时俗所容,

---

① 李伯重:《史料与量化:量化方法在史学研究中的运用讨论之一》,《清华大学学报》2015年第4期。

却上有传承下有赓续，与当代学术潮流趋向暗合①。

如前所述，姚雪垠早年由史学研究而步入文学创作，中年由现实题材转入历史题材，一辈子都在"跨界"；无论是史学还是文学，他都不是"科班出身"，但都能登堂入室。"从未有人承认"有什么关系呢？尔曹身与名俱灭，不废江河万古流。

从某种角度来看，姚雪垠开创的"长篇历史小说新道路"，其显著特征便是历史和文学的"跨界"操作②！

1963年，姚雪垠便在一篇文章中对历史小说创作者的"跨界"特性有过阐述，文章写道："我们从事历史题材文学创作的人必须对历史有明确的见解，必须肩负思想意识领域中尖锐而复杂的阶级斗争任务。我们有双重斗争任务，即历史学上的斗争任务和文学艺术上的斗争任务。"③

十年后，他在致友人信中更加明确地指出："（历史小说）作家对待历史研究的严肃认真，和对待创作的严肃认真应该是统一的，不允许有两重性。在历史科学的研究上和在文学艺术的创作上，都要加强责任感，即对今天读者的责任感，对后世读者的责任感。"④

只是，姚雪垠的"跨界"思维过于"超前"，当年不甚为人们所理解，迄今也未见有研究者从这个角度对其"长篇历史小说新道路"创作理论进行阐述。

不管怎么看，经此一役，姚雪垠的美誉度遭遇到了断崖式的下降，文学界和史学界中的"反感"者又增加了不少。

有一段时间，他感到自己"陷于空前孤立"的境地，恍如1947年被"胡风派"诬为"特务"时的历史场景再现，就连有些老朋友也不愿和他交往了。

情急之下，他只得再次"上书"。

1982年4月5日，他郑重地给总书记胡耀邦写了一封长信（原题为《为建议扭转不良学风给胡耀邦同志的信》），信中详述了因《评〈甲申三百年祭〉》一文而受"围攻"事，控诉学术界的市侩习气和行帮作风，"建议党中央重视学术界有一种不良现象（有的同志说是恶劣风气），通过适当方法加以疏导和纠正"。

附带提一句，姚雪垠一生中曾三次"上书"：第一次是为《李自成》第二卷的出

---

① 这个时代的科学研究经常是跨专业、跨学科的，"跨界"已成当今科学发展的正途。
② 姚雪垠在《论历史小说的新道路》（1986）中谈道：（长篇历史小说家）经过若干年的艰辛努力，到了长篇小说大功告成的时候，作家在特定的历史范围内，可以被称为历史学家而无愧色。
③ 姚雪垠：《写历史题材与面向斗争、深入生活》（1963）。
④ 1974年9月26日姚雪垠给江晓天的信。

版事"上书"毛泽东，第二次是为解决北京户口和住房事"上书"邓小平，第三次是为"扭转不良学风"事"上书"胡耀邦。希望通过组织和行政手段解决自身问题，似乎无可厚非；但期望以同样的手段解决文艺问题，那只能算是执念了。说来话长，且待后述。

姚雪垠"上书"胡耀邦事，似乎未得到预期中的回应。据有关人士透露，这一代领导人处理内部矛盾的理念与前两代略有不同，胡耀邦认为："文艺界的问题最好由文艺界的同志自己来说话比较好。对于统战的问题，最好由民主人士来说话。舆论界要尽量根据问题的性质，根据不同的问题来组织不同的人来讲话，形成一个正确的社会舆论的整体。……不是什么事都由国家领导人来说。"①胡耀邦虽未对姚"上书"事作出直接批示，但指派胡乔木进行了斡旋，姚雪垠的态度很快便平复了②。

不久，史学界中某些人获知"上书"事，有过不少议论。有人猜测说，这大概是顾诚先生《如何正确评价〈甲申三百年祭〉——与姚雪垠先生商榷》一文引起的，称："这一商榷，让姚雪垠很委曲，给中央写信，说欺负他了。"③他们都低估了姚雪垠为争取"文艺民主"而不恤身的大无畏精神。

1982年11月7日，姚雪垠坦然地与子女们谈道："近两年，你们常常看到有人骂我，捏造事实，甚至造谣污蔑，你们不要生气，一笑置之。这没有可生气的。只有内心空虚的人，人家一批评才会害怕、生气。永恒的生命在于小说的成就。有的人今天看不到《李自成》的艺术成就，十年、二十年之后就会更清楚，那些骂我的人不知到哪里去了。"④

概而言之，此期姚雪垠企图以一己之力推动"文艺民主（运动）"，执念甚坚，上穷碧落，一意孤行，虽赢得"独立大队"之称号，却导致美誉度下降，其历史功过尚未得到公正的评价。

---

① 摘自1981年9月13日时任中共中央主席的胡耀邦与当时《人民日报》总编辑胡绩伟、新华社社长曾涛的一次谈话记录。转引自胡绩伟：《劫后承重任，因对主义诚——为耀邦逝世十周年而作》，原载《书屋》2000年第4期。

② 1993年3月21日姚雪垠给吴永平的信：当人们在吹捧《甲申三百年祭》的时候，我发表《评〈甲申三百年祭〉》一文，震动了史学界，也引起许多人向我围攻，但没有一篇文章谈到我的考证本身。我不得已给党中央写了一封万言长信，痛斥这种恶劣学风。后来胡乔木找我谈话，说："现在围攻你的文章已经停止了，希望你的长信也不要发表。"我同意暂不发表，但说将来我要收进文集中。

③ 转引自2013年瞿林东、王春瑜在顾诚先生学术思想座谈会上的发言记录稿。参看瞿林东：《顾诚先生是那个时代的榜样》。

④ 姚雪垠：《谈谈目前对〈李自成〉的评论问题》，该文将收入《姚雪垠全集》。

第二节　先写第五卷

《李自成》第三卷（共三册）于 1981 年 8 月出齐后，姚雪垠本应立即开始第四卷的口述录音工作，却在当年年底突然决定先从第五卷开始，而且从后往前写（先写《尾声》，再写《李自成之死》，继写《崇祯之死》，如此倒推），此番转折颇令世人不解。

王维玲先生是《李自成》后三卷的责编，他在《四十二年磨一剑》中提到此事：

　　《李自成》第三卷出版后，湖北省委邀请姚老回武汉小住，实际上是让姚老休息一段时间。姚老于 1981 年 10 月离京，在武汉东湖宾馆安顿下来以后，根本没有考虑休息，依然凌晨三时起床，整日埋头在《李自成》的创作之中，他在 1981 年 10 月 17 日给我的信中写道：我回武汉后，住东湖宾馆二号楼，这是一座两层小楼，四周林木茂密，面对湖山，十分幽静。我住在二楼，一楼住一位服务员。因环境极其幽静，林间只有小鸟叫声，与其它大楼距离尚远，与大门距离更远，大门口有卫兵，一般人进来麻烦，所以颇利工作。我决定在此多住些日子，十二月中旬返京，争取将五卷录音完成大半，回京后再费一、二个月时间，全部完成，这将是一件大事。第五卷集中写大悲剧，很紧凑，可能有四十万字左右。

引文中姚雪垠 1981 年 10 月 17 日给王维玲信，没有被收入《姚雪垠书系》。从引文中可以读出，王对姚先弄第五卷录音事并不感到诧异，当是先前便有过商议。

纵观中外文学史，有没有作家采用过这种"跳岛"式的写作方式呢？或许有。但有没有作家不仅采用"跳岛"方式，而且从后往前倒着写呢？或许只有姚雪垠一人吧①。

姚雪垠的这番"神操作"究竟于何时起意？且让笔者从一些公开的资讯中寻找线索——

1980 年夏，姚雪垠去广州出席当代文学学会第一次年会时曾接受广东人民

---

　　① 1984 年 6 月 22 日下午，姚雪垠接受中国文学艺术研究院资料馆的曾芸、吴芬庭采访时谈道："现在小说的第四卷还没写，先写第五卷，第五卷不是从头写的，是从后往前写的。"该采访录将收入《姚雪垠全集》第二十三卷。

广播电台记者谭天采访①,谈到第三卷出版后的写作计划:"(我)打算今年秋天第三卷发排以后继续第四卷录音。第四卷录音以后继续第五卷录音,暂且不整理。四卷、五卷同时一起整理,这么就快了一些……"此时,他似乎还没有先第五卷再第四卷的想法。

1981年5月,姚雪垠在郑州大学作学术报告《〈李自成〉大悲剧》,谈道:"我已经为《李自成》工作了多年,从动笔写就有二十四年,但是前面的路还很遥远,全书才完成了三分之二! 我好像一匹老马,拉着载重的马车,太阳已经西下了,还得艰难地向前赶路,不敢休息。……第四卷和第五卷现在正在口述录音,力争在1985年全部出版。"②此时,他提到了后两卷的录音事,但未说孰先孰后。

姚雪垠本人对此事的正式表述见于1982年4月5日致胡耀邦信,信中写道:

> 《李自成》第三卷分上中下三册,于去年间出齐,几个月来已经发行一百多万部。从去年秋后起,我集中精力进行第五卷的口述录音,争取在今年内完成。明年回头进行第四卷,也打算在一年多的时间中完成口述录音工作。因为第五卷是大悲剧的高潮和结束,多年来激动着我的心,所以我忍不住先进行这最后一卷。我希望第四卷和第五卷能够在一九八五年到一九八六年上半年出版。全书出版之后,从头到尾通改一遍,重新分卷,到一九八七年完成定稿工作,出版新版本,这一沉重的工作就算结束了。倘若到那时我还有较好的身体,立刻进行《天京悲剧》的创作。

"去年秋后",即王维玲所述姚雪垠1981年10月居留武汉东湖宾馆期间。

综上所述,我们可以确定,作家是在1981年《李自成》第三卷出版后,独自作出了先第五卷后第四卷的创作计划。促使其作出该决定的因素可能有两个:一曰"忍不住",第五卷是"大悲剧的高潮和结束",他想要先完成全书最为精彩的部分,而后再其他;二曰"等不及",他不想因年龄关系而导致第五卷"草草收笔",而希望全书能"有声有色地结束"。顺便提一句,姚雪垠这年七十一岁。

《李自成》第五卷的口述录音工作进展得比较顺利。

1981年3月26日,姚雪垠在给朋友丰村的信中写道:"《李自成》的第三卷交出之后,看清样的工作托付给中国青年出版社的责任编辑和我的助手俞汝捷共同做,我接着进行四、五卷的口述录音。哪个单元酝酿最成熟就口述哪个单元。如

---

① 该采访记将收进《姚雪垠全集》第二十三卷。
② 《〈李自成〉大悲剧》,将收进《姚雪垠全集》第二十四卷。

今第五卷的《尾声》已经口述完毕,正在口述李自成进北京的单元了。"信中谈的都是第五卷中的单元①,最早完成的是最后的章节。

1982年12月26日,第一届茅盾文学奖授奖仪式后,他致信河南大学教授任访秋,顺便谈到录音工作的进度:"拜读自郑州来信,谢谢你的祝贺。《李自成》第五卷的口述录音工作,最大的难关已经基本克服,可望于明年夏天开始回头搞第四卷。"未详"最大的难关"何指。

1983年初,他为获得首届茅盾文学奖事接受《文艺报》记者采访,谈道:"目前我正在进行第五卷的口述录音,上半年可以完成,下半年搞第四卷的口述录音,估计一九八四年上半年搞完。然后准备花一年多的时间进行四、五两卷的文字整理及加工润色,争取一九八五年至一九八六年上半年出版。"②

姚雪垠在湖北九宫山考察李自成殉难情况

---

① 当年姚雪垠把《李自成进北京》这个单元放在第五卷中。参看1985年1月25日给李治华的信:"关于李自成进北京、崇祯如何结束他的悲剧,写在第五卷中,今年上半(年)将在北京的刊物上发表。"

② 姚雪垠:《首届茅盾文学奖颁奖后感言——回答〈文艺报〉记者问》,《文艺报》1983年第2期。

同年 2 月 7 日，他在给助手俞汝捷的信中写道："经常想着给你写信，都因为小说提纲的构思正在紧要关头，早晨和上午不能不为解决一个一个故事环节而奋斗，到下午便精力不够，信也无心写，说不定还要应付客人。……我争取在上半年将第五卷录音搞完，下半年将录音稿整理修改出来。如能实现，将是战略上的一大战果。"①由此可知，作家预计于 1983 年上半年完成录音工作的计划并未改变。

在给俞的同信中，姚还叙及第五卷的"概貌"（单元名和主要内容），如第一单元《三晋云山皆北向》（写李自成率大军渡黄河入晋）、第二单元名未定（写崇祯亡国前的浓厚悲剧气氛）、第三单元《北京！北京！》（写李自成进京事）②、第四单元《悲风为我从天来》（从多尔衮进北京写起，写到李自成退出西安为止）、第五单元《双星陨落》（张献忠与李自成陆续牺牲，错落写出）、《尾声》。附带提一句，姚老在该信中所提到的第五卷录音内容，实际上涵盖着 1999 年版《李自成》第四卷和第五卷的部分章节（前三个单元内容见第四卷，后三个单元内容见第五卷）。

《李自成》第五卷的录音整理工作进展得也比较顺利。

责编王维玲先生在回忆文章《四十二年磨一剑》中谈到录音、整理、修订、定稿的一般程序，写道：

> 姚老拟写的提纲我见过，相当费时费力费脑子，他是把一卷分成若干个单元，每个单元又分成若干章，每章又分成若干节，然后把故事的发生发展，人物的活动贯穿其中，所以每节、每章、每个单元他都考虑得很具体。提纲不仅包括时间、地点、出场人物、情节故事，而且还包括重要的人物对话、人物动作、细节运用，乃至晴、雨、风、雪、日、夜等时间和景致的描绘，这样的提纲是颇费心思的，是进入角色前的一次重要的酝酿，所以到他看着提纲，自说自录时，就完全进入小说世界中去了。然后，他把录音带交给助手去整理，整理成文字，再由他本人充实修改、加工润色，最后定稿。

承担第五卷录音整理工作的仍是来自武汉的俞汝捷先生。他曾回忆道："口述前后，他会与我细谈整个单元的情节、细节；待我整理完毕，又必定会问我的感觉、我的评价。"③一个上海人要能听懂并记下一位河南人随口而出的豫西方言，

---

① 1981 年、1982 年、1984 年姚雪垠致助手俞汝捷书信，均未收入《姚雪垠书系》。

② 同年，姚雪垠在为该信所作的"跋"（未收入《姚雪垠书系》）中写道："……《北京！北京！》。下接一单元是《成败存亡关头》，是第五卷的重点单元，约占全书的三分之一或四分之一。"笔者以为，《成败存亡关头》单元或许便是后来的《决定命运的决战》（即《兵败山海关》）单元。

③ 俞汝捷：《略谈姚老与卡片》，《姚雪垠读史创作卡片全集·序二》。

姚雪垠（右）与助手俞汝捷

其工作之艰辛是外人难以想象的；也有苦中寻乐的时候，那便是每听到情节精彩时会心的微笑和不时发出的"姚老又哭了"的感叹声。

俞汝捷从 1977 年秋至 1985 年春，在姚老身边工作了八年——"负责为姚雪垠查找资料，整理录音文稿，回复读者来信，两人经常就作品中的某些情节与细节进行讨论"①——整理完成《李自成》第三卷和第五卷，功莫大焉！附带提一句，1985 年夏俞汝捷离京赴湖北省社会科学院文学研究所工作，姚雪垠失去这位极受"倚重"的助手后，第四卷竟无以为继②。

姚雪垠"口述录音"的创作方式，是不得已而为之，还是另辟蹊径，目前研究界看法不一。

刘再复曾与《文汇月刊》记者刘绪源谈道："有人认为姚先生的写作，靠录音

---

① 周百义：《俞汝捷与精补本〈李自成〉》。
② 1996 年姚雪垠在《为纪念茅盾先生诞生一百周年而作》中谈道："文化大革命"结束以后，我采取口述录音办法进行创作。录音几章后，交给我助手俞汝捷同志整理成文字稿。……后来汝捷到湖北省社会科学院文学研究所做研究员，又换了两位秘书，就没有再搞口述录音了。

和靠秘书整理,这一方式用于创作故事性很强的类似'话本'、回忆录的东西还可以,而要写好文学性强的严肃作品,就很值得研究。"①

胡德培对这种方式的客观效果有疑问:"(《李自成》)后两卷是整个农民大起义由盛而衰的悲剧结局,是全书非常重要的部分。姚老深怕有负众望,这在他精神上难免会有相当压力。他一方面采取口述录音、助手整理,他再加工、润色,或作重要修改后再定稿,也有的章节甚至推倒执笔重写。"又称,由于"争鸣"等事"耗费了他不少时间和才智,以至《李自成》后面两卷中的一些章节未来得及进行更仔细的加工、润色"②。

周百义对这种方式有所质疑:"俞汝捷担任姚雪垠创作助手,或曰'写作秘书'一事,我初闻也感到新鲜。一个作家由组织上派遣写作助手,不说史无前例,至少目前还没有人再享受这个待遇。何况这个助手的工资由政府发放,作品署名和收益归作家本人,可见这位作家和作品的重要性和影响力。"③

权绘锦则认为这种方式损害了全书的艺术整体性,他在博士论文中写道:"由于作家的年龄增大和精力的衰退,后两卷更多依靠录音整理来完成,更多停留在史实的叙述和对结局的交代上,缺乏主题的提炼、情节的剪裁、人物性格的刻画和结构布局的匠心。后两卷和前三卷在艺术上形成了比较大的反差,甚至有人怀疑是否出自同一作家之手。"④

笔者以为,《李自成》第五卷的创作从整体上看尚可称顺利,从 1981 年到 1984 年,耗时四年,基本完成,保持了四年一卷的正常的创作进度,艺术上似乎也没有可以被过多指责的地方。顺便提一句,1988 年姚雪垠突然决定对第五卷整理稿"推倒重写",那是后话了。

第五卷基本写成后,姚雪垠打算先在刊物上发表一部分。

1984 年 2 月 4 日,姚雪垠在致湖北省委宣传部长陈扶生的信中汇报道:"《李自成》第五卷即将完工,下半年可以发排。排出之后,清样先交刊物发表。等第四卷完成之后,同时出版。"

1984 年 12 月 19 日,他又在致陈扶生的信中汇报道:"《李自成》第五卷将从

---

① 《刘再复谈文学研究和文学论争》,《文汇月刊》1988 年第 2 期。
② 胡德培:《矢志不渝——我与姚雪垠的情缘》。
③ 周百义:《俞汝捷与精补本〈李自成〉》。
④ 权绘锦:《转型与嬗变——中国现代历史小说研究》(2006)。引文中的第二句转引自许志英、丁帆主编:《中国新时期小说主潮》(下册)第 1040 页,人民文学出版社 2002 年 5 月出版。作者有注。

八五年起陆续在刊物上发表。第一季度开始在两个刊物上发表《悲风为我从天来》和《巨星陨落》两个单元。"

实际发表时情况有变化①，见如下：

《巨星陨落》，载《中国作家》1985 年第 1 期

《李自成之死》，载《小说》1985 年第 3 期

《崇祯皇帝之死》，载《小说》1986 年第 1 期

上述三个单元，其情节结构大致如下——

《巨星陨落》，共三章：第一章四节，第二章四节，第三章四节。"编者按"称：

> 《巨星陨落》是《李自成》第五卷中的一个单元，写李自成于永昌二年（即清顺治二年）阴历正月间退出大顺京城长安，到五月初牺牲于湖北通山县的九宫山下，结束了他的大悲剧。本期所发为其一部分。

据查，该刊所载的"一部分"，仅叙李自成率大顺军为避清廷兵锋撤出西安往湖北襄阳，及明军左良玉部不欲与大顺军交战佯称南下清君侧事，未叙及李自成牺牲之"大悲剧"结局，名实不相符②。顺便提一句，该刊所载的这"一部分"，与《李自成》第五卷（2000 年书系版）第十章至十二章基本相同，未有重大修订。

《李自成之死》，叙李自成牺牲之"大悲剧"结局，正好与《巨星陨落》相衔接。本单元共五章，第一章二节，第二章四节，第三章五节，第四章四节，第五章二节。其情节内容详见下引"编者按"所述③——

> 关于《李自成》究竟牺牲何处、何地，以及如何牺牲的，这是读了长篇历史小说《李自成》第一、二、三卷之后广大读者十分关心的问题。这里发表的本单元五章，集中写出了李自成牺牲前后不到一个月时间的历史形势和他如何牺牲九宫山北麓牛脊岭下的详细过程。这五章小说的背景是：开始于李自成因满洲英王阿济格的追兵逼近，放弃了襄阳，退到鄂中地区，前有驻军武昌的左良玉挡住去路，后面清兵的先头部队进入襄阳，他已经陷入极其危险的境地。牛金星父子和顾君恩都逃走了。忽然左良玉受左右的纵容和愚弄，以"清君侧"和救太子为名，从武昌率全师东下，病死于九江舟中。李自成乘虚进入武昌，但是他并没有利用武昌和汉阳的有利地形，抵抗清兵，而是当清兵

---

① 《悲风为我从天来》叙李自成农民军兵败退出北京事。并非刊出，不知何故。

② 该单元内容与标题《巨星陨落》不相符，笔者以为这是姚雪垠为应付《中国作家》创刊号约稿而临时从《悲风为我从天来》大单元中抽出来的。

③ 刊物编者"附言"称：此"编者按"受小说编辑部委托，由作者执笔代写。

来到时继续向东逃走。在富池口遭到清兵夜袭，战斗十分惨烈，李自成几乎被俘或自尽，幸而逃走，可是部队星散，刘宗敏和宋献策被俘，而李自成的眷属有的投江自尽，有的被俘。李自成还有一万多人马，到了九江西边的桑家口，又被清兵追上，贵妃刘氏投江。他率领残部逃入江西境内，清兵仍在穷追，幸遇白旺来救。但是他坚决不听白旺苦劝，离开白旺军中。于五月初一日转入湖北通山县境内，初二日中午被乡勇杀死于牛脊岭下。

皇后高桂英没同李自成一道。她离开长安后，秘密到了凤翔附近，等候高一功和李过从榆林撤出来的人马，并传谕散驻西北各处的部队向她集结。随后，她率领十几万大军从万源县一带进入四川，穿过川东，往湖广奔救李自成。到了巴东，知道李自成已经离开武昌东去，清兵在后追赶，以后消息不明。公主李兰芝在路上患病，到巫山县已经病重，但为奔救皇上，不能停下医治。到巴东时病已垂危，听到父皇败退武昌的消息，当夜死去。

草草埋葬了公主，高桂英率领忠王妃慧英（双喜在山海关战死，追封为忠王）和大批男女扈从，立马长江南岸高地，遥望东方，哭着呼叫："皇上，你在哪儿？你在哪儿？"忠王妃和全体男女扈从都不禁失声痛哭。

作者以他渊深的历史知识和纯熟的艺术技巧，既忠实地反映历史面貌，也使这几章小说感人不已，激动人心。许多地方刻画了李自成失败中的精神状态和心理变化，对他的性格作了最后一次深化。

读过这五章，读者能强烈地感受到，作者对悲剧艺术的成功运用和出色创造，使《李自成》成为一部反映中国封建社会农民起义中宏大的、多彩的、有代表性的悲壮史诗。

目前作者正在赶写《李自成》第四、五卷，本刊还将发表《崇祯皇帝之死》《高夫人之死》等重要的单元①。

据查，该刊所载《李自成之死》的五章，与《李自成》第五卷（2000年书系版）第十三章至第十七章基本相同，未见有重大修订。

《崇祯皇帝之死》，叙明末皇帝朱由检死难事。该单元共分七章：第一章五节，第二章五节，第三章五节，第四章四节，第五章四节，第六章六节，第七章六节。其艺术追求见于下引"编者按"：

《李自成》正如评论家所说的，是一部"气壮山河的历史大悲剧"。不仅

----

① 《高夫人之死》单元未见发表。

李自成、张献忠和许多农民起义的英雄人物是悲剧,崇祯皇帝和许多大臣(例如卢象升和杨嗣昌)也是悲剧。大人物演着悲剧,小人物也演着悲剧。作者打破了传统的悲剧概念,将对立双方都处理为不同性质的悲剧,大悲剧套着小悲剧。在这部小说中,李自成和崇祯皇帝是两个互相对立的、性格复杂的、最大的悲剧典型。

《崇祯皇帝之死》是《李自成》第五卷中的一个单元。作者不是从教条出发,而是利用他对悲剧美学的独到理解,写出了崇祯亡国和自缢的错综复杂原因,深刻地揭示了悲剧性格和心理,渲染出了浓厚的悲剧气氛。

据查,刊物所载《崇祯皇帝之死》单元七章的完成度不尽相同,各节篇幅长短不一,长的一节达五页,短的一节仅半页;笔触精细也不同,细腻处密不透风,粗略处疏可走马。而《李自成》第四卷(2000年书系版)《崇祯皇帝之死》单元(第十一、十二章)两章则要规整得多,无论是篇幅长短或情节结构都无懈可击。

据责编王维玲回忆,1988年后姚雪垠曾对《崇祯皇帝之死》这一单元进行了大规模改写,"他不是一万字、两万字地推翻重写,而是几万字十几万字地推翻重写,读者如果有兴趣,可以把1985年《小说》上发表的《崇祯皇帝之死》与现在出版的《李自成》第四卷放在一起对照比较一下,便可看出姚老付出的心血!"详见后述。

《李自成》第五卷是全著末卷,李自成和崇祯的结局是明末历史大悲剧的高潮,但评论界对刊物先期发表的这两个单元的反应淡然。借用某评论者比较极端的概括,"评论界一片漠然"①。

这是什么原因造成的呢?

笔者以为,造成这种现象的客观原因很多,坊间多种风格作品的涌现使读者有了更多的选择空间,这是主要原因;作家当年的美誉度下降也是不可忽略的次要原因:有前面述及的因"挑起"争鸣而导致的"空前孤立",也有且待后述的因"在思想战线座谈会上对《苦恋》问题发言之后"而引起的各种"反感"②;当然,也有读者界苦待几十年的"审美疲劳",等等。

姚雪垠也思考过造成这种现象的原因。他一度以为,评论界的"漠然"在很

① 引文见徐亚东《〈李自成〉研究的现象及其反思》,载2012年7月《中州学刊》。
② 引文见1982年4月5日姚雪垠致胡耀邦的信。

大程度上是由于对他的艺术家综合素质及前半生创作道路的不了解,已有的研究成果影响也不够大①。

早在 1978 年,他便在给姜弘的信中谈到《李自成》评论工作不能令人满意的原因,信中写道:

> 关于谈《李自成》的文章,我看见了不少,有些你未必见到。真正深刻的不多。有些关于我这方面的根本问题,一般人尚不理解。但是不解决这个问题,对《李》的研究工作终隔一层。例如,为什么从四十年代后期我就敢于全面否定《甲申三百年祭》的论点,而今天它还支配着史学界? 为什么在"四人帮"黑暗控制的年代我敢于否定儒法斗争的谬论,顶住它在《李》中出现? 为什么敢于那么处理历史的反面人物? 对抗三突出? 为什么李自成不反孔、有帝王思想、有天命观,这些原则问题不是由史学界提出而是我写小说的人提出? 我提出之后,史学界尚有人不同意?《创作余墨》中我对反形象思维提出批判,是在看清样时才知道毛主席给陈毅的信,也是首先"发难"。为什么当历史风气习惯于长篇小说单线发展,而我一动手写《李》就决定铺开多线,"全面地"反映明末封建社会不同侧面? ……凡此种种,都牵涉到我这作家不同于别的作家的根本"特质",是"这一个"。不弄清这个问题,研究评论也将停留在表面上。②

信中提到的"这一个",使用的是德国哲学家黑格尔的术语,原指感官感知的具体、确定的对象,在美学上引申为具体的个别的典型形象。姚雪垠在这里指的是身为文艺家的完整性和独特性,评论者如对其创作道路缺乏纵向的历史性的了解,其评论则无法深入。笔者窃以为,姚雪垠的个人特质可用两个词来概括,即"跨代"和"跨界"③;前者是纵向观,指的是其创作道路横跨了中国现代文学和当代文学两个历史阶段;后者是横向观,指的是其知识储备涵盖了文、史、哲等学科。

1986 年 6 月 29 日,姚雪垠在一封写给责编王维玲的长信中把自己的"这一个"特质表述得更加充分④,信中写道:

---

① 20 世纪 80 年代初,国内研究姚雪垠早期创作的文章还不多。王之平的硕士论文《姚雪垠的创作道路》于 1982 年通过答辩。戴少瑶的论文《姚雪垠抗战时期的小说创作》,载《重庆师范学院学报》1983 年第 1 期。吴永平的硕士论文《姚雪垠抗战时期小说创作研究》于 1984 年通过硕士答辩。

② 1978 年 5 月 8 日姚雪垠给姜弘信。

③ 姚雪垠尝自评为"作家兼学者"。参看下引致王维玲信。

④ 该信原题为《关于出版〈姚雪垠文集〉问题——给王维玲同志》。

——我已经进入高龄，转眼走向八十。作为我这个年纪的、跨越现代和当代的老作家，不能不考虑趁我健康时候，赶快编辑出版《姚雪垠文集》。这件事不仅仅为着死后，更重要的是在目前就应该向读者提供我从三十年代至今多方面的成就，也为研究者和现当代文学史编写者提供较全面的直接参考资料。

——我在现当代文学史上，最大的贡献是《李自成》，但不仅是《李自成》。出版了文集就可以显示出来我的多方面成就，也可以回答《李自成》的出现决非偶然。①

——三十年代出现了大批作家，而能够跨越两代，到老年继续在创作上努力奋进，活力不衰的大概为数很少，而我是其中较有实际创造力的一个。我的未来的道路还在继续向前走，向高峰攀登，而我在解放前的成就也必将逐渐受到注意和重视，给予重新评价。最多不过十年，我的全部作品和我的文学道路必将受到社会更进一步的理解，统一出版我的文集将成为读者和研究者的共同希望和要求，社会的合理要求将促使问题解决。

反观前此的《李自成》评论，如果滤掉各种与时而易的情绪因素，倒也真可见出评论者由于对作家创作道路的不熟悉而表现出的局促和窘迫的情态：那些注目于李自成农民军形象的评论者，竟无一人联想到作家早年作品《牛全德与红萝卜》和《长夜》中的人物；那些注目于"慧梅""慧英"和"黑妮"等女兵形象的评论者，竟无一人联想到作家早年作品《春暖花开的时候》中的"女性三型"；那些关注"孩儿兵"的评论者，竟无一人联想到作家早年作品《孩子的故事》和《新芽》……

何以如此呢？参看拙著上部有关章节，当可知晓姚雪垠早年作品被"厚诬"的历史背景和其中的曲折。一言以蔽之，其早年作品都曾被20世纪40年代文坛极左势力打成"市侩"和"色情"类作品，他本人则长期沦为被"整肃"和被"清算"的对象；他深知，如果此时还不能为其早年作品"正名"，他只会被评论界看作是一位新中国成立前犯过严重错误，新中国成立后经过党的教育和改造，终于皈依正道的作家。

也许就是在这种心态的驱策下，姚雪垠在第五卷基本完成之后，没有继续整理出更多单元给刊物发表，也没有急于考虑单行本的出版问题，而是半途抽身，转而重读、修订和校改绝版多年的早年作品，并打算先期出版一部分，让世人端详一

---

① 可参看1986年8月8日姚雪垠致王维玲信。

下被历史烟尘所掩盖的真正的"这一个"。

　　1984 年 6 月 3 日，姚雪垠给湖北大学姚雪垠著作研究室负责人周勃去信，提到计划出版的"作品集"，目次如下：

　　一、短篇集，暂拟书名为《差半车麦秸》。可以由你们编成。

　　二、中篇集，暂拟书名为《〈戎马恋〉及其它》，其中包括《戎马恋》、《牛全德与红萝卜》、《重逢》、《新芽》。

　　三、散文集，名未定。

　　四、论文第一部分，名未定，拟为《经验与管见》初集。

　　五、论文第二部分，拟为《经验与管见》二集。

　　六、报告与传记。（可以不出版，但要编出。）

　　该"作品集"未收入其长篇小说代表作《春暖花开的时候》和《长夜》，作家在同信中称这几部小说将"作特殊处理"。该"作品集"为《姚雪垠文集》的最初构想。

　　大约半年后，姚雪垠对"作品集"有了更为开放的构想。其编辑思想的变化与外界的良性刺激有关。

　　1984 年 10 月，长篇小说《长夜》（旅法华人李治华和夫人雅歌合译）法文版面世。他应邀前往法国参加马赛玫瑰节世界名作家会议和名作家卖书签名仪式活动，被授予马赛市纪念勋章，又应邀在法国最高学术机构法兰西学院作专题报告《新体裁的历史小说》①；1985 年 1 月，他又应邀参加新加坡《南华早报》等单位联合举办的第二届国际华文文艺营和金狮文学奖颁奖大会②，其间接受记者的采访，获知其早年作品《春暖花开的时候》在海外大受欢迎的情况。在这些信息的接踵冲击下，姚雪垠的自信心大增。

　　1985 年 3 月 9 日，他在给助手俞汝捷的信中写道："《戎马恋》和《长夜》已校改完毕，字句上都作了新的推敲，俾成为最后定稿。《戎马恋》稿成后我没有再看过，别人一骂，我自己也疑惑它的价值。这次重读，修订，我自己十分满意，因此我

　　① 参看俞汝捷《长篇小说〈长夜〉轰动巴黎——作者姚雪垠参加法国马赛玫瑰节世界名作家会议》，载 1984 年 12 月 6 日《文学报》。

　　② 参看文洁若《狮城盛会——记新加坡第二届金狮奖评奖及第二届国际华文文艺营》，《华文文学》1985 年第 2 期。

决心今年上半年以交出《戎马恋》、《长夜》、《春暖》、《重逢》为中心工作，其他工作为这一中心活动让路，这样安排，十分值得。"

1986 年 7 月，姚雪垠拟定《姚雪垠文集》（共三十五卷）的篇目，并亲自撰写了"内容提要"。鉴于该资料可视为作家对其创作道路的自我评价，非常坦诚，非常全面，且未曾公开发表过，全录如下，以飨读者①。

《姚雪垠文集》

这部文集，实际是选集，将陆续由中国青年出版社出版，初步拟定的内容如下：

第一卷 《春暖花开的时候》

这是作者青年时期的代表作，是作者的第一部长篇小说，也是抗战开始后我国出现的第一部反映抗战生活的长篇小说。抗战初期，大多数小说作品还停留在抗战表面的反映，而作者在这部小说中则是深入描写一群救亡青年的性格和心理，反映他们的丰富多彩的精神世界。作者不是孤立地写救亡活动，而是将反对日本帝国主义与反抗封建顽固势力联系起来看，深入反映抗战爆发后发生在社会上和家庭中的思想冲突，处处存在的矛盾是：进步与反进步，积极拥护抗战与消极拥护抗战。从国共之间的十年内战，经过九一八事变，一二·九运动，双十二事变，依靠全国人民的努力争取，实现了国共在抗日的共同目标下的第二次合作，由于抗日战争的全面爆发，原有的阶级关系在历史的巨变中受到猛烈震荡，产生了新的深刻分化和联合，这一切新的历史现实就是这部小说中所反映的主要内容。

作者用十分细致的笔墨，交织着激烈斗争与诗情画意的细节，在现实主义创作方法的基调上充分采用了浪漫主义创作方法，写出了一群救亡青年的个人、家庭、社会生活，从抗战初期国统区典型的环境中写出了许多栩栩如生的人物性格，尤以被称为太阳、月亮、星星的三个主要人物，又称为"三典型"或"三女性"，塑造得最为成功。

自一九三九年秋天开始在重庆刊物上连载以后，《春暖花开的时候》即获得读者的广泛欢迎，单行本于一九四三年在重庆出版，成为少有的轰动一

---

① 笔者根据 1986 年 8 月 30 日"湖北大学姚雪垠著作研究室打印"的油印件录出。

时的畅销书,其盛况近似《李自成》第二卷和第一卷修订本于一九七七年在北京出版时的情况。此后,《春暖花开的时候》在抗战大后方成为家喻户晓的长篇小说,到处谈论。

后来有一股极左思潮加宗派情绪的文艺势力对《春暖花开的时候》进行猛烈"批判",诬蔑为"色情文学"、"市侩文学"、"娼妓文学",这种诬蔑之论,不少人随声附和,一直影响到解放以后,没人肯明证其非。

党的十一届三中全会以后,实事求是的学风成为主流,抗战文学研究者和现代文学史家澄清了四十年代少数人强加给《春暖花开的时候》的各种诬蔑之词。

虽然《春暖花开的时候》在中国大陆(内地)绝版了四十年,但因为香港有三种翻印本,高原出版社的翻印本印了三次,所以这部小说在香港和南洋各地华人读者中深入人心。现在收入《姚雪垠文集》的是这部小说的修订本。

第二卷　《长夜》

本卷包括《牛全德与红萝卜》和《长夜》两部小说。

《牛全德与红萝卜》是作者青年时代的中篇小说代表作,也是抗战文学的著名作品。作者运用精炼的河南的群众口语,塑造两个参加游击队的农民形象,最脍炙人口的是牛全德这个人物,写出一个农村流氓无产者如何接受进步政治思想,逐步转变作风的典型。这篇作品不仅由于其继《差半车麦秸》之后运用精炼的中原口语和朴素的文笔受到读者的称赞,而且作者从《诗经·国风》中吸收了乐章的重叠形式,(世界民间文学在诗歌方面多有这种表现手法)使散文摇曳生姿逐层推进,带有鲜明的节奏感,反映作者从青年时代起就锐意探求小说美学。

《长夜》是五四新文学运动以来唯一的一部用现实主义创作方法,具体地、真实地反映土匪生活的小说。民国年间,由于封建剥削,帝国主义经济侵略,军阀混战,促使农村经济加速崩溃,大量农民离开土地,农民失业之后,城市不能吸收,年老的沦为饿殍,年青的当兵或当土匪。以河南省说,豫西和豫南被公认为土匪世界,土匪收抚后变成军队,军队打败伏变成土匪,小说写出了农民、土匪、封建地主、地方军阀之间的错综复杂关系,并且写出了一群土匪中不同层次的人物形象。尽管写出了土匪们奸掳烧杀的罪恶行为,但也写出了在罪恶掩盖下的善良本质和悲苦命运。对这种人物性格,作者称之为"被扭曲的人性"。

这部小说最早由上海怀正文化社出版于一九四七年,在社会上没有引起注意。一九八二年人民文学出版社重印一次,虽然有人说是部好作品,但评论界没人理会。法译本于一九八四年一月在巴黎出版后,在法国引起了热烈好评。这部作品在上海出版后,埋没了将近四十年,现在才被发现,已经有现代文学史家称之为"颇为杰出的长篇",但是对它在现代文学史上应有的重要地位,应如何评价,目前只是开始。

第三卷 《当代历史小说新道路》

《李自成》被公认为开辟了中国当代历史小说的新道路,但是《李自成》的成功不是偶然的,依赖于作者具备了多种条件,成为产生《李自成》的综合因素。在各种条件中,不能忽略作者在创作上是有理论指导的,一开始就摆脱了写历史小说的盲目性。换言之,作者在开始创作《李自成》的时候就对当代历史小说的创作问题有独创性的见解,作为自己创作《李自成》的指导。后来随着小说写作的不断进展,作者的认识逐渐完密、深化,形成了自己的理论体系。

在这一卷文集中,以大约七万字的论文《当代历史小说创作的若干理论问题》为主,选编了另外若干篇这方面的重要论文和书简,约有二十多万字。这本集子不仅代表作者对当代历史小说创作理论的奠基工作,而且也为研究《李自成》提供了很重要的第一手资料。其中有许多基本理论原则,有关长篇小说创作方法和美学问题,对写作现实题材小说也有参考价值。

为着印证作者的历史小说创作理论,在本卷中编入有关明末重大历史问题的论文两篇及《评〈甲申三百年祭〉》一文。

第四卷 《戎马恋》

本卷包括作者青年时期所写的中篇小说两部,即《戎马恋》和《重逢》,都是恋爱题材,两部小说均以文辞优美,被认为是可以诵读的小说,在抗战期间均拥有较多的读者。前一小说的故事和人物在历史的汹涌激流中都带有典型意义。

第五卷　《差半车麦秸》

这一卷是作者的短篇小说选集，其中《差半车麦秸》一篇写于一九三八年春天，被公认为抗战时期的短篇小说杰作。由于从一九三九年开始写《春暖花开的时候》以后作者的兴趣转向写中篇和长篇，所以一生所写短篇小说的数量不多。

第六卷　《大嫂》

这一卷是作者的散文集，以河南出版社出版的《大嫂》为基础，删去一两篇，增加七八篇。作者虽不是散文名家，但文学功力深，思想性强，格调很高。

第七卷至第十八卷　《李自成》

目前的《李自成》不是定稿，俟五卷本全书出齐之后，作者决心趁健康条件尚佳，很快就进行修订，拿出定稿，定稿本的《李自成》共为十二卷，每卷一个书名，结构上可以独立，下写"长篇历史小说《李自成》第　卷"。合十二卷成为《李自成》全部，整个结构也是完整的。这样处理，便于读者分卷购买，选卷阅读，陆续买齐收藏。另有豪华版，读者愿一次买到收藏亦好。

附记：此时已进入九十年代，作者已是耄耋之年，假若作者仍有相当好的健康条件，决心立即投入以下两大创作计划，即创作《戊戌悲剧》与《天京悲剧》，目前虽然只是计划，但也不妨预先编在文集之内，以示工作决心。在进行新的两大创作计划期间，文集的下列各卷继续编辑出版。

第十九卷　《从历史到小说艺术》

在原有的八万字的《〈李自成〉全书内容概要》的基础上进行改写，大加丰富。对于《李自成》小说中的重要情节，原有什么史料，作者对原史料的看法和取舍，以及如何虚构，在艺术上追求什么，写成后大约有二十多万字。

第二十卷　《历史文学书信集》

从一九七四年以后，作者保留着相当大量的书信存稿，内容涉及的方面较广。在这一卷中仅将有关《李自成》的写作以及谈论历史小说的书信抄出，编为一集。

第二十一卷和二十二卷(原缺)

第二十三卷 《经验与管见》

选辑作者几十年来关于文学创作的各种问题的论文,其中有一部分早就得到社会的重视。

这一卷中也包括论书法艺术的文章。

第二十四卷 《雪垠诗存》

作者的旧体诗,尤以七律,已经陆续发表过若干篇,受到读者重视。近年来有出版社要求出版作者的诗集,作者迟迟不作最后决定,为的是想留下作者自己珍视的诗稿编为一卷,收入文集。

本卷以作者的七律为主,选编成《雪垠诗存》,包括作者在《李自成》中代小说人物写的诗词。

第二十五卷 《泛论古今书信集》

编选作者与朋友谈古典文学、现代文学、读书和学习以及创作等方面的书信。

第二十六卷 《争鸣集》

少数文章是三十年代所发表的杂文,重点是一九五六年到五七年作者针对领导文艺创作的极左教条主义所写的批评文章,亦即作者的"右派言论",以及十一届三中全会后作者所写的批判极左教条主义的文章。所谓"右派言论"的几篇文章,许多意见十分深刻,不仅有史料价值,而且对今后考虑问题也仍有积极作用。

在这一卷文集中还有一篇重要文章为批评郭沫若及其追随者的学风问题作者写给党中央的万言长信,预想到出版这一卷文集时,我国的社会主义民主和学术民主将有很大发扬,这篇长信也可以公开于世了。

第二十七卷 《在学习追求的道路上》

原来发过的《学习追求五十年》,重新改写,大加充实。

第二十八卷 《无止境斋杂文》

凡不易分类然而较有意义的文章，包括为别人写的书序，编入此一卷中。

第二十九卷 《文心纵谈》

作者关于文学艺术方面的谈话录、演讲录等一类资料相当多，作者自己无暇整理，将来如有得力助手，可以整理选编一册，决非没有意义的作品。

第三十卷 《历史的侧面》

本卷是作者的报告文学选集，包括三十年代的《M站》、《战地书简》、《界首集》、《四月交响曲》和四十年代的《记卢镕轩》等。

第三十一卷 《戊戌悲剧》上册

第三十二卷 《戊戌悲剧》下册

第三十三卷 《天京悲剧》上册

第三十四卷 《天京悲剧》中册

第三十五卷 《天京悲剧》下册

附记：就三十年代成长起来的大批作家说，作者在他的同代人中具有自己的两个特点：一是文学道路上的实干家、苦干家，不尚空谈，所以屡经严重挫折，别人以为他已经完了，而实际上他不但未完，反而在逆境中做出新的成绩。二是作者从青年时代起就不肯将自己的道路局限在小说创作方面，而同时注重理论学习和提高学问修养，被称为学者型的小说家。所以作家能够用坚实的脚步走完现代文学阶段，又在逆境中以雄健的步伐走进当代文学史阶段，不断攀登。由于作者具有以上两个特点，所以他的作品数量较多，废品较少，而且每个历史阶段都有名作。现在计划编入文集的并非作者的全部作品。

第三节 "我决定参加争鸣"

1986 年上半年,姚雪垠过得紧张而惬意。

当年 4 月,出席政协第六届全国委员会第四次会议,作了题为《希望中央从速制定思想文化战线的战略方针》的发言。

当年 5 月上旬,出席湖北省举行的"三老(姚雪垠、徐迟、碧野)"文学创作五十周年纪念会,作《感激与惭愧》发言①。

当年 5 月下旬,赴湖北黄冈主持中国作协与湖北省文联举办的中国当代历史小说创作问题讨论会,作《当代中国历史小说的若干理论问题》主题发言。

当年 7 月,在湖北通山凤池山庄修订长篇小说《春暖花开的时候》,并草拟《姚雪垠文集》(三十五卷)的内容纲目。

在上述活动中,最应该大书特书的是当年 5 月下旬在湖北黄冈主持召开的中国当代历史小说创作问题讨论会。姚雪垠为该会议奔走呼吁了两年之久,耗费了大量的时间和精力。有兴趣者可参看 1985 年 1 月 25 日姚雪垠致任光椿信,该信原题为《关于历史小说的创作》和同年 12 月 6 日致鲍昌(时任中国作家协会书记处书记)的长信,该信原题为《关于历史小说创作问题讨论会筹备工作的若干意见》。

会议召开前,他在给湖北省有关领导的信中谈到举办该会的意义:

> 建国三十六年来,也是五四新文学运动将近七十年来,第一次举行这样的会议。这次会议的目的是要总结我国现代历史小说创作方面的一些主要经验,探讨在建设我国社会主义精神文明的时代,历史小说应该遵循的创作道路。我希望通过会议讨论,将会提出一套符合马克思主义、具有中国特色的历史小说创作理论。这样的理论,虽然是专对历史小说而言,但是有价值的理论原则往往有普遍意义,对于从事其他历史题材的创作都有参考价值,甚至对于现实题材的创作也有参考价值。如果这次会议在理论上作出应有的贡献,提出当代中国历史小说的新道路,会后发表"会议讨论纪要",对国

---

① 参看江岳《青春不老,健笔长新——作协湖北分会召开姚雪垠、徐迟、碧野文学创作五十年庆祝会》,载《长江文艺》1986 年第 7 期。

际也将产生一定的积极影响。①

会议召开时,他在开幕词《当代历史小说创作问题》中热情地鼓吹推进历史题材文学创作的现实意义和必要性:

> 发展和繁荣社会主义文学,当然应该以表现当代生活为主体,尤其应该号召作家们努力塑造当代的先进人物,但是决不应排斥写历史题材。直到今天,许多同志虽然不再公开地排斥历史题材,却难免思想中仍然片面地强调当代题材的重要性,轻视历史题材。这种现象之所以产生,一是由于许多同志对历史题材的重要意义尚未能认真理解,二是在许多同志的思想深处潜伏着"左"的思潮影响尚未能完全肃清。必须考虑我们的中华民族是一个历史特别悠久的伟大民族,发展我国的社会主义文学事业,既要强调现实生活题材的重要性,也不要忽视历史生活题材的重要意义。我们应该以写现实生活题材的作品为正师,以写历史生活题材的作品为偏师,向社会主义繁荣的文学王国形成全面出击。至于具体作品是否能成为中华民族的精神财富,不决定于是反映历史生活或现实生活,而决定于作品本身是否有十分坚实的生活内容,是否有很高的思想性和辉煌的艺术成就。在历代军事史上,有时正师尚无显著进展,而偏师建立了震惊全部战线的奇勋,反过来影响全部战场,文艺战线上也会有这种现象。

会议进程中,他作了题为《论历史小说的新道路——当代中国历史小说的若干理论问题》的主题发言,发言稿长达四万言。鉴于该论文对研究作家的历史小说观十分重要,兹将其大小标题引录如下:

论历史小说的新道路——当代中国历史小说的若干理论问题

第一章　历史小说在中国当代文学中的地位

第二章　当代历史小说的兴起是一次特定范围的文学运动

第三章　出现当代历史小说运动的历史条件

第四章　历史小说的性质

一　我如何认识历史小说与历史的关系

---

① 摘自 1986 年 1 月 13 日姚雪垠给陈扶生、周大任、张苾的信。原信题目:《关于举行历史小说创作问题讨论会筹备工作的若干问题》。陈扶生时任中共湖北省委宣传部部长,周大任、张苾为中共湖北省委宣传部副部长。

作家且在"附注"中称:"因为时间关系,本论文未能全部写完。还有关于'历史小说如何为当代社会服务问题'、'历史小说的几个美学问题'、'对历史小说的评论问题'等,都将在本文其余部分写出后打印出来,补寄给出席会议的同志们请教。"显而易见,该论文是作家计划撰写的一部理论专著的梗概,是作家关于"长篇历史小说新道路"的较为完整、较为系统的阐述。

会议结束后,有两篇短讯在报刊上发表,简要地介绍了会议的进程和成果。

江岳在《历史小说创作座谈会》①一文中写道:

由中国作家协会、湖北省文联等单位主办的全国首次当代历史小说创作问题座谈会,最近在湖北鄂城举行。来自全国的七十多位历史小说作家、研究者、编辑等参加了会议。

新时期以来,我国历史小说创作呈现出空前繁荣的景象。据统计,粉碎"四人帮"以来,全国共出版和发表了历史题材的长篇六十多部、中篇近七十部、短篇数百篇。其中,有的获得茅盾文学奖,不少作品受到好评。同时,历史题材的戏剧、电视剧、电影也大量出现。创作的繁荣提出了一系列的理论问题,座谈会上,大家就这些问题进行了讨论。

关于历史小说的定义,许多同志认为,不必拘泥于概念,对于作家来说,

---

① 载 1986 年 6 月 2 日《人民日报》。

主要是依据各自对历史的理解,发挥审美创造力。

关于历史小说的历史真实和艺术真实的关系,与会者从不同角度作了分析,认为,既不要拘泥于史实,又不能脱离史实基础,违背历史发展的可能性和人物性格的逻辑发展的必然性去随心所欲地虚构。大家认为,依据特定历史环境和作品整体需要,恰当地掌握二者结合的分寸,是历史小说创作能否成功的关键。

如何站在时代的高度,以先进的思想意识观照历史,开掘历史小说的当代意识,是历史小说创作亟需解决的问题。与会者指出,近年来,一些低劣的历史题材的戏剧、影视等,盲目渲染历史生活中的封建糟粕,应引起重视。有的作者从自己创作出发,认为在历史小说中反映过去的生活时,应站在当代先进思想意识的高度,对封建传统文化和道德观念进行艺术的反思和批判,以帮助人们认识历史、创造历史。

与会者认为,我们中华民族源远流长的历史,蕴藏着极其丰富的文学矿藏,这是历史小说发展的优势。有作为的历史小说家,应该研究历史、深入生活,为繁荣社会主义文学作贡献。

著名作家萧军、姚雪垠和中国作家协会有关负责人鲍昌、韶华等参加了会议。

程翔章在《中国当代历史小说创作问题讨论会在黄州举行》[1]一文中写道：

由中国作协、湖北省文联、作协湖北分会、华中师范大学、湖北大学、国家文化交流中心湖北分会和湖北省社会科学院联合发起的"中国当代历史小说创作问题讨论会",于今年五月在湖北黄州赤壁召开。来自全国各地的历史小说作家,关心历史小说发展的历史学家,历史小说的研究者及文艺理论工作者约八十人参加了这次讨论会。

这是一次具有重要意义的小说创作讨论会。著名老作家姚雪垠在开幕辞中指出:这是"一次具有'继往开来'性质的会议,也是建国三十七年来甚至可以说五四新文化运动七十年来第一次讨论历史小说创作问题的会议,它对当代中国文学运动有历史性的重要意义"。已八十高龄的著名老作家萧军也专程赶来参加了讨论会,他的讲话生动风趣,富于启发性。

这次会议主要就历史题材创作中怎样处理历史真实与艺术真实的关系、

---

① 载《华中师范大学学报》1986 年第 6 期。

如何在创作中做到历史小说既有历史感又能具有现实感、关于历史小说中的虚构及所能允许的范围、历史小说如何更加艺术化,以及如何开拓历史小说创作的广阔领域等这些新时期以来我国历史小说创作中出现的、亟待解决的问题,进行了充分的、热烈的讨论。

在这次讨论会上,代表们发言十分踊跃,大家各抒己见,畅所欲言,会议开得生动活泼,气氛十分热烈。通过讨论,与会代表都感到对上述重要问题逐渐明朗化、深入化,这次讨论会对我国今后的历史小说创作,无疑具有较大的推动作用。

非常可惜的是,由于当时的文化环境,该次会议的开创性意义未能被学界所重视①;姚雪垠在这篇重要论文里提出的许多重要理论观点也未能被研究者所关注。但他在该文中提出的许多天才的理论预见,如"当代历史小说的兴起是一次特定范围的文学运动""历史小说家的双重身份""历史小说家必须学者化"等,却在几年后被历史小说创作界所验证②。

2010 年,杨友今在《浅谈姚雪垠"历史小说创作的新道路"》一文中写道:"如果我们都能从文学史的观点上承认以姚雪垠为旗手的新历史小说的兴起和繁荣,是一次特定领域内在的文学运动;那么,作为新历史小说流派中的每一位成员,更应该努力提高我们的创作水平和理论水平,不辜负这一崇高的历史使命。不管我们是自觉或不自觉地参与这一运动,未来的文学史家必将视我们为这一新流派开辟道路的人,并且从这一意义上评价我们的贡献大小。"③

真正有创意的思想、理论和预见,迟早会被人们所认识的!

1986 年下半年,姚雪垠的创作生活发生激变。

---

① 该次会议(首届中国当代历史小说创作问题讨论会)未被研究者所重视。1995 年 6 月中国社会科学院文学研究所文学评论编辑部主办的当代历史小说创作研讨会和 2003 年 11 月文学评论杂志社与浙江大学共同主办的中国现当代历史题材创作国际学术研讨会,都是如此。详见下述。

② 20 世纪 80—90 年代,历史题材小说创作已成为不可忽略的存在。1995 年 6 月中国社会科学院文学研究所文学评论编辑部主办的当代历史小说创作研讨会上,"与会者高度评价新时期以来的历史小说。评论家谢永旺认为,这是当代整个文学创作中具有较高水平的领域,无论就作品题材的深度和广度,还是人物形象的塑造或表现风格多样化等各方面来评价这一时期的文学,都离不开历史小说创作所取得的成绩。"引自董之林整理:《叩问历史面向未来——当代历史小说创作研讨会述要》,载《文学评论》1995 年第 5 期。

③ 该论文收入《纪念姚雪垠百年诞辰学术研讨会暨中国新文学学会第 26 届年会论文集》,2010 年。

1986 年 9 月,正当姚雪垠在湖北通山凤池山庄潜心修订旧作《春暖花开的时候》,为《姚雪垠文集》第一卷奠基的时候,竟接连收到北京红旗杂志社的几封约稿信。从此,他便卷进了一场"世纪大战"的旋涡之中;此后,他再也无法回归宁静而专注的文学创作状态了。

红旗杂志社坚邀姚雪垠写稿,是为了借助其在创作界和批评界的崇高声望,策应孤军奋战中的文艺理论家陈涌,批评理论新秀刘再复的"新方法论",以捍卫马克思主义文艺理论原则。

据约稿者陆荣椿回忆①:

——1985 年秋冬期间,积极主张拓展文学思维空间、更新文学观念、创立文学研究新方法的刘再复(中国社会科学院文学研究所研究员、该所所长),在当年的《文学评论》第 6 期及该刊次年第 1 期上,发表了《论文学的主体性》的长文。

——《论文学的主体性》发表后,在学术界(包括刘再复所在单位文学研究所)、文艺界引起了不同反响,有的表示赞成,有的不完全赞成,有的持反对态度。其中,陈涌同志发表于 1986 年第 8 期《红旗》上的《文艺学方法论问题》一文,则在对刘再复文艺观点进行全面商榷和批评方面,具有一定的代表性。

——陈涌的旗帜鲜明而又充分说理的争鸣文章发表后,除了刘再复拒绝应邀在《红旗》上发表反批评文章,但又认为陈文"缺乏科学的精神和人格平等的观念","上纲到吓人的高度"之外,引起社会各界很大反响,文艺界人士纷纷表态争鸣,有赞同的,也有反对的。

——当时,他(指姚雪垠)正在鄂东南通山县地处深山的临时居所赶写长篇小说《李自成》的续卷,本不忍分心参加这场耗时费力可能遭到围攻的论争,故而,几次收到红旗编辑部的约稿信并未及时答复。但是,出于一位坚信马克思主义的老作家的强烈责任感,同时为了打破某种不合理的局面(指当时正面宣传马克思主义的言论遭到冷遇甚至围攻,而违反马克思主义的"奇谈怪论"却通行无阻这种不正常局面),以及眼见陈涌文章发表后,报刊上著文支持的不多,有心加入支持者行列,因而决定参加争鸣。

当年的刘再复,学术地位颇高,更是"新方法论"的旗手。某位研究者曾回忆道:"刘再复成为了'八十年代'中国文学界的风头无二的'关键词',知识分子们

---

① 陆荣椿:《八十年代文坛的一场尖锐交锋——姚雪垠与刘再复文艺论争始末》,载《雪垠世界》。

一旦论及'八十年代文学',脑海里第一个冒出的名字,多半是'刘再复'。"①

红旗杂志社坚邀姚雪垠参与批评刘再复文艺思想的斗争,应该是对他近年来在"反对资产阶级自由化""清除精神污染"等思想运动中的表现有着深刻印象,料定他必不会缺席这场重大的理论斗争。

确实,姚雪垠近年来在思想运动中有诸多作为——

1981 年 8 月,他参加中央有关部门召集的批判白桦电影剧本《苦恋》的座谈会②,并多次发言。会后,写成论文《评电影剧本〈苦恋〉》(未刊),原稿尚存③。

1984 年 9 月中旬,他出席了由中宣部召集的党内小型文艺工作座谈会(京西会议)。据在场者回忆:"刘白羽、马拉沁夫、马烽、姚雪垠等作家和中宣部、文联、作协的人士陆续发言,他们的发言都很长,有不少言辞相当激烈。"④该次会议精神后来曾经历纠偏和再纠偏,在此不赘。⑤

1985 年年中,他率先向媒体、市井和坊间盛行的"通俗文学"发起猛烈攻击。在长篇论文《论当前的通俗文学》(载《中国》1985 年第 6 期)中,他判定"通俗文学的兴起是一股右的思潮"⑥。

1986 年 3 月,他出席政协第六届全国委员会第四次会议,作了题为《希望中央从速制定思想文化战线的战略方针》的大会发言,痛陈时弊,语惊四座。他不仅批评时下中青年"对西方各种流派感兴趣的、乐于拾人牙慧者多,对马克思主义基本原理和马克思主义文艺理论感兴趣者少",还指出:"在过去一段时间内,中央有关部门似乎还缺乏建设社会主义精神文明的明确计划。有时为着头痛医头,脚痛医脚,提出来某些政策也欠妥当。"他的倡言得到了上层的密切关注。⑦

---

① 《刘再复漂泊的思想者》,来源:中华儿女报刊社,编辑:杨晓钗。

② 一个会议是中央召集的有三百人参加的思想战线座谈会,另一个会议是讨论邓小平同志关于思想战线上的问题的讲话记录座谈会。

③ 该文将被收入《姚雪垠全集》。

④ 王晓中:《中顾委当年批评张光年的"生活会"》。

⑤ 贺敬之对京西宾馆会议的概括是:"这是十二届二中全会后中宣部召开的讨论文艺工作的一次正常的会议,会议取得了一定成效,但是由于有人诬告,上级轻信而错误干预,致使谣言蜂起,造成了相当大的消极影响。也由于作为会议主持人的我,在宣读的会议闭幕词中接受了不符合当时实际情况、以反'左'为主的错误提法,被右倾势力歪曲利用了。"转引自黄发有:《"作协四大"的文学史考察》。

⑥ 后世有研究者关注到姚雪垠在这场斗争中的表现,参看王松锋《"通俗"的意义与限度——1985 年文学期刊通俗化现象研究》(河南大学硕士学位论文 2012)。

⑦ 姚雪垠在政协会议上的发言稿原件题为《希望中央从速制定思想文化战线的战略方针》;后改题为《是制定思想文化战略的时候了》,载《群言》1986 年第 7 期;后扩写为《应当重视社会主义的思想文化建设》,载中共中央书记处研究室编《调查和研究》1986 年第 21 期。

毫无疑问，在改革开放的历史进程中，姚雪垠是邓小平"坚持四项基本原则""反对资产阶级自由化"思想的坚定拥戴者和积极践行者。

《红旗》杂志诸人当是看到了姚雪垠的上述表现，方才坚信他会被发动。

姚雪垠果然没有辜负《红旗》诸人的信任。

9 月 5 日，姚雪垠给陆荣椿复信，原信题目为《我决定参加争鸣——致〈红旗〉编辑陆荣椿同志》。全信录如下——

荣椿同志：

你们寄到北京敝寓、湖北省文联以及寄来通山的信，前后都收到了。因为我正在赶自己计划内的工作，时间很紧，加之我害怕参加论争，所以长久没有给你们写回信，十分抱歉，务请鉴谅。

陈涌同志的文章《文艺学方法论问题》我读了以后，基本上赞同，并认为是近几年文艺理论战线上少见的力作。至于后来一些与陈涌同志"商榷"的文章，都没有抓住问题的实质，水平不高。从表面看，在报刊上支持陈涌同志的人不多，而刘再复同志的《论文学的主体性》影响很大，在当前中青年中声誉颇隆，但实际上只是一时现象。刘再复同志提出的"新理论"贯穿着唯心主义的思想方法（甚至是主观唯心主义），而有时也引用马克思主义经典词句作点缀，在精神实质上实际相违。他的理论之所以在目前能够成为热门货，我认为是由于：第一，我国长期以来，在文艺战线上以"左"的思想和教条主义破坏了马克思主义，出现了所谓信仰差距。许多中青年对真正的马克思主义不肯认真学习，有一种盲目的排斥心理，因而当然也失去了分辨真是真非的能力。第二，在当前对外国各种哲学思想和文艺思想开放和自由引进的社会条件下，有些同志不是以马克思主义为主体，也不是以发展社会主义的、民族的革命文化为依归，却是将各种资产阶级的哲学和文艺思想引进来，在思想领域中成为喧宾夺主之势。资产阶级的哲学和文艺思想有些是值得借鉴的，应以马克思主义为主体加以吸收；有些是不利于我们的文化与理论建设的，竟然也作为新思想引进过来，不加批判地用进理论家们的文章中，作为建立新论点的依据。这办法最能唬人，也是刘再复同志的文章在中青年中能发生较大影响的一个原因。第三，许多读者缺乏文学创作的实践经验，也缺乏对我国古代和现代文学史的丰富知识，没有力量（基本的知识修养）去鉴别刘文各种新论点的真理性究竟如何，易受其惑，盲目称赞。

我认为刘再复同志的文艺理论的出现极其具有影响力，是在当前国内和国际的特殊条件下的时代现象,实质上是一股违反马克思主义的思潮的产物。陈涌同志说同刘再复同志的争论"是一个关系到马克思主义在中国的命运,关系到社会主义文艺在中国的命运问题",我非常同意他的意见。这一次是错误思潮向马克思主义发动进攻,然后马克思主义者起而应战,以保卫马克思主义。我并且认为,这是许多年来思想战线上一次最深刻和特别值得重视的理论斗争,其所以最深刻和应该特别值得重视,是因为:(一)双方面都在社会主义革命阵营之内,甚至都在共产党内。(二)刘再复同志不是偶然写一篇两篇论文,而是建立了一套违反马克思主义的理论体系。(三)刘再复同志是中国社会科学院文学研究所所长,这就使他的论文在国内和国际上增加了份量。(四)我们向外国资本主义国家的思想和文化开放,实际上还处在开始阶段。目前进行一次适时的和有益的论争,对今后更大的开放十分必要。

我认为文艺界的马克思主义者不仅要重视而且要积极参与这次论争。既要采取充分说理的态度,也要旗帜鲜明。我们期望通过这次争鸣,提高我们本身和文艺界广大读者的思想水平。通过读者对双方理论的比较,引起广大读者对马克思主义的重新认识和研究兴趣。

我本来不打算参加论争,前几天给你们写封信,表明我对刘再复文章的基本看法,仅供你们编辑部内部参考。不料我的信越写越长,我才下决心参与争鸣,把那封几千字的信稿停下了。近几天我要校完一部书稿,赶快寄出去,回头来再完成那篇论文,本月中旬可以寄上。论文的题目是:《评刘再复同志的文学创作理论》①。

又,我将于下月上旬回北京,至迟在十月十日左右到家。请你们审阅了我的论文稿子后,打电话同我联系。

此致

敬礼!

姚雪垠

一九八六年九月五日

信中对刘再复思想方法作出的认定(主观唯心主义),对其理论"走红"社会原因进行了剖析,对这场斗争的复杂性和艰巨性进行了自己的预测。

---

① 这篇论文后来发表于《红旗》1986年第21期,题目是《创作实践与创作理论》。

信中"我害怕参加论争"云云,亦非虚言。当时,他还未完全从发表《评〈甲申三百年祭〉》后的"空前独立"的困境中解脱出来,眼下又要与刘再复这位新生代理论家进行辩难。

如前所述,姚雪垠本是个创作与理论齐驱并进的文艺家,20 世纪 40 年代中期已经初步构筑了自己的"理论体系",能够"运用辩证唯物主义的观点和方法解释文学创作的某些问题"①;40 年代后期至 50 年代初期曾在多所大学里授课,先后讲授过"小说原理""中国现代文学史""中国现代文艺思潮""西洋现代文艺思潮""文艺习作"和"鲁迅研究"等课程,具有较为系统的理论修养;70 年代中期更有幸与大师茅盾先生砥砺切磋,在"长篇小说美学"领域有所新见。他更是位争强好胜放言无忌的论辩者,40 年代初期他便对"唬人"的胡风理论啧有烦言,40 年代中期他是公开撰文批评"胡风派"的第一人;60 年代初他曾质疑明史专家们对李自成农民军的误读;80 年代初又连续"挑起"与徐迟、臧克家的论争。他尝自谓称:"我这个人平生最大的毛病是不爱隐讳自己的观点,不轻易迷信权威。这是我的性格,也是我的风格。"②

9 月底,就在给陆荣椿复信的当月,姚雪垠即写成长篇论文《创作实践与创作理论——与刘再复同志商榷》(载《红旗》1986 年第 21 期)。

该文运用马克思主义认识论的基本原则,以古今中外文学史和自身创作经验为参照系,剖析刘再复"主体论"理论与创作实践的"脱节"处,展示其"从概念到概念"的思维特征。文章写得很朴实,不急不缓,娓娓道来,有着作者早年"青年导师"的风范。

文章发表后,引起文坛较大的反响。

姚雪垠获得了许多喝彩声,甚至重新赢得了一些老朋友的友谊③。

11 月 12 日,姚雪垠在致老友臧克家的信中写道④:"我接到一些对马克思主义文艺理论较有修养的朋友来信,同意我的观点,认为我有丰富的创作经验和文学史知识,故我的那篇论文较有说服力,又不一般。昨接李何林同志电话,他也有此看法,并说他也写了一篇文章交陈涌同志主编的刊物发表。"

---

①　姚雪垠 1986 年 12 月 4 日给俞汝捷信:"我一直认为哲学上的唯物主义反映论与创作方法上的革命现实主义是统一的,而前者是后者的灵魂。"

②　1980 年 1 月 3 日姚雪垠致吴组缃信。

③　姚雪垠曾因批评臧克家的《忆向阳》而得罪了一些老朋友,有写手妄称他们就此"离他而去"。

④　原信题目:《关于保卫马克思主义文艺理论的战斗——致臧克家同志》。

11月20日，臧克家在复信中写道："信及文章校样，均拜读了，极为畅快！我同意你的观点和看法。你，一个老作家现身说法，是有说服力的。文章没有旁征博引的理论调调，读了觉得亲切。在文坛上情况复杂、众说纷纭的时候，我们是应站出来说说个人意见的，这对青年同志们会发生点影响的。当然，这需要勇气，更须有真知灼见。真理，在争辩之中，会看出到底是在谁人、哪一方的手中的。群众是有眼光的，历史是能淘沙见真金的。你的文章，会发生影响的，一定是：有赞成的，也有不同意见的，不管这一些。"

11月26日，臧克家在致老友张光年的信中写道："雪垠在《红旗》二十一期上发表了长文，与刘再复同志争鸣，我拜读了，以为写得颇好。一是态度好，以理相争。二者没有理论调调，现身说法，令人觉得亲切。我没拜读陈涌、刘再复二同志的大作（太长），但也觉得刘再复同志的某些论点恐怕难站住脚。"

11月28日，姚雪垠在致胡天风的信中写道："你在来信中称赞我写这样的文章很有勇气，不怕遭到围攻，说出了许多同志的顾虑心理和思想。在我的那篇论文发表前后，朋友们有两种意见。一方面，他们很希望我发表文章，这是出于对当前文艺理论界某种现象的感慨不平以及希望像我这样在读者中稍有影响的老作家挺身说话；另一方面，他们也警告我要在思想上作好准备，会受到围攻。这种警告是有道理的，因为有陈涌的前例在。我是无所畏惧的。我对我国的社会主义文学事业有强烈的责任感。"

11月30日，姚雪垠在给陆荣椿的信中写道："你的来信和寄来的读者反映资料都读了，感到欣慰。我也收到几封信，除一封是一般读者表示支持的信之外，另外三封信是来自文艺界有修养的专业同志：臧克家同志、胡天风同志（诗人）、周勃同志（马列主义文艺理论教学工作者）。三位同志都赞成我的意见，其中以胡天风的信内容最强，除支持我的论文外，还告诉我一些文艺界现象和内中情况。周勃因在湖北大学教书，与武汉各大学及文艺团体来往较多，他在信中说：'文章在武汉反映很好，文界、学界一致好评。'"

姚雪垠该篇论文的观点也得到了一些中青年文艺理论家的呼应。

1987年1月3日《文艺报》，李倩在《对文学理论批评现状的几点诘难》中谈了对"新批评家"的四方面的意见："浅薄的批评观；崇拜新教条、洋教条；批评理论与批评实践的脱节；艺术感觉的衰退与理论的实用化。"文章指出："一些批评家开口闭口就是萨特怎么说的，尼采怎么说的，维特根斯坦又是怎么说的，只要出自这些大师之口的，便是至高无上的权威。然而，却看不见这些西方的文学理论与我国新时期文学理论具体的实实在在的关系应是什么样的，更看不到对我国的文艺创作和理论实际有什么历史的和现实的具体分析。这样，西方的某些理论又被赋予了一种新的浓厚的'宗教'色彩。这种崇拜意识与其说反映了我们的理论建设缺乏相当的科学精神，不如说表现了一种卑微心理。这种心理渗透在日常的理论批评的活动中，哪怕是那些看上去十分激进的理论。"

同月17日《文艺报》，刘锡诚在《没有文学的批评》一文中指出："早已失去真理性的唯心主义观点在某些文学批评中重新抬头，就是一个值得忧虑的倾向。诸如'我所批评的就是我'一类，像排斥文学是社会生活的再现的观点，像对文学的非理性所作的超过限度的阐述，等等，大概都不是什么新探索、新见解、新发现，而是缺乏科学性的、陈腐的、不具有真理性的主观唯心主义观点。有些命题本来是正确的，如表现自我、内心分析、主体性，等等，但强调过了头，就跨出了真理的界限，变成了谬误。脱离作家创作的空洞的宏论，正在把文学批评变成与作家、与作品、与文学无关的东西。"

有趣的是，上述两篇文章的立论角度与姚文一致，结论也与姚文相近，却无一字提及姚文，他们似乎有意无意地要与有极左之嫌的姚划清界限。

顺便提一句，红旗杂志社在姚雪垠的文章发表后，曾电话邀请刘再复撰写争鸣文章，被其婉拒。

1987年年初，姚雪垠突然决定要撰写第二篇批评刘再复理论的文章。

当年1月6日，他在写给香港友人潘耀明的信中谈到撰写动机①。信中写道：

今年春季，我将对刘再复发出更重的一炮。香港有些人把刘再复看成是颇有学问的文艺理论家，有的记者写的"访问记"吹捧得相当肉麻。他在大陆（内地），也唬住了一些读书不多的中青年读者，成为文艺界资产阶级自由化思潮暂时泛滥时期的幸运儿。我要再写一篇充分说理的文章，帮助中国大陆（内地）的中青年读者擦亮眼睛，提高认识，分清什么是科学和谬论，明白这位身居中国文学研究所所长职位的、所谓有"开拓性的"文艺理论家实际是缺乏严肃的治学精神和缺乏应有常识的人。我也希望通过我的下一篇批评文章，使迷信和吹捧刘再复的一部分香港朋友冷静地想一想，不要把站不住脚的虚假"英雄"当成偶像，也不要希望以香港朋友的主观兴趣和心愿影

---

① 原信题目：《关于香港有些人吹捧刘再复的所谓"文艺理论"的现象——给香港潘耀明先生》。

响中国文学的发展道路,不要寄希望于刘再复这一起①文艺理论家能够使中国的社会主义文学道路发生逆转。

应该强调指出的是,刺激姚雪垠撰写第二篇文章"对刘再复发出更重的一炮"的外界因素,并不是红旗杂志社陆荣椿的再次约稿,而是一本《当前文学主体性问题论争》的集子(何火任编,海峡文艺出版社 1986 年 11 月出版)。

1 月 20 日,姚雪垠在给老友臧克家的信中写道:

> 第二篇与刘再复争鸣的文章的内容已经想好,是批评他对中国文学史的历史虚无主义态度和主观唯心主义方法。看来他对中国文学史和文化史的基本常识相当贫乏,所以敢说出荒唐意见。当然,他的错误论点只能唬住读书很少的中青年读者,只要通过讨论,轻轻点破他的无知,他的"新理论"就站不住脚了。在最近我还要口述录音《李自成》,以便我的秘书在春节后回到北京来就有工作。我动笔写第二篇论文要在两个月以后了。

该论文原题为《坚决继承和发扬祖国文学史的光辉传统——再与刘再复同志商榷》,长约两万言,起笔于 2 月初,写成于 3 月初,只花了一个月的时间,同样堪称神速。这是他"以重炮保卫马克思主义文艺理论阵地"的第二炮②,载《红旗》(半月刊)1987 年第 8、9 期。

该论文写得也很朴实,同样有着"青年导师"的风范。但该文针砭的不只是刘再复一人,而是"崛起"的那一群人③,涉及面扩大了,轰击的力度亦增大了,得罪的人也更多了。作者曾自评曰:"从内容上说,这一篇的学术性比前一篇较强,从中国通史、思想文化史、文学史,广征博引,批驳了刘再复以不懂装懂的态度妄谈儒家思想和中国文学发展史的关系,特别是批驳了刘再复对待中国民族文化史和古典文学史的历史虚无主义思想和历史唯心主义思想,而且同时——指出了刘再复在中国思想文化史和古典文学史两方面缺乏应有的常识。"④

该文写成后,送交红旗杂志社,得到好评,并约期发表。

---

① "这一起",原文如此。参看《姚雪垠书系》第 21 卷第 424 页。

② 2 月 10 日姚雪垠在给陆荣椿的信中写道:"第二篇论文正在写作,暂定题目是《坚决继承和发扬祖国文学史的光辉传统》……大概本月底以前可以写成。这是我所说以重炮保卫马克思主义文艺理论阵地的第二炮。"该信仅见于杨建业录音采访稿,未收入《姚雪垠书系》。该文发表时改题为《继承和发扬祖国文学史的光辉传统》。下不另注。

③ 该文多次明确提及批评的对象为"'崛起'的文艺新思潮""新'崛起'的'理论家'""我国现在那班所谓'崛起'的、竭力反对现实主义创作方法的现代派诗人们"。

④ 《〈刘再复谈文学研究与文学论争〉一文读后——给文汇月刊编辑部》。

一个月后(4月),《红旗》杂志主编熊复在涿州会议①上特别表扬了两位敢于挑战刘再复"新方法论"的马克思主义文艺战士:

> 在这里,我需特别感谢陈涌同志,他比我们勇敢,有胆略,有卓识,在去年那种大气候的情况下,站出来支持《红旗》,为《红旗》写了批评刘再复同志文艺观点的文章……(笔者删节)

> 在这里,我还要特别感谢老一辈作家姚雪垠同志。姚雪垠已是接近八十岁高龄的老人,又忙于完成自己《李自成》第五卷的写作,还抽出时间为《红旗》写文章,继陈涌同志之后批评刘再复同志的文艺观点。

> 在1986年《红旗》杂志21期发表第一篇文章之后,他最近又写了长达二万余言的第二篇题目叫《继承和发扬祖国文学史的光辉传统》的文章,我们准备在今年第八期和第九期《红旗》上连载。姚老这样关心《红旗》,支持《红旗》,利用《红旗》这块阵地,大张马克思主义文艺理论的正气,这种鲜明的立场,恢弘的气魄,以自己丰富的创作实际经验和渊博的中国文史知识,写出情理并茂、文采斐然、具有充分说服力的文章,来阐明马克思主义文艺理论的基本观点,使我们非常感佩,也受到极大的鼓舞。②

该文面世后,在文化思想界引起了更大的反响。叫好的有,唱衰的多。说来话长,且待后述。

姚雪垠对该论文的社会反响感觉不错,曾谈道:"理论界和学术界的许多同志读了我的《继承和发扬祖国文学史的光辉传统》,都认为刘再复没法回答,我自己也认为他没法回答。"

红旗杂志社又曾约请刘再复撰写争鸣文章,仍被婉拒③。

---

① 1987年4月,红旗杂志社文艺部、光明日报社文艺部、文艺理论与批评编辑部在河北省涿州市联合召开有来自全国各地一百二十多人参加的组稿座谈会。因会议主题为"坚持四项基本原则""反对资产阶级自由化",曾被人斥为极左。史称涿州会议。

② 《熊复同志的讲话》,载《文艺理论与批评》1990年第1期。

③ 1988年4月13日姚雪垠给谢蔚明的信:我的文章发表之后,红旗编辑部曾请刘再复写文章反驳我两篇争鸣的文章,他在电话中说他不想回答,谢绝同我争鸣。

第四节　"且任阵风吹劲草"①

　　1988 年初,刘再复突然改变不与姚雪垠争鸣的初衷,同时在三地三刊推出了三篇旁敲侧击的文字②:

　　　　《近十年的文学精神和文学道路》,载《人民文学》1988 年 2 月号

　　　　《刘再复谈文学研究与文学论争》,载《文汇月刊》1988 年第 2 期

　　　　《刘再复谈姚雪垠现象》,载香港《镜报》1988 年第 3 期

　　于是,在某种特定的历史气候下,刘再复选择了号称"独立大队"的姚雪垠为论战对手,开启了"愉快的争鸣"③。然而,这场争鸣的进程、影响及后果都并不令人"愉快"。

　　周志雄在《刘再复与姚雪垠论争的回顾与反思》④一文中对论争双方的"观点"作了精简的概括。摘引如下:

　　　　姚雪垠批评刘再复的观点是:1. 刘再复的文学主体论不符合马列主义的原理,文学的"外部规律"和"内部规律"是一个不可分割的整体,刘再复人为地将文学"内部规律"和"外部规律"隔开,将研究文学的"内部规律"看作是"回复到自身"是不对的。2. 刘再复对"作家的主观能动性"作了无限的夸大,是"主观唯心主义"。3. 结合自己的创作经验,对刘再复提出的文学创作中"写活的人物是不受创作主体控制的"提出了质疑。4. 刘再复对中国文学史存在错误认识,否认祖国文学史的光辉传统,简单地认为古代文学是消灭个性的文学。

　　　　刘再复文章的主要观点是:1. 刘再复认为《李自成》是"表现高大完美的农民英雄的历史小说",是"伪浪漫主义最猖獗"时代的产物。2. 姚雪垠以自己的经验来证明自己符合马克思主义,陷入了"我证我"的"怪圈",其推理和论证充满悖论。3. 姚雪垠对传统文化的态度需要反思,姚雪垠的观点不利于

----

① 诗句摘自 1988 年 11 月 15 日姚雪垠作七律《近来》。

② 笔者谓"旁敲侧击",是指刘再复的这三篇文章都没有正面答复姚雪垠的质疑。

③ 引文出自徐启华《"我欢迎愉快的争鸣"——访刘再复》,收入《当前文学主体性问题论争》。

④ 载《艺术广角》2010 年第 5 期。

我们民族的生存与发展①。4.《李自成》"一卷不如一卷"，原因在于："姚先生坚持了'三突出''高大完美'等文学观念。按这种理论精心设计自己的人物，人物就不能不成为抽象的寓言品和简单的时代精神的号筒。李自成、高夫人这些主要人物，都成了这种号筒。人为地把古人现代化，甚至把古人经典化，就显得不伦不类。"5.姚雪垠对主体性的批判是对"新的文学潮流的不满和对新一代作家学人的强烈排拒"，他的痛苦是"与时代大潮相背离的逆向性的苦闷"。

不难看出，刘再复与姚雪垠所关注的理论问题，是不一样的——

姚雪垠批评的是对方的"主体性"，刘再复批评的却是对方的《李自成》，后者似乎偷换了论题；姚雪垠努力展示对方"主体性"理论与创作实践的"脱节"处，刘再复却一意揭发对方思维方式的"逆向性"，后者似乎另有所图。

且说，刘再复简单地把姚雪垠的论辩方式斥之为"怪圈"②，把姚雪垠对民族文化传统的态度斥之为"传统犬儒主义"③，而将炮火集中指向二十多年前问世的长篇历史小说《李自成》第一卷及其作者。

他是这样评价《李自成》第一卷的：

——"文革"那十年的文艺界被糟踏成一片废墟，一片荒原。全部的文学艺术只剩下八个样板戏和两部小说，一部是描写古代阶级斗争的《李自成》，一部是描写当代农村阶级斗争的《金光大道》。（《刘再复谈文学研究和论争》）

——"文革"那十年……（笔者略）一个占人类五分之一人口的大国的文学变成了只剩两种东西的荒原，这就是八个样板戏和两部小说（一部是表现高大完美的农民英雄的历史小说《李自成》第一卷，一部是表现当代农村阶级斗争的小说《金光大道》）。（《近十年中国文学精神和文学道路》）

《李自成》第一卷出版于1963年，"文革"时期并未再版，最早的评论文章出

①　刘再复谥之为"传统犬儒主义"，笔者按。

②　刘再复称："姚雪垠以自己创作时的心得体会来代替普遍的创作论，这就显得片面，缺乏说服力。所以姚先生的文章，实际上陷入了一种很滑稽的'怪圈'，即用自身的东西证明自身的东西。"然而，中外作家的"创作论"，都不排斥以自身的创作经验来论证自己所遵循的创作方法，如《托尔斯泰论创作》《屠格涅夫创作论》等。

③　犬儒主义是古希腊的一个哲学流派，"主张以追求普遍的善为人生之目的，为此必须抛弃一切物质享受和感官快乐"。刘再复提出："我们尊重传统，但反对传统理想主义，更反对传统犬儒主义（我觉得姚雪垠先生对于传统文化的观点就属于传统犬儒主义）。"该词为其生造，不知何解。

现在"四人帮"被打倒后的 1977 年。说实在的，"四人帮"绝不可能赞赏《李自成》。"据王任重回忆，1966 年夏，在毛主席谈话的当晚，戚本禹就表示了不同看法，说《李自成》写到后来'一定是反动的'"①；明白地说，《李自成》第一卷及其作者之所以能苟活于"文革"，仅与毛泽东主席与小说作者的文心相通有关。

他是这样评价作者姚雪垠的：

——他的文章反映了一种情绪，这主要就是对十一届三中全会以来，尤其是近几年来的文学创作和文学批评的不满，甚至是抵触。……（笔者略，下同）他与这个时代的隔膜是很深的。有这种隔膜，就会产生失落感，甚至产生怨恨、忌恨……

——姚雪垠先生的痛苦，成了新时期的一种典型的文化心态。这种心态，概括地说，就是对新的文学潮流的不满和对新一代作家学人的强烈排拒，与之相应的便是自我吹嘘与自我膨胀。所以，姚先生的痛苦和愤慨，严格地说，并不是出于责任感，而是一种失落感和失落后的灰暗感。

——最近几个月，听人们讲起姚雪垠时，我总是想到一个很痛苦、很浮躁的老人形象。压在他心上的，是时代性的苦闷，是与时代大潮相背离的逆向性的苦闷。作为一个特定时代的文化现象和文化心态，它的出现决不是偶然的。

——我个人，是很严肃的看待作为文化现象的姚雪垠先生的。我曾经困惑过，想不清他的心理为什么这样古怪。例如，他怎么会觉得这十年是"反常"？怎么会觉得自己是代表"马克思主义"而且是力挽狂澜的"战士"？这种心理感觉究竟是怎样产生的？②

如前所述，拨乱反正之后，姚雪垠曾一度认为，"将来在肃清'四人帮'的流毒之后，海派学风就是实事求是的科学学风与马克思主义的大敌"③。为此，他一再"挑起"论争，不惜开罪朋友、名人和权威，以开创"文艺民主"的新局面。十一届三中全会后，他衷心拥戴并践行邓小平"反对资产阶级自由化"的理念，大会小会奔走呼吁，积极地为文化主管部门建言献策。他甚至放言"用重炮保卫马克思文艺阵地"，不惮被人妄指为极左。简言之，他的"战士"的名号就是这样"搏"来的，

① 引文见俞汝捷《为姚雪垠辩诬》。
② 当年认为文坛"反常"的大有人在，请参看赵仲：《面对当今文坛的冷峻沉思——"文学编辑谈当前创作"座谈会纪要》，载《文学评论》1988 年第 3 期。
③ 姚雪垠 1979 年 1 月 19 日凌晨致丰村的信。

一点也不"古怪"。

诗曰："知我者,谓我心忧;不知我者,谓我何求。悠悠苍天,此何人哉?"刘再复与姚雪垠之间的确是存在着很深的很深的"隔膜"。

附带提一句,刘再复对姚雪垠和《李自成》第一卷的"印象"式批评:它曾经在一个不太长的时期,颠覆了文学研究界对姚雪垠和《李自成》的既有评价,严重影响了作家和作品的声誉!

且说姚雪垠读过刘再复的反击文章后,他的第一反应是作"冷处理"①。

当年4月13日,他给《文汇月刊》资深编辑谢蔚明②写了一封长信,表述了沉稳豁达的心态。信中有如下一段:

> 第二期《文汇》一到北京,很快就有四位同志为之气愤,认为太不像话,建议我写文章还击。这些同志中也包括你们上海的陈沂同志。就在我接到你二月二十五日来信的次日清晨,陈沂打电话给我说:他从上海来北京前见到了文汇报社的领导人马达同志,表示他的意见。他对马达说,《文汇》月刊上发表这样的文章侮辱一位受人尊敬的老作家,事前不给姚老打招呼是不应该的,什么"怪圈",纯是侮辱人的话。他到北京后见到了胡启立同志,也谈到了刘再复的这篇文章。他劝我写文章反击,交《文汇》月刊发表。我在电话中回答说:"刘再复的文章我看到了,不仅是一个'怪圈'问题,而且完全避开了我对他批评的问题,背离了文学争鸣的起码原则,对我肆意侮辱和诽谤。我对这样的文章只好报以轻蔑的冷笑,不打算急于回答。让刘再复在广大读者面前充分暴露他的真容,有什么不好? 事物常常要走向它的反面,刘再复的狂妄表演也是如此。"我在电话中又说:"《左传》上有一句有名的话:'多行不义必自毙。'让刘再复充分暴露好啦。他跳得高,摔的也狠。人间总有是非! 别的老同志催我赶快写文章进行反击,我也是用类似的话回答。总之,我对此事的态度很冷静,决不拔剑而起,挺身而斗。"③

姚雪垠其时的态度,不能不令人联想到"寒山问拾得"的经典对话:

> 寒山问拾得:世间有人谤我、欺我、辱我、笑我、轻我、贱我、骗我,如何处

---

① "冷处理"和"热处理"皆出自姚雪垠《〈刘再复谈文学研究与文学论争〉一文读后——给〈文汇月刊〉编辑部》。

② 谢蔚明为《文汇月刊》的前身《文汇增刊》(创刊于1980年1月)的负责人之一。

③ 该信原题为《关于"刘再复现象"——给谢蔚明同志》,未收入《姚雪垠书系》。

治乎？

拾得曰：只是忍他、让他、由他、避他、耐他、敬他、不要理他，再待几年你且看他。

但，姚雪垠的秉性做不来"拾得"。

两个月后，他终于耐不住朋友们的劝说和鼓励，决定将"冷处理"改为"热处理"。他利用出席政协会议的余暇，将写给谢蔚明的长信改写为一篇反击文章，题为《〈刘再复谈文学研究与文学论争〉一文读后》①。稍迟，又应另一刊物约稿，写成第二篇反击文章，题为《不要以诽谤代替争鸣——答刘再复君》②。

"誉满天下"如何？"谤满天下"又如何？

梁启超说得好："天下惟庸人无咎无誉……故誉满天下，未必不为乡愿；谤满天下，未必不为伟人。"（这世间，只有平庸之人既不会挨骂，也不会获得赞誉，誉满天下之人未必不是伪君子，而谤满天下的人也未必就不是真豪杰。）

在姚雪垠看来，一切不过是历史旧剧的重演：

——1947年，他撰文《论胡风的宗派主义》，遭到"胡风派"围攻，被打成"色情小说家"，甚至被诬为"特务"。他找到党内人士楼适夷投诉，遭到嘲骂；气急之下，欲与胡风打官司，却被叶以群劝止。无奈之下，只得移住上海郊区，埋头明史研究，撰成《崇祯皇帝传》。

——1956—1957年，他发表《谈打破清规与戒律》《创作问题杂谈》和《打开窗户说亮话》等多篇文章，批评文艺领导的"教条主义""官僚主义""宗派主义"，被错划为极右分子。在等待处理的孤立环境中，起笔撰写长篇历史小说《李自成》，八个月时间竟撰成草稿五十余万字。

在姚雪垠看来，真理只会迟到，但永不缺席，"事物总在向它的对立面转化，中国的科学文化总在向前迈进，学术界的正气也在不断前进，所以'百家争鸣'终究是健康发展。这规律不依刘再复的意志为转移"③。这是他奉为圭臬的"历史发展过程论"的精义所在。

当年10月，他在为中国延安文艺学会学术委员会等六单位联合举办的文艺漫谈会所作书面发言中坦然地表示：

———————————

① 载《文汇月刊》1988年第6期。

② 载《文艺理论与批评》1988年10月第5期。

③ 引文见于1988年10月姚雪垠为中国延安文艺学会学术委员会等六单位联合举办的文艺漫谈会所作书面发言。

——倘若一个真正的作家可以被诬蔑、诽谤、不实事求是地批评,甚至政治运动中的批斗可以打倒,我已经被打倒几次了。

——刘再复误以为我会被他骂倒,实在太主观主义了。我不但不会被诽谤倒,反而面对着诽谤和无聊的起哄,愈显出所谓"姚雪垠现象"的本质和我的战斗作风。我批评"刘再复现象"的各篇文章,问心无愧,敢于质之群众,留给后人。将来我要将这些批评刘再复的论文收入我的文集中,让后人进行研究。我听说现在正在写《姚雪垠评传》的同志要将我与刘再复的这场斗争写进《评传》,好啊,应该让这场斗争扩大和延长下去,我们谁也别想在学术是非之争中溜掉!

同年 11 月 15 日,他作七律《近来》以抒怀。全诗并"题跋"及"附注"录如下:

近来

我为专心写《李自成》最后两卷,近数月来不参加任何会议,亦不上街。最近全国文联召开第五次全国文代会,我虽为湖北省代表团团长,但未出席,亦未报到。大会结束后,读到闭幕新闻及胡启立代表党中央对大会的祝词,写此七律一首。

近来息影养精神,喜坐南窗避路尘。
白首犹鸣愧仗马,丹心未丧作诗人。
几年笔战非闲事,一片空灵发要津。
且任阵风吹劲草,花开花落自冬春。

【补注】①(一)息影:退隐闲居。(二)愧仗马:惭愧自己不能像仗马那样仅仅成为仪仗、摆设。仗马:皇帝参加祀典、朝会和出巡时作为仪仗的马。"愧"字为反语。(三)要津:比喻重要的地位。

能读懂该诗者,当可理解姚雪垠自十一届三中全会后为争取"文艺民主"而投身"笔战"的真实心态②,也可理解他作为"独立大队"在这场"保卫马克思主义文艺阵地"的战役中的微妙处境。

---

① "补注"为学者俞汝捷所作。参看俞汝捷编次补注的《姚雪垠诗抄》,第 138 页,华中师范大学出版社 1998 年出版。

② 参看拙著有关章节,与徐迟、臧克家、郭沫若的争鸣都是姚雪垠主动"挑起"的,与刘再复的论争则是他被动"参加"的。

第二十章

『最爱作家
兼战士』①

1989—

① 摘自姚雪垠诗《重访仙台,在鲁迅纪念碑前献花》(1991 年 4 月 26 日),全诗为:仙台重访怀先哲,再献鲜花有所思。尘世几经闹小鬼,文坛千古树丰碑。妖风阵阵吹红日,铁骨铮铮横白眉。最爱作家兼战士,心头鲁迅是尊师。

第一节　"深佩静默"

20 世纪 90 年代伊始，火热的论争归于沉寂。

杨春时先生当年是"文学主体论"的重要推手，还曾应刘再复之请，撰写过"为文学主体性理论辩护的文章"。2017 年他在《文学主体性论争的缘起与反思》一文中对这场论争有独到的总结，其文称："文学主体性论争是上个世纪 80 年代发生的最重要的学术事件之一，它标志着以苏联反映论为思想资源的文学理论向以近代主体论为思想资源的文学理论的转化。"文中还写道：

> 关于文学主体性的论争，是新时期文学理论发展的重要里程碑。新时期之前，中国文论受苏联"文学是现实的反映"的观念的影响，形成了反映论的文学本质观；同时也继承了苏联文学理论中的文学的阶级性、党性的观点，以及中国传统的"文以载道"论、革命战争时期形成的"文学从属于政治"的观念，形成了意识形态论的文学本质观。新时期文学理论变革主要就是针对这两个观点，针对反映论的文学本质观，提出了主体论的文学本质观；针对意识形态论的文学本质观，提出了审美论的文学本质观。而这两种新的文学本质观都源于近代启蒙主义思潮，包括对人的主体性的肯定、对人的自由本质的确定等。值得注意的是，新时期文学理论的变革是在马克思主义内部发生的，即苏联阐释的物质本体论的、反映论的马克思主义与源于《1844 年经济学—哲学手稿》的实践论的、人道主义的马克思主义之间的争论。从总体上说，这场论争推进了中国文论的发展，使其走出了苏联文论的藩篱，把文学变成了人学。随着时代的发展，现在很少有人再把主体性当作唯心论了，文学主体性也不再成为禁区了。但是，文学主体性理论也有其缺陷，这一方面体现在与当代世界文论之间的历史距离，另一方面也体现在其学理性上的片面性，就是片面地强调主体性，而忽视了文学对象的客观性。因此，在"后新时期"，它遭到了新的质疑，包括我自己的反思。

然而，这场论争虽已过去了数十年，"以苏联反映论为思想资源的文学理论"似乎还没有被"以近代主体论为思想资源的文学理论"所取代，也没有将要被取代的迹象。于是，杨文也不得不刻意地进行折中，将前者视为"正题"，后者视为

"反题"，二者的综合为"合题"①。

姚雪垠是一位作家兼文学理论家，但是，不管是历史在场者还是后世的研究者在回顾当年这场论争时，大都并不在意姚雪垠其时曾有过何种理论表述，而乐于探究姚雪垠为何要介入这场论争的主客观原因——

一、"私人恩怨"说。

2011年，刘再复回顾当年这场论争时称："姚先生开始对我也是尊重的，他曾委托一位朋友，交给我一封用毛笔写的信。信中要求我支持他在武汉即将成立的中国当代文学研究会，可是我没有答应。因为北京已有一个当代文学研究会，而且已挂靠在文学研究所了，如果再成立一个研究会，就会形成南北对峙的两个'山寨'。我的谢绝可能让姚先生生气了。之后他在《红旗》杂志连发几篇文章'炮轰'我，认定我'反马克思主义'，这才逼得我接受《文汇月刊》记者刘绪源先生的采访，谈论'姚雪垠现象'。②"

刘说颇多臆想色彩。当知，姚雪垠担任首任会长的中国当代文学学会成立于1979年，姚刘论争发生在1986年，其间尚有悠悠七年的光阴。

但还是有人信其说，某写手称："文坛历来多纠纷，1930年代鲁迅和种种人的论争记忆犹新，后来陆陆续续又听到不少文人间的恩恩怨怨，丁玲与沈从文，胡风与周扬，后来又有姚雪垠与刘再复等等，等等。"③

姚雪垠曾公开否认此说，曰："我所以批评文坛上的不正之风，和个人恩怨毫无关系。林默涵、陈涌等同志的遭遇早就告诉我，某些'新星'是碰不得的。如果纯粹从个人利害考虑，我完全可以不去惹这个麻烦。"④

二、"意气用事"说。

2011年，孙德喜在《姚雪垠与刘再复论争的反思》⑤中写道："本来，姚雪垠没打算参与这场争论，但是陈涌在争论中'招致众多白眼'，似乎有些招架不住。这时，《红旗》杂志编辑陆荣椿想到了颇有名望的姚雪垠，于是将他拉进来为陈涌助阵。姚雪垠最初对这个问题的争论并不感兴趣，然而陆荣椿却紧追不舍，一连向

---

① 杨文结尾处写道："对我而言，反映论文论可以看作正题，而主体性文论可以看作反题，主体间性文论可以看作合题。这就是说，这场争论的历史的成果是在日后的反思中获得的，它超越了反映论和主体论，从而接近了真理性。"

② 转引自赵焕亭：《该有一部姚雪垠心态史传记》。

③ 佚名：《柯灵、黄裳与梅兰芳》。

④ 姚雪垠：《不要用诽谤代替争鸣——答刘再复君》，《文艺理论与批评》1988年第5期。

⑤ 载《宁夏师范学院学报》2011年第8期。

姚雪垠发了三封信,恳求他出马助战。本来'害怕参与论争'的姚雪垠经不住人家的再三恳求,只好匆忙上阵……实事求是讲,姚雪垠参与这次争论基本上是意气用事,是凭着一股激情投入'斗争'的,而且姚雪垠是以助战的姿态参与论争的。"

孙说与姚雪垠当年的某些表述不无关系。姚当年致陆荣椿、林焕平等人的信件中可以读到类似的表达,但不能证实他原本"对这个问题的争论并不感兴趣",更不能证实他只是"凭着一股激情"参与论争。

但,赞同这种观点的人较多,大都出于一种同情的理解。

陈美兰先生也曾倾向于这种看法,她在《他的执着,不亚于精卫填海——侧记作家姚雪垠》一文中不无惋惜地谈道:"1986 年,我在《红旗》杂志第 21 期看到姚雪垠发表的《创作实践与创作理论——与刘再复同志商榷》一文,我当时猜想,姚老大概就是在一批观念相同的老朋友们的鼓动或影响下,不惜耽搁《李自成》的创作,以勇敢者的姿态向刘的理论发出挑战的。"

三、"政治情结"说。

2010 年,周志雄在《刘再复与姚雪垠论争的回顾与反思》(载《艺术广角》2010年第 5 期)一文中谈道:"刘再复与姚雪垠的论争是有学术意义的,这场论争反映的是两代学人对文艺理论问题基本看法的不同。姚雪垠和刘再复是两代不同的作家、学者,二者所倚重的理论资源是根本不同的。……(笔者有删节)姚雪垠对革命现实主义文学的捍卫是其文学理念的反映。《李自成》创作的过程也充满了革命的政治色彩,是在毛泽东的保护下才得以顺利进行的。对于姚雪垠来说,根深蒂固的政治情结是不可避免的。理解这些基本的创作背景,我们就能比较准确地理解姚雪垠对刘再复的批判。"

周说与姚雪垠当年的相关表述也不无关系。《李自成》第一卷的创作是姚蒙受"灭顶之灾"时的生死挣扎,并没有太多的"政治色彩";第二卷的创作虽隐隐然有"毛泽东的保护",但过程并不"顺利";第三卷的创作过程中虽有过"党的事业"之类的自我期许,但只是心理安慰。详情可参看拙著有关章节。

简略地说,要"比较准确地理解姚雪垠对刘再复的批判",仅考察其"理论资源""创作背景"和"政治情结"是不够的,还要考察其"理论背景""思想背景"和"社会背景"。笔者甚至以为,在厘清这些"背景"之前,任何探讨姚刘论争底蕴的尝试都是无法深入的。

有如下三封书信,或有助于了解姚雪垠在介入"主体论论争"之前、之时和之后的"理论背景""思想背景"和"社会背景"。

第一信：1989 年 8 月 18 日姚雪垠致姜弘的信。

20 世纪 80 年代末，姚雪垠曾一度闭门治学，潜心研究"决定中国历史命运的大战"（"山海关大战"）的相关史实。1989 年 6 月 6 日，他给中国人民大学清史教授王俊义写了一封长信，就《清史编年》第一卷中叙述山海关大战部分的若干地理、史实"问题提出"辩正"①。

尽管他足不出户，但朋友来函、旧友来访频仍。8 月初，他在回复旧友姜弘的一封信中谈到两个月来的作息行止和所思所想。全录如下：

姜弘同志：

你七月二十九日来信，今日始挤出时间回信，至希鉴谅。

我在文学事业上有我自己的追求和道路。只有了解了我所具有的综合条件，才能了解我一生所追求的目标和我正在或已经取得的结果。我在做人方面也有自己的道路。这做人上和文艺事业上的两条道（路）是统一的。最近，武汉有几位同志如冯天瑜、陈美兰等曾来看我，听了我的观点、见解和态度，信中不必详谈，但可以说在历史关键时候，我保持了自己的见解和风骨。

我一切会都不参加，专心赶写《李自成》。由于我的一丝不苟的工作态度，自喜在耄耋之年尚有余勇可贾，继续向高处攀登。

你大概还记得，三年前我建议你注意十一届三中全会以后的文艺思想战线的斗争史，它有着巨大的现实意义和阶段性的历史意义。今天由于出现了震动全国的大事，尽管对它的历史意义和性质还存在不同认识，但是它竟然出乎文艺界许多时髦英雄们的意料之外，为资产阶级自由化思潮敲响了丧钟，同时为发展健康的文艺理论提供了条件。在新的形势下，希望你能够发挥作用。

即祝

近安！

姚雪垠

一九八九年八月十八日

---

① 林铁钧、史松：《清史编年》第一卷，中国人民大学出版社 1985 年出版。

该信透露出许多珍贵的历史信息,有意者可以循迹寻踪,深入发掘①。笔者最重视的是信末一段,尤其是该段的第一句:"三年前我建议你注意……"云云,说的正是他放言"以重炮保卫马克思主义文艺阵地",撰写《创作实践与创作理论——与刘再复同志商榷》那年的事情(1986);"十一届三中全会以后的文艺思想战线的斗争史……"云云,足证当年他"决定参加争鸣"时,对近十年文艺理论界的状况有所了解,并不是一时的"意气用事"。

关于近十年来"文艺思想战线的斗争史"的即时描述,可资参考的原始史料有许多,如下两篇较有权威性:

一、1987 年 3 月,《红旗》杂志总编熊复在编辑部的讲话《我们党反对资产阶级自由化斗争的历史回顾》②;

二、1988 年 4 月,总政治部文化部部长刘白羽在涿州会议上的讲话③。

熊复在讲话中指出:"十一届三中全会以来,我们党反对资产阶级自由化的斗争大体上有八次大的起伏,大的曲折,十二大以前四次,十二大以后四次。"

刘白羽在讲话中指出:"从 1979 年 3 月中央提出坚持四项基本原则到这次展开的反对资产阶级自由化的斗争,经历了七年多的漫长时间。这场斗争是坚持马克思主义还是否定马克思主义的一场大辩论,大较量,大搏斗,有关党和国家的前途与命运。小平同志亲自领导的这场斗争,是对党对社会主义事业的挽救。我回忆了一下这七年多的斗争经历,大致可分五个回合。"

将熊复所说的"八次曲折"和刘白羽所说的"五个回合"进行归纳,可以勾画出"斗争史"的若干重要节点:

一、1979 年 11 月,以第四次文代会为中心,围绕着大会报告中"要不要提坚持四项基本原则"而展开的斗争。(据刘白羽讲话)

二、1981 年 6 月至 1982 年 9 月,"围绕着批评包括《苦恋》在内的丑化党的领导和社会主义的文艺作品进行"的斗争。(据熊复讲话)

三、1982 年 9 月到 1983 年 10 月的十二届二中全会,"围绕着人道主义和社会主义异化问题而展开"的斗争。(据熊复讲话)

四、1984 年 9 月,以京西宾馆会议为中心,"围绕反对精神污染而展开"

① 陈美兰拜访姚雪垠事,可参看其近作《他的执着,不亚于精卫填海——侧记作家姚雪垠》。
② 笔者手头的同题资料,原载湖北省社会科学院《社会科学动态》1987 年第 13 期。
③ 《刘白羽同志的讲话》,载《文艺理论与批评》1989 年第 1 期。

的斗争。（据刘白羽讲话）

五、1985 年 1 月前后，以作协四大为中心，围绕着"文艺界实际上或者说几乎摆脱了党的领导"的斗争。（据熊复讲话）

六、1985 年 9 月的学潮到 1986 年 9 月十二届六中全会的召开，围绕着"否定民族文化、否定'五四'以来党领导的革命文化……"而展开的斗争。（据熊复讲话）

七、1986 年 9 月至 1987 年元月，以"胡耀邦同志辞去中央总书记的职务"为标志，反对"资产阶级自由化"的斗争。（据熊复讲话）

姚雪垠在如上历史"节点"的反应或表现，拙著相关章节已有所展示，不妨简单地重温一下：他曾介入"二"（出席思想战线座谈会和批评《苦恋》）、"四"（出席与"清污"相关的京西宾馆会议和稍后的中顾委生活会）、"六"（撰写批评"通俗文艺"和批评刘再复的文章）、"七"（曾多次建言献策敦促中央加强思想文化战线的领导）等。

此外，我们也可以检视姚雪垠在担任中国当代文学学会会长期间的作为与言论，以更加贴近地了解他对"文艺思想战线的斗争史"的把握程度。

当年最有影响的全国性当代文学研究学术组织有两个：一个在北，挂靠在社科院文学研究所下的中国当代文学研究会（下简称为"研究会"）；一个在南，由南宁而广州后挂靠在武汉华中师范大学下的中国当代文学学会（下简称为"学会"）。这两个学术组织都成立于 1979 年，"研究会"稍早，首任会长是冯牧；"学会"稍晚，首任会长是姚雪垠。如前所述，"学会"成立前，姚雪垠曾去信中国社科院文学所所长刘再复请求支持，刘认为北方已有"研究会"，南方没必要另立"山寨"。但"学会"仍如期成立，俨然有与"研究会"两分天下之势。

中国当代文学学会章程规定——"团结、联络和组织从事中国新文学和研究的大专院校教师、文学理论工作者、作家、编辑，着重研究中国当代文学发展中的根本问题，研究当代作家作品的成就，研究世界格局中的中国当代文学现状以及发展趋势。学会每年举行一次年会。"①——姚雪垠作为该学会会长，担负着为学会领航的重大责任，他不仅直接参与每届年会议题的拟定，还要审阅年会的各项文件及通讯稿，出席和主持年会，并作主题发言，少有例外②。

---

① 偶尔有例外，如 1983 年、1989 年无年会，大抵是由于经费原因。
② 仅缺席 1988 年云南大理年会。

勾勒姚雪垠与中国当代文学学会过从始末①，重温在这一学术平台上不同观点的激烈角逐，可为姚雪垠文学思想研究提供一个难得的参照系。

该学会在 1980 年至 1990 年这个时间段里共召集过九次年会——

第一次年会（广州，1980 年 6 月），两个议题："一是关于建国以来文学创作的现实主义论争问题。围绕这个中心，对解放后十七年和近三年来的文艺运动、文学创作的成就、特点和存在问题，从理论和实践上进行深入的探讨。二是结合各兄弟院校在当代文学教学中的心得体会，分组展开广泛的对口经验交流。"②姚雪垠出席并主持年会，并作《我对于中国风格、中国气派的探索》的学术报告。

第二次年会（庐山，1981 年 6 月），这次年会"探讨了当代文学创作中的一些重要问题"，包括："关于建国以来农业合作化题材作品""关于王蒙作品的评价问题""关于港台文学的研究问题"③。姚雪垠出席并主持年会，并在闭幕词中具体地谈到对王蒙的意识流小说和白桦的电影《苦恋》的评价问题。

第三次年会（南岳，1982 年），议题为"新时期文艺思潮的发展"④。姚雪垠出席并主持年会，并在会上作《从中国文学史上看现实主义的若干问题》的发言，论证"古典现实主义——批判现实主义——新现实主义（社会主义现实主义）——革命现实主义（两结合创作方法）"的发展道路。该发言后改题为《关于现实主义的若干问题》，载《芙蓉》1982 年第 6 期。

第四次年会（西安，1984 年 7 月），中心议题"当代文学教学和研究"，也讨论了"建国以来的历史题材和十七年农村题材作品的再评价"及"文学如何反映改革的问题"⑤。姚雪垠出席并主持年会，作《关于如何提高当代文学教学和研究水平的问题》的主题发言。

第五次年会（宜昌，1985 年秋），"中心议题是讨论当代文学观念和研究方法的发展和变革问题。围绕这一中心议题与会代表对当代文学的历史、现状和发展趋势，文学的当代性和方法论等问题展开了深入讨论和切磋"⑥。姚雪垠主持会议，致欢迎词。

---

① 笔者认为，可将此作为一个亟待深掘的研究课题。

② 参看其光：《中国当代文学学会第一次学术讨论会在广州召开》，载《华南师范大学学报》1980年第 3 期。

③ 参看贺光鑫：《中国当代文学学会 1981 年庐山年会讨论综述》，载《文学评论》1981 年第 5 期。

④ 参看张永健等主编《与时代同行——中国新文学学会建会 30 年》，白山出版社 2009 年出版。

⑤ 参看《中国当代文学学会第四届年会闭幕词》。

⑥ 张启社：《中国当代文学学会第五届年会综述》，《华中师范大学学报》1986 年第 1 期。

　　第六次年会(青岛,1986 年 11 月),"主题是总结新时期十年文学的成就、经验与不足,研究、探讨其发展趋势和面临的新问题"①。姚雪垠主持会议,致开幕词,盛赞"党的十一届三中全会以来,我们的文学得到了巨大的发展,出现了日益兴盛、空前繁荣的景象,是'五四'以来中国新文学史上最好的发展时期之一",也指出"同时,也出现了和面临着许多新问题,值得我们认真研究和探讨"。

　　第七次年会(承德,1987 年 7 月),"围绕着中国当代文学的发展道路这一中心议题,展开了讨论"②,"主要集中在如下几个方面:当代文学的发展方向和道路问题,新时期文学的成就与不足之处,当代文学的现状及发展态势,当代文学的研究方法等"③。姚雪垠出席并主持会议,并作《中国当代文学要坚持社会主义道路》的主题发言。附带提一事,当年 10 月有人在《文论报》上妄称姚雪垠在该会上扬言"打倒刘再复就是胜利",很快便有参会者站出来辩诬④。

　　第八次年会(大理,1988 年 11 月),"中心议题是中国当代文学的民族化问题","争论比较多的是关于文学民族化的提法问题。比较多的人认为文学的民族化是文学的基本品格之一。……有的人则认为文学民族化的提法不科学,说它是一个过时的排他性的口号;有的人还认为我国当代文学正面临着一种生存危机,对民族化的主张有一种'无可奈何花落去'的理论悲凉之感,等等"。⑤ 姚雪垠没有出席该次年会。

　　第九次年会(丹东,1990 年 6 月),"这届年会,是在文艺战线开展坚持四项基本原则、反对资产阶级自由化的教育和斗争,坚持一手抓整顿,一手抓繁荣已经取得明显成效的形势下举行的。与会代表自觉坚持'二为'方向和'双百'方针,从各种不同的角度研讨了本届年会的中心议题'社会的改革与文学的繁荣'"⑥。姚雪垠主持会议,并在会上发表长篇讲话《我们的希望和信心》⑦。记录者称:"他兴致勃勃地谈到文艺界近几年来的状况,并结合自己的亲身经历畅谈了中国现当代文学传统及对毛泽东同志《在延安文艺座谈会上的讲话》的认识等方面的问题。"

————————

　　① 《中国当代文学学会第六届年会在青岛召开》,《山东文学》1986 年第 12 期。

　　② 庞守英:《中国当代文学学会第七届年会综述》,《文史哲》1988 年第 1 期。

　　③ 王国华:《中国当代文学学会第七届年会综述》,《华中师范学院学报》1988 年第 1 期。

　　④ 王松:《简讯》,《文艺理论与批评》1988 年 12 月第 6 期。

　　⑤ 化早:《中国当代文学学会第八届年会在云南大理召开》,《理论与创作》1989 年第 1 期。

　　⑥ 文丁:《时代的变革呼唤文学的更大繁荣——中国当代文学学会丹东年会纪要》,《理论与创作》1990 年第 4 期。

　　⑦ 详细内容可参看 1990 年 7 月 12 日姚雪垠致王庆生的信。

综上所述，改革开放后的十年间，姚雪垠及其领衔的中国当代文学学会未曾与"文艺思想战线上的斗争"有过片刻的疏离。

第二信：1989 年 10 月 9 日姚雪垠给宋谋瑒的信。

20 世纪 80 年代末 90 年代初，论争虽已无从继续，但余波仍荡漾未息。

1989 年 10 月 9 日姚雪垠复信老友宋谋瑒①，所谈事体甚大，全录如下：

谋瑒同志：

接读九月六日来信，今日始回信，拖了一个多月，十分抱歉，务请原谅。

你在来信中说：有几个在武汉大学作家班进修的人传说，你拒绝批刘再复，传为美谈。我不知道是不是事实。如果要揭发他什么政治阴谋之类，我们当然要实事求是，不去落井下石；但如果清理思想，却还是应该写些东西批判的。我以为刘再复的《性格组合论》在文艺界的流毒实在很深，无论胡说八道的"新潮派"还是专以揭露社会主义的黑暗为能事的苏晓康们，都是奉刘再复的"主体论"为圭臬的，非细细批透不可。鲁迅的遗训不可忘记：费尔泼赖还是应该缓行，落水狗还是要打的。

我佩服你的严正态度和在大是大非的理论斗争问题上主张"打落水狗"的精神。八十年代之所以出现"刘再复现象"，并不奇怪，这是由于"文化大革命"以后的中青年一代，有许多知识分子在思想和理论上迷失方向，学风滑坡，特别是有许多人成长于"文革"期间，在不正的教育和社会风气之下，人生观、生活价值标准和努力趋向，都发生了剧烈变化。他们不懂中国历史，不懂旧社会，不懂全面看问题，所以他们虽然有理由对解放后的许多问题感到不满和愤慨，但不能作正确理解。于是怀疑马克思主义理论，也怀疑社会主义道路。这一代有许多中青年到八十年代已经在社会上形成了一股力量，但就中国现代史的情况看，他们并不代表新潮流或前进力量，而只能算"垮了的一代"。刘再复、苏晓康……之流，都属于"垮了的一代"的风头人物，而刘再复更有代表性，所以形成以他为中心的"刘再复现象"。

这所谓"垮了的一代"人，多数工作在思想文化领域，他们的共同特点是：

第一，他们都不认真读书，谈不上学问基础。三四十年代的青年人在十

---

① 原信题目：《关于〈息影〉一诗——给宋谋瑒同志》。参见《姚雪垠书系》第 20 卷，《绿窗书简》（上），第 500 页，中国青年出版社 1999 年出版。

分艰苦的条件下刻苦读书,为救国追求真理的好风气,在"垮了的一代"人身上没有了。

第二,他们不肯认真严肃地研究中国社会和中国历史,不关心社会主义的发展方向和文学使命,也不研究中国现代文学史走过的光辉道路。在中国现代文学史的漫长征途中尽管也有这样那样的缺点,但它的主流是健康的,成就是伟大的,与中国人民的命运血肉相连。至于中国三千多年的古典文学史,在世界文化中更是丰富异常,光辉异常,为我们发展社会主义文化和文艺提供了极其肥沃而深厚的土壤。关于这些客观存在的重大问题,刘再复及其盲目的吹捧者和追随者由于不认真读书,从来不习惯老实地研究学问,所以都不懂,由于不懂而产生狂妄,而自我膨胀,而盲目地否定一切,而不知羞耻的胡说八道。请你重读一下我于八七年发表的拙文《继承和发扬祖国文学史的光辉传统》,看一看刘再复这位曾经在八十年代中期红极一时的文艺理论"精英"在学问上是多么缺乏根基,多么缺乏常识!

以刘再复为代表的"精英"们,在思想和理论中还有第三个特点,就是宣扬唯心主义,反对马克思主义,尤其是反对历史唯物主义哲学及其反映论。这是刘再复的文艺理论的一个根本问题。

第四个特点是从所谓"主体论"出发,宣扬作家要超越阶级,超越社会,超越历史等等,抹杀了生活是创作源泉这一真理,理所当然,刘再复及其追随者们反对从"五四"以来盛行在中国的、经过社会的和历史的检验,证明是颇有生命力的,而且在创作上卓有成就的现实主义创作方法,相反的,他们盲目提倡和吹捧西方资产阶级的现代文艺思潮的一些流派。

第五个特点是,在文化上崇洋媚外,而对中国的民族文化(包括文艺)抱着虚无主义态度,能歪曲就歪曲,能贬低就贬低,能抹杀就抹杀。

由于以上五个主要特点,刘再复之流必然成为资产阶级自由化思潮的代表人物,同马列主义者势不两立,是一股反对四项基本原则为立国之本的破坏力量。

刘再复之流是八十年代"弄潮儿",因为都具有资产阶级自由化的思想的特点,都反对马克思主义和社会主义道路,所以正如俗话常说的,物以类聚,人以群分。他们互相结合,八方(包括香港)呼应,互相吹捧,党同伐异,哗众取宠,欺世盗名。关于"盗名",他们不择手段地争取"知名度"。如果你有福建海峡文艺出版社的《当前文学主体性问题论争》一书,可以看到他们如何通过《华声报》记者和香港某些报刊，互相吹捧和自我吹嘘的肉麻表现。

近些年，中央的某些负责同志在思想战线上领导失误，听任资产阶级自由化思潮各种歪风邪气滋长猖獗。对外开放政策是绝对需要的，在思想战线上纠正历史上的"左"的教条主义和封闭情况也是绝对需要的。失误在于党中央的某些负责同志在当代国际和国内无产阶级和资产阶级，社会主义与反社会主义，两种主要思想体系进行着尖锐而复杂的斗争的新形势下，不领导这场斗争，只号召宽松，宽容，和谐，团结，变成了共产党内的黄老学派，采取了"无为而治"的态度，拱手放弃了马克思主义政党的领导责任，放弃了本来应由马克思主义领导的文化、文艺阵地，甚至放弃了组织阵地，坐任"刘再复现象"的势力因利乘便，一个个占据了文化、文艺阵地和各种舆论工具。由于中央某些同志的领导失误，在八十年代中期竟然在共产党领导的社会主义大国出现一个奇怪现象：宣扬资产阶级自由化思想的文章可以到处发表，而坚持马克思主义和毛泽东思想的文章很难找发表地方。

从思想脉络看，刘再复是红卫兵余风的继承人，既没有真学问，也没有站得住脚的文艺理论和正派学风。正因为如此，他没有力量回答我。我以堂堂正正的态度批评他的各种（不是全部）谬误，包括常识错误，而他回避了我的批评，只能写一篇下流的诽谤文章代替理论斗争。他走的这着歪棋，正好反映他在理论上无力招架和做人品质的低下。

在刘再复于《文汇月刊》上发表了那篇诽谤性的文章之后，有人给我打电话，有人给我写信，表示愤慨。许多支持我的长信我都不作答复。在开始时，我只在电话中回答一位上海的老同志说："在目前情况下，有什么办法呢？请你记着《左传》上有一句名言，多行不义，必自毙，子姑待之。"（这里所说的"自毙"是说他必然要为他自己的前途掘好坟墓。）我在有的文章和信中谈到"刘再复现象"时，一再预言他这位"弄潮儿"在历史上不过是一个"匆匆的过客"。我发出的这两个预言，不过一年多，果然言中。盖如古人所云："事有所必至，理有所固然。"

听说他近来滞留国外，不敢回来。倘若他不回来，他的那套"学问"，在外国不吃香。倘若他有勇气回国，他在政治上的责任我不清楚；我只知道，他在文艺思想上逃不掉接受批判。

倘若他还想存在，还想在老年做一些有益于文艺领域的工作，他必须痛定思痛，放弃在学术上不懂装懂，信口开河，招摇撞骗的故技，埋下头去，老老实实地重新学习。虽然我们每个人都应学习,但是对他的具体情况说,他不仅要老实用功学习马克思主义文艺思想,还要丰富自己的各种文史知识,过好常识贫乏这一关。但是在今后,用不着我这个年届八十的老人对他口诛笔伐,自然会有人——有不少人陆续清算他的流毒。

不言而喻,他招摇撞骗的时代已经结束了。他曾经高踞中国社会科学院文学研究所所长的职位,将会被后人看成是学术界的一个笑话。

武汉大学作家班中有人对我拒绝批刘再复传为美谈,这是对我的误解。听说在北京也有这种说法。我不愿再花时间批刘再复,决不是我的恕道。在大是大非问题上,我也是主张打落水狗的。我今不批刘再复,一则是我忙于写《李自成》;二则是用不着我批他,自然有人去批;三则是我对他十分蔑视,值不得再对他花费时间。今年春天,你曾来信建议我趁全国政协开会之机,约刘再复和那位靠荒诞起家的文艺界小苍蝇当面谈谈。我没有接受你的意见,也没回你的信,原因是我有充分理由对他们极度蔑视。

匆匆不尽,即颂

教安!

姚雪垠
一九八九年十月九日

该信蕴含的信息量非常丰富,十分惊人。

他对 20 世纪 80 年代"刘再复现象"进行了社会学根源的挖掘①;他对"刘再复现象"有"两个预言";他对"共产党内的黄老学派"进行了批评。顺便提一句,他对改革开放时期"共产党内的黄老学派"的批评至今仍是"姚雪垠研究"的盲点之一。

第三信:给徐中玉。

20 世纪 90 年代初期,文坛迭代。姚雪垠是公众人物,其人其行更备受关注。

---

①   20 世纪 90 年代初,李陀回忆当年事时谈道:"从直观上来讲,在上世纪七十年代夹缝中形成的这一群体与后来的知识分子相比有三个特点:他们更了解中国的社会实际;他们在知识贫乏、教育匮乏的环境中成长,偏偏读书特别多;他们身上有一股行动和反叛的热情。""我觉得他们的问题在于:由于未经严格的学术训练,'肤浅'构成他们的基本气质,无论是左派还是右派,都存在这个问题。不管他们在青少年时代如何发奋读书,毕竟不是系统的训练,而是一个非常散漫的自学过程,他们的知识既无系统性,又无学科性,也没有传续性。"摘自《晶报》记者魏鼎采访李陀的记录《李陀:"七十年代"知识精英的"好处"与"毛病"》。

说来不无趣味,许多旧友竟在这一时期与他恢复了联系。

如下这封信函,便是姚雪垠与暌违多年的老友来往信件中的一件:

中玉兄:

　　大概有两年以上未接过你的信,最近忽奉十二月三十日短札,十分高兴。来信说"深佩静默",其实没有什么可称赞的。我的沉默,正是我的发言,可谓"此时无声胜有声",因而引起许多人的关注。

　　我今年进入八十岁,身体健康,头脑清爽,文思活泼如常。每日分秒必争,赶写《李自成》,反复修改,希望后两卷比前三卷攀登新峰,不愧此生。

　　郭卓同志同我有师生之谊……对我的心情知道一些。她家住上海巨鹿路×××号。你到市文联时,不妨约她一谈,便知我的实况。

　　敬祝

近安!

姚雪垠

一九九〇年一月八日

"中玉"即徐中玉(1915—2019),华东师范大学中文系教授。姚雪垠的老朋友之一,1948 年两人曾在上海合办进步刊物《报告》,后被查封。郭卓笔名郭以哲(1923—2003),姚雪垠抗战时期执教国立东北大学时的学生之一,时任《收获》杂志编辑。1979 年她曾有意将《李自成》第三卷八十万字先期在刊物上发表,惜未成功。

那个时候,旧雨新知,识与不识,还有多少眼光盯在姚雪垠的身上呀!

"深佩静默",有深意存焉!

第二节　第五卷的重写

1988 年年中,姚雪垠突然决定放弃已有的《李自成》第五卷初稿(口述录音整理稿)和已在刊物上发表过的三个单元①,"重新构思,重新写"②。这年,他已是七十八岁高龄。

且让我们追溯作家作出这一决定的历史文化环境——

---

　① 姚雪垠自述中只谈到"两个单元",实际上是三个单元。

　② 引自姚雪垠《创作体会漫笔——〈李自成〉第五卷创作情况汇报》。重写的涉及面有多大,尚需考证。

《李自成》第五卷的口述录音工作开始于 1981 年初①,录音整理稿完成于 1984 年底②。1985 年初,姚雪垠修订完成其中的三个单元,送交刊物发表,如下:

《巨星陨落》,载《中国作家》1985 年第 1 期

《李自成之死》,载《小说》1985 年第 3 期

《崇祯皇帝之死》,载《小说》1986 年第 1 期

这三个单元面世后,评论界似乎并没有多大反响,其原因已见前述。

1988 年开年以后,文坛上突然涌现出对《李自成》(包括对第五卷已发表的章节)的严重非议:

——从文学本身而言,我对《李自成》的第一卷印象较好,但遗憾的是,《李自成》后来一卷不如一卷,一卷比一卷粗糙,愈写愈差。这大概不只是我个人的感觉。(刘再复:《谈文学研究和文学论争》,原载《文汇月刊》1988 年第 2 期)

——我认为《李自成》对以李自成为首的这支农民军作了过分的美化,因而基本上是违反历史的真实,也即违反生活的真实的……第一,从马克思主义的观点来看,当时的社会里不可能出现像姚先生书中所写的那种性质的革命者;第二,历史上的农民军领袖,包括李自成本人在内,也根本不是这样的革命者。所以,姚先生的这种描写,是既不符合马克思主义,也不符合历史的真相——生活的真实的。(章培恒:《金庸武侠小说与姚雪垠的〈李自成〉》,原载《书林》1988 年第 2 期)

——作为"人学"的《李自成》最大的不足就在没有处理好人与事的关系。人物没有"灵魂的搏战和人格的发展",结构破碎散乱以及作品直露乏味,都是由于作者让人物为展现历史事件服务,为表现"历史的运动的本质和规律"造成的。(王彬彬:《论作为"人学"的〈李自成〉——对真的史诗的呼唤》,载《上海文论》双月刊 1988 年第 1 期)

——姚雪垠写的不是一群农民起义的领袖,而是一群神。李闯王、高夫人、刘宗敏、高一功、李功、刘芳亮、双喜、慧梅等等,这些人是农民? 是生活于

---

① 1981 年 3 月 26 日姚雪垠在给丰村的信中写道:"《李自成》的第三卷交出之后……我接着进行四、五卷的口述录音。哪个单元酝酿最成熟就口述哪个单元。如今第五卷的《尾声》已经口述完毕,正在口述李自成进北京的单元了。"

② 1984 年 10 月第五卷录音整理工作基本完成,俞汝捷开始联系调回湖北省事宜。请参看 1984 年 10 月 8 日姚雪垠致俞汝捷的信(该信未收入《姚雪垠书系》)。

明代末年的农民？……尤其李自成、高夫人这两个形象，更明显是"三突出"这个产婆催生出来的畸形儿。因为他们虽然是被当做农民革命领袖来塑造的，但是读者很难看到他们身上有什么农民气，其言语、行为、心态、人格不仅很像现代人，而且处处洋溢着一种只有无产阶级革命家才有的光彩。有人曾一针见血地批评"十年动乱"时期的文学是造神文学。我以为姚雪垠才是这一文学造神运动的真正主将。（李陀：《也谈"伪现代派"及其批评》，原载《北京文学》1988 年第 4 期）

　　——如果承认事实，承认创作上的失败，在创作思想上痛加反省，对越写越糟且越写越长的作品从头进行认真的改写和缩写，虽"亡羊补牢"，虽"闻道已晚"，但这种自强不息的精神毕竟远高于硬着头皮作自我赞美的鸵鸟精神，虽不能保证最后的成功，但行为本身毕竟可以是令人感佩的。（刘绪源：《"怪圈"与"传统犬儒主义"》，原载《文艺争鸣》1989 年第 3 期）

概而言之，上述批评大抵是由于"（姚刘）论争"触发的，不能算是通常意义上的"文学评论"。而且，上述批评者是否完整地读过《李自成》第一、二、三卷？是否认真地读过第五卷先期面世的这三个单元？不得而知[1]。

笔者以为，如此批评《李自成》，大都出自文本之外的原因：有对姚雪垠年前放言"用重炮保卫马克思主义文艺阵地"行为的反弹，有对姚雪垠声称"不断地学习马克思列宁主义毛泽东思想（以形成《李自成》的主题思想）"表白的不满，有对姚雪垠"历史小说是历史科学与小说艺术的有机结合"理论的不解，有对姚雪垠倡言"（将'两结合'的创作方法作为）创作《李自成》的金科玉律"声明的嫌恶，等等，不一而足。

一言以蔽之，很多批评所针对的是作者姚雪垠的政治立场、文艺观念和傲骄的个性，而非《李自成》本身。

姚雪垠当年就这么不招人待见吗？是的。

1982 年，他因发表《评〈甲申三百年祭〉》遭到围攻，愤而致信胡耀邦申诉，信中谈及围攻他的有"三股力量"，称：

　　第一股力量是传统的，早已有之，至今尚存。我国文艺界有一批人，自己不刻苦努力在创作上和研究上做出好的成绩，而总是看见别人做出成绩就心

---

① 刘起林在《在"农民战争史诗"和"社会百科全书"之间》一文中指出：80 年代中后期……《李自成》并未被深入探讨，却遭遇了"殃及池鱼"之灾。

中不服,喊喊喳喳,遇机会就公开攻击……(笔者略,下同)

第二股力量是新起的社会思潮,近几年的情况我们都看得很清楚。由于这一思潮的存在,所以我在思想战线座谈会上对《苦恋》问题发言之后,引起一些人对我反感,也出现了各种谣言和诽谤……

第三股力量是学术界的不正之风……

简单地说,第一股力量指"不学无术"的嫉贤妒能之辈①,第二股力量指"背弃了科学的马克思主义"的新潮派人士②,第三股力量指学术界的"市侩习气"和"行帮作风"③。

姚雪垠的这番表述,在很长的一段时期不为人所理解,或不为人所完全理解,甚至被严重曲解。

直到三十年后,情势才有所变化——

2018年,刘继明先生在《被左化的姚雪垠》一文中特别指出第一股力量对姚雪垠的忌恨,他写道:

到了1978年,姚雪垠的《李自成》第二卷出版后再次引起轰动,并于1982年获得了首届茅盾文学奖,不少文坛名宿权威纷纷撰文推介,如茅盾的《关于长篇历史小说〈李自成〉》、严家炎的《〈李自成〉初探》,都从艺术成就方面对文本进行了深入细致的分析,给予了高度的评价。姚因此成为当时中国作家中最为耀眼的人物。不久,姚当选为湖北省文联主席。而差不多同一时期,与姚一样被打成右派的许多中老年作家,大多刚获平反摘帽,还沉浸在"伤痕文学"写作和对"四人帮"和"十年浩劫"的控诉之中,无论从规模还是影响,都未拿出堪与《李自成》媲美的成果。在这种背景下,姚雪垠及其《李自成》的一枝独秀,无疑显得有些刺眼,甚至可能让一些人心里有些"不适应"。

2019年,孔庆东先生在《基于良知的呐喊——序刘继明〈辩护与呐喊〉》一文中特别指出姚雪垠与第二股力量进行顽强抗争的意义,他写道:

从鲁迅、郭沫若,到丁玲、姚雪垠,再到魏巍、浩然、陈映真……都为中国人民的良知重建,肩住了一道道黑暗的闸门。这些名家不论是伟人还是俗人,自然都有其可资议论质疑乃至批评调侃之所在,这也是我们进行学术研

---

① 参看1991年9月25日姚雪垠致陈纪滢的信。
② 引文出自1986年11月30日姚雪垠致陆荣椿的信。
③ 引文出自1978年12月30日姚雪垠致夏川的信。

究的理所固然。但是,由于良知不灭则中国不亡的政治逻辑,这些百年良知的代表性人物,一个接一个地被泼满血污,遭受到布鲁诺、伽利略的厄运。而那些污蔑与构陷,其手法之卑劣、逻辑之荒谬,已足为时代良知再次趋向泯灭之明证。①

上面这两位先生对姚雪垠的评价或有未妥处,自当另议;但反映出的社会情绪,当不可轻视。

如何评价姚雪垠 20 世纪 80 年代在文化、思想、文学、历史诸领域的开拓性贡献,如何评价姚雪垠在反对"资产阶级自由化"浪潮中的坚持和牺牲,都不是本评传所能完成的任务。这些饶有趣味的课题,莫如留给后世研究者去深入开掘。

在此,笔者只想探究 20 世纪 80 年代初期刘再复等人的批评对姚雪垠晚年创作状态的深刻影响。因为,不管怎么看,姚雪垠"重写"第五卷的决定,直接或间接地与这些源自外界的刺激有着脱不掉的关系。附带提一句,因受外界的刺激而改变创作计划的事情在姚雪垠的创作历史上也曾发生过:1945 年"胡风派"攻击他的小说作品中农民形象雷同,嘲笑他的技巧"穷窘"了。他受不了这个刺激,愤而放弃原有的创作计划,转而创作表现另一类农民形象的长篇小说《长夜》,企图以创作实绩回击论敌;这一次,作家的想法和做法大致也是这样。

《李自成》创作计划的改变,确实发生在刘再复等的批评之后——

1987 年初,姚雪垠的创作计划还是"赶写《李自成》第四卷"。

这年 1 月 17 日,他在致胡昭衡(李欣)的信中写道:"虽然我今年的紧迫任务是赶写《李自成》第四卷(第五卷已于两年前有了初稿),但是我今年春天仍将挤时间写一篇重点论文,再与刘再复同志争鸣……"

惜而天意弄人。姚雪垠原以为写完"争鸣"文章后便能马上"回到创作方面"②,却不料竟不能全身而退。

于是,第四卷刚开了个头便戛然终止。现存"口述录音提纲"中保存有崇祯十五年十二月《李自成到襄阳》单元的第一章《襄江奔流》③,同卷后续章节,皆付

① 孔庆东的评价与姚雪垠的自我评价有着一致性。1986 年 12 月 4 日姚雪垠给俞汝捷信中写道:解放以后,我国学术界往往以政治要求或唯心主义破坏了哲学上的唯物主义反映论,在创作方法上以强调廉价的政治功利主义或"先进的"思想性强奸了富有生命力的现实主义。而我以我自身的坚定的马克思主义哲学信仰和坚执的现实主义创作原则,抵制了思想战线上的惊涛骇浪。

② 1987 年 5 月 8 日,姚雪垠在论文集《创作实践与创作理论·后记》中写道:现在我认为刘再复同志的理论体系的缺口已经打开,我暂时离开这条战线,回到创作方面好啦。

③ 《襄江奔流》口述录音提纲被收入《姚雪垠书系》第 22 卷。

杳然。

1988 年初，姚雪垠却开始"重新构思，重新写"第五卷。

翌年秋，他在《创作体会漫笔——〈李自成〉第五卷创作情况汇报》一文中谈道："《李自成》第五卷从去年起重新构思，重新写。我不满意于已经写成的稿子（有两个单元已于三年前发表过），近一年来重新改写，目的是争取在前三卷已经达到的水平上有所前进。"据同文介绍，《李自成》第五卷在 1985 年前已有完整的初稿，内容包括《李自成进北京》（含《崇祯皇帝之死》）、《吴三桂不降大顺》、《多尔衮南下战略》、《吴三桂降清》、《山海关大战》、《李自成败走山西》、《清朝定都北京》、《巨星陨落》（含《李自成之死》和《张献忠之死》）和《尾声》等单元。

重写工作持续了好几年。

前三年（1988—1990），在已有的初稿（包括已发表过的三个单元）基础上进行改写。1989 年秋，作家自述道："目前我正在改写《李自成》第五卷的前半部，即《李自成进北京》和《决定中国历史命运的大战》两个单元①。这两个单元是《李自成》全书故事的高峰，也可以说是这部小说的历史思想的集中表现。"②

《李自成进北京》是个很大的单元（内含改写的《崇祯皇帝之死》单元），共十七章，二十余万字，在中国青年出版社的大型刊物《小说》上连载四期（1990 年第 2、3 期和 1991 年第 1、3 期）。

刊物连载开始时，正文前有"编者按"③：

　　1985 年第三期发表了《崇祯皇帝之死》在读者中引起了热烈的反响。《李自成进北京》，是《李自成》第五卷的一个单元。这个单元除气势磅礴地描写了李自成率师势如破竹般攻克北京外，还以浓笔重彩揭示崇祯在破城前的惶恐、悲愤、幻想、绝望等等错综复杂的心理变态，对这个亡国之君的形象，作了十分生动的刻画。

　　在第五卷，作者除了继续完成李自成和崇祯皇帝这两个大悲剧的主角外，还写了五个上层宫女的活动和命运。魏清慧、吴婉容、费珍娥为明朝帝后殉节，为崇祯的大悲剧作烘托；窦美仪、王瑞芬为战败的李自成殉节，为李自成进入大悲剧高潮作陪衬，深刻地反映了封建社会的复杂性和人物的复杂

---

　　①　《决定中国历史命运的大战》单元后来改题为《兵败山海关》，未在刊物上发表，后为《李自成》第五卷（中国青年出版社 1999 年 8 月出版）第二单元。

　　②　姚雪垠：《创作体会漫笔——〈李自成〉第五卷创作情况汇报》（1989 年 9 月）。

　　③　该"编者按"是姚雪垠代编辑撰写的，发表时有所改动，这里用的是原稿。

性。

作者在写第五卷中,注入了无数的心血和辛勤的写作劳动,推翻重写也好,精雕细刻也好,都是为了实现他"笔墨变化,丰富多彩"的美学追求这一目标。这是我们在读这部作品的时候可以体会得到的。

本刊将陆续发表这些精彩的内容,以与读者共欣赏。

连载结束时,正文后有"附记":

《李自成》第五卷中第一个单元,也是最大的一个单元,共十七章。在这个单元中,完成了崇祯皇帝的大悲剧,为李自成的大悲剧大大地向前推进一步。李岩也是小说中塑造的重要历史人物,代表封建时代上层知识分子一种典型。从第二卷起就开始用伏笔写他的悲剧命运,第三、四卷中他的悲剧命运逐步发展,到这一单元中铺垫的笔墨更多,不久他就被杀了。

这一单元也写了一些小人物的悲剧和她们的不同性格,如宫女魏清慧、吴婉容、费珍娥、窦美仪、王瑞芬等。不过,窦美仪和王瑞芬的自尽要放在下一个单元了。

下一个单元是《山海卫城下打决战》,李自成大败而归,匆匆退出北京。而清政权进入关内,开始了清朝统治整个中国的政局。

该单元各章节均有小标题,为《李自成》前三卷及先期发表的第五卷三个单元所未有,不取章回体小说回目的对联模式,而以散文语言作内容提示,颇有新意,故全录如下:

第一章 李自成到北京城下 一、昌平州前会议;二、决定以钓鱼台为驻跸之处;三、到达北京城外;四、驻跸钓鱼台;五、广宁门外

第二章 崇祯的痛哭与噩梦 一、吴三桂的消息;二、乾清宫的黄昏;三、在坤宁宫与后妃见面;四、悲风,铃声与哭声;五、一场凶梦

第三章 三月十八日 一、乾清宫的早晨;二、魏宫人的金钱卜卦;三、君臣对泣;四、旧事重提

第四章 北京城外失守之日 一、王承恩巡城;二、乾清宫中的绝望与疯狂;三、杜勋进宫;四、乾清门的一幕

第五章 钓鱼台行宫的不眠之夜 一、杜勋到军师府中;二、宋献策对李岩的私下嘱咐;三、绕道德胜门进城之议;四、钓鱼台的不谐和音;五、繁忙与等待之夜

第六章 午门的最后一次钟声 一、逃走的梦;二、崇祯决定冒死突围;

三、崇祯召两皇亲午夜进宫；四、君臣对泣；五、从神智迷乱到镇定

　　第七章　崇祯悲剧的最后一幕　一、周皇后的偏殿痛哭；二、太子与二王；三、深宫喋血；四、浊酒浇不尽亡国遗恨；五、煤山上痛哭问天；六、南柯梦醒；七、明宫悲剧的尾声

　　第八章　李自成驻进武英殿　一、楔子；二、自钓鱼台启驾进城；三、德胜门迎驾与沿途"警跸"；四、箭射承天门；五、进驻武英殿

　　第九章　进驻紫禁城　一、武英殿的第一天；二、寝宫仁智殿；三、知道了崇祯的下落；四、崇祯殉国悲剧的尾声

　　第十章　笼罩胜利的浓重阴影　一、从眢井中救出的美貌少女；二、李岩与宋献策的密谈；三、醉人的寝宫之晚；四、费珍娥与李自成

　　第十一章　宫院中的和风祥云　一、武英殿的御前会议；二、密议选妃；三、召见窦美仪（上）；四、召见窦美仪（下）；五、美人、鲜花、白鹦鹉

　　第十二章　风云突变　一、楔子；二、武英殿中的歌颂声；三、王长顺闯宫直言；四、辽东警讯；五、窦美仪的失眠之夜；六、山海关风云紧急

　　第十三章　皇极门演礼的日子　一、皇极门演礼的前夕；二、不祥的信号；三、在皇极门演礼的时候；四、文华殿召见唐通；五、窦妃的不祥之感

　　第十四章　李自成的苦恼与愤怒　一、讨伐吴三桂问题初议；二、一次不寻常的午膳；三、罗虎与费珍娥的见面；四、御前议婚；五、吴三桂的一封家书

　　第十五章　东征吴三桂之议　一、御前决策；二、宋献策与李岩；三、文华殿中的犯颜直谏；四、走向毁灭的决策

　　第十六章　跨向深渊的一步　一、紧张的一夜；二、似闻鼙鼓动地来；三、文华殿召对；四、出征前的婚事筹备

　　第十七章　挥泪出征　一、北京的守城之议；二、最后一次召见费珍娥；三、洞房刺虎；四、李自成伤心东征

后三年（1991—1993），除继续在初稿的基础上改写或重写有关章节之外，另对第四、五卷的情节结构进行了重大调整。1992 年 3 月，作家自述称："我原来计划将《李自成进北京》作为第五卷第一单元。发表之后，我改变了计划，将它作为第四卷最后一个单元，而第五卷就完全表现清兵入关及征服全中国的民族战争。"又称："（《李自成进北京》)本来紧接着的单元应该写山海关大战，但是我将笔锋一转，写到远在盛京（即沈阳）的多尔衮和洪承畴等人的活动，另外写一个不到三四万字的单元，题目是《多尔衮率清兵南下》，作为第五卷开始的单元，等于第五

卷的《序曲》。"①

重写的单元为《多尔衮时代的开始》，主要表现"远在盛京的多尔衮和洪承畴等人的活动"，而原拟撰写的小单元《多尔衮率清兵南下》则化入其中。该单元载于《小说》1994 年第 1 期，共四章，八万余字。

该单元的"内容提要"亦为姚雪垠代编辑撰写，录如下：

两年前在《小说》上发表了二十多万字的《李自成》第五卷的一个大单元，题目是《李自成进北京》，写李自成于崇祯十七年三月十九日攻进北京，崇祯皇帝如何自缢殉国，明朝灭亡，完成了他的大悲剧；而李自成进北京后采取了错误政策，迅速濒临大悲剧的边沿。原来将这个大单元作为《李自成》第五卷的开始，后来作者反复考虑，将它改作第四卷的结束单元。另外写一单元，作为第五卷的开始，题为《多尔衮时代的开始》，共分四章，写甲申冬天的盛京动态，直到多尔衮率师南征，中途改变路线，从翁后（在今阜新市）转道向南，直驱山海关，于四月二十一日到达关外，驻节威远堡。吴三桂的关宁兵已与大顺军苦战一日，当晚吴三桂到威远堡谒见多尔衮，正式投降清军，受平西王封爵。

次日，多尔衮指挥的清兵与吴三桂的关宁兵在山海卫城的西郊布阵，一举击溃大顺军，追杀四十里。从此李自成失去了战斗力量，次年夏天被杀于湖北通山县九宫山北麓的牛迹岭。

从顺治元年甲申到顺治七年庚寅十二月多尔衮病死，这七年间掌握历史命运的是多尔衮，故本单元称为《多尔衮时代的开始》。但多尔衮开辟的事业影响了整个清代的前半叶。

这一单元有三个特点：一是完全否定了现代史学界所宣传的关于陈圆圆被刘宗敏掳去、吴三桂怒而降清，勾引清兵入关的谬说；二是继续发挥作者从第一卷以来的长篇小说美学思想，即主张笔墨变化，丰富多彩；三是注重塑造典型，这一单元中对于多尔衮与洪承畴的性格都作了深刻的描写。

该单元各章节也有小标题，格式与《李自成进北京》单元相同，不取章回体小说回目的对联模式，而以散文语言作内容提示，全录如下：

第一章 盛京动态 一、楔子；二、满洲的青年领袖多尔衮；三、睿亲王炉

---

① 姚雪垠：《从历史研究到历史小说创作——从〈李自成〉第五卷的序曲谈起》（1992 年 3 月）。

边议兵;四、洪承畴纵论军事;五、降臣的故国情怀;六、洪承畴修改清帝给大顺将帅书信稿;七、一封似国书又不是国书的奇怪书信

第二章　多尔衮准备率清兵南下　一、洪承畴重临三官庙;二、国事与春心;三、年青的圣母皇太后;四、盛京的宁静春天;五、关内外风云突变

第三章　多尔衮率师南征前的血腥斗争　一、盛京城将出现政海惊雷;二、从大清门到大政殿;三、大政殿中又一次血腥斗争;四、在豪格的生与死之间;五、多尔衮进京辞行

第四章　三支兵力会山海　一、多尔衮出征前的紧张准备;二、多尔衮率大军鸣炮启程;三、黄幄新决策;四、多尔衮率清兵兼程前进

从上面的提示可以看出,该单元所包含的历史内容与作家1984年录音整理稿中的《多尔衮南下战略》《吴三桂降清》和《山海关大战》单元有着一定的联系,如能将该单元与初稿对照阅读,当可见出作家创作思想和"明清易代"历史观的演进轨迹。

1999年该单元收入单行本时被编辑拆分为两个部分,前两章被放在第四卷第一单元《甲申初春》中,后两章被放在第五卷第一单元《多尔衮时代的开始》中。附带提一句,作家在该单元《楔子》中评议道:"这时代的英雄人物是谁? 是满洲皇族中的青年领袖爱新觉罗·多尔衮!"又盛赞道:"大清国在当时好像是中国的东北大地上一轮初升的太阳,充满朝气,充满活力。"作家于其时其著中表现出的"大中华史观",在《李自成》第二、三卷中已经初露端倪,曾为某些批评家所激赏,也曾为某些批评家所诟病①。顺便提一句,姚雪垠对"大清国"的认识也有"一个由粗到细,由浅到深的发展过程",其时其著中的这些评议或许就代表了作家"明清易代"历史观的最新收获。

重写《李自成》第五卷是一个大工程。

责编王维玲曾回忆道:"他(指姚雪垠)不是一万字、两万字地推翻重写,而是几万字十几万字地推翻重写,读者如果有兴趣,可以把1985年《小说》上发表的

---

① 冯天瑜先生比较赞赏姚雪垠《李自成》中有关"民族斗争"的观念和艺术表现,他曾与千朝端联名发表《明清间民族斗争的艺术画卷——读〈李自成〉札记》,载《武汉师范学院学报》1980年第3期;又修订改题为《民族战争的悲壮剧》,载《长江文艺》1982年第2期;再修改后收入《中国当代文学研究资料丛书:姚雪垠研究专集》,黄河文艺出版社1985年8月出版。而邓经武先生则执完全相反的意见,参看其论文《"自恋"与"自贱"的悲剧——论姚雪垠及其〈李自成〉》,载《西南民族学院学报》2001年第3期。

《崇祯皇帝之死》与现在出版的《李自成》第四卷放在一起对照比较一下①，便可看出姚老付出的心血！有的情节重新构思，有的情节精心修改，不称心、不如意的情节宁可弃置，也决不含糊迁就。"②

根据王维玲先生的提示，我们将这两个版本认真地"对照比较"了一番，发现刊物登载的各单元与《李自成》单行本相关单元果然有相当大的差异，有时简直无法逐句逐段地对看，改动之大，说是"推翻重写"，实不过分。由于篇幅所限，我们无法在此一一展示对照阅读所得，只能换一个角度来体会作家所付出的心血。

笔者聚焦于"李自成箭射承天门"和"崇祯自缢煤山"这两个典型情节，将《崇祯皇帝之死》（载《小说》1986 年第 1 期）与《李自成进北京》（载《小说》1990 年第 3 期）的相关描写"放在一起对照"，以略窥作家重写之功。

关于"李自成箭射承天门"情节描写的对比：

以下引自《崇祯皇帝之死》（1986）——

（李自成）将要走上中间的金水桥时，他的心中充满了得意，却不禁一阵乱跳。依照军师事先建议，他将黄丝缰轻轻一提，乌龙驹停止不进，惊奇地昂首望承天门楼，十分兴奋，忍不住在白玉地上踏动蹄子。但是它正要发出萧萧长嘶，却因为主人又将丝缰轻提一下，它不敢长嘶，也不敢踏动蹄子了。李自成又一次从亲将手中接过来雕弓羽箭，对着承天门匾额的正中间射了一箭，一箭射中，表明他以武功定天下，今已大功告成，同时也有消除不祥的意义。

以下引自《李自成进北京》（1990）——

李自成过了金水桥，仍然忍不住仰头端详承天门的敦实壮美，忽然想到，等举行了登极大典之后，需要命文臣们为承天门拟一对联，写成二尺见方的黑漆楷书，衬着金色云龙底，悬挂在中阙门两旁……他刚刚想到这里，宋献策来到他的马头旁边，躬身提醒：

"陛下，请箭射'承天之门'，祓除明朝的不祥之气。"

李双喜赶快从背上取下劲弓，又从箭囊中取出一支雕翎箭，双手捧呈皇

---

① 1985 年发表的《崇祯皇帝之死》这一单元，原属第五卷，而不是第四卷。笔者注。

② 王维玲：《四十二年磨一剑》。

上。李自成使乌龙驹后退几步，举弓搭箭，只听弓弦一响，一箭射中"承天之门"牌上中间空处，即"天"字的下边，"之"字的上边。文武群臣和护驾亲军们立刻欢呼：

"万岁！万万岁！"

关于"崇祯自缢煤山"情节描写的对比：

以下引自《崇祯皇帝之死》（1986）——

崇祯向前走了几步，用双手拉一拉丝绦，拉得槐树枝一阵摇晃，摇下来枝叶上的雨点纷落。他觉得丝绦绑得很牢，轻轻说："可以了。"本来只有一绺头发散在脸上，现在他忽然将披散在肩上的头发都推到前边，遮住脸孔，从头发的缝隙中露出来夜间哭红了的一双大眼，样子十分可怕。当他重新举手去抓丝绦时，王承恩忽然叫道：

"皇爷，请等一等！"

"啊？"

"皇爷，头发应该披在后边，让奴婢替陛下整理一下。"

"住手！"

王承恩吃了一惊，将手缩回。

崇祯的神情很冷肃，叹口气说："朕失了江山，无面见祖宗于地下，只好用头发遮起脸孔。来，扶我一下！"

他先用双手抓紧丝绦，由王承恩在一旁挽扶，踏上砖头。不料他的右脚掌刚才在山路上已经受伤，猛然一疼，他不由地全身一晃，砖头倒了。他落到地上，打个侧歪，幸而有王承恩扶着，不曾跌倒。他轻声吩咐：

"重新将砖头摆好！"

王承恩重新将五块砖头摆好，挽他上去。他这次将左脚先踏上砖头，然后将右脚提了上去。站稳之后，他侧着向王承恩望一眼，深深地叹一口气，将头插入丝绦环中，自己用左脚蹬倒砖头。

王承恩面向崇祯跪下去，磕了三个头，哽咽说："奴婢马上就来！"随即赶快站起来，解下紫色丝绦，在旁边的一棵小槐树的横枝上绑好，摆好砖头，自缢死了。①

以下引自《李自成进北京》(1990)——

来到了古槐树下边,他告诉王承恩可以在此处从容自尽,随即解下丝绦,叫王承恩替他绑在槐树枝上,王承恩正在寻找高低合适的横枝时候,崇祯忽然说:"向南的枝上就好!"崇祯只是因为向南的一个横枝比较粗壮,只有一人多高,自缢较为方便,并没有别的意思。但他同王承恩都同时想到了"南柯梦"这个典故。王承恩的心中一动,不敢说出。崇祯惨然一笑,叹口气说:

"今日亡国,出自天意,非朕之罪。十七年惨淡经营,总想中兴。可是大明气数已尽,处处事与愿违,无法挽回。十七年的中兴之愿只是南柯一梦!"

王承恩听了这话,对皇帝深为同情,心中十分悲痛,但未做声,赶快从荒草中找来几块砖头垫脚,替皇帝将黄丝绦绑在向南的槐树枝上,又解下自己的腰间青丝绦,在旁边的一棵小槐树枝上绑好另一个上吊的绳套。这时王承恩听见从玄武门城上和城下传来了嘈杂的人声,特别使他胆战心惊的是陕西口音在北上门外大声查问崇祯逃往何处。王承恩不好明白催皇上赶快上吊,他向皇帝躬身问道:

"皇爷还有何吩咐?"

崇祯摇摇头,又一次惨然微笑:"没有事了。皇后在等着,朕该走了。"

他此时确实对于死无所恐惧,也没有多余的话需要倾吐,而且他知道"贼兵"已经占领了紫禁城,有一部分为搜索他出了玄武门和北上门,再前进一步就会进入煤山院中,他万不能再耽误了。于是他神情镇静,一转身走到古槐树旁,手扶树身,登上了垫脚的砖堆。他拉一拉横枝上的杏黄丝绦,觉得很牢,正要上吊,王承恩叫道:

"皇爷,请等一等,让奴婢为皇爷整理一下头发!"

"算了,让头发遮在面上好啦。朕无面目见二祖列宗于地下!"

崇祯索性使更多的长发披散脸上,随即将头插进丝绦环中,双脚用力蹬倒砖堆,抓着丝绦的双手松开,落了下来,悬挂着的身体猛一晃动,再也不动了。

王承恩看见皇上已经断气,向死尸跪下去叩了三个头,说道:"皇爷,请圣

---

① 本单元描写崇祯皇帝自缢前的行为、心理,极其细腻,长达数万言,无法尽录,仅摘录了自缢部分。

驾稍等片刻,容奴婢随驾前去!"他又面朝东方,给他的母亲叩了三个头,然后起身,在旁边不远的小槐树枝上自缢。

微雨停了。北风停了。鸟不鸣,树枝不动。煤山的大院中一如平日,十分寂静。①

不难看出,重写后的文字,在艺术表现上确有长足的进步。

王维玲先生曾真诚地期待评论界能关注姚雪垠晚年的拼搏,他写道:"《李自成进北京》这个大单元,会给人们留下许多可议论、可研究的题目,让人们去思考,去总结,去评论,既受到了艺术感染和享受,又在思想上和学识上得到启示和提高。"②可惜迄今尚无尝试者。

然而,由于重写的工程量过大,且耗时过长(1988—1993),作家从七十八岁写到八十三岁,耗尽了最应珍惜的尚有可为的晚年时光,竟使得第四卷实现无日,以至造成了无法弥补的缺憾。

第三节   第四卷的"阙失"

重写《李自成》第五卷是姚雪垠创作道路上的最后一次拼搏,由于年事已高,精力衰退,写作进度很慢,虽耗时五年之久,全卷仍迟迟难以定稿。

姚雪垠去世后,由编委会整理出版的《李自成》第五卷(中国青年出版社 1999 年版),共有六个单元(四十八万余字):

一、多尔衮时代的开始;二、兵败山海关;三、悲风为我从天来;四、太子案始末;五、巨星陨落;六、尾声

作家生前定稿发表的只有第一单元《多尔衮时代的开始》(载中国青年出版社《小说》季刊 1994 年第 1 期),续后的第二单元《决定中国历史命运的大战》③,

---

①   本单元是根据上面的底本所进行的改写或重写,改写的幅度极大,重写的细节也极多,无法尽录,仅摘录自缢部分的描写。

②   王维玲:《从〈李自成〉的出版谈起》,《文艺理论与批评》1991 年第 1 期。

③   姚雪垠生前曾为该单元定题为《山海卫城下打决战》或《决定中国历史命运的大战》。《兵败山海关》是成书时编委会的定题。

似乎已重写完成,但未交刊物发表①。

姚雪垠晚年的身体和创作状态,可从如下几封信件中窥得一斑:

1989 年 9 月 29 日致陈东成:《李自成》第五卷过去已经写成的和已经发表的单元,都重新改写。基本上说,进行顺利,但往往反复推敲,字斟句酌,所以进度不快。有时凌晨两点起床,写两三个钟头,只能写一两页稿子。

1991 年 11 月 11 日致陈东成:我一直在赶写《李自成》第五卷。几年前的旧稿全部改写,进度很慢。虽然我的记忆力不见衰退,灵敏程度也尚管用,但对于细节和字句的推敲,力争做好,不敢马虎,所以往往两三个钟头内写不到两页稿纸。

1994 年 4 月 6 日给王庆生、张永健:去年(九三年)秋天,一天下午,阳光很好,我出去散步,就在马路这边。后来感到腿脚无力,赶快伸手去抓马路边的铁栏杆。没有抓住,倒到地上。有两个青年赶快将我扶起,送上电梯。这是给我的严重警告。从那次以后,大约有七个月了,我没有再下过楼。

1994 年 4 月 28 日给栾星:从去年开始,我的体力日渐衰老,所以半年多不曾出去散步。愈不出去,衰老愈快,所以赶快写稿子,成我的一件大事。

姚雪垠自诉"日渐衰老",始自 1993 年;但创作速度趋缓,却是早几年便有的现象。从两三个钟头"只能写一两页稿子"到"写不到两页稿纸",作家的身体和创作状态堪忧。

1994 年以后,姚雪垠再无重要作品问世,见诸媒体的多为访谈录和回忆文章,如:《甲申三百年祭疑议——老作家姚雪垠访谈录》、《李自成究竟魂归何处》(访谈录)、《为纪念茅盾先生诞生一百周年而作》②,等等。

1997 年 2 月,姚雪垠中风后住院检查,确诊左脑罹患"退行性软化症"。据其子姚海天讲述:"其实在之前两三年已有明显症状。主要是思维退化,大不如前。写作减慢,稿子零乱,精力下降等。"③换句话说,老人可能早在 1994 年已经罹患该疾病。

_____

① 2017 年冬,王维玲在《一代文学大家姚雪垠》的《序》中写道:"比如写李自成和吴三桂、多尔衮生死决战的《决定中国历史命运的大战》单元,有十万字,姚老对口述录音稿不满意,在稿纸上用红铅笔写上'作废',又花了大半年时间从头重写。"沈阳出版社 2018 年 5 月出版。

② 另有一篇短文《回忆茅盾》,是从上篇《为纪念茅盾先生诞生一百周年而作》中摘录。

③ 2022 年 8 月,笔者为姚老晚年病情询问姚海天,引文中是他的答复。

姚雪垠在伏案工作

　　据网上医学资源介绍，"退行性脑软化症"与"脑退行性改变"及"脑退化症"有着共同的症状：起病时间较长，病程发展缓慢，早先没有什么临床症状，可能不时会有记忆、思维、分析判断、视空间辨认、情绪等方面的障碍，一般不危及生命，大都是做头部检查以后才发现的。姚老患病过程及症状与之仿佛。

　　姚老罹病后，其创作生活中曾出现了一些令人感伤的现象——

　　姚海天曾痛苦地回忆其父晚年的写作生活："父亲到了晚年，尤其是进入八十高龄以后，虽依然壮志满怀，雄心不减，每天凌晨两三点钟就起床写作，没有节假日，没有休息天，但毕竟年龄不饶人，体力、精力一日不如一日，原本就很慢的写作进度更显减慢；原本能较易越过的创作中的'障碍'和'高山'，现在攀援时显得力不从心。为此，父亲每日都承受着巨大的精神压力，并唯恐全书写不完，随他百年而去。"①

　　姚雪垠的前助手俞汝捷曾惊异地发现作家晚年重写的第五卷中竟存在着"叙述自相矛盾或失去照应"等缺陷，他指出：第四卷《甲申初春》中，多尔衮曾以"大清国皇帝"名义给李自成送出一信，却从此没有下文。《李自成在武英殿》中，第

_____

　①　姚海天：《〈李自成〉第五卷·后记》（1999 年 6 月 27 日作）。

一次写"刘体纯差人来……禀报一项极其重要的军情"；翻过一页，却变成"因为这消息十分重要，又很机密，所以刘体纯亲自来……当面禀报"。第五卷《兵败山海关》中，北翼城的守将开始名叫"张勇"，后来名字变成"吴国忠"……①

许多认真的读者还曾诧异地从《姚雪垠希望身后发表的谈话》（1994 年 4～5 月间接受采访的记录稿②）中发现姚老晚年的言谈风格突然与之前的他判若两人，"谈话时信马由缰，随意由一个问题跳到另一个问题"，而且在表达中出现了诸多"口误""未经思考的过头话"和"一网打尽的措辞"。③ 有人曲为之辩，认为整理者或有失误；有人则指责作家："青年时代的姚雪垠，还比较能够正确对待人和事的……人到老年变得狂躁起来。"甚至苛责道："姚雪垠的思维是混乱的，一个最基本的思想居然也表达不清楚。"还有人臆测称："综观整个谈话，无外乎千方百计利用各种手法证明：唯我姚雪垠才是'伟大'的作家，'伟大'的历史学家，'伟大'的思想家……"也有人心生疑窦："如此话语，几近荒诞不经。这究竟是否姚老的谈话，不得而知。人已作古，难以自白，质之抄录整理者，不亦宜乎？"

可叹的是，当年谁也不曾往姚雪垠老人其时已经罹患脑疾这事上想过！

但细细想来，这事也怪不得别人。老人晚年罹患的脑病具有隐蔽性和突发性，其家属尚不知晓其病情病状，外人更无从获知作家当年已有"记忆、思维及分析判断等方面的障碍"。

该病症所导致的后果，当然不止于上面提到的那篇容易产生歧义的"谈话"，最令人痛心的是耽误了或曰终结了《李自成》第四卷的写作进程！

《李自成》的"总主题是要写出这一次长达十七年的农民革命战争的胜利和失败的原因、规律、经验教训"，第四卷在全书中居于从"胜利"到"失败"的转折点上，或曰"极盛时期"，或曰"顶峰"时刻。缺失了第四卷，削弱了盛极而衰的跌宕感，削弱了乐极生悲的悲剧感。④

俞汝捷先生曾伤感地谈道："长篇历史小说《李自成》是姚雪垠先生的代表

---

① 俞汝捷：《〈李自成〉精补本·后记》（2016 年作）。引文是提到的第四卷有关章节，姚雪垠生前一度放在第五卷中。

② 李复威、杨鹏整理：《姚雪垠希望身后发表的谈话》，载 2000 年 4 月 15 日《文艺报》。

③ 俞汝捷：《对"姚雪垠谈话"的若干订正和补充》，载 2000 年 5 月 13 日《文艺报》。俞对"谈话"中的这些表述（"十一届三中全会以来，可以不谦虚地说，写小说的都是跟我学的""郭沫若这个人我一生最不佩服""郭沫若的史学、哲学底子不厚，还不如我""现在的历史小说、历史电视剧，都是缺乏历史基础"等）都作了善意的澄清。

④ 本段引文摘自《谈〈李自成〉若干创作思想——与武汉师范学院王毅等四位同志的四次谈话》（1977），载《文艺理论研究》1984 年第 1、2 期。

作，反映的是明崇祯十一年（1638）至清顺治二年（1645）农民起义的悲剧历程，同时在较广阔的背景上再现明末社会各阶层的生活场景与精神风貌。由于姚老晚年患退行性脑软化症，未能写出崇祯十五年（1642）冬至十六年（1643）冬的重要情节。这样就在小说的连贯性方面形成了令人遗憾的阙失。"①

笔者赞同此说，但又以为，第四卷的"阙失"固然与姚老晚年罹患脑疾有关，也与前若干年的心有旁骛不无关系。

可以算一笔账，这里有两个"如果"——

如果作家能在完成第五卷的初稿后②，即从1985年便马上开始第四卷的创作，而不是热衷于参与"文艺思想战线的斗争"，在罹病之前尚有九年的时间（1985—1994）可供支配。按照先前四年一卷的写作速度，写成第四卷毫无问题。

如果作家能在写完有关"文艺思想战线的斗争"的文章后，即从1988年之后开始第四卷的创作，而不是因受他人刺激而转向重写第五卷，在罹病之前还有五年的时间（1988—1993）可供支配，当也可完成第四卷的创作计划。

也许有人会这样说：第一次的耽搁，是出于无可推卸的革命责任感；第二次的耽搁，是出于无法抑制的艺术责任心。这当然也是对的。

但姚雪垠自己却说过这样的话——

1987年6月28日，他在给书法家姜东舒的信中写道："近三四年来，我因社会活动和写理论文章，耽误了创作。这样下去，所有重要创作计划和编订文集的计划，都将付之东流。"

1994年4月6日，他在给王庆生、张永健的信中写道："由于我过去十来年不能专心一意地写《李》，至今后两卷没有完成。对我说来，这是个大的问题。"

毋庸置疑，过多地参加"社会活动"和过频地"写理论文章"，"耽误了（《李自成》）创作"，遂酿成终天之恨。陈述这个事实，是笔者的责任；评价其功过得失，是后来者的责任。

说句实在话，悬而未作的《李自成》第四卷成了姚雪垠晚年的一块心病，它沉甸甸地压在作家的心头，念兹在兹，使他不得开心颜。

作家七十高寿之后，即20世纪80年代以来，关于第四卷创作进度的陈述非常多，笔者在下面摘要引述——

----

① 俞汝捷：《崇祯十六年》的"题头语"，《芳草》2007年11月第6期。

② 第五卷口述录音的整理工作早在1984年基本完成，《梦江南》（《崇祯皇帝之死》的前一部分）等章节也在1985年整理完成。参看1985年4月26日姚雪垠致俞汝捷的信。

1980 年 2 月 14 日致焦德秀、余英：从今年夏天起，我就开始第四卷和第五卷的录音工作。以下两卷，艺术上考虑成熟一个单元就口述录音一个单元，四、五卷将同时准备出版。

1982 年 4 月 5 日致胡耀邦：从去年秋后起，我集中精力进行第五卷的口述录音，争取在今年内完成。明年回头进行第四卷，也打算在一年多的时间中完成口述录音工作。

1982 年 12 月 26 日致任访秋：《李自成》第五卷的口述录音工作，最大的难关已经基本克服，可望于明年夏天开始回头搞第四卷。

1983 年初接受记者采访时说道：目前我正在进行第五卷的口述录音，上半年可以完成，下半年搞第四卷的口述录音，估计一九八四年上半年搞完。①

1983 年 8 月 25 日致吴秀明：我目前正集中力量赶《李自成》最后两卷。今年第五卷可以完成，明年回头赶第四卷。

1983 年 12 月 26 日致李治华：目前第五卷即将完成，打算完成后回头来补写第四卷。看来全书写完，需要用去整整三十年的时间。

1987 年 1 月 17 日致胡昭衡：我今年的紧迫任务是赶写《李自成》第四卷（第五卷已于两年前有了初稿）……

1988 年 11 月接受记者采访时说道②：我准备明年先拿出《李自成》第五卷，然后再写第四卷。

1994 年接受记者采访时说道：《李自成》原计划写五卷，已出版前三卷，约计 230 万字。1981 年我决定先写第五卷，发表过三个单元，自己不满意，决定改写。等末卷写完，再写第四卷。来日无多，我想必须一心扑在未竟的任务上，两次全国政协会议我都请了假没有参加。……③

1995 年 12 月他在一篇文章中写道：我已经是八十六岁的人了，《李自成》这部书已经写了三十八年，大约还得两年才能全部写成。④

或许会有许多人感到不解：作家既有如此紧迫的危机意识，第四卷为何迟迟不能开笔呢？一面是决心和承诺，一面是延宕和敷衍，哪一面是真实的呢？这对

---

① 《首届茅盾文学奖颁奖后感言——回答〈文艺报〉记者问》，载 1983 年第 2 期《文艺报》。
② 姚雪垠：《我和〈李自成〉》，《语文学习》1989 年第 11 期。口述录音，忠麟访问整理。
③ 《作家的马拉松——回答上海〈劳动报〉记者问》，载 1994 年 11 月 20 日上海《劳动报》副刊《文华》。
④ 《姚雪垠回忆录·自序》（1995 年 12 月）。

于座右铭为"加强责任感。打破条件论。下苦功。抓今天。"的作家来说,岂不是一种讽刺?

但我们更愿相信:是无可推卸的革命责任感和无法抑制的艺术责任心,耽误了《李自成》第四卷的写作;是宁缺毋滥的艺术理想和天不假年的自然规律,终止了第四卷的问世①。

且让我们回过头来,重新审视姚雪垠对《李自成》第四卷的艺术构思,在艺术想象中构建和恢复该著的艺术完整性。

姚雪垠从来都认为,第四卷较之其他各卷,无论是史实考据或是艺术处理,都并不存在特别的难度②。他曾在间隔十年的两个场合(文章和采访)系统地讲述了第四卷的故事情节和篇章结构。

一、《〈李自成〉全书内容概要》(1974)

这篇《〈李自成〉全书内容概要》撰写于1974年,长约八万言。

姚雪垠在文章开头讲述了写作动机和文章要点,称:

> 在《李自成》这部小说中,我企图写什么主题思想,什么内容,以及在艺术上有些什么追求,怎样看待历史科学和历史小说的关系,等等问题,直到今天,还没有人完全知道。

> 中国青年出版社的有关编辑同志以及和我通信的文学界老朋友,也只是大体上知道一点。现在是我第一次腾出一段时间,将上边提到的问题扼要写出,而将各卷的内容梗概作为重点。在写内容梗概时兼谈我对于某些历史问题的认识。

其中,"第四卷内容梗概"有万余字,所反映的历史时间段为"崇祯十五年冬至十七年春",分为七个单元,情节叙述甚详(略去),各单元简况如下:

第一个单元写李自成到襄阳(崇祯十五年十二月事)③

第二个单元写左良玉自武昌东下(崇祯十六年正月事)

第三个单元写李自成杀罗汝才和建立新顺朝(崇祯十六年三月事)

第四个单元写张献忠到武昌(崇祯十六年事)

---

① 参看拙著第十八章第三节《"三年计划"》中姚雪垠关于宁缺毋滥的表述。

② 1973年9月16日给江晓天的信:过了第二卷,文献资料多了,小说中的主要人物性格都站立起来了,写起来要快得多。

③ 括号内的文字是笔者根据文章内容添加的。下同。

第五个单元写北京,也涉及明政权在全国的崩解形势(崇祯十六年二月至九月事)

第六个单元写郏县之战和李自成入潼关(崇祯十六年事)

第七个单元写李自成在西安(崇祯十六年十月至崇祯十七年正月事)

二、《与曾芸等谈〈李自成〉第四卷的创作计划》(1984)

1984年6月,姚雪垠曾多次接受中国文学艺术研究院资料馆曾芸、吴芬庭录音采访,讲述内容主要涉及"我如何走上文学创作道路、对过去作品的自我评价以及《李自成》第四卷创作计划"①,录音整理稿分为两部分,前一部分定题为《中国文学艺术研究院曾芸等同志访谈录》②,约三万言;后一部分定题为《与曾芸等谈〈李自成〉第四卷的创作计划》③,约五千言。④

姚雪垠开讲"第四卷的创作计划"时,有个短短的开场白——

曾芸:姚老,我和《李自成》的很多读者都期待着第四卷的早日出版,我们正式访谈结束后,很想请您再抽出些时间谈谈第四卷的创作计划。可以吗?

姚雪垠:我本来打算写个要点,结果来不及,没有时间。先谈第四卷,可能有时候把我的艺术构思的企图也顺便说一下。

作家在讲述中,仍如《〈李自成〉全书内容概要》(1974)一般把第四卷分为七个单元,但为其中的五个单元加上了标题,情节叙述也相当生动(略去),仅录简介:

第一个单元名《北京的冬天》(写崇祯十五年十月后事)⑤

第二个单元名《襄江奔流》(写逐左良玉事)

第三个单元名《春雨江南》(写江南生活,调节气氛)⑥

第四个单元名《大江浮尸》(写左良玉从襄阳水陆齐进逃到武昌事)

---

① 该采访录后曾命名为《我的文学创作道路及〈李自成〉第四卷创作计划》(姚雪垠、曾芸、吴芬庭),载《新文学评论》2021年第10期。拙著引用的是将收入《姚雪垠全集》的该采访录的整理稿原件。

② 该访谈记录经姚雪垠审阅,有作家的"附记"。

③ 该访谈记录后面有标注,"李夏茹根据录音整理,2020年8月"。未经姚雪垠审阅。

④ 该访谈记录将收进《姚雪垠全集》第二十二卷。

⑤ 括号内的文字是笔者根据讲述的内容添加的,下同。

⑥ 1981年姚雪垠在与吴功正谈话中提到"计划在第四卷写江南生活,这个单元叫《春雨江南》"。参看《姚雪垠与吴功正的七次谈话记录》,将收入《姚雪垠全集》第二十三卷。

第五个单元写"新顺王"(题目未定,写襄阳称王与杀罗汝才事)

第六个单元写"张献忠占武昌"(题目未定,倒叙张献忠的活动)

第七个单元名《郏县大战》(写孙传庭及诛贺人龙事)

可以见出,姚雪垠对《李自成》第四卷的思索,十年来未曾停止过,情节布局大体相同,但愈见细微,愈见繁复,愈见多彩:单元顺序有变化(从首章写李自成改为首章写崇祯皇帝,更有全局观),情节线索有变化(四主线交叉的复线结构),节奏情调有变化(从北国跳到江南,从金戈铁马转到莺歌燕舞,追求一张一弛、笔墨变化的美学效果)。

附带提一句,2007—2010 年间姚雪垠的前助手俞汝捷先生补写了"阙失"的《李自成》第四卷,其单元结构与作家原来的构想无大差异①。

可叹的是,姚雪垠的口述录音提纲中第四卷仅有"《襄江奔流》第一章"(一万余字)存世,其余皆付杳然!

如果第四卷能够写出来,《李自成》得以完璧,奉献在读者面前的将是何其丰赡的艺术盛宴!

然而,历史无情,人生无奈!

20 世纪 90 年代,姚雪垠已年届八旬,由于健康的原因,他似乎已打算舍弃《〈李自成〉全书内容概要》中第四卷的部分内容。

1992 年 3 月,他在一篇文章中谈道:"我原来计划将《李自成进北京》作为第五卷第一单元。发表之后,我改变了计划,将它作为第四卷最后一个单元,而第五卷就完全表现清兵入关及征服全中国的民族战争。"②要挪入第四卷的是个大单元,十七章(二十万字),几占该卷单行本字数(五十万字)的一半。

1996 年 7 月 22 日,他在致中国青年出版社总编室负责同志的信中写道:"根据目前创作情况,拙著《李自成》第四卷准可于今年第四季度定稿,明年(1997)不误出书。第五卷可于明年第三季度定稿,后年(1998)不误出书。而且保证在小说艺术上每单元都是精品,不会使读者感到失望。"作家在这封信里谈的第四卷是纳入《李自成进北京》大单元(1992)的第四卷,而不是《〈李自成〉全书内容概要》

---

① 俞汝捷在《崇祯十六年》的"题头语"中写道:"补写部分分为六个单元:《一败孙传庭》、《汝宁会师》、《襄水奔流》、《烟波江南》、《二败孙传庭》、《威加海内归故乡》。上世纪 70 年代,姚老写过一份《〈李自成〉内容概要》。从《概要》看,其未完成的是计划中的第四卷。在上列六个单元中,有五个单元大致依照《概要》的构思进行补写。"载《芳草》2007 年 11 月第 6 期。

② 姚雪垠:《从历史研究到历史小说创作——从〈李自成〉第五卷的序曲谈起》(1992 年 3 月)。

（1974）中的第四卷。

1997年2月19日邓小平同志逝世后，"姚老十分悲痛"，未久竟罹患脑梗塞，"不能握笔工作，不能拿书刊报纸阅读了"。[①] 在这种情况下，第四、五卷的出版便被搁置了。

1999年4月29日姚雪垠去世，当年8月《李自成》第四、五卷由中国青年出版社隆重推出。第四卷共有六个单元，五十万字：

> 一、甲申初春；二、围城时刻；三、崇祯皇帝之死；四、李自成在武英殿；五、招降失败；六、决计东征。

第一单元《甲申初春》中插入了原第五卷《多尔衮率清兵南下》单元的前两章，其余各单元皆为《李自成进北京》（1992）大单元各章节内容的扩展。

这是第四卷，又不是第四卷！

历史总是这样，充满意外和巧合！

笔者有时不禁产生奇想——毛主席1975年11月2日在胡乔木报告的天头写下一句批示：印发政治局各同志，我同意他写李自成小说二卷、三卷至五卷。——批示中没有直接提到第四卷，姚雪垠果然就没有写出第四卷。

莫非一语成谶！

第四节　生前身后名

1990年10月，庆祝姚雪垠八十华诞及文学创作六十周年学术讨论会在湖北省武汉市隆重举行。

我国现代文学界有举行作家寿辰纪念以表彰其创作业绩的优良传统，20世纪40年代郭沫若、洪深、茅盾、老舍等的寿辰纪念活动的影响非常深远；武汉市文艺界也有尊老敬老的优良传统，1986年举行的纪念"三老（姚雪垠、徐迟、碧野）"文学创作五十周年纪念会至今仍为人津津乐道。

在姚雪垠生前，以长篇历史小说《李自成》为专题的学术讨论会举行过两次，以姚雪垠文学创作为专题的学术研讨会暨寿辰纪念会就只举行过一次。

---

① 王维玲：《四十二年磨一剑》之一节"在悼念小平逝世后，姚雪垠的体质迅速下滑"，中国青年出版社2010年出版。

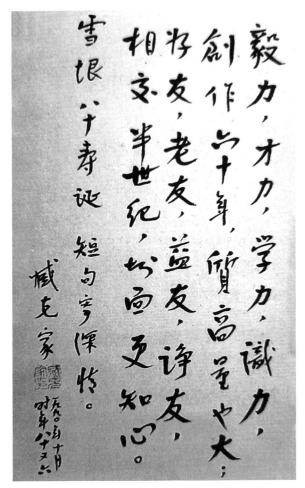

毅力，才力，学力，识力，创作六十年，贺高龄如大；

挚友，老友，益友，诤友，相交半世纪，知面更知心。

雪垠八十寿诞　短句字深情。

臧克家

1990 年，老友臧克家为湖北武汉庆祝姚雪垠八十华
诞及文学创作六十周年学术讨论会书赠的贺词

第一次《李自成》学术讨论会，于 1978 年 4 月举行。

据李悔吾《红杏枝头春意闹——〈李自成〉讨论会纪实》①一文介绍：

　　长篇历史小说《李自成》第二卷和第一卷修订本的出版和再版，为社会
主义文艺的百花园地增添了春色。为了总结和交流欣赏、探索的经验，促进
文学创作事业的繁荣和理论批评工作的开展，中共武汉市委宣传部、湖北省

---

① 　该文收入《〈李自成〉评论集》，湖北人民出版社 1978 年 12 月出版。后改题为《〈李自成〉讨论
会简介》，收入《中国当代文学研究资料——姚雪垠专辑》，南京师范学院中文系编（1979 年 11 月）。

社联（筹）委托武汉师范学院（现湖北大学，笔者注）中文系于（1978 年）4 月下旬举办了规模较大的《李自成》学术讨论会，北京、上海、南京、广州、哈尔滨、长春、西安和湖北省、武汉市的大专学校、文艺、新闻、出版等部门四十多个单位的八十多名代表，齐聚江城……

会后出版了国内第一本《〈李自成〉评论集》（收录十七篇论文、一篇考据文章和一篇综述文章），武汉师范学院中文系和长江文艺编辑部合编，湖北人民出版社1978 年 12 月出版。姚雪垠由于创作繁忙，未出席这次盛会，寄去了《给〈李自成〉讨论会的一封信》以示祝贺。

第二次《李自成》学术讨论会，于 1985 年 9 月召开。

据河南大学校刊记者《全校师生员工积极迎接建校七十三周年》一文介绍：

今年九月廿五日，是河南大学建校七十三周年纪念日。河南大学是一所历史悠久，富有光荣革命传统的高等学校……（笔者略）今年的校庆活动，是在《中共中央关于教育体制改革的决定》公布后进行的。校领导明确校庆活动以贯彻《决定》为指导思想，以抓好教学改革为中心环节，搞好校庆期间的教学科学讨论会，学校重点抓好由历史系主办的宋明理学讨论会，由中文系主办的《李自成》学术讨论会……校庆期间学校将邀请国内外知名学者专家到校参加学术活动。著名史学家白寿彝、吴泽、作家姚雪垠、北大中文系主任严家炎将来校参加学术活动并作学术报告。①

参加该次《李自成》学术讨论会的本校专家和外地学者有二十余人，参会论文陆续见于该校校刊②。姚雪垠出席了这次盛会，并在讨论会上作了《我对于民族风格的认识和追求》的学术演讲③。

首届姚雪垠文学创作学术讨论会暨寿辰纪念会，于 1990 年 10 月举行。④

---

① 载《河南大学学报》1985 年第 5 期。

② 任访秋的《漫谈〈李自成〉》，刘增杰的《在语言民族化的道路上不懈追求》，刘文田的《从姚雪垠的题诗看〈李自成〉的美学特征》，王之平、俞汝捷的《"文坛上的马拉松健将"——漫论姚雪垠》，严家炎的《漫谈〈李自成〉的民族风格》等，分别载于《河南大学学报》1985 年第 5 期和 1986 年第 2 期。

③ 载《河南大学学报》1985 年第 5 期。

④ 杨青云在《姚雪垠 110 周年纪念大会暨姚老学术研讨会在南阳召开》一文中误称 2020 年的会议为首届姚雪垠学术研讨会。

据秦思《姚雪垠文学创作六十周年学术讨论会在武汉举行》①一文介绍：

　　1990 年 10 月 23 日至 25 日，姚雪垠文学创作六十周年学术讨论会在武昌桂子山华中师范大学举行。该会由湖北省文联、中国作家协会湖北分会、中国国际文化交流中心湖北分会、湖北省社会科学院、武汉大学、华中师范大学、湖北大学等七个单位联合举办，并受到中共湖北省委的大力支持。贺敬之、林默涵、刘白羽、曹禺、臧克家、韶华、刘以鬯、朱子奇等人和中国作家协会书记处、姚雪垠的母校河南大学等单位发来了贺信、贺电。来自全国一些高等院校、科研机构、新闻出版单位和文艺团体的近一百五十位教授、学者、作家、评论家和文艺工作者出席了会议，并提交会议论文近三十篇。姚雪垠亲自到会，热情回答了与会者提出的有关问题。

该次讨论会盛况空前，湖北省市党政部门大力支持，华中师范大学等院校鼎力相助，武汉地区高等院校和科研机构的现当代文学专家学者几乎悉数到场，充分展示了国内第三大学术圈"汉派"（另两大学术圈为"京派"和"海派"）的学术实力②。姚雪垠出席了这次盛会，在大会上作了《八十愧言》③的致辞，并欣然接受参会者的提问，录音整理稿《文学创作问题答问》亦在刊物上发表④。会后出版了《姚雪垠文学创作六十周年学术讨论会集刊》。

该次讨论会具有某种拨乱反正的意义。

《姚雪垠文学创作六十周年学术讨论会集刊》中收录了许多文艺名人的贺信和贺词，从中可以读出一些意味深长的话语，摘录如下：

　　贺敬之：姚雪垠同志的创作和实践是我国当代文学的一笔重要的精神财富，研究和总结姚雪垠同志的创作经验，不仅对于我们学习他的革命精神和治学态度，推动历史题材的文学创作，而且对于进一步澄清文艺界的某些理论是非，坚持四项基本原则，深入持久地反对资产阶级自由化，繁荣社会主义的文学事业都具有积极的现实意义。

　　曹禺、林默涵：从抗日年代始，姚雪垠先生即以如椽之笔为中国劳苦农民呐喊；近三十年来先生致力的鸿篇巨制，开辟了"五四"以来的中国历史小说

---

① 载《中国现代文学研究丛刊》1991 年第 1 期。

② 笔者以为国内学术界存在着这三种不同的学术圈（或曰学派），各自的治学方法、态度迥然有别。在此不欲深论。

③ 载 1990 年 12 月 1 日《文艺报》第 47 期。

④ 载《理论与创作》1990 年第 6 期。

夜读

的先河。姚雪垠先生对社会主义文艺事业的卓越贡献和高度社会责任感将作为一代楷模为人敬仰。

刘白羽：你才华横溢、奋斗不息，为社会主义文学作出了卓越的贡献；你忠心耿耿，为捍卫马克思主义真理，批判资产阶级自由化，所向披靡，横扫千军。你的巨大成就，使我这有半个多世纪友谊的老朋友，为你惊叹，为你高兴。

朱子奇：这多年来，我常感到、看见：一位满头银丝的长者，深含笑容，两眼晶亮，口吟诗句，一手握巨笔，一手抱文稿，迎着阳光，顶着风雨，执着地大踏步迈进在广阔而不平坦的大地上，向辉煌的地平线远方，从容地昂首走去……（笔者删节，下同）这位迈进的长者，就是我们尊敬的老战士、当代中国社会主义文学大师姚雪垠同志！

程代熙、陆梅林：最近几年，文学界的少数几个资产阶级自由化思潮的代表人物对《李自成》大张挞伐，极尽诬蔑之能事。有人公开把《李自成》打入"帮文艺"之列，甚至诬蔑姚老是"坚持了'三突出'、'高大完美'等文学观念"的作家。事实恰好相反,正是姚老以《李自成》的成功的艺术创造彻底批判并击破了"四人帮"鼓吹的那个臭名昭著的"三突出"和"帮文艺"模式。姚老在创作《李自成》之余,还挤出极其宝贵的时间,以大无畏的精神积极参加了文艺理论战线上的激烈斗争,有理有据地批驳了以"文学主体性理论"为代表的种种谬论,极大地张扬了马克思主义文艺理论的威力,捍卫了文学的社会主义道路。

任访秋:雪垠以他的不可一世,天才横溢的彩笔,给晚明整个一代的朝野史事,进行了分析研究;从宫廷到民间,从封建贵族,以及一般士大夫,到闾阎细民,对他们的生活、思想和种种活动,无不给以活灵活现、栩栩如生的描绘与刻画……若从文坛上的地位来看,可以毫不夸张地说,雪垠不仅可以追步鲁迅、郭沫若、茅盾诸大师,而且可以与巴金、老舍、曹禺诸名家相颉颃。

该次讨论会具有某种"重新评价"和"全面评价"的意味。

《姚雪垠文学创作六十周年学术讨论会集刊》中收录了与会代表学术论文（提要）二十六篇,见如下:

冯天瑜:义理·考证·辞章——姚雪垠创作特征探微①

周鉴铭:"跨代作家"背景中的"姚雪垠现象"

陆耀东:谈姚雪垠先生在中国现代文学史上的地位

昌切:姚雪垠与中国现代文学

陈美兰:可贵的理论自觉——谈姚雪垠的长篇小说美学见解

刘增杰:姚雪垠早期文学思想论

周勃、吴永平:重读《文艺反映论》——纪念姚雪垠文学创作六十周年

李逸涛:作家的责任感与使命感——读姚雪垠《创作实践与创作理论》

蒋守谦:《长夜》价值的被发现和再认识

田惠兰:浓厚的传奇色彩、严谨的现实主义——读姚雪垠的《长夜》

陈娟:试论《长夜》的结构艺术

王春林、赵新林:浮雕式的农民形象——评姚雪垠长篇小说《长夜》

---

① 该论文立意与姚雪垠十年前的自我表白有关系。姚雪垠在《七十述略》中写道:"桐城派古文家提出来义理、考据、词章三者相结合道路,以此为标榜。许多年来我也常思索同样问题。我也是按照义理、考据、词章三者相结合的道路走,不过在问题的实质上绝不同于桐城派,而是换了崭新的内容。我的义理是指我学习马克思主义的哲学方法和我对现实主义文艺的理解。我的考据是指严肃的治学态度,而不专指乾嘉学派传统的考之学。我的词章是指现代的文学技巧,语言艺术的多方修养和功力,以及我在长篇小说美学上的某些探索。"载《芳草》1980年第7、8、9期。

宋寅展:一曲爱国青年的颂歌——读《春暖花开的时候》

王维玲:从《李自成》的出版谈起

张炯:姚雪垠与《李自成》

江晓天:历史将继续证明——谈姚雪垠与《李自成》

李悔吾:博大精深——《李自成》创作的启示

胡德培:杰出作品的诞生与情感的激奋——姚雪垠创作《李自成》的启示

公仲:《李自成》与革命历史题材小说

邱紫华:试论姚雪垠的悲剧美学思想

汪名凡:重评长篇历史小说《李自成》

阮忠:《李自成》英雄群像塑造的审美趣味及其淡化

黄济华:《李自成》的一大民族特色——论《李自成》中诗、词、联、文的艺术成就

戚方:评刘再复对姚雪垠和《李自成》的新评价

尤小刚:关于大型历史电视连续剧《李自成》(《巾帼悲歌》)的构想

王桂芝:关于筹建姚雪垠文学创作档案资料陈列馆的进展情况

该次讨论会所取得的学术成果在其后二十年内未能被超越。①

会议结束后,有两篇综述文章从不同角度对会议成果进行了评述。

一、秦思:《姚雪垠文学创作六十周年学术讨论会在武汉举行》,载《中国现代文学研究丛刊》1991 年第 1 期。文章评述道:

与会者高度评价了姚雪垠六十年来在文学创作上取得的成就,并对其创作道路、文艺思想、主要作品展开讨论。从大会发言和提交的学术论文看,讨论主要集中在以下诸问题:

一是对姚雪垠的代表作《李自成》的探讨。曾为《李自成》的问世作出独特贡献、被姚雪垠誉为伯乐的江晓天在《历史将继续证明——谈姚雪垠和〈李自成〉》一文中,从历史真实与艺术真实的统一、艺术结构、悲剧人物的塑

---

① 阎浩岗在《〈李自成〉:中国当代长篇小说的艺术高峰》(2010)一文中写道:"近 20 年为数不多的有关《李自成》及其作者姚雪垠的文章,除却亲友故旧的访谈回忆以及偶尔一见的普及性简介,研究论文多是将其作为反面材料……"他认为,2010 年姚雪垠百年诞辰纪念活动中,科学的学术研究开始回归。

造、小说语言的个性化诸方面,论述了《李自成》在历史小说创作发展史上的突破和创新意义。湖北大学李悔吾认为《李自成》"博大精深"——体现在四个方面:形象的历史;丰富的民俗学;古典文学作品选粹;作者丰富的学识、高度的理论素养。中国社会科学院文学研究所张炯认为《李自成》是一部自觉地采用革命浪漫主义和革命现实主义相结合的作品。历史小说不是历史,不应用旧的现实主义原则去要求,认为李自成、高夫人、红娘子被拔高了,不真实。

二是对姚雪垠的创作作总体评价,并将其置于中国现、当代文学的大背景上来认识。湖北大学教授冯天瑜把姚雪垠的创作特征概括为"义理、考证、辞章"六个字。武汉大学陆耀东在题为《谈姚雪垠先生在中国现代文学史上的地位》的论文提纲中认为:"1938 年 5 月发表的《差半车麦秸》基本上奠定了姚先生在文学史上的地位",认为这篇小说在社会主义现实主义创作方法的运用、人物性格的塑造、对鲁迅小说传统的继承、语言的个性化诸方面都较成功。广西师范学院的周鉴铭把姚雪垠的创作放在"跨代作家"的宏观背景上进行考察,提出了"姚雪垠现象"的概念,把理性的追求看作贯串姚雪垠创作全程的一根红线。

三是对姚雪垠文艺思想、美学思想的探讨。华中师范大学邱紫华在《试论姚雪垠的悲剧美学思想》一文中,从三个方面论述姚雪垠悲剧美学思想的独特性:《李自成》中悲剧人物社会性质的多种类性;姚雪垠创作中的悲剧性思想;姚雪垠的悲剧冲突观。河南大学刘增杰撰文探讨姚雪垠早期文艺思想,湖北大学的周勃和湖北社科院的吴永平,则对姚雪垠 1941 年初发表的《文艺反映论》作了细致分析。

四是对《长夜》、《春暖花开的时候》等作品的讨论,其中涉及《长夜》的问题较多。华中师范大学田惠兰撰文探讨《长夜》的传奇色彩和现实主义风格。上海师大的陈娟认为《长夜》中的人物形象不仅具有较独立的内涵,而且在形象与形象的矛盾关系中互相参照、交融、冲突,对作品的整体结构有很大贡献,具备结构意义。华中师大王春林、赵新林认为《长夜》之所以具有悲壮的美学风格,除了语言的运用和故事本身的悲壮激烈外,主要在于成功地塑造了一组浮雕式的农民群像。

此外,讨论还涉及 1988 年上半年姚雪垠与刘再复的论争。中流编辑部戚方在题为《评刘再复对姚雪垠和〈李自成〉的新评价》的论文中,认为刘再复的评价与作家、作品的实际情况不相符、不公正,并指出刘再复 1984 年主持编写《中国大百科全书·中国文学卷》时和 1988 年初与姚雪垠论争时对姚雪垠和《李自成》评价的不一致。

　　讨论会具有民主气氛,一些不同意见亦有人提出。有的与会者坚持认为《李自成》一定程度上拔高了历史人物。有的与会者则对将《李自成》写得如此之长的必要性、作家口述录音然后由别人帮助整理的写作方式、先出版第五卷再回头写第四卷的写法表示怀疑①。

二、范军:《姚雪垠文学创作六十周年学术讨论会综述》,载《华中师院学报》1991 年第 1 期。文章评述道:

　　来自全国各地的专家学者 70 余人,荟萃在风景优美的桂子山——华中师大,就姚雪垠的创作思想、美学追求和文学成就进行了全面、热烈而又深入的讨论。

　　一、文艺观与美学追求　　与会者认为,姚雪垠 60 年文学生涯中有三次重大理论活动。第一次为 40 年代初,基本观点是主张文艺反映现实,艺术活动服从于生活实践,哲学的认识论与创作的方法论是统一的而非同一的。这一建立在唯物主义哲学思想基础上的现实主义文学观,在他后来的活动中得到了重申和衍发,显示了作者基本理论观点的坚定性和持久性。第二次理论活动为 50 年代中期,姚雪垠不满于当时文艺路线、政策的某些偏差,吁请关怀文艺家的生活和工作状况,吁请尊重文艺创作的特殊规律。第三次为 80 年代后期,他有感于其时文艺界的某些不正常状态,主张继承和发扬祖国文学史的光辉传统,坚持文艺的社会主义方向,主张作家深入生活,反映现实,表现出一位老作家对社会主义文学事业的自觉的责任感与使命感。

　　与会专家认为,对长篇小说创作的美学追求,姚雪垠提出了一套虽还不算完整但却有相当启迪意义的理论见解。1. 追求整体开阔美。强调长篇小说对生活的整体透视。2. 追求艺术色泽的丰富美。强调长篇小说对生活和情绪展示的多层、复合处理。3. 追求形式建构的均衡美。强调长篇小说结构形式构筑中注重美的法则。他的美学见解,是从艺术接受的角度的体察中理解长篇小说这种特殊文体的审美功能,因此对创作具有普遍的意义。他的美学见解,还注意到了现代艺术的审美趋向,其艺术思维方式哪怕还不时(流)露出传统的惯

----

① 　参看公仲会议论文《〈李自成〉与革命历史题材小说》。

性,但确实已经开始从单维到多维,从单线到多线,从平直到复向。这些美学见解,已经成为传统艺术通向现代艺术桥梁上的一块理论基石。

二、前期作品的特色与地位　　1929年发表的短篇小说《两个孤坟》,是姚雪垠的处女作。与会者认为,这部作品虽然还留有初学写作者在艺术上的粗疏与直露,然而,它却显示了作者贴近生活,力图反映现实的现实主义创作倾向。1938年发表的《差半车麦秸》,较早地成功地表现了"老中国的儿女"在抗日战争中的觉醒,有着较深广的历史内涵。人物思想性格复杂而又鲜明生动,蕴含历史内容和时代特色。这部作品基本上奠定了姚雪垠在文学史上的地位①。前期作品中,《长夜》是影响较大的一部优秀长篇。这是一部带有自传性质,富于传奇色彩,而以现实主义笔法写成的小说。作者联系中国社会的发展阶段,联系二十年代军阀混战、北方农民被迫离开土地家园的历史背景来写土匪生活。这类作品触及中国现代革命的实质即农民和土地问题,并且表现得相当深刻。衔接上现代文学的优良传统,为现代文学史开辟了新的题材领域。它不只具有文学价值,还有助于我们认识中国现代革命的历史进程,丰富和扩展了现代文学的优良传统。对于《长夜》艺术表现上的真实性和典型性,与会专家提出了不同的看法。有学者认为,在真实、贴切而生动、典型地反映社会生活和塑造人物方面,《长夜》所达到的现实主义艺术高度不亚于甚至超过了《李自成》;而有的学者则指出:《长夜》由于受真人真事的局限,未能进一步展示广阔的社会生活面,缺乏大形势与小环境的密切结合,某些细节有自然主义的倾向。

三、《李自成》的审美特征与艺术成就　　1957年开始创作的长达350万字的五卷本长篇历史小说《李自成》(目前已出版了前三卷),以17世纪初明末清初的农民起义为背景,多侧面地显现了明清之际的各种矛盾斗争,展示了农民战争的巨大威力和历史功绩,填补了"五四"以来以农民战争为题材的长篇历史小说的空白,被称为"新文学史上的一个新的开拓"。自然《李自成》也是这次会议讨论的热点和重心。

与会者认为,《李自成》在中国现当代长篇小说中,尤其是历史小说创作发展史上,具有多方面突破和创新意义。主要有以下四个方面:1.历史真实与艺术真实的统一。《李自成》成功地达到了历史事件与历史人物活动相统

①　参看陆耀东会议论文《谈姚雪垠先生在中国现代文学史上的地位》。

一,历史人物的作用和历史人物性格相统一,而且对"典型环境",对当时的社会生活、时代氛围作了非常广泛的丰富多采的描绘。作者运用辩证思维方式,历史唯物主义观点,对历史运动、17世纪中叶中国社会历史,从总体上得出规律性的认识,进而对主要代表人物的作用和性格准确把握。2.艺术结构上的和谐完美。作者采用了以复线为纵、单元为横的艺术结构。纵以明王朝与农民军之间,与满族清兵之间,将转换为清兵与大顺军之间的矛盾斗争,以及农民军之间的又联合又斗争,不全以时间延续并列,而从空间上展开、交错穿插,此起彼伏,横则(原文如此,笔者注)矛盾斗争,情节进展的相对段落,分单元处理,以此把广阔的历史社会生活,众多人物和错综复杂的矛盾冲突,错落有致,层次分明,妥切顺达,严密完整结构成一气,形式和内容和谐一致,确实大大提高了我国长篇结构艺术水平。3.成功地塑造了李自成和崇祯两大悲剧人物。这在我国现当代小说史上是有重大开创意义的。长期以来,由于"左"的教条主义影响,我国众多长篇小说中几乎没有写悲剧的。姚雪垠不仅写英雄人物李自成的悲剧,而且写反动封建统治集团的代表人物崇祯皇帝的悲剧,人物性格血肉丰润,对造成悲剧的各不相同的原因演示得很深刻。4.语言艺术的高度成就。《李自成》中,大小场景的描写,绘声绘色。自然景物的描写,行文优美,情景交融。人物心理独白、对话,各具个性,许多诗词、书简,语言风格各异,都是化入小说情节、性格化的,实现了作者"壮美与优美"相间相融,"清水出芙蓉,天然去雕饰"的美学追求。从总体上看,《李自成》是一部古今中外少见的、气势磅礴的史诗巨著。

对已出版的《李自成》前三卷,以往有所谓"一卷不如一卷"之说。与会者对此进行了具体分析,认为不能用这句话简单地加以论定。有学者以体操比赛为喻说,第一卷动作的难度系数不大,写得完满精纯,是上乘之作;二、三卷高难动作增多,有些败笔和失误,但并不能以偏概全,用局部的缺陷否定整体。例如,崇祯的悲剧形象是公认塑造得十分成功的,他主要活动在第二卷中。第三卷中塑造完成的洪承畴的悲剧形象,也是异常出色的。这两个形象放在世界悲剧人物的画廊中毫无愧色。如果对二、三卷作些压缩、精炼,部分章节重写,小说将更臻完美。对于《李自成》前三卷,也有个别学者提出"一卷胜过一卷"、后来居上的看法。

评论界以前有红娘子太"红"、高夫人太"高"、李自成太理想化、现代化的看法。讨论会上,有学者对此提出了自己的见解,认为如果用旧的现实主义原则去要求《李自成》，会对不上榫。作家是自觉采用革命现实主义和革命浪漫主义相结合的原则去创作《李自成》的。《李自成》是历史小说，毕竟不是历史。在我国历史小说、英雄传奇中，将人物理想化、浪漫主义化而又获得成功的作品有许多，像《三国演义》中的诸葛亮、《杨家将》中的穆桂英、《说岳全传》中的岳飞、岳云，以及《水浒传》中的武松景阳岗打虎等等，都是人们熟知的，那么《李自成》中的李自成、高夫人、红娘子写得比实际生活中的人物更理想些，为什么又不可呢？后代子孙读《李自成》难道不是跟读《三国演义》、《水浒传》等作品采取同一审美标准么？

讨论会上，与会者还就如何理解悲剧、崇祯是否属悲剧人物、现实主义与浪漫主义的关系等问题进行了热烈讨论。

姚雪垠对这次学术讨论会抱有相当大的期待。

会议召开前，他曾给北大教授严家炎去信称："十几年来，关于讨论我的《李自成》的论文和小册子虽有不少，但有许多重要问题都未涉及，限制了研讨问题的深度和广度。比如我的文学语言问题，没有研究，现在才有同志着手写这方面的论文。我的长篇小说美学思想，包括小说的结构美学、典型人物美学、民族风格和中国气派、历史科学和小说艺术的有机结合问题、在历史唯物主义指导下的史学思想，我的悲剧思想和创作实践，等等，过去十几年，几乎没有谈论。所以不仅我的六十年的创作道路还没有人作深入研究，单说《李自成》，也没有深入研究。这次在武汉举行的讨论会，如能在两三个局部问题上有所突破，就不能说没有意义了。"①

会议结束后，他在给亲属的信中欣慰地写道："这次会议的原则要求是：不求表面热闹，但求学术性强。这次会议，大家很满意，认为基本上实现了这一宗旨。"②

总的来看，姚雪垠对这次研讨会所取得的学术成果是满意的：研究者的目光已触及了他这位"跨代"作家前、后期具有代表性的小说作品，不再是仅就《李自成》作孤立的，无依傍、无源流的考察；研究者的目光也已触碰到了他这位"跨界"作家数十年来在"马克思主义文艺思想""长篇小说美学""悲剧"等领域的累累硕果，不再是仅就文艺学的几个基本要素作学院式的、对号入座式的、叠床架屋式的阐释。

---

① 1990 年 9 月 1 日凌晨姚雪垠给严家炎的信。引文所述内容并不十分准确，笔者注。
② 1990 年 11 月 8 日姚雪垠给孙儿毛毛、高潮的信。

但他内心里仍有着些许遗憾。翌年春他在给前助手俞汝捷的信中写道："在当代中国作家中，我比较复杂，对我较全面地深入了解并不容易，不仅要下力收集资料，更难的是如何深入了解我。我之所以愈来愈受到尊敬和重视，必有各种道理，我不必细谈。简单地说，我是极少数跨越两个时代的作家之一，经历了六十年风霜坎坷，年已八旬，仍保持着创作青春；另外，我身上具备一些独具的条件，成为我的综合优势，使我能够独自走一条创作道路，获得我自己的独特成就。"①

毋庸讳言，"姚雪垠研究"（"姚学"）真不是一门易做的学问。要而言之：作家"跨代"了，研究者也必须有"跨代"的知识储备；作家"跨界"了，研究者也必须有"跨界"的学问修养。

从这个角度来看，姚老生前对"姚雪垠文学创作研究"和《李自成》研究"的学术成果所持保留态度是完全可以理解的。

可以告慰姚老的是，目前开展科学研究的客观充要条件基本实现了：

——1999 年 8 月，姚雪垠逝世三个月后，他的长篇历史小说《李自成》第四、五卷终于杀青付梓。自 1963 年《李自成》第一卷问世，历时三十六年，这部小说的五卷共十二册、约合三百三十万字已全部出版。

当代中国小说史上，没有哪一部作品经历如此漫长的时间。姚雪垠"一九五七年秋天动笔"，1963 年 7 月《李自成》第一卷上、下册出版；1976 年 12 月第二卷上、中、下册出版；1981 年 8 月第三卷上、中、下册出版；80 年代中期，作家"完成了四、五卷口述录音书稿，之后经不断修改，部分单元在《小说》上连载"，直到 1999 年第四、五卷（每卷各上、下两册）同时出版，其间近四十二年。②

——2000 年 10 月，中国青年出版社推出了 22 卷本的《姚雪垠书系》（约820 万字），并以此纪念毛泽东主席关于《李自成》批示 25 周年和姚雪垠先生诞辰 90 周年。《姚雪垠书系》第一次比较系统地收（录了）姚雪垠（1910—1999）自 1929 年以来的各类著述，是迄今最为完备的姚雪垠著作的结集。《姚雪垠书系》的出版不仅是文学界的大事，也是出版界的一件喜人的大事。

《姚雪垠书系》由俞汝捷、姚海天担任主编，从 1999 年春节开始编纂到2000 年 10 月出版，用了一年半时间。《姚雪垠书系》约 820 万字，按文体分

---

① 1991 年 2 月 21 日姚雪垠给俞汝捷的信。

② 上面两段文字引自董之林：《观念与小说——关于姚雪垠的五卷本〈李自成〉》，载《文学评论》2008 年第 2 期。

为二十二卷。前十卷收作者的代表性巨著——长篇历史小说《李自成》。后十二卷收著者的其他著作,包括小说、散文、诗歌、杂文、时评、通讯、纪实文学、回忆录、剧本、文学论文、史学论文、讲演录、访谈录、书信、日记、译作、写作提纲、史料卡片等,大致按先创作后理论、先小说后其他体裁、先长篇后中短篇的体例予以编排。"其中大部分作品是首次出版或建国50年来首次重印,每卷书前均附有大量与创作密切相关的图片,包括工作、生活照和手稿、资料、版本、实物等照片,从中可以清晰地看出作者70年辛勤的历程、所收获的极其丰硕的成果。"①

然而,研究者的主观条件仍有待提高。

2010年,在姚雪垠百年诞辰纪念研讨会上,华中师大老校长王庆生曾感慨地谈道:"姚老的文学地位被低估了。在文学史里,有些当代作家可以专章介绍,姚老有时连专节都没有。"他还谈道:"曾经召开姚雪垠创作研讨会,因为研究总量不够竟不得不推迟。《李自成》总发行量达到3200万册,这样的历史小说能有多少呢?可见我们对姚老的研究都有待深入。"②

姚雪垠从不讳言对"生前身后名"的追求,他甚至对"诺贝尔文学奖"也有过隐隐的期待③;不过,他也深知真正科学的、不带个人偏见、不带宗派色彩的学术研究仍有待时日,于是慨然有言:"生前马拉松,死后马拉松。"④

"姚雪垠研究"任重而道远。

---

①　上面两段文字引自河南大学袁红媛的硕士学位论文:《〈姚雪垠书系〉编纂出版研究》(2007)。

②　参看范宁:《他有一颗童真而执着的文心——姚雪垠百年诞辰纪念研讨会在汉召开》,载2010年10月12日《楚天都市报》。

③　请参看姚雪垠1986年3月15日给严家炎的信和1986年4月7日给俞汝捷的信。

④　引文见姚雪垠在"三老"文学创作五十周年纪念会上的发言《感激与惭愧》,载1986年5月17日《湖北日报》。

哲人其萎①

1995—
1999

---

① 语出《礼记·檀弓》。

　　姚雪垠年逾八旬以后,健康状况每况愈下,但他始终心心念念其文学创作。1991 年夏,"王梅彩一病不起,给姚雪垠精神上重重一击"①。

夫妇楷模

　　据中国青年出版社原副总编辑王维玲回忆:那年夏天,姚雪垠爱妻王梅彩(时年七十八岁)突患多发性脑梗塞,由于抢救及时,度过危险期,但人瘫痪了,也不能说话了。他获知此事后去电安慰,话未说完,"姚老在电话里就哭了,语不成声地说:'梅彩为我操劳了一生,她这一辈子不是操持家务,就是为我担惊害怕,没过上几天宽裕、舒心的日子,现在好日子刚开始,她就病倒了,我要把她以后的日子安排得好好的,让她舒舒服服地走完下边的路!'听了姚老的话,我的心在颤抖,我立时感到梅彩的病在姚老的心上留下了一道深深的创伤"。

　　不过,姚老重写第五卷的进程并未因爱妻的病情有所耽误,《李自成进北京》

------

① 王维玲:《四十二年磨一剑》,中国青年出版社 2010 年 8 月出版,第 264 页。

（续三），仍如期连载于《小说》（季刊）1991 年第 3 期。

1993 年秋，姚老自己的身体突然也出现了意外。

"一天下午，阳光很好，我出去散步，就在马路这边。后来感到腿脚无力，赶快伸手去抓马路边的铁栏杆。没有抓住，倒到地上。有两个青年赶快将我扶起，送上电梯。这是给我的严重警告。从那次以后，大约有七个月了，我没有再下过楼。"①

然而，姚老对《李自成》后两卷的构思并未停止，重新规划的第五卷第一单元《多尔衮时代的开始》顺利完成，刊载于《小说》（季刊）1994 年第 1 期。

1996 年 10 月，姚老出现"中风前的预兆"。

据王维玲回忆："姚老的生日是 10 月 10 日，每年这一天我都要到他府上去给他祝寿，1996 年他生日这天的上午，我走进姚府，发现姚老躺在床上，我顿时一惊，我知道每天上午这个时间，是姚老精力最旺盛，也是他最珍惜、最宝贵的时间，人们都把这段时间称作是他的黄金时间，如果不是挺不住了，他是绝对不会躺在床上休息的。姚老告诉我，近日来总是头晕。……当时姚老 86 岁，这头晕会不会是中风前的预兆呢？！"②

又据武汉大学中文系教授陈美兰回忆："1996 年 12 月 22 日，中国文联第六次代表大会闭幕，我随着代表的人流通过一条长长的走廊准备从人民大会堂往外走的时候，突然我看到姚老站在走廊的旁边，正翘首向后张望，似乎在寻找什么人。我一时冲动，走向他身旁唤了一声：姚老！不知是我声音太小，还是他的注意力仍在寻找，眼睛仍痴痴地在张望，并没有回应我，我理解老人的反应开始迟缓了。"③

然而，就在这年年初，姚老仍写下近两万字的长文《为纪念茅盾先生诞生一百周年而作》④，回忆和评价了"恩师与知音"毕生的文学业绩。

1997 年 2 月，"在悼念小平逝世后，姚雪垠的体质迅速下滑"⑤。

据其子姚海天回忆："邓小平同志逝世（1997 年 2 月 19 日）后，姚老十分悲痛，无比痛惜。在小平逝世后的那一个星期里，姚老每天依然是 3 时起床工作，但在早上吃早饭时，便把电视机打开，收看《邓小平》的专题片和其它有关小平逝世的消息报道。往日姚老每晚 9 时便上床休息，翻看一会儿书刊报纸，大约 9 时半

---

①　1994 年 4 月 6 日姚雪垠给王庆生、张永健的信。

②　王维玲：《四十二年磨一剑》，第 264 页。

③　陈美兰：《他的执着，不亚于精卫填海——侧记作家姚雪垠》。

④　该文载《文艺理论与批评》1996 年第 3 期。

⑤　王维玲：《四十二年磨一剑》，第 267 页。

就睡着了，所以他能在凌晨 3 时起床工作。而这一段时间，每晚都要到 11 时以后
将电视看完才上床休息，而起床时间依然是凌晨 3 时，天天如此，完全打乱了往日
的生活规律，一直到邓小平的追悼大会开过以后，电视节目正常了，姚老才恢复往
日的生活习惯。这之后的一个星期，又因赶写一篇回忆胡乔木同志的纪念文章，
由于较长时间的悲伤和劳累，一天(2 月 24 日)傍晚，发现他脸色憔悴，十分疲惫，
在搀扶下才能从书案前站起来，去吃晚饭。当天夜里小解时因双腿无力就滑坐床
头前。第二天(2 月 25 日)一早，赶快送往医院。一检查确诊是脑梗塞，当天就住
进附近的复兴医院。"①

姚老生前撰写的最后一篇文章，原题为《一位革命知识分子的楷模——记关
于胡乔木的鲜为人知的两件事以及我创作〈李自成〉的艰难经历》，因突发中风而
辍笔。已写成的四千字被收入《姚雪垠书系》，编委会改题为《纪念与感激———
忆胡乔木同志帮助我的两件事》。

1997 年初春至 1999 年初春，姚老几度住院治疗，仍牵挂《李自成》的未竟事业。

据其子姚海天回忆："住进医院的第一天夜间，仍然顽强地起床写作。我在困
睡中，恍惚听到扑通一声而惊醒，看见父亲躺在床边的地上。我一边呼叫'怎么
啦!'一边把他抬到病床上。父亲却说：'我要起来写《李自成》，写不完对不起读
者。'我一时语塞，无言劝慰，而禁不住泪流满面。"②

据洪洋回忆：1998 年 12 月份，他和几个老友还在病床前与姚老进行过长谈。
当时大家还乐观地估计，姚老一定能看到五卷本的《李自成》出齐③。

1999 年 4 月 29 日 7 时 30 分，姚雪垠因病医治无效，在北京复兴医院与世长
辞，享年八十九岁。

2022 年 11 月 7 日上午完成初稿

2023 年 1 月 26 日校读完第一遍

2023 年 2 月 20 日校读完第二遍

2023 年 5 月 25 日校读完第三遍

---

① 转引自王维玲《四十二年磨一剑》第 267 页。

② 姚海天：《〈李自成〉第五卷·后记》(1999 年 6 月 27 日作)。

③ 孔祥福：《姚雪垠去世巨著在——〈李自成〉第四第五卷将出版》，载 1999 年 5 月 4 日《楚天都
市报》。

写在后面

　　笔者有志于撰写《姚雪垠评传》久矣！

　　1982 年春,笔者师从张啸虎先生攻读中国现代文学硕士学位;1983 年夏,初拟硕士论文题目为《姚雪垠抗战时期的文艺思想与创作研究》;1984 年春,在周勃先生的指导下写成硕士论文《姚雪垠抗战时期小说创作研究》;1984 年冬,在华中师范大学通过论文答辩。

　　读硕期间,笔者即有撰写《姚雪垠评传》的意愿,告知姚老和两位导师后,得到热情鼓励。只可惜由于个人"修炼"不到家,当年尚无实际操作的能力。

　　其后数十年,笔者未尝淡忘《姚雪垠评传》事,几度提笔,几度搁置,其间曲折不足为外人道也。

　　2018 年,《姚雪垠全集》编辑工作启动。周勃先生嘱咐:可动手写《姚雪垠评传》了。

　　2019 年 1 月 9 日,笔者在微信中通知姚雪垠的哲嗣姚海天:"《姚雪垠评传》已经开笔。"

　　其后四年,虽遭遇新冠疫情来袭,《姚雪垠评传》写作未曾中辍。

　　2022 年 11 月 7 日午前,《姚雪垠评传》初稿写成,六十余万字。当日正午,周勃先生驾鹤西去,享年九秩有三。呜呼,冥冥之中似有定数！

　　拙著分为上下两卷,按照传统的中国现代文学和当代文学的分期方法,以新旧政权的更迭为天然分界线,不求"打通",亦不求"统一";上下两卷均各有三十万字上下,非刻意为之,盖因传主"跨代"且"跨界",创作经历丰赡,非如此不能囊括其生平也。

　　拙著不取学院式"生活""思想""艺术"的三板块结构,而以时间纵线为经,重要作品为纬,著者情思为梭,纵横交织;且力图熔"事件史传记"和"心态史传记"

于一炉,聚焦传主生平关紧处,或穷究深掘,或点到即止,不拘一格。

拙著致力于还原传主所曾置身的历史文化环境,以再现其学习、追求、挣扎、苦斗的原始样貌,因而尤重原刊、原报、原稿、原版、原档及作家笔记、录音、尺牍等第一手研究资料;后出的经过严格校验的作品结集,或可作为原始研究资料之补充;而坊间已有的"传"和"记",皆不取作论证依据。

拙著不欲写成"姚雪垠研究之研究"或"《李自成》研究之研究"。前辈、同辈和后辈学人的研究心得,拙著中时有引用,但并非视作者的学术地位而择从之,而是取其易见易得,顺手拈来,有相当大的随意性。

拙著中所有的分析判断、推测假说、观点观念,皆为笔者一己的所得和所会,不求趋同于某种社会意愿,亦不求契合于某种文化思潮。

感谢姚雪垠先生的教诲,感谢张啸虎先生和周勃先生的栽培,感谢姚海天、王琪伉俪的关怀,感谢陈美兰先生和俞汝捷先生的鼓励,感谢徐晋先生的帮助!

这本著作,是笔者对你们的衷心报答!

2022 年 12 月 26 日

附录　姚雪垠创作年表

说明：

一、本创作年表收录之作品按写作或发表时间先后编次。专集、选集根据出版时间分别排列在当年单篇作品后，并在书名前加＊号。

二、1929 年及以后数年，所用笔名为姚雪痕和雪痕；1935 年 4 月后，改用笔名姚雪垠和雪垠。鉴于少有例外，皆不另注。其他笔名，随录随注。

三、作品题名相同而体裁及内容不同者特别注明，其余作品皆不另注。

四、凡多次发表的作品，收录最早者。

1910 年　出生

10 月 10 日（农历庚戌年九月初八），生于河南省邓县西乡姚营寨，取名姚冠三。

父亲姚薰南，母亲姚张氏。大哥姚冠杰（六岁），二哥姚冠洛（四岁）。

八岁以前，一直在农村生活。

1918 年　八岁

秋，家中房屋和所有东西，都被土匪烧光，全家逃到邓县城中居住。

冬，父亲为其开蒙。使用现代教材：《共和国教科书新国文》和《共和国教科书新修身》以及《华英初阶》。

1920 年　十岁

春，姚家三兄弟同入私塾读书。先后就读于两个私塾：第一个私塾在邓县外城的东大寺内,塾师名叫李芳千;第二个私塾在邓县内城的北城门楼上,塾师名叫李峨楼。根据姚父的嘱托,两位塾师教授姚家三兄弟时使用的是现代教材。

1921 年　十一岁

秋,姚家三兄弟一同考入教会办的邓县鸿文高等小学。该校分为初小和高小两部,学制均为三年。姚氏兄弟读的是高小。

同年,国文教师为其起字汉英。

1924 年　十四岁

春,大哥姚冠杰(二十岁)辍学,赴洛阳吴佩孚"学兵营"从军。

夏,小学毕业。去洛阳,准备进吴佩孚的"幼年兵营"。因大哥反对而未果。

秋,由洛阳去信阳,插班就读教会办的信义中学(初中)二年级。

冬,学校提前放假。返乡途中,与二哥同被李水沫的土匪队伍绑票,后被一小头目认作义子,拘禁时间长约一百天。

1925 年　十五岁

春,李水沫的土匪队伍被军队打败,义父托人将其送回邓县家中。

曾赴南阳报考第五中学被录取,父亲未允其就读该校。

6 月,二哥冠洛(十九岁)离家出走。不久有信来,称在某部从军。

7 月,父亲送其往湖北樊城鸿文书院就读,仍读初中二年级。在校期间,曾撰写"一篇模仿叶绍钧的短篇小说",稿未存。此为姚雪垠的第一篇文学习作。

冬,北伐军逼近鄂西北,父亲担心爱子被卷入革命浪潮,谎称母病唤其返乡。

1926 年　十六岁

失学在家。其间又曾两次进私塾。

曾自述称:"不当兵,没学上,失学在家,不过还适合在家读书。这时我读了鲁迅、叶绍钧和一些翻译小说。最受启发的是鲁迅的小说,也受到一些小说的不好影响,如王统照的小说灰暗颓废,对我起了消极作用。"(杨建业录音整理稿)

此期,曾根据陷匪期间的生活体验,撰写文言小说一篇,稿未存。

1927 年　十七岁

2 月至 4 月,去樊钟秀所率"建国豫军"中当兵,驻南阳。

5 月,"在冯玉祥下面的孙连仲部当学兵……一个星期后军队开走了,我也跑了"。

八九月间,参加某学习班,接受初步的革命思想熏陶。曾自述称:"蒋介石1927 年开始反共,屠杀共产党。郭衍福(天水人)等一批共产党员和进步的非党员从广州来到邓县,利用青黄不接的时机办学习班,宣传蒋介石叛变,宣传革命。郭衍福和我在学习班上谈共产主义道德(实际我只知一点皮毛,也很懵懂),谈广州农民讲习所。"(杨建业录音整理稿)

1928 年　十八岁

姚父为了让其能安心在家"守业",亲自督导其读书。曾自述称:"经常有人找我父亲写呈子,他不外出,在家抽大烟。如果人们不找他写呈子,他就给我讲古文。可是父亲经常睡眠不足,讲着讲着,书掉在烟灯上。可以说,父亲对我的教育是在烟榻上。"(杨建业录音整理稿)

居家读书,印象最深的书是《袁了凡纲鉴》。曾自述称:"书中没有断句,我自己断句,我的历史知识是从这里得来的,从上古到明朝。"(杨建业录音整理稿)

1929 年　十九岁

春,抵开封,准备报考水利学校。同乡劝阻,决定改考河南大学预科。

夏,埋头准备考试功课。由同乡提供一张假文凭,以姚雪痕为学名报考河南大学法学院预科。雪痕出自苏轼诗:"人生到处知何似,应似飞鸿踏雪泥。"

秋,就读于河南大学预科。不久,参加中国共产党开封地下市委领导的学潮委员会及其组织的活动;阅读了一些马克思主义的理论书籍;开始对新文学运动产生浓厚兴趣,曾写过一篇描写青年人单恋心理的小说,稿未存;也从清代朴学家、古史辨派和以历史唯物主义为指导的新史学运动三个不同方面受到综合影响。

本年主要作品:

《两个孤坟》,连载于 9 月 9 日、10 日《河南民报·民报副刊》第 29、30 期,署名雪痕。该篇为其短篇小说处女作。

《强儿》,载 9 月 20 日《河南民报·民报副刊》。

《致灵涛信》,载 9 月 23 日《河南民报·民报副刊》。

《秋季的郊原》(诗),载 10 月 31 日《河南民报·民报副刊》。

1930 年　二十岁

夏,因参加共产党的外围组织反帝大同盟,被当局以"共党嫌疑"罪名逮捕;但查无实据,四天后交保释放,重回学校。担保人为其邓县同乡、同盟会前辈王庚先。

1931 年　二十一岁

5 月,与王庚先大女儿王梅彩结婚。

夏,被学校以"思想错误,言行荒谬"的罪名挂牌开除。因恐再次被捕,当天下午只身乘火车逃往北平。学生生活从此结束。

抵北平后,往北平图书馆读书,希望通过艰苦的自学,成为一名马克思主义的史学家或文学史家,但因经济困难,不得不靠投稿维持生活,走上了创作道路。

10 月,九一八事变后,曾听从组织召唤返回河南,与同志商议组织地方抗日武装。

1932 年　二十二岁

春,到豫北内黄县楚旺中学教书。课余时研究中国文学通史。

秋,到信阳义光女子中学教书。课余时继续研究中国文学通史,特别喜欢元曲,曾在《元曲选》上用蝇头小楷细心批注。

冬,辞去教职,回到开封。

失业期间,有时去河南省立图书馆看书。首次获睹记载李自成三次进攻开封的(明)李光壂的《守汴日志》和周在浚的《大梁守城记》。

本年主要作品:

《滑稽趣味中的土戏》,初载 2 月 20 日《河南民国日报》副刊《民众乐园》。后经修改,又载 1933 年 3 月 16 日《河南民报》副刊《茉莉》。

《东西文化之搀和》,载 2 月 21 日《河南民国日报》副刊《民众乐园》。

《唠子腔》,载 3 月 3 日《河南民国日报》副刊《民众乐园》。

《小喜子赶嫁妆》，载 3 月 5 日、6 日《河南民国日报》副刊《民众乐园》。

《女子变物的故事》，载 3 月 14 日《河南民国日报》副刊《民众乐园》。

《老妻少夫》，载 3 月 16 日《河南民国日报》副刊《民众乐园》。

《雪花小品》（一、女子变物的故事举例；二、东西文化的搀和），载 3 月 22 日、24 日天津《大公报》。

《征途——死后之什一》（散文诗），载 6 月 3 日《河南民国日报》副刊《平沙》第 10 期。

《忏悔》（散文诗），本年 5 月 6 日作于楚旺，载《青春诗刊》1935 年第 4 期。

1933 年　二十三岁

年初，仍住岳父家中读书和写作。

5 月，与谢孟刚、王公仪合编《河南民报》副刊《寒笳》。

6 月，与陈雨门等合编《河南民报》副刊《平野》。

7 月，编辑《梧桐雨杂剧》（"读曲丛书"第一种），交北平某书店出版，未见该书。

11 月，与王国权、苗化铭等在开封北店街开一小书店，名"大陆书店"；出版刊物《大陆文艺》（1933 年 12 月 1 日创刊），仅出一期便被查禁。

本年主要作品：

《我要复活》（散文诗），载 2 月 9 日《河南民报》。

《元（杂）剧录》，连载 2 月至 3 月《河南民报》副刊《艺术》（其中《元剧录》（续五）《马致远及其剧作》，载 3 月 14 日、20 日、27 日《河南民报》）。

《生命的寻找》（散文诗），载 3 月 2 日《河南民报》副刊《茉莉》。

《土戏中之滑稽趣味（片红集）》，2 月 22 日修改旧作，载 3 月 16 日《河南民报》副刊《茉莉》。

《论元剧底扮演（片红集）》，载 3 月 25 日《河南民报》副刊《茉莉》。

《寄》（诗），载 3 月 27 日《河南民报》副刊。

《词以后清歌文学底解放》，连载 4 月至 5 月《河南民国日报》副刊《新圃》。

《大诗人曹子建》（续），载 5 月 1 日《河南民报》副刊《艺术》。

《百姓》（独幕剧），载 5 月 28 日《河南民报》副刊《艺术》。

《寡妇及其儿子》（独幕剧），载 5 月 21 日《河南民报》副刊《寒笳》。

《读陶诗》（上），载 5 月 23 日、28 日《河南民报》《黄河》不定期刊。

《洛滨梦》（剧本），载 6 月 18 日、25 日，7 月 27 日《河南民报》副刊《平野》。

《各自不同的三个画展》，6 月 25 日《河南民报》副刊《平野》。

《迷惘之曲》（诗），署名姚作华，载 6 月 18 日《河南民报》副刊《平野》。

《血衣》（五幕剧），载 6 月《茉莉》月刊创刊号。

《一封旧信》（诗），署名姚作华，载 7 月 27 日《河南民报》副刊《平野》。

《登禹山》（诗），署名姚作华，载 8 月 27 日《河南民报》副刊《平野》。

《从吃菜说到张友仁的画》，载 8 月 13 日《河南民报》副刊《平野》。

《最后的一面》（长诗），载 8 月 30 日，9 月 6 日、13 日和 20 日《河南民报》副刊《茉莉》。

《到处老鸦一般黑》，载 9 月 24 日《河南民报》副刊《平野》。

《埋怨》（诗），载 10 月 1 日《河南民报》副刊《平野》。

《无题》（诗），署名小雪，载 10 月 22 日《河南民报》副刊《平野》。

《赋得神通广大》，载 10 月 22 日《河南民报》副刊《平野》。

《沧桑曲》（诗），载 12 月 1 日《大陆文艺》创刊号。

《风君随笔》（随笔二则），载同上。

《露水夫妻》（小说），署名薛衡，载同上。

1934 年　二十四岁

2 月，与王国权、苗化铭、宋一翰等合编《今日》杂志。

2 月 9 日，其岳父王庚先被豫西别廷芳下属杀害。

春假，与王国权、苗化铭等参观王毅斋先生创办的杞县大同小学，与该校青年教师梁雷、赵伊坪结交。

3 月，《今日》第二期被国民党查扣，主编宋一翰被捕，遂与王国权、苗化铭一起逃离开封，去巩县康店王国权家中暂避。

春，只身去北平，仍住蓬莱公寓，从事写作。

冬，因患吐血病，返回故乡养病。

本年主要作品：

《这一天》，署名姚雪痕，载 1 月 14 日《河南民报》副刊《平野》。

《畜生》，载 2 月 16 日《今日》创刊号。

《羿射十日》，载 3 月 24 日，4 月 8 日、11 日《河南民报》副刊《平野》。

《论小品文》，载 4 月 15 日、22 日《河南民报》副刊《平野》。

《大团圆之后》，载 5 月 1 日、9 日《河南民报》副刊《平野》。

《草虫章——〈诗经〉今译之一》，载 5 月 20 日《河南民报》副刊《平野》。

《最后的一面》（剧本），载 5 月 24 日，6 月 6 日、9 日、27 日《河南民报》副刊《平野》。

《无名作家之死》（剧本），载开封《文艺月报》第 1 卷第 1 期。

《由定县〈牛〉底上演谈到农民剧运》，载 6 月 18 日天津《庸报》。

《乡思》（散文诗），载开封《文艺月报》第 1 卷第 1 期。

《屈原集》（书评），署名王梅彩，载 7 月 5 日《河南民报》副刊《平野》。

《天地的开辟，毁灭及重建》，8 月 3 日、10 日，9 月 3 日、9 日《河南民报》副刊《平野》。

《文人与装鳖》，载 11 月 1 日《论语》第 52 期。

《渡》，载 12 月 22 日《华北日报》第 8 版《每日文艺》副刊。

1935 年　二十五岁

春，去北平，从事写作。

夏，第二次患吐血病，离开北平。

8 月初，回到开封，即随梁雷去杞县大同中学养病。开始学习世界语。大同中学与大同小学均系河南大学教授王毅斋创办，那里聚集着一批进步的青年教员。养病期间，由任该校教务主任的好友梁雷提供食宿。

9 月初，离开大同中学，暂住新乡豫北日报社。

冬初，回邓县，开始搜集地方口语，编撰《南阳语汇》。

本年，在北平、天津、上海的报刊上发表不少作品，成了知名作家。

本年主要作品：

《咒——年头小景之一》（小说），载 1 月 10 日开封《文化批判》第 2 卷第 2、3 期合刊。

《洛川之滨》（剧本），载 1 月 23 日、24 日《华北日报》副刊《每日文艺》。

《群绅》（剧本），载开封《文艺月刊》第 5、6 期合刊。

《经验，观察，与认识》，载 1 月 5 日《华北日报》副刊《每日文艺》。

《写实主义文学与科学》,载1月17日《华北日报》副刊《每日文艺》。

《英雄非典型》,载2月6日《华北日报》副刊《每日文艺》。

《诗人底天禀与运命》,载3月开封《青春诗刊》第1期。

《梦归》(外二章),载同上。

《教育四征》(杂文),载3月16日《论语》第61期。

《鸟文人》(杂文),载4月5日《芒种》第3期。

《老马识途》(杂文),载5月5日《芒种》第5期。

《日子倒走》(杂文),载5月20日《芒种》第6期。

《上工》(小说),载《湍声季刊》创刊号。

《福之死》(小说),署名王梅彩,载《湍声季刊》创刊号(该文又载于《文艺大路》第1卷第2期,6月)。

《京派与魔道》(杂文),载7月1日《芒种》第8期。

《论潇洒》(杂文),载7月1日上海《申报》。

《阴影里》(散文),载7月1日北平《晨报》。

《话说盘古》,载7月8日上海《时事新报》副刊《青光》。

《女子变物故事举例》,载7月9日《华北日报》副刊《每日文艺》。

《"文人相轻"》(杂文),载7月12日《华北日报》副刊《每日文艺》。

《中国产日月的女神》,载7月12日上海《申报》。

《文丐》(杂文),载7月16日《时事新报》副刊《青光》。

《嫦娥补考》,载7月25日上海《申报》。

《再谈盘古》,载7月28日《时事新报》副刊《青光》。

《忏悔》(散文诗),载7月开封《青春诗刊》第4期。

《月出之前》(小说),载《文艺大路》第1卷第3期(7月)。

《野祭》(小说),载《新小说》第2卷第1期(7月15日)。

《苍蝇主义》(杂文),载8月20日《芒种》第9、10期合刊。

《渡船上》(散文),载9月29日天津《大公报》副刊《文艺》。

《山上》(小说),载《文学季刊》第2卷第4期(12月)。

1936年 二十六岁

年初,在故乡邓县养病和写作。继续收集口语,编撰《南阳语汇》。

秋,去杞县大同中学写作和养病,居留时间长达半年。其间,协助梁雷等编辑

《群鸥》月刊。

冬，西安事变爆发。

年底，赵伊坪奉中共组织调遣去外地工作。该校师生举办饯行晚会，赵讲述"红灯笼故事"。

本年主要作品：

《小罗汉》（小说），载 2 月 17 日《国闻周报》第 13 卷第 6 期。

《大众的话和文学》，载 3 月 6 日《河南民国日报》。

《七月的夜》（小说），载 10 月 1 日《文季月刊》第 1 卷第 5 期。

《碉堡风波·乡间国难曲之一》（报告文学），载 11 月 25 日《光明》第 1 卷第 12 期。

《捉肉头》（小说），载 12 月《群鸥》创刊号。

1937 年　二十七岁

春末，离开大同中学，抵新乡，住豫北日报社。

不久，偕妻王梅彩（在邓县教小学）同赴北平。在沙滩附近的中老胡同赁屋住下，开始创作长篇小说《五月的鲜花》，取材于大同中学的见闻。

7 月 7 日，卢沟桥事变爆发。送妻子南归，只身留下，准备参加北平保卫战。

7 月中旬，宋哲元部从北平退走。暂住辅仁大学学生麦某处，伺机逃离北平。

8 月 8 日，日军进城。平津铁路通车后，乔装乘车抵天津。两天后搭乘私营直东轮船公司的客轮出大沽口南下，经山东返开封。

9 月，与嵇文甫、范文澜、王阑西等创办《风雨》周刊，为主编之一。

本年主要作品：

《查夜》（小说），载 1 月 6 日上海《大公报》。

《春天里》（译作，Olgin 原作），载 1 月 10 日上海《大公报》。

《一九三七年是我们的》，载 1 月《群鸥》第 1 卷第 2 期。

《"差不多"说开去》（与人合作），载《群鸥》第 1 卷第 2 期。

《读史随笔》，载 1 月 30 日上海《立报》副刊《言林》。

《酒》，载 2 月 23 日上海《立报》副刊《言林》。

《〈夜行曲〉第一章——〈红灯日记〉序》，载 2 月《群鸥》第 1 卷第 3 期。

《汉奸变种》(杂文),载2月《群鸥》第1卷第3期。

《响应〈光明〉的号召》(与人合作),载《群鸥》第1卷第3期。

《一部伟大作品的提议》,载2月《光明》第2卷第5号。

《援兵》(小说),载3月《光明》第2卷第7号。

《M站》(报告文学),载4月《光明》第2卷第9号。

《生死路》(小说),载6月《光明》第3卷第1号。

《一种新写作方法的试验报告》,载6月《国民周刊》第1卷第8期。

《选举志》(小说),载7月《光明》第3卷第3号。

"编者的话",载9月11日《风雨》周刊创刊号。

《通俗文艺论·主题论之一》,载9月19日《风雨》第2期。

《兴奋的日子开始了·主题论之二》,载9月26日《风雨》第3期。

《怎样写汉奸·主题论之三》,载10月3日《风雨》第4期。

《文字宣传到乡间》,载10月22日《河南民国日报》。

《一条路上》,载10月《风雨》第6期。

《是否还要反帝反封建·主题论之四》,载10月31日《风雨》第8期。

《不动》(杂感之一),载11月7日《风雨》第9期。

《从汉奸谈起》(杂感之二),载11月7日《风雨》第9期。

《论哨岗的停刊》,载同上。

《应该特别强调的两口号·主题论之五》,载11月14日《风雨》第10期。

《论大众文学的风格·关于救亡文艺的第六封信》(上),载11月21日《风雨》第11期。

《忽然想到》,载11月28日《风雨》第12期。

《杂感》,载12月5日《风雨》第13期。

《论大众文学的风格·关于救亡文艺的第七封信》(中),载12月21日《风雨》第14期。

《世界语不是外国语》(所载刊物待查)。

1938年　二十八岁

1月底,曾以《风雨》周刊主编和全民通讯社特约记者名义赴徐州前线采访,采访安徽宿县境内于学忠将军军部,并与游击队员们座谈。

3月初,持河南地下省委介绍信抵武汉,找长江局组织部部长博古谈工作问题。

3月，受长江局委派，化名姚雪冰，参加在武汉召开的中华全国学联第十二次全国代表大会，与蒋南翔、黄华等九人任大会秘书。大会3月25日开幕，3月27日闭幕。

5月初，离开武汉去河南竹沟。

7月底，去舞阳县出席河南青年救亡协会成立大会。

8月，离舞阳，抵南阳，暂住南阳平津同学会。

冬，应钱俊瑞函邀，赴李宗仁的第五战区司令长官部（当时在湖北襄樊，后迁老河口），参加文化工作委员会。

本年主要作品：

《奠定保卫河南的胜利基础》，载1月26日《风雨》第16期。

《对于保卫河南的几项紧急建议》，载2月1日《风雨》第17期。

《淮北战地巡礼》，载2月2日开封《河南民国日报》。

《蚌埠沦陷后》，载3月开封《行动》半月刊。

《为防卫黄河供献一点愚见》，载3月2日开封《河南民国日报》，又载汉口《半月文摘》第2卷第6期。

《通俗文艺短论》，载《抗战文艺》第1卷第5期。

《"差半车麦秸"》（小说），载5月香港《文艺阵地》第1卷第3期。

《白龙港》（小说），载5月汉口《自由中国》第1卷第2号（又载《文艺》第1卷第4期，8月10日出版）。

《论现阶段的文学主题》，载5月7日《抗战文艺》第1卷第2期。

《母子篇》，载6月18日汉口《大公报》。

《纪念抗战周年与开展宛属救亡工作》，原载7月7日《河南民国日报》。

《悼烈士梁雷》，载8月15日、16日汉口《大公报》。

《离散》（随笔），载《抗战文艺》第2卷第5期，又载2月8日香港《大公报》。

《故乡杂感》，载6月重庆《新民报》副刊《血潮》。

《烈士》，载7月重庆《新民报》副刊《血潮》。

《捕奸故事——事出西华县》，载8月重庆《新民报》副刊《血潮》。

＊《战地书简》（书信体报告），汉口上海杂志公司1938年6月初版。

1939 年 二十九岁

春,第五战区文化工作委员会奉命撤销。仍留五战区,在长官司令部挂秘书名义。

4月,中国各战区发动"四月攻势",积极袭扰牵制日军。去厉山前线部队采访。

5月,随枣战役开始,去前线桂系八十四军一七四师采访。战役结束后,移居老河口。

夏,与臧克家、郑桂文等组成"笔部队",徒步去大别山采访,经周口、阜阳等地到安徽立煌(即今金寨县)。

秋,返回老河口。开始创作长篇小说《春暖花开的时候》,约定次年在胡绳主编的《读书月报》上连载。

冬,去枣阳前线采访。

本年主要作品:

《红灯笼故事——一部长篇小说中的片断》,载 1939 年 4 月 25 日《抗战文艺》第 4 卷第 2 期。(又连载于《文艺新闻》1939 年 10 月至 12 月第 3、4、5、6、7 号)。

《随县前方的农民运动》(通讯),载《群众周刊》第 3 卷第 2 期。

《春到前线》(散文),连载《淮流》1939 年第 5、6、7 期。

《战场之春》,连载于 8 月 15 日、16 日重庆《大公报》。

《四月交响曲》(通讯),连载于 7 月 6 日至 14 日重庆《大公报》。

《血的蒙城》(通讯),1939 年 9 月写于赴立煌途中。

《界首集》(通讯),载 10 月 28 日《全民抗战》第 94 期。

《大别山中的文化线》(通讯),载 11 月 29 日重庆《大公报》。

《雁门关外的雷声》(散文),载 11 月《抗战文艺》第 5 卷第 1 期。

《"差半车麦秸"》(英译),连载于本年《国际英文选》第 3 卷第 5、6 期和第 4 卷第 1 至 3 期。

*《四月交响曲》(通讯集),桂林前线出版社 1939 年 10 月初版(收入《四月交响曲》《界首集》《血的蒙城》《鄂北战场上的神秘武装》《随县前方的农民运动》等篇)。

1940 年　三十岁

年初，第五战区军队发动"冬季攻势"。为配合这次战役，发动宣传攻势，战区政治部又组织了两支"笔部队"深入前线，他与安娥等编为一组由京钟路转汉宜路，臧克家等为第二组去信阳、确山一带。

2 月，开始撰写中篇小说《牛全德与红萝卜》。同期，继续撰写长篇小说《春暖花开的时候》，提供给重庆《读书月报》连载。

年底，突患重病（天花）。由于医生的误诊，生命一度垂危。

本年主要作品：

《春到前线》（散文），载 1 月《淮流》第 7 期。

《鄂北战场上的神秘武装》（通讯），载《全民抗战》第 109 期（2 月 13 日）。

《归来感》，载 2 月 22 日老河口《阵中日报》。

《文人眼中看军纪》，载 2 月 25 日《阵中日报》。

《论典型的创造》（上下），载 3 月 17 日、21 日《阵中日报》。

《春雷集·题记》，载 3 月 27 日《阵中日报》，又载《读书月报》第 2 卷第 3 期。

《论典型人物的创造》，载 5 月 16、17 日重庆《大公报》。

《神兵》（小品），载《战地画刊》第 6 期。

《感情和理智》，载 7 月 22 日《阵中日报》。

《家的故事》，载 7 月 27 日《阵中日报》。

《论南洋风云——对于太平洋大战的预测》，载 8 月《阵中日报》。

《谈论争》，载 8 月 15 日《阵中日报》。

《战术补例》，载 9 月 5 日《阵中日报》。

《〈雷雨〉碎话》，载 10 月 12 日《阵中日报》。

《文学上的两种风格》（上中下），连载于 12 月 1 日、28 日、29 日《阵中日报》。

《病中杂感》，载 12 月 9 日《阵中日报》。

《敌人几次冲过来》（作家书信），载桂林《自由中国》新 1 卷第 1 期。

《江边》（小说），载上海《新文丛》1941 年第 1 期。

《春暖花开的时候》（长篇小说），1940 年 3 月至 1941 年 2 月连载于重庆《读书月报》第 2 卷第 1 期至第 2 卷第 11 期。

*《红灯笼故事》（短篇小说集），收入短篇小说《红灯笼故事》《选举志》《"差半车麦秸"》《碉堡风波》，大地图书公司 1940 年 5 月初版。

1941 年 三十一岁

年初,皖南事变发生,第五战区政治形势逆转。居留邓县养病期间,收到李宗仁签发的免职令。在此前后,臧克家、碧野、田涛等相约离开老河口。

春初,病稍愈。将写成的中篇小说《牛全德与红萝卜》寄送重庆《抗战文艺》。由于印刷厂遭日本飞机轰炸,稿件受损,以残稿发表。

春末,化名姚冬白,持《阵中日报》记者证,去安徽立煌。

5 月,抵立煌。受韦永成(第五战区政治部主任兼安徽省民政厅厅长)委托,以其名义接手主编《中原副刊》,从第 1 卷第 3 期开始革新,出满一卷(六期)后,改刊为《中原文化》(半月刊),创刊号于 1941 年 10 月问世。

本年主要作品:

《文艺青年的学习态度》,载《东南青年》第 3 期。

《春暖花开的时候·附记》,载《读书月报》第 2 卷第 11 期。

《江边》(小说),载《新文丛》第 1 期。

《略论辞赋的发展道路》,连载于 1 月 22 日、23 日《阵中日报》。

《文艺反映论》,载 5 月《文艺丛刊》第 2 卷第 2 期。

《大别山文艺巡礼》,载 5 月《中原副刊》第 1 卷第 2 期。

《五四与中国新文艺》,载 5 月《中原副刊》第 1 卷第 2 期。

《端午节——民族诗人的忌日》(署名韦永成),载《中原副刊》第 1 卷第 3 期。

《日本行动方向之谜》,载 6 月《中原》第 4 卷第 1 期,署名冰天。

《希特拉的最后一张牌》,载 7 月《中原副刊》第 4 期,署名冰天。

《我与文艺的开始》,载 8 月 1 日《皖报》。

《苏联前线三元帅》(译文),载 8 月《中原副刊》第 5 期,署名沉思。

《封存日本资金与上海贸易》(译文),载 8 月《中原》第 4 卷第 2、3 期合刊,署名沉思。

《关于〈戎马恋〉》,载 9 月《中原副刊》第 6 期。

《〈中原副刊〉编辑札记》,载《中原副刊》第 3 期至第 6 期。

《怎样写人物个性》,载 9 月 30 日《文艺丛刊》第 2 卷第 5、6 合刊,又载《黄河》第 2 卷第 9 期(11 月 30 日出版)。

《罗斯福是否会牺牲中国》(译文),载 10 月《中原文化》第 1 卷第 1 期,署名沉思。

《我怎样学习文学语言》，载 10 月 15 日《中原文化》第 1 卷第 1 期。

《文艺与宣传》，载《抗战》（半月刊）10 月号。

《欧战现势与远东》，载 11 月《抗战》（半月刊），署名冰天。

《东条组阁与美倭谈话》（译文），载 11 月《中原月刊》第 4 卷第 5 期。

《论创作的学习过程》，连载于 11 月、12 月《中原文化》第 1 卷第 2、3 期。

《文化建设的重要意义》，署名韦永成，载《中原文化》第 1 卷第 3 期。

《关于写小说》，载安徽《学生界》创刊号（12 月），连载于重庆《大公报》（11 月 27 日、28 日、30 日，12 月 1 日）。

《中国不会败》（译文，M. H·端纳作），连载于《阵中日报》12 月 16 日至 20 日。

《文艺反映论》，载 12 月《文学月报》第 3 卷。

《德苏开战后的世界新局势》，载 12 月《编译月报》第 2 卷第 6 期，署名冰天。

《急风骤雨的太平洋》（译文），载 12 月《中原月刊》第 4 卷第 6 期，署名冰。

《〈中原文化〉编辑札记》，载《中原文化》1941—1942 年第 1、2 卷各第 1 期至第 6 期（共十二期）。

*《戎马恋》（中篇小说），连载于 6 月至 9 月《中原副刊》第 3 期至第 6 期。

*《牛全德与红萝卜》（中篇小说），载 11 月《抗战文艺》第 7 卷第 4、5 期。

1942 年　三十二岁

端午，与当地进步文化工作者举办诗人节庆祝活动，并在"纪念晚会"上演讲《屈原的文学遗产》。

7 月，在《中原文化》上开辟《文艺信箱》，为文艺青年解难答疑。同月，在《中原文化》第 2 卷第 3、4 期合刊号《文艺信箱》发表短文五则：一、《关于古典主义等——答张克翼先生》；二、《写小说二三事——答洛愿文先生》；三、《文学的定义——答殷浩生先生》；四、《日记与小说——答张维先生》；五、《读文艺书——答李化民先生》。

8 月，在《中原文化》第 2 卷第 5 期《文艺信箱》发表短文五则：一、《典型环境的典型人物——答张劲民先生》；二、《什么是诗的自然美——答安鸣先生》；三、《怎样写童话——答周歧先生》；四、《语言的采集和使用——答陈沙维先生》；五、《写短篇小说的准备——答李化先生》。

9月,在《中原文化》第2卷第6期《文艺信箱》发表短文四则:一、《谈主题——答XY》;二、《写人物不拘于真实——答李化先生》;三、《什么是散文和小说中的第一人称——答晓初先生》;四、《写实主义释义——答谭昌明先生》。

9月,大别山中政治形势逆转。在韦永成的帮助下离开立煌。

11月,返回邓县。

年底,自巴东入川,只身前往重庆。

本年发表和出版的作品:

《研究屈原诗形式的方法问题》,《国讯》第306期。

《论形象》,载1月《黄河》第2卷第10期。

《一九四二年国际局势展望》,载1月《抗战》(半月刊)第6期,署名姚冬白。

《扩大的世界战争》,载1月《中原月刊》第5卷第1期,署名姚冬白。

《反侵略统一作战的明确化》,载1月《中原月刊》第5卷第1期,署名冰。

《太平洋战局》,载2月《中原月刊》第5卷第2期,署名冬。

《新加坡沦陷后的远东情势》,载2月《抗战》(半月刊)第9期,署名姚冬白。

《新中国的诞生》,载2月《战时文艺》第1卷第2期。

《论创作的学习过程》,载3月《战时文艺》第1卷第3期。

《论创作的学习过程·附记》,载4月《战时文艺》第1卷第4期。

《抗战文学的语言问题》,载2月《中原文化》第1卷第5期。

《长沙三捷》,载2月《中原月刊》第5卷第2期,署名白。

《印度问题》,载3月《中原月刊》第5卷第3期,署名冰。

《母子篇》,载3月《学生界》第4期。

《土耳其的危机》,载4月《中原月刊》第5卷第4期,署名白。

《创作漫谈》,载4月《中原文化》第2卷第1期。

《创作漫谈》,载4月《中原文化》第2卷第1期。

《孩子的故事》,载5月《大地文丛》创刊号。

《启事》,载《大地文丛》创刊号。

《江边》(《戎马恋》之一章),载5月《中原文化》第2卷第2期。

《诗人,正义的象征》,载6月18日《皖报》。

《屈原诗的产生问题》,载7月《中原文化》第2卷第3、4期合刊。

《创作论初集·后记》,载8月《中原文化》第2卷第5期。

《研究屈原诗方法问题》，载 8 月安徽《学生界》第 2 卷第 1 期，又载《国讯》第 306 期。

《关于〈差半车麦秸〉及其它》，载 8 月《中原文化》第 2 卷第 5 期。

《小说是怎样写成的》，载 9 月《中原文化》第 2 卷第 6 期。

《屈原的文学遗产》，载 11 月桂林《文艺生活》第 3 卷第 2 期。

《论形象》，载《黄河月刊》第 2 卷第 10 期。

＊《M 站》（英汉对照），远方书店 1942 年出版。

＊《M 站》（收《界首集》、《血的蒙城》、《鄂北战场上的神秘武装》、《战地春讯》、《M 站》五篇，《M 站》"奉命免刊"），桂林文学编译社 1942 年 6 月初版。

＊《春到前线》（文学小集），桂林文学编译社 1942 年 10 月出版。

＊《红灯笼故事》（短篇集），桂林文学编译社 1942 年出版。

＊《牛全德与红萝卜》（中篇小说），重庆文座出版社 1942 年 10 月初版。

＊《戎马恋》（中篇小说），重庆大东书局 1942 年 10 月初版。

1943 年　三十三岁

1 月抵重庆，借宿在中华文协总部张家花园的一座二层小楼内，与诗人臧克家同居一室。

同月 15 日，适逢《新华日报》创刊五周年，应邀为该报题词：说实话，办实事，主持正义，一切均有办法。

3 月 27 日，中华全国文艺界抗敌协会举行第五届年会并改选理监事。30 日开票，当选为在渝理事（共二十人）之一，臧克家为候补理事（共十二人）之一。

4 月 1 日，中华文协召开五届首次理事会，"推老舍、徐霞村、姚蓬子、胡风、王平陵为常务理事，并由老舍、徐韦村兼总务组正副主任，王平陵、陈纪滢为组织组正副主任，姚蓬子、叶以群为出版组正副主任，胡风、姚雪垠为研究组正副主任。推梅林为秘书"。（《新华日报》4 月 3 日讯）

本年，与田仲济等组织现代出版社，以《春暖花开的时候》稿费为股金。

9 月，曾应时任国府"副委员长"冯玉祥的邀请，前去重庆近郊歇台子为其讲授"小说作法"和"诗之发展"，为期半月。

本年，着手改写长篇小说《春暖花开的时候》。11 月 13 日《文化新闻》载："姚雪垠最近着手改作《春暖花开的时候》预计九十万言。现已写就二十万言。闻该书将分四部印行，内容与其已发表之《春暖花开的时候》有不同之处。"

12 月 30 日,中华文协总会和中国文艺社联合主办辞年恳谈会,邵力子、张道藩、胡风、姚雪垠、冯雪峰、曹靖华、李辰冬等一百多人出席,胡风主持会议,议题是"一年来文艺成果的观感"。会上,阳翰笙、常任侠、李辰冬和姚雪垠分别谈了对于戏剧、诗歌、写作者的心理和小说创作的"观感"。会后,他把对于小说创作的"观感"整理成文,题为《论目前小说的创作》。

本年主要作品:

《保卫斯大林格勒》,载《中苏文化季刊》第 1 期。

《辉煌的大捷》,载《中原月刊》第 7 卷第 5 期。

《山城之恋》,载《中原月刊》第 7 卷第 5 期。

《国际形势展望》,载《中原月刊》第 7 卷第 6 期。

《创作漫谈》,载 1 月桂林《文艺杂志》第 2 卷第 2 期。

《需要批评!》,载 2 月 12 日重庆《新华日报》副刊。

《大别山中文艺孤军》,载 3 月 27 日《抗战文艺》"文协成立五周年纪念特刊"。

《重逢》(中篇小说),载《文艺先锋》第 2 卷第 2、3、4 期(2 月至 4 月)。

《为祖国,为人类,笔参战》,载 3 月 27 日重庆《大公报》副刊《战线》。

《出山》,载 1943 年 4 月 1 日《文化先锋》第 2 卷第 2 期。

《略论士大夫的文学趣味》,载 5 月重庆《大公报》副刊《战线》。

《中国作风与叙事诗》,载 6 月重庆《大公报》副刊《战线》。

《风雨时代的插曲》(又名《恐怖之夜》),载 5 月《抗战文艺》第 8 卷第 4 期。

《我的学校》(一、初学记),载 6 月 27 日《国民公报》。

《我的学校》(二、东大寺),载 6 月 30 日《国民公报》。

《我的学校》(三、北城门楼),载 7 月 4 日、11 日、14 日《国民公报》。

《论深刻》,载 8 月 2 日《新华日报》。

《少女与小孩(〈新生颂〉之二章)》,载《文学修养》第 2 卷第 1 期。

《五月的鲜花——〈新生颂〉第二部》(抗战长篇连载),9 月至 11 月连载《时与潮文艺》第 2 卷第 1、2、3 期。

《一封谈儿童文学的信》,载《战时教育》第 7 卷第 10—12 期合刊。

＊长篇小说《崇高的爱》(《新苗》第一部),现代出版社 1943 年 11 月初版。

＊论文集《小说是怎样写成的》，商务印书馆 1943 年 6 月出版，"大时代文艺丛书第二集"。

＊中篇小说《重逢》，重庆东方书社 7 月出版，为"东方文艺丛书"之五。

＊短篇小说集《"差半车麦秸"》，（收《"差半车麦秸"》《碉堡风波》《红灯笼故事》和《孩子的故事》），桂林远方书店 1943 年 9 月出版。

＊短篇小说《"差半车麦秸"》（"英汉对照文艺丛书"），桂林远方书店 1943年 10 月出版。

1944 年　三十四岁

1 月 20 日，署名一群小读者发表《一封公开信——评姚雪垠先生的〈新苗〉》（载重庆《时事新报》），向作家提出若干问题。同月 26 日姚在同刊发表答复文。

5 月，何其芳、刘白羽受中共派遣来到重庆，宣传延安整风和《在延安文艺座谈会上的讲话》精神。他参加了以中华文协名义召集的一个"读书小组"，"检讨"自己的和他人的作品。同组成员有茅盾、叶以群、刘盛亚（SY）、臧克家等。曾讨论过他的作品《牛全德与红萝卜》。

8 月，与田仲济、陈纪滢合办文学期刊《微波》，仅出两期。

本年，曾得到"河南省政府参议"的名义，无经济补贴。

本年主要作品：

《关于〈戎马恋〉》，载 1 月 1 日《新文学》第 1 卷第 2 期（有同题文章载《中原副刊》1941 年第 6 期，但内容不同。）

《小说结构原理》，载 1 月《文艺先锋》第 4 卷第 1 期。

《关于〈新苗〉一封公开信的回信：敬答一群小读者》，载 1 月 26 日《时事新报》。

《感想——纪念文协六周年》，载 4 月 16 日《时事新报》。

《夏光明》（《新生颂》中章节），载 2 月《抗战文艺》第 9 卷第 1、2 期合刊。

《春夜》（《春暖花开的时候》中章节），载 2 月桂林《当代文艺》第 1 卷第 2 期。

《少女与小孩》（《新生颂》节选），载《文学修养》第 2 卷第 2 期。

《写长篇与写短篇——小说写作经验谈》，载 2 月 15 日《文学修养》第 2 卷第 3 期。

《论目前小说的创作》，载 3 月《时事新报·半月文萃》第 3 卷第 1 期。

《现代田园诗》,载 5 月、6 月桂林《当代文艺》第 1 卷第 5、6 期。

《从"两面人"看目前戏剧运动》,载 5 月 28 日《时事新报》。

《中国画的三条路》,载 7 月 12 日《扫荡报》。

《三年间》,载 8 月《微波》创刊号。

《伴侣》,载 8 月《微波》创刊号。

《北方生活与北方语言》,载 10 月 3 日《新华日报》。

《雾中怀北方》(诗歌),载 11 月 26 日重庆《大公报》副刊《文艺》。

《硬骨头》,载 11 月《高原》创刊号。

《读史随笔》,载 12 月 6 日河南《前锋报》副刊《燧火》。

《书评的公式》,载 12 月 9 日西安《正报》。

《历史的悲哀》,载 12 月 16 日《前锋报》副刊《燧火》。

《春暖花开的时候》(第一分册),载 6 月《天下文章》第 2 卷第 3 期"文艺专号"。

《春暖花开的时候》(第三分册),改题为《三女型》,连载 7 月《时事新报》副刊《青光》。

*《春暖花开的时候》(第一卷共三分册),重庆现代出版社分别于 4 月、5 月、9 月出版。

*《母爱》(《新苗》第一部),现代出版社 1944 年 11 月出版。该书为《崇高的爱》易名再版本。

1945 年　三十五岁

2 月,在郭沫若起草的《陪都文化界对时局进言》上签名。该文见报时题为《文化界发表对时局进言,要求召开临时紧急会议,商讨战时政治纲领,组织战时全国一致政府》(载 2 月 22 日《新华日报》)。

3 月 28 日,经哲学家冯友兰介绍,由重庆北碚来到川北三台东北大学,任中文系副教授,教授"小说原理"和"中国现代文学"两门课程。

4 月 6 日,应川北文协分会暨东北大学二十余学术团体之请在东大礼堂公开演讲《文艺的欣赏和批评》。

4 月底,与陆侃如、冯沅君、董每戡等一百五十人参加文协三台分会文艺晚会。

5 月 4 日,与董每戡等三台文协分会成员聚餐,并商议将三台文协分会正式更名为中华全国文艺界抗敌协会川北文协分会。

6月，与陆侃如、董每戡、赵纪彬、杨季野等于某茶馆举行茅盾五十寿辰纪念会并发宣言。

7月中旬，赴成都，参加成都文协为大中学生及社会青年举办的文艺讲座，与叶圣陶、吴作人、朱自清、陈白尘等为主讲者。此事曾被国民党内部通报为"异党活动"。

8月5日，与叶圣陶、叶丁易、黄药眠等十余名作家参加文协成都分会主办的暑期文艺讲座会结束典礼，并就民主政治与文艺前途等问题展开了热烈的讨论。

同月，在叶圣陶等人鼓励下，开始创作长篇小说《长夜》。

9月6日，上青城山继续创作《长夜》。11日离开青城山，返成都。

9月29日，成都文化界集会并发布《成都文化界对时局的呼吁》，要求民主统一，和平建国，与陈白尘、叶圣陶、张天翼等二百四十八人签名。

10月中旬，返回三台东北大学。

本年出版的作品：

《文学的欣赏和批评》（演讲稿），载《文学青年》第1卷第1期。

《生活·思想·语言》，载"诗文学丛刊第一辑"《诗人与诗》（1945年2月）。

《自省小记》，载11月3日河南《前锋报》副刊《燧火》。

1946年　三十六岁

春，离三台赴成都，寻找出川的机会。羁留成都期间，曾应邀去华西坝齐鲁大学和金陵女子文理学院文学院讲课。

2月10日，重庆较场口事件发生。闻讯后，愤而撰写《我抗议》。

4月，搭乘长途汽车，途经剑阁、宝鸡、洛阳、开封等地，前往上海。

5月，返回开封。在汴期间，曾应邀至多校演讲。

6月，曾赴上海。旋返河南开封。

8月底，返回故乡邓县。在邓期间，办理其父母合葬事（其父殁于1943年，其母殁于1945年）。

本年，继续创作长篇小说《长夜》。

本年主要作品：

《老祖母》(散文),载开封《春潮》创刊号。

《我的老祖母》(散文),载1月成都《华西晚报》。

《外祖母的命运》(散文),载2月《华西晚报》。

《我抗议》,载2月14日《华西晚报》。

《夏光明》(长篇《新生颂》部分),载2月《抗战文艺》第9卷第1、2期。

《大嫂》(散文),载4月《华西晚报》。

《用什么话写小说》(杜敬远记录),原载报刊待查。

《怎样写作——记姚雪垠先生讲演》(逸波记录),载8月18日《大河日报》副刊《奔流》。

《怎样写小说》(丁纬记录),连载10月9日、10月10日、10月12日、10月14日、10月16日、10月17日《民权新闻》副刊《晨曦》。

《三年写作计划》,载7月5日、6日《河南民报》副刊。

《什么是五四精神》,载11月24日《前锋报》。

﹡《长夜》(长篇小说),7月至9月连载于《河南民报》副刊《民众乐园》(同年5月起连载于上海《联合晚报》)。

﹡《金千里》(《戎马恋》修订本),上海东方书社1946年3月出版。

1947年 三十七岁

1月,从河南来上海,曾暂住老友田仲济家。经田介绍,在上海武训学校担任教职,与臧克家、陈白尘、焦敏之、陈原、傅彬然、方与严、赵纪彬、张文郁等先后同事。

2月,《长夜》脱稿。曾自述称:"最后这部书脱稿于上海,时在一九四七年的二月十二日,离开始写的时候已经有一年半了。"(《长夜·后记》,1947)

4月初,经剧作家徐昌霖介绍,结识怀正文化社老板刘以鬯,谈成"雪垠创作集"出版事。借寓于沪西亿定盘路(今江苏路)怀正文化社的纸型室里。

5月末,辞职离开"上海武训学校"。

9月初,阿垅在《时代日报》副刊《文化版》发表《从"飞碟"说到姚雪垠底歇斯底里》,攻击姚小说中有"色情"描写,并暗示怀正文化社为国民党特务机关,影射姚为文化特务。姚专程去《时代日报》找楼适夷申辩,被驳回;又曾找叶以群申辩,无果。

本年主要作品：

《希特勒的猴子》(寓言)，载 1 月 16 日《文汇报》。

《面具和手套》(寓言)，载 1 月 29 日上海《联合晚报》。

《中国新文化的源流》，载 2 月开封《山河》半月刊第 3 期。

《读〈天堂春梦〉》，载 3 月 20 日《四川时报》、《华阳国志》1947 年第 61 期。

《等待》(小说)，载 5 月 1 日《文潮月刊》第 3 卷第 5 期。

《恐怖之夜》，载山西《新文艺》1947 年第 1 卷第 3、4 期。

《论胡风的宗派主义——〈牛全德与红萝卜·序〉》，载 5 月 1 日北平雪风社《雪风》半月刊第 3 期。

《外祖母》(散文)，载《文讯》第 7 卷第 2 期(7 月 15 日出版)。

《人性的恢复》(小说)，载张白怀主编的"短篇创作丛刊第一辑"《人性的恢复》。

《一个被压杀的天才——记独轨火车发明家卢镕轩先生》，连载于《人物杂志》第 2 卷第 3 期至第 8 期。

《近代小说的起源》，连载于 1947 年 11 月 23 日、30 日，12 月 7 日、21 日、28 日；1948 年 1 月 11 日、18 日上海《益世报》之《文艺周刊》。

*《"差半车麦秸"》(短篇小说集)，上海怀正文化社 5 月 1 日出版，为"雪垠创作集第一种"。收入短篇小说六篇：《"差半车麦秸"》《红灯笼故事》《新芽》《伴侣》《碉堡风波》《大选》。

*《长夜》(长篇小说)，上海怀正文化社 5 月 1 日出版，为"雪垠创作集第二种"。

*《牛全德与红萝卜》(中篇小说)，上海怀正文化社 5 月 15 日出版，为"雪垠创作集第三种"。

*《记卢镕轩》(传记文学)，上海怀正文化社 8 月 1 日出版，为"雪垠创作集第四种"。

1948 年　三十八岁

年初，经朋友黎嘉(王照慈)介绍去上海浦东，应聘为高行农业学校国文教员。

开始研究明史，撰写读史笔记。

本年主要作品：

《什么叫做小说》，连载 1 月 27 日、29 日重庆《时事新报》副刊《青光》。

《恐怖》（小说），载《文艺战地》第 1 期。

《杜甫与李白的友谊》（传记文学），载 5 月《文艺工作》第 1 号。

《万里哀鸿》（电影剧本），载 8 至 10 月南京《剧影春秋》第 1 卷第 1、2、3 号。

《崇祯皇帝传》，载上海《幸福》月刊第 23 至 26 号（1948 年 12 月至 1949 年 3 月）。

《明初的锦衣卫》，载上海《中国建设》杂志第 7 卷第 6 期。

《历史不容曲解——评吕克难君的中国史观》，载 7 月《时与文》第 3 卷第 16 期。

《论石敬瑭式的政权》，载 9 月《时与文》第 3 卷第 20 期。

《论批判现实与要求改革》，载上海《求是》月刊第 5 期。

《姚雪垠答问》（陈新："作家访问记之八"），载 9 月 11 日上海《新民报》晚刊。

《论批评》（摘自《姚雪垠答问》），载《书报精华》第 46 期。

1949 年 三十九岁

年初，参加中共组织的爱国学生运动，投身于迎接解放的热潮。

5 月 25 日，中共地下党员张松和、石小平领导的"上海中心组"创办的小报《群众报》问世，姚担任主笔。5 月 26 日，《群众报》出版第 2 期。5 月 27 日，《群众报》第 3 期印出，未能获准出版。

5 月 27 日，上海解放。

同月，上海军管会新闻局对《群众报》所曾署的出版单位（"第三野战军江南前线政治部"）提出疑问，姚也因此受到组织的审查。一个月后，接夏衍通知，问题已经弄清。

7 月 29 日，接上海市总工会筹委会通知，参加首期职工干部学习班。陈毅、刘长胜等都曾亲自来给学员上课，为期八天。学习结束后，奉派至上总驻"周家桥申新一厂工作组"，筹建工会组织。

同月，被聘为上海私立大夏大学兼任教授，聘期 1949 年 8 月至 1950 年 7 月。开设"中国现代文艺思潮"和"西洋现代文艺思潮"两门课程，每周两节课。

9 月 1 日，申新一厂工会筹备会正式成立。

同月，上总派遣的"工作组"奉命撤离。在厂工会的要求下，姚留下协办工人夜校。

本年主要作品：

《明代特务政治史》（之一：刘瑾与钱宁；之二：明代特务重心的转移），连载上海《春秋》1949 年第 6 卷第 3、4 期。

《战争与和平》，载《报告》创刊号。

《因为我也是工人》（小说），载 12 月香港《小说》月刊第 3 卷第 3 期。

＊《母爱》，现代出版社 4 月出版，为"现代文艺丛书"之一。

1950 年　四十岁

春，结束八个月的工厂生活，返回大夏大学。

7 月，续聘为大夏大学教授。聘期 1950 年 8 月至 1951 年 7 月。开设"中国现代文艺思潮""文艺习作""鲁迅研究"三门课程。

暑期，返回河南。会见河南省文联领导、老朋友李蕤和苏金伞。

同期，到豫西乡下访问将近一个月，搜集创作材料。

10 月，被大夏大学聘为"本大学文学院代理院长"，担任"校、院、系"三级制中的"院"级领导干部。

本年，风闻华东高教部准备将圣约翰大学、大夏大学等私立院校合并为华东师范大学。慎重考虑去留问题。

本年主要作品：

《刚摸着工人生活的边》，署名冬白，载 8 月《河南文艺》第 1 卷第 4 期。

《论所谓"纯文艺"》，署名冬白，载同上。

《突围记》，载南京市文联《文艺》月刊第 2 卷第 6 期（本年 12 月出版）。

＊《一封信》（剧本），上海劳动出版社 1950 年 6 月出版。

＊《突围记》，河南省文联 1950 年 12 月初版，"河南文艺丛书"之一。

1951 年　四十一岁

1 月 11 日，读到老友胡绳执笔的题为《纪念太平天国革命百周年》的社论（载《人民日报》）。参加上海市为纪念太平天国组织的游行，非常激动，随即萌发了创作太平天国历史题材长篇小说的念头。

同月，跟随上海大学教师土改队去浙东"访问土改"，因不懂当地话，对该地的风土人物、历史背景、语言特色均不能充分了解，萌生离沪返豫之念。

2月，被大夏大学聘为"本大学副教务长"，"任期自一九五一年二月起至七月止"。经华东军政委员会教育部批复，并转呈中央人民政府教育部备案，成为"校、院、系"三级制中的"校"级领导干部。

不久，华东高教部积极筹备上海几所私立大学如圣约翰大学、大夏大学、沪江大学、光华大学、震旦大学等校合并，成立华东师范大学。再次慎重考虑去留问题。

4月，再次奉派下乡参加土改。据学校档案："此次本市郊区开始土改，本校工会响应上教工会发动部分教授参加土改工作的号召，现有志愿参加土改者计邵家麟、姚雪垠正副教务长及王绍唐、刘焕文、许公鉴、夏炎、李贤瑗、宋成志、史守谟等教授共九人，即于日内出发。"

5月，致信河南省政府和河南省"文联筹"，提出调回河南从事专业创作的申请，得到批准。

7月，正式向校方提出辞职请求。

同月，校方出具"大夏大学离职证明书"（原件无标点）：本校文学系主任兼副教务长姚雪垠先生兹应河南省文学艺术工作者联合会之邀前往河南从事文艺工作申请辞卸在校职务业已照准并经呈报华东教育部备查特给予离职证明书以资证明。校长欧元怀公元一九五一年七月。

8月1日，辞别大夏大学，返回河南。

同月，访问豫东老根据地。

12月，参加河南省委、省政府组织的土改复查工作队，下派到陕州专区，担任小组长。历时半年。记有《土改复查日记》。

本年主要作品：

《庆祝苏联十月革命三十四周年》，载11月《翻身文艺》第7卷第5期。

1952年　四十二岁

6月，结束土改复查工作，返回开封。

同月，参加河南省文艺界的整风运动。

8月，参加文艺界评级，被评为八级（相当于讲师）。

本年，将新乡通丰面粉厂作为创作生活基地，持续至1956年。

本年主要作品：

《改造的初步》，载 7 月 16 日《河南日报》。

《重读鲁迅的〈论第三种人〉》，载 10 月 19 日《河南日报》。

1953 年　四十三岁

7 月，中南作家协会在武汉宣告成立。其时，武汉是中南局机关所在地，中南局辖六省二市（豫、鄂、湘、赣、粤、桂六省，武汉、广州二市）。

8 月，《长江文艺》复刊，为中南作家协会机关刊物。

同月，为充实中南作家协会，从各省调来一批作家。河南省"文联筹"副主席李蕤和创作人员姚雪垠、吉学沛、李叔英等相继调来武汉任驻会专业作家。姚孤身一人来武汉，家属仍留在开封。

10 月，短篇小说《携手》载于《长江文艺》10 月号。该小说是当地作协组织的第一批工业题材作品之一。

10 月 9 日，中南作协创作委员会举行关于《携手》的讨论会，发言者有史玉樵、韩秉三、田涛、洪洋、左介贻、莎蕻、王淑耘、俞林、李蕤等，发言记录收入《中南作家通讯》创刊号（同年 11 月出版）。

11 月，致信中南作协创作委员会，谈下厂的经验体会。信件摘要载于《中南作家通讯》第 2 期（当年 12 月出版）。

12 月，致信中南作协创作委员会，谈《关于〈携手〉的讨论》的读后感。信件摘要载于《中南作家通讯》第 3 期（次年 1 月出版）。

本年，薪酬待遇提到文艺六级（相当于副教授）。

本年主要作品：

《端午节与屈原》，载 6 月《翻身文艺》第十二本。

《携手》，载《长江文艺》10 月号。

1954 年　四十四岁

7 月，大区一级行政机构撤销后，中南作家协会改名为中国作家协会武汉分会。

本年，仍以河南新乡通丰面粉厂为创作生活基地。

同时创作两部小说:一部是中南作协领导批准的书名为《在面粉厂里》的长篇小说,该小说表现的是现实题材,反映通丰面粉厂"前路出粉"的技术改革,是在中篇小说《携手》基础上的改写;另一部是中南作协领导并不知晓的书名为《白杨树》的长篇小说,该小说虽也取材于新乡通丰面粉厂,但表现的是历史题材。作家企望用艺术的彩笔"纵深"地描摹这家老厂的历史沧桑,为中国近代民族工业的发展留下一帧剪影。

本年主要作品:

《试论〈儒林外史〉的思想性》,载《长江文艺》1954 年第 4 期。

《牛全福和百泉发电厂》,载《新观察》1954 年第 7 期。

《读〈太阳出来的时候〉》,载《河南文艺》1954 年第十四本。

《广播员》(小说),载 10 月 16 日《河南文艺》1954 年第二十本。

1955 年　四十五岁

夏,去华中师范学院中文系代课。曾自述道:"反胡风运动"中,"华中师院讲现代文学课的几个老师受了牵连,运动搞不完,没有老师教课,一定让我去讲,说四年级要毕业,三年级和青年教师也要听。我只好去。但声明,我只讲抗战前,抗战后不讲。我讲了两个星期,开大课,三、四年级和青年教师都听课。时间是一九五五年下半年与一九五六年上半年"(杨建业录音整理稿)。

秋,《白杨树》创作计划被泄露。作协武汉分会领导索要《白杨树》原稿,稍加浏览后即表示不赞同姚继续写下去。姚争辩无效,返回宿舍愤而将已有二十余万字的原稿烧毁。

冬,听从作协分会领导意见,将《在面粉厂里》改写为长篇小说《捕虎记》。

年底,将《捕虎记》初稿寄北京作家出版社。

本年主要作品:

《论俞平伯底美学思想底腐朽性及其根源》,载《长江文艺》第 1 期。

《胡适和白话运动》,载《长江文艺》第 3 期。

《回到祖国的岗位上》(小说),载《长江文艺》第 5 期。

《正告胡风反党集团》,载《长江文艺》第 6 期。

《为征服黄河的事业欢呼》,载《长江文艺》第 10 期。

1956 年　四十六岁

3 月 16 日,《中华人民共和国文化部、中国作协联合征求电影文学剧本启事》公布,称:"征求电影文学剧本的期限是从今年 3 月起到明年 3 月底止。应征的电影文学剧本只限于故事片,要求能够反映中国人民在社会主义建设中的新生活、中国共产党所领导的各个历史时期的革命斗争、中国历史和民间传说以及改编中国古典文学和现代文学名著。应征入选的剧本分为三等,将按等级分别给予 3000 元到 8000 元的奖金。"

同月,报名参加电影文学剧本的"应征",提出了"太平天国的选题"。

5 月,因患头晕病,返回开封家中休养。

同月,开始创作中篇小说《青春》,取材于年前在华中师范学校的代课生活。

7 月,应武汉大学中文系五二届毕业生邀请赴校讲评赵树理小说《三里湾》。

8 月,按作家出版社意见,开始修改长篇小说《捕虎记》。

9 月,去江苏无锡太湖疗养院休养。

本年,慎重考虑长篇历史小说的选材问题,仔细权衡了《李自成》和《天京悲剧》的各方面因素后,初步决定先写《李自成》。

本年主要作品:

《从几个村子看高潮》,载《长江文艺》第 1 期。

《谈打破清规与戒律》,载《长江文艺》第 8 期。

《现实主义问题讨论中的一点质疑》,载《文艺报》第 21 期。

《读〈带经堂诗话〉有感》,载 12 月 15 日、21 日《文汇报》。

1957 年　四十七岁

年初,散文《惠泉吃茶记》和《创作问题杂谈》相继问世。

3 月,毛泽东在接见文艺界代表时谈到姚的这两篇文章,有赞赏,有批评。谈话传开后,在文艺界引起极大反响。

春,抵北京,修改《捕虎记》,拟交作家出版社出版。

在京期间,应《旅行家》主编彭子冈之约,为该刊写《北京散记》。原构思写五六篇,写了两篇后,反右派斗争开始,彭子冈挨批斗,遂停笔。

秋,单位来人催回武汉。被视为极右分子,受到猛烈批判和斗争。

9月,有关部门内部印发《姚雪垠言论》作为批判资料,收入《谈打破清规与戒律》《创作问题杂谈》《惠泉吃茶记》《打开窗户说亮话》《在北京中国作家座谈会上的发言记录》《要广开言路》等六篇文章。

9月下旬,在等候上级"定性"的日子里,开始创作长篇历史小说《李自成》。笔记本中有记载:"《李自成》第一卷,正式动笔于1957年9月下旬,写完最后一章是在1958年5月31日。大概50多万字。因有些章尚须大改和补充,故不能算是脱稿,只能算是草稿。"

本年主要作品:

《创作问题杂谈》,载1月10日《文汇报》。

《惠泉吃茶记》,载《新观察》第2期。

《登景山——北京散记之一》,载《旅行家》第5期。

《卢沟桥礼赞——北京散记之二》,载《旅行家》第6期。

《乐观与信心》,载5月16日《文汇报》。

《实习的第一课》(长篇小说《青春》中的片断),载《奔流》第5期。

《施永怀教授》(长篇小说《青春》中的片断),载《人民教育》第7期和第8期。

《朴素、豪迈、富于生活色彩的艺术——看安阳市豫剧团演出随笔》,载《文艺报》第6期。

《打开窗户说亮话》,载《文艺报》第7期。

《要广开言路》,载《文艺报》第8期。

《田野上的鲜花》,载《戏剧报》第8期。

1958 年　四十八岁

从1957年9月下旬到1958年5月31日,在被划为右派等候处理的八个月时间里,完成《李自成》第一卷(含第二卷部分)草稿,共五十余万字。

8月,被正式划为极右分子,下放武汉郊区东西湖农场劳动。

本年,在东西湖劳动期间,经常悄悄地在日记本中记下有关历史问题的思考和小说的艺术构思;后被发现,受到批判。

1959 年　四十九岁

继续在东西湖劳动。

秋,两腿患急性关节炎,回武汉市内治疗。在十来天的病休中,将《李自成》第一卷部分草稿(数万字)整理成初稿,装订为两本。

冬,武汉市文艺界的右派们集中到吴家山蔬菜农场,条件有所改善。

1960 年　五十岁

年初,参加由右派自编自演的一个话剧剧本的写作,稿未存。

春,在工作组安排下去汉口某人民公社参观。

夏,随武汉市政协组织的参观团去郑州、洛阳、三门峡水库等地参观。返回后在各大队宣讲见闻,畅谈感想。

10 月 18 日,东西湖农场召开了一个有八百余人参加的右派摘帽大会,管理干部宣布摘掉十八人的帽子,其中包括李蕤、周勃和姚雪垠。

10 月 24 日,离开农场返回市区,被分配到武汉市文联豫剧团。

同月,被抽调参加市京剧团建党四十周年献礼项目《武昌战火》剧本改编,写成话剧的故事梗概(分幕)。

年底,又被抽调参加市汉剧团的建党四十周年献礼项目《王昭君》剧本改编。

本年,市文联党组成员、诗人李冰读到《李自成》第一卷的两本初稿后,向市文联主席程云推荐;程云读过后,即向市委文教书记宋一平汇报。

1961 年　五十一岁

年初,经武汉市委同意住进璇宫饭店。与龚啸岚合作编写汉剧《王昭君》,并获准进行《李自成》第一卷的修订。一个月后,完成汉剧《王昭君》剧本初稿,返回作协分会花桥宿舍。

5 月,因孤身一人在汉,生活困难,领导又安排住进璇宫饭店,继续整理《李自成》第一卷。曾自述称:"到这时,写《李自成》已经不再是'地下工作',而是获得了武汉市委的正式承认和支持。"(《学习追求五十年》)

9 月,第一卷初稿整理完毕,作七绝十三首以志之。

10 月中旬,将书稿寄交中国作家协会。

10 月底,中国青年出版社文学编辑室来信,索要《李自成》第一卷初稿。

本年,留住璇宫饭店期间,以书信体的形式撰写有关太平天国历史的读书笔记,至翌年 7 月,共撰写十五篇。"文革"前,将这批书信交好友周勃保存。1975 年 12 月赴京前夕,周勃将全部信件交还。

本年主要作品：

《历史和传说——关于如何处理历史题材的若干问题之一》(10 月 12 日作)，载武汉市文化局戏曲研究室内部刊物《武汉剧坛》。

1962 年 五十二岁

1 月 4 日，《李自成》第一卷初稿由中国作家协会转给中国青年出版社。

2 月 11 日，离开居住了八个月的璇宫饭店。住汉口饭店参加省文联扩大理事会。

2 月上旬，中国青年出版社文学编辑室江晓天携书稿抵汉，商讨修改事宜。省文联会议结束后，改住武昌洪山路 13 号省委招待所。

曾自述称："从二月下旬到五月底，我都在进行修改工作，多半时间是住在武昌洪山路的省委招待所里。从去年秋天完成第一卷的初稿到现在，我对历史问题的认识，对小说中的人物和故事情节的考虑，对长篇小说艺术问题的探索，没有一日停止过。这一部稿子毕竟只是初稿，从寄往北京以后过了大半年，到如今自觉需要修改的地方就很多了。"(《学习追求五十年》)

4 月 10 日，家属从开封迁居武汉，定居于汉口花桥文联大院。

6 月 8 日，将《李自成》第一卷修改稿陆续挂号寄往北京。

7 月 26 日，写完关于太平天国历史的十五封书信体读史笔记。

7 月 27 日，与程云同赴庐山，合写歌剧《闯王旗》。在此期间，应《文汇报》之约，撰写《铁船峰游记》，已印清样，终未发表，"文革"中被烧毁。

8 月，中国青年出版社将《李自成》第一卷修改稿印成征求意见本，分寄有关人士。

9 月底，由庐山返武汉。

10 月初，武汉市委文教书记宋一平主持召开小型《李自成》座谈会。

10 月上旬，赴北京。在中国青年出版社编辑陪同下，先后拜访阿英、李文治、吴晗等专家学者，征求对《李自成》的意见。

从本年 10 月初至翌年 1 月中旬，整整一百天，住中国青年出版社内改稿。

本年主要作品：

《为〈借妻困城〉抱不平》，载 2 月 17 日《武汉晚报》。

《试谈〈昭君出塞〉》，载《戏剧报》第 4 期。

《草堂春秋》（短篇小说），载《长江文艺》第 10 期。

1963 年   五十三岁

春节前夕，离京返汉。

春节过后，在出版社寄来的清样上继续修改，改动较大，有许多页需要重排。

3 月，湖北省委宣传部负责人在京与中国青年出版社领导面谈，对《李自成》出版提出三条限制：一、不宣传（包括不在报上登新书介绍）；二、控制印数；三、低稿酬。

7 月，《李自成》第一卷出版。寄赠毛主席一部。

本年，继续创作《李自成》第二卷。

本年出版和发表的作品：

《写历史题材与面向斗争、深入生活》（1963 年 3 月），所载刊物待查。

《重阳登高漫记》，载《长江文艺》1963 年第 12 期。

＊《李自成》第一卷，中国青年出版社 1963 年 7 月第一版，上下册。

1964 年   五十四岁

3 月，发表书信体论文《我所理解的李自成》，首次对郭沫若《甲申三百年祭》的历史叙事公开提出意见。

7 月初，在汉口邂逅冯雪峰，交流以太平天国为题材的小说创作问题。

7 月 7 日，与几位老画家同去当阳玉泉寺避暑、创作。

9 月初，结束近两个月的避暑、创作生活，返回武汉。

同月中旬，《李自成》第二卷稿件整理出近四十万字，约为后来单行本的四分之三。

秋冬之交，武汉市召开文艺界的"百日整风"会议。姚的历史小说《草堂春秋》（1962）受到有组织的批判。主要批判文章有：陈安湖《姚雪垠的〈草堂春秋〉宣扬了什么？》，载《江汉学报》1964 年第 12 期；新翰《〈草堂春秋〉是一篇大毒草》，载《湖北日报》1965 年 1 月 10 日第 3 版；宋漱流《在历史题材的掩盖下——评姚雪垠的〈草堂春秋〉》，载《长江文艺》1965 年 1 月。

本年，继续创作《李自成》第二卷。

本年主要作品：

《我所理解的李自成》，载 1964 年 3 月 12 日《羊城晚报》。（同年 6 月 9 日《人民日报》发表读者王钢来信《顾君恩归附李自成的时间》。）

1965 年 五十五岁

年初，武汉整风运动结束，大批文艺干部按照主管部门的安排下乡参加"社会主义教育运动（四清）"，他被安排在汉阳旭光大队。据说，上面对下派人员有一些明确规定，如不准考虑创作，不准订阅文艺报刊，等等。

冬，曾撰写论文《谈诸葛亮的出山》，"文革"中被烧毁。

本年，《李自成》第二卷创作被迫停笔，直至 1971 年。

1966 年 五十六岁

6 月，武汉市委派遣工作组进驻市文联、市文化局、群众艺术馆三单位，无产阶级"文化大革命"拉开序幕。

因恐受《海瑞罢官》株连，将《李自成》第二卷中的一章《刘宗周写奏本》原稿寄存友人姜弘处，后取回烧毁。另有一份誊稿，已投寄《羊城晚报》，未获刊出，"文革"后被寄还。

7 月，毛泽东主席在北京主持召开中央政治局常委扩大会议，对中共湖北省委第一书记王任重说：你告诉武汉市委，对姚雪垠要予以保护。他写的《李自成》写得不错，让他继续写下去。次日，王任重将该指示打电话告知中共武汉市委第一书记宋侃夫。

本年，《李自成》受到种种丑化和批判，在铅印小册子《毒草一百种》中被列为第五十三种。

本年，未被群众组织揪斗，未被抄家，书籍、资料、笔记、稿件、卡片等均无损。

1967 年 五十七岁

本年，观望"文革"。

武汉七二〇事件发生后，曾以《江城纪事诗》为题写过一组七绝和一组七律，后全部撕毁，仅保留原序诗《眼前》。

1968 年　五十八岁

10 月,随市委直属机关人员去武昌县金口参加运动。曾回忆道:"金口距武昌六十里,濒临长江南岸。一九六八年十月,武汉市委宣传部和文教卫各机关干部集中金口,搞所谓清理阶级队伍,又称做搞'斗批改',进行激烈的阶级斗争,当时称为'刮十二级台风'。"

1969 年　五十九岁

夏,长江涨水,金口受到威胁,随"斗批改"大队回到武汉。

1970 年　六十岁

3 月,随武汉市文教卫干部去蒲圻县五七干校。家书中有记载:"我将于十五日去蒲圻赵李桥五七干校,编在干校第一连第二班。在羊楼洞附近,紧靠湖南边界,是个国营大茶场。文、教、卫系统的干部,大部分到崇阳插队落户,处级以上和问题尚未解决的去五七干校,与当前运动重点有关系的送东西湖学习班继续深挖深揭。"

在五七干校待了两年多(1970 年春—1972 年 4 月)。

1971 年　六十一岁

11 月,在讨论九一三事件的小组会上,随口引用白居易的一首诗"周公恐惧流言日,王莽谦躬下士时。假使当年身便死,一身真伪有谁知"。曾回忆道:"小组主持人认为我引的诗大有问题:把林彪比做王莽,那么汉平帝是谁呢?于是层层上报,得到校部领导批准,对我开了一次较大的声势严厉的批斗会。"

本年,恢复《李自成》第二卷的写作。曾回忆道:"我每夜三点钟左右起床,将煤油灯放在床上,俯在床边继续写第二卷,而将被子围堵着荧荧孤灯,以免影响别人睡觉。雨夕雪夜,寒气侵骨,未曾停止工作。"

1972 年　六十二岁

2 月 21 日,美国总统尼克松访华。同月中美上海联合公报发表,两国关系走向正常化。在此期间,开放了一批书籍,以充实新华书店,其中包括《李自成》第一卷的存书。

4 月,获知《李自成》第一卷已被列入开放书目,乘返城休假之便,见市革委会负责人辛甫,要求继续写作《李自成》,获得同意。此后,被允许住家写作,但组织关系仍在干校。

7月间,参加武汉市繁荣文艺创作座谈会,会议持续二十余天。曾作简短发言,对所谓"三突出"创作原则提出异议。翌年,在"评法批儒"运动中险些挨"整"。

1973 年　六十三岁

年初,武汉市文教卫系统五七干校结束,学员回城重新分配工作。由于武汉市文联尚未恢复,找不到接收单位,后来被分配到武汉市文化局文艺创作室。

5月,完成《李自成》第二卷初稿。随即分批付邮,寄给刚恢复联系的北京中国青年出版社编辑江晓天。

1974 年　六十四岁

7月10日,开始与茅盾先生通信,信末称:"下次给您写信,打算将我的写作计划向您作个简要报告。"数日后,起笔撰写《〈李自成〉全书内容概要》。此后,与茅盾先生通信频繁,请教并探讨《李自成》创作中的各种问题。

9月初,写成《〈李自成〉全书内容概要》,八万余字。10月21日,油印装订后,亲自校对一份,寄呈茅盾先生。

10月27日,湖北省文化局曾派刘岱去兴山县茅庐山一带作实地调查,返汉后偕参与调查的县中学历史教员信老师来访,提出来七个问题要求解释。采访笔录整理为《关于李来享问题答问》。

本年,根据江晓天等人意见修订《李自成》第二卷初稿。

1975 年　六十五岁

修订《李自成》第二卷的工作受到干扰,进展缓慢。

7月,编剧张天民为电影《创业》被禁事上书毛主席。同月25日得毛主席批示"此片无大错,建议通过发行……",该片得以解禁。

9月28日,接江晓天函,建议给毛主席写信,以改善创作条件。

10月7日,致信茅盾先生,征求对上书毛主席的意见。

10月19日,上书毛泽东主席,请求对创作给予支持。

11月2日,毛主席在胡乔木报告上批示:"印发政治局各同志,我同意他写李自成小说二卷、三卷至五卷。"

11 月 8 日，中国青年出版社江晓天乘飞机来武汉洽谈《李自成》第二卷出版事。

11 月 9 日，人文社韦君宜乘火车来武汉争取《李自成》第二卷出版权。

12 月初，参加省委宣传部组织的老作者座谈会，省领导表态要尽快让老作家们的名字见诸报刊。

12 月 15 日，参加湖北省创作会议，会期五天。作大会发言。

12 月 21 日，抵达北京，住中国青年出版社幸福一村宿舍。

1976 年　六十六岁

2 月 1 日，致信王亚平："第二卷的最后一页总算在昨天写完了。今后还要补写一些章节，还要推敲修改全稿，第二期工程量还是很大。"

7 月 3 日，与臧克家登门祝贺茅盾先生八十大寿。

7 月 28 日，北京地震。在防震棚中校完了第二卷的清样，共一千三百多页。

9 月 9 日，毛泽东主席逝世。

9 月 11 日，去人民大会堂瞻仰毛主席遗容，放声大哭。翌日，又参加了中国青年出版社举行的吊唁活动。当夜撰写悼文《我的悲痛和决心》。9 月 14 日新华社在通稿中摘发了姚老写的这篇悼文中的部分内容。

10 月 6 日晚，中共中央政治局执行党和人民的意志，对王洪文、张春桥、江青、姚文元及其在北京的帮派骨干采取果断措施，结束了"文化大革命"。

本年，开始创作《李自成》第三卷。

本年主要作品：

*《李自成》第二卷（上中下），中国青年出版社 1976 年 12 月第一版。

1977 年　六十七岁

1 月 19 日，致函郭沫若，征询对《〈李自成〉第一卷修订版·前言》的意见。1 月 22 日，获郭沫若复书。

同月，与友人商议采用口述录音方式创作《李自成》后三卷，并打算通过有关部门借调写作助手。张葆莘和俞汝捷分别于本年 7 月和 9 月到岗。

3 月，《羊城晚报》编辑吴其琅将私下保存多年的《刘宗周写奏本》誊稿寄来，遂于第二卷重印时增补进去,成为第三十三章。

5月,整理茅盾来信,定题为《关于长篇小说〈李自成〉的通信——茅盾致姚雪垠》。经茅盾先生审阅,载6月25日《光明日报》。

7月4日,首都图书馆召集北京各区、县图书馆干部和图书评论员六百余人在劳动人民文化宫开座谈会,受邀演讲有关《李自成》写作方面的几个问题。

同月,接受武汉师范学院和湖北省文联来人采访,畅谈数日,谈话记录由湖北大学整理成文发表,题为《谈〈李自成〉若干创作思想》(上下),载《文艺理论研究》1984年第1、2期。

8月18日,离京赴沈阳、锦州、秦皇岛等地,参观、考察清故宫和松山战役、山海关大战的遗址,为《李自成》后三卷的创作搜集资料。

9月3日返京。

11月2日下午,中宣部部长张平化同志奉邓小平指示来家看望。

11月5日,致信邓小平表示感谢。

本年,开始采用口述录音方式创作《李自成》第三卷。

本年出版和发表的作品:

《高夫人东征小记》,载《上海文艺》1977年第2期。

《谈〈李自成〉的创作》,载《人民文学》1977年第4期。

《在毛泽东思想指引下探索前进》,载1977年9月24日《光明日报》。

*《李自成》第一卷(修订版),中国青年出版社1977年7月第2版。

1978年　六十八岁

1月,接湖北省委宣传部来电,彻底纠正1957年错划为右派的历史问题。月前,陈丕显在省文艺界茶话会上当众宣布,应为1957年错划事改正、昭雪、道歉。

2月中旬,抵武汉参加湖北省第四次文代会,当选为湖北省文联主席。

2月下旬,出席政协第五届全国委员会第一次会议,列席第五届全国人民代表大会第一次会议。

4月1日,致信邓小平,请求解决几个"实际困难"。获圆满答复。

6月,聂华苓来访,邀请去爱荷华度"中国周末"。辞谢。

7月,应社会科学院党组学习会邀请作《李自成为什么失败?》的学术报告。同年底整理成文,翌年交由《武汉师范学院学报》、中国社会科学院《未定稿》和香港《文汇报》副刊《文艺》发表。

8月，文化部政研室《情况通讯》（摘要）载："最近邓副主席在听取文艺界领导同志汇报工作时，作了重要指示。他在指示中，谈到了姚雪垠同志和《李自成》，他说：'许多老同志都不写了，姚雪垠同志还在写'，'我的书架上摆满了书，只有《李自成》我看'，'《李自成》第一卷写得很精彩，可以说无懈可击。第二卷不如第一卷，但是也精彩，有独到之处，也是难得的。听说正在写第三卷，不知第三卷怎样？''以后应当让姚雪垠同志多参加外事活动。'"

本年，继续写作《李自成》第三卷。

本年主要作品：

《〈李自成〉创作余墨》，载《红旗》第 1 期。

《言志篇》（七律六首），载《诗刊》第 1 期。

《张献忠破襄阳》，载《湖北文艺》第 1、2 期。

《给〈李自成〉讨论会的一封信》，载《武汉师范学院学报》第 2、3 期。

《三雄聚会》，载《辽宁文艺》第 3 期。

《致文学青年的一封信》，载《武汉文艺》第 3 期。

《给武汉师院中文系的一封信》，载《中学语文》（武汉师院）第 3 期。

《〈红楼梦〉故事图题诗》，载《社会科学战线》第 3 期。

《关于〈李自成〉的书简》，载《文学评论》第 4 期。

《向武汉的同志们致意》，载 4 月 2 日《长江日报》。

《咏史五首——奉寄茅盾同志》，载《长江文艺》第 5 期。

《李自成自何处入豫》，载《历史研究》第 5 期。

《燕辽纪事》，载《人民文学》第 6 期。

《律诗两首》（1.《奉寄叶老圣陶》，2.《祝茅公八十一岁高寿》），载 6 月 1 日《文汇报》。

《〈李自成〉人物图咏》，载《诗刊》第 6 期。

《题册子》，载《上海文艺》第 7 期。

《乾清宫的空前巨震》，载《长江文艺》第 8、9 期。

《我的感激与决心》，载《文教资料简报》第 9 期。

《辽海崩溃》，载《鸭绿江》第 9、10 期。

《五七干校诗二首》，载《雨花》第 10 期。

《讽事》(诗),载 10 月 5 日《解放日报》。

《值夜》(诗二首),载 10 月 22 日《文汇报》。

《北京十六景·序》,见《北京十六景》科普出版社 11 月版。

《对徐迟同志〈关于诗歌的意见〉的意见》,载《诗刊》第 12 期。

1979 年　六十九岁

2 月 25 日,《湖北日报》第一版发表文章,大标题:《省直宣传战线抓紧做好错划右派改正工作》,副标题:《作家姚雪垠等八十六人被错划为右派分子已予改正,恢复名誉》。

3 月 9 日上午,赴武汉师范学院(今湖北大学)作《李自成为什么会失败? ——兼论〈李自成〉的主题思想》的学术报告,省市有关单位一千八百多人参加了这次大型学术报告会。

5 月 10 日至 31 日,随中国作家代表团访问日本。

7 月,赴广西南宁参加中国当代文学学会(中国新文学学会的前身)筹备成立大会,被推举为会长。

10 月下旬,迁居至北京复兴门外大街木樨地 22 号楼。

10 月 30 日至 11 月 16 日,参加第四次文代会,当选为全国文联委员、中国作协理事。

冬,开始撰写回忆录,定名为《七十述略》。

本年,继续创作《李自成》第三卷。

本年主要作品:

《给故乡的文学青年》,载 1 月 1 日《河南日报》。

《春节感怀》,载 1 月 28 日《河南日报》。

《关于〈忆向阳〉诗集的意见给臧克家同志的一封信》,载《上海文艺》第 1 期。

《李自成为什么失败? ——兼论〈李自成〉的主题思想》,载《武汉师院学报》第 1 期。(该文后曾刊发于中国社会科学院内部刊物《未定稿》8 月号;又曾连载于香港《文汇报》副刊《文艺》,自 10 月 21 日至 12 月 16 日,共连载九期。)

《咏〈红楼梦〉七律一首》,载《红楼梦学刊》第 1 期。

《漫谈历史的经验》,载 2 月《文艺报》。

《感怀二首——五七干校杂诗(附跋)》,载 3 月 25 日《北京日报》。

《题〈李自成〉第一卷原稿》，载《花城》之《文艺丛刊》第 1 辑。

《一封谈创作规划的信》，载《广州文艺》第 4 期。

《己未杂诗》，载 4 月 29 日《解放日报》。

《袁时中叛变》，载《长江》之《文艺丛刊》第 2 期。

《关于典型问题的一封信》，载《北京文艺》第 5 期。

《春节唱和》（姚雪垠《春节感怀》；茅盾与荒芜和诗），载《滇池》第 5 期。

《给江晓天同志》，载《文艺论丛》第 6 辑。

《关于繁荣文学创作的若干意见》，载《读书》第 7 期。

《吊张志新烈士》，载 7 月 7 日《中国青年报》。

《步韵和沈老祝文艺之春》，载 10 月 1 日《中国青年报》。

《谈〈有感〉诗的写作》，载《西湖》第 10、11 期。

《慧梅出嫁》，载《收获》第 4 期。

《天涯若比邻》，载《当代》第 4 期。

1980 年　七十岁

春，在回忆录《七十述略》的基础上加以丰富，扩写成《学习追求五十年》，秋后在《新文学史料》上连载。《七十述略》，则交武汉刊物《芳草》发表。

6 月 16 日—26 日，从北京飞广州，主持中国当代文学学会第一次年会。会议期间，作《谈小说创作的中国风格和中国气派问题》演讲，后应邀到华南师院中文系作《关于创作〈李自成〉的艺术追求和探索》学术报告。

12 月，撰成《评〈甲申三百年祭〉》，寄上海《文汇月刊》，载于次年第 1 期至第 3 期。

本年，继续创作《李自成》第三卷。

本年主要作品：

《祝贺〈艺丛〉创刊》，载《艺丛》创刊号。

《为重印〈长夜〉致读者的一封信》，载《中国现代文学研究丛刊》第 1 辑。

《论〈圆圆曲〉——〈李自成〉创作余墨》，载《文学遗产》第 1 期。

《怀念崔嵬同志》，载《电影创作》第 2 期。

《项城战役》，载《芳草》第 2 期。

《风雨（七律三首）》，载《艺丛》第 2 期。

《关于创作〈李自成〉的艺术追求和探索》,载《华南师院学报》第 3 期。

《李自成箭射天安门》,载《旅游》第 3 期。

《朱仙镇》,载《长江》之《文艺丛刊》第 2 期。

《无止境斋书简抄》(一),载《社会科学战线》第 2 期。

《中国现代文学史的另一种编写方法》,载《文教资料简报》第 4 期。

《第二次开封战役》,载 6 月 7 日《解放军报》。

《致全国〈红楼梦〉学术讨论会的贺信》,载《北方论丛》第 7 期。

《七十述略》,载《芳草》第 7、8、9 期。

《一部值得重视的古典长篇小说——〈歧路灯〉》,载《长江文艺》第 7 期。

《姚雪垠著作小集·序》,载 8 月 21 日《河南日报》。

《历史生活的画卷》(《绿窗随笔》之一),载 9 月 24 日《羊城晚报》。

《请勿溢美》(《绿窗随笔》之二),载 9 月 30 日《羊城晚报》。

《不因誉存,不以毁亡》(《绿窗随笔》之三),载 10 月 3 日《羊城晚报》。

《洪水滔滔》,载《长江》之《文艺丛刊》第 4 期。

《我的心仍在武汉》,载 11 月 8 日《长江日报》。

《歧路灯·序》,见于中州书画社 1980 年出版的《歧路灯》。

《学习追求五十年》(一、二),载《新文学史料》1980 年第 3、4 期。

1981 年　七十一岁

年初,《李自成》第三卷交付出版。与出版社友人商妥先写第五卷,再写第四卷。

3 月 11 日,与江西作协来京同志谈《李自成》及诗歌创作。谈话记录整理为《姚雪垠同志谈诗及其他》,中国作协江西分会《星火》月刊整理打印,作为江西省诗歌座谈会参考资料。

3 月 13 日,在北京图书馆、首都图书馆和文献丛刊编辑部联合举办的报告会上演讲,录音整理稿发表在次年《当代文学研究参考资料》(总)第 22 期,题为《关于崇祯形象的塑造》。

5 月,去河南开封、郑州、洛阳等地讲学,被聘为河南师范大学顾问、郑州大学名誉教授。将部分讲稿整理为《〈李自成〉大悲剧》。

6 月,赴庐山主持召开中国当代文学学会第二次年会。

8 月,出席首都部分文艺家学习邓小平、胡耀邦关于思想战线重要指示座谈会。在小组会上发言,对《苦恋》提出批评。会后,作论文《评电影剧本〈苦恋〉》,未刊。

10月初,住武汉东湖宾馆,构思并开始《李自成》第五卷的录音工作。

10月12日到15日,武汉举行纪念辛亥革命七十周年学术讨论会。会期中,向湖北省委书记陈丕显建议由湖北拍一部反映辛亥起义的电影,获得支持。省委批两万元经费,成立由以龚啸岚为首的创作小组,姚担任顾问。

10月24日,湖北省委有关部门负责人通知,历史审查无问题,可解决组织问题。

12月5日,重新加入中国共产党,成为预备党员。

本年,开始《李自成》第五卷的口述录音。

本年出版和发表的作品:

《评〈甲申三百年祭〉》,载《文汇月刊》第1期至第3期。

《谈小说创作的中国风格和中国气派》,载《当代文学》第1期。

《无止境斋书简抄》(二),载《社会科学战线》第1期。

《大嫂》(散文),载《芳草》第1期。

《景物与情思》,载《旅行家》第2期。

《我对学习中国文学史的一点意见》,载《郑州大学学报》第2期。

《大地春光上笔端》,载2月5日《光明日报》。

《我的粗浅经验》,载2月17日《浙江日报》。

《如何在生活中经受考验》,载《八小时以外》第3期。

《略谈中国古典长篇小说》,载《中国通俗文艺》第3期。

《在困难的条件下努力前进——给故乡青年的一封信》,载《河南青年》第3期。

《中国现代作家作品欣赏丛书·序》,见《冰心作品欣赏》,广西人民出版社1982年8月初版。

《读旧信追怀哲人》,载4月19日《解放日报》。

《一代大师,安息吧!——悼茅盾同志》,载4月23日《中国青年报》。

《姚雪垠同志谈〈李自成〉》,载江西作协编《创作通讯》第4期。

《慧梅之死》,载《中国通俗文艺》第4期。

《老将殊勋青史在——浅谈茅盾同志在中国现代文学史上的贡献》,载《新港》第 5 期。

《洛阳鸿爪》,载《牡丹》第 5 期。

《给青年作者的一封信》,载《南苑》第 5 期。

《党,我的精神母亲》,载《长江文艺》第 7 期。

《和青年们谈治学》,载《黑龙江青年》第 7 期。

《谈中国现代文学史的另一种编写方法》,载《语文教学通讯》第 8 期。

《谈古代诗歌的教学》,作于 1981 年 10 月 9 日,原载《中学语文》第 11 期。

《我对三峡的向往》,载《文汇月刊》第 10 期。

《人物与细节》,载《星火》第 10、11 期。

《中国当代文学学会第二次年会闭幕词》,载《当代文学》冬季号。

《学习追求五十年》(三)、(四)、(五)、(六),载《新文学史料》1981 年第 1 期至第 4 期。

*《长夜》,人民文学出版社 1981 年 1 月出版。

*《牛全德与红萝卜》,河南人民出版社 1981 年 3 月出版。本著为“姚雪垠著作小集”之一,其余几本为《“差半车麦秸”》(短篇小说集)、《大嫂》(散文集)和《文学杂论》(论文集)。

*《李自成》第三卷,中国青年出版社 1981 年 6 月(上册)、7 月(中册)、8 月(下册)第一版。

1982 年　七十二岁

春,《李自成》被全国中学生评为“我所喜爱的十本书”之一。

4 月 5 日,致信胡耀邦,反映《评〈甲申三百年祭〉》发表后受围攻的情况。

6 月,去湖南衡山主持召开中国当代文学学会第三次年会。

7 月下旬,去沈阳、大连等地讲学,8 月下旬返京。

10 月,由日本作家陈舜臣、陈谦臣翻译,讲谈社出版的《李自成》第一卷(书名《叛旗》)在日本问世。

12 月,《李自成》第二卷获首届茅盾文学奖。

本年,继续以口述录音方式创作《李自成》第五卷。

本年出版和发表的作品:

《回顾、思索、期望》,载《昆仑》第 1 期。

《〈李自成〉人物谈·序》，载《当代文学》第 2 期。

《同中学生谈〈李自成〉》，载《语言教学通讯》第 4 期。

《我走过的学习道路》，载《河南师范大学学报》第 5 期。

《作家要重视理论学习》，载哈尔滨《学理论》第 5 期。

《关于崇祯形象的塑造》，载《当代文学研究参考资料》第 7 期。

《大嫂·序》，载 9 月 19 日《河南日报》。

《〈李自成〉大悲剧》，载《文献》第 10 辑。

《关于现实主义的若干问题》，载《芙蓉》第 6 期。

《学习追求五十年》（七）、（八）、（九）、（十），载《新文学史料》1982 年第 1 期至第 4 期。

*《大嫂》（散文集），河南人民出版社 1982 年 6 月出版。

1983 年 七十三岁

2 月 7 日，中国青年出版社召开支部会议，讨论姚的转正问题，全体一致通过。次日党委批准为中共正式党员，党龄从 1981 年 12 月 5 日起。

5 月 21 日，去湖北大学演讲，题为《我在历史小说创作中对社会主义现实主义美学原则的追求》。

5 月下旬，去湖北九宫山实地考察李自成牺牲遗址，为创作第五卷中《双星陨落》单元搜集资料。

6 月，出席政协第六届全国委员会第一次会议，列席第六届全国人民代表大会第一次会议。

10 月，与陕西电视台洽谈《李自成》的改编问题。

本年，继续以口述录音方式创作《李自成》第五卷。

本年出版和发表的作品：

《关于当代长篇小说的一些认识》，载《十月》创刊号。

《无止境斋书简抄》，载《芙蓉》第 1 期。

《一百零三天·重印序》，载 2 月 17 日《文学报》。

《82 年农村题材优秀小说选·序》，载《文艺》第 2 期。

《纸壁斋集·序》，载 3 月 20 日香港《文汇报》。

《无止境斋书信抄（初集）·序》，载 4 月 17 日香港《文汇报》。

《我获得首届茅盾文学奖的感想》,载《辽宁大学学报》第 4 期。

《与荒芜谈旧体诗》,载 5 月 8 日《光明日报》。

《谈〈李自成〉第五卷》,载 5 月 11 日《文汇报》。

《陶行知的儿童诗》,载 7 月 26 日《人民日报》。

《九宫山麓吊李自成墓》,载《文汇月刊》第 10、11 期。

《姜东舒学生魏碑字帖·序》,载 11 月 21 日《中学生语文报》。

《毛泽东同志给我的巨大支持》,载 12 月 28 日《人民政协报》。

1984 年 七十四岁

3 月底,应第三届金鹰奖授奖大会的邀请,偕妻王梅彩赴杭州。

4 月初,书法家姜东舒陪同赴绍兴参观鲁迅故居。

5 月,出席政协会议。

6 月,接受中国文学艺术研究院资料馆曾芸、吴芳庭采访,谈话录音整理为《关于对〈李自成〉的评价问题》,当年未公开发表。后以《我的文学创作道路及〈李自成〉第四卷创作计划》(访谈录)为题,载《新文学评论》2021 年第 10 期。

7 月上旬,应共青团中央邀请,赴哈尔滨全国青年读书夏令营讲学。

7 月中旬,赴西安,出席中国当代文学学会第四届年会。

9 月中旬,参加中宣部在京西宾馆召开的党内小型文艺工作座谈会,会议主题之一为"反对精神污染"。该会后被称为京西宾馆会议。

9 月 30 日,致信湖北省文联周韶华等,"坚决辞去湖北文联主席名义"。

10 月 26 日到 11 月 9 日,以著名作家身份应邀前往法国参加马赛玫瑰节世界名作家会议和名作家卖书签名仪式活动,被授予马赛市纪念勋章。

11 月底,写成《访法情况汇报》(打印稿)。

年底,《李自成》第五卷的口述录音及整理工作基本完成。

本年主要作品:

《青年应当重视对祖国语文的学习——〈新编大学语文·序言〉》,载《郑州大学学报》1984 年第 1 期。

《谈〈李自成〉的若干创作思想》(上下),载《文艺理论研究》第 1、2 期。

《姚雪垠与松本清张漫谈历史小说创作》(梅瑞华整理),载《当代文艺思潮》第 3 期。

《我与早晨》，载 4 月 9 日《北京晚报》。

《关于散文的语言美》（为王维洲《千佛洞夜话》所作序），载《文汇月刊》第 6 期。

《从两件不能忘却的小事谈起》，载 10 月 16 日《中国商业报》。

《略论于右任的诗歌成就》（为《于右任诗歌萃编》所作序），陕西人民出版社 1986 年出版。

*《长夜》（法文版），巴黎弗拉马利翁出版社 1984 年 1 月出版，翻译者李治华及其夫人雅克琳·阿雷依思。

1985 年　七十五岁

1 月，应邀以中国作家个人身份参加新加坡《南华早报》等单位联合举办的第二届国际华文文艺营和金狮文学奖颁奖大会。邂逅台湾作家三毛，有过一番感人的情感交流。

1 月 10 日至 17 日，在香港访问一周。

2 月，担任中国作家协会顾问，中国作协湖北分会名誉主席。

3 月 13 日，写成《请允许我用具体史料作回答》（未刊），应对李蕤在《新文学史料》1984 年第 4 期发表的《对姚雪垠同志〈学习追求五十年〉中的一章的声明》。

5 月，赴通山。出席光明日报社理论部、湖北省文化厅、湖北省社科联、湖北大学、通山县人民政府联合举办的纪念李自成殉难 350 周年学术研讨会。

8 月下旬，赴宜昌。主持新文学学会第五届年会。

9 月下旬，赴开封。参加河南大学七十三周年校庆。会后，回故乡南阳。

10 月底，赴通山。出席由湖北省社会科学联合会、湖北省文化厅、湖北大学、通山县人民政府联合举办的李自成归宿问题学术讨论会。

本年春，俞汝捷调湖北省社会科学院文学研究所工作，他为姚老担任助手近八年。稍迟，刘文田（河南大学中文系老师）接任助手。

本年，继续以口述录音方式创作《李自成》第五卷。

本年主要作品：

《巨星陨落》（《李自成》第五卷部分章节），载《中国作家》第 1 期。

《李自成之死》（《李自成》第五卷部分章节），载《小说》第 3 期。

《著名作家姚雪垠向南阳地区史志工作者作学术报告》，载《南阳志通讯》第 3

期。

《论当前的所谓"通俗文学"》,6 月 20 日写成,载《中国》第 6 期。后改题为《论当前的通俗文学》,收入论文集《创作实践与创作理论》,红旗出版社 1987 年 10 月出版。

《三毛其人及其作品》,《文艺报》7 月 20 日起连载。

《茅盾同志给我的帮助》,载 9 月 12 日《文学报》。

《故乡情》,载《河南画报》第 12 期。

1986 年　七十六岁

4 月,在政协第六届全国委员会第四次会议上,作了题为《希望中央从速制定思想文化战线的战略方针》的发言。

5 月 10 日,赴湖北黄冈,出席中国作协举办的历史小说创作座谈会,作《当代中国历史小说的若干理论问题》发言。

5 月,湖北省为"三老(姚雪垠、徐迟、碧野)"举行创作五十周年纪念活动。作《灯下咏怀》七律一首。

7 月至国庆前,在湖北通山凤池山庄修订旧作《春暖花开的时候》,并草拟《姚雪垠文集》(三十五卷)内容纲目。

在通山期间,应邀为《红旗》杂志撰写批评刘再复理论的文章。助手赖云峰协助查阅争鸣资料。

11 月 6 日,飞青岛。主持召开中国当代文学学会,被聘为青岛大学名誉教授。

12 月 21 日起,参加中宣部举办的座谈会。与会人员由邓力群委托贺敬之邀请,皆是"坚持四项基本原则和坚持马克思主义的作家和文艺理论家"。座谈会举行多次。

本年主要作品:

《崇祯皇帝之死》(《李自成》第五卷部分章节),载《小说》第 1 期。

《李自成评传略》,载《史志文萃》第 1 期。

《李自成的归宿问题》,载《湖北大学学报》第 2 期。

《从速制定思想文化工作的战略》,载 4 月 1 日《人民日报》。

《我的座右铭》,载 5 月 15 日《武汉晚报》。

《是制定思想文化战略的时候了》，载《群言》第 7 期。

《应当重视社会主义的思想文化建设》，载中共中央书记处研究室编《调查和研究》第 21 期。

《创作实践与创作理论——与刘再复同志商榷》，载《红旗》第 21 期。

1987 年   七十七岁

年初，撰写第二篇批评刘再复理论的文章，题为《继承和发扬祖国文学史的光辉传统》。

2 月 18 日，红旗杂志文艺组以内部材料印了《创作实践与创作理论——与刘再复同志商榷》发表前后的有关信件，发至中央各部门供参阅。

3 月下旬，出席全国政协六届五次会议，并在 4 月 3 日的闭幕会上作了题为《端正社会主义文学的发展方向》的发言。

4 月中旬，赴涿州出席文艺理论界举办的讨论会。该会后被称为涿州会议。

5 月中旬，参加中顾委临时党委举办的生活会，与会二十余名参加者分别来自中顾委、中宣部和作协系统，其中有贺敬之、刘白羽、夏征农、欧阳山、朱子奇、孟伟哉、梁光第、阳翰笙、林默涵、马拉沁夫、马烽、冯牧、张僖、唐达成、束沛德、从维熙、姚雪垠等文艺界官员和知名作家，王蒙受邀但没有出席。

7 月 27 日至 31 日，赴河北省承德避暑山庄，主持当代文学学会第七届年会。

9 月 1 日，致信国家文物事业管理局，建议通山李自成墓列为全国文物保护单位。

10 月，为全国政协文化组撰写回忆文章《我是怎样走上文学道路的》。

11 月 13 日，完成旧作《春暖花开的时候》的修订，撰写《前言》。

本年主要作品：

《历史与传说——关于如何处理历史题材的若干问题之一》，载《湖北作家论丛》第 1 辑。

《关于我国社会主义文学的发展方向刍议》（在全国政协第六届第五次会议的发言修订稿），载 4 月 30 日《人民日报》。

《继承和发扬祖国文学史的光辉传统——再与刘再复同志商榷》，连载《红旗》第 8、9 期。

《请澄清史实》，载《新文学史料》第 4 期。

*《创作实践与创作理论》(理论争鸣小集),红旗出版社 1987 年 10 月出版。(收入《创作实践与创作理论——与刘再复同志商榷》《继承和发扬祖国文学史的光辉传统——再与刘再复同志商榷》《论当前的通俗文学》《应当重视社会主义的思想文化建设》和《关于我国社会主义文学的发展方向刍议》,均创作于 1985 年至 1987 年间。)

1988 年　七十八岁

2 月及以后,刘再复在几家刊物上发表批评姚雪垠及《李自成》的文章,附和者甚众,形成围攻之势。

3 月 13 日,获知通山李自成墓被列为全国重点文物保护单位。

3 月 24 日,出席全国政协第七届会议。

3 月 26 日,列席第七届全国人民代表大会。

6 月及以后,发表文章继续与刘再复争鸣。

10 月 8 日,为《文艺理论与批评》杂志、中国延安文艺学会、全国毛泽东文艺思想研究会、延安鲁迅艺术文学院校友会、中国国际文化传播中心联合召开的文艺漫谈会作《深入而健康地发展文艺界的百家争鸣》的书面发言,但未参会。

11 月 8 日至 12 日,第五次全国文代会召开,任湖北代表团团长,但未出席。

12 月 6 日至 9 日,出席湖北省第五次文代会,以文联主席身份主持会议。经第五次文代会通过,为湖北省文学艺术界联合会第五届委员会名誉委员(共二十九名)之一。

本年,决定重写《李自成》第五卷。

本年发表作品:

《〈刘再复谈文学研究与文学论争〉一文读后》,载 6 月《文汇月刊》第 6 期。

《不要用诽谤代替争鸣——答刘再复君》,载 10 月《文艺理论与批评》第 5 期。

1989 年　七十九岁

6 月 6 日,作长信一封,致中国人民大学清史研究所教授王俊义,原信题目为《〈清史编年〉第一卷中叙述山海关大战部分的若干地理、史实辨正》。

本年,继续重写《李自成》第五卷。

1990 年　八十岁

6 月 2 日，姚雪垠向南阳档案馆捐赠手稿仪式在京举行，邓力群、袁宝华、林默涵等有关领导和文艺界人士参加了捐赠仪式。

6 月 12 日至 15 日，赴丹东。出席中国当代文学学会第九届年会，作《我们的希望和信心》讲话。

10 月 23 日至 25 日，姚雪垠文学创作六十周年学术讨论会在武昌桂子山华中师范大学举行。该会由湖北省文联、中国作家协会湖北分会、中国国际文化交流中心湖北分会、湖北省社会科学院、武汉大学、华中师范大学、湖北大学等七个单位联合举办，并受到湖北省委的大力支持。来自全国一些高等院校、科研机构、新闻出版单位和文艺团体的近一百五十位教授、学者、作家、评论家和文艺工作者出席了会议，并提交会议论文近三十篇。姚雪垠在会上作《八十愧言》发言。

秋，考察山海关古战场。

本年，继续重写《李自成》第五卷。

本年主要作品：

《李自成进北京》（第五卷第一单元，续一），连载《小说》第 2、3 期。

《姚雪垠同志的讲话》（摘要），载《文艺理论与批评》第 1 期。

《创作体会漫笔——〈李自成〉第五卷创作情况汇报》，连载《文艺理论与批评》第 1、2 期。

《当代中国文学的光辉道路——纪念〈在延安文艺座谈会上的讲话〉发表四十八周年》，载 5 月 24 日《人民日报》。

《重读七律〈长征〉》，载 6 月 23 日《文艺报》。

1991 年　八十一岁

4 月，率中国作家代表团第二次出访日本。

夏，妻王梅彩患多发性脑梗塞住院抢救。

11 月，收到台湾"中国作家艺术家联盟"会长尹雪曼送来的顾问聘书。

本年，继续重写《李自成》第五卷，并在刊物上发表若干重写后的章节。

本年主要作品:

《李自成进北京》(续二、续三),连载《小说》第 1、3 期。

1992 年　八十二岁

本年,继续重写《李自成》第五卷,并调整第四卷和第五卷的章节内容。

本年主要作品:

《从历史研究到历史小说创作——从〈李自成〉第五卷的序曲谈起》,载《文学评论》第 7 期。

《谈革命浪漫主义诗歌》,载《中流》第 6 期。

1993 年　八十三岁

秋,身体突然出现意外。曾自述称:"一天下午,阳光很好,我出去散步,就在马路这边。后来感到腿脚无力,赶快伸手去抓马路边的铁栏杆。没有抓住,倒到地上。有两个青年赶快将我扶起,送上电梯。这是给我的严重警告。从那次以后,大约有七个月了,我没有再下过楼。"(1994 年 4 月 6 日致王庆生、张永健信)

本年,继续重写《李自成》第五卷。

本年主要作品:

《我创作〈李自成〉的艰难历程与毛泽东的及时保护和帮助》,载《新文化史料》第 5、6 期。

《中国故事大观·序》,作于 1993 年 12 月 20 日。

1994 年　八十四岁

11 月初,赴南阳。出席中国当代文学学会第十二届年会,并出席姚雪垠文学馆奠基仪式。

本年,继续重写《李自成》第五卷。

本年主要作品:

《多尔衮时代的开始》(《李自成》第五卷第一单元),载《小说》第 1 期。

1995 年　八十五岁

8月,获中国作家协会纪念抗战胜利五十周年为参加抗战的老作家颁发的"以笔为枪,投身抗战"纪念章。

下半年,新助手许建辉(北京某中学教师)上岗。

本年,继续重写《李自成》第五卷。

本年主要作品:

《李自成第五卷创作情况汇报之一》(打印稿)。

1996 年　八十六岁

4月,出席中国作家协会四届十次主席团(扩大)会议,并作发言。

12月,出席中国文联第六次代表大会。辞去中国文联委员荣誉职位,获中国文学艺术界联合会第五届全国委员会纪念牌(1988—1996)。

本年,将工资关系和党的组织关系从湖北省转至中国作协。

本年主要作品:

《姚雪垠回忆录·自序》,载1月31日《北京晚报》。

《李自成究竟魂归何处》(访谈录),载8月16日《长江周末》。

《袈裟难易闯王旗》(访谈录),载9月13日《长江周末》。

《回忆茅盾》,载7月4日《北京晚报》。

《陈圆圆归吴三桂的插曲》(《李自成》第五卷片段),载11月29日天津《今晚报》。

1997 年　八十七岁

1月,开始撰写回忆胡乔木同志的文章《革命知识分子的楷模——记关于胡乔木的鲜为人知的两件事以及我创作〈李自成〉的艰难经历》。

2月,邓小平同志逝世。姚老十分悲痛。追悼会后一周,突患中风。回忆胡乔木同志的文章因此未能写完,是为绝笔。

1998 年 八十八岁

几度住院治疗,仍牵挂《李自成》的写作。

本年,《李自成》第四卷、第五卷进入编辑阶段。大家乐观地估计,姚老一定能看到五卷本的《李自成》出齐。

1999 年 八十九岁

4月29日7时30分,因病医治无效,在北京复兴医院与世长辞,享年八十九岁。

本年主要作品:

＊《姚雪垠诗抄》(俞汝捷编次补注),华中师范大学出版社 1999 年 1 月出版。

＊《李自成》第四卷、第五卷,中国青年出版社 1999 年 8 月出版。

2022 年 12 月 6 日修订完成